笔走東西

LEBEN UND WERK VON PROF.
DR. GU ZHENGXIANG IM KONTEXT
DEUTSCH-CHINESISCHER LITERATURÜBERSETZUNG UND -FORSCHUNG

顾正祥文学翻译与学术研究文选

顾正祥（Prof. Dr. Gu Zhengxiang）主编

凯　茜（Dr. Silvia Kettelhut）

陈虹嫣（Prof. Dr. Chen Hongyan）　　编

张凌云（Prof. Zhang Lingyun）

上海译文出版社

献 辞

　　久闻顾正祥先生为中德文学、文化交流作出的贡献。今逢其文选《笔走东西》由中德各界人士和上海译文出版社隆重推出。考量其学术价值和社会影响，郑方贤先生和钱忠杰先生决定通过中国华侨公益基金会上海侨爱基金为其提供出版资助。

郑方贤

钱忠杰

顾正祥 1944 年生于江苏启东。曾先后就读于启东县作新小学、上海市第五十八中学（澄衷中学）和复旦大学预科。1968 年毕业于上海外国语学院德语系。1994 年毕业于德国图宾根大学近代语言文学系，获哲学博士学位（Dr. phil.），继获中国杭州大学教授资格，并加入南德巴符州科学艺术部"德国东亚学术论坛"（图宾根大学、斯图加特大学和霍恩海默大学教授联谊会）。曾任职于中国杭州大学、德国基尔大学、法兰克福大学、哥廷根大学、斯图加特大学和图宾根大学等。曾任中科院上海交叉学科研究中心（2005 年）和台湾大学（2010 年）访问学者。2013 年曾被聘为同济大学海外高层次人才引智计划"985 三期"模块化专家。

顾正祥教授治学勤奋，潜心学术。杭大十年，在任教之余，发表有关德国古典派和浪漫派作家的文学译著三部《格林兄弟传》《海涅》《德国抒情诗选》（合译）。治学之始，他注重翻译与学术兼顾，并逐步向学术倾斜。旅德后更受到中德学界的重视，致力于中德与德中诗歌互译、注释及比较研究，著有探讨德国哲学诗人荷尔德林在华译介的德语论著、《荷尔德林诗选》与《荷尔德林诗新编》汉译注释本等。并有《我住大洋东：二十世纪中国诗选》与《桑恒昌：来自黄河的诗》等汉译德译本面世。

顾正祥教授笔走东西，近二十余年来又将学术重点转移到跨国跨学界文献的搜集、甄别和梳理上，他倾全力专注于德汉、汉德双语大型评注性书目的编撰。代表作有《中国诗德语翻译总目》《歌德汉译与研究总目（1878-2008）》《歌德汉译与研究总目》（续编）和《百年来中国文学海外传播研究》（德语卷／文献卷）等。另发表了长篇书目《裴斯泰洛齐汉译与研究见闻录（1883-2013）》。

基于顾正祥教授的学术成就，在学界被誉为"荷尔德林在中国的使者""中德研究与译介的'普罗米修斯'"，被母校上海外国语大学尊为"杰出校友"和国家社科基金重大项目"《歌德全集》翻译"的"学术顾问"。自 2003 年起，被载入《德国名人录》（*Wer ist wer. Das deutsche Who's Who*）。2010 年起又入选《德国文学年历》（*Kürschners Deutscher Literatur-Kalender*）。2011 年荣获德国总统颁发的"德意志联邦共和国十字勋章"（Verdienstkreuz der Bundesrepublik Deutschland）。

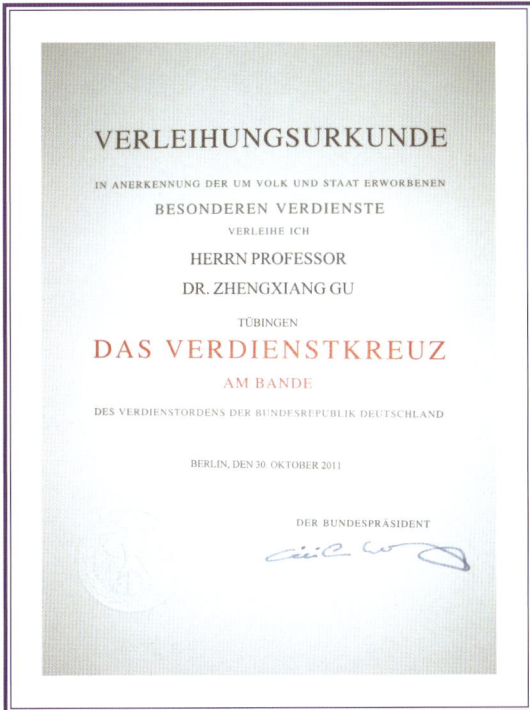

VERLEIHUNGSURKUNDE

IN ANERKENNUNG DER UM VOLK UND STAAT ERWORBENEN

BESONDEREN VERDIENSTE

VERLEIHE ICH

HERRN PROFESSOR

DR. ZHENGXIANG GU

TÜBINGEN

DAS VERDIENSTKREUZ

AM BANDE

DES VERDIENSTORDENS DER BUNDESREPUBLIK DEUTSCHLAND

BERLIN, DEN 30. OKTOBER 2011

DER BUNDESPRÄSIDENT

我的黄昏恋

顾正祥 作

我年轻时，
想头脑浅薄：
只留恋

苏杭的园林典雅，
燕京的山水名胜，
古重庆处在西南，
地远在虚无缥缈间。

相见恨晚，
应邀已是古稀之年。
一城山末，
闲暇探幽访胜目不接，
芙蓉江畔鲢鱼虾糕点，
乌武隆出美景醉倒酒内外，
杨弱捐书斋重爱人世间。

此番重庆缘啊，
成了我的黄昏恋！

华裔德籍著名书法研究家顾正祥
教授不远万里，应邀出席重庆图书馆
杨武能著译文献馆开馆典礼，并
赠书丰富馆藏，且于返德后赋诗志
感有念。
　　巴蜀译翁遂嘱书镌于山城重庆

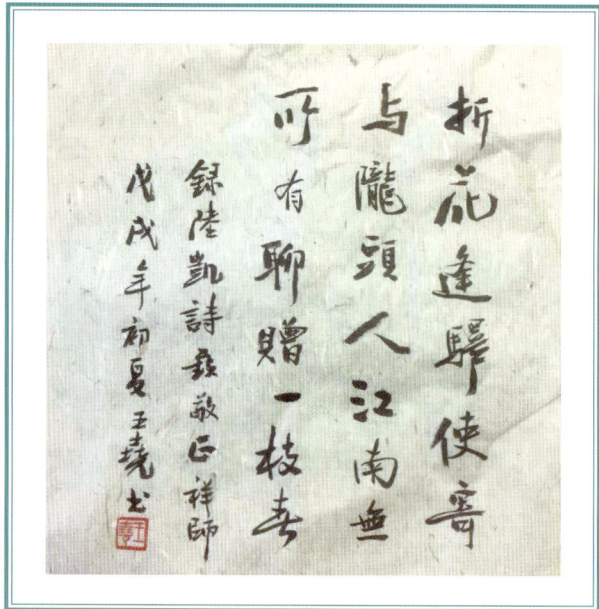

折花逢驿使
寄与陇头人江南无
所有聊赠一枝春
录陆凯诗壹首敬正祥师
戊戌年初夏 王尧 书

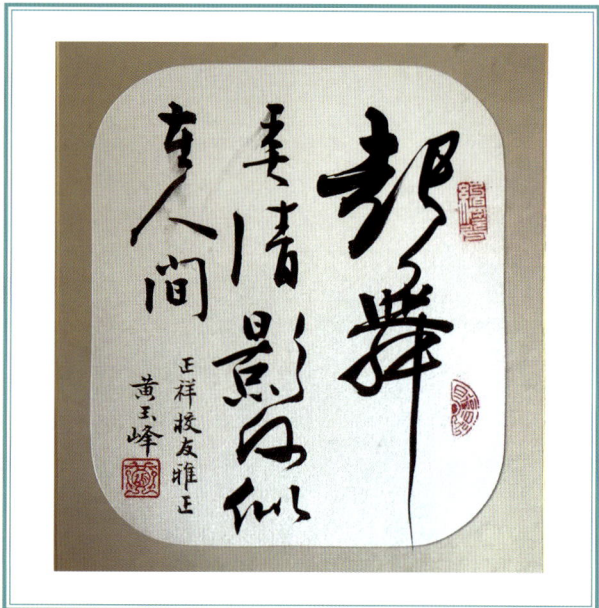

起舞弄清影何似
在人间
正祥校友雅正
黄玉峰

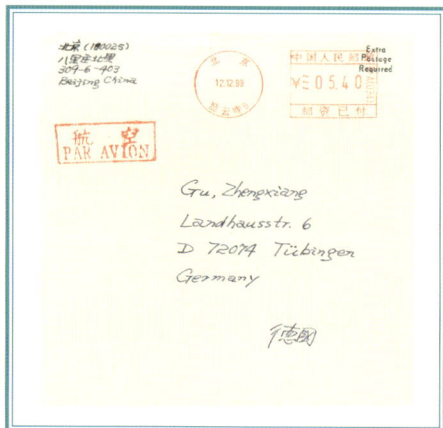

北京 (100025)
八里庄北里
304-6-403
Beijing China

PAR AVION

中国人民邮政 Extra Postage Required
12.12.99 ¥E 05.40

Gu, Zhengxiang
Landhausstr. 6
D 72074 Tübingen
Germany

德国

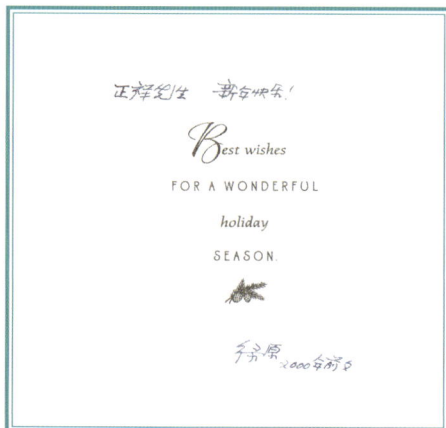

正祥先生 节日快乐！

Best wishes
FOR A WONDERFUL
holiday
SEASON.

李存章 2000年新年

聆月齋詩箋

致顧正祥博士

异域何如故國春
歸帆萬里一詩心
從來遊子珍離別
敢教蒙山作証人

中華詩詞學會會員聆月齋主人
林祇華書於東蒙山莊

聆月齋詩箋

寄顧正祥先生

斷無消息問張騫　海外鴻傳五色箋
心縈紅庭連碧落　詩隨東土到西天
曾前敦迎逢知己　別後曾驚見月圓
為訊也頻秋幾許　故園窗前已盈欄

小詩窗罷待魚傳　搞靈秋宵夜色涼
仿佛容顏凝落月　奈何音訊隔雲山
逢君訴是三生定　別兩難忘一面緣
自信昆崙能化物　且聽唐韻付鵾鵬

林祇華拜呈

顧正祥老師教正
乙未秋張秀
張秀書法集
秀墨妙筆

綠原自選詩
顧正祥先生惠指正
綠原
19990808
北京
人民文學出版社
一九九八年·北京

与川大杨武能教授合影于重庆武隆杨寓所

与中国社科院叶廷芳教授合影于北京

与卫茂平教授合影于母校上外德语系

与同济大学德语系袁志英教授合影于中国社科院

与华师大宋健飞教授合影于同济大学

与苏州大学文学院原院长王尧教授合影

与原杭大汪飞白教授合影于浙大教育系

与上海市教育考试院院长郑方贤教授合影

与德国 Bad Homburg 市市长 A. Assmann 和文化局负责人合影

与德国 Insel 出版社总裁 S. Unseld 合影于该出版社

与德国柏林国家图书馆副馆长、著名汉学家魏汉茂合影

与同济大学中德学院原德方代表宋德教授合影

偕斯图加特媒体大学库勒曼教授夫妇访问母校复旦大学附中

与德国驻上海总领事馆原科技处负责人凯茜博士合影

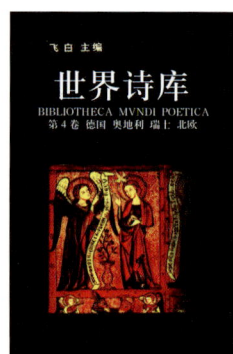

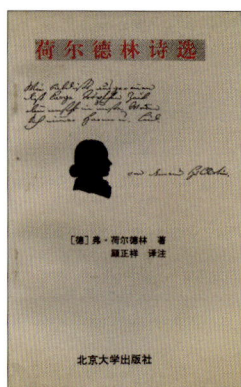

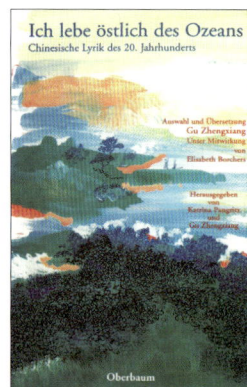

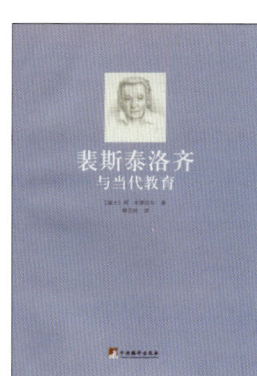

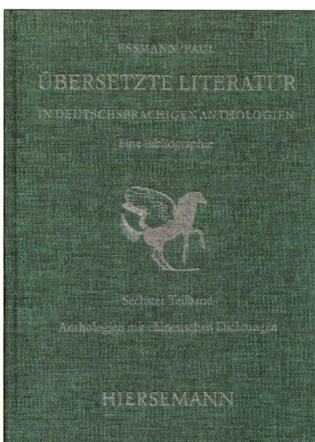

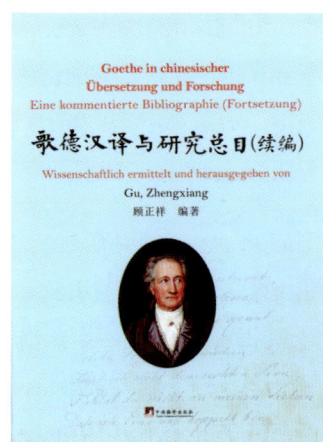

德意志联邦共和国驻上海领事馆总领事

欧珍博士的贺词

Grußwort der Generalkonsulin der Bundesrepublik Deutschland in Shanghai,
Dr. Christine Althauser

（原文）

Liebe Leserinnen und Leser,

Professor Gu Zhengxiang feiert in diesem Jahr seinen 75. Geburtstag, zu dem ich ihm sehr herzlich gratulieren und meine besten Wünsche aussprechen möchte!

Germanistik, Komparatistik, Sinologie und Übersetzungswissenschaft sind die Schnittstellen, denen Professor Gu sein langjähriges Forschen und Lehren gewidmet hat. Davon zeugen die Beiträge chinesischer und deutscher Wissenschaftler und Persönlichkeiten – eingeschlossen seiner selbst – in dieser Festschrift.

Für seine Verdienste als Universitätslehrer, Literaturwissenschaftler, Übersetzer und Kulturvermittler wurde der seit 1988 in Deutschland lebende, an der Eberhard Karls Universität Tübingen promovierte Germanist vielfach ausgezeichnet – 2011 mit dem Verdienstkreuz am Bande des Verdienstordens der Bundesrepublik Deutschland. Damit ist er einer von fünf chinesischen Germanisten, denen diese Ehre bis dato zuteil wurde.

In der chinesisch-deutschen Literaturforschung hat er ein breites Portefeuille bearbeitet und kann auf ein intensives Schaffen zurückblicken. Gekrönt wird es von zwei Bibliographien, die, weil sie in der chinesisch-deutschen Rezeptionsforschung ihresgleichen suchen, besondere Erwähnung verdienen.

Es ist zum einen eine Bibliographie deutscher Anthologien chinesischer Versdichtung, im Jahr 2002 mit Unterstützung der Deutschen Forschungsgemeinschaft (DFG) in Stuttgart erschienen. Dank mühseligen Aufspürens von über 200 Anthologien aus dem Zeitraum von 1833 bis 2000 und detektivischen Identifizierens willkürlicher Transkriptionen und freier Nachdichtungen weist dieses Werk dem deutschsprachigen Leser den Weg in eine große Zahl klassischer und moderner chinesischer Dichter, in Übersetzungen wie in Nachdichtungen.

Gleichsam ein Echo zu dieser Anthologie ist seine zweibändige kommentierte Bibliographie der Übersetzungen der Werke von Johann Wolfgang von Goethe ins Chinesische und weiterer Beiträge der Goethe-Forschung in China. Dieses 2009 und 2016 in Peking erschienene erste Nachschlagewerk zur chinesischen Goethe-Literatur ist ein unschätzbarer Beitrag zur chinesischen Goethe-Rezeption, dessen Wert gar nicht hoch genug eingeschätzt werden kann.

Beide Bibliographien sind ebenso umfangreicher wie schwergewichtiger Beweis dafür, wie langjährig angelegt, umfassend und tiefgehend die Rezeption von Literatur und Dichtung des jeweils anderen Kulturkreises ist. Ihre Dichte gibt Zeugnis von der Tragkraft der literarischen Brücken zwischen beiden Kulturen – damals wie heute.

Gu Zhengxiangs Verlangen nach Austausch über das Wahre und seine kulturellen Spielarten ließ ihn im Lauf der Jahre zahlreiche weitere nachhaltige interkulturelle Projekte zu Literatur und Kultur anregen und durchführen. Zu ihnen gehören unter anderem internationale Konferenzen, Veröffentlichungen und Übersetzungen über die Erziehungslehre Johann Heinrich Pestalozzis. Der ganzheitliche Ansatz des Schweizer Pädagogen zur Förderung von Kopf, Herz und Hand liefert einer modernen Wissensgesellschaft, in der E-Learning und künstliche Intelligenz als die Zukunft gestaltende Innovationen gepriesen werden, wichtige Denkanstöße. Gerade auch in einem Erziehungssystem mit konfuzianischen Wurzeln, in dem Karriere im Kleinkindalter beginnt und Punktzahlen das Leben bestimmen, dürften die Überlegungen des Noten und Zeugnisse ablehnenden Schweizers zu fruchtbringenden Diskussionen führen.

Zu seinem 75. Geburtstag möchte ich Professor Gu Zhengxiang auch meinen persönlichen Dank um seine Verdienste für die deutsch-chinesischen Beziehungen aussprechen! Damit verbinde ich die Hoffnung, dass Menschen in West und Ost weiterhin von seinem Wissen, Lehren und Arbeiten profitieren können; die Hoffnung, dass die Begeisterung des Forschers, die Unermüdlichkeit des Lehrers und die Leidenschaft des Sammlers uns lange Zeit begleiten werden. Mögen Interesse, Wertschätzung und Liebe für die andere Kultur und ihre Meister uns weiterhin positiv beeinflussen!

亲爱的读者：

今年是顾正祥教授的75岁寿辰。我在此祝他生日快乐，并向他送上我最真挚的祝福。

日耳曼语言文学、比较文学、汉学和翻译学是顾教授多年来辛勤耕耘的研究和教学领域，收录于该《纪念文集》的中、德两国学者和知名人士的评论等文章以及顾教授本人的论文证实了这一点。

顾教授自1988年以来生活于德国，在图宾根大学取得了日耳曼语言文学的博士学位。作为大学教师、文学研究者、译者和文化传播者，他获奖无数；2011年，他被授予了"德意志联邦共和国十字勋章"，从而成为了第五位获此殊荣的中国学者。

在中德文学研究领域，顾教授涉猎广泛，著述甚丰，他的最高成就——两本书目的研究成果——特别值得一提，因为在中德文学接受研究史中尚无出其右者。

其中一本为中国诗歌的德语翻译总目研究，2002年由德国科协资助在斯图加特出版发行。顾教授呕心沥血，搜集了1833年到2000年间的约200余本德语诗选，对其中自由、随意的诗歌改写和意译进行了侦探式的排查、辨识和梳理工作，从而为德语地区的读者了解中国古代和现代诗人及其译作和改写等指明了道路。

这本书目的姊妹篇是上下两卷本、带有注释的歌德汉译与研究书目。该套工具书分别于2009年和2016年在北京出版，是中国第一本歌德翻译和研究的"总目录"，对于中国的歌德译介研究做出了不可估量的贡献，其学术价值如何估量都不为过。

这两本书目广泛、深刻地证明了来自另一个不同文化的诗歌和文学在异国他乡的接受进程是长久的、全面的和逐渐深入的。其数量和质量密度说明了文学作为桥梁在两种文化间的承载力——过去如此，现在也一样。

顾正祥对于文化有自己独到的理解。他一生追求传播"真"，这些都促使他持续不断地积极策划和筹备文学与文化方面的跨文化交流活动，其中就包括召开教育学家裴斯泰洛齐的国际研讨会以及翻译出版他的教育思想。这位瑞士教育家认为要平衡、协调发展脑、心和手之力，这在网络化学习和人工智能高歌猛进的现代知识社会中无疑给了我们重要启示。特别是在深受孔子思想浸淫、孩子从小被灌输要功成名就的思想以及分数决定一切的教育体制下，这位排斥分数、拒绝证书的瑞士教育家的思想肯定会引发富有成果的争鸣。

在顾正祥教授75岁寿辰之际，我真诚地感谢他为中德文化交流所做出的贡献。同时我也希望，不管我们来自东方还是西方，我们都能从他的学识、教导和著作中获益；我还希望，研究者的满腔热忱、教育者的鞠躬尽瘁以及收藏家的乐此不疲的精神会长久陪伴我们。希望对异国文化及文化大师的兴趣、尊重和热爱能继续给我们带来积极正面的影响！

（陈虹嫣 译）

上海市教育考试院院长郑方贤的贺词：
学界的楷模　母校的骄傲
——衷心祝贺顾正祥教授《纪念文集》出版

半个多世纪以前，顾老师就读于复旦大学预科（1960–1963），即现今复旦大学附属中学（简称复旦附中）的前身。当时的复旦预科学生都是从全上海初中毕业生中招考录取的佼佼者，报到注册后就准予佩戴"复旦大学"校徽。他们的优秀使得学校教育具备了有别于普通高中的大学附中特点，也奠定了以后的复旦附中成为上海顶尖高中的基础。

相识顾老师是在我任复旦附中校长期间的2011年。当时，顾老师正协助瑞士中部师范大学筹备第二年在卢塞恩召开的裴斯泰洛齐国际研讨会。他来学校落实邀请我出席会议，并在会上报告中国基础教育改革进展等事宜。这次盛会，中外教育专家济济一堂，各抒己见，使我对献身贫民教育、执着追求改革的十九世纪瑞士教育家裴斯泰洛齐的教育思想、教育实践及其巨大影响有了更深刻的了解。这对我当时正在学校积极开展的高中教育改革帮助很大。在这一过程中，最大的收获是认识了顾老师。

顾老师给我的最初印象，是一位个子不高、文静儒雅的年老知识分子。进一步交流后，方知他对学术的反应是那么灵敏，而对事务性的安排又一丝不苟，常常需要反复确认后才放心得下，完全是"两耳不闻窗外事，一心只读圣贤书"的中国传统学者形象。我们每隔一、二年总能相聚。随着交往的增加，我愈来愈感到顾老师的可爱。比较典型的事例是我们在用餐过程中交谈，说到合适的主题，他常常滔滔不绝，兴奋不已。这时，他就忘记餐盘中的食物了，要旁人提醒，他才会很随意地夹上一筷送进嘴里，但心不在焉，依然沉浸在刚才的话题中。

顾老师在德国生活了三十多年，始终不懈地专注于自己的学术研究。数十年来，他在中德文学比较、中德文化/文学关系史研究、诗哲荷尔德林诗歌的汉译与研究等领域孜孜不倦，潜心钻研，为中德学术界及广大读者贡献了诸多高质量的研究成果和文学作品。他的《荷尔德林诗选》（北京大学出版社，1994年）对荷尔德林在中国的译介具有开创性的意义。尤其是《中国诗德语翻译总目》（斯图加特，2002年）、《歌德汉译与研究总目》及其《续编》（中央编译出版社，2009年及2016年）等德汉对照的鸿篇巨著，集中体现了顾老师的学术成就，为中德文学交流作出了新的重大贡献，得到了国际学界的高度评价。顾老师荣获"德意志联邦共和国十字勋章"是实至名归。

尽管成就非凡，顾老师始终牢记自己是当年复旦预科、如今复旦附中的一名学子。他多次强调："母校复旦附中是培育我日后取得成就的摇篮。"为了表达对母校的一片爱心，他一次又一次地把凝聚着自己心血的著作签名、题词后赠送给母校，还专程为学校老师做关于歌德在华译介的学术报告，为学生做学术生涯的励志报告，给予师生很大的鼓舞和启迪。

　　像顾老师那样的纯真朴实、功成名就，一直是中国知识分子追求的最高目标与境界。《纪念文集》充分反映了顾老师的人生历程与学术道路，也为我们追随前辈脚步、努力前行指引了方向。

　　衷心祝贺《纪念文集》出版！衷心祝愿顾老师健康长寿！

2018年8月8日

于上海市教育考试院

德国图宾根市市长鲍里斯·帕尔默：

顾正祥教授75岁生日《纪念文集》贺词

Boris Palmer, Oberbürgermeister der Universitätsstadt Tübingen:
Grußwort zur Festschrift anlässlich des 75. Geburtstags von Prof. Gu Zhengxiang

（原文）

Liebe Leserinnen und Leser,

der 75. Geburtstag eines jeden Menschen ist Anlass genug, eine Rückschau zu halten und Geleistetes, Geschaffenes sowie Vollendetes Revue passieren zu lassen. Aber nur bei wenigen Menschen sind die Jahrzehnte des Lebens und Arbeitens von solch einer Dichte an herausragenden Leistungen wie dies bei Professor Gu Zhengxiang der Fall ist. Als Oberbürgermeister von Tübingen – also der Stadt, in der Gu Zhengxiang seit vielen Jahren lebt und wirkt – ist es mir daher eine besondere Freude, ihm mit diesem Grußwort zu seinem Geburtstag gratulieren zu können.

Wer sich mit den bisherigen Arbeiten von Gu Zhengxiang beschäftigen will, wird in der vorliegenden Festschrift sicherlich eine facettenreiche Zusammenfassung seines Lebenswerks finden. Aber viel mehr noch dokumentiert die Festschrift, welch enorme Bedeutung seine Arbeit und sein Wirken für den deutsch-chinesischen Wissenschafts- und Kulturaustausch hat. Im Jahr 2012 durfte ich ihm genau dafür das Verdienstkreuz am Bande des Verdienstordens der Bundesrepublik Deutschland überreichen und seine Leistungen würdigen.

Die Begegnung mit ihm verdeutlichte, wie virtuos es Gu Zhengxiang mit Sprache gelingt, Menschen, Kulturen und Welten zu verbinden: Mit seinen literarischen Übersetzungen von deutschen Werken ins Chinesische und chinesischen Werken ins Deutsche ist er zu einem meisterhaften Brückenbauer geworden. Er trägt mit seinen Übersetzungen nicht nur zum Verständnis und Verstehen bei, sondern er erzeugt auch einen Zusammenhalt zwischen den beiden Ländern. In der Begegnung mit ihm wurde auch deutlich, mit welch enormem Anspruch und Hingabe er sich seiner Arbeit widmet, um Außergewöhnliches hervorzubringen. Sein Fundament ist dabei die Liebe zu beiden Sprachen und seine bemerkenswerte Akribie.

Diese Liebe und Akribie ziehen sich durch all seine Schaffensjahre. Seine Arbeiten sind geprägt von größter Genauigkeit, einer Präzision bis ins kleinste Detail, einer klaren Struktur und inneren Kohärenz. Neben seinen Forschungen und jahrelangen Arbeiten für Publikationen war Gu Zhengxiang auch Lehrender und unterrichtete Chinesisch – unter anderem an der Universität in Tübingen. Hier wirkte er viele Jahre am Seminar für Sinologie und Koreanistik – dem heutigen Asien-Orient-Institut – und gab sein Wissen an (Nachwuchs-)Wissenschaftler weiter.

Es ist eine große Ehre und Freude, dass Gu Zhengxiang in Tübingen seine unermüdliche Schaffenskraft und Schaffenslust verwirklichen wollte und auch konnte. Darüber hinaus hat er in Tübingen seit vielen Jahren auch privat ein Zuhause gefunden. Zu seinem 75. Geburtstag wünsche ich ihm daher weiterhin alles Gute für ein erfülltes Leben hier in Tübingen und danke ihm herzlichst, dass er es sich zur Lebensaufgabe gemacht hat, zwischen Literaturen, Kulturen und Menschen zu vermitteln. Es ist ihm gelungen daraus ein Lebenswerk zu machen, das den Austausch zwischen Menschen in China und Deutschland auch in Zukunft fördern und bereichern wird.

亲爱的读者：

每个人的75岁生日都是一个可以重温旧事、追忆往昔的时刻，所有的收获、建树和成绩仿佛历历在目。而像顾正祥教授那样在人生的数十年间取得了如此丰硕成果的人却为数不多。作为图宾根市的市长——也即在顾教授生活和工作了多年的地方——能用这篇贺词祝贺他的生日，我感到格外高兴。

希望了解顾正祥教授迄今为止学术成果的读者，必然会在该《纪念文集》中发现，这是对他终生事业的一次多方面展示和总结。而更为重要的是，它也记录了顾著书立言对于中德学术和文化交流的巨大意义。2012年，我有幸亲手递交基于上述理由而授予他的"德意志联邦共和国十字勋章"，以表彰他的成就。

和顾教授的接触表明，他以极高的造诣通过语言成功地将不同的人、文化和世界联系起来。他将德语文学著作翻译成中文，同时又将汉语作品翻译成德语，他因此是沟通两种文化间卓越的"铺路搭桥者"。他的翻译作品不仅促进了彼此间的互通互信，而且也在两个国家之间营造出一种凝聚力。在和他的接触中我还发现，为了追求卓越，他严于律己，对工作全力以赴，而基础就是他对两种语言的热爱和他那值得称道的对精益求精的追求。

上述热爱和追求贯穿其学术人生。他的学术研究成果极其精准、细致，就连细枝末节也不疏忽，且内在逻辑顺畅，结构清晰。除了他的学术研究和多年的著述，顾教授还是一位教书育人者——他教授汉语，并曾有在图宾根大学教学的经历。他曾在那儿的汉学和韩语语言系（即现今的亚洲东方学院）任教多年，把他的知识传授给（后辈）学者。

令我欣喜不已、也倍感荣幸的是，顾教授愿意并能够在图宾根获取不竭的创作乐趣，并创作不断。更为可喜的是，顾教授已在图宾根安家落户多年。值此顾教授75岁生日之际，我祝愿他在图宾根的生活仍将美满如意，并最衷心地感谢他将文学和文化的传播以及人与人之间的沟通作为他毕生的使命和追求。他不辱使命，终有所得，而他的工作也必将在未来促进和丰富中德人民之间的交流。

（陈虹嫣 译）

祝贺者名单
Gratulanten

（以汉语拼音为序）

一、中国人士（chinesische Gratulanten）

Chen Zhuangying (Prof. Dr.) 陈壮鹰：上海外国语大学德语系教授、博士生导师、系主任

Fan Jin (Prof. Dr.) 范劲：华东师范大学中文系教授

Ge Guilu (Prof. Dr.) 葛桂录：福州师范大学教授、博士生导师、文学院副院长

Pan Hongxing 潘红星：上海市澄衷高级中学校长

Wu Jian 吴坚：复旦大学附属中学校长兼党委书记

Xie Jianwen (Prof. Dr.) 谢建文：上海外国语大学德语系教授、博士生导师、党总支书记

二、外国人士（nicht chinesische Gratulanten）

Frank, Armin Paul (Prof. Dr.) 弗兰克：Amerikanist, Universität Göttingen, Sprecher des SFB 309 „Die literarische Übersetzung" (DFG) a.D., Göttingen

Mögel, Ernst (Dr. phil.) 缪格尔：Hölderlinforscher, Tübingen

Ohnmacht-Neugebauer, Gottfried (M.A.) 郭德：Sinologe, Leiter des Akademischen Auslandsdienstes der Hochschule der Medien, Stuttgart

Roos, Markus (Prof. Dr.) 马库斯，鲁斯：Pädagogische Hochschule Luzern, Schweiz

Schwarz-Schilling，Christian (Prof. Dr.) 夏西嶺：Kreistagsabgeordneter, Bundespostminister a.D.

Sund, Horst (Prof. Dr.) 宋德：Rektor der Universität Konstanz a.D., Konstanz

Vogel, Hans Ulrich (Prof. Dr.) 傅汉思：Sinologe, Universität Tübingen, Seminar für Sinologie und Koreanistik, Tübingen

Walravens, Hartmut (Dr.) 魏汉茂：Sinologe, Preußisches Kulturbesitz, Staatsbibliothek zu Berlin, Berlin

顾正祥与中德、德中文学的翻译与研究

——从《中国诗德语翻译总目》谈起

卫茂平

戊戌新春，中国外文局首发"中国话语海外认知度调研报告"[1]，说有越来越多的汉语词汇，径直以拼音形式进入西文，显示中华文化在国际社会所获认知日益增多。原因显然：许多承负中国传统文化之词，颇难外译，汉语拼音就担起传播重责。效果时常不错。近有德国《明镜》周刊[2]报道中国近况，大红封面上的标题，就用"醒来"的汉语拼音，以警示读者，注意中国崛起。

当然，中德文化的交流，或说德人对中国的了解，更重要的途径，还是文字翻译而非拼音。就像前及《明镜》周刊的封面标题，在"xǐng lái"之后，还得附上德文释义"aufwachen"，否则一般德人不懂。而列数中国文化在德流传的重要媒介，诗歌该处前端。作为中国古代文学的奇迹，其独特魅力，曾吸引几代德国文人。他们的翻译或改编，几已成为德语文学不可分割的组成部分。这属另一话题，不赘。

但歌德1827年发表的、改译自《百美新咏图》的四首中国诗，因是汉诗德译之肇始，不得不提。此后至今，众多德国作家及汉学家，对中国诗歌，尤其是古代诗歌的译介，情有独钟，成果纷呈，数量巨大，早已令人目不暇接，很难整体把握。记得上世纪80年代，为解决汉诗德译的某些问题，找到《由汉语译入英语、法语和德语的译作目录——第二部：诗歌》[3]一书。得书欢喜，阅后失望。就诗歌而言，此书涉及约160位中国诗人的三种语言译诗约3650首。不仅篇幅不大，而且由于缺乏对应的汉语原文，不但一些作者，无法确定，更有众多篇目，来源不明。有此经历，展摩顾正祥先生厚重的汉学文献《中国诗德语翻译总目》[4]，高兴异常。

此书基于作者所搜德译汉诗199种（册），广稽文献，查考辨析，编辑而成。全书400多页，涉及诗人约772人，汉诗约4050首，将自始迄至上世纪末的德译汉诗目录，汇集一帙。作者的寻绎之

1 可参见"中国话语海外认知度调研报告首次发布——汉语词汇获世界更高认知"（据新华社北京2月18日电）。载：《劳动报》2018年2月19日，02版。
2 *Spiegel* (Nr. 46/11.11.2017)
3 Mattha Davidson, *A List of Published Translations from Chinese into English, French, and German. Part II: Poetry*. Published for the American Coucil of Learned Societies by Far Eastern Publications. Yale University, New Haven, Conn. 1957.
4 Gu Zhengxiang, *Antologien mit chinesischen Dichtungen*. Stuttgart: Anton Hiersemann Verlag, 2002.

功，网罗之力，让人叹为观止。它不仅规模远超上及《译作目录》，其更重要的贡献是，诗人的汉语姓名和诗歌的汉语原文多被考清厘定，达到目前这项研究的最高水平。

这绝非易事。考察汉诗西传史，可见虽有个别诗集选取双语形式[1]，但大多汉诗西译不附原文。另外，历史上西人所用汉语注音方式（多为威妥玛氏），以及不同译者的注音方法，均与当下汉语拼音法，大有不同；加上大量汉诗题目及内容的西文处理，隶属意译或者改编。由此，复原西文汉诗之汉语原文的难度，远超世人想象。顾先生本人对此显然心知肚明。他在此书德语前言中，仅白居易姓名的不同译法就列出24种；而正文中他给出的李白《玉阶怨》的诗题德译，也出自10多支译笔。推而广之，就所涉诗人和诗作之数量来看，其工作的难度和强度，可想而知。

此书编排颇具匠心。第一部分为编者序言和此书使用提示，既论中国诗歌在德之译介史及其特点，也谈此书设计编撰之要旨。第二部分以"参考书目"领衔，下接分别按拼音字母顺序和按年代列出的"作者姓名"、中德对照的"作者目录"、德中对照的"翻译目录""译者目录""出版社地点和出版社目录"和"中文原诗版本详目和略语表"。这种编排，令人一望而知其所以，为索解汉诗德译的诸种问题，提供不同途径和可靠锁钥。

顾先生此书所体现的学术风范，让我们在他以下两本西学东渐的大作中再次领略。那是他数年后陆续完成并推出的《歌德汉译与研究总目（1878–2008）》以及《歌德汉译与研究总目》（续编）[2]。两书的上卷为"译文目"，下分"诗歌""散文""戏剧"和"书信"；下卷是"研究目"，下分"辞书""文学史""合集""专著""论文"以及"格言译目"和"日欧美研究汉译目"，共以一千多页的篇幅，廓清自古迄今[3]的汉译歌德著作及其研究的海量书目，并以《中国诗德语翻译总目》的编撰方式，逐一甄别汉译歌德作品的德语原文。而他把每条中文论著和论文目译成德文，显然另寓深意：让此书有可能为德人参阅。

歌德是德国文化的骄傲，也是德国对外交流的第一块招牌。歌德作品汉译及评论，数量惊人，难以详列。而顾先生不畏艰难，独自一人，解此难题，让人称奇，实践了熊十力"凡有志于根本学术者，当有孤往精神"之言。

其实，顾先生的著述远非仅此。他在德译中、中译德方面同样成果丰硕[4]；也曾发表大量别立新帜的汉语及德语学术论文和散论。就笔者看来，尤其值得高扬的，是他上及三本代表作体现的学术品格。

"学术"两字，看似简单易懂，实则颇具深意。严复曾在宣统二年，对此概念进行区分，将"为己"之学视为"学"，"为人"之学视为"术"，并作如下发挥：

---

1 比如Herbert A. Gilles and Arthur Waley, *Select Chinese Vers*. Shanghai 1934；以及L. Woitsch, *Aus den Gedichten Po-Chü-I's*. Peking 1908。

2 由中央编译出版社分别于2009年和2016年出版。

3 就作者交代，"截稿于2015年6月底"。顾正祥：《歌德汉译与研究总目（续编）》，中央编译出版社2016年，第XII页。

4 值得一提的是浙江文艺出版社的《格林兄弟传》、陕西人民出版社的《海涅》与《德国抒情诗选》和先由北大出版社、后在商务印书馆出版的《荷尔德林诗选》与《荷尔德林诗新编》（德译中）以及《我住大洋东：二十世纪中国诗选》（*Ich lebe östlich des Ozeans: Chinesische Lyrik des 20. Jahrhunderts*, Berlin, 1997）和中国诗人《桑恒昌诗选》（*Sang Hengchang: Gedichte vom Gelben Fluss*, Hamburg, 2005）。

盖学之事万途，而大异存乎术鹄。鹄者何？以得之为至娱，而无暇外慕，是为己者也，相欣无穷者也。术者何？假其途以有求，求得则辄弃，是为人者也，本非所贵者也。为帖括，为院体书，浸假而为汉人学，为诗歌，为韩欧苏氏之文，樊然不同，而其戈声称、网利禄也一。凡皆吾所谓术，而非所谓鹄者。苟术而非鹄，适皆亡吾学。[1]

严复与强调"以学术为志业"的德人韦伯（Max Weber）一样，在此赋予"为己之学"强烈的道德色彩。真正的学术该以自身作为目的。而把治学当成猎取利禄之工具的为人之学，隶属于"术"。可怕的是，"苟术而非鹄，适皆亡吾学"，即"术"之泛滥，能导致"学"之消亡。

严复所言，显然剑指清末学界急功近利、浮躁喧嚣之学风，提倡独立而纯净的治学精神。当下中国，同处潮流转换之际，人心骚动，奔竞之风随处可见，学界便不乏浮伪庸碌、缺少新意之作。顾先生则甘于寂寞，沉潜史料辑存，考索佚著细节，在中德文学关系史领域中，上溯下延，缜密求证，为该领域的基础研究倾注极大精力和心血，显露他对"为己之学"之真学术的理解与追求，也许还有他对学界玄虚流风的反拨之心。

知道顾先生名字，是在上世纪80年代。那时他已发表德语文学译著多部，而我开始收藏此类书籍。但我们的相识，始自这本《中国诗德语翻译总目》。那是2005年9月，顾先生自德访沪，赠予此书。此后我们时有音问，多次晤谈甚洽。尤其是对于学术研究中史料的搜集和史实的考辨，对于义理、考证和文章的三者合一，彼此所好甚同。期间，也对顾先生的学术履历有进一步了解。他"文革"期间毕业于当时的上海外国语学院德语专业，后被安排离沪，下安徽城西湖军垦农场"接受锻炼"，后被分配去浙南山区中小学任教，但从未放弃自己的专业和理想。"文革"结束后，通过考试选拔，重返高校，执掌教鞭，而后赴德，图宾根大学博士学业有成，任教多所大学，频繁发表著述。他遭际坎坷，但始终自强不息，孜孜矻矻，成果卓著。

承蒙顾正祥先生嘱为书序，诚惶诚恐，踟蹰再三。虽然和他有校友之谊，也是专业同人，但无论年龄和学识，我都算后辈。给长者写序，虽有先例，但却少见。斗胆接受序邀，大多因了上及顾先生的《中国诗德语翻译总目》。记得当时接受赠书，欣喜之余，许愿撰写书评。可惜诸事繁忙，之后此诺未践。顾先生从未再提旧事，而我却一直愧怍不安。这次有幸作序，实属机缘难得。既可表示敬意，也能弥补愆尤，让人不亦乐乎！

2018年4月1日完稿于上海

---

1 王栻主编：《严复集》第二册，北京：中华书局，1986年，第275页。

"江南无所有，聊赠一枝春"

——顾正祥先生侧记

王尧

当年读《格林兄弟传》《荷尔德林诗选》时，我并没有特别在意著译的作者顾正祥先生。2012年我主持国家社科基金重大项目"百年来中国文学海外译介与研究"，讨论文献卷的体例时，有朋友向我推荐顾正祥先生的《歌德汉译与研究总目》作为参考。这本书给我很多启发。读文学的人，多少都会读歌德的作品，但未必会专门关注歌德汉译和研究的状况。顾正祥先生作为这个领域研究的集大成者，其编著的《歌德汉译与研究总目》及《歌德汉译与研究总目》（续编）无疑是学术史上的扛鼎之作，无出其右者。关于顾先生的这两部著作，专业人士给予了非常专业的评价。对《总目》和《总目续编》这样一种以目录和索引形式体现的中国歌德接受史，有学者形容是为学界提供了像《清明上河图》一样的中国歌德翻译研究的全景图。我深以为然。

在物色德语文献卷的负责人时，华东师范大学中文系教授范劲兄向我推荐了顾正祥先生。我喜出望外，顾先生是做德语文献卷的不二人选，但顾先生的成就和辈分，他是否肯屈尊，我没有把握。范劲兄说，顾先生是非常好的人，你写邮件邀请他。真的如范劲兄所说，顾先生毫无大学者的架子，很快回信接受我的邀请，负责编撰德语文献卷。第一次见面时，他便拿出了相对完整的编撰计划和样稿。顾先生的加盟，是我主持这项国家社科基金重大项目过程中最重要的事件之一。

顾先生是老师辈分的学者。和我念高中时的许多老师一样，在他们大学没有毕业时，史无前例的"文革"发生了。顾先生从上海外国语学院到了浙江农村，在那里度过了他的青春年华。在中学教过书，"文革"过后有机会到大学任教。改革开放后，顾先生负笈德国，开始了他的留学生涯。他在艰苦生活中练就的品格，成为他后来从事学术研究并且获得巨大成功的精神资源。当他在2011年荣获德国总统颁发的"德意志联邦共和国十字勋章"时，我想，顾先生当百感交集。

读顾先生的总目及其续编，确实感受到先生的非凡之处。顾先生做总目，亦编、亦译、亦注，集三者为一体，创新了总目编撰的方法，若无高远眼光，深厚功力，不足以成今天的面貌。这是学界人士对顾先生的共识。在这之外，我还体会到了顾先生板凳坐得十年冷的治学精神。坦率说，比起写作洋洋洒洒的论文，文献的整理与研究耗时费力，需要潜心爬梳、考订，于细微处见精神。我只能以想象的方式，体验顾先生七年做总目、又七年做总目续编的那些面壁的时光：年复一年，几曾娱乐与休闲？！寒来暑往，谢绝了多少春色和阳光？！两眼在爬梳搜寻间昏花，鬓发在风尘仆仆中染霜。在谈到为何续编总目时，顾先生说："拙著既被如此推崇，又何来今天的这个续编呢？是因为我笃信，一个人的能力总是有限。学海无涯，学术追求也不应有满足的时候。哪怕是最成功的著作也会有瑕疵，也不可能尽善尽美。每念及此，就不敢妄自尊大，也不会被冲昏头脑。"顾先生将生命的春色和阳光写在字里行间。

这几年在和顾先生的学术交往中,我对先生一丝不苟的严谨有了切身体会。我主持的国家社科基金重大项目文献部分,几位专家均是本领域的一流学者,几次在苏州研讨文献卷的编撰,他们都不远万里下江南。每次研讨,我总是拿顾先生做好的部分作为样稿。顾先生从不掩饰他对一些细节处理的不同意见,并且都直言不讳地提出自己的看法。先生的直率、专业和追求完美的品格给我和其他合作者留下深刻印象。在顾先生编著的德语文献卷初稿完成后,他发来电子文本,并问我第几页的第几条在电脑上打开时,德文有没有出现问题。我打开后,请懂德语的朋友看了,觉得没有问题。但顾先生不太相信,之前他的一本书曾经出现这样的文字。为此,顾先生准备专程从德国到苏州确认我说的这个事实,他担心如出现可以避免的差错会影响整部书稿的质量。我知道顾先生的性格,欢迎他访问苏州。我将他发来的电子文本打开,他看了又看,确认无误,这才笑逐颜开。

中国文学在德国的译介与研究涉及到古今,涉及到不同的文体,按照我们设定的体例要求,需将德语文献中的人名和作品名,包括选集中的篇名译成中文,面广量大。在编撰文献的过程中,我体会到这样做的难度,曾经提出,如果大家觉得困难,我们就简化一些,如果不是经典德译本,选集中的目录可以省去汉译。但顾先生还是坚持不必修改体例。顾先生的专业领域不是中国文学,尽管他阅读广泛,博闻强记,但要将德译还原成中文,除了耳熟能详的名篇外,大多数都要参照作家的文集和选集汉译。我的几个学生试图协助顾先生一起做这些工作,顾先生最后还是自己到图书馆寻书阅读处理了。就语种而言,中国文学在德语世界的译介与研究并不是最丰富的,但由于顾先生的精心细致,德语文献卷却是英语文学卷之外篇幅最大的了。而且,顾先生最早完成了文献卷的编撰。这让我生出无限的敬意。在重点项目开题时,我曾向我课题组的同事提出,我们未必能够做成经典之作,但我们要有经典的意识。我相信,顾先生编著的百年来中国文学海外译介与研究之德语文献卷一定是本领域最重要的著作。

顾先生每次来苏州,几乎都是看到我疲惫的神情和身影,我常常被杂七杂八的事务纠缠。学术研究和写作几乎都是夜间进行,也很少有休息日。他非常体谅我的忙碌,从未提出在江南观山赏水的要求,我也从未有半天时间陪他游览。我心里一直觉得亏欠顾先生。每次到苏州,一见面,总是先谈文献编撰中的问题,然后再说我们关注的话题。在简朴的生活方面,我们有许多相同之处。苏州以美食著名,我体会著名的美食通常是家常菜。所以,每次给顾先生洗尘,我们总是在十全街找一家小店。顾先生问我,这是什么菜,我便说这是什么菜,他有记日记的习惯,便把菜名记下。我们去得最多的地方是"老苏州"和一家面馆。下次顾先生再来苏州,看来我需要换一家餐馆了。

在获悉一家出版社准备出版一本关于顾先生学术研究文集的消息时,我表示自己要写一篇短文表达我对顾先生的敬意和感谢。但我一拖再拖,从冬天到春天。在未完稿之前,我抄录了南北朝陆凯的一首诗向顾先生表达心意:江南无所有,聊赠一枝春。顾先生虽然年逾古稀,但学术精力旺盛。我想,对顾先生而言,只要在学术之中,便永远生活在春天。

审智话语与"乌云美学"

——读顾正祥先生的诗

伍明春

顾正祥先生是当代著名翻译家,他的德语诗歌翻译成绩斐然,尤其是对于德国诗人荷尔德林诗歌的翻译,堪称经典之作,已然成为当下汉语诗歌写作者的重要参照。众所周知,在中国新诗百年发展历程中,很多优秀的诗人同时也是重要的诗歌翻译家,戴望舒、徐志摩、卞之琳、冯至、绿原等诗人莫不如此。与上述诗坛前辈一样,顾正祥先生的诗歌翻译和他的诗歌写作也相得益彰,构成一种内在的文本间的良性互动。尤其是荷尔德林的诗,从艺术表现手法到美学趣味,都深刻影响着顾正祥先生的诗歌写作。阅读顾正祥先生的诗,笔者油然联想到爱尔兰诗人叶芝的一首著名的短诗《随时间而来的智慧》("The Coming of Wisdom with Time")。叶芝在这首诗里所着力勾勒的"青春"和"真理"之间微妙的张力关系,为我们呈现了一种突出的智性品格。在顾正祥先生的诗中,我们同样可以发现这种智性品格在语言、主题、形式等方面的多元化艺术表现。

与年轻诗人热衷于抒写风花雪月的情感不同,顾正祥先生的诗更多地是表现一位历经时代风云变化的成熟知识分子关于世界、人生和艺术的深切体验和独特感悟。他的诗大多采用审智话语而非传统的抒情话语,常常带有鲜明的思辨色彩。这些诗作既体现了宏阔的视野,又具有深邃的诗思。譬如,诗人以乌云作为自我形象的参照物,表达了一种堪称另类的人生况味,他在《我羡乌云》一诗里这样写道:

> 我羡乌云
> 浓浓的乌云
> 你虽面目可憎
> 但有你的衬托
> 蓝天才更妩媚
> 人生才够回味
>
> 我亲乌云
> 浓浓的乌云
> 有你的一往情深
> 大地才不干渴
> 江河才起波涛
> 山岭才变苍翠

我敬乌云

浓浓的乌云

多亏你疾恶如仇

以横扫千军之势

涤荡人间污秽

迎来万丈春晖

　　从"羡"到"亲"，再到"敬"，几个动词的微妙变化不仅体现了诗歌情境的起承转合关系，也暗示了写作主体对于"乌云"这一核心意象认识的不断深化。值得注意的是，作者为这首诗取了一个副标题"我的美学观"，由此不难窥见作者在这里试图建构一种关于人生、自然和世界的"乌云美学"："乌云"并非一个自外于人生、自然和世界的独立存在，而是其中一个不可或缺的组成部分。

　　而在另一首诗《我是一个乞丐》里，作者通篇以"乞丐"自比，为读者塑造了一个历经艰难困苦、勤学进取的知识分子形象，其中的第二节特别值得我们注意："我是个执拗的乞丐，/ 乞讨不分天气。/ 无论阳光灿烂，/ 还是狂风呼啸，/ 都要向互联网乞讨"，面对我们所处的互联网时代，清醒、自觉的老知识分子不甘人后，仍在不断地求索、思考着。这种求索、思考的姿态一扫"夕阳无限好，只是近黄昏"的暮气，而是显得十分自信而从容。这种自信和从容的抒情姿态，在顾正祥先生的其他作品也多有呼应："既是'前辈'，莫滋生 / 白发和夕阳的哀悲，/ 或许能用你的余热 / 为后人竖一座丰碑"（《"前辈"小议》）、"如今已届老年，/ 问我有何期待？/ 我成了变相的富翁，/ 虽囊中羞涩，/ 似有金山银山"（《如今已届老年》），这里所说的"丰碑"、"金山银山"，不正是叶芝《随时间而来的智慧》一诗里所说的"真理"的化身吗？

　　自从移居德国之后，尤其是在获得"德意志联邦共和国十字勋章"之后，文化身份的认同问题显然也是顾正祥先生需要直面的一个问题。作为一位深谙中德两国文化的诗人，顾正祥先生以一种成熟、理性的方式找到了这个问题的解决方案，他在《别喊我"老外"》一诗里道出了诚挚的心声：

别喊我"老外"

我爱内卡河畔的图宾根

像爱扬子江边的大上海

别喊我"老外"

我在图宾根穿街走巷

好似在紫禁城里徘徊

别喊我"老外"
歌德席勒荷尔德林
和李白杜甫白居易
同是我的所爱

别喊我"老外"
德意志和龙的传人
在我身上汇成
同一个血脉

　　诗中对举的一系列中德文化符号，一方面突出显示了作者的深厚学养，另一方面也充分流露出作者努力沟通、融汇东西方两种文化的强烈愿望。这种愿望在《今晚为何相聚》一诗里同样强烈："于是，／就在这大厅／我斗胆想像：／大西洋问候太平洋，／内卡河拥抱扬子江；／中华古国和德意志／同是养育我的爹娘；／东方和西方的文化／皆是我驰骋的疆场"，在这里，东西方文化之间形成一种相互交融、相互生发的良性关系，不仅仅是一个想象的图景，更是像顾正祥先生这样脚踏实地的践行者以诗歌翻译、诗歌创作等方式不断探索、不断拓展的话语空间。顾正祥先生曾这样阐释他的诗歌翻译理念："试图在跨越德中两种语言的鸿沟之后，让它们脱胎换骨，在另一语境中获得诗意的新生；既最大限度地反映原诗的内涵、形象和韵味，又企望在转化为目的语后也能出神入化。"这个理念，在顾正祥先生那里，恐怕不仅适用于德语诗歌的翻译，也适用于他的诗歌创作中中德文化因素的调和以及诗人文化身份的重建。

　　总之，顾正祥先生的诗不仅为我们贡献了丰富的智性诗歌话语和有效的形式探索，也为当代汉语诗歌的写作和研究提供了一个不可忽视的观照视角。

目 录

上 编
顾正祥译文、论文、诗文选

顾正祥译诗选（德译中）

顾正祥序跋选

顾正祥论文选

顾正祥散文选

顾正祥诗选

顾正祥译诗选

4

赫豪森 (Helmut Hauser, 1927–2015)

裴斯泰洛齐（Johann Heinrich Pestalozzi，1746—1827）

　　裴斯泰洛齐，瑞士大教育家，世界爱心教育和直观教育的奠基人之一。著述宏富，计全集校勘本31卷，书信集14卷，另有总目录一卷，是人类教育史上一笔丰富的遗产。

　　裴氏的诗歌作品，传世的就只一首。它辨证地阐述了幼年的生活环境与所受教育对孩子一生成长的辨证关系，与他的教育思想是一脉相承的。

树

幼时受呵护　　　　　　幼无好培植
幼时受扶持　　　　　　老来不成样
便挺直腰杆　　　　　　此理更真实
从地面　　　　　　　　比之幼时培植
朝天生长　　　　　　　给予的好培养

幼时受压抑　　　　　　幼时受呵护
幼时受钳制　　　　　　幼时受扶持
就弯腰曲背　　　　　　便挺直腰杆
从空中　　　　　　　　从地面
倒向地上　　　　　　　朝天生长

幼时受培植　　　　　　幼时受压抑
老来会变样　　　　　　幼时受钳制
果然会这样　　　　　　就弯腰曲背
正如幼时培植　　　　　从空中
给予好培养　　　　　　倒向地上

歌德（Johann Wolfgang von Goethe，1749—1832）

　　1749年8月28日生于美因河畔的法兰克福，从小受到艺术熏陶。1765年10月至1768年8月在莱比锡学习法律，后因病辍学返回故乡。1770年4月前往斯特拉斯堡继续学业，结识了"狂飙突进"运动的旗手赫尔德。在他的影响下歌德接触了荷马史诗、莎士比亚戏剧以及民歌，更加丰富了他的艺术素养。热情奔放的恋爱生活又使他唱出了《欢会与离别》《五月歌》等动人的诗篇。1771年歌德结束学业，获法学博士称号。1772年在韦茨拉尔高等法院见习。1775年应魏玛公国奥古斯特公爵之邀任公国参议。1782年获贵族头衔。1786年至1788年游意大利。1788年7月与制花女子乌尔庇尤丝同居，1806年10月19日正式结婚。1808年会见拿破仑。1812年会见贝多芬。特别是1794年以后跟席勒的亲密合作更为他的创作带来了丰收。1823年爱克曼任歌德秘书，著有《歌德谈话录》。

　　歌德是举世闻名的大诗人。一生著述宏富，魏玛版的《歌德全集》有143卷之多。早在1878年，歌德本人及其作品就被介绍到中国（详见拙著《歌德汉译与研究总目（1878-2008）》及其续编）。

　　译者在这里选译的《为何你赐予我们深邃的目光》一诗作于1776年，是歌德脍炙人口的名篇，从中我们可以看出青年歌德思想的深邃以及他对于纯洁友谊与爱情的追求。歌德在这里并没有描写花前柳下的卿卿我我，并没有描写逢场作戏式的寻欢作乐；他所追求的是共同的思想基础与心灵的交汇。这是一朵抒情诗的奇葩。

　　教育诗《植物的变态》洋洋八十行，以形象的语言、细腻的笔触描写了植物从种子胚胎萌芽、破土而出到开花结果成熟的全过程。读罢，既使人增加了植物生长的知识，又受到了艺术的美感享受。与此同时，也使人不得不惊叹歌德自然科学兴趣的广泛，知识的渊博以及艺术表现手法的娴熟。

为何你赐予我们深邃的目光
——致施泰因夫人

为何你赐予我们深邃的目光

以愁思满怀地把前程眺望，

让我们从未醉心于我们的爱

把尘世之欢品尝?

命运呵，你为何使我们感觉到

洞察彼处的心房，

以透过这闲言碎语

窥见我们关系的真貌?

呵，万千浑浑噩噩之徒

对自己的心知之甚少，

胸无大志地游来荡去

显得愁眉苦脸好烦恼，

一旦突如其来的喜事从天降，

忽又欢呼雀跃好轻佻。

唯独我们这一对可怜的有情人

却不能两相无猜长相好，

不会被虚情假意所捉弄，

孜孜向往仙阁琼瑶，

又在恶梦中彷徨动摇。

虚幻的梦境固然好，

真实的预感也很妙，

可惜的是，我们每每晤面相视

远不止幻梦与预感，

请告，命运的赐予是好是糟?

请告，命运又如何把我们紧牵在一道?

呵，流年如水，

想当初，我们情同夫妇、同胞!

你熟悉我内心的每一次呼吸，
隐约探出微微的脉搏在跳。
你一眼就能洞察秋毫，
猥琐平庸的目光却很难做到。

你冷却我激情的狂涛，
你不让我像脱缰的野马乱窜乱跳。
你使我颓丧之心
偎依歇息在你天使般的怀抱。

你魔力般地吸引着他，
什么样的喜悦能同此佳遇相比较？
只因他感激涕零地匍匐在你的跟前，
他的心谛听到你澎湃的心潮，

沉湎在你的目光中
茅塞顿开
平息了心海的咆哮。

历历往事只化作一缕回忆，
在一颗捉摸不定的心头萦绕，
旧日之情铭刻在心，
此时此刻令人平添寂寥。
似乎我们并未互相倾倒，
晴光灿烂，我们的四周却雾霭飘飘。
庆幸的是，折磨我们的命运
改变不了我们的气质与基调。

植物的变态

满园花团锦簇，亲爱的人儿[1]，
万千品种使你不知所云。
你听过许多花名，
但没有一种花名能在你耳中久存。
大千世界为你昭示一条隐蔽的准绳，
一个至高无上之谜，爱友啊，
我多想为你顿释迷津！
请君细观察，植物的生长总是有条不紊，
循序渐进，直至开花结果终其生。
一旦，大地的怀抱默默地滋润种子的生命，
又立即让稚嫩的幼芽跻身阳光闪耀的天地，
它便在生命的征途上启程。
最初，力量还冬眠在种子里，那是壮苗之本，
尚未抛头露面，还在果壳中藏身，
仅仅是叶根芽的雏形，还平淡无奇，
干果中的生命还保持着平静。

有朝一日破土出，饱吸了水份，
立即冲破长夜，挺起腰板直起身。
但最初的形态挺简单，
在植物界还孩子般的娇嫩。
随即又由于内在的冲动，
自强不息，节节繁生。
君不见，一叶接一叶，不断添增，
先前蜷缩在茎上的枝芽
纷纷伸头探脑，松开手脚，各奔前程。
就这样它刚亭亭玉立，
某些品种则更令你惊异万分，
叶脉分明，叶边也呈锯齿形，
在松软肥沃的土壤上焦灼的企盼显得无止境。
恰在这时，大自然有力的手
扼住了它的扩展，轻轻地引导它长得丰满圆润。
又为它输送适量的液汁，长出纤细的叶脉，

1　歌德的爱人乌尔庇尤丝。

整个形象还显得娇弱稚嫩。
此时，枝叶的外围已悄悄地停止延伸，
花茎花叶也越长越苍劲。
忽然间，稚嫩的花梗从枝叶间脱颖而出，
神异的花蕾牵动观赏者的心。
数不胜数的花叶围成圈，
小花叶紧挨小花叶，叶叶相近。
这一朵朵含苞欲放的花簇拥着主干，
决意开放出五彩缤纷的花冠姿色绝伦。
大自然生辉添彩，盛况空前，
但看上去都排列有序，层次分明。
更令人惊叹的是，随风摇曳的花儿
依附着扶疏的绿叶，点缀着苗条绰约的体形。
这一派壮观展示了新创作的产品。
女神之手触摸这鲜艳的花瓣，
花瓣又迅速收拢，这娇小之物
又像对对新人，决定结伴成亲，
脉脉温情地偎依在祭坛的附近，
婚礼之歌荡漾，空气中弥漫着
芳馨，更添欢快的气氛。
随后不知其数的胚芽逐渐增大，
温柔地投入果腹之中，
大自然将永恒的力量在其中储存。

一个个果实都相依为命，
排成长串，历经四季的变更。
就这样，宏观世界充满生机，微观世界也各有
　　生命：
呵，亲爱的，请再把目光投向这五光十色的大
　　千世界，
它再不会对你摆迷魂阵。
每种植物都为你揭示永恒的规律，
每朵鲜花都跟你攀谈，话音一阵高一阵。
倘若你能识得谷物女神的字母，
便随处可见，看来是一成不变的事物
也将此规律遵循：
蠕动的毛虫举足不前，蝴蝶匆忙飞舞，
在特定的条件下，人类改变着自身的环境。
呵，请君再思忖，
我们内心美好的情操是如何逐步形成。
我们又何以会不可扼制地吐露心中的友情，
那爱神最终又怎样赋予我们的感觉
时而这些形象，时而又那些形象，
默默地循序渐进。
请君今日喜开怀，
神圣之爱结出共同的信念之果逗人敬。
有情人因而才能喜结良缘，
情投意合，迎来新乾坤。

知己知彼者

知己知彼者
想必亦领悟：
东方和西方
不再能分离。

我让我自己
神游两天地，
驰骋东西方
才达最佳境。

席勒 (Friedrich Schiller，1759—1805)

1759年11月10日生于马尔巴赫，父亲是外科医生，母亲是旅店老板的女儿，幼时家境贫寒。1765年在故乡上村小。1767年至1773年在路德维希堡上拉丁语学校。1776年读完中学后入大学学医。1780年大学毕业后在斯图加特当军医，收入微薄。1782年1月31日剧作《强盗》开演，不久被禁止写作。1782年12月至1783年7月完成剧本《阴谋与爱情》，着手创作《唐·卡洛斯》。1783年9月1日开始在曼海姆民族剧院当了一年多的编剧，排演剧本《斐斯柯》及《阴谋与爱情》。1787年7月迁居魏玛，与赫尔德、维兰德等交往。1789年被任命为耶拿大学历史学名誉教授。1790年2月22日与莎洛特·冯·伦格费尔德结婚，婚后生活拮据，积劳成疾，不久得了肺炎，经常复发。1794年7月后与歌德结为挚友，创作大获丰收。1802年封为贵族。1805年死于肺炎。1827年遗体移葬魏玛公侯陵园。

席勒是与歌德齐名的大文豪，也是杰出的诗人，但在题材与表现手法上却与歌德迥异，歌德最为脍炙人口的诗往往都描写亲身经历，情发于景，声情并茂；席勒的诗并不描写自身经历或他人的某一经历，其主旨不在于抒发感情，不在于单纯地歌唱爱、欢乐和大自然。他往往从古代神话或历史中寻找素材、捕捉形象，表现人与世界、艺术与现实、人类与文化这些重大题材，通过想象发挥和阐发他的某个观点或想法。他认为这才是诗的价值之所在。他的诗因而也称之为"教育诗"（Lehrdichtung）或"思想抒情诗"（Gedankenlyrik）。在形式上他惯于用抑扬格、扬抑格、六音步诗行及两行一首的短诗写作，也写格言诗和叙事谣曲。有些诗的诗句和诗节较长。

这里选译的《昏君》一诗是他声讨骄奢淫逸的历代统治者的檄文，具有鲜明的政治色彩。

挽歌

美也会枯萎！它使人类与诸神折服，

却不能打动冥王[1]的铁石之心。

只有一次，爱[2]感化过鬼域的首领，

但到门槛边，他就严厉地召回了被放生的神。

当野猪残酷地撕裂美男子[3]的身子，

阿佛洛狄忒并未把他的伤势减轻。

当那位骄勇的天神[4]完成他的使命

阵亡在特洛伊的西门，

不死的母亲[5]也救不了他的生命。

待到她和涅柔斯[6]的女儿们从大海的波涛间赶来，

都为她众口皆碑的儿子悲恸万分。

看吧，男女诸神泪纷纷，

哀叹美的消逝，哀叹完善的凋零！

爱人口里的一曲哀歌也觉动人，

因为，只有平淡无奇之物才在冥河中

无声无息地消沉。

1　指哈得斯，又名普路同，是地狱和冥国的统治者。参见商务馆版的《神话辞典》，下同。
2　指俄耳甫斯与欧律狄刻夫妇，妻子神女欧律狄刻被蛇咬伤致死，俄耳甫斯为了救妻子还阳，下到冥国。他的歌声感动了冥府女王柏耳塞福涅，被准许把妻子带回人间，但在走出冥界前不得回头看妻子，不得同她说话。俄耳甫斯违反禁令，救妻子未成。
3　即阿多尼斯。据希腊神话，阿多尼斯系美女密耳拉所生，俊美绝伦，阿佛洛狄忒很爱他，充当他的保护。后来他在打猎时被野猪咬伤致死。
4　指阿喀琉斯，特洛伊战争中的英雄。
5　指阿喀琉斯的母亲忒提斯，海神之女。
6　指海神。

两个木桶一口井

两个木桶在一口井，
一浮一沉。
一只满载着上升，
另一只不得不下沉。
它们周而复始地上上下下，

装满、倒空，倒空、装满不停顿。
你把这只桶送到嘴，
那一只就触到最底层。
它们从不能在同一瞬，
为你送水提精神。

昏君

人间诸神呵，我的七弦琴
何能获得你们的垂青？
我的琴只为爱神的节庆而鸣响，
琴声轻轻，反衬出粗鲁的吼鸣，
琴声震颤，因你们的威光咄咄逼人。

你们说，该不该拨动我金色的竖琴？
当你们的战车吆喝着驰过沙场
发出隆隆的轰鸣；
当你们厌倦了金戈铁马的厮杀，
恋人温柔的拥抱代替了沉重的铠甲？

该不该让英雄的颂歌打动你们——
纸醉金迷的人间诸神，
当你们以神秘的夜幕为掩护
歇斯底里地发泄自己的私欲
人的天性沾污直至葬身墓穴，才销声匿迹？

我应该歌唱王冠下的平静？
君侯们，我该颂扬你们的"梦境"？
每当蛹蛆蚕食君王之心，
执勤的黑人阍睡不醒，
他守护着宫中的财宝——
自己却不垂涎半分。

缪斯呵，请指点
国王和樵夫何能睡一道，
又如何使熄灭的闪电亲善友好，
使它们再不会大发雷霆，
历史舞台上的恶魔再不会张牙舞爪，
连猛狮也停止了咆哮。

起来吧，冥后，
用你的魔印开启墓穴之门！
请听，墓门重又轰然关紧！
那儿，死者鼾声如雷，
阴风吹起他们僵硬的鬓发，
我歌唱——君侯们的这般宏运。

这是生命的彼岸？
你们骄傲的希望之舰，
就搁浅在这些墓坟？
你们的权势在这里触礁，
显赫再不能温暖尸身，
长夜用骇人的黑臂
将权贵们铸进模型。

棺木里埋葬着你们的王冠、
珍宝和你们的王笏，
外表纵然堂皇，不免寒光逼人。

腐朽镀上了黄金，
只能喂养一条条蛹蛆，
世界竟护卫过他们！

高傲的植物栽种在这等洼地！
看吧，大言不惭的死神
恣意取笑威风扫地的王君！
想当年他们曾威震四疆，
如今被无赖们羞辱欺凌，
而无一位暴君恫吓他们？

起来吧，默不作声的僵尸！
快抖落千年睡意，
沙场擂响了祝捷的战鼓。
听吧，管乐高奏声嘹亮，
万众欢呼，把对你们的崇拜倾吐。
君侯们，醒醒吧！

贪睡的懒虫，请听，
号角长鸣，猎犬驻吠，
万千火舌劈啪齐射，
骏马嘶吼直奔森林，
满身芒刺的野猪栽倒在血泊中，
胜利已属于你们！

这是怎么回事？连君侯们也默不作声？
回音掠过墓穴，发出九重轰鸣，
对我讥讽频频。
请听宫廷侍众的悄悄话：
"坟头的圣母像正带着秘密钥匙
光临你们长眠的卧室"。

无人答话。——万籁俱寂——
盖着仆从们的白纱
莫非也蒙住了君王们的眼睛？
你们还要别人点起香火，做起礼拜，
让"幸福"这位盲目的娼妇
把一个世界塞进了你们的口袋？

你们摇着拨浪鼓，成了上帝操纵的大玩偶，
一个个被高擎着，骄矜又淘气，
像是歌剧院里演的滑稽戏。
一群乌合之众乱喝彩，
艺术的天使却泪水纵横
将它自命不凡的半呆子唾弃。

你们的经纪人
如能越过生死之界，
又要悄悄地变幻蛇蝎伎俩。
殊不知，天神的目光
撕破伪善者的假面
剖示你们的勾当。

你们尽可以把头像
刻印在名不符实的金属上，
把廉价的铜币封为金（可笑的是响声异样）
好让你们的富商作交易。
在彼岸世界却露出了破绽——
天平称出了各自的份量。

当在天之神不由分说地
向你们索取累累欠债，
皇家大院和无数宫邸尚能掩护你们？
你们惯用小丑发明的
荒谬的道德和虚假的许诺
抵偿年轻人的堕落。

披上"皇权"的夜服
永远掩饰你们冠冕堂皇的羞耻吧！
任你们躲在王座的背后胡作非为！
这支歌词将使你们颤栗，
复仇的子弹果敢地穿过紫袍
射穿君侯们冷酷的心肺。

阿恩特 (Ernst Moritz Arndt, 1769—1860)

    1769年12月26日生于波罗的海吕根岛上一个被解放了的农奴家里。在格赖夫斯瓦尔德与耶拿学过历史与神学。1798年至1800年漫游过不少欧洲国家。1805年当上了格赖夫斯瓦尔德大学历史学教授。1812年他作为改革派政治家施泰因的私人秘书陪同前往彼得堡。在拿破仑占领期间他成了解放运动的精神领袖之一，他的战歌在民间广泛传唱。拿破仑兵败后，由于这些歌曲中的民主精神，他不断受到历届德意志反动政府的仇视和迫害。

    德国解放战争期间，阿恩特创作了他最著名的爱国歌曲。诸如《上帝让田地生产钢铁》《钢铁赞》《陆军元帅之歌》等歌曲，很快传到前方将帅的耳中。《德国士兵的教义问答》中的《自由与祖国》一诗，抨击分裂主义，鼓吹国民的理想。《德意志人的祖国是什么》一诗，打破了地方主义与民族主义的局限，提出了什么是真正的德意志民族这个本质问题。

    直到晚年，他在同时代广大读者的心目中始终是一位杰出的爱国主义诗人和德意志民族意识觉醒的先驱。

飘泊异乡的德意志军人

啊，我的德意志，想让你的叹息

日渐蔓延，四处传闻？

在德意志土地上你的优秀儿子

竟无处栖身？

游子的呐喊是否回响在

盎格鲁与黑森之境？

这能说，已将德意志的爱与忠诚

献给了你的勇士们？

没有一支歌能唱出心头的忧焚！

没一句话能描述这深重的不幸！

因而，你的斗士才被迫

弃械而走，离乡背井，

心存侥幸，流落巴西，

去各国乞讨谋生，

才裸露着光荣的疤痕

作为德意志的一大标志昭告世人？

今天呵，重又响起你们

1780年的卡塞尔之歌，斯图加特之歌，

响起那位歌唱家[1]

在阿斯贝格监狱唱过的歌声？

萨拉托加的阵亡之士

黑非洲骄阳烤焦的官兵

为了我们，今天

重又起死回生，更名换姓？

今天呵，1850年，

黑森人，盎格鲁人，萨克森人，弗里西人，

蜂拥地投奔到这艰难时世

沦落他乡，受辱屈尊？

啊，在这些寡廉鲜耻之地

难用语言倾诉悲愤。

谁能主持公正？

有哪位报仇雪恨者

把这奇耻大辱洗尽？

---

1 指德国诗人舒巴特(1739–1791)，因抨击暴政与教会，自1777年起在阿斯贝格监狱坐了十年牢。

请安静！有人在喊：你该祈祷，
基督徒，你该笃信，该博爱，该期待；
即使德意志境内为你设置障碍，
广阔天空却永无遮盖。

就让一切崩毁、破损、炸裂，
乱作一团吧，
那上面请相信，有一位
会作出最后的仲裁。

为小雅科布悲叹

小雅科布今在何方？
他是一个放牛娃，
赶着牛群进了林，
从此一去不回家。
姐姐哥哥去找他，
找遍林子无踪影——
小雅科布，小雅科布，回家吧！

小雅科布何处去了？
冥国之人抓住了他，
强令住在黄泉下。
头戴金冠冕，
脚穿水晶鞋，
水晶屋子顶呱呱。
小雅科布，小雅科布，还是回家吧！

小雅科布在阴曹地府干点啥？
他侍候人，将五彩的鲜花遍天撒，
强颜为人把酒斟，想起：
重回林中多好啊！
小雅科布，小雅科布，回家吧！

就这样，小雅科布无可奈何地住下界，
他的金冠冕连同
水晶鞋和水晶衣都帮不了他。
呵，可怜的雅科布，
把小眼睛都哭坏了呀！
小雅科布，小雅科布，回家吧！

荷尔德林 (Friedrich Hölderlin，1770—1843)

　　1770年3月20日生于内卡河畔的劳芬一个神职人员的家里。早年丧父。在尼尔廷根与登肯多尔夫读完中小学。1788年至1793年在图宾根神学院就读。他不愿把自己禁锢在这个狭小而又沉闷的天地里，跟黑格尔等人一样离开教堂，另求生路。他自幼爱好文学，经常阅读卢梭、克洛卜施托克、舒巴特的作品；他专研古希腊古罗马的文化，因而崇拜古典的文明；他阅读揭露统治者腐败的诗，称它们"时代的书籍"。他同情和赞成法国大革命。1795年他在耶拿时听过费希特的报告。1805年他的好友辛克莱尔被捕，被带到霍恩阿斯贝格监狱。翌年9月11日他也被强行押解到图宾根，车到终点时神经失常，住进图宾根疗养院。1843年病逝于图宾根。

　　荷尔德林是德国重要的理想主义诗人，但在他的作品里我们同时可以看到古典主义与浪漫主义两种不同流派的影响。他早期的自然诗、风景诗和爱情诗继承了古希腊诗人阿尔凯斯与阿斯克勒庇阿德斯的传统，而被赋予新的内容。以后又创作六音步挽诗，哀叹那个逝去的"黄金时代"，抒发对现实的不满、寄托他对人类思想变革的希望。继而又创作平达体自由节奏诗，如《莱茵河》《归乡》《在多瑙河源头》《帕特莫斯》等。在这些诗里，诗人运用象征性的语言揭示生与死以及神灵的奥秘，表达他对祖国、对故土的眷恋，视野宽阔，观察敏锐，气势磅礴，语言形象，富有哲理。另外他还创作了诗体小说《许佩利翁》及诗剧断片《恩沛多克勒斯》。

　　在同时代的作家中很少有人欣赏荷尔德林的诗。直到第一次世界大战前不久他才逐渐被人了解。但是由于文字的艰深，即使在今天的德国也不是所有的人都能看懂他的诗。在我国，荷尔德林诗的译介还有待专家学者们的继续努力。

致春天

我见过脸蛋朱颜凋，双臂力衰老

你，我的心脏，你尚未衰老，像卢娜唤醒情人
天国之子又把你从甜睡中唤醒
因为我的姐妹，那娇迷的大自然醒来
随我一起奔向新的英姿勃发的青春
我迷恋的山谷向我微笑，我钟情的小树林
回荡着悦耳的鸟鸣，吹拂的和风
欢呼雀跃地为我捎来亲切的问候。
神圣的春天，你使心灵和原野年轻，
愿你平安，时光的初生儿，怡人的春天，
时光怀里的初生儿，强有力的春天，
祝你幸运，挣脱锁链，奏起欢庆之乐
使海滨震荡，还有江河，我们年青人

欢呼雀跃，在江河颂扬你的地方，迎着你
醉人的爱的气息我们撩开火热的胸膛，
跃入波涛，与之同舞，呼你为兄弟。

兄弟呵，天之骄子！自你迈出
仙境般山谷，手执魔杖，靠近
你的大地，她便翩翩起舞，在
碧空下，千般喜悦，万缕情丝。
君不见，她问候骄人的情侣——
神圣的白天，当他无畏地击败黑暗
飞越群山燃烧！君不见，她羞涩地披着
薄雾的白面纱，满怀期待地仰望
直至被他情热，她的满堂子女
百花和小树林，种子和抽芽的葡萄藤

17

微睡吧，大地母亲，微睡吧

与你友善的子民，只因赫利俄斯神[1]

早已驯服了狂野的骏马，天国的善神

帕修斯神[2]和海格立斯神[3]爱意默默地

路过，喃喃自语的夜风

拂过你快乐的种子，潺潺小溪

自远而近地唱着催眠曲。

致一朵玫瑰

仪态万方的原野女王呵，

永把你我拥在母亲怀抱的

是那娴静、广袤和

复苏万物的大自然；

小玫瑰呵，我们红颜不再，

风暴令你我落叶飘飞

而那永生的幼芽

终将绽放新花蕊。

致苍穹

你忠实而友好的教导，苍穹呵，

无一神灵和世人比拟，当母亲

还未把我搂怀里，喂我以乳汁

你轻轻怀抱我，赐我以琼浆

给我幼芽似的胸脯以神圣之气。

凡生灵并不单靠尘世之食发育成长，

而你用你的佳酿养育众生，父亲呵，

你那复苏万物的空气涌动着

永不枯竭地吹向每条生命之茎。

因而天下生灵也爱你，痴情地

向往你而乐呵呵地往上长。

上苍呵，植物无不用眼睛寻找你

低矮的灌木向你伸出羞涩的手臂，

以便找到你，被禁锢的种子挣脱外壳

以便力量倍增地沐浴在你的大气中，

森林抖掉积雪像脱掉过多的衣服。

连鱼儿也浮上水面，情急地

跃出波光粼粼的江面，仿佛它们也

从摇篮里向往你；大地上的高等动物

也连蹦带跳，每当强烈的渴慕，对你的

默默的爱打动他们，使他们情不自禁。

骏马高傲地蔑视地面，像折弯的钢

高昂着脖子，马蹄几乎不着沙土，

鹿之蹄嬉戏地轻触草茎，一溜烟地

越过那泡沫飞溅奔流直下的小溪，

来来回回、时隐时现地漫步树丛间。

而上苍的宠儿，那些幸福的鸟儿

满意地居住和玩耍在天父永存的大厅！

每位都有足够的空间，小径不曾标示，

在这大家庭里童叟无欺自由活动。

它们在我头顶欢呼，我心也为之神往

神妙地朝它们飞升；如友好的家乡

1　希腊神话中的太阳神Helios。
2　希腊神话中杀死蛇发女怪美杜莎的英雄Perseus。
3　希腊神话中大力神，主神宙斯之子Herkules。

高处向我示意，我欲攀上阿尔卑斯
山巅，从那儿呼唤匆忙的山鹰，
让它像当初宙斯把神童拥在怀里
将我从囚禁中带到上苍的大厅。

我们傻乎乎地漂泊，像迷茫的藤蔓
如果赖于朝天生长的枝干被折断，
我们就扩展地盘，徒劳地寻找和
流浪在天南地北，呵父亲上苍！
只因为我们乐在你的园中居住。
我们投身大海的波涛，畅游在更为

自由的领域，万顷洪波围着我们的
小船嬉闹，心为海神的力量而欢畅。
但它还不满足，更深的海洋吸引我们
那里浪波平稳——呵，谁能把
行驶着的航船引向那金色的海岸！

而当我的怀念飞向朦胧的远方，那儿
你用蓝色的波涛围住陌生的海滨，
你从满枝鲜花的果树之顶飘然下凡，
父亲上苍！自发地平静我的追求之心
我便一如往常，乐与大地的花朵相伴。

闲暇

抛却烦恼，睡意朦胧，不假思索。
我奔草地而去，只见草从根部
泉水似地抽出新芽，花朵向我
绽开芳唇，默默地呵出甘美的气息
小树林的千枝万条上，浅红色花朵
如燃烧之烛向我闪耀生命的火花，
阳光照耀的泉水里鱼儿怡然游动，
燕子围巢飞掠，巢内是稚嫩的乳燕，
蝶飞蜂舞好欢喜，我也沉浸在
它们的欢乐中；我站在宁静的原野
像棵慈祥的榆树，生活的甜蜜游戏
像葡萄藤和葡萄缠绕在我的周遭。

或向山仰望，它戴着云雾的花环，
黑黝黝的长发迎风飘拂，当它
把我托上它有力的肩膀
当习习轻风令我浑身陶醉，
无尽的山坳像一大片彩云

匍匐脚下，我变成雄鹰，挣脱地面，
我的人生便在茫茫的天宇中浪游。
而此刻小径引我返回人间的生活，
城市从远处露出微光，仿佛锻造的
金盔铁甲反抗雷神和人间的权力，
气概非凡，四周村落悄然；
被晚霞染红的炊烟温馨地
笼罩屋顶，精心围起的园圃
休憩，犁耙在被垦的田畴打盹。

但毁损的圆柱高高地伸向目光
寺庙的大门遇上骇人的隐藏的
动乱之魂，它酝酿在大地和人之胸，
这不可征服的老牌占领者，曾把
这些城市羔羊似地撕裂，曾冲进
奥林匹斯[1]，在山中骚动，纵火焚烧
把大片树林连根拔起，掠过大洋
捣毁船只，在永恒的秩序中却从未

---

1 浦路斯最高峰，海拔1953米，古希腊神话中众神居住的神山。

使你迷惘，从未模糊你法律牌上的
某个音节，他也是你的儿子，自然呵
他和安宁之魂原本是一母所生。

届时，当我在家，窗畔绿树婆娑，
微风弄影，我从人生这本大书中
念完娓娓而叙的一页，不禁感慨：
生活呵，世界的生活！你酷似神林，
我要说，谁想砍倒你，请拿斧子，
我却幸福地栖居于你之中。

橡树林

我从园林走向你们，大山的儿子！
我来自园林，那里，大自然成了家居的盆景，
与辛勤的园丁为伴，乃栽培与被栽培的关系。
而你们，蔚为壮观的你们，像温良世界里的
巨人族，只属于自己和培育过
你们的天空及生养你们的大地。
你们谁也没有受过世人的培养，
各自得力于壮实的根系，欢乐又自在地
挤出身子，苍鹰扑食般地
用粗大的手臂夺取地盘，洒满阳光的树冠
欢快而又气派地直冲霄汉。
你们中的每一位是一个世界，似满天星斗

个个都是神，自由而互为一体地相处一起。
要是我能容忍寄人篱下，便不会羡慕
这片林子，而是乐意混迹于那种社交生活。
要是我的心不再眷恋那种社交生活，
不是藕断丝连，我是多么乐意待在你们中间。

译者附记：
在这首诗中，诗人以人工培植的"园林"跟野生野长的"橡树林"作对比，表达了他在艺术创作日趋成熟之际，既怀念良师益友"园丁"席勒的"栽培"，又渴望摆脱这种依赖关系，充分发展自己艺术个性的矛盾心态。但有人则认为，该诗表达了诗人与情人、有夫之妇Susette Gontard（Diotima）的恋爱关系欲罢而不能的内心矛盾。

故乡吟

船夫快活地回到平静的内河，
　他从遥远的岛上归来，如果他有收获；
　　我也会这样地回到故乡，要是我
　　　收获的财产多如痛苦。

你们，哺育过我的可敬的两岸呵，
　能否答应解除我爱的烦恼？
　　你们，我孩提时代玩耍过的树林，要是我
　　　回来，能否答应再给我宁静？

在清凉的小溪边，我看过水波激荡，
　在大河之旁，我望着船儿驶航，
　　我就要重返旧地；你们，守护过我的
　　　亲爱的山峰，还有故乡的

令人起敬的安全的疆界，母亲的屋子
　乃至兄弟姐妹们的亲爱的拥抱，
　　我就要向你们致候，你们的拥抱
　　　像是绷带，会治愈我的心病。

你们旧情如故！但我知道，我知道　　　　　　因为诸神赐给我们天国的火种，

　　爱的痛苦不会那么快痊愈，　　　　　　　　　也赐给我们神圣的痛苦，

　　　　世人所唱的抚慰人的摇篮曲　　　　　　　　　因而就让它存在吧。我仿佛是

　　　　　　没有一首唱出我内心的痛苦。　　　　　　　　大地的一个儿子，为爱而生，也为痛苦。

内卡河之恋

我的心在你的山谷里醒来，　　　　　　　　　及你的神像的瓦砾之间，

　　投入生活，你的波浪在我的周围荡漾，　　　　因为你早就孤独无伴，呵世界的骄傲！

　　　　所有认识你的可爱的山丘，　　　　　　　　而那个世界已不复存在。你们，美丽的

　　　　　　游子呵，没有一个使我感到陌生。　　　　　　伊奥尼亚群岛，那儿有海风

在群峰之巅，天上的微风　　　　　　　　　　吹散岸上的热浪，使桂树林

　　解除我奴隶般的痛苦；山谷里的　　　　　　　沙沙作响，在太阳温暖葡萄藤之时，

　　　　碧波银光闪闪，好似　　　　　　　　　　　　呵，那儿金色的秋天为穷苦的

　　　　　　欢乐之杯里闪耀着生活的光芒。　　　　　　　民族化悲叹为歌声，

股股山泉迫不急待地投入你的怀抱，　　　　　在那石榴树成熟的季节，深蓝的夜色中

　　也带走我的心，你带着我们　　　　　　　　　闪烁着金黄的橙子，乳香树

　　　　投入庄重的莱茵河，奔向　　　　　　　　　　滴着胶汁，定音鼓和木琴

　　　　　　它的大小城市和欢乐的岛屿。　　　　　　　　为狂乱的舞步伴奏。

我仍觉得世界美好，目光在　　　　　　　　　我的保护神有一天也许将带我

　　贪婪地渴望地球上的魅力，　　　　　　　　　见你们，你们这些岛屿！而即使在那儿，

　　　　飞向金色的巴克托尔河[1]，飞向斯米那[2]　　　　我也决不忘却我的内卡河

　　　　　　海岸，飞向伊奥尼亚森林[3]。我还想　　　　　　和它迷人的草地及岸柳。

常在苏尼欧海岬[4]上岸，向默默的小径

　　打听你的柱子，奥林匹斯呵，

　　　　在你一同被风景与岁月

　　　　　　葬身于雅典娜神殿

1　小亚西亚的一条河流，富含金。
2　古希腊城，今名伊兹米尔（Izmir），位于小亚西亚海岸，海湾风光很美。
3　即古希腊特洛伊城（Troja），位于爱琴海之滨，荷马史诗《伊利亚特》所描写的古战场。
4　古城特洛亚（Troja）的别名，位于小亚西亚西北。

海德尔堡

我爱你已久，多么想称你为
　　母亲，并献上一支朴实的歌，
　　　　你是我在祖国见过的
　　　　　　最具农村风味的城市。

好似林中的小鸟飞出树梢，
　　闪耀在你身旁的江上横跨着
　　　　那座轻盈而又坚实的大桥，
　　　　　　桥上人车喧闹不已。

一股神一般的魔力曾吸引我
　　登上大桥，那时我正路过，
　　　　令人神往的远方照进
　　　　　　我置身的群山之间，

朝气蓬勃的大江向平原流去，
　　悲喜交集，恰似顾影自怜的心
　　　　恋恋不舍地
　　　　　　投入时间的大潮。

你为那位游子捧出股股清泉，
　　又送来凉爽的树荫，两岸
　　　　目送着他，浪波里
　　　　　　荡漾着它们的倩影。

饱经沧桑的巨大城堡
　　沉重地垂入山谷、山坳，
　　　　被风风雨雨侵蚀；
　　　　　　而永恒的太阳却用

返老还童的光芒浇铸着苍老的
　　巨人形象，四周有郁郁葱葱的
　　　　长春藤；阵阵悦耳的林涛
　　　　　　鸣响在城堡之上。

盛开的灌木丛毗连着欢快的山谷，
　　或背靠山崖，或偎依着河堤，
　　　　你那条条欢乐的小巷，
　　　　　　横卧在芬芳的园圃下。

德意志人的歌

各民族人民的神圣心脏，祖国呵，
　　你忍辱负重，似沉默的大地母亲，
　　　　你受尽曲解，面对外族想从
　　　　　　你的腹地获得最佳渔利。

他们剽窃你的思想，你的精神，
　　他们喜欢采摘葡萄，而他们
　　　　却讥讽你是蔓生的葡萄藤，说你
　　　　　　在地面上摇摇摆摆，四处彷徨。

你是人才辈出的国度，
　　你是友爱之邦，因我属于你，
　　　　才常常痛心疾首，痛惜你总是
　　　　　　懦怯地否定自己的灵魂。

然而，你也把某些美坦露在我的面前，
　　我常居高临下观赏你的山青水绿，
　　　　和那高高的向阳坡上大片的果园
　　　　　　沐浴在你的微风中，观看着你。

我曾傍着你的大河走，两情相依，
　　这时，夜莺在柔软的柳枝上
　　　　唱着轻轻的歌，波浪
　　　　　　在朦胧的河谷静静倘佯。

我看到两岸的城市欣欣向荣，
　　高贵的城市，工场里都埋头苦干。
　　　　科学在繁荣，你的太阳
　　　　　　和煦地照耀艺术家严肃的劳动。

可认识米内尔娃¹的女儿？他们早就将
　　橄榄树²选为自己的爱物；你熟悉它吗？
　　　　雅典人之魂，富有思想的灵魂，
　　　　　　它还活着，默默地影响世人。

即使古河之旁的柏拉图花园学府³，
　　已经荒芜，贫困的男儿
　　　　在英雄的荒坟上耕耘，胆怯的
　　　　　　夜鸟⁴在圆柱上伤神。

呵神林！呵阿提卡⁵！他⁶不是
　　也用那骇人的光束击中了你，
　　　　使你活力倍增，那火焰又
　　　　　　如此匆匆地离开你回到了太空？

然后，那守护神又春天般地向我们走来，
　　跨越一国又一国。而我们呢？在我们的
　　　　后生中有没有谁也对某种
　　　　　　预感，某种心头之谜不加隐瞒？

请感谢德意志妇女，是她们为我们
　　保存了神像们的美好的精神，
　　　　每天有那可爱的灿烂的和平
　　　　　　祛除那可恶的混沌。

跟我们的古人一样的诗人现在哪里？
　　上帝赋予他们快乐又正直的品性，
　　　　像我们的贤人一样的贤人又在哪里？
　　　　　　他们冷静、果敢、清明廉正。

如今，向你致意，我崇高的祖国！
　　用新名字称呼你，最成熟的时代之果！
　　　　乌拉尼亚⁷，你这最后一位
　　　　　　也是第一位缪斯，我向你问候！

你还在踌躇、沉默、酝酿一部欢乐之作，
　　构思一部无愧于你的新作，
　　　　一部独特的作品，像你自身一样，
　　　　　　是爱的产物，像你一样美好。

何处是你的戴洛斯⁸，你的奥林匹娅⁹
　　使我们相聚在最隆重的节日？——
　　　　做儿子的又何能猜透你这位神灵
　　　　　　为你的儿孙早就准备好的一切？

1　西文名 Minerva，系雅典娜女神在罗马神话中的别名，为雅典城的保护神。同时为智慧女神，诗人与哲学家的保护神。
2　古希腊人和平、万物生长与文化繁荣的象征。
3　位于雅典城西北，为一所花园式学府。
4　即猫头鹰，为雅典娜女神的神鸟。
5　西文名 Attika，希腊中部山地半岛，首都雅典所在地，古时多林。
6　手稿上为 der Gott 译为上帝或主神，指宙斯，太阳神。按荷尔德林的自然哲学，他兼威慑与鼓舞、鞭策两作用。
7　按排列，乌拉尼亚为九“缪斯”最后一位，但按重要性，作为包罗万象的宇宙和谐女神，她又位居“第一”。
8　西文名 Delos，爱琴海中希腊一岛屿，仅四平方公里，相传为光神和爱神阿波罗的诞生地。有阿波罗神殿，每年在此举行一年一度的庆节。
9　与戴洛斯（Delos）同为宙斯、即阿波罗的圣地，位于伯罗奔尼撒半岛西部。公元前425年，雅典人决定每四年在此举行一次全国性庆典，故为国泰民安之象征。在当时诸邦林立的德意志，诗人憧憬着祖国这一天的到来。

我的财产

丰饶的秋日已经来到，
　　葡萄已酝酿成熟，小树林挂满
　　　红果，已有一些可爱的花朵
　　　　感激地谢落在地上。

在我漫步的田间小路，
　　静静的，原野上的谷物将
　　　喜获丰收，这好年景
　　　　将使人忙得不亦乐乎。

柔和的阳光从天上透过树林，
　　俯视着忙碌的人们，与他们
　　　分享快乐，因为果实不是光靠
　　　　人的双手就能长成。

你也会向我照耀吗，金色的阳光？
　　你还会向我吹拂吗，习习的微风？
　　　一如当年，为我带来欢乐，像为
　　　　幸运儿似的在我胸前荡漾吗？

我也有过幸福的时光，但虔诚的人生
　　玫瑰花似的短暂，唉，可爱的星辰
　　　只剩下它们还为我盛开
　　　　频频向我提示这一点。

幸福呵，谁能默默地爱着一位良家女，
　　生活在值得夸耀的故乡和自己的家园，
　　　阳光格外明媚地照耀着
　　　　坚实的大地和那位安居乐业的男子。

因为世人的灵魂好似植物，未在本土
　　扎根，会很快燃成灰烬，
　　　要是只有阳光伴随可怜的他
　　　　在神圣的大地上漫游。

天国的神灵呵，你们过于强大地
　　举我上天，狂风大作时，晴空万里日，
　　　我感到胸中的你们不一般，
　　　　在消耗我的精力，你们，变幻的神灵。

今天请让我默默地沿这熟悉的小路
　　走向金色的小树林，枯黄的败叶
　　　装点它的树梢，也请把桂冠戴在
　　　　我的额上吧，你们，美好的回忆，

为了拯救我干枯的心灵，请让我
　　也与他人一样有个安身之处，
　　　我的灵魂并不向往
　　　　在身后也无家可归。

不管是你的歌声，我友好的避难所，还是
　　经我精心培育、带给我幸福的
　　　园林，让我漫步在
　　　　长开不败的繁花下，

有个安定、简朴的住所，任凭外面
　　时代的大潮不顾一切地
　　　变幻着在远处呼啸而过，
　　　　让宁静的太阳推动我的创作。

芸芸众生中的每一位，
　　天国的神灵呵，都受惠于你们，
　　　也请赐给我一份吧，让命运女神
　　　　不至于过早地结束我的梦境。

贺奥古斯塔·冯·洪堡公主

旧岁尚在依依不舍地向你
　　道别，冬日的晴空闪耀着
　　　　赫斯佩里恩[1]的柔光，高悬在
　　　　　　你充满诗意的常绿的庭院之上。

此刻我想到了你的节日，考虑过
　　何以表达我的谢意，那小路边的
　　　　花儿尚未凋谢，它们可编成
　　　　　　缤纷的花冠献给你，高贵的人儿。

然而，别的更高的馈赠，高尚的灵魂呵，
　　更能增添你节日的气氛，因为雷霆[2]
　　　　正隆隆地卷下山冈，看吧，
　　　　　　灿烂宁静的繁星，从那

漫长的困惑中将升华出纯洁的形象；
　　这是我的预感；公主呵，自由的心灵
　　　　想必不会过久地沉湎于
　　　　　　一己之福；因为有光荣的

戴着挂冠的英雄与它作伴，
　　真正的英雄；还有圣哲们，
　　　　他们都值得我们尊敬；他们默默地
　　　　　　从生活的高度俯视我们，这些严肃的先辈。

富于幻想的歌手并不热衷于
　　孩子般地玩弄无聊的琴弦，
　　　　只要崇高的幸福，只要伟人的
　　　　　　行为和教诲唤醒了他。

然而你的芳名将为我的歌增色；你的节日，
　　奥古斯塔呵，我有权庆贺；我的本职是
　　　　讴歌崇高，因而上帝才
　　　　　　赋于我语言和心头的感激。

呵，但愿这欢乐的节日
　　成为我岁月的起点，但愿终于也有
　　　　我的颂歌一曲在你的小树林里
　　　　　　荡漾，高尚的人呵，一支与你相称的歌。

致朗岛厄尔

　　　高兴吧，你交上了这个好运，
　　　因你拥有忠实而深邃的灵魂；
　　　你生来就是友中之友，
　　　共度节日的我们为你佐证。

　　　幸福无比呵，谁的家中像你
　　　那样平安，和睦，充实又平静；
　　　有些生活迥如昼夜，
　　　你的秉性却温和适中。

1　古希腊文艺作品中对西方的雅称，这里指德意志。
2　指战事未息。

太阳照耀你轩敞的大厅，
你山坡上的葡萄在阳光下成熟，
聪明的神[1]总是平平安安地
把所有的货物运进运出。

孩子在成长，母亲[2]围着夫君，
像是树梢上的一朵彩云，
还有你们，亲爱的故人，
极乐世界里的人，也习惯于他。

跟他在一起吧！因为变幻的
风云[3]常常掠过国土和家园，
而历尽生活艰辛的心
会在缅怀神灵中复元。

你看，我们从欢乐说到了忧虑；
似深色葡萄酒，严肃的颂歌也能助兴；
节日已近尾声，待明日每个人
各走他自己在世上的羊肠小道。

生命过半

悬着黄澄澄的梨、
长满野玫瑰的
陆地偎依湖水。
你们，可爱的天鹅[4]，
为亲吻而陶醉
把头浸入
神圣清醒的水里。

可叹，冬天一来，我
何处去采摘花卉，
何处去领略阳光，
和大地上的荫处？
高墙默立
无语，寒冷，风中
风信旗嘎嘎直响。

---

1 指罗马神话中的商业神墨丘利（Merkur）。
2 指孩子的母亲、朗氏的妻子。
3 暗示战争风云。
4 从古希腊罗马时期到十九世纪欧洲文学，白天鹅一直是诗人的象征。

流浪者

我孤独地站着，遥望阿非利加[1]的

　　荒原，奥林匹斯[2]火光炎炎，

上帝用光束掠去一切，势如当初

　　把高原制成山峰与低谷。

没有新绿的树林拔地而起，

　　郁郁葱葱地直指莺歌燕舞的长空

山岳秃着额头；娓娓动听的小溪

　　与它无缘，泉水很少流到山谷。

不见牛羊正午在喷涌泉边消暑，

　　也不见从新绿树丛中探出好客的住家。

灌木丛下默默地停着一只神情严肃的鸟，

　　四处漂泊的鹳雀仓惶而逃。

大自然呵，我并不向你要水，沙漠中的

　　饮水，驯良的骆驼已为我贮备。

我请求你赐予小树林的鸣唱与父辈的家园呵，

　　家乡漂泊来的候鸟提醒了我。

你却对我说，即便是这里，也有神灵主宰，

　　他们的尺度大，而人却喜欢用区区的尺度衡量。

此番话驱使我去寻找另一片世界，

　　我登舟远上北国的极地。

被禁锢的生命静静地睡在雪被里，

　　长年累月的沉睡期待着白昼的来临。

奥林匹斯在这儿已过久地没有张臂拥抱大地，

　　像庇克玛利欧[3]的手臂拥抱情人一样。

这儿他不用太阳的目光抚摸她的胸脯，

　　也不用雨露亲切地跟她说话；

这使我惊奇，我傻乎乎地问：大地母亲呵

　　你就这样长此守寡，蹉跎光阴？

1　非洲的音译。
2　希腊最高峰，高2918米。相传为众神的居住地。
3　传说为塞浦路斯国王，爱上了一尊他自己创作的立式女性雕像，在爱神和美神阿弗洛蒂特让它活起来之后，娶之为妻。

没有新生命诞生，也就谈不上精心抚养，

　　老来后继无人，无异于死亡。

但有朝一日你也许取暖于天上的光芒，

　　他的气息会把你从寒睡中唤醒；

使你像一颗种子，砸碎坚硬的外壳，

　　挣脱出来，获得了自由的世界迎接光明，

所有蕴藏的力量燃烧在蓬勃的春天里，

　　贫瘠的北国也盛开玫瑰花，酿出葡萄酒。

我说着说着，现又回到家乡的莱茵河畔，

　　青春时代的阵阵和风似当年拂面而来；

亲密无间的树木曾张开臂膀将我晃悠，

　　如今又抚慰我那颗勇于追求的心，

好一片神圣的绿色世界，世上欢乐又充实之生命

　　的见证，使我精神矍铄，返老还童。

这期间我已苍老，冰封的极地染白了我的头，

　　在南国的酷热中我的鬈发脱落。

但要是谁在临终前的最后一天

　　远道而来，已精疲力尽，现在

再见一见这片土地，他的面颊必然会

　　再泛红晕，快要熄灭的眼神定会重放光芒。

天堂般的莱茵河谷，没有一座小山不支着葡萄架，

　　葡萄藤的叶爬满了围墙和院落，

河上的船只满载琼浆玉液，

　　城市和岛屿都沉醉于葡萄酒和水果。

而上面的陶努斯山老人却庄重地微笑着，

　　这座橡树覆盖的自由之山低垂着头。

这时小鹿走出林子，日光穿透云层，

　　鹰在高高的晴空下环视。

在泉水滋润花草的山坳里，

　　小村庄舒坦地横卧在草地上。

这儿静静的，远处有忙碌不息的水车在鸣响，

　　钟声却报告我已是日暮时分。

镰刀割穗的沙沙声和谐地混杂着

　　欣然晚归的农夫赶牛的吆喝声，

坐在草丛中的母亲哼着动听的曲调，

　　怀里的幼儿看得睡着了，而云彩还是红红的，

在明晃晃的小湖旁，绿树簇拥下的

　　那扇院门敞开着，阳光为窗户镶上金色，

那儿正是迎候我的家和绿荫森森的庭院，

　　那儿慈祥的父亲曾为我培植庄稼；

那儿我曾像自由的飞鸟在有趣的枝间玩耍，

　　或是从树梢上仰望可爱的蓝天。

你也依然忠贞不渝，对流落他乡的人亦然，

　　故乡的天空，你一如既往，仍亲切地把我收容。

桃树还为我生长繁茂，繁花令我惊异，

　　宛如桃树，灌木丛也开满娇艳的蔷薇。

紫红的果子沉甸甸地挂满了我的樱桃树，

　　树枝趋身向前任凭伸手采摘。

院子中的小路仍像当初吸引我去树林，

　　去野外的凉亭，或去山下的小河边，

当年我躺在那里，津津乐道于男子汉——

　　富有想象力的船夫的荣誉；你们的传奇

使我不由自主地神游于大海与沙漠，你们这些强人！

　　呵，此间我却让双亲白白地寻找；

而他们在哪里？屋子的守护人，呵，你在沉默还是在迟疑？

　　我不是也迟疑过？！我数了数脚步，

当我走近时，还朝拜似地默立了一会。

　　但请进屋吧，就说儿子从客地归来，

让我们开怀拥抱，让我聆听他们的祝愿，

　　接受祈祷，有幸又跨进自家的门槛！

但我已有预感，我的亲人，现在他们也要

　　撇下我，径奔彼岸的神仙世界，永不回头。

父亲母亲呢？倘若朋友们还健在，他们已

　　另有收获，他们已跟我疏远。

我会再来，像过去一样，叫出亲爱者的名字，

　　愿这颗心仍像当年似地跳动，

但亲人们也会埋没无闻。岁月就这样

　　使我们结合又分离。我以为他们死了，反之也一样。

于是我孤独一人。而你，高居云端的

　　祖国之父，强大的苍天，还有你

大地和光明，你们三位一体，主宰和热爱世界，

　　永恒的神，我跟你们的联系从未中断。

我以你们为起点，在你们的陪伴下漫游，

　　阅世渐深后，又把欢乐的你们带回故国。

因而请递上满斟的葡萄酒，

　　它产于莱茵河畔的向阳坡，

让我先为诸神，为缅怀英雄和船夫干杯，

　　继而也为你们，我最亲爱的人干杯，

为父母亲和好友！让我忘却辛劳和所有的烦恼，

　　今天和明天就快快地与乡人打成一片。

归乡

——致乡亲们[1]

I

在阿尔卑斯山的丛山峻岭，夜色微明，云

　　凝聚着欢乐，覆盖着睡意惺忪的山坳。

逗趣的山风呼啸着吹来吹去，

　　一道光线在冷杉林中一闪而过。

在慢慢逼近，在拼搏，那令人又喜又恐的骚动，

　　还是雏形，但很强大，正热衷于不伤和气的争吵，

千山万壑间，在永恒的屏障里，这骚动在酝酿，正一步一摇，

　　因为山里的早晨执意要崭露头角。

1　约作于1801年春，取材于诗人在瑞士的Hauptwill结束家庭教师之职，从该地经博登湖（Bodensee）返回故乡的一次旅行。与《漂泊者》和《斯图加特》同为诗人三首著名的挽歌体长诗。

在那里，一年的延续比别处永无尽头，

　　时辰和日子的交替也比别处大手大脚，难于区分。

尽管如此，海燕还是报时，在

　　群山间，在高高的大气中盘旋，呼唤白天。

此刻，那山坳深处的小村醒了，缅怀着对上帝的虔诚

　　毫无惧色地从山巅下仰望。

预感着新生，因为已有闪电般倾泻而下的

　　古泉注入水潭，激起浪花飞溅。

回声震荡，那座难于丈量的工场[1]

　　日夜不停地挥臂，恩赐给人间。

II

这期间，银色的山峰在静静地闪耀，

　　玫瑰朵朵已缀满皑皑白雪。

再往高处，坐在光的金銮殿上，那纯洁、

　　快乐的上帝[2]正兴高采烈地变幻光的把戏。

他单独而平静地生活，脸上容光焕发，

　　那苍天显得乐意播种生命，

创造欢乐，与我们在一起，多么经常，每当他把握分寸，

　　体察人情，考虑再三，又小心翼翼地

将福星普照座座城市和千家万户，普降喜雨，

　　敞开大地胸襟，为你们送来沉闷的云，

又送来舒适的微风，送来妩媚的春光，

　　用舒缓的手使不幸者转忧为喜，

每当他使时间不断更新，这位造物主

　　焕发、激动起垂暮之年寂寞的心，

深入人世间，打开、照耀心灵的窗户，

　　按他的意愿，生活现又重新开始，

一派祥和如往常，当代的思潮风行，

　　欢乐的勇气重又鼓起希望的羽翼。

1　对大自然的形象比喻。
2　此处的"上帝"，和以下各处的"造物主""神""神灵""天父""天神""天使们"，均指大自然
　　及其精灵。

III

我对他已说过许多，因为作诗者的思考

　　与歌唱，多半是针对天使们和他；

我已多次请求，为了祖国，不要在

　　某一天未请求便突然把神灵强加于我们；

多次请求，也为了你们，在祖国忧虑的人们，

　　让神圣的谢意微笑着为你们带回难民，

父老乡亲呵，为了你们！这时，湖水[1]把我轻轻摇晃，

　　桨手胸有成竹地坐着，夸耀着这次航行。

风帆欢乐地滑行在宽阔的湖面上，

　　此刻，那儿的城市在黎明中活跃、清晰

起来，顺利地从苍茫的阿尔卑斯山

　　驶来，现已平安泊港。

岸上春意融融，山谷敞怀欢迎，

　　小路穿过绿荫，明暗参差交错。

田园连着田园，蓓蕾已含苞欲放，

　　鸟儿用歌声邀请游子。

一切都显得亲切，连过路的问候也

　　仿佛出自友人，每种表情都显得亲热。

IV

果然不假！这是出生之地，家乡的土地，

　　你的寻访之地近在咫尺，呈现你眼前。

那是因为好似为儿的游子已伫立在

　　波涛拍击的门槛，眼望着你，用歌声

为你寻找芳名，幸福的林道[2]！

　　这是故国的一道好客之门，

走过这道门，远处风光更迷人，

　　那儿蔚为奇观，像匹神奇的野马，

1　指博登湖。
2　西文名 Lindau，博登湖畔的一座古城。从中世纪以来，从奥格斯堡（Augsburg），经林道（Lindau）和瑞士的库尔（Chur），至意大利的科摩（Como）和米兰（Mailand），有一条通商要道。因而林道与下文的科摩，仿佛各为阿尔卑斯山北南两麓的两道门户。

莱茵河居高临下地向平原奔来，又夺路而去，

　　峡谷间和盘托出那人声鼎沸的山坞，

从那儿进山，穿过向阳坡，漫步去科摩，

　　或下山去，似日神漫游坦荡荡的湖[1]。

但更吸引我的是你，那神圣的山口，

　　踏上故乡路，有我熟悉的小路鲜花铺，

看望我的故土和内卡河畔美丽的山谷，

　　以及森林、相依为命的橡树、桦树和

山毛榉树神圣地泛绿波，

　　在群山环抱中，有一处友好地把我吸引住。

V

他们迎候在那里。呵城市，我母亲的声音！

　　闻此声，久已忘却的往事心中升！

他们却依旧故我！太阳与欢乐仍照耀你们，

　　亲爱的人们呵，你们的目光似比往常更有神。

是的，这儿风情未改！它生长、成熟，

　　活着的和相爱的一切依然忠贞。

而最为可贵的是无论年老年幼，

　　阔别重逢在神圣和平的彩虹下[2]。

我在说傻话。这是欢乐。而明天和将来

　　我们到野外看看长势喜人的田野

横卧在花树下，春光烂熳的节日里

　　再跟你们乡亲们聊家常、谈希望。

从伟大的天父处我所闻甚多，我对他

　　沉默已久，他高居云端，使脚步匆匆的时代

不断更新，使山山岭岭俯首听命，

　　不久，他将为我们捎来天国的赠礼，唤来

1　博登湖呈东西走向。早晨，太阳从位于湖东侧的林道升起，白天沿湖自东向西，傍晚在湖的西端下山，
　整个博登湖仿佛是太阳一日的行程。
2　暗指1801年2月9日奥地利与法国在法国城市Luneville签署的和平协议。

嘹亮的颂歌，派来许多美好的精灵，呵良机莫失，

来吧，我们生命的支柱！年岁的天使！和你们

VI

家庭的天使，下凡吧，融进生命的每条血管，

　　让普天同乐，愿天国的恩赐得以分享，

愿灵魂净化，青春焕发！莫让人类的财富

　　失却欢乐，要让欢乐洋溢每个时辰，

现在这样的喜悦，在亲人重逢之时，

　　此乃天经地义，也能得到适当的尊重。

每当我们就餐前祈祷，我应呼谁之名？每当我们

　　忙完一天，说吧，我何以表达谢意？

呼唤那位天神？不合适者神不喜欢，

　　我们小小的欢乐几乎不足承受他的降临。

我们得常常沉默；找不到神圣的名字，

　　心儿在跳，话却说不上来？

而拨弦乐的演奏回响每个时辰，

　　也许会使神灵高兴，他们正向我们靠近。

奏响此乐吧，这样，此忧已近乎

　　排除，那潜入欢乐的忧愁。

如此这般的忧愁，不管是否乐意，须在

　　诗人心头常停留，而其他人则没有。

乡间行
——致朗岛厄尔

　　来吧，朋友，去空旷旷的野外！今天虽只

　　　　透出一丝晴光，天空把我们封闭在里面。

　　既不见山峰矗立，也不见林木森森，

　　　　天不作美，四野里也听不到颂歌阵阵。

　　逢上这阴天，小巷小路都无精打采，我仿佛

　　　　觉得，这是个铅一般沉闷的时辰。

　　尽管如此，我们并未扫兴。有执着信念的人

　　　　一刻也不怀疑，白天将会是其乐无穷。

因为我们从天国获得的不算贫乏，

　　它一时不给的，最终还会恩赐给我们。

但愿我没枉费这番口舌，但愿我们不虚此一行，

　　但愿赏心悦目的东西并非海市蜃楼。

我继而甚至希望，倘若想作的事

　　我们已着手进行，倘若正想开口，

找到了要说的话，心灵的窗户已经打开，

　　从狂热的头脑里产生出远见卓识，

天上的花将与我们的花一起开放，

　　睁开的目光将感受到闪光的一切。

它虽然不很强大，却属于生活里

　　我们所需要的一部分，显得欢乐而又恰如其分。

但愿还会有几只吉祥的燕子

　　在夏日来到之前飞到这乡间。

让它们在祝辞声中为那些土地举行落成典礼，

　　贤明的店主在这儿兴建旅店。

供客人品尝佳肴，观赏美景，即富庶的乡村，

　　都能如愿以偿，无拘无束地尽情地

品味，又歌又舞，使新店成为斯图加特市的欢乐之冠，

　　因而我们要带着美好的心愿攀上山岗。

愿五月的和煦春光勾勒出一幅更为美好的图画，

　　展示在有教养的客人面前，

或按惯例，如有人愿意，因为这是古老的习俗，

　　众神曾多少次微笑地观看着我们。

请建房大师从屋顶上作祈祷，

　　至于我们，已经尽了我们的本分。

这是块宝地，当新春佳节

　　敞开山谷的胸怀，当内卡河奔流而下，

一片片嫩绿的牧场森林，一枝枝添了新翠的

　　树木，一朵朵洁白的花，在熏风中摇曳，

山腰上飘下白云朵朵，葡萄藤

　　朦朦胧胧，在芬芳的阳光下取暖生长。

斯图加特

—— 致西格弗里德·施密德[1]

I

又一次逢凶化吉，旱情已化险为夷，

　炽热的阳光不再烧烤着花卉。

天庭现又敞开大门，园林安然无恙，

　雨水冲洗过的山谷山明水秀，流水潺潺，

长满高高的植物，一条条小溪涨满了水，

　系住的飞禽又敢于飞入歌乡。

空气中充满欢乐者[2]，城市和小树林

　到处充满天空满意的子女，

它们乐意交往，彼处随意穿飞，

　无忧无虑，似乎既不缺少，也不过剩。

因为这是心之所愿，上天之灵使它们

　呼吸这命运赐予的祥和之气。

游子也被引入坦途，他们有

　足够的花冠和颂歌，有饰满葡萄和绿叶的

神圣旅杖和云杉投下的绿荫。

　村村人欢马叫，日日不会沉寂，

像一辆辆野马带动的大车，群山

　跃向前方，小路也这样，时而踌躇不前，时而加快步伐。

II

而现在你[3]是否想让大门白白地打开，

　让诸神白白地为道路染上欢乐的色彩？

让善神们白白地为丰盛的宴会献上

　葡萄酒，并草莓、蜂蜜与鲜果？

---

1 S.施密德（Siegfried Schmid, 1774-1859），黑森州诗人，与荷尔德林过往甚密，今存他于1797-1801年间写给荷尔德林的书信五封。1801年荷氏曾写过一篇评论他的剧本《女主角的扮演者》的文章。本诗的素材源于荷氏对他的一次拜访，作于1800年秋，系荷氏挽歌体名篇。
2 与下一行中"天空满意的子女"均指上文的"飞禽"。
3 指S.施密德。

让他们枉为这节日的歌声送来绯红的晚霞，

　　枉为倾心畅谈送来晚间的凉意与静谧?

若为要事累，何不留冬天?！若要

　　娶娇妻，劝君且等待，五月时节好相爱。

现下另有当务之急，请来吧，欢度这秋节的

　　古老习俗，好传统随我们而经久未衰。

今日里，只有祖国至高无上，

　　火焰熊熊，各自都把自己的祭品投掷。

于是，万民拥戴的神[1]小声地为我们的头饰以花环，

　　葡萄酒像融化珍珠似地融化各自的私念[2]

它体现在这一桌，庄严的一桌，我们

　　围坐着它唱起歌，像蜜蜂围着橡树，

这意味着觥筹交错，合唱声

　　使好斗的男人们也心平气和，握手言欢。

III

时近黄昏休大意，为了不误时辰，

　　我随即大步流星地迎上前去[3]，

一直走到国界线[4]，蓝蓝的河水

　　从我亲爱的诞生地[5]与河心岛两旁流过。

那是我神圣的地方，河两岸，还有那山崖

　　连同房屋与田园，郁郁葱葱地突兀于波涛间。

我们相聚在那儿，和煦的阳光呵，在我率先

　　感受到你一缕光芒的地方。

那儿已经或正在重新开始美好的生活；

　　而一见到先父[6]墓，眼泪便往下流?

1　指酒神Dionysos。
2　据古罗马作家Plinius（公元23-79）的自然史（Naturgeschichte）记载，埃及女王Kleopatra在凯撒门将Antonius面前夸口一顿饭所耗去的巨资，为了证实这一点，她将价值昂贵的珍珠融于用葡萄制的浓酒醋，并与其他饮料混合。
3　指与施密德会面。
4　指当时巴登（Baden）与符腾堡（Württemberg）两诸侯国之间的分界线。
5　指位于内卡河畔的劳芬（Lauffen）。
6　指荷尔德林的生身之父Heinrich Friedrich Hölderlin（1736-1772）。

泪儿流，泪儿止，与友晤面，听友一席话，

  它们曾神奇地治愈了我爱的痛苦。

另一种思绪在复苏！我不得不列举本乡的英雄谱，

  红胡子大帝[1]！还有你，大慈大悲的克里斯托夫[2]，和你，

康拉丁[3]！你的阵亡，为强者树立了楷模，常春藤

  绿了山崖，酒醉似的树叶覆盖古堡，

而过去与将来对歌手一样神圣，

  秋日里，我们将祭扫这些阴魂。

IV

缅怀英雄豪杰和他们撼人心魄的命运，

  自己毫无作为，无足轻重，却头顶同一片

青天，同样虔诚，像古代受神灵启示的

  豁达诗人[4]，我们兴冲冲地往上走[5]。

这里气势磅礴，发源于边缘山岭的

  许多涓涓细流，顺着山丘往下流。

泉水叮咚，成百条忙碌的小溪

  不舍昼夜地奔流而下，就地垒土造田。

内卡河这位老农耕种在田的中央，

  牵引着条条犁沟，并捎来福祉。

随它而来的有意大利的微风，大海借助它，

  遣来云朵和灿烂的阳光。

从而沉甸甸的庄稼才高过我们的头，

  因为在这片平原上我亲爱的

乡亲们得天独厚，而那边的山坡上

  没有人嫉妒他们的田园、葡萄

或是肥草、谷穗和茂密的树，

  它们列队两旁为游子们遮荫。

1　西文名Barbarossa（约1123-1190），神圣罗马帝国皇帝，1152-1190年间在位。
2　西文名Christoph（1515-1568），符腾堡公爵，在当地积极推行马丁·路德的宗教改革，重视教育。
3　西文名Konradin（1252-1268），霍恩斯陶芬王朝末代国王康拉德的后裔。因未能继位，率兵去意大利，以夺回他在前王朝属地西西里的遗产，途中兵败被杀。
4　指古希腊诗人。
5　指首府斯图加特方向。从诗人的故乡劳芬去该市，须沿内卡河溯流而上，故曰"往上走"。

V

正当我们目不暇接，喜出望外之时，

　　道路从脚下逝去，白日像从醉人的身旁溜过。

绿叶扶疏的城市，令人夸耀的城市

　　赫然昂起它牧师般的头。

它巍然挺立，把酒神杖和杉树

　　高高地举入极乐的彩云间。

别怠慢了来客和远归的游子，故乡的女侯爵！

　　幸福的斯图加特，请替我友好地款待这位不速之客！

在我看来，你一向赞同笛子和弦乐伴奏的颂歌

　　和孩子般咿哑学语似的歌，

陶然地忘却疲劳而兴致勃勃，

　　因而你也乐意愉悦歌者的心。

而你们[1]，你们高出一筹，你们欢乐者，

　　长生不老，主宰万物，或是更为强大，

倘若你们在神圣之夜独自大显神威，

　　使一个正在觉醒的民族脱颖而出，

直至年轻人回忆起上界的诸神，

　　善于思索的一代将老练地崛起在你们跟前——

VI

祖国的天使呵，在你们面前

　　孤胆英雄也会两眼昏花，寸步难行。

于是他得求助于友人，恳求至爱亲朋

　　与他分担这幸福带给人的重负[2]。

善良的天使，感谢他[3]，感谢其他各位友人，

　　他们是我在人世间的财产和生命。

时已垂暮须赶紧，欢度这秋日之节，

　　就在今日！内心充实，但生命短促，

1　指"神灵"，即大自然。
2　过于巨大的幸福也能成为一种负担。
3　指S.施密德。

这良辰吉日要我们说的话，

　　我的施密德，我俩力不从心

我倒有个好主意，欢乐之火烧得正旺

　　大胆的话要说得神圣些。

看吧，这是一片净土！上帝的馈赠之物

　　由我们分享，也只能由亲善者分享。

别无他哉——来吧！请把它变为现实！因为我

　　孤独一人，而没有人取走我脑海里的这个梦想？

来吧，亲人们，握一握手便已足矣，

　　且把更大的欢乐留给我们的子孙。

面包和葡萄酒
——致海因泽[1]

I

城内外停止了忙碌，灯光照亮的小巷趋于平静，

　　火把前导，离去的车儿带走了串串喧声。

饱尝了白日之欢的人们踏上征途，

　　到家后，又踌躇满志地盘算起

盈利和亏损；葡萄与鲜花销售一空，

　　繁忙的市场已经歇业。

远处花园里传来拨弦乐的演奏，也许

　　有一对情侣在那儿弹唱，或是某一位孤独的男士

缅怀远方的知友和青春年华；泉水

　　永不枯竭地，清清地流过芬芳的菜畦。

鸣响的钟声回响在寂静的暮色里，

　　有位更夫喊着数字报钟点。

此间吹来一阵风，拂过灌木丛树梢，

　　看吧，月亮，我们地球的幻影，

1　海因泽（Wilhelm Heinse, 1749–1803），德国小说家。著有长篇小说《阿尔丁赫洛和幸福岛》（*Ardinghello und die glücklichen Inseln*）及《希尔德加德·冯·霍亨塔尔》（*Hildegard von Hohental*），其中的斯宾诺莎学说和音乐美学思想，影响过荷尔德林的诗及小说《许佩里翁》（*Hyperion*）的创作。曾于1796年7月25日在卡塞尔（Kassel）加入荷尔德林和恋人苏塞特·贡塔（Susette Gontard）及其两孩子逃避法国军队的行列，途经巴特德利布尔克（Bad Driburg），直至返程，前后两个月。

也悄然来到；沉醉的夜晚来了，

　　满天星斗，似乎对我们不太介意，

那边的这位不速之客，这位陌生女子来到人间，

　　忧伤而又粲然地闪耀在群山之巅。

II

这位佳人的赐予奇特无比，没有人

　　知道它从何而来，会发生什么奇迹。

就这样它牵动世界和人们企盼的灵魂，

　　甚至没有一位贤人能捉摸它带给人什么，

（因为这最高之神的旨意，他爱你甚深，）

　　因而恃重的白天比她更讨你欢喜。

但有时清醒的眼睛也喜欢暗处，

　　为了享受，想在睡意来临之前入睡，

忠诚的男士也喜欢把目光投向夜晚，

　　是呵，该为她献上花环和颂歌，

因为她是奉献给迷惘人与死者的，

　　自身却永存，拥有最自由的精神。

但她又必须为我们在踌躇之际

　　为了让我们在黑夜中有所寄托，

赋予我们超脱和神圣的陶醉，

　　使我们文思如涌，恋人般地

毫无瞌睡，斟满美酒和勇敢的生命，

　　还有神圣的记忆，彻夜不眠。

III

我们也徒然地掩饰我们的心迹，

　　又白白地保持勇气，无论老练还是稚嫩，因为

谁还会设置障碍？！谁还会剥夺我们的欢欣？！

　　神灵之火在奔突，不舍昼夜，

正欲启程。就这样地来吧！让我们放眼广袤的天地，

　　让我们寻找自己的东西，尽力而为，

有一点不可动摇，不管是正午，还是

　　夜半更深，一个准绳永存：

它适用于大家，对每个人又各具个性，

　　每个人在能力所及之处，应纵横驰骋。

因而，欢呼着的颠狂惯于嘲讽他人的嘲讽，

　　每当这种颠狂在神圣之夜突然把歌者打动。

因而，请到伊斯特莫斯来，去吧，那儿的茫茫大海喧响在

　　帕那斯山崖，那儿的皑皑白雪照耀着达尔菲的巉岩，

从那儿前往奥林匹斯圣地，从那儿攀上金泰龙[1]峰巅，

　　踏进松树林，步入葡萄园，从那儿起

泉女忒拜[2]和伊斯梅诺斯河[3]喧响在卡德莫斯[4]之国，

　　那儿正朝我们走来的那位神回首又徘徊。

IV

极乐世界希腊！你这天国神灵之家，

　　年轻时听到的是真是假？

巍巍殿堂！大海作地坪！群山当桌子，

　　想必是远古前因某种需要造就了它！

但王座、神庙今安在？交错的觥筹何处觅？

　　何处是满斟的琼浆玉液和取悦于诸神的颂歌？

何处，何处还闪耀着远播的神谕？

　　达尔菲昏昏欲睡，何处迎来伟大的命运？

那突如其来的命运？它充满最普遍的幸福，

　　雷鸣般地从欢快的空气中闯入我们的眼帘？

苍天父亲！呼唤声此起彼伏，

　　经久不息，这生活没有人能单独承受；

这样的财富应乐意与他人分享和交换，

　　欢呼声起，语言的威力在悄悄增长：

1　西文名Kithäron，底比斯附近一座森林覆盖的山脉。
2　西文名Thebe，清泉女神，与底比斯城（Theben）谐音。
3　西文名Ismenos，诗中常提到的一条小溪，流经底比斯城区。
4　西文名Kadmos，底比斯王族、包括酒神的母亲Semele的祖宗。

天父呵，宽慰吧！请听声震环宇的回响，古国遗风
　　由父辈继承，恰如其分而又富有创造力。
众神灵就这样地光临，万象更新的白天
　　就这样地冲破黑夜，来到人间。

V

刚来时他们还未被认识，世人纷纷
　　逃离，此幸福来得太快，太眩目，
世人畏而惧之，无一哲人能说出
　　携厚礼而来的他们姓甚名谁。
但世人的勇气因之而变大，心胸溢满
　　欢乐，几乎还不会享用这份财富，
得到后，不会珍惜，甚至视俗物为神奇，
　　当其不无愚昧地伸手触及此物时。
对此，天国的神灵尽量保持忍耐；继而
　　显露真容，世人也逐渐习惯于这种幸福，
习惯于白昼，习惯于正视显露的神灵和他们的面容，
　　早就被称为幸福之源的他们
绰绰有余地充实那些沉默的心灵，
　　首先和独自使一切愿望得以实现；
人便是这样；面对财富，面对神灵的
　　关怀备至，他麻木不仁，视而不见。
他先得承受这些；而现在他已能称呼其心爱之物，
　　现在，现在，他的话如鲜花迸放。

VI

如今世人真诚地想敬重永生的神灵，
　　对神灵的赞辞都得有实实在在的内容。
上天不喜欢的事不得见阳光，
　　在苍天面前办事不宜懒懒散散。
为了在天神面前保持尊严，
　　各族人民井然有序地振作起来，

把美丽的神殿和城市建造得

　　坚固又华贵，它们在江海之滨突兀而起——

而如今它们在哪里？为人熟知的节日之冠的盛况又安在？

　　忒拜[1]衰老了，还有雅典；刀戈之声不再喧响

在奥林匹亚，还有金碧辉煌的竞技车？

　　难道科林斯[2]的船舰再不会戴上桂冠？

为什么连你们——那些古老而又神圣的剧院也沉默？

　　为什么呵神圣的舞蹈不再娱乐人们？

为什么神灵不像以往在男子的额上留下标记，

　　不像以往为受过神谕的人打上烙印？

也许他[3]亲自来过，以人的模样出现，

　　圆满结束了慰藉人的节日。

VII

而朋友呵，我们来得太迟，虽然众神还活着，

　　却在我们头上的另一个世界里。

他们在那里威力无边，似乎很少留意

　　我们的存在，其实对我们是何等爱护。

因为血肉之躯并非总是理解他们，

　　世人只能偶然接受全盘神化。

此后人生便充满对神灵的梦想。迷惘

　　如微睡有助于这种向往，逆境和夜晚使人坚强，

直至英雄们在钢铁的摇篮里成长，

　　有颗坚强的心，似当年神一般地有力量。

然后他们叱咤风云而来。这期间我常常觉得

　　如此孤独无伴，如此地期待着

会睡得更香，而这期间该做些、说些什么

　　我不知道，也不知在贫瘠的时代诗人的使命。

但正如你[4]所说，像酒神的神圣牧师

　　他们在神圣之夜踏遍每片土地。

---

1 底比斯城的拟人化。
2 西文名Korinth，介于希腊中部与伯罗奔尼撒半岛的狭长海域，长125公里。
3 指基督。
4 指海因泽。

VIII

也即，当不久前(我们已觉得很久远)

　　使生活变得幸福的他们都已升天，

当天父对众人背过脸去，

　　悲哀理所当然地弥漫大地，

当一位默默无闻的精灵[1]最后一次出现，带来天使般的

　　安慰，宣布白昼消逝后离去，

并留下痕迹，表明他来过，天国的诸神

　　还会再来，并留下一些馈赠物[2]，

让我们仍能像往常那样享有天伦之乐，

　　因为再大的馈赠给人的欢乐会变得

过量、失当，还没有，没有强者能承受

　　最高的欢乐，但某种默默的感激并未泯灭。

面包是大地之果，却是光的赐予，

　　葡萄酒之欢源自怒吼的雷神。

因而我们也联想到天神们，他们

　　来过这里，适当的时候还会再来，

因而他们——歌手们也真诚地歌唱酒神，

　　对这位古神之赞美并非出于虚荣。

IX

是的，他们有理由说，他使白昼与夜晚和解，

　　不懈地把天国的星辰带上带下，

永远快乐，像他所热爱的四季长青的

　　松树叶，像他选用常春藤所装点的桂冠，

因为他留了下来，亲自把遁去的诸神的踪迹

　　带往处于黑暗世界中的无神者。

古人的颂歌所预言过的神的儿女，

　　看吧！我们即是，我们；那是赫斯佩里恩的硕果！

1　指基督。
2　指"面包和葡萄酒"。

非常出色，不折不扣地树立了人的风范，

　　相信吧，任凭谁来检验！已发生了许多奇迹，

却无一奏效，因为我们无感觉，是鬼影，直至

　　苍天父亲认出每个人，属于我们大家。

但此间最高之神的儿子，叙利亚人[1]，

　　手擎火把下凡到冥冥世界。

永生的贤人看在眼里，被禁锢的灵魂

　　露出笑容，凝滞的目光冰消雪化。

提坦人在大地的怀抱里安然睡去，堕入梦乡，

　　连嫉妒成性的地狱之犬也饮酒入睡。

阿尔希沛拉古斯[2]

仙鹤又飞回你海域？船舰又在你

海滨搜索航道？习习和风拂动着

你平静的海潮？海豚从大海深处

被吸引到海面沐浴明媚的春光？

爱奥尼亚已春暖花开？已春天？只因

春天里，万类生命皆复苏心灵，

人们情窦初开，缅怀金色岁月，

我来你身旁，向你致意，安祥的老人！

强大的海神，你还健在，还歇息在你群山的

倒影里，一如既往。你还张开年轻人的手臂

拥抱气象万千的陆地，父亲呵，你的众女儿

——座座宝岛都安然无恙。

克里特[3]耸峙，萨拉米斯泛绿，日出时分

戴洛斯桂香飘逸，身披霞光

昂首抒怀，泰诺斯和开俄斯

不乏红紫的美果，从沉醉的山坡上

1　指酒神Dionysos，也指基督。

2　原文为Der Archipelagus，指诗化和拟人化了的爱琴海和它的群岛，包括希腊沿海和小亚细亚，并不等同
　　于地理上的爱琴海（Ägäisches Meer）。原诗为六音步颂歌，部分章节带叙事诗特色。

3　克里特（Kreta）和下文的萨拉米斯（Salamis）、戴洛斯（Delos）、泰诺斯（Tenos）、开俄斯（Chios）
　　和卡劳利亚（Kalauria）均为爱琴海中的岛屿。

溢出佳酿，银铃般的小溪，

仍从卡劳利亚注入老海神的水域。

他们都在世，座座岛屿——一位位英雄之母

年年岁岁人未老，时而

夜火从海底爆喷，雷电在地下震怒，

抓住某一座可爱的小岛，垂死的她沉入你怀抱，

神灵呵，你，你也能忍受，因为在这深邃的

海底之上，你目睹过一些兴衰景象。

还有天神们，在天之灵，他们默默地

带着欢快的白昼、甜蜜的微睡和预感，

从远方而来，越过常人的头顶，

显得威力无比，还有他们，往日的游伴，

仍与你住一起，夜色朦胧时分，

从亚洲的山头照进明月的清辉，

万点星斗相聚在你的浪波里，

你闪耀着天国的光辉，星星在漫游，

你的波光也随之摇曳，水面的星汉之歌，

即他们的夜歌，在你多情的胸中共鸣。

然后，那位炳耀环宇的白日的大阳，

她，那位东方女子，神通广大的仙女光临，

万千生命便开始编织那位女诗人总在

晨光中为他们编织的金灿灿的梦，

为你这位哀伤的神，她赋予欢乐的魅力，

因为她自己的令人喜爱的光华不比

那爱的标记——花环美，年年岁岁，她对你

思念如初，长把那花环围住你花白的鬓发。

苍天没有搂住你，你的使者——

云朵，并未带着诸神的馈赠——光芒

从高天返回吗？你便通过陆地再度派遣，

直至沿海的热带林被雷阵雨浸透，

与你一起喧腾咆哮，像是密安得河[1]

1　与下文的开斯特平原同位于小亚细亚。

这位游子听到父亲的呼唤，

顿时挟着千条小河，百回千折，从开斯特平原

朝你欢呼，你的长子——气概不凡的

老尼罗河，藏匿了太长时间，

今从远方的丛山峻岭阔步而来，似满身披挂的将士

凯旋而归，迫不及待地敞开了双臂。

尽管如此，你颇感寂寥，在万籁俱寂的夜里

山岩听到了你的叹息，飞卷的浪涛

常常怒不可遏地挣脱你，挣脱尘世，向天国遁逃。

因为你所喜爱的良民，不再与你生活在一道，

当年他们尊崇你，曾用美丽的庙宇和城市

打扮你的海滨，如今这些神圣的元素

为了荣誉，在不懈地寻找又失去，的确又永远需要

富有感情的人的心灵，就像英雄需要桂冠。

告诉我，哀神呵，何处是雅典？

在祖辈的灵骨上，在庄严的大海边，

你最心爱的城市已崩塌，全化为灰烬沉沦，

抑或留下了某种标记，让过路的舟子

将它呼唤，把它追忆？

那儿可曾有根根列柱耸立，可曾有

神像辉耀在那儿的城堡之巅？

从那儿的市政广场可曾传来平民的呼声，

暴风骤雨一般，那儿的条条小巷

可曾从欢乐的山隘口直奔你活跃的码头？

看吧，商贾曾从这儿启锚远航，

放心吧，他也会乘风破浪，

诸神爱他跟爱诗人一样。

因为他使大地的赐予均衡，

他使求远与务实相统一

远航塞浦路斯，远航提洛斯[1]，

上溯科尔奇斯[2]，下抵古埃及，为本城获取

---

1 西文名Tyros，地中海东岸古城，腓尼基人居住，受古埃及与巴比伦文化影响而繁荣。
2 西文名Kolchis，古代黑海东岸地区。

彩陶和葡萄酒，谷子和毛皮，

希望的风帆载着他

常穿越英雄的"海格立斯神柱"[1]，

驶抵其余几座欢乐的岛屿，这时

有一位寂寞的后生为另一种思绪驱使，

徘徊在城外海滨，谛听着滚滚波涛，

他坐在这位摇撼大地的巨人脚下谛听，

领悟到沧桑巨变，神情严肃，并未辜负海神的教诲。

文明之敌——穷兵黩武的波斯人，

早已虎视眈眈，厉兵秣马，

嘲笑希腊的国土和为数不多的岛屿。

它们仿佛是那统治者的玩偶，亲密的

百姓还受神谕熏陶，对他也似梦影。

他一声令下，火势如山洪暴发，

四周如埃得纳火山[2]倾泻，

鲜花馥郁的城市，被掩没在熊熊火浪中，

直到燃烧的火龙冷却在神圣的瀚海。

他的大队人马，由国王统帅

浩浩荡荡地从埃克巴塔那[3]而来，

一路烧掠，攻城夺邑；

可悲呵，美丽的雅典娜女神倒下了；

想必逃难的老人挣扎着从山岭回望

原先的住宅和浓烟滚滚的庙宇，

野兽听见了他们的呼喊；

而男儿们的祈祷却再不能唤来

灵灰，死亡笼罩山谷，大火腾起的浓云

随空飘散，恶贯满盈的波斯人

带着猎物，又横行境内，继续掠夺。

---

1 即直布罗陀海峡（Gibraltar），与当时被称为"世界边缘"的地中海东侧相接。以古希腊神话中的英雄海
格立斯（Herkules）命名。古希腊把海格立斯看作是走遍天涯海角了解世界的英雄。
2 欧洲最高火山，位于意大利西西里岛的东北部。
3 波斯国王的夏宫，位于里海南海滨。

而在萨拉米海滨，萨拉米海滨的一天呵，

站着巴望休战的雅典女子，少妇，

站着母亲，摇晃怀中得救的幼子。

从大海深处向她们传来海神

预言般的声音，天上的诸神向下

观望权衡，只因在那轰鸣的海滨，

从清晨开始，如雷霆慢慢逼近，

在波翻浪涌的海面上，战局不稳。午间

骄阳如火，已悄悄高悬在战士们的头顶，

所有男子汉，英雄的子孙，如今

眼更明，这些神兵天将

怀有必胜的信念，雅典的儿女们

都发扬视死如归的精神。

仿佛沙漠中的野兽从蒸腾的热血中

再度奋起，仿佛神力一般

使猎人为之心寒；刀光剑影中

统帅一声令下，困兽犹斗，

在行将灭亡时又重振旗鼓。

战火愈烧愈旺，如对对角斗士扭打在一起，

战船互相钳制，船舷颠簸摇晃，

水面在战士的足下裂开，水手与船同归于尽。

回响着白日高唱的战歌，国王的目光陷入

令人晕头转向的恶梦；他苦笑着，扬言胜败未卜，

时而恳求，时而欢呼，时而急如星火地派出使者。

却是徒劳，无人返回他的身边。

血肉模糊的使者，阵亡的将士，击毁的船舰

不计其数，被复仇女神——轰鸣的巨浪

一齐扔到他在军中的宝座前，他坐在震颤的海滨，

眼望着滚滚海潮，又被卷进逃难的人流，

上帝驱赶着他，驱赶着他乱作一团的舰队

穿过惊涛骇浪，又终究嘲讽似地摧毁了他的

金银首饰，并挽救了这位披盔带甲的弱者。

雅典百姓深情地返回孤独期盼着

的大河，从故乡的山山岭岭

波涛汇入喜悦之泪，银光闪闪，

注入久违的山谷，呵！仿佛年迈的母亲

见到一个失散多年的游子，

当儿子回到母亲的怀抱，已长大成人，

她的心灵已在哀伤中枯萎，而

欢乐却姗姗来迟，她疲惫地听着

亲爱的儿子诉说的感激之辞；

故乡的土地就这样呈现在归来者面前。

君莫问，何处是故乡的小树林，

再没有可爱的小城门迎候这批凯旋者。

而往常它总是迎候从岛上欣然归来的

游子，雅典娜女神快乐的城堡

也远远地辉耀在这位思乡者的头上。

但想必他们还能辨认这一条条狼藉的小弄

和远近一座座满目凄凉的园林，广场上

柱廊被毁，神像栽倒，

而痴情的人们如今为忠贞而欣慰

又心情激动地携起手来，

不久，丈夫开始寻找，并找到了

瓦砾下故居的旧址，回想

舒适的休憩之处，妻子搂住

丈夫的脖子哭泣，孩子们问起

那张桌子，当初他们乐融融地围坐着用饭，

在天父们——家中笑容可掬的神像们的目光下。

百姓建起了篷帐，昔日的左邻右舍

又相依为命，按通常的心愿，

宽敞的新居又井然有序地排列在山丘上。

如今他们又像老人当年那样自在，

坚信自身的力量，坚信未来的日子，

好比展翅飞翔的鸟儿，从这山唱到那山，

这些森林和横流之江河的拓荒者。

而忠贞的大地母亲又如当年

拥抱她高尚的子民，在神圣的天空下

他们安然休息，和煦的青春之风又如当年

吹拂梦中人，从梧桐树荫中伊利索斯河[1]

为他们传来潺潺的流水声，宣告新的日子来临。

催人再作进取，夜间，远方传来

海神的洪波曲，为情人送去欢乐的梦境。

花儿正含苞欲放，金色的花朵徐徐吐艳，

在横遭蹂躏的原野上，经过慈厚的双手栽培

油茶树已吐绿，在科洛诺斯[2]的原野上

雅典人的良马又在平静地吃草。

为了报效大地母亲与海涛之神

城市日新月异，好一个建筑群，星体般

稳固，堪称天才之作，只因他好约束

自己的爱，将它置于他为自己

设计的巨大形象，以便永葆活力。

看吧，森林为创造者效命，和别的山脉一起，

佩特雷山脉[3]的大理石和矿石俯拾即是，

像他一样生机勃勃，如此快乐、美妙、如此轻松，

他双手创造的奇迹源源不断，事业太阳般蒸蒸日上。

泉水奔涌，清澈的渠水听凭调遣

翻山越岭，倾泻在丰饶良田；

山泉旁，田陇头，令人耳目一新的住房排成行，

好似喜庆的勇士围着一个大酒缸，

市宴会厅拔地而起，竞技场供人大显身手，

神庙应运而生，一个神圣而又大胆的想法，

为了靠近神灵，奥林匹斯神殿从神林

直指苍穹；还有些其他神殿！

雅典娜女神，你那锦绣山川

从悲哀中崛起，比以往更扬眉吐气，还久久地

繁荣在你和海神跟前，你所宠爱的百姓

还常常欢聚在奥林匹斯山麓，唱出对你的谢意。

1　西文名Illissus，雅典附近的一条小河。
2　西文名Kolonos，雅典附近一个以驯马著称的小衬落。
3　西文名Pendeli，位于雅典东北，盛产大理石。

呵幸运儿们，虔诚之民；如今你们

漫步在父辈们的彼岸世界，忘却了那些峥嵘岁月，

倘佯在忘川之畔，为后人空留下串串忆念？

难道我们已无缘相见？呵，在芳草萋萋的大地，

在千条小径，你们神一般的形象呵，

难道已寻觅无处，因而我只能

从文字和传说中了解你们，

让遗恨无穷的魂灵

在我生前就向你们的冥国逃遁？

然而我欲靠近你们的神林依然生长的地方，

靠近云遮雾障的神山——

帕那斯山[1]，若是在幽暗的橡树林里

迷惘中的我遇见了卡斯泰利阿泉[2]。

愿用沾满花香的碗取水，和着眼泪，

浇在叶芽上，作为给你们——

所有长眠者的祭品[3]。

在那沉寂的山谷，在腾皮谷[4]的悬崖，

愿与你们住一起，夜间，常从那里

呼唤你们的芳名，如果你们忿忿不平，

为的是犁耙亵渎了你们的坟墓，我愿用

肺腑之声，用虔诚的歌声赎罪，呵英灵！

直至灵魂完全习惯于和你们生活在一起。

而后，被净化了的我有一些狐疑要请教你们，已故之人，

还要请教你们，永生而又高贵的神灵，

倘若你们不动声色地飞过瓦砾堆上空，

而平安无事，望星空，不时有困惑

飓风般地袭上我的心头，

我寻求指点，而它们，多多那[5]的预言之林，

_____

1 西文名Parnass，祭阿波罗和缪斯的神山。有"诗歌王国"之称。
2 西文名Kastalia，传说中的神泉，位于Parnaß山麓的达尔菲（Delphi）。它的水在宗教仪式时作净化用。在古罗马文学中它被誉为诗创作的灵感之泉。
3 古代希腊罗马人祭礼时，常从花枝缠绕的罐或碗中取出酒、水、牛奶或蜂蜜等饮料作祭品。
4 西文名Tempe，指介于Olymp与Ossa两山之间的Peneios河谷，有"切口"之意。两岸岩壁陡峭，风光奇丽。东出口处有阿波罗古迹。
5 西文名Dodona，为古希腊的宙斯圣地，有神谕宣示所。在宗教活动时，由"预言者"对橡树林的喧响，即所谓的"神谕"作出"解释"。

对渴求者早就不说一句劝慰之辞，

达尔菲[1]的神沉默无语，那条条小径

久已岑寂而荒凉，当年，有人曾怀着一线希望

攀上那位可信的预言者之城。

而上界的光，它至今还在跟人说话，

频频给人以美好的启示，用雷神宏大的嗓音

喊道：你们可在念我？海神的巨涛颓唐地

发出回音：你们已不再把我怀念？

因为天国的神灵喜欢与富有感觉的心灵为伴，

一如既往，这些鼓舞人心的力量

喜欢伴随有所追求的人，在故乡的群山之上，

苍天无时不在，无处不有，亘古主宰，

为的是让一个友爱的民族汇集在天父的怀里，

像以往那样享受天伦之乐，举国上下一个精神。

哀哉！我的同时代人却在黑夜中摸索，仿佛

生活在阴曹地府一般，索然无味。光为

自己的事奔忙，在隆隆的作坊里

全都闭目塞听，蛮人般地挥动巨臂，

埋头苦干，毫无间歇，却总是，总是

像复仇女神指使的那样徒劳无益。

直至人类的灵魂从可怕的恶梦中

苏醒，朝气蓬勃，直至爱的吉祥气息

如当年吹拂意气风发的希腊儿女

在新的时代重又吹拂，在我们舒展的额头

自然的精灵，这位神，自远方而来重又

悄悄地驾着朵朵祥云出现。

呵，你还在踌躇？呵白日？那些神灵创造的人

依然像是生活在地球的深处，

独自呆在冥冥下界，而永生的春天

已悄悄地在沉睡者的头上露出晨曦？

为时已不会太久！我已经听到

如黛的远山传来节日的合奏和神林的回音，

1　西文名Delphi，有阿波罗神庙圣迹和神谕宣示所，系宗教政治中心。

年轻人挺起胸脯，民众的灵魂

在自由的歌声中潜移默化地趋于统一，敬重上帝，

他是当之无愧的，山谷也无限风光，

因为在河面渐宽的上游，湍急的大河

正欢腾地奔向百花洲，在洒满阳光的一马平川，

金谷飘香，果树成熟，节日里

人们也爱饰以花环，在城市的山丘上

闪耀着民宅一般欢乐的天国之殿堂。

只因各种生命都充满了神圣的精神，

自然呵，你又像当年似的催人成熟，

到处呈现在你的儿女面前，如高山流水

美好的祝愿纷纷注入百姓萌动的心田。

然后，然后，你们呵，雅典的乐土！斯巴达的壮举！

全希腊万紫千红的春天！如果我们的

秋天来了，如果成熟了的你们——

全体远古时代的精灵重返人间，看吧，

一年中的收获季节已经临近！

到那时，这节日也包涵你们，以往的岁月！

全民极目希腊，在感激的泪花中

缅怀过去，淡化了祝捷之日的骄矜！

盛开吧，直到我们的果实开始收获，

盛开吧，伊奥尼亚的园林！还有雅典瓦砾堆旁

逗人喜爱的片片绿云！别让哀思流露在昭昭白日！

请你们，桂树林呵，用常绿的树叶装点

掩埋死者的山丘，装点马拉松小男孩们

为胜利捐躯的地方，呵，装点凯罗尼亚[1]战场，

就在那里，最后一批雅典人血染刀刃

以免遭凌辱，从那儿、那儿的山山岭岭

流水日日朝着战火焚烧过的山谷悲叹，

从奥塔山巅唱起那支存亡之秋所唱的歌[2]！

---

1 古希腊城。在那儿，希腊人于纪元前338年败于腓力普二世（Phillipp II）统帅下的马其顿人。
2 暗示发生于大海与Oeta山之间瓶颈地段Thermopylen的一场战役。300名斯巴达人与国王Leonidas阵亡于这场对波斯人的战斗中。

而你，不死的海神，即使古希腊的颂歌
已不再像以往那样把你颂扬，
请让你的涛声，海神呵，
仍经常扣开我心扉，搏击你海面，
奔放的想象宛如游泳健儿一般
领略强者奋战不息的幸福，
领会神的语言，洞察沧桑轮变
若岁月如流，使我茫然若失，若是人世间
的艰难困苦撞击我易逝的生命，
请让我回想起你大海深处的宁静。

布伦塔诺 (Clemens Brentano，1778—1842)

1778年9月8日生于埃伦布赖特施泰因，父亲是意大利商人，母亲是歌德年轻时的女友、女作家，佐菲·拉洛赫。妹妹是女作家贝蒂娜·冯·阿尔尼姆。在法兰克福及科布伦茨度过青年时代。先欲经商，1797年后又在哈勒与耶拿学过采矿学、财政管理学与医学，但他却对诗歌感兴趣，与维尔德、赫尔德、歌德、萨维尼、施莱格尔兄弟等有交往，1801年赴哥廷根，与阿希姆·冯·阿尔尼姆结为挚友。随后去马尔堡，1803年与佐菲·梅罗结婚。1804年迁居海德尔堡与阿尔尼姆、格勒斯合力开创海德尔堡浪漫派的繁荣时期，与阿尔尼姆合编《隐士报》与《儿童的神奇号角》第一卷。1806年10月31日妻子死于第三胎生育。1807年又与奥古斯塔·布斯曼结婚，不久离婚。1808 年与1818年间大多待在柏林。晚年几乎与世隔绝，闭锁在天主教的天地里，过着寂寞凄清的生活。1842年病重，被弟弟接回阿沙芬堡，同年7月28日病逝。

布伦塔诺是晚期浪漫派最重要的诗人之一。他的诗篇幅短小，常常描写游子离乡背井的矛盾心理和内心的孤寂，以及无所归宿的命运，感伤中带有讥刺，忏悔中带有绝望。布伦塔诺诗中运用的隐喻手法跟艾兴多夫很相似，使人们常常可以读到四处漂泊的游子晓行夜宿、饮风餐露又自得其乐的形象，里面穿插了大量的景物描写。诗人在江河流水中歌唱对家乡的爱、生活的命运及漫游的乐趣，他的叙事诗《罗累莱》《士兵万岁》近乎民歌，他的《浪漫曲》影响过海涅的创作。他效仿行吟诗人，许多富有民歌风味的诗都自己谱曲，声情并茂，朗朗上口。

请从远方露真容

神秘的世界呵，
请从远方露真容！
你我之间
心有灵犀一点通。

每当夕阳西下，
可爱的色彩全消失，
夜便悄悄地在它黝黑的额头
把闪闪的光环编织。

　　繁星的圣灵
　　随风飘荡，
　　悄悄地自远而近
　　直抵我的身旁。

每当皓月默默地用宽慰的眼泪
解除长夜的隐痛，
万籁俱寂，天湖中的诸神
驾着金舟游长空。

　　串串悦耳的歌声掠过
　　似铃儿叮当，
　　彼伏此起
　　奏起夜的乐章。

每当午夜鬼气森然的气氛
可怕地潜入黑魆魆的林中，
树树张着怪诞的眼睛，
万物板着阴沉的面孔。

　　黑夜中闪动的
　　是友好的赛跑，
　　那默默地发亮的
　　是闪烁的目标。

天地万物，彼处亲善友好，
手携手，同是患难之交。
倘若夜夜灯光朦胧，
全成了我心头的写照。

神秘的世界呵，
请从远方露真容，
你我之间
心有灵犀一点通。

雷本伯爵（Otto Heinrich Graf von Loeben，1786—1825）

德国作家，曾与著名浪漫派作家诺瓦利斯和艾兴多夫交往。小说曾受诺瓦利斯影响。海涅的名诗《罗累莱》，或许曾受到他短篇小说《罗累莱：莱茵河的一段传说》的启发。

罗累莱岩

月色闪耀，
辉映出高高的山顶；
魔女坐上面，
正俯视莱茵。

她东张西望，
目光还上下扫视，
小船从旁驶过，
好孩子，别抬头仰望！

想必她瞅着每一位过路人，
用她那闪动的目光，
又让她的卷发向你飘来，
系在缀满珍珠的花环上。

她婉转的歌声传进你的耳朵，
她痴情地向你暗送秋波，
她便是妖艳的罗累莱，
她想把你迷住。

当她漂来一眼，
似乎也望着莱茵。
别信她的爱吧，
别看别听别动情。

也许在你的目光里
只有蓝色的波浪在翻滚，
请留心你脚下的河水，
只因潮汛依旧冰凉而狂野。

乌兰德（Ludwig Uhland，1787—1862）

　　1787年4月26日生于图宾根。父亲是大学里的秘书。1801年至1808年在图宾根大学攻读法学与语言学，与克尔纳、迈尔、瓦恩哈根与厄伦施莱格尔有交往。1810年成为法学博士。1810年至1911年间赴巴黎钻研古德语与古法语的手迹，结识了德国诗人沙米索。1811年在图宾根当律师。1812年至1814年在斯图加特司法部当书记官，自动辞职后又在当地当律师。1819年至1839年任符腾堡邦议会自由派议员，1820年与埃米莉·菲舍尔结婚。1829年任图宾根大学德语语言文学教授。在1833年维护宪法的斗争中与反对派教授"哥廷根七君子"一样辞去教职。1839年起退出政坛，潜心学问。1848年复出，任法兰克福国民议会自由派议员。1862年11月13日在图宾根去世。

　　乌兰德系施瓦本晚期浪漫派的首脑。他的抒情诗朴实无华，感情真挚，音调和谐，宜于诵唱，接近民歌，如《小教堂》《好伙伴》《老板娘的小爱女》等。许多诗被舒伯特、李斯特、舒曼、勃拉姆斯等大作曲家谱曲。乌兰德的叙事诗与谣曲有的取材于历史，有的取材于北欧罗曼语族人的传说，如《复仇》《歌手的诅咒》《施瓦本风情录》《贝尔特兰·德·波尔恩》《艾登哈尔的幸福》等，文体简洁有力，语言形象，感情深沉。自解放战争至1817年，他也写了些富有爱国激情的政治诗。

　　此外，他对中古文学的搜集整理以及对民歌的带有研究性的评注，在德国文学史上也具有不可磨灭的功绩。

歌手的诅咒

古时有一座宫殿，如此雄伟又庄严，
它的光芒一直照到碧海边。
四周是鸟语花香的御花园，
清洌的泉水喷射出条条彩练。

有位倨傲的国君，开疆扩土，连连取胜。
他坐在自己的宝座上，脸色苍白又阴沉，
他灵机一动，令人颤栗，他睁眼一看，民怨沸腾；
他张口说话，民不聊生；他大笔一挥，鲜血淋淋。

一天，有两位好歌手来到王府大殿，
一位是金发卷曲，另一位白发苍苍。
长者持一把竖琴，骑一匹良马，
那位英俊的小伙子兴冲冲地走到他的身边。

长者朝后生说："准备演奏吧，好孩子，
回想我们深沉有力的歌曲，奏出最为雄浑的乐音，
凝聚所有的力量，倾吐我们的欢乐和酸辛，
今天是我们感动国王铁石心肠的好时辰。"

两位歌手站在圆柱高高的大厅，

宝座上坐着国王和夫人。

国王穿着华贵，好似血红的北极光，

王后百媚千娇，犹如满目张望。

老人拨动琴弦，他弹得出神入化，

音色越弹越丰富，越奏越圆润。

年轻人的嗓子激越嘹亮，

老人的轮唱，好似低沉的鬼吟。

他们歌唱春天和爱情，歌唱良辰美景，

歌唱自由和男子汉的尊严，歌唱忠贞和神圣。

他们歌唱所有撼人肺腑的美好事物，

他们歌唱一切崇高的事业激励人心。

满朝谋臣，忘却了他们讥讽的本领；

傲慢的卫兵，叩拜上帝献殷勤；

王后娘娘也心潮起伏，时喜时悲，

向歌手献上她胸前的玫瑰。

"你们引诱了我的人民，莫非又想勾引我的夫人？"

国王厉声吼道，他气得浑身抽筋。

他挥剑刺去，闪亮的宝剑刺透年轻人的胸膛，

喷涌而出的不是一串金色的歌声，而是一道殷红的血光。

它像一阵狂风使人扫兴，

年轻人奄奄一息地倒在师傅的怀里。

他把大衣披在他身上，把他扶上骏马，

竖绑在马上，离开了这座殿宇。

走到高高的大门前，白发歌手脚步停。

他抓起他的竖琴，那是普天下最好的琴，

把它砸碎在一根大理石的柱子上，

然后大声喊道，喊声可怕地划破了王府上下与御花园的平静：

"我诅咒你们，豪华的大厅，
甜蜜的音乐再不会回响在你们的住室，
琴弦永不会鸣响，歌声从此消沉；
有的只是叹息和呻吟以及奴颜卑膝的乞怜，
直到复仇者将你们踩成烂泥一堆。"

"我诅咒你，卑劣的凶手，你该受歌手的诅咒，
纵然你争名逐利，荣誉的桂冠沾满了血垢，
你的名字将被遗忘，沉入长夜，
如气绝而亡，化为乌有。"

老人呐喊，苍天已闻。
宫墙坍塌，大殿毁坏，
仅有一根大柱犹见当年荣华，
连这根柱子也已开裂，会连夜倒下。

顷刻间，荒园变秃林，
没有一棵树投下绿荫，没有一支泉渗过沙层，
那位国王没有一支歌传唱，没有一部传留名，
从此湮没无人闻。歌手的诅咒应了验。

小教堂

山上有一支乐队，
默默地鸟瞰着山坳；
山下有一个牧童，
在泉畔草地悠然地哼着小调。

山上传来凄凉的小铃铛，
送葬者的合唱可怕阴森；
快乐的歌声戛然而止，
牧童遁声细听。

山谷里的快活人，
今被安葬在山岗；
牧童呵牧童，有一天，
也要为你在那里把丧歌唱。

艾兴多夫（Joseph Freiherr von Eichendorff, 1788—1857）

　　普鲁士乡绅兼军官之子。1788年3月10日生于上西里西亚卢博维茨府邸。1801年10月至1804年在文科中学就读。次年赴哈勒攻读法律与哲学。1816年开始在普鲁士各政府机关或文化教育部门任职，至1844年6月22日被解职，凡二十八、九年。1857年11月26日逝世于尼斯。

　　艾兴多夫是德国浪漫派最著名的诗人之一。年轻时的文辛多尔夫过着乡间的贵族生活，受过天主教教义的熏陶，听惯了森林的喧响，奔腾的奥得河给他以遐想，民间传说中的梦幻气氛萦绕于青年诗人的心际；与布伦塔诺、阿尔尼姆、格勒斯等浪漫派大师的交往又使他感受到民歌与民间文学的不朽魅力，这些因素促使他成为浪漫派作家。但他又与一般的浪漫派作家不同。他接过浪漫派作家的题材，却没有一般浪漫派作品的感伤色彩，没有缠绵悱恻的情调，没有对神妖鬼怪的迷信。他把自己的理想植根于古代社会，认为他比当时的时代更合乎人性。从表面上看，他跟大多数德国人一样，对工业革命带来的弊端，对无产者的贫困，对立宪斗争没有给予应有的关注，殊不知他诗中的夜莺、喷泉、富有传奇色彩的城堡宫殿、快乐的单身汉、飞翔的白云、对异乡的向往、树梢的喧响，恰恰是经艺术加工后诗人的生活理想和对世界青春的憧憬。他诗歌广泛的读者面掩盖了诗人性格中本质的一面，即他对市侩、不择手段向上爬的人、刚愎自用者、商人习气、伪君子、因循守旧者、官僚机构及专制政治的痛恨。

　　艾兴多夫的诗富有民歌风味及浪漫主义情调，语言优美晓畅，对德国抒情诗的发展影响甚大，不少诗被谱曲，千古传唱。

两位年少

有两位青春年少，

离家远走头一遭。

春光妖娆歌如潮，

他俩欢呼雀跃，

投入了春的怀抱。

两位追求崇高的目标，

要在世上作点创造，

是吉是凶都不动摇。

他们经过谁的身旁，

都会留下串串欢笑。

一位找了个爱人妩媚娇小，

岳母又买给他庄园一套。

转眼间他摇着小宝宝，

从僻静的安乐窝里，

悠哉悠哉地往田垄上瞧。

另一位被海底的

千百只歌喉迷住心窍。

那是些诱人的海妖，

把他带进波光粼粼、

风骚多情的波涛。

当他钻出深谷

已是颓然衰老，

他的小船搁在海底，

海面无声无息，

唯有冷风呼啸。

我的上方，春潮

想必又奏起动听的曲调

而一想起那样鲁莽的年少

不禁使我泪水滔滔——

大慈大悲的上帝呵，

请带我们走正道！

米勒（Wilhelm Müller, 1794–1827）

德国浪漫派作家，曾在柏林攻读古希腊语言文学。参加过1813/14年希腊解放战争，以歌颂希腊自由战争为题材的《希腊人之歌》（Lieder der Griechen）一举成名，与浪漫派作家布伦塔诺和蒂克等有交往。组诗《美丽的女磨坊主》（Die schöne Müllerin）由舒伯特谱曲传唱。

漫游

磨坊工人好漫游，

漫游！

倘若从未想漫游，

不配磨坊好伙计，

漫游！

我们学流水，

流水！

它们不舍昼夜地流呀流，

只把漫游记心头，

流水。

我们求教于水轮

水轮！

它们整天不知疲倦地转呀转，

一点不想停一停，

水轮。

即使那磨石，尽管它们重得很，

磨石！

它们欢快地跳着圆舞，

还想转得快几分，

磨石。

呵，漫游，漫游与我情意投，

呵，漫游，

磨坊老板和老板娘，

请让我毫无顾忌地继续走，

漫游。

普拉腾（August Graf von Platen-Hallermünde, 1796—1835）

没落贵族的后裔。1814年至1818年任骑兵将校。攻读过哲学与语言学。1826年流亡意大利。1835年客死西西里岛。

普拉腾是海涅的论敌，但这并不妨碍他成为一个进步作家。他抨击对霍恩斯陶芬王朝的迷信，反对维护基督教教义，反对封建专制的复辟。他的抒情诗洋溢着对自由的热爱，对封建专制的憎恨。在表现手法上，他反对浪漫主义，提倡古典主义，自称是"克服了浪漫主义的人"。但他的《灾难性的叉》却受浪漫派作家蒂克的影响。

普拉腾创作的历史叙事诗从历史素材中勾画出一个抽象的美的世界以反衬现实的丑恶。著名的《布森多河底的墓》一诗描写了历史上领袖人物的毁灭。

受歌德《西东合集》的影响，自1821年起，他尝试一种在德语中很难被采用的波斯"加色尔"诗体。

1824年发表的《威尼斯十四行诗》以传统的哀歌形式表达了他对爱、美和艺术的崇拜以及对美的消逝的悲哀。

普拉腾的大多数抒情诗不够通俗、难于诵唱，只有几部叙事诗是例外，他的颂歌尤为注重形式。

他试图塑造在现实生活中无法兑现的理想和典型，这使他的许多诗有点学究气，缺乏生活气息。

七月革命后，普拉腾的诗渐趋大众化。他用通俗易懂的形式表达他对波兰起义被镇压后屠杀人民的沙皇的愤慨。尽管这些诗到1839年才出版，仍然可以看作是1840年后政治诗高潮到来的前奏，是黑尔韦格与弗赖利格拉特政治诗的先声。在这些时代的诗中，美服从于政治，占压倒优势的是批驳、讽刺、悲哀的控诉和对自由的渴望。

威尼斯剪影（译三首）

I

当海潮烘托出守护神大殿，
我的目光把浩海撇在后边，
波涛在大殿的台阶下戏水，
我们一路平安无风险。

我们纷纷上岸，庆幸已到终点，
海湾后退如箭。
长叹桥畔古柱廊，当年为元首们兴建，
如今，却气概不凡地展现在眼前。

威尼斯的雄狮，该是威尼斯的骄傲，
只见它张开青铜的翅膀
耸立在硕大的圆柱上。

我战战兢兢地上得岸来，
圣马可广场在阳光下闪亮，
我真敢踏上这个广场？

II

小巷曲曲弯弯，
大桥纵横交错，
何能穿越"迷宫"，
可将此"迷"识破？

攀上圣马可塔楼的平台，
方能伸展我的视线，
出乎我意料的是
这里竟别有洞天。

那里，蔚蓝的大海呵，我向你致意！
这儿，颠连逶迤的阿尔卑斯山
俯瞰着这湖中岛屿。

看吧，迁来了一个勇敢的民族
为自己搭起了庙宇和宫殿
矗立在橡木桩子之上，波峰浪谷之间。

V

威尼斯恍在梦境，
仅投来旧日之影，
共和国之狮疲惫不堪，
一间间囚室空寂无人。

那些青铜马，被牵着
飞渡咸涩的泡沫，耸立在那座教堂上，
它们时过境迁变了样，呵，
被套上了科西嘉占领者的马缰。

改朝换代，历代人民今安在？
是他们用大理石垒起这楼阁亭台，
而今已倾圮或渐渐被损坏？

先辈们的豪迈气概
很少流露在后代人的眉宇间
或被刻印在元首们的墓碑上。

海涅（Heinrich Heine，1797—1856）

1797年12月13日生于杜塞尔多夫。母亲出身于医生之家，知书识礼，父亲是贩卖呢绒的犹太商人，因不善经商而穷困潦倒。因此海涅的求学深造，多半靠百万富翁的银行家叔父所罗门的接济。家里曾要他从父经商，但海涅却跟诗歌结下了不解之缘。以《歌集》为代表的早期抒情诗富有民歌风味及浪漫主义色彩，这是因为海涅从小就经常听保姆讲巫婆、刽子手、刽子手女儿以及当地的各种迷信故事，是喝浪漫主义的乳汁长大的。后来在波恩大学读书时，又受到浪漫派大师奥古斯特·威廉·施莱格尔的直接指导。此外他还十分崇拜同时代的英国浪漫主义诗人拜伦。

《歌集》中的很多诗篇是描写他跟堂妹阿玛丽的不幸爱情，一首首哀曲凄婉动人。需要特别指出的是《歌集》中海涅已经逐步意识到，他之所以没能博得雍容富贵的堂妹的青睐，是因为在他们之间横着一条门阀、等级的鸿沟，因而这些爱情诗已经被赋予深刻的社会内容。此外他还描写月光、夜莺、槲树、百合和紫罗兰，歌咏幸福美满的爱情，这些脍炙人口的诗篇是世界抒情诗宝库中的珠玉之作，许多诗被作曲家谱曲，千古传唱。他在"北海组诗"中描绘的大海丰姿可以在后来施托姆的诗中找到影响的痕迹。

海涅的失恋使他领略了生活的严峻。大学毕业后，命运好像故意要跟这位富有才气的诗人作对似的，一个堂堂的法学博士竟找不到半个谋生的职业，只得当一个自由撰稿作家。1830年他正在黑尔戈兰岛休养，法国爆发了七月革命，不久赴巴黎。在那里他接触到圣西门的空想社会主义，跟法国第一流的大文豪巴尔托克、贝朗瑞、大仲马、乔治桑及大音乐家李斯特、肖邦等交往，思想更趋成熟，写出了《论浪漫派》和《论德国宗教和哲学的历史》等不朽之作，向法国人民介绍德国文化。尤其是四十年代结识马克思之后，政治诗的创作大获丰收，著名的短诗《西利西亚织工》使海涅成为德国描写觉醒无产者的第一人。长诗《德国，一个冬天的童话》是诗人1843年汉堡之行的产物，诗人用犀利的笔触画出了反动教会、黑暗中世纪及普鲁士军国主义的愚昧及凶残。

1848年以后海涅羁身病塌，斗争意志却并未消退，仍然创作了大量优秀的政治诗及其他诗。《罗曼采罗》中《决死的哨兵》一诗可以看作他对自己一生的总结。

海涅从1830年离开德国至1856年2月17日在巴黎去世，客居异国20年，其间仅短期回国两次，这是由于普鲁士反动统治对他的迫害所致。他在诗中不断流露出对故国的眷恋，对新德意志的憧憬和向往，并为之奉献了他"新的歌""更好的歌"。

茶桌旁

他们坐在茶桌旁喝茶，
发表关于爱情的宏论。
先生们都有美感，
太太们都有柔情。

"爱情必须脱离肉欲"，
这是瘦顾问官的言论。
顾问夫人讥刺地冷笑，
"唉！"她喟然长叹一声。

大教堂的牧师张开大嘴，
"爱情总不宜过于粗鲁，

否则会损害健康。"
姑娘低问："这是何故？"

伯爵夫人凄然地说道：
"爱情不过是一股热情！"
随即举起了一杯香茶，
殷勤地递给男爵先生。

茶桌旁还有一个座位，
爱人啊，你没有光临。
若是你来谈论爱情，
爱人啊，定会娓娓动听。

公元1839年

啊，德意志，我远方的爱，
一想起你，我几乎要流泪！
快活的法兰西变得黯然失色，
轻松的国民变成我的累赘。

只有如此冷静而枯燥的思考
支配着这光怪陆离的巴黎——
呵，愚蠢的铃声，笃信的钟声
在故国响得多么诱人！

殷勤的男人们！我委实厌恶
他们斯文的施礼。——
我从前在祖国蒙受的粗暴
已成为我的福气！

微笑的妇人们！总是喋喋不休，
就像磨坊的轮子转个不停！

我要赞美德意志的妇人，
默默地上床就寝。

这儿的一切瞬息万变，
宛如一场乱梦！
而在我们故国一切按部就班，
象是钉紧似的原封不动。

我仿佛听到远处响起
更夫的号子，温和又可亲；
我听到更夫之歌
夹杂着夜莺的鸣声。

在故国，在希尔达[1]可爱的懈树林中
诗人曾感到多少自在！
我曾在那儿用紫罗兰的芳香和月光
编织过绮丽的诗篇。

警告

你竟让这样的书出版！
朋友，这下你可要完蛋！
你若要荣华富贵，
你就得百依百顺。

我从来没有劝你，
这样当众宣讲，

这样谈论教士
和高官厚爵。

朋友，你已经山穷水尽！
贵族神通广大，
教士能说会道，
百姓好道听途说！

---

1 德国图尔高（Thurgau）的一座小城，市民曾以愚行著称。

德罗斯特－许尔斯霍夫（Annette von Droste-Hülshoff, 1797－1848）

　　1797年1月10日生于明斯特附近的许尔斯霍夫庄园。年轻时身体孱弱，受过良好教育。在启蒙老师安东·马蒂亚斯·施普里克曼教授的指点下从事创作。1820年与哥廷根大学生赫·施特劳伯及其好友阿·冯·阿恩斯瓦尔德相爱。1825年游莱茵河，结识了阿·维·施莱格尔、克·西蒙洛克、阿达勒、绍彭豪尔。1826年父亡后，携母迁往明斯特附近的吕施豪斯庄园。1828年与1830年重返莱茵。1841年至1844年间多半住在博登湖畔，结识了乌兰德、施瓦布、凯勒等，并爱上了比她小17岁的梅尔斯堡图书馆员莱·许京。1845年与1846年短期访问威斯特法仑，1846年回梅尔斯堡。1848年5月24日于该地去世。

　　许尔斯霍夫是十九世纪最著名的女诗人，尤以描写自然风光和抒发个人感受的抒情诗见长。在她的诗里，鸟鱼虫兽、树木花卉，刻画得细腻逼真，画面与气氛，色彩与音响和谐交织，具有较强的艺术感染力。但同时我们应看到，她属毕德麦耶派诗人，大半生生活在自维也纳会议至1848年革命的复辟时期，贵族阶级的出身和地位以及社会的腐败沉闷，形成了她思想上的深刻矛盾。她回避现实，把自己禁锢在个人的小天地里，郁郁寡欢地度过孤寂的一生，因而诗的题材比较狭小，格调较低。

永诀辞

亲爱的人们，假如我魂归九天，

没有眼泪为我悼念；

因为我呆的地方与世无争，

那儿永远是明亮的白天！

摆脱尘世的种种烦恼，

你们的音容笑貌犹存，

我愿祈求

抚慰你们的创伤，打发你们的苦闷。

静夜，六翅天使鼓翼

翱翔于尘世之上，

忘却我的山岗吧，

因为我向你们致意，从群星之上！

莱瑙（Nikolaus Lenau, 1802—1850)

1802年8月13日生于原匈牙利境内的恰陶德。父亲是普鲁士旧军官，母亲系匈牙利人，对他溺爱有余。1811年母亲再嫁，以后他在祖父身边长大。1812年至1815年他在私立文科中学就读。1819年至1821年他先后在维也纳与普雷斯堡攻读哲学、法律与医学。1829年母亲去世后他继承了一笔遗产，经济自立。1831年前往斯图加特，与施瓦本浪漫派诗人乌兰德及出版商科达等过往甚密。1832年赴美，获一块林地，欲建农场，翌年破产而归。此后在维也纳、萨尔兹卡默古特与符腾堡谋生。他在婚恋上也很不如意。先与友人之妻佐菲恋爱失败，继而又跟女歌手卡萝莉内·乌加尔解除婚约。1844年与玛丽·贝伦茨订婚，10月在婚礼行将举行之际突然精神失常，住进精神病院。1850年8月22日病逝于维也纳郊外。

莱瑙是奥地利晚期浪漫派诗人，所作的抒情诗与叙事诗受十八世纪克洛卜施托克、赫尔蒂、毕尔格等人的影响而又形成自己独特的风格。他跟意大利诗人列奥巴尔迪及英国诗人拜伦一样主要表现"人间的痛苦"，描写颠沛流离、无家可归的境遇。他笔下的自然景物刻印着他的主观感受。秋日之林、孤寂的大草原、芦苇荡都唤起他对逝去的青春、爱情、信念的追忆，对死的悲悼、对流年似水的感慨，都抒发他忧郁的情怀。《吉普赛人》一诗充满异乡情调。

三个吉普赛人

我的马车疲惫地
跋涉在漠漠荒野，
只见三个吉普赛人
躺在牧场边。

有一位独自
抚琴而歌，
落日如染，
琴声如火。

另一位口叼烟斗，
目光盯着吐出的烟卷，
他自得其乐，仿佛再也不用
从地球上获得任何幸福。

第三位睡得很香，
古琴悬挂在枝桠上，

当微风轻拂琴弦，
梦影也掠过他的心间。

三人的衣服
缀满了破洞和补丁，
他们却倔强地
嘲弄人世间的命运。

他们以三种方式向我披露：
人到了穷途末路，
视生命为鸿毛不如，
便用抽烟、慵睡和弹唱来消磨。

马车向前走，我频频回首，
目送这三个吉普赛人，
目送那些古铜色的脸
和乌黑的鬈发。

默里克（Eduard Mörike, 1804—1875）

　　1804年9月8日生于路德维希堡。父亲是医师，很早就去世，留下了六个子女。青年时代的默里克曾先后在乌拉赫及图宾根神学院就读。1822年与Peregrina（即玛丽亚·迈耶）相爱。1826年在尼尔廷根等地当副牧师。1827年至1828年间开始文学活动，一度任《弗兰克女子报》编辑。1829年在Pflummern与Plattenhardt当牧师代理人，与路易丝劳订婚，1833年重又废约。1829年至1843年在各地任副牧师或牧师。1843年退职领取恩俸。1851年与中尉的女儿玛加蕾特·冯·施佩特结婚。婚后不和，于1873年离婚。1851年至1866年在斯图加特卡塔琳宁女子救济院任文学教员。1855年任枢密顾问。1856年任教授。1867年退休。1872年起在斯图加特过隐退生活。1875年6月4日在当地去世。

　　默里克是十九世纪德国的优秀诗人。他的诗受浪漫派影响，节奏明快，音调和谐，形象优美，融汇了他的欢乐、忧虑、憧憬和想象，具有田园牧歌般的美。他的爱情诗大多描写爱的寂寞或期待，有时也把爱看作是令人难以自拔的迷途，看作是相爱者的自作多情，它是诱人的，但却是危险的。他的自然诗，如《午夜》《九月之晨》《春天里》《一个冬日的拂晓》等脍炙人口，诗中描写的世间万物，绒毛般轻捷的拂晓、晨曦中的小河、夜间的鸣泉，仿佛刚刚打破创世之初的沉默，有着处女般的魅力。他的叙事诗、叙事谣曲富有民间风味。此外，他还写过十四行诗如《致路易丝·劳》，以神话传说为题材的诗有《致风神琴》等。著名的"俄普利特"诗，即《维拉颂》，描写了诗人的理想国，由作曲家胡戈·沃尔夫谱曲。

　　默里克努力追求客观世界与内心世界的和谐统一，对现实生活中的种种弊病与尖锐矛盾视而不见，因而大部分诗缺乏比较深刻的社会内容。德国的有些文学史家把他划为毕德麦耶派诗人。

维拉颂

你是俄普利特[1]，我理想的仙岛！　　　　千年海涛返老还童似地
你在远方辉耀；　　　　　　　　　　　　拍打着你的屁股，我的宝宝！
海滩蒸腾的雾气飘过大海　　　　　　　　你的神妙
把海神们的脸蛋润潮。　　　　　　　　　使你的保护人——代代君王尽折腰。

1　默里克理想中的仙岛国，相传位于新西兰与南美之间的太平洋中。维拉系它的保护女神。

被弃的少女

清晨，鸡叫头遍，　　　　　　　突然间，我想起
小星星还挂在天边，　　　　　　无情郎呵，
我就得举炊，　　　　　　　　　我梦见了你
围着锅灶把柴点。　　　　　　　就在昨夜。

燃起了美丽的火焰，　　　　　　泪水涟涟
火花四溅；　　　　　　　　　　流不断，
我盯着它，　　　　　　　　　　不觉已是白天——
陷入了痛苦之渊。　　　　　　　呵，但愿它早点消逝。

致风神琴[1]

琴儿呵，你这神秘的乐器，　　　用优美的曲调倾诉惆怅。
你的缪斯在风中诞生。　　　　　琴声悠扬，带走我的思念；
开始吧，　　　　　　　　　　　忽又转轻，渐渐听不到一丝微响。
重新开始你用旋律
吐露哀伤的本领！　　　　　　　蓦地，
　　　　　　　　　　　　　　　一阵风吹来，
风儿呵，你们从远处吹来，　　　迷人的琴声又起，
呵，恰似那一片泛绿的山岗！　　令我喜出望外，
那儿有一位少年　　　　　　　　重新勾起我的幽怀；
令我爱之欲狂。　　　　　　　　这里，有一朵盛开的玫瑰，
风儿一路吹拂　　　　　　　　　经风摇曳
　　　　　　　　　　　　　　　将它所有的花叶
饱吸了春花的芬芳，　　　　　　撒落在我的眼前。
令我心驰神往！
继而拨弄琴弦

1　又名埃奥尔斯琴，古希腊乐器，以风神埃奥洛斯命名，琴由风吹弦发出音响。

春天里

我躺在春意融融的山岗，
云彩充当我的翅膀，
鸟儿从头上飞过。
专一的爱呵，告诉我，
你在何方？好让我留在你身旁；
而你与空气，却并无归宿。

我的心扉似葵花开放，
憧憬着，
绽开花叶，
沐浴着爱与希望。
春天呵，你意欲何为？
何时方能满足我的渴望？

看云彩飞动，江河奔流，
太阳的金吻
深印在我的血液中，
我两眼沉醉，
似已入睡，
只有耳朵谛听蜜蜂的吟诵。
我思绪飘飘，
殊不知自己的追求
半是欢乐，半是哀愁？
我的心，请告诉我，
在绿枝间，在春光里
你编织什么样的回忆？
——编织不可名状的往日的倩影！

夜间

请听，夜色躺在潮湿的土地上
以繁重的工作迎接黎明。
此间，一道道轻盈的光线
在熹微的曙色中穿行。
快活的星星不时地射出金箭
在长空中划出弧形。

此刻，在大地的怀抱里，在小丛林，在田野上，
大自然到处有永不满足的力量在苏醒！
夜却何等宁静，又何等老成！

给人的印象是
何等大度，又何等娴静！
于是，在我隐秘的心中
既感到充实，又感到贫乏，
两者可怕地并存。
你多么想加以摆脱呵，我的心！
你摇摆不定，你永无安宁，
刚刚摆脱，又欲合群。
如你不能接受这美妙的恬静；
就请折服吧！这儿没有逃遁。

73

午夜

长夜不慌不忙地上岸，
背靠山崖，堕入梦境。
她的眼睛望着时间的金制天平
此刻正保持两侧的平衡。
山泉更加撒野地喧响，
它在长夜母亲的耳畔歌唱，
歌唱白天，
歌唱今日消逝的白天。

这支陈旧不堪的催眠曲
她并不留神，她已厌倦万分。
她更爱听碧空的妙音，
更爱听以相同的频率
径自而去的流光的足音。
而山泉之语总不肯沉寂，
流水在酣睡中继续歌唱，
歌唱白天，
歌唱今日消逝的白天。

一个冬日的拂晓

天刚蒙蒙亮，羽绒般轻捷的时光呵，
在我心中推出了何等崭新的世界？！
是什么，刹时间在你身上
燃起我生命之乐的火焰？

此刻，我的心地水晶般透亮，
还未照进外界的一丝光线。
我的思潮澎湃起伏，
神奇的力量为我的感官
捕捉诱人的语言
——摄下它所留下的印象。

张大了眼睛，感觉似乎就摇摆不定；
闭上眼睛，不让感觉逃遁。
莫非我在俯视光明的仙女国？
谁让这千姿百态的形象和思想
一齐凑近我的心灵之门？
它们活跃在我的心中
犹如池中的小金鱼绰约动人。

我时而听到牧笛的吹奏
仿佛回响在耶稣的诞生夜，
时而又听到葡萄园中少男少女的歌唱；
是谁把这压倒一切的田园气氛
带进我悲哀的四壁间？

当我的思绪循声远去；
心海中涌起何等喜悦的情感！
饱吸了一日中最初的元气，
对每一个善举都勇气倍添。
灵感在腾飞，任长空无边，
天才在我心中欢呼。

但请示知
为何泪水润湿了我忧郁的眼帘？
这是逝去的幸福，它使我愁思满怀？
这是未来的幸福，它珍藏在我心田？
莫缠绵，我的想象！这里不宜停留，
这是一刹那，万事如云烟！

瞧那边地平线，帷幕已经拉开，
白日睡意惺忪，黑夜无处寻觅。
睡梦中合拢的朱唇打着呵欠，

稍稍开启，吐出甘美的气息：
眼睛忽地一亮，像一位神仙，
白日又匆匆开始了它尽兴的飞翔！

正是它

春天让它碧玉般的彩带
重又迎风飘忽；
一股股熟悉的甘美的香气
预言家似地拂过大地。
紫罗兰已经在痴想，

不久就要来临。
听吧，远方传来轻轻的琴声！
那正是你，春天，
我已谛听到了你的足音！

弗赖利格拉特（Ferdinand Freiligrath，1810—1876）

1810年生于代特莫尔德，教师之子。先经商，兼攻英法文学。最初置身于革命潮流之外，曾领取普王威廉四世颁发的年金。1843年至1844年是他政治上的转折点，因发表《信念》而逃往国外，在布鲁塞尔结识了马克思，以后又辗转瑞士与伦敦。1848年欧洲革命爆发，他返回杜塞尔多夫，任马克思、恩格斯主办的《新莱茵报》编辑，1849年成为"共产主义者同盟"成员。1851年因所谓的"颠覆罪"被捕，获释后重赴伦敦，1866年回国，1876年死于康斯塔特。

弗赖利格拉特是德国杰出的政治诗人，有六卷本全集传世（1870年）。主编过《莱茵艺术和诗歌年鉴》（*Rheinisches Jahrbuch für Kunst und Poesie*），发表过德罗斯特-许尔斯霍夫（Annette von Droste-Hülshoff）的他早期的诗讽刺市侩社会，表现出某些叛逆性格。1844年出版的诗集《信念》是他发表的第一部政治宣言。诗集《这就行了》（1846）是他第一次流亡岁月的记录，其中的《自下而上》一诗阐述了革命的必要性和无产者的革命作用。1848年革命期间是他诗歌创作的鼎盛时期，创作了大量节奏感强、洋溢着革命激情、富有号召力的革命诗歌，成为革命的歌手和用诗写作的编年史家。后因《政治诗社会诗新编》（1849-1851）的出版被迫再次流亡，流亡中与马克思的关系疏远。

尽管他晚年的诗被编入官方的各种教科书，但他拒绝帝国授予的一切荣誉，并以一个"老一八四八年派"自诩。

弗赖利格拉特又是个翻译家，曾翻译过法国诗人雨果（Victor Hugo）和缪塞（Alfred de Musset）等人的作品。

哈姆莱特

德意志是哈姆莱特！

在他的境内

夜夜有阴魂

示意岗上的哨兵。

已故国王全身披挂

吩咐那位还在优柔寡断的人：

"为我复仇吧，抽出你的宝剑，

我的耳朵里被灌进了毒液。"

他浑身颤栗地细听着

直至明白了事实真相，

才萌生了复仇之念，

不管他最终敢不敢这样。

他日思夜想，却无计可施，

并无灵丹妙方使他意志坚强。

对一种冒险性的壮举

他缺乏冒险的胆量。

这是由于他惯于磨磨蹭蹭，

好躺在床上读书钻研。

由于血流不畅

他大腹便便，呼吸维艰。

他老是空话连篇，

他的拿手好戏是沉思默想，

他过久地呆在维腾堡[1]，

呆在大教室或小酒店，

---

1 德国易北河畔的一座古城，系马丁·路德宗教改革的活动地，存有大量宗教改革的纪念物，故有路德城之称。

他因而下不了决心，

"时候一到，自有良机"他想得倒妙！

内心的独白连篇累牍，

并把他满腔的愤懑注入诗稿，

再编成"哑剧"执导。

一旦他想开杀戒，

波洛涅斯[1]与柯彻布[2]他们

就要被刺倒，这也有失于公道。

就这样，他痛苦不堪又神思恍恍，

暗暗地自嘲自谤。

随后又接受派遣飘洋过海，

中途折回，还嘲弄人一场。

他竭尽讽刺之能事，

说什么"鹑衣百结的无赖国王"

这也算壮举一桩？上帝保佑，

他从没有什么需要褒扬！

终于，他刀剑出鞘，

真的想兑现自己的誓约。

而天哪，那已是最后一幕，

只落得他自己一命呜呼。

他躺在这一群尸体旁，

仇恨使他们蒙垢受辱见阎王。

福丁布拉斯[3]的大军

如入无人之境，把王国吞并。

谢天谢地，我们还未到这等地步！

戏，我们才看了四幕。

主人公呵，要留心

第五幕中切莫再演老花样！

我们一如继往地希望：

振作起来，奋起抗争，

决不气馁，以慰亡灵，

因为这切实可行。

请莫失良机！

现下为时未晚，快快拿起武器，

乘法国的"雷殴提斯"[4]还未卑劣地

用毒剑置你于死地；

乘"北方之狮"[5]尚未逼近，

最终把你的财产侵吞。

啊，请留心：——我很怀疑

这次是否也来自挪威之境！

只消下定决心，就能开辟前程，

请大无畏地把障碍扫平！

记起你所作的誓言吧，

为先父的冤魂雪恨！

为何老举棋未定？

但老幻想家呵，我怎能臭骂你一顿？

我自己也是你的一部分，

你，老是优柔寡断、姗姗来迟的人！

---

1 莎剧《哈姆莱特》中的人物，御前大臣，后被哈姆莱特刺杀。
2 德国戏剧家，因当上了俄国枢密院顾问而被德国大学生协会成员卡尔·桑德所杀。
3 莎剧《哈姆莱特》中的人物，挪威王子。
4 莎剧《哈姆莱特》中的人物，波洛涅斯之子。
5 指沙皇尼古拉一世统治下的俄国。

乌拉，日耳曼尼亚[1]

乌拉，你骄傲的美妇，
乌拉，日耳曼尼亚！
你站在莱茵河畔，挺着胸脯，
飒爽英姿多威武！在七月的熊熊烈火中
你挥剑出战把敌诛！
你多么壮怀激烈地
捍卫自己的故土！
　　　乌拉，乌拉，乌拉！
　　　乌拉，日耳曼尼亚！

你本不爱动刀动枪：
在和平、欢乐和宁静的气氛中
在自己广阔的田野上
你挥镰割穗沙沙响，
你把收获的谷子运进仓：
这时你听，烽烟骤起！
莱茵河畔战号响！
　　　乌拉，乌拉，乌拉！
　　　乌拉，日耳曼尼亚！

于是，你把镰刀扔进谷堆里
禾束也被扔一旁；
于是，你愤然而起，
立刻长叹一声，
奋臂疾呼，磨拳擦掌。
主意已定，便雷厉风行！
起来，我的儿郎！起来，所有的男子汉！
奔向莱茵！奔向莱茵！奔向莱茵！
　　　乌拉，乌拉，乌拉！
　　　乌拉，日耳曼尼亚！

此刻，江河在澎湃，海湾在怒号，
德意志海掀起狂涛；
此刻，奥得河挺进沙场，
易北河挥舞战刀。
内卡河与威悉河发起冲锋，
连美因河也卷起怒潮！
支离破碎的旧山河被忘掉，
德意志民族同仇敌忾心一条！
　　　乌拉，乌拉，乌拉！
　　　乌拉，日耳曼尼亚！

施瓦本与普鲁士手携手
南北汇成一支军。
什么是德国人的祖国——
我们从今无须问！
而今我们是一个精神，一条手臂，
一个身子，众志成城！
乌拉，日耳曼尼亚，骄傲的女性！
乌拉，你，伟大的时代！
　　　乌拉，乌拉，乌拉！
　　　乌拉，日耳曼尼亚！

风暴雷霆何所惧，
日耳曼尼亚巍然屹立！
这是全德光荣的日子：
可悲呵，高卢！
可悲的是，猖獗一时的强盗
硬把剑塞到你手上！
诅咒他吧！为了保家卫国
德意志才刀对刀来枪对枪！
　　　乌拉，乌拉，乌拉！
　　　乌拉，日耳曼尼亚！

---

1 象征德国的女神。

为了家园，为了生存，为了妇女与儿童，

为了每一份稀世奇珍，

我们充当保卫者，

粉碎狂妄的侵略野心。

为了德意志的权利，为了德意志的语言，

为了德意志的风土民情，

为了每一处德意志的胜迹，

乌拉，我们挥戈出征！

    乌拉，乌拉，乌拉！

    乌拉，日耳曼尼亚！

起来，德意志，起来，上帝保佑你！

开赴沙场，佩剑作响！

我们束好腰带，

我们意识到要流血负伤！

却还是毫不沮丧！

因为你定会凯旋：

伟大、壮丽、自由的新纪元定要开创！

乌拉，日耳曼尼亚！

    乌拉，胜利！

    乌拉，日耳曼尼亚！

盖贝尔（Emanuel Geibel，1815—1884）

牧师之子，1815年生于吕贝克，十九世纪中叶德国名噪一时的抒情诗人。名诗有《五月已经来临》《谁欲尽情漫游》等。1845年，诗人才三十岁，在他的故乡吕贝克，人们已用他的名字为一艘船命名。

1852年1月，他在慕尼黑任马克西米里安二世的宫廷诵师，同时获得德国文学与诗韵学教授的称号，从此他成了鳄鱼（Krokodil）这个诗人团体与王府同僚们的中心。

马克西米里安二世去世后，盖贝尔返回家乡吕贝克。一天后，普鲁士文化部长恩赐给他一千塔勒的养老金。他于1884年4月6日去世。

他的诗因为内容比较贫乏，今天已逐渐被人遗忘。

五月已经来临

五月已临，绿了枝头，
谁有胃口，尽可在家发愁；
望云彩在天飘浮，
我也要遨游九州。

可敬的我爹我娘，愿上帝保佑你们，
远离故乡故土，何知哪儿乐洲？！
那里有我从未跋涉过的征途，
那里有我未曾品尝过的美酒。

阳光璀璨，请抖擞、抖擞你的精神，
跨过大山，涉过深沟！
清泉潺潺，绿树婆娑，
我的心像云雀放开歌喉。

夜间投宿小镇，正是口渴难忍，
"房东先生，房东先生，请把美酒满斟！
拿起小提琴吧，你这快活的街头乐师，
我歌一曲，献给意中人。"

无处留宿，权且露宿野外，
仰望夜空碧蓝，繁星为我执勤。
椴树在风中浅唱，
晨曦在黎明把我吻醒。

漫游呵漫游，乐天的年轻人把你追求！
清新的空气沁入心头，
心儿向着天幕放声歌唱，
广袤的大地呵，你何等美不胜收！

黑尔韦格（Georg Herwegh, 1817—1875）

　　1817年5月31日生于斯图加特，父亲是旅店老板。曾在毛尔布龙神学院与图宾根神学院攻读神学。1836开始创作。1837年在《欧罗巴》杂志与笛瓦尔德共事。1839年脱离军队赴瑞士的埃米斯霍芬与苏黎士，作《一个活人的诗歌》一举成名。1842年客居巴黎，同年周游全德，路经柏林时受到普王威廉四世的召见，后因给他写了封信又被他驱逐出境。先在瑞士避难。1843年与犹太富商的女儿埃玛·西格蒙特结婚。1844年至1848年侨居巴黎。1848年4月在巴登起义中领导某德法无产者小组斗争，失败后逃亡瑞士。1851年至1856年侨居苏黎士与利斯塔尔，1866年特赦后住巴登巴登的利希腾塔尔，1875年4月7日去世。

　　黑尔韦格是德国十九世纪著名的政治诗人，"青年德意志"的挚友。他跟贝朗瑞一样，所作的政治诗风格清新，情绪激昂，富有鼓动性，因而成为1848年革命的先声。黑尔韦格注意运用方言，擅长驾驭韵律，或嬉笑怒骂，或讥讽挖苦，都收到明显的效果。在少数非政治诗中，也流露出他宁静的内心世界，一缕淡淡的哀愁。

　　此外，他还翻译过拉马丁与莎士比亚的作品。

十四行诗一首

自由的使者，美的奴仆，
这便是诗人的天命；
他是诗人，因而他风尘仆仆
到处讴歌美的珍品。

英雄的业绩
在诗人的歌声中永存，
他把一己之怨埋进沙层，
不让私心围住灵魂。

他是一名好园丁，
园中的鲜花奉他人，
他是一名好果农，种了葡萄供人品，

全部的安慰：一个心眼地造福他人！
像可怜的潜水员出生入死，
却很少用珍珠装扮自己的光阴。

筆走東西

施托姆（Theodor Storm，1817—1888）

　　1817年9月14日生于胡苏姆一个律师家庭。在故乡上拉丁语学校，在吕贝克上文科中学。1837年至1842年在基尔攻读法学。1843年回故乡胡苏姆当律师。1846年娶巴泽·康斯坦策·埃斯马尔希为妻。1852年丹麦的入侵迫使他离开家乡，后在波茨坦的普鲁士政府机关当义务陪审员。这期间他与库格勒、冯达诺、艾兴多夫、海泽等有交往。1856年在海利根施塔特当法官，1864年在胡苏姆当地当长官。因前妻已亡，1866年又与多罗特亚·延森结婚。1867年以后任胡苏姆初级法院的推事。1880年退休后在哈德马尔申养老。1888年7月4日去世。

　　施托姆是十九世纪德国优秀的抒情诗人，尤以自然诗、爱情诗见长。他的诗为我们描绘出故乡胡苏姆的景色、大自然的变幻，让我们听到大海的涛声，看到落日下的浅滩、雾中的小岛、飞掠的水鸟，甚至让我们感受到海上吹来的丝丝微风。在他的诗里有对童年的追忆，对岁月的缅怀，对故乡的深情和对恋人的倾美。由于受晚期浪漫派和好友默里克的影响，他的诗篇幅短小，语言清丽、悦耳，富有北德的乡土气息与民歌色彩，堪称抒情诗的杰作。

　　诗人还写过少量的政治诗，抒发了他的爱国热忱。

海滨

海鸥正向近海飞行，
黄昏恰在海上降临。
在湿漉漉的浅滩上，
辉耀着落日的余辉。

灰色的水鸟扑腾着翅膀，
擦着水面飞来；
梦一般的小岛
躺在迷雾笼罩的大海。

我听到发酵似的烂泥
发出神秘的响声；
老调重弹的海鸟
传来孤寂的哀鸣。

又一阵微风吹过，
随后是一片沉静；
大海深处的喧响
遂又听得分明。

安慰

降临吧，任凭风狂雨骤，
有你活着，岁月就耀如白昼。

不管我走遍海角天涯，
有你作伴，就有我的家。

一睹你一往情深的面容，
来日的阴影，便消失得无影无踪。

韦尔特（Georg Weerth，1822—1856）

　　1822年2月17日生于德特莫尔德一个牧师家庭。14岁当学徒。17岁开始写诗。21岁赴英经商，亲眼目睹了老牌资本主义英国工人阶级的贫困，接触了英国的宪章运动，拓宽了他的视野。在那里他结识了恩格斯。在恩格斯的影响下，攻读了英国的政治经济学与费尔巴哈的哲学，加入了"正义者同盟"。后来他又在布鲁塞尔结识了马克思。1848年3月德国革命爆发，他随马克思、恩格斯返德。担任了《新莱茵报》副刊编辑，撰写了大量优秀的小品文与诗歌，使《新莱茵报》副刊成为当时无以伦比的"犀利的副刊"（恩格斯语）。革命失败后，《新莱茵报》停刊，他被监禁三个月。出狱后不得不弃文经商。1856年7月30日病逝于哈瓦那。

　　韦尔特早期的诗受浪漫派影响，多半是模仿之作，却富有民歌风味。在马克思、恩格斯的感染和革命风暴的鼓舞下，他逐渐成长为无产阶级的旗手。他广泛的社会经历又为他的诗奠定了坚实的社会内容，抹上了鲜明的政治色彩。在《工业》一诗中他把工业称之为"当代的女神"，把技术进步看作人类的创造性行为；在组诗《兰卡郡之歌》中他描写了英国无产者的贫困；在《干活进行曲》一诗中，他描写了资本家对工人敲骨吸髓的剥削；在《德国人与爱尔兰人》一诗中他描写了无产阶级的国际主义团结。

　　韦尔特是社会主义革命文学的先驱，是德国描写觉悟的无产者的第一人，因而被恩格斯誉为"德国无产阶级第一位和最重要的诗人"。

干活进行曲

你，衣衫褴褛的穷汉，
干吧，为了食盐和面包！
干吧，干活才是一帖
抗病解危的良药！

干吧，挥动你的双臂，
就此干上十六个钟点！
干吧，每天有烂草作垫
为你送暖，伴你过夜！

干吧，你有的是力气！
干吧，要想到茅屋里
怀孕的娇妻脸色苍白，
泪痕斑斑地盼着你！

干吧，你光秃的额头
恰跟牛皮一般厚！
干吧，每每踏进家门口，
有你衣不蔽体的孩子吻个够！

干吧，直干到浑身抽筋！
干吧，直干到肋骨折断！
干吧，直干到汗流如淋——
你生来就是劳碌命。

干吧，直干到神志不清！
干吧，直干到精疲力尽！
干吧，你会觅得安宁，
待到你长卧墓坟。

迈耶（Conrad Ferdinand Meyer，1825—1898）

　　1825年生于苏黎士一个富有的贵族之家，父亲是个政治家兼历史学家。从小多愁善感。在故乡读完文科中学后，1843年在洛桑深造，受到法国文学的影响。之后又在苏黎士攻读法学，并自学历史与语言学，钻研绘画。1852年就进疗养院，此后开始法德两国文学的互译工作。1857年至1858年先后旅行巴黎、慕尼黑与罗马。1860年重返瑞士，想在恩格尔贝格与洛桑定居没能成功。1870年与1871年战争前后才专攻德语、德国文学。1857年10月5日娶路易丝齐格勒为妻。1892年至1893年间住进柯尼希斯费尔顿精神院。1898年11月28日病逝于苏黎士附近的基希贝格。

　　迈耶是十九世纪瑞士杰出的小说家与诗人。他的抒情诗并不着意描写个人经历与主观感受，而是运用比兴手法表现富有象征意义的事物，往往借某一个形象或从生活中摄取某一个镜头，给人以遐想和启迪，让读者悟出其内涵。著名的有《罗马的喷泉》等诗。他描写历史人物也是为了启示后人。

　　迈耶有时也描写生活的窘迫、寂寞、死亡、失恋等，却往往回避现实生活中激烈的矛盾冲突。

　　迈耶的诗简洁、明晰、形象鲜明、富有哲理。他的诗影响了后来的诗人里尔克与格奥尔格的创作。

摇罢双桨

我摇罢双桨桨滴水，
滴滴汇深涧。

烦恼不曾有，欢乐无处觅，
淌走了，一个麻木不仁的今天！

身后——呵，幽幽长夜——
我流逝的韶光已梦绕魂牵。

水深处，传来"昨天"的呼唤：
"问来日，可与我藕断丝连？"

双帆

两片闪闪的白帆
辉映在湛蓝的海湾！
两片鼓起的白帆
正驶向避风港！

当一帆
颠簸在风口浪尖，

另一帆
也感到同命相连。

当一帆行色匆匆，
另一帆也疾驶如箭；
当一帆无意再跑，
其同伴也抛锚歇脚。

海鸥的飞翔

我看见海鸥在山崖盘旋，

不倦地沿同样的路线，

张开翅膀滑翔而下

画出一条白亮的轨道；

此间，透过碧玉似的海面

我看见有一只浅色的水鸟

鼓着羽翼绕着同一座山巅

不倦地飞掠在大海的怀抱。

清晰的海面使

海中的幻影与上空的翅膀

一样高飞

简直真假混淆。

渐渐地，我的心头

有恐惧一般的感觉在侵扰，

假象与本质

竟如此酷肖。

我伫立海滨，

凝视这幽灵似的飞掠，

扪心自问：

你自己呢，是真的按上了翅膀，

还是画在纸上仅供炫耀？

是在原地耍弄把戏，

还是长有活生生的双翼与羽毛？

马尔蒂 (Kurt Marti, 1921—2017)

公证员之子。在瑞士伯尔尼大学和巴塞尔大学学过法学和神学。又在巴黎服役。大学毕业后，在伯尔尼当牧师。1949年结婚，育有三子一女。1983年开始成为自由撰稿作家。出版有诗集、论文集、散文集和格言集。得过多项重要的文学奖和政府奖。

一篇送葬辞

年方二十，
生命之花正含苞
快添"宝宝"，
姑娘难把婚事逃。

婚事了，
良辰美景何处找？
从此，求学深造
的计划一边抛。

不久她已三十整，
建功立业的雄心犹未消；
无奈何忙忙碌碌，
家务的重担肩头挑。

光阴飞逝四十春，
真想再感受人生的美妙；
而今，她却不得不恪守
礼仪道德的信条。

转眼五十又已到，
心灰意懒，毕生精力已消耗；
她的丈夫，
却投入了另一少妇的怀抱。

亲爱的同胞，
我们命令太多，
我们屈从太多，
我们生活太少。

赫豪森（Helmut Hauser，1927—2014）

生于内卡河上游山区。二战期间应征入伍，被关进美军战俘营。战后完成师范学业。从1967年起一直担任Balingen地方教育局的领导工作，并任南德巴符州"家乡研究奖"（Landpreis für Heimatforschung）评审委员会主席。曾获"德意志联邦共和国十字勋章"和其他多种奖项。

赫氏系南德施瓦本地区现当代诗人，民歌手，出版诗集14种，被谱成歌曲140余首。

一颗苹果核的请求

我并非某位大人物
我只是谦逊的自己
蛰居苹果体内
委实其貌不扬

九月促我成熟
我方获自由

勤勉的双手将我采下
于是我坠落地上

容我请求
莫仅供品尝

我想变棵大树
年年岁岁茂盛

马赛克

单独的一枚马赛克
不会有多少作为，
合群后却成了
巧夺天工的艺术品。

就此置身于群体之中
形成图案，相辅相成，
表明它是有用的环节
好似音调组合成歌曲。

单一的石块孤零零
没人会瞧它一眼，
当它合成图案
便赢得感激之情。

这等命运也警示我们
既非偶像，也非神像，
如万种声响融汇成歌
我们造福于欢乐与安宁。

走离边缘

我的感觉　　　　　　　柳暗花明

我的思绪　　　　　　　躬身自律

都不足于

为你赐福　　　　　　　走离边缘

　　　　　　　　　　　走向正中

却能助你　　　　　　　这儿会增强信念

昭示迷津　　　　　　　赢得扶持

表情丰富的双手

狂野的双手　　　　　　借双手温馨陪伴，

儿时的热情，　　　　　柔情如水。

醉心于想入非非

梦幻，冲动，德行？　　双手为多多包涵，

　　　　　　　　　　　双手为默默祈祷，

人生的这般年华　　　　双手为拭干眼泪

被蒙上多彩面纱，　　　比风还抢先一步。

时运不济，默默应对

而留下的，并非诳骗。　双手——显示尊严

　　　　　　　　　　　好似百川归海，

借双手馈赠鲜花，　　　挥手意在辞别，

借双手两情相依，　　　伸手为了接待。

献给你，我的好孩子
——赠中国孩子沈力俊

这副小口琴　　　　　　如今，一支妙曲

就要踏上旅途　　　　　应为你点缀

去那遥远而广阔的国度

不想惊吵你，才放轻脚步　树木、花卉和飞鸟

　　　　　　　　　　　纷纷一展歌喉

今天是你生日呀　　　　你的第一个摇篮节

你刚满周岁　　　　　　都赶来为你庆贺

幸福，健康和快乐　　　　　　待你长大后，会演奏时

谅必已为你裁定　　　　　　　请多为你父母奏几首

将伴你人生之旅　　　　　　　是他们给了你生命

永享赐予的和平　　　　　　　要奏得快乐，常常奏

译者附记

纵观中外译坛，有些译者擅长译小说散文，有些擅长译诗，还有翻译各种文学体裁的多面手。仅译诗而言，也有不同类别。我本人除翻译了二三部人物传记之外，因爱诗写诗而译诗，既有德译中（侧重于欧洲古典派和浪漫派），也有中译德（侧重于中国现当代诗），然成绩有限。这里选编拙译德语国家诗人10位诗32首，短仅几行，长则二百多行。主要来源于《德国抒情诗选》（陕西人民出版社，1988年）、《荷尔德林诗选》（北京大学出版社，1994年）和《荷尔德林诗新编》（商务印书馆，2012年、2013年和2016年）等。

前者译于上世纪八十年代我还在杭州大学任教的时候，译得还很不成熟。有些诗，甭管你使了多少劲，也无法译得满意。但不知为什么，竟也有多首拙译蒙选家错爱，分别被编入他们筛选的外国诗集，如歌德的《为何你赐予我们深邃的目光》《植物的变态》《浮游于地球之上的天才》，席勒的《两个木桶一口井》，荷尔德林的《献给敬爱的祖母》，艾兴多夫的《在但泽》和《乡亲》，海涅的《警告》和莱瑙的《三个吉普赛人》等。

后两本荷尔德林诗选，前者印数四千，不久销售一空；后者蒙读者抬举，初版后第二个月成为全国十大畅销书之一，五年内出了三版，印数达万。部分译诗曾被编入上海辞书出版社、人民文学出版社、商务印书馆、石油工业出版社、百花文艺出版社、花城出版社、山西教育出版社等十余家出的诗集，并被《满分阅读》（高中版）、《神州》、《中外诗歌研究》等杂志转载。而即便是那里的译诗，其成败得失也参差不齐，并不尽如我意。我却泰然视之。人一生只要能译出一二首为后人推重的传世之作，如殷夫译裴多菲的《自由与爱情》，冯至译海涅的《西里西亚的纺织工人》，王佐良译普希金《致西伯利亚的囚徒》等，便已足矣。

这里呈上的少量拙译，仅是本人在德译中方面较为得心应手、堪称相对满意的几首，与博大深邃、瑰丽多姿的德国抒情诗相比，无非是沧海一粟。之所以令笔者珍视，是因为它们遵循文学翻译（literarische Übersetzung）的一般原理和译者本人的译学理念，既希望忠实原文，注重达意，又不愿拘泥原文，生搬硬套，以尊重中国读者的阅读习惯和美学情趣，力求诗意的表达和形象的传递。也就是说，试图在跨越德中两种语言的鸿沟之后，让它们脱胎换骨，在另一语境中获得诗意的新生；既最大限度地反映原诗的内涵、形象和韵味，又企望在转化为目的语后也能出神入化。若有读者苟同译者的这一理念，从中获得了某些启示、某些教益、某些美感享受，便是对译者本人莫大的安慰和鼓励。

顾正祥序跋选

《海涅》前言

海因里希·海涅（1797-1856），是十九世纪德国杰出的革命民主主义诗人。这位"诗歌的小王子"，既以诗作琴弦，倾吐对德意志的绵绵情意，弹奏出颂扬大自然和爱情的美妙乐章，抒发他对美好未来的热烈向往，又以诗为武器，欢呼革命，怒斥旧德国的魑魅魍魉，揭露他们的愚昧、昏庸、凶狠和无耻，从而赢得了革命导师马克思的高度评价。

早在"五四"前后，由于鲁迅和郭沫若等先生的翻译、介绍，海涅的诗也传到了中国，深受中国人民的喜爱。随着诗人的作品越来越多地译成汉语，广大读者希望能更多地了解海涅。顺应这种形势的需要，我国在五十年代陆续出版了侍桁、宗白华、高中甫等先生译的评传，由于印数不多，年代已久，在一般的图书馆已不多见。冯至、钱春绮等先生为海涅诗文译本所写的前言、后记，对他的身世遭遇作了一些介绍，但限于篇幅，不可能介绍得太详尽。鉴于目前国内尚无介绍海涅一生的专译，笔者特将德国罗沃尔特袖珍出版社1960年出版的《海涅》推荐给广大的海涅爱好者。

本书共分四章十二节，与五十年代翻译出版的《海涅评传》不同之处是，没有用很多篇幅来评价海涅的作品，而是从他的生活入手，写了他的出生、家世、童年、成才、爱情生活、宗教信仰、坎坷命运和历史地位，作品分析只占一节，从而使我们有可能从另一个侧面，更为具体生动地了解海涅战斗的、特别是颠沛流离和痛苦不堪的一生。传记大部分章节笔触细腻，叙述生动，尤以《赫耳果兰岛渔夫》和《克雷桑与亨利》等节脍炙人口。《富有的拉撒路》一节，描写海涅卧病八年的"床褥墓穴"生活，读罢催人泪下。绘声绘色的描述把我们带回到诗人生活的年代，跟诗人一起徘徊、愤懑、诅咒、呐喊和讴歌。《上帝啊，上帝又在哪里》一节，涉及诗人的政治信仰、宗教态度和道德观念，挖掘比较深，分析比较合理。在其他各章的记叙中，也时有真知灼见，可以看出作者长年倾注心血辛勤探索的成果。

本书作者路德维希·马库塞（1894-1971），笔名海恩茨·拉贝，是德国著名文艺批评家和哲学家。1933年纳粹上台时，马库塞亡命国外。四十年代至六十年代初一直在美国洛杉矶任哲学、文化思想史教授。1983年返回德国，任柏林及法兰克福几家报纸的记者、文艺副刊的编辑，尤擅长传记，撰写了大量介绍、论述著名作家、哲学家和音乐家的专著。《海涅》一书1931年问世，1951年再版，1960年以现在的面目出现，前后相隔三十年，曾三易其稿，不断完善，足见其谨严的治学态度。通读全书可以发现，作者对诗人海涅的评价比较客观公正，字里行间流露出作者对诗人不幸遭遇的同情，饱含着对诗人的热爱，使人触摸到诗人的脉搏，窥见诗人生活的足迹。尤为可贵的是，作者能从时代的角度和历史的观点来看待、分析问题，既肯定诗人的历史地位和不朽功绩，又不回避诗人思想上的局限，在描绘诗人不同时期的忧郁、欢乐、幽默和嘲讽时，能剖示它们的时代内容和思想实质，从而获得了广泛的好评。

　　本书在评述海涅时也难免有偏颇失当之处。如在评述作品时，一方面正确地指出了海涅先受浪漫派影响，后与浪漫派决裂，指出他的作品与民歌的渊源关系。另一方面则对他的政治诗、时代诗的革命内容和战斗影响强调不够，忽视了海涅在1843年底在巴黎结识革命导师马克思后，后者对其思想发展和创作发生的重要影响。在指出海涅批判基督教的苦行主义时，对其"宁为活狗，莫为死狮"的消极观念与及时行乐的思想没有给予应有的批评。书末《最后一朵花》一节，似有画蛇添足之感。

　　由于译者对海涅学习、了解不够，阅历、水平有限，加之原书用典较多，译书中曾遇到过不少困难。为此，译校者感谢曾经给过大量帮助的联邦德国专家Jutta Fensch女士、Drochner博士和Hitz博士、上海外语学院张素英女士，感谢浙江文艺出版社仇知白、郁飞先生的热情指导以及一切提供过方便的同行好友。

　　本书引录的海涅诗歌，一部分曾沿用或参照了冯至、钱春绮先生的译文，恕不一一注明，在此也一并致谢。

1983年10月于杭州大学

[陕西人民出版社，1987年]

《格林兄弟传》译者后记

　　人们爱读传记，因为好的传记通过对人物生平、创作的高度概括，不仅有助于我们更好地理解作品，还让我们从伟人的成才之路中受到启示，激励斗志。好的传记的作者又大多是一些作家、著名的教授、学者，他们治学谨严，材料信实，对人物的挖掘有深度，从而使传记作品不仅具有很高的学术价值，而且具有一定的文学欣赏价值，知识性、哲理性、趣味性三者兼备，委实使人得益非浅。可惜很久以来传记文学没有引起足够的重视，以往好长时间内，偌大的文坛，传记作品寥若晨星。就德国文学而言，迄今尚无莱辛传、席勒传、海涅传、托马斯·曼传、亨利希·曼传……的中译本，这不能不令人无比遗憾。近几年来，一部部名人传记译本相继问世，不少出版社纷纷辟专栏、出丛书，外国传记文学的译介方兴未艾，形势喜人。

　　众所周知，传记作品所介绍的人物和作品都不是孤立的，都有广泛的社会联系和历史渊源。这就要求传记的译者不仅要具备一般翻译所具备的语言文字的基本功，还需要拥有丰富的背景知识，不仅要了解传记中的人物本身，还要熟谙该国的历史、宗教和文化状况。要做到这一点决非易事。即便是像格林传这样仅八万多字的小传，译者在翻译过程中仍遇到不少障碍。对于格林兄弟生活的时代，对于他们丰富的著述，以及在他们周围国出现的众多的作家、作品，乃至古迹名胜、风土人情，译者孤陋寡闻，为此需要翻阅大量资料。译者真诚感谢杭州大学前任外籍专家Jutta Fensch女士馈赠此书，现任外籍专家Heinrich Seydel先生不吝赐教；真诚感谢钱春绮先生热情作序；译者还曾得到过本校历史系丁建弘副教授的指教。

　　值此雅科布诞辰二百周年、威廉诞辰一百九十九周年之际，联邦德国与民主德国正举行广泛而又热烈的纪念活动。译者愿借这本小传的翻译出版表达对他们的热爱和崇敬之情，并愿与广大读者共勉，让我们共同学习格林兄弟，珍视和发掘祖国遗产的献身精神，学习他们刻苦谨严的治学态度，陶冶爱国情操，在祖国的四化建设中尽情地发挥自己的聪明才智吧！

1984年4月于杭州大学

[浙江文艺出版社，1986年]

《荷尔德林诗选》前言

提起德国诗人，中国的读者很快会联想起古典文学中的歌德、席勒、海涅、施托姆，现代文学中的尼采、里尔克、布莱希特等。约从本世纪二十年代初以来，他们的诗不断地被发表在报刊杂志上或收入各种选本，一版再版，影响了中国的一代诗风；诗中表达的崇高的理想，优美的情操，深邃的哲理，陶冶了千千万万中国读者的心灵。与此同时，我们却不知不觉地冷落了德国、也是世界最优秀的诗人之一荷尔德林。

且不说他在欧美各国是如何被推崇，就是与我国仅一水之隔、文化渊源与我国极相似的邻邦日本，也早在六十年代末出版了四卷本的诗人全集。近年来，甚至在阿拉伯国家也出版了他们自己语种的荷诗选。而在拥有11亿人口的东方文明古国中国，他的名字还鲜为人知，他的诗被译成中文的还寥若晨星，既无（译）诗选问世，更谈不上全集出版，这不能不说是我国翻译界、文化艺术界的一大缺憾。

根据译者现有的手头资料，在中国，诗人荷尔德林的名字最早见诸茅盾主编的《小说月报》第8期"德国文学研究"专栏（1921年8月10日出版），被译成"黑利德尔林"。稍晚，另有1922年出版的《东方杂志》19卷第6期化鲁（即胡愈之）的文章《新德意志及其文艺》一文也提及，被译成"傅尔德林"，并附德文原文。以后即逐渐见于各种外国文学史。我国的第一首荷氏译诗，则要算冯至翻译的诗人小说Hyperien中的《命运之歌》载1925年12月的一期《沉钟》周刊上，可惜原诗已散佚。后来又有李长之译的《大橡颂歌》（Die Eichbäume），收在1943年9月成都东方书社出版的《德国的古典精神》一书中。但该书也已几乎绝迹，仅少量孤本，被封闭在档案馆的象牙塔里，非请莫入，要凭单位介绍信才能查看。

我国第一次比较集中地译介荷诗的当首推钱春绮。他先在其本人独立完成的《德国诗选》（上海文艺出版社，1960年）中译7首，后在江苏人民出版社1984年出版的《德国浪漫主义诗人抒情诗选》中增译了11首，加上他为《外国名诗鉴赏辞典》（吕进主编，河北人民出版社出版，1989年）所翻译的2首，共20首。其中包括荷诗若干"哦得体"名篇，如《橡树》（Die Eichbäume）、《故乡》（Die Heimat）、《海德尔堡》（Heidelberg）等，哀歌体名篇《漂泊者》（Der Wanderer）和晚期赞美诗《漂泊》（Die Wanderung）。钱译虽然并不模拟原诗的韵律，却在顾及原诗总体形象的再现时，注重达意，译笔堪称谨严。接着，又有拙译荷诗8首，收在陕西人民出版社1988年4月出版的《德国抒情诗》中。近年来，又有荷氏一些短诗的旧译或新译散见于某些译诗《鉴赏辞典》。但就总体而言，荷诗在我国的翻译乃至研究，虽历经70余年，仍停留在起步阶段，荷诗的最高成就，尚未在汉译中得到反映。

产生这种现状的原因，不是由于我国译界的盲目无知。这是因为荷氏不仅是德国一位最优秀的诗人，也是德国一位最深奥的诗人。他在成熟期、晚期创作的不少史诗般抒情诗中涵括的大量古代希腊罗马神话、广泛的西方哲学、宗教和文化背景知识，他诗歌内容的深刻性，他独特的句型，他那借代和象征的语言，使荷诗具有永久的魅力，但同时又不仅使我国的翻译界一筹莫展，也令德国的专家学者绞尽脑汁。

我接触荷尔德林的抒情诗，起始于我在杭州大学外语系德语教研室任教的84、85年间的业余时间。当时，我应钱春绮先生之邀，与他合编、合译《德语千家诗》（后改《德国抒情诗选》，于1988年在陕西人民出版社出版。我负责"歌德至19世纪末"部分，包括荷尔德林。由于荷诗的特别深奥，每有疑难时，当时在杭大任教的外籍教师也爱莫能助，但他却为我从德国订购了较为详尽的注释本，使我勉强译完了荷诗8首，其中有3首是难度极大的长诗。该书的这个部分译文，由于这个特殊性，除了排版、印刷方面的混乱之外，误译甚多。现在乘着这次结集出版的机会，将它们校正或重译后一并收入。

自上述8首在《诗选》中发表以后，我从未中断过对荷诗的研读，并陆续地将它们翻译出来，誊抄在自己的硬面抄里。近五年来，我又由杭大公派在联邦德国进修深造，有幸请教德国众多最杰出的荷学专门家，并借助于各大学、档案馆、研究所和出版社的图书资料，广泛涉猎荷学的研究领域，对荷诗的内涵、本质，才有了较为深刻的认识、理解。是的，荷诗不是俗文学，不是消遣品，而是高尚的艺术，诗中所讴歌的希腊诸神，不明真相的人还以为是在宣扬宗教迷信，但我们一旦了解了他们的文化历史背景，便会明白，这是诗人对古希腊灿烂文化的颂扬，把他们作为人类理想和美好未来的象征，并用他们来反衬德意志现实的丑陋，像处在"无神的黑夜"（Götternacht）之中，幻想某一天他们会复归，光临德意志大地，这时，"有神的白天"（Göttertag）就会到来。在《故乡吟》《还乡曲》《乡间行》《内卡河之恋》《海德尔堡》《斯图加特》《归乡》和《流浪者》等诗中，诗人倾注了浓郁的乡情和对大自然无比的热爱，是荷诗中最亲切、动人、最脍炙人口的佳作；在《莱茵河》这首长诗中，他揭示了深刻的人生哲理和祖国、历史的命运；在《伊斯特尔》《漫游》等诗中，他推崇东西方文化交流；他歌颂法国大革命和其代表人物拿破仑，歌颂民主主义思想家卢梭。他把自己看作是"大地的一个儿子"；他深知诗人的崇高使命，称之为"人民的心声"或"人民的喉舌"；他那富有象征意义的《盲诗人》一诗，则反映诗人自己处在精神危机时对光明的热切追求。

收入本选集的40首诗，未按创作时间的先后排列，这是因为早期诗仅译《爱之颂》一首，其余均为成熟期、高峰期之作，各诗的创作时间相隔很近。译诗未遵守原诗韵律，也未按体裁分类排列，这是为了更好地忠实原诗。译者始终认为，译诗重内容与重形象、重形式两者很难兼顾。而相比之下，重内容，即重达意，重传神更为重要。若对原诗的韵律亦步亦趋，由于中外语言的差异，多半削足适履。特别是荷诗语序严重颠倒，是对传统德语的挑战，要字字句句对号入座，很难做到。迄今为止，仅杨业治先生译的《海岱山》（Heidelberg）一诗，用一个汉字代替一个德文音节，较成功，属特例。但他译的其他诗也未顾及韵律。选集按题材划分六个部分，旨在为读者在阅读时起一点引路作用。但这种分类只能相对合理，因为荷诗的不少篇什内容博大精深，是多层次的，交错的，很难划入单一的某一类。

荷尔德林是巨匠，他的诗是顶峰。本选集集译者近十年之心血，荷诗中的哦得体、挽歌体、代表作《祖国赞歌》（Vaterländische Gesänge）中的名篇佳作尽量译介。但译者深感荷诗天地之广阔，不可穷及。每篇译诗的质量不均。有些译文反复推敲，自我感觉良好；有些译文则不很成功，译得笨拙、呆板，今天要拿出来跟读者见面，不免诚惶诚恐。但任何译文都不可能尽善尽美，翻译介绍荷尔德林的诗和其他作品，需要几代人的努力。若本选集能起到抛砖引玉的作用，让更多的人译介荷诗，让更多的读者领略荷诗之美，译者可自慰矣。

最后，译者衷心感谢德国"荷尔德林协会"（Hölderlin-Gesellschaft），市政府（Magistrat der Stadt Bad Homburg v. d. Höhe），巴登－符腾堡州科学艺术部（Ministerium für Wissenschaft und Kunst Baden-Württemberg），德国席勒协会，席勒国家博物馆／德国文学档案馆和瑙曼基金会（Deutsche Schillergesellschaft，Schiller-Nationalmuseum / Deutsches Literaturarchiv Marbach，Friedrich-Naumann-Stiftung）等单位的支持和帮助以及Inter Nationes对本书出版的赞助，衷心感谢北京大学出版社在纯文学出版颇为艰难的时刻接纳此书。没有他们，拙著的问世是绝对不可能的。

1993年10月于德国图宾根

[北京大学出版社，1994年]

《世界诗库》第四卷中荷尔德林诗选的引言

　　弗里德里希·荷尔德林（Friedrich Hölderlin），生于南德施瓦本地区内卡河畔的小城劳芬。父亲是一名法学家兼伯爵府官员，母亲是一位牧师的女儿。三岁丧父，两年后，随再嫁的母亲迁居尼尔廷根。五年后，继父又去世，其间另有四弟妹早夭，从此他与幸存的两弟妹由母亲抚养长大。家中的不幸使母亲终日郁郁寡欢，也培养了诗人多愁善感的性格。1784至1788年间，先后在两所教会学校就读。 1788至1792年在著名的图宾根神学院攻读神学与哲学。其间受法国大革命影响，他与学友黑格尔、谢林等共栽自由树，并写下著名的《图宾根颂歌》，歌唱自由、和谐、友谊、爱与美等人类理想。

　　图宾根神学院毕业后，要是他按照学校的培养目标及母亲的愿望，当一名牧师，至少能过上衣食无愁的生活，但他厌倦教堂生活的单调呆板，宁可做家庭教师。在 1793至1802年的近十年间，他时断时续，先后在四个贵族及上流社会之家作家庭教师，足迹遍及德、瑞、法三国。这使他有机会接近大自然及社会现实，拓宽视野，丰富了诗创作的源泉，同时又使他饱受异乡漂泊之苦，进而导致他个人遭遇的悲剧命运。尤其是在法兰克福银行家贡塔特家任家庭教师期间，他与家庭主妇苏赛特情投意合，不能自拔，最终却又被迫诀别，从而陷入精神危机。1798至1800年，因友辛克莱之助避居洪堡，1804至1806年，又因此友之邀，再去该市，任"皇家图书馆员"，终因精神失常，被送进图宾根精神病院，医治无效后，当地一个姓齐默尔的木匠收容了他，在内卡河畔一座塔楼里度过了他长达37年的病中生涯，于1843年去世，葬于图宾根。留给后世的作品除抒情诗外，小说《许佩里翁》及诗剧《恩培多克勒》（未完稿）也享有盛誉。

　　荷尔德林从15岁开始写诗，至精神失常后的数十每间仍未辍笔，但他的创作期却主要集中在19岁至34 岁，即 1788至1803年的十五年间。这其中大体可分为1788至1795年的早期，1796至1799年的中期及1800 年后的晚期三个时期。他的前期诗歌从题材到风格先受克洛卡施托克、舒巴特，后受席勒等影响，节奏明快，琅琅上口；后期受古希腊颂歌体诗人品达影响，同时形成自己的独特风格。其代表作晚期颂歌内容深奥，多用象征、隐喻、倒装，诗句多跨行、跨节，节奏强烈多变。有许多是未完稿。

　　荷尔德林的抒情诗按题材大体可分为：

　　一、爱情诗，最早是献给订了婚后又解除婚约的少女露伊（诗名《斯黛拉》）的，仅几首；大部分则描写与"迪奥蒂玛"即苏赛特的恋情，被称为"迪奥蒂玛情诗"，约二十五六首。这些诗先颂爱的欢乐与神圣，笔调明快，如几首以《迪奥蒂玛》为题的诗；后叙别离之苦，如泣如诉，如《别离》《梅农为迪奥蒂玛哀叹》。论篇幅虽然不多，但那"爱"的哲学却是贯穿荷诗的一条主线。

二、怀乡诗，祖国颂诗，名篇如哦得体诗（Ode）：《故乡吟》《还乡曲》《乡间行》《海德尔堡》《内卡河之恋》等；哀歌体诗（Elegie）如：《流浪者》《斯图加特》《归乡》《面包和葡萄酒》等；颂歌体诗（Späthymne）如：《漫游》《莱茵河》《伊斯特尔》《在多淄河源头》及《阿尔希沛拉古斯》等。这些诗叙父老乡亲，则一往情深；状故乡的山川景物，自然风光，则跃然纸上。河流、山脉、城市都能成为民族性格的象征，历史和文化演变的见证，又与古代希腊罗马神话、卢梭等西方哲学知识交织在一起，形成乡情浓郁、内容丰富深刻的抒情诗巨构，虽然深奥莫测，一旦进入那艺术的殿堂，便会感受到那撼人心魄的艺术魅力。它们是荷尔德林诗的顶峰，是德国及世界抒情诗的瑰宝。

三、咏怀诗，著名的有《当我还是年少时……》《生命过半》《我的财产》《傍晚的遐思》《致命运女神》等。

四、哲理诗、酬答诗，名作有《生命的历程》《致朗岛厄尔》《贺奥古斯塔·冯·洪堡公主》《致齐默尔一家》等。

五、歌唱诗人崇高职责的诗，如《如在节日》《诗人的职业》《诗人的胆识》等。

荷尔德林的诗具有古典主义与浪漫主义两个流派的某些特征，却又是独树一帜的。在抒情诗领域，他的声誉超过了德国的诗歌之王歌德。但在生前，他却少有知音。在精神失常前，他的诗仅零星地发表在一些杂志或年鉴上。到1826年，即诗人病后二十年年，才由施瓦本的几位浪漫派作家整理成集。本世纪初，赫林格拉特等人奠定了新荷学的基础，一些重要的诗稿被发现或破释，荷尔德林诗的价值才逐渐被挖掘出来，并在此基础上，出了六卷本的荷尔德林诗集注释本。到1943年诗人逝世百年祭，还组建协会，编辑年鉴，出版更科学、更系统的荷尔德林全集，开创了荷氏研究空前的新局面。

在中国，虽然从二十年代初就断断续续有一些零星的介绍，但迄今为止，他的名字对中国读者仍很陌生。系统译介荷氏的作品、书信、传记及展开对荷氏的研究评论，是翻译界一桩艰巨而又迫不及待的任务。

[花城出版社，1994年]

《荷尔德林诗新编》感言

缅怀先贤

跟歌德、席勒、海涅、格林兄弟等德国经典作家一样，诗人荷尔德林（Friedrich Hölderlin，1770—1843）在中国的译介也有一百多年的历史了。他没有像歌德那样，早在上世纪二十年代初，就幸运地凭他的小说《少年维特的烦恼》，倾倒了一大批年轻的中国读者；也没有像海涅那样，仅在上世纪二十年代末，就一连出了七本汉译诗集和一本散文集。尽管如此，他仍被独具慧眼的中国知识精英们所认知。

荷尔德林译介的开山鼻祖应是近代著名学者王国维（1877—1927）。1907年3、4月间，他在《教育世界》杂志上发表的论文"戏剧大家海别尔"已论及荷尔德林。该文曰"海别尔（Friedrich Hebbel，1813—1863，今译"黑贝尔"）以诗歌言，则以海迭林[荷尔德林]相颉颃。其纯美之感情，仿佛海氏"。诚然，王对歌德、席勒等的研究倾注了更多的心力，有较详的介绍，这里却仅仅一笔带过；拿黑氏与荷氏作比较是否恰当，也有待讨论。但无可否认的是，王毕竟开了荷尔德林在华译介的先河，从而是中国最早关注荷尔德林的人。

民国时期译介的功臣首推季羡林（1911—2009）。他三十年代完成的学士论文"现代才被发见了的天才——德意志诗人薛德林"和"近代德国大诗人薛德林早期诗的研究"一文，在当时可算是凤毛麟角了。两文从诗人的生平创作，谈到他在德国如何被重新发现和评价，第一次向国人较为全面地介绍了荷尔德林，具有里程碑式的意义。但据笔者所知，季老自己并不那么看重这两篇文章。记得上世纪九十年代初我在德国图宾根大学撰写博士论文时，还去查找这两文折腾过一番呢。当时我求助于北大的孙坤荣老师。孙来信说，他又找到季老府上当面询问，当时季老自己"也没有印象了"。后来他跟季老的助手一起在北大的旧报刊室里才终于找到了它们，并全文手抄了其中的一篇寄我。1935年，季老被公派去哥廷根大学留学，研究方向转到了梵文、印度文化和东方文化。这就难怪在今天多达24卷的《季羡林文集》中，与荷氏有关的文字只有这两篇（第13卷，第161—184页）。读者会看到，在那篇学士论文的下面有段名为"跋"的说明文字（第183页），那已是多年后的追忆了。

李长之（1910—1978）的功绩也不该被遗忘。在国难当头的四十年代初，他撰写《德国的古典精神》一著，辟出专章，用文言译了荷尔德林的《橡树林》一诗。诗前还有一段千把字的引言，阐述该诗对国人的现实意义和他本人读了这首诗所受的鼓舞。

贡献最大、从事荷学研究最久的要算在德语界德高望重的冯至（1905—1993）了。在荷学领域冯是"三代元老"。早在民国时期（1925年），冯就翻译了荷尔德林的《命运之歌》，成为荷尔德林作品在中国的第一名译者。建国后（1958年），他主持编写了经典性的《德国文学简史》，对荷尔德林作了恰如其分的评价，称荷尔德林为"德国的伟大的诗人"（第140页）、"十八世纪末期、十九世纪初期歌德席勒以外最优秀的抒情诗人"（第169页）。八十年代，冯老当益壮，又挥笔撰写了散文名篇"涅卡河畔"。该文以亲切动人的笔调，回顾了作者早年走近荷尔德林的历程，倾注了他对诗人命运的深刻同情，既是一篇研究荷学的必读论文，又是一篇耐人寻味的文学随笔，具有很高的学术价值和文学价值。

北大教授杨业治（1908－2003）按年龄跟他的老同事季羡林、冯至是同辈，虽然他的著述面世较晚。在八十年代初出版的权威性的《中国大百科全书》（外国文学卷）中，杨承担了"荷尔德林"条目的撰写，对荷尔德林的生平创作，对荷尔德林诗的内涵和特征作了精辟的阐述。他撰写的论文"啊，给我们翅膀"——荷尔德林的古典格律诗（《西方诗苑揽胜》，第53－66页），一直是探讨荷尔德林诗学难得的一篇专题论文。他翻译的"荷尔德林的《于沛里昂》"（《卢卡契文学论文选》，第一卷，人民文学出版社，1986年，第339－366页），迄今为止，仍是研究荷尔德林小说《许佩里翁》唯一的一篇汉译论文。

比冯季杨三老年轻一点的翻译家钱春绮（1921－2010），用心最勤的不在荷学的研究，而在荷诗的翻译。他译的荷诗主要发表在《德国诗选》（上海文艺出版社，1960年）和《德国浪漫主义诗人抒情诗选》（江苏人民出版社，1984年）。尤其前者，在长达二十年的时段里，一直是国内书市上唯一在销的一本德国诗歌选本。此后，即八九十年代，该书又重印或改版过三次，影响甚广。听说他还想出一本荷尔德林译诗选，可惜已心力不济。鲜为人知的是，钱老不但译诗，而且作诗，还有一首题为"荷尔德林"的十四行诗传世。我身边还文物似的珍藏着他十多年前赠我的一本手稿。那是一本普普通通的中学生练习本，厚30页，一笔一划地写满了他自己创作的诗，包括"荷尔德林"这首诗。

在译介荷尔德林的百年长廊里，前期的功臣虽为数不多，却不止这几位。那里还镌刻着胡愈之、郑振铎、余祥森、吕天石、李金发、黄似奇等先贤的英名。他们或在《东方杂志》《小说月报》《清华周刊》等刊物，或在他们撰写的德国文学史里介绍过荷尔德林，尽管那些都只是蜻蜓点水式的片言只语。这些先贤们的主要建树都不在荷学，都不是以荷学的专门家著称的。而作为后学的我们，不应忘记他们披荆斩棘的功绩。如今他们都纷纷离开了我们，他们的翰墨却永留人间。

喜看今日

当拙译《荷尔德林诗选》于1994年在北京大学出版社出版时，笔者曾慨叹"在拥有11亿人口的东方文明古国中国，他的名字还鲜为人知，他的诗被译成中文的还寥若晨星，既无（译）诗选问世，更谈不上全集出版，这不能不说是我国翻译界、文化艺术界的一大缺憾"。"就总体而言，荷诗在我国的翻译乃至研究，虽历经七十余年，仍停留在起步阶段，荷诗的最高成就，尚未在汉译中得到反映。"可喜的是，随着改革开放的大好形势，这种局面已奇迹般地得到了改变。近十余年来，荷尔德林的译介已取得长足的进展。据初步统计，已有150余位译者参与了荷尔德林作品和书信的翻译，有180余位个人和单位参与了荷尔德林生平和作品的研究和评述，有100多家出版社和报刊杂志承担了发表和出版它们的任务。迄今为止，至少已有下列出版物已与中国读者见面：

五本诗选：

《荷尔德林诗选》，顾正祥 译注，北京：北京大学出版社，1994年，159+16页

《塔楼之诗》，先刚 译，上海：同济大学出版社，2004年，114页

《荷尔德林后期诗歌》（文本卷 德汉对照），刘皓明 译，上海：华东师范大学出版社，2009
年，616页

《追忆》，林克 译，成都：四川文艺出版社，2010年，217页

《荷尔德林诗新编》，顾正祥 译注，北京：商务印书馆，2011年，300页

三本传记：

《与魔鬼作斗争：荷尔德林、克莱斯特、尼采》，茨威格 著，徐畅 译，北京：西苑出版社，
1998年，265页

《与魔搏斗的人》，茨威格 著，潘璐、何世平、郭颖杰 译，合肥：安徽文艺出版社，2000
年，239页

《荷尔德林传：精神导师与精神病人》，彼得·黑尔特林 著，陈敏 译，南京：江苏人民出版
社，2009年，393页

二本文论集：

《荷尔德林诗的阐释》，海德格尔 著，孙周兴 译，北京：商务印书馆，2000年，265页

《荷尔德林后期诗歌》（评注卷；上、下卷），刘小枫 主编，刘皓明 著，上海：华东师范大
学出版社，2009年，5+1014页

一本书信集：

《烟雨故园路：荷尔德林书信选》，张红艳 译，北京：经济日报出版社，2001年，66封信，
229页

一本文集：

《荷尔德林文集》，戴晖 译，北京：商务印书馆，1999年，536页，2000年第2次印刷，2003
年再版，15+5+536页

一本书目：

《荷尔德林汉译与研究总目》，顾正祥 编，北京：中央编译出版社，待出

上述译著和书目，更有为数众多的学术论文，已让荷尔德林在中国的译介初具规模。茨威格和黑尔特林是现当代德国的两位权威作家，两部传记出自他们的大手笔，足以反映诗人走过的人生道路。就作品而言，按时间的先后论，以诗选为发端，重点是后期即成熟期的诗，延伸为小说《许佩里翁》、戏剧《恩培多克勒斯》、大量的文论和书信，并以专题的书目殿尾。

再看互联网，那里也别有洞天，热闹非凡。如果说，荷尔德林的纸质出版物几乎被中国的日耳曼学者所垄断，互联网里的"荷尔德林网吧"则有广大读者的参与，也是他们自由翱翔的天地。他们自告奋勇，有当译者，有当编者，凭自己的爱好、感觉和审美标准，选登不同译家的不同译作以及评论。也有的谈心得，叙体会，或即兴赋诗，咏叹诗人的身世遭遇，可谓不拘一格。它们虽不很"传统"，不很"正规"，却也起到了推波助澜的作用，该受欢迎。

谈谈自己

先谈谈北大版译本《荷尔德林诗选》（1994年）和以荷尔德林译介为主题的德语博士论文"Deutsche Lyrik in China. Studien zur Problematik des Übersetzens am Beispiel Friedrich Hölderlin"（图宾根大学，1994年），两书先后进行，却同时完成，前后十年，用心良苦。前者各大图书馆收藏，反响尚佳。部分译诗入选"世界诗库"、"中外经典阅读·诗歌卷""外国文学经典百篇系列""素质教育课外经典读物／普通话水平测试辅导教材""中学生新课标名作读本"等十余种读本。因脱销已久，当年7.2元的一本小册子，"孔夫子"旧书网上竟卖到200元。更有网友偏爱，肯花四个月时间，手抄全书，作为馈赠好友的生日礼品。这表明荷尔德林的诗魅力无穷，深受我国读者的喜爱。我本人则为自己的译文能得到读者的认可而欣慰。谢谢他们的厚爱！

说实在的，我译荷尔德林诗，所面对的不是一个个冰冷的单词。翻译时，不是将它们囿于修辞学的范畴，机械地进行对号入座，而是倾听它们所传递的诗人的心声，引发心灵的交流与共鸣。我仿佛触摸到诗人的脉搏，感受到诗人的情致。这种秉性的养成也许可追溯到我的学生年代。回想自己年轻时酷爱文学，特别是诗，既爱李杜苏辛，又爱普希金、雪莱、泰戈尔等，是中外诗圣的诗魂培育了我诗的灵感。文革中用非所学，却因祸得福，在浙南山乡当了八年的语文教员，有机会磨砺母语的功底，并有闲情，在瓯江畔诗兴大发，留下孤芳自赏的习笔。

话得说回来，我对《荷尔德林诗选》中的译诗既有满意，也有不甚满意的地方。限于当时条件，论其篇幅，显得过于单薄；论其水准，有些诗译来近乎得心应手，译意能尽情表述；有些诗的移译却举步维艰，也有的推敲不够，译得比较生硬。好在它是国内荷氏的第一个译本，无所借鉴，其咎可恕。至于那本博士论文，也曾尽了心力，却因限时交稿，未能尽如人意。因它在国外发表，国内收藏寥寥。两著出版后，我承担了德国两所大学的新项目，治学的侧重面有所转移，放松了对荷尔德林的深造。面对当下国内荷学的方兴未艾之势，方觉自己大大落伍，理当奋起直追。令笔者感到鼓舞的是2007年10月在南京举办的"德中同行"跨国文化活动，笔者忝为德国巴符州荷尔德林作品赴华音乐演出团的学术顾问。拙译荷诗《故乡吟》《内卡河之恋》和《我的财产》，也由德国女作曲家Susanne Hinkelbein谱曲后参与演出。我将此作为机缘和动力，加紧了《荷尔德林诗选》增订本的准备。

有幸将在商务印书馆出版的《荷尔德林诗新编》，选编了北大版的全部篇目，对部分译文又作了斟酌。另有三分之一的篇幅是新译，对诸如《在多瑙河源头》《和平的庆典》《帕特默斯》《致圣母玛利亚》《回忆女神》等晚期长篇赞美诗以及黑格尔的《埃琉西斯——致荷尔德林》一诗，反复钻研，投入甚多，圆了我16年前初版时的旧梦。编排的体例也有别于北大版，不再按题材分组，大体按编年史顺序。但无论哪种编法，均勉为其难，无法做到完全合理。

《荷尔德林汉译与研究总目》是笔者继德汉对照的《中国诗德语翻译总目》（斯图加特：Anton Hiersemann出版社，2002年）和《歌德汉译与研究总目》（北京：中央编译出版社，2009年）编纂之后，在译学、比较文学和目录学领域的又一探索。编纂的宗旨是想对迄今为止荷尔德林的汉译与研究作个初步的梳理和总结，抛砖引玉，为广大读者和研究人员提供查找的线索和尽可能完备的资料，也借这块园地，表达编者对先辈和同行的劳动与建树所持的感佩和敬意。

2010年10月于德国图宾根

[商务印书馆，2012年]

《中国诗德语翻译总目》导论

    在中国人眼中，中国是"诗之国度"，中国诗歌是世界文学不可或缺的一个组成部分。它发端于公元前11至公元前5世纪的《诗经》和《楚辞》，历经两汉六朝（公元前206年-589年），至唐宋（618-1279）达到鼎盛。在这延绵三千余年的历史长河中，才华横溢的文人墨客层出不穷，其中不少佳篇远播西方特别是德国，通过译介与再创作，它们融入了德语语言之中，并以此影响了德国思想史。

1. 中国诗歌在德国
1.1 诗选中的诗歌接受——小引

本书出版的宗旨是，在注重调查和学术研究的基础上，编纂一部德语诗歌选集中中国诗歌的总目，同时考察中国诗歌在德国的整体接受情况。

本书中所指的"诗选"是指依据一定的标准将不同作家的文章编选成册。这类集子在中国古已有之——大家耳熟能详的两大著名经典当属公元前出版的《诗经》（佚名）与公元后出版的知名作家的作品集《文选》。

论及中国诗歌在德国的接受，诗歌选集作用突出，不仅出版了各种大小和厚薄不一的诗选，而且还有一些诗歌被收录于由欧洲译者和出版人出版的多国文学诗选。

直到译介的中后期才出现了个别中国诗人的完整个人文集，且这类集子大多围绕少数几名诗人。纵览19世纪的诗歌译介，诗选成为了中国诗人进入德国社会的重要媒介手段，借助它，中国诗歌才为德国读者所熟知。即便在20世纪，诗选依然发挥着重要作用[1]，尽管也出现了其他传播形式（如杂志选登、专著以及文学史援引等）。

1.2 19世纪的接受情况——概览

中国诗歌在德语地区的接受肇始于19世纪上半叶，并和歌德的大名紧密相连。晚年歌德阅读了一系列中国文学作品的法译本及英译本，并深深沉醉于其"普世之人性"——一如他在其他世界文学作品里所发现的那样。1824年，彼得·佩林·托马斯（Peter Perring Thomas）将诗集《百美新咏图》译成英文，并收入其中国诗体小说《花笺记》的附录。歌德从中挑选了几首转译为德语，并于1827年刊印发表。同年，歌德在其组诗《中德四季晨昏杂咏》中也化用了中国文学素材。此举对中国诗歌在德国的接受产生了极其深远的影响。进入20世纪，数量众多的诗选纷纷将歌德为数不多的诗译收录在内[2]，尤其是多次重印的著名诗集《东方抒情诗》（Wilhelm Gundert主编，1952年）也不例外。此外，著名汉学家卫礼贤在1922年深感有必要以歌德组诗的标题来命名他的中国诗选集。

弗里德里希·吕克特（Friedrich Rückert）是一位全面从事中国、印度、阿拉伯和希伯来诗歌研究及翻译的东方学教授，他首度为中国诗歌在德国的接受奠定了较为广阔的基础。1833年他的《诗经》德译本问世，标志着中国古代诗歌经典总集中的305首诗歌（约公元前11–前5世纪）首次被译介给了德语读者，这部出版物也因此成为了中德文化接受史上的一个重要里程碑。然而吕克特并非

---

1 关于诗选的定义及特征可参考：Helga Essmann (Hrsg.): *Anthologien mit Dichtungen aus aller Welt. Hiersemanns bibliographische Handbücher.* Stuttgart: Anton Hiersemann Verlag, 1997, S. IX. / Helga Essmann编：《世界诗歌选集·Hiersemann书目手册》，第1卷（共13卷），斯图加特：Anton Hiersemann出版社，1997年，第IX页。
2 如Goldscheider（1933年）；Braun（1952年）；Jaspert（1953年）；Korth（1988年）。

根据汉语原诗直译翻译，而是以法国传教士孙璋[1]的拉丁文译本（Cotta出版社，1830年）为脚本进行转译。这两个版本的不同之处在于：

	孙璋	吕克特
参考文本	汉语及塔塔尔语	拉丁语
体例	散文体（不同于中文原文）	诗歌形式（有别于所参照的拉丁文本，而与中文原文本相似）
诗歌排序	和中文原文一致	有别于拉丁文本
特点	译文内容忠于原文；形式多有变化；原文注释置于括号内	译笔自由随意，根据中文注释增译，部分措辞与音律相当到位
范围	全译本	非全译本（缺31首）

在其后很长一段时间，汉语诗歌在德语地区的接受始终与《诗经》相连：吕克特的译本被多种诗选收录，甚至被改写和谱曲，例如恩斯特·迈耶尔（Ernst Meier）、阿尔贝特·艾伦施泰因（Albert Ehrenstein）和伯恩哈德·泽库拉斯（Bernhard Sekles）。1844年约翰·克拉默尔（Johann Cramer）翻译的《诗经》出版。虽然他在书的扉页里声称自己依据的也是孙璋的拉丁文译本，但事实上他所参照的依然是吕克特的译本。首部根据中文原文翻译的德文《诗经》出自汉学家维克多·冯·施特劳斯（Victor von Strauß）之手（海德堡，1880年）。该译本体现出作者对原诗把握透彻，同时译者自身也不乏诗人禀赋——正是这两个因素促使他为读者奉献出了一部典范佳译。之后虽有若干《诗经》诗选问世[2]，却再无全集出版（施特劳斯的译本分别于1939年和1969年在北京和德国的达姆施塔特市再版）。

汉学家阿道尔夫·艾利森（Adolf Ellissen）属于自学成才，他出版的诗选《茶与水仙花》（*Thee- und Asphodelosblüten*）（哥廷根，1840年）收集了中国与现代希腊的诗歌，其中中国诗歌部分占56页，后单独结集再版（Meyers Volksbücher 618，莱比锡，1887/88年）。该诗选中引人注意的译文为两篇民歌（6世纪前后的《木兰辞》与杜甫的《羌村》），不论是从内容还是从韵律来看，译文与原文的吻合度极高。然而译者对其他诗歌并未给出作者及相关时代信息，其中文原文遂无从考究。该诗集还收录了——如后人所断定的那样——译者本人的一首原创诗歌，但他却打着"中国的"幌子悄悄把它塞进了这本小集子里[3]。同样的情况也发生在约亨·坎德尔（Jochen Kandel）的诗

---

1 得益于长年在华旅居，孙璋通晓汉语。翻译时，他参考了朱熹及其他评论家的版本，此外他还借鉴了一个塔塔尔语译本。在查阅该文献时，笔者得到了克努特·沃尔夫冈·诺尔教授（Prof. Knut Wolfang Nörr）的帮助。

2 如：Ehrenstein（1922年）；Mühlenweg（1946年）；Treichlinger（1948年）；Debon（1957年）；Köser（1990年）。

3 指的是Der Pinsel Mings那首诗，刊登在哥廷根，1840年，第50页及随后数页及莱比锡，1887/88年，第27页及随后数页。

集《美酒人生之中国集萃》[1]。译者化名为K'an Te-erh，声称其生卒年份为（940-? ），把他自己的三首原创诗不加说明地冒充为"中国诗"。本书目还收录了坎德尔一本几乎不为人知的诗集，在他自己经营的出版社出版，印了1000册，每册均有编号（维尔茨堡，1995年）。

19世纪的德语诗选共有21部。在这些诗选中，除了散文之外其他大多是不知名的中国诗歌，被译介过来的著名诗人屈指可数，其中杜甫（712–770）是第一个被译介至德国的中国诗人。这种情况也适用于其他出版物，比如，中国诗被一笔带过的外国文学史[2]、涉及中国的专著以及或多或少引用了中国诗歌的论文。[3] 此处首先要提及的是陈季同的专著《中国与中国人》，该书由阿道尔夫·舒尔茨（Adolph Schulze）从法语翻译成德语（莱比锡，1885年）。书中不仅收录了像李白、杜甫、白居易、孟浩然等在中国声名显赫的诗人的大作，还包括并不出名的唐代诗人崔敏潼和热爱文学的清代乾隆帝的作品。所有这些诗的摘译都被收录于彼得·雷登（Peter Rheden）的诗选《中德诗歌》[4]中。

截至19世纪末，只有屈原与白居易两位诗人有幸出了单人诗选：《屈原之离骚与九歌》（维也纳，1852年）与《中国诗人白乐天》（维也纳，1886年）及其续编《中国诗人之哀歌》（维也纳，1887年）[5]。这三部作品皆出自维也纳皇家科学院院士奥古斯特·普菲策迈耶（August Pfizmaier）之手。屈原（约公元前340年–公元前278年）是一位在德语地区知名度较高的中国诗人，其作品《离骚》与《诗经》共同构成了中国诗歌的起源，并在过去数千年间影响着它的发展。当然，该作品语言艰涩难懂，对中国读者也不例外。也许正是由于这个原因，自普菲策迈耶之后直至今天仅有一本完整的德译本问世[6]。白居易（772–846）是中国文学史上最伟大且最受欢迎的诗人之一，他和李白、杜甫二人在20世纪的德国备受关注。

19世纪还没有用德语撰写的完整的中国文学史，也没有与中国有关的文学期刊。因而诗选几乎成了德语地区传播中国诗歌的唯一形式。这可能是因为中国文化受当时政治混乱——尤其是1840年鸦片战争——的影响，从而导致其声望在欧洲有所下降。

阿尔弗雷德·佛尔克（Alfred Forke）于1899年出版的选材广泛的诗选《中国诗歌之花》（*Blüthen chinesischer Dichtung*）意义重大。该书首次用德语介绍了两汉至六代（公元前206–589）共56位著名诗人的诗作以及众多的民歌、叙事谣曲和传说。唐代诗人李白（701–762）是该诗选中的一个特例，共有36首诗歌入选。对《玉台新咏》及《乐府诗集》的考证以及大量有助于理解中国

---

1 德文原文请参见：Jochen Kandel (Übers.): *Das chinesische Brevier vom weinseligen Leben*. Bern: München u.a.: Scherz Verlag, 1985。

2 Julius Hart: *Geschichte der Weltliteratur und des Theaters aller Zeiten und Völker*（《世界文学史及各民族各时代的戏剧》），全二册，梅尔松根：Neudamm出版社，1894年，参见第31–64页，尤其是第42–49页；Alexander Baumgartner: *Die Literaturen Indiens und Ostasiens*（《印度及东亚的文学》），弗莱堡：Herdersche Verlagshandlung，1897年，参见第457–481页："诗经——中国人的诗歌典籍"。

3 例如，Wilhelm Schott："论中国诗行艺术"，载：《柏林皇家科学院论丛》，柏林，1857年，共78页；Robert Douglas："中国语言与文学"，由Wilhelm Henkel自由编著，耶拿，1877年，共103页；Franz Kühnert："论中文之格律——维也纳皇家科学院科研会议报告"，维也纳，1896年，共54页。

4 德文原文请参见：Peter Rheden: *Chinesisch-deutsche Gedichte*. Brixen, 1903/1904。

5 德文原文请参见：*Das Li-sao und die neun Gesänge des Qu Yuan*. Wien, 1852与*Der chinesische Dichter Pe-lo-thien*. Wien, 1886，及其续编*Die elegische Dichtung der Chinesen*. Wien, 1887。

6 即Weber-Schäfer（1967年）。

诗歌的评注与阐释，使得该巨著无论是从语文学角度还是从学术角度来看都是相当严谨的。这部诗选的首要功绩在于取代了仅关注中国先古时期诗歌的倾向，由此开启了新篇章，其余音在20世纪依然回响不绝。

1.3 20世纪的接受情况——两大主流

进入20世纪，中国诗选在德国的接受有了新的发展维度。除却数量众多的诗选[1]，也出现了其他的接受形式，如作为汉诗传播者的德国文学史专著相继出现[2]。另外还有各类期刊也应运而生，如 *Sinica*（法兰克福，1925–1942）和 *Die Horen*（不来梅，1955– ），它们介绍了大量的中国古典和当代诗歌。同时，单个诗人的集子——当然只有声名远扬的诗人才有此等荣耀——也越来越多地被编辑出版（李白，1911年等；陶渊明，1928年等；还有毛泽东：在中国，不管政见如何，都会承认他是个了不起的诗人）。尽管形成了新的译介渠道，诗选对中国抒情诗在德国的接受仍然发挥着极其重要的作用。20世纪诗选数量增长显著，和19世纪的诗选数量两相对比之后，此点不言而喻：

时期	"双边"译诗选[3]	"多边"译诗选	诗人数量	文学时代
19世纪	5	21	2	2
20世纪	约100	约70	约850	全部

19世纪中国诗歌的翻译始于歌德、吕克特和克拉默尔（Johann Cramer）三人，他们都是从另一种语言进行转译或改写。目前以语文学为导向的翻译传统则要追溯至奥古斯特·普菲策迈耶和诺伊曼（Carl Friedrich Neumann）（自1852年起），至维克多·冯·施特劳斯则日臻完美，至今尚无人能够企及。

20世纪上半叶，转译、改译或称意译中国诗歌再度成为主流。克拉邦德（Klabund）与贝特格（Bethge）的意译诗歌作品流传极广，甚为时髦，引得无数诗人在此领域小试牛刀，其中不乏毫无汉学功底或对中国传统知之甚少的诗人。

50年代初以降，语文学意义上的翻译成为了主流。下表列出了采用转译及改写方法翻译的诗选以及严格遵循原文的翻译诗选在过去两百年间的数量变化[4]：

---

1 例如：Grube（1902年）；Wilhelm（1926年）；Feifel（1959年）；Kubin（1967年）；Debon（1989年）；Schmidt-Glintzer（1990年）；薛思亮（1991年）；Ikas（1995年）等。
2 例如：顾路柏（Wilhelm Grube）：《中国文学史》，莱比锡：Amelang出版社，1902年，共467页；卫礼贤：《中国文学社·文学研究手册》，波茨坦等：Athenaion出版社，1923年，共199页；艾根·法伊费尔（Eugen Feifel）：《中国文学史》，希尔德斯海姆：Olms出版社，1982年，共630页（新编及扩编，第四版）；Helwig Schmidt-Glintzer：《中国文学史》，伯尔尼等：Scherz出版社，1990年，共686页。
3 "双边"译诗选（意为"德、中双边"诗选）；"多边"诗选（意为"多国"诗选）——译注。
4 此表对同一版本再版的情况未详加考虑。

时期		转译及改写诗选	语文学意义上的翻译诗选
19 世纪	上半叶	3部 Rückert（1833年）；Ellissen（1840年）；Cramer（1844年）	0部
	下半叶	3部 G. Böhm（1873年）；Seubert（1875年）；Ellissen（1887–1890年）	2部 Strauß（1880年）；Forke（1899年）
20 世纪	上半叶	20部 Heilmann（1905年）；Hauser（1905年），Bethge（1907年，有再版）；Bethge（1922年，有再版）；Bethge（1928年）；Haussmann（1908年）；Hauser（1911年）；Klabund（1915年，有再版）；Klabund（1921年）；Seubert（1920年）；Wolgang（1921年）；Oehler-Heimerdinge（1925年）；Stolzenburg（1925年）；Hundhausen（1926年）；Fleischer（1927年）；H. Böhm（1929年）；Klabund（1929年）；Geilinger（1944年）；Mühlenweg（1946/49年）；Lepel（1948年）	4部 Wilhelm（1922年）；Forke（1929年）；Zach（1935年）；Franke（1940年之后）
	下半叶	10部 Jensen（1950年）；Jensen（1955年）；Lepel（1950年）；Weiskopf（1951年）；Braun（1952年）；Hausmann（1954年）；Schneider（1955年）；Schneider（1961年）；Steenberg（1983年）；Steenberg（1984年）	35部 Hoffmann（1951年）；Meister/Waley（1951年）；Gundert（1952年）；Zach（1952年）；Zach（1958年）；Debon（1953年）；Debon（1957年）；Debon（1964年）；Debon（1988年两部）；Debon（1989年）；Debon（1993年）； Zach（1952年）；Zach（1958年）；Donath（1960年）；Donath（1965年）；Ulenbrook（1959年）；Ulenbrook（1969年）；Weber-Schäfer（1967年）；Schwarz（1969年）；Schwarz（1978年）；Eich（1976年）；Kubin（1985年）；Feifel（1988年）；Ganther（1989年）；Liu（1989年）；Köser（1990年）；Klöpsch（1991年）；Lü Yuan（1992年）；Döhring（1993年）；Lawitschka（1993年）；Göße（1995年）；Chen（1996年）；Gu（1996年）；Martin-Liao（2000年）

鉴于20世纪的版本数量之多，我们不可能在此一一详述。所以，本文侧重于勾勒德译中国抒情诗的主流和最重要的代表，同时简述"重量级"诗选的主要特征及发展趋势。

1.3.1 不懂汉语的转译者

这些译者以德语、英语和法语译本为参照进行转译，并在翻译过程中恣意发挥，不受约束。他们当中首屈一指的"领军人物"当属克拉邦德（即Alfred Henschke的笔名，1890–1928）和汉斯·贝特格（1876–1946），二人皆发表过不少诗选，其中岛屿出版社的版本尤多。从1907年至1956年这50年间，贝特格的《中国竹笛》（*Die chinesische Flöte*）共再版过14次，发行总量近十万册。克拉邦德的《锣鼓冲天》（*Dumpfe Trommel und berauschtes Gong*）在1915至1952年的近40年间再版过7次，发行量达到了四万五千册之多。

这些诗选中的某些译文后来又被收录到其他诗选中[1]，此外二人还在其他出版社有更多的诗选出版[2]，所以他们也就成了为最有名气的的中国诗歌的转译者。许多钟爱中国诗歌并对他们的转译作品着迷不已的读者并不知道，他们读到的诗歌作品其实大都已同原作无甚关联。正因如此，他们依据的到底是哪首中文诗歌往往也就难以"验明正身"了。贝特格在译介清代诗人时，把张玉书（19世纪）同唐代诗人张若虚（约660–约720）搞混了。[3]克拉邦德同样如此，他有一系列的译诗在第一版时（威斯巴登，1916年；柏林，1921年）并未交代原作者是谁，再版时（维也纳，1930年）则干脆称其为"无名氏"。除此之外，属于同一组诗的作品被拆分开来，并另取了题目，例如《清平调词三首》和《月下独酌四首》。尽管存在上述种种缺点，我们仍然不应忽视此二人对中国诗歌的热爱与投入对20世纪上半叶中国诗歌在德语国家的传播所起到的推动作用，例如贝格特的译本《大地之歌》（*Das Lied von der Erde*）经由古斯塔夫·马勒（Gustav Mahler）谱曲后在全球范围内广泛传播。

1.3.2 有来华经历、但汉语水平有限的译者

这类译者雄心勃勃，他们决定从汉语原著直接进行翻译而不参考任何一个第三国语言的译本。

1　贝特格的作品被收录在Bannach（1989年）；Braun（1952年）；Bodeit（1937年）；Felden（1947年）；Görsch（1953年）；Jaspert（1948年）；Jaspert（1953年）；Kluge（1987年）；Oehlke（1952年）；Strasser（1942年）。
　　克拉邦德的作品被收录在Bannach（1989年）；Braun（1952年）；德国和平委员会，1952年；Fassmann（1961年）；Felden（1947年）；Görsch（1953年）；Goldschneider（1933/36年）；Guenther（1956年）；Hamm（1984年）；Jaspert（1948年）；Jaspert（1953年）；Kluge（1983年）；Oehlke（1952年）；Roscher（1965年）；Sieper（1946年）；Strasser（1942年）；Vring（1956年）。
2　贝特格于Max Hesses出版社，1907年；Ernst Rowohlt出版社，1922年。克拉邦德于Erich Reiss出版社，1921/1925年；Phaidon出版社，1929/1954年；欧洲图书俱乐部，1958年；Ulrich Ackermann（1982年）。
3　关于这一点本人非常感谢德博（Günther Debon）教授，他在给我的信中写道：Tschan-Jo-Su的情况较为复杂。本义指的其实是诗人张若虚（约660–约720）。贝特格目录里给出的信息实为一个错误。［…］该名字所指实为唐代著名诗人证据确凿，Judith Gautier在她的著作Le Livre de Jade（巴黎，1867年版以及新版巴黎，Librairie Plon，1933年，第3页）中将Tschan-Jo-Su同李太白、杜甫、王维、王昌龄等相提并论并称赞他们为中国最永垂不朽的诗人。关于其他诗人及其诗歌的考定，如Hung-So-Fan（1812–1861）、Sang-Sli-Po（1821–1870）、Lo-Tschan-Nai（1834–1867）、La-Ksu-Feng（1852–）以及Schei-Min（1858–1901）至今未果。

首先要提及的这个人名叫洪涛生（Vincenz Hundhausen，1878–1959），他最初为解决一桩遗产纠纷以律师身份来到中国。后来虽任职于北平国立大学，教授德语文学，但他的汉语知识自始至终都很有限，翻译时就得听取当地学者和中国学生的意见。在翻译时，他看重的并非语义的准确性，而是译作的可读性，所以有时就免不了自由发挥。正因如此，他编译的诗选《中国诗人》（*Chinesische Dichter in deutscher Sprache*）（1926年）大多数情况下难以查证原文。另一个例子是弗里茨·米伦韦格（Fritz Mühlenweg），他作为商人参加了一个科考队，经蒙古进入中国境内后长年客居于中国，由于没有学习地道汉语的机会，再加上他的考察团队——主要由俄罗斯人组成——长年旅居在戈壁沙漠中，所以他的诗集《千年竹》（*Tausendjähriger Bambus*）（1945年）同样以译笔的汪洋恣肆为特点。

1.3.3 汉学家兼译者

如果要在汉学家中举一例译笔奔放自由且兼具诗人独特气质的译者，那就非恩斯特·施瓦茨（Ernst Schwarz）莫属了[1]。且举两例以明其风格：例如诗歌《边户》的标题被他译作："朝廷和蛮族结盟后居住在帝国北部边疆地区的居民"[2]。中文标题对应的德语其实就是"Grenzbewohner"，而长长的德语标题其实乃译者添加，以说明其历史背景。又如，他还把著名汉乐府《焦仲卿与刘兰芝的故事》（《孔雀东南飞》）编译为17个小节，每节前都另有一段有别于正文字体的释文[3]。该译本的首节便属添补，原作并无与之相对应的段落。另一方面，施瓦茨偶尔也会对原文大加删减，如杜甫的《玉华宫》原本有16行，施氏在译文中将其减半，因为"否则该诗的说教口吻将严重损害原诗的抒情魅力"[4]。

施瓦茨的译笔虽值得商榷，但不可否认的是他是一位重要的汉诗传播者，本书就列出了他的六本译作。他最早的插图版诗选《镜中之菊》（*Chrysanthemen im Spiegel*）（1969年）就包含了很多著名诗人，但仍有一些"无名氏"作品。此外，该诗选还包括了诗人小传、注释和一篇较长的前言，便于读者对中国传统抒情诗获得全面的认识。同样由施瓦茨推出的诗选《闲情逸致》（*Von den müßigen Gefühlen*）（1978年）译介了31位古代诗人的69首爱情诗，该书的附录还收录了9位现代诗人的11首诗作。施氏1981年出版的《夫子如是说》（*So sprach der Weise*）同样是一本混合文集，包括了一些古代的散文及哲学诗。另有两部关于女性的抒情诗选，其中传统诗[5]与现代诗[6]各一本。此外，施瓦茨还翻译过老子的《道德经》（莱比锡，1978年）。

1　他于1969年和1978年出版的两部诗集皆注明根据"汉译并改写"。参照Schwarz（1969年，1978年）。
2　参见：Schwarz（1969年），第306页。德语译文为：Die Leute an der nördlichen Reichsgrenze nach Bündnis, das seine Majestät mit den Babaren schloss。
3　参见：Schwarz（1969年），第119–145页。
4　参见：Schwarz（1969年），第458页。
5　Ernst Schwarz：《中国女性抒情诗——宋词之李清照与朱淑真》，慕尼黑：dtv出版社，1985年，共99页。
6　Ernst Schwarz：《舒婷》，柏林：新生出版社，1988年，共32页（诗集247）。

1.3.4 恪守语义的译者

翻译尽量忠实于原文并具有汉学背景的译者19世纪有维克多·施特劳斯、奥古斯特·普菲策迈耶；20世纪上半叶有福克、卫礼贤和察赫；20世纪中叶有君特·艾希（Günter Eich）、傅海波（Herbert Franke）、霍福民（Afred Hoffmann）；当代有扬·乌伦布鲁克（Jan Ulenbrook）、韦伯-舍费尔（Weber-Schäfer）、约阿希姆·席克尔（Joachim Schickel）、德博（Günther Debon）、艾根·法伊费尔（Eugen Feifel）、顾彬（Wolfgang Kubin）、吕福克（Volker Klöpsch）和海德·克泽（Heide Köser）等。这些人可分为以下三类：

（一）散文译者。汉斯·海尔曼（Hans Heilmann）和傅海波等均属于这一类译者，尤其值得一提的是察赫，他认为，"逐字直译和恪守原意要比流畅和优美的形式更为重要"[1]。下面列出了他对某诗歌标题的翻译，和另外一个译者的译文加以对比就不难看出其忠于原文的特色：

原诗题	艾伦施泰因的翻译	察赫的翻译
去岁自刑部侍郎以罪贬潮州刺史乘驿赴任其后家亦谴逐小女道死殡之层峰释旁山下蒙恩还朝过其墓留题驿梁	Kind stirbt unterwegs gehetzten Verbannten	In Vorjahre wurde ich als Sekretär des Justizministeriums wegen einer Verfehlung zum Gouverneur von Ch'ao-chou degradiert; auf der Poststrasse begab ich mich auf meinen neuen Bestimmungsplatz; später wurde ich meine Familie verbannt, meine kleine Tochter starb auf der Reise und wurde am Bergabhang bei der Ts'êng-fêng-Poststation begraben. Als ich später durch die Gnade des Kaisers nach Hauptstadt zurückkehren konnte, kam ich an ihrem Grabe vorüber und schrieb beim Abschied diese Verse auf einen Zimmerbalken der Poststation

每个汉字都构成一个语义单位。艾伦施泰因尝试把冗长的原文加以精炼和诗化，而察赫则尽力把每个汉字，即原诗的每个语义单位都转化为德语，如下面这首诗歌的翻译：

1　参见：Zach（1935年）：前言。

问君何能尔 心远地自偏 采菊东篱下 悠然见南山	Ich frage Dich, wie solches wohl möglich ist. Mein Herz will eben (von den Menschen) nichts wissen und daher ist mein Wohnplatz auch vereinsamt (d.h. wird von den Menschen nicht besucht). Während ich Chrysanthemen pflücke, die unter der östlichen Hecke blühen, schaue ich gedankenlos nach den südlichen Bergen.[1]

　　显然，译者并不打算遵循和传达中国诗歌的形式——原诗中的五音韵格被完全忽略。读者在译文里只能感受到原诗中近乎淳朴的民风。谈及理由时，察赫写到，他认为兼顾"诗人禀赋和汉学造诣"并不重要。[2]另一方面，为了传递原诗的思想内容，译者十分重视"精确地把握原意"，以便不折不扣地再现原诗的内涵、精神和意境。因此，尽管篇幅略长，本质上却和原文相当吻合。

　　根据上述标准，察赫（1872–1942）翻译了中国古代著名文集《文选》。行文中，译者时常添加内容方面的注释以及具有说明性质的解释，因此这套两卷本译文集也带有上文提及的特点。[3]

　　《文选》之外，察赫还翻译了两本杜甫诗选和一本韩愈全诗集（三本都是剑桥、马萨诸塞出版，1952年）。后者，即《韩愈诗文》从书的标题上看是一部个人专集，但从内容而言却是一部诗歌合集，因为除了韩愈之外，该书还收录了另外11位唐代诗人的作品。此外，察赫还翻译了大量李白的诗歌，先是发表于各种期刊杂志，后则结集出版。

　　（二）致力于在目的语中通过相应的诗歌形式跨越汉德诗歌语言鸿沟的译者。

　　此类译者试图在内容和形式上达到意译与新作的完美融合，且不会粗暴地无视目标语的特色。在他们之中，首屈一指的当属海德堡汉学系教授并担任多年系主任的君特·德博教授，他将毕生心血都奉献给了中国诗歌在德国的译介。20世纪50年代初，威廉·贡德特（Wilhem Gundert）主编出版了诗集《东方抒情诗》，德博教授在其中翻译了70首中国诗歌；此后他共出版了8本中国诗歌集。德博收录诗歌数量最大的两本诗集分别是《幽居近物情》（*Mein Haus liegt menschenfern*）（慕尼黑，1988年）和《道由白云尽》（*Mein Weg verliert sich fern in weißen Wolken*）（海德堡，1988年），其中一本按主题分类，另一本则依照年代进行编排。他新近出版的诗集《湖上秋日华灯》（*Herbstlich helles Leuchten überm See*）（慕尼黑，1989年）表明他的翻译达到了更高的层次，他所翻译的孟浩然的五言绝句《春晓》就是一例：

1　参见：Zach（1958年），第544页。
2　参见：Zach，《李太白诗文》（年份不详），第423页。
3　参见：Zach，Batavia（Jakarta）（1935年）；第二次增订版是在其意外死亡之后：全二册，剑桥、马萨诸塞，1958年。

春眠不觉晓	Im Frühling schlief ich，bemerkte die Dämmerung nicht.
处处闻啼鸟	Schon lassen die Vögel ihr Lied im Wechsel erschallen.
夜来风雨声	Es tönte der Wind，der Regen seit Einbruch der Nacht.
花落知多少	Ich weiß，da sind die Blüten in Menge gefallen.

另一位代表人物是扬·乌伦布鲁克[1]，由于政治原因，他在第三帝国期间无法进入大学系统学习汉学，因此大战结束后他未能从事教学科研工作。当时，他仅凭一部英汉词典和几本从古玩店淘来的木刻本的二手中文古籍，为自己开辟出了一条汉语之路。尽管对其翻译活动尚缺乏研究[2]，但其诗选《红梅与雪竹》[3]应当引起我们足够的重视。该诗选囊括了约100位诗人的共312首诗歌，无论从作品的选择还是从翻译的质量来看，它都堪称精品，其不俗表现非一般汉学家所能企及。纵览全书，可以看出他尽可能地做到逐字逐句翻译每一诗行并试图再现中国诗歌简洁明了的语言特色。[4]试看《送灵澈上人》的原文及其译文[5]：

送灵澈上人	Lin-Tjö zum Geleit
苍苍/竹林/寺	Im vollem Grün / des Bambushains / das Kloster
杳杳/钟声/晚	Ein dumpfer / Glockenklang / zum späten Abend,
荷笠/带/斜阳	Der Binsenhut / umspielt / von letzten Strahlen,
青山/独/归远	Als du allein / durch blaue Berge / heimgingst.

德语译文与原诗的对比分析显示，他在自己的译诗里基本成功保存了"中文原诗的文字结构"[6]。只有最后一行鉴于目标语的语法特性而颠倒了"独"与"青山"的顺序。

德博、乌伦布鲁克以及其他众多译者在翻译诗歌时认为形式和内容同等重要，但是又没有让人觉得刻板牵强。原诗的意境之美与外在形式在德译本中得到了完美演绎。

（三）完全不通汉语、但依据忠实于原文的译作而取得传神翻译效果的译者。

这里首先要提及19世纪的图宾根东方学者恩斯特·迈耶尔。他"严格遵循孙璋的拉丁语译本"并选译了《诗经》里的46首诗歌收录于他的《东方诗选》（*Morgenländische Anthologie*，1869

---

1 Jan Ulenbrook，原名盖哈德·迈耶尔（Gerhard Meier），1909-2000年。
2 在此我要感谢特雷斯·迈耶尔（Theres Meier）女士，她同意我于2000年11月13日在其位于阿勒恩穆尔（Allenmühl）的家中查阅译者的遗著。同时还要感谢福尔克尔·普罗布斯特博士（Volker Probst）给予我诸多提示，他本人也发表了"Bibliographie der Schriften Jan Ulenbrooks"（"扬·乌伦布鲁克的著作总目"），收录于*Vierteljahresschrift der Deutschen Haiku-Gesellschaft*（《德国俳句社季刊》），第47期，1999年12月。
3 德语为：**Pflaumenblüte und verschneiter Bambus**，苏黎世，1969年。
4 参见：Ulenbrook（1969年），第213页：《关于翻译》。
5 参见：Ulenbrook（1969年），第158页。
6 参见：Ulenbrook（1969年），第213页。

年）。上个世纪二三十年代，阿尔贝特·艾伦施泰因参照察赫和亚瑟·韦利（Arthur Waley）[1]的忠实译本，成功完成了对李白、杜甫与白居易的转译，但并未影响到自己所参照的德语或英语译本，甚至连汉语原文的字面意思也未曾受到影响。相比之下，其早年根据吕克特的过分自由的译本完成的《诗经》意译作品（1922年）则显得笨拙呆板。后来，韦利的英译本又被弗兰西斯卡·迈斯特－魏德纳（Franziska Meister-Weidner）完整地翻译成了德语，书名为"中国抒情诗：上下两千年"（*Chinesische Lyrik aus zwei Jahrtausenden*，汉堡，1951年）。迈斯特－魏德纳没有像其他人那样认为她的"二手"作品是"改写"，而是称之为"再译"。这种提法完全准确，因为"读者完全可以确保，再译者的每一行译诗都经得起质疑[…]"[2]。事实上，中文原作在弗兰西斯卡·迈斯特－魏德纳的德语译本中得到了如此精准的再现，和直接从汉语翻译别无二致。

1.4 单本诗选的特征及趋势

约在20世纪中叶，诗歌意译或者说改写逐渐转变为严谨的专业翻译，一系列篇幅大、篇目重要、选目系统性强的诗选纷纷出版，主要可分为以下三类。

1.4.1 经典诗文总集的译介

除了《诗经》之外，两部著名的诗文总集——《文选》和《唐诗三百首》——基本上甚至全部被翻译成了德语[3]。

1.4.2 跨朝代、篇幅较大的诗选（"概览式诗选"）

此类诗选旨在介绍各个文学时期的著名诗人及作品。具体如下表所示：

诗选主编	译介的诗人数量	译介的诗歌数量	朝代
Forke 福克（1899年）	56+无名氏	167	至六朝（至589年）
Wilhelm 卫礼贤（1922年）	28+无名氏	54	至宋朝（至1279年）
Hundhausen 洪涛生（1926年）	24+无名氏	91	至宋朝（至1279年）
Forke 福克（1929年）	73	259	唐宋时期（618—1279年）
Waley 韦利（1951年）	42	218	至明朝（至1644年）
Gundert 贡得特（1952年）	96	302	至明朝（至1644年）

---

1 艾伦施泰因称二人是"楷模汉学家"。参见Ehrenstein（1995年），第302-303页。
2 参见：Waley（1951年），第10页。
3 参见：Zach（1935年及1958年）；Klöpsch（1991年）。

Zach 察赫（1958年）	65	503	至六朝（至589年）
Donath 多纳特（1965年）	13	108	至20世纪
Weber-Schäfer 韦伯-舍费尔（1967年）	1+无名氏	97	公元前11—前3世纪
Schwarz 施瓦茨（1969年）	94+无名氏	184	至清朝（至1911年）
Ulenbrook 乌伦布鲁克（1969年）	95+无名氏	312	至清朝（至1911年）
Eich 艾希（1976年）	16	100	汉至宋（公元前206年–1279年）
Debon 德博（1988年）	76	200	至清（至1911年）
刘茂才（1989年）	89	241	汉至清（公元前206年–1911年）

　　此类诗选大多按照朝代和作者进行分类，诗歌的主题则五彩纷呈（如人与自然、生与死、爱情与友情、故乡与怀旧、别离与重逢、社会不公以及战争与和平等）。按照主题进行分类的诗选往往在同一主题下汇集了不同朝代的诗人。在朝代、作者及作品的评价和选择上，译者，或者说主编的侧重各有所不同。一般而言，宋代（至1279年）以前的古诗在目前为止的译介史上最受青睐，其中唐朝——即中国诗歌的鼎盛期——又占据着这一偏好的中心地位。后世的经典诗歌，就算偶有问津，也总是徘徊在边缘地带。

　　下表罗列了上述最重要的诗选中所收录的历代诗歌的数量：

诗选	周朝《诗经》	汉至隋	唐	宋	元	明	清
福克（1929年）	2	22	131	104	0	0	0
韦利（1951年）	26	97	112	5	0	1	0
贡德特（1952年）	27	50	181	44	2	4	0
多纳特（1965年）	11	2	43	28	0	0	6
乌伦布鲁克（1969年）	20	1	260	14	0	7	8
施瓦茨（1969年）	11	30	51	58	4	11	9
艾希（1976年）	0	2	62	37	0	0	0
德博（1988年）	25	13	112	11	1	11	11
共计	122	177	962	301	6	34	34

　　接下来的排名一览表显示了各个诗人在上述诗选中出现的频率。我在这里仅罗列了最常出现的32位诗人，但没有把《诗经》计算在内，因为它一共出现在94部诗选中而稳居接受史的榜首。

诗人	朝代	收录频次	译介排名
李白（701–762）	唐	93	1
杜甫（712–770）	唐	90	2
白居易（772–846）	唐	72	3
苏轼（1036–1101）	宋	58	4
王维（701–761）	唐	46	5
孟浩然（689–740）	唐	31	6
张九龄（678–740）	唐	25	7
陶渊明（365–427）	晋	24	8
王安石（1021–1086）	宋	24	8
柳宗元（773–819）	唐	22	9
杜牧（803–852）	唐	21	10
朱庆余（797–?）	唐	20	11
欧阳修（1007–1072）	宋	20	11
李商隐（812–858）	唐	18	12
毛泽东	20世纪	16	13
屈原（前340–前278?）	周	16	13
汉武帝（前156–前87）	汉	16	13
贺知章（659–744）	唐	15	14
刘禹锡（772–842）	唐	15	14
王之涣（688–744）	唐	12	15
元稹（779–831）	唐	12	15
陆游（1125–1221）	宋	12	15
班婕妤（前48–前2）	汉	11	16
李贺（790–816）	唐	9	17
曹松（900前后）	唐	9	17
李煜（937–978）	唐	8	18
李清照（1084–约1155）	宋	8	18
傅玄（217–278）	晋	8	18
苏武（公元前1世纪）	汉	7	19
曹操（155–220）	三国	7	19
储光羲（707?–760）	唐	7	19
秦观（1049–1100）	宋	7	19

上述名单中的诗人即使在中国也是大名鼎鼎，名扬四海。我们从中不难看出，大部分是唐朝诗人。李白、杜甫、白居易和王维等人都是经典作家，他们在中国文学史上的地位相当于歌德和席勒在德国文学史上的地位。同时期的其他诗人如韩愈、李商隐、柳宗元、孟浩然和张九龄等也都享有盛誉。

译介排名分别位列第4、8、11和19的苏轼、王安石、欧阳修和秦观则是宋代大诗人。女诗人李清照也来自宋代，她凭借凄凉哀婉、深沉有力的词在中国文学史上举足轻重。

上述表格中不乏其他朝代的著名诗人：汉武帝、曹操和李煜身为帝王，但同时也以诗人著称。班婕妤是一名文采出众的嫔妃，其现存作品仅有一首诗和两首赋。

下表列出了几位重要诗人在各个诗选中被译介的诗歌数量（抽样调查）：

诗选	李白	杜甫	白居易	王维	苏轼	欧阳修	录诗总量
福克，1929年版	37	28	10	8	31	8	258
韦利，1951年版	4	0	102	0	0	1	218
贡德特，1952年版	33	17	26	11	13	4	302
乌伦布鲁克，1969年版	32	25	44	25	5	1	312
施瓦茨，1969年版	8	8	4	3	6	3	184
德博，1988年版	38	4	10	14	5	0	200

在德博、贡德特和福克主编的诗选中，李白独占鳌头（后者称其为"中国的席勒"[1]），然而在韦利主编的诗选《中国抒情诗》和乌伦布鲁克主编的诗选中，诗人白居易（杜甫现实主义传统的继承者）明显比李白更受青睐。杜甫本人也因为深受福克、贡德特和乌伦布鲁克的推崇而得到了较多的译介。

不同的出版人对同一诗人的作品也会各有偏好。就白居易而言，洪涛生在其1926年出版的诗选中对讲述落魄歌女悲惨命运的《琵琶行》偏爱有加，而恩斯特·施瓦茨在其1969年出版的诗选中却对其长篇爱情诗《长恨歌》情有独钟。除此之外，韦利对白居易的"即兴诗"颇感兴趣，因为除了社会批判之外，这些诗歌还彰显了诗人的"济世情怀"以及"耐人寻味的自嘲"[2]。

1.4.3 聚焦于某个时期的诗选

属于该类别的诗选有：Siau-Mun-Tsin（1923年版）、Max Geilinger（1944年版）、Günther Debon（1953年、1964年和1989年版）、Volker Klöpsch于1992年出版的唐代诗选（618–907）以及Alfred Hoffmann于1951年出版的宋词选《春花秋月》等。该类别还包括了Peter Weber-Schäfer出版的

---

1 参见：Forke（1899年）：前言。
2 参见：Waley（1951年），第7–8页。

中国最古老的诗歌总集《诗经》和《九歌》（公元前11–前5世纪）的译本（1967年版）以及各种现代诗歌选集[1]。

这类诗选的侧重点也各不相同。顾彬[2]的策略是有重点地译介比较重要的诗人，每位诗人选译若干诗歌（如他在1985年出版的《太阳城札记》一书中共译介了16位诗人，其中12位是古代诗人，4位是现当代诗人）。而由绿原和温·沃斯勒（Winfried Woesler）主编的《当代中国抒情诗》（*Chinesische Lyrik der Gegenwart*）则希望较全面地展示中国现当代诗歌的状况，因此诗选中的54位诗人每人均被译两首诗歌。在由我主编的当代中国诗歌选集《我住大洋东》（*Ich lebe östlich des Ozeans*）（柏林，1996年）中，我也希望尽可能多地译介中国诗人，因此共选译了48位诗人的作品，但是每位诗人的作品数量不等。由艾根·法伊费尔（Eugen Feifel）主编出版的诗选兼顾学术性，除了文学翻译之外，伴有作家和作品小传、注释、解读及原文。

1.4.4 按题材分类的诗选

在这些诗选中，主编往往围绕一个特定的主题选编诗歌：

主题	诗选数量	诗选（按年代排序）
鲜花	3	Steenberg/Hu（1983年、1984年、2000年）
舟楫	1	Donath（1960年）
四季	1	Wilhelm（1922年）
自由与革命	3	Ehrenstein（1924年）；Diederich（1928年）；Frank（1984年）
和平与战争	8	Klabund（1915年）；Deutsches Friedenskomitee（1952年）；Fassmann（1961年）；Klabund（1982年）；Kluge（1983年）；Österreichischer Friedensrat（1950年）；Roscher（1963年）；Roscher（1990年）
爱情与婚姻	14	无名氏（1859年）；Hart（1882年）；Zoozmann（1920年）；Guenther（1958年）Wilken（1967年）；Töpfelmann（1973年）；Bodeit（1977年）；Schwarz（1978年）；Kluge（1978年）；Korth（1988年）；Hahn（1922年）；Meiser（1994年）；Kandel（1995年）；Chen（1996年）
爱情与春天	1	Schmidt（1851年）

1　如：Feifel（1985/88年）；Kubin（1985年）；Lawitschka（1993年）；Wegmann（1988年）；绿原（1992年）；Kubin（1996年）等。

2　这位在波恩任教的汉学教授和大多数一样，之前主要研究中国古典文学，并发表了两本专著：《杜甫的抒情诗》（威斯巴登，1976年）和《远山可见——中国文学中自然观的演变》（斯图加特，1985年）。随后，他对中国现代文学的研究兴趣渐浓并发表了多部作品，如《鲁迅选集》六卷本（苏黎世，1994年）等。

爱情与自然	1	Lepel（1950年）
爱情与美酒	1	Liu（1989年）
医学	1	Fazzioli（2000年）
音乐	2	Milde（1984年）；Vring（1957年）
母亲	1	Hartmann（1875年）
宗教	3	Döhrn（1993年）
动物	2	Hamm（1984年）
美酒	4	Klabund（1925年）；无名氏（1967年）；Kandel（1985年）；Bannach（1989年）
智慧	9	Kurzer（年份不详）；Oehlke（1941年）；Jaspert（1953年）；Lin（1963年）；Schwarz（1981年）；Fink-Henseler（1984年）；Hucke（1985年）；Debon（1993年）；Fetzer（1997年）[1]

　　这些按题材进行分类的诗选约占已知诗选的五分之一，其目标定位往往各不相同，目标读者群也大相径庭。比如以革命、战争和自由为主题的诗选总是离不开特殊的政治及时代历史背景，所以克拉邦德的诗选《锣鼓冲天——改写自中国战争诗》发表于一战期间的1915年并再版于东西方关系急剧恶化的1952年绝非偶然。

　　民主德国时期的诗选，只有恩斯特·施瓦茨是例外，他将重心放在中国古诗上。其余的诗选无论从思想内容还是从主题选择来看，都属于一个特殊的区域。诸如Fritz Jensen的《中国胜利》[2]、Franz Carl Weiskopf的《黄土颂》[3]、Horst Görsch的《中国在诉说》[4]、Paul Wiens的《我作为德意志海豚的服役》[5]等诗选介绍了一批四十年代中国共产党内的革命诗人，其中有几位在联邦德国已小有名气（例如：艾青[6]、何其芳[7]、鲁迅[8]和毛泽东[9]），其余几位则是崭露头角的新人（例如：贺敬之、田间、王希坚、萧三和邹荻帆）。除此之外，在原民主德国，其他一些革命者（如陈毅）、游击队员、穷苦村民、普通工人、战士等的作品以及现代民歌被翻译成了德语。所有这些诗选旨在向民主德国的人民介绍中国的政治矛盾和社会问题，并且使大众了解"中华民族所进行的英勇顽强的解放斗争"。

1　在这些主编当中，有极个别人在编选诗集时选用了其他译本却没有给出译者姓名。
2　详见Jensen: *China siegt*. Berlin，1950。
3　详见Weiskopf: *Gesang der Gelben Erde*. Berlin, 1951。
4　详见Görsch: *China erzählt*. Berlin, 1953。
5　详见Wiens: *Aus meiner Dienstzeit als deutscher Delphin*. Berlin, 1982。
6　参见：Kubin（1985年），第153-164页；Feifel（1988年），第104页及随后数页。
7　参见：Kubin（1985年），第137-145页。
8　参见：Kubin（1985年），第74-93页。
9　参见：Schickel（1967年）；Tatlow（1973年），第141页及随后数页；Feifel（1988年），第35页及随后数页。

1.4.5 按体裁分类的诗选

此处首先要提及的是盖林格尔（Max Geilinger）出版的诗选（苏黎世，1944年），其译介对象为唐诗中的绝句。霍夫曼（Alfred Hoffmann）则对宋词情有独钟[1]。"词"是一种特殊的诗体，其结构极其严整，类似于西方的"哦德体"（Ode）或者日本的"俳句"（Haiku）。

某些译者在其诗选中也收录了一些严格来讲并非抒情诗的作品。这里特别要提及"赋"这一中国特有的文体。卫礼贤曾称之为"诗意地描述"（Poetische Beschreibung）、"介乎于散文与诗歌之间"的一种文体。该特点也适用于其他一些文体，诸如"铭""记""说"或"杂说"等，它们除了散见于卫礼贤1922年出版的诗选外，也出现在了诸如韦利和恩斯特·施瓦茨主编的诗选中[2]。不仅仅是诗歌形式，它们的主题内容对译者而言也充满了独特的魅力。例如，卫礼贤就从中看到了它们和德国古典浪漫主义传统的多重联系：在陶渊明的《桃花源记》中他似乎听到了"荷尔德林命运之歌的和弦之音"[3]。另外，有些译者也编选、翻译了中国小说和戏剧作品中的诗作。

2. 查核过程中遇到的问题

2.1 诗选标题的查核

尽可能全面地收集包含中国诗人作品的德语诗选是该研究的第一步，也是最基础的一步。筛选工作困难重重且耗时巨大。一方面，这些书籍分散在德国各联邦州及大学图书馆内，仅从书的标题并不能了解其主题及篇幅；还有个别作品始终难觅踪影，例如彼得·雷登的《中德诗歌》（布里克森/莱比锡，1903/04年）和威廉·施托尔岑贝格（Wilhelm Stolzenburg）的《东方诗选》（1925年）被柏林国家图书馆标注以"战乱轶失"；就连特鲁达·马克（Truda Maak）[4]主编的、年代并不久远的作品《德译中国诗选》（香港，1983年）在德国也是"尚未确认"。

另一方面，文献信息不充分甚至具有误导性也是我不得不面对的情况。比如有条文献信息称"恩斯特·博舍曼（Ernst Boerschmann）出版了中国诗歌（法兰克福，1932年）"[5]，我通过特殊的检索才得知，它们其实是在 *Sinica* 杂志（1932年，第6册）上发表的几篇零星的诗文，而非独立的诗选。还有一些诗选在标题关键词的搜索中设定了"世界诗歌"，但是仅从标题我们难以判断中国诗歌是否也被涵盖在内了。同样的情形也存在于将标题关键词设定为"东方国家"或者"东方"的诗选，我们只有逐一查阅后方可判断该书是阿拉伯、波斯及印度诗歌选集[6]还是中国诗歌选集[7]。

---

1 除却诗集《春花秋月》（科隆，1951年），他还出版过评注版的《李煜诗词集》（科隆，1950年）。
2 卫礼贤有七篇虽不押韵、却划分成诗行的译文：刘禹锡的《陋室铭》，陶渊明的《桃花源记》，欧阳修的《醉翁亭记》，周敦颐的《爱莲说》，苏东坡的《前赤壁赋》与《后赤壁赋》，以及王羲之的《兰亭集序》。
3 参见：卫礼贤（1922年），第113页。
4 Xue Siliang: *Möglichkeiten und Grenzen der Übersetzung klassischer chinesischer Lyrik ins Deutsche.* Heidelberg, 1991，博士论文。
5 参见：Manfred Hausmann: *Hinter dem Perlenvorhang.* Frankfurt a. M.: Fischer Verlag, 1954。
6 比如：Wollheim（1853年）。
7 比如：Jolowicz（1860年）。

2.2 诗人姓名的查核

对中国诗人姓名的鉴别有时也颇费周章，因为其拼写方式实在是五花八门，层出不穷，使人一时间很难辨别不同的译本是否都源自同一位诗人。在此试举两例以说明情况：

诗人姓名的汉语拼音	译本中的拼写方式
Bai Juyi（白居易）	Po Kiü I, Po Chü-yi, Pe-Khiü-Y, Pe-khiü-y, Po Chü-i, Po Tschuyi, Po-Chü-I, Pe-Kiü-y, Po Tschü-i; Po Kü-i, Pe-Khiü-y, Bo Lo-tiän, Bo Gü-i, Bo Djü, Bo Djü-i, Bo Juyi, Bo Djü-I, Bai Dschü-I, Bo-Djü-Yi, Bo-Djue-Yi
He Zhizhang（贺知章）	Ho Dschy-dschang, Ho Chih-chang, Ho Dsche-Dschang, Ho Dschi-dschang, Ho Tsche-tschang, Hche Tsche Tschang, Hô Chih-chang, Ho Dschih-dschang, Ho Dschï-dschang

各种讹误列举如下：

❧ 误拼及误读。由于看错了字，诗人姓名被误读的现象时有发生，随后拼写错误也就产生了。例如林逋（Lin Bu）偶尔会被写成Lin Fu；阴铿（Yin Keng）有时会被误读为Yin-tschien（Yin Jian）[1]。上述两例错误表明，译者只是单纯地根据声旁来读"名"，却忽视了形旁和声旁结合后读音的变化——当然，此类错误就连中国人也难以避免。

❧ 有些诗人的名字为多音字，可以有不同的读法。例如，温庭筠（Wen Tingyun）被写成Wen Tingjun；张说（Zhang Yue）被写成Zhang Shuo；岑参（Cen Shen）被写成Cen Can。

❧ 一些复姓姓氏很容易被搞错。例如"欧阳"（Ouyang）这个复姓本身由两个音节（汉字）"欧"（ou）和"阳"（yang）构成，译者偶尔会将其错误地认为是单姓"欧"，而第二个音节"阳"则被划归为名的一部分。[2]

❧ 诗人姓名信息不充分、不完整或者缺失。例如在诗集《丝帘》（Der seidene Vorhang）（勒佩尔，1950年）中，全书只在序言里提及了原作者，但在正文部分读者却无从得知诗歌出自何人。又如在克拉邦德1921年的诗集《花舟》（Das Blumenschiff）中，多数诗歌未提及原作者。几经周折后才最终确定，其中大部分是李白的诗歌，而非如他在之后出版的《译诗合集》（Gesammelte Nachdichtungen）（1930年）中所交待的，诗歌"作者不详"。再如阿道尔夫·朔伊贝特（Adolf Seubert）在诗集《中国诗歌》（1920年）中一概未提供作者信息。

---

1 参见：Schwarz（1980年），第76页；Forke（1899年），第76页；Ulenbrook（1969年），第177页。
2 参见：Ulenbrook（1959年），第13和284页。译者于再版时（苏黎世，1969年）已自行更正该错误。

❖ 诗人姓名信息讹误。在艾伦施泰因翻译出版的诗选（慕尼黑，1995年）中，《古诗十九首》中的其中一首连同班婕妤（公元前1世纪）的诗歌都被误归于诗人宋玉（公元前3世纪）名下。马克斯·弗莱施尔（Max Fleischer）选编的诗集《瓷亭》（莱比锡，1927年）和克拉邦德选编的诗选《中国诗歌》（维也纳，1930年；苏黎世，1954年；斯图加特等，1958年）中收录的佳作《美女篇》，作者本是曹植，却被冠名为《侠客之歌》，且为无名氏所做。[1]在亚伯拉罕·霍罗迪施（Abraham Horodisch）的同名诗选中，陈与义（1090–1138）的一首诗被误认为是"1100年前后的Chu Tun-shu"所作[2]。诗集《玉碗》（*Die Jadeschale*）将诗人孟浩然写成了"王浩然"——一字之差却犹如天壤之别。不过，因为孟浩然乃中国著名诗人且他的《春晓》是一首家喻户晓的名诗，因此才不需要花大力气来核实查证姓名。在另外两部诗选里，诗人朱庆余的名字被写成了Thu-Sin-Yu[3]和Thu Hing-Yu[4]，让人首先错误地联想到诗人杜荀鹤或杜审言。

2.3 诗歌标题的查核

确定诗歌的创作年代是查核诗歌标题的关键因素。唐代以前（至907年）的诗歌相对容易判定，因为这方面已经有若干经典诗集出版，如《诗经》《文选》《全唐诗》《唐诗三百首》和《全宋词》等。特别要提及的是不久前刚刚在中国上市的72卷合本《全宋诗》，如果没有它，很多宋朝诗歌就难以查证。相比之下，因为元、明、清时期尚无完整的诗歌合集出版，这些朝代的作品就较难以爬梳，缺漏在所难免。总体来看，在诗歌标题的查核过程中，出现了如下问题：

有些译作在他人译作的基础之上自由发挥，如戈特弗里德·伯姆（Gottfried Böhm），因而很难"验明正身"。由于译者非常灵活地处理相关诗歌的标题，故我们往往很难透过标题得知这些译文是否源自同一首中文诗，也不太有可能系统地比较这些改写或者说转译的诗歌作品或将其与各自的原诗做比较，因而也就无法由此得到评判这些改写或者说转译诗歌作品之优劣的可靠标准。这自然增大了辨别难度，同时由于这些译作采取了大幅增删的灵活翻译策略，要查明它们依据的究竟是哪一首中文诗歌就显得困难重重。

这些进行二次翻译的译本如果依据的"中间译本"较为可靠，那么要查明诗歌出处就相对容易得多了。下表列出了不同诗选的核对情况：

1　参见：Fleischer（1927年），第29–30页："美丽的孩子（Ein schönes Kind）"；Klabund（1958年），第19页："女纵火犯（Die Brandstifterin）"。
2　参见：Horodisch（年份不详），第70页。在此感谢魏汉茂的提示。
3　参见：Bethge（1956年），第46–47页。
4　参见：Klabund（1958年），第137页。

进行转译和改写的译者	诗歌数目	核对已果	核对未果	成功核对占比
Ehrenstein 艾伦施泰因	527	480	47	80%
Hundhausen 洪涛生	91	89	2	98%
Rückert 吕克特	300	240	60	80%
Steenberg 斯特恩贝格，1983年	18	18	0	100%
Steenberg 斯特恩贝格，1984年	13	13	0	100%
共计	939	840	107	91.6%

不言而喻，由汉学家完成的恪守语义的译作在诗歌标题的核对上就容易得多。比如Debon（1989年）、Donath（1960年）、Forke（1899年）、Franke（1940年后）、Gundert（1952年）、Klöpsch（1991年）、Kubin（1985年）、刘茂才（1989年）和Strauß（1880年）等译本的诗歌标题的核对几乎可以圆满完成。然而，即便如此，标题查核工作偶尔也颇费时耗力，主要存在以下几方面原因：

- ✧ 原诗并非出自知名诗人之手，且只有在一些冷僻的特殊诗选中才能觅得原诗。例如诗选《中国爱情、中国美酒》（*Chinesische Liebe, chinesischer Wein*）（刘茂才，1989年）附有原版诗选的目录，再加上译者的翻译忠于原文，所以诗歌的出处还是比较容易查明的（其中有两首诗出现了张冠李戴的情况[1]）。但即使在这本诗选中也存在一些诗歌，它们在号称收录了某时期全部诗歌的"全集"里踪影全无[2]。

- ✧ 原诗并非出自一般读者所熟悉的文献资料 [比说鲁茨·比格（Lutz Bieg）参考的杂志；卡拉·斯特恩贝格（Carla Steenberg）与胡湘帆参考的乐谱；又如曾到中国访问的魏斯科普夫（F. C. Weiskopf）和弗里茨·延森（Fritz Jensen）参考的手稿]。鲁茨·比格在其混合诗集《人文主义的幽灵》中收录了诗歌《中国的幽灵》（*Gespenst über China*）以及《将军，好好洗一洗》（*General, wasch' dich nur gründlich*），它们分别以中国文学期刊《莲池》和《长安》（1981年）中的两首诗歌为蓝本，然而这两本文学期刊在中国并非全国发行。魏斯科普夫的诗集《黄土颂》中翻译的毛泽东作品《长征》与《沁园春·雪》在当时应该还只是手稿、手抄本或者宣传单，因为原作于1957年在北京出版，比德语翻译的出版时间（柏林，1951年）要晚了好几年。1955年，延森翻译发表了据说是陈毅的诗作《危急时刻的一首诗》（*Ein Gedicht in höchster Gefahr*），然而在陈毅的诗歌中却找不到这首诗，所以我们只能大胆推测，他也是翻译了一首尚未正式发表的诗歌。

---

1 参见刘茂才（1989年），第32页：《宛转歌二首》（*Wohlklingendes Lied*）并非宋若宪，而是郎大家宋氏所作；第105页：《醉眠》（*Betrunken schlief ich ein*）是杜牧作品，并非如刘氏文中所言出自杜甫。
2 比如萧观音之《回心院》，孙道绚之《南乡子·春闺》和叶清臣之《贺圣朝》。

❧ "词"的特殊的声韵在德语中很难再现,因此,翻译过后的"词"往往"面目全非",难以辨认。在中国文学中,"词"与"诗"分属于两种不同的体裁,尽管两者之间有亲缘关系。然而在很多德语译本中,译者却没有把它们同其他形式的诗歌区别开来[1],所以要甄别此类作品就要花大气力。对赋文的查证也常常如此,因为它们——如目前的接受史所反映的那样——同样被视为普通诗歌而被翻译成了德语。

❧ 所涉短诗相对生僻,而该诗人的留世作品又浩如烟海,如陆游、苏东坡和杨万里等拥有上千首传世佳作的诗人。

❧ 德国没有相关的原始文献。

❧ 相关诗歌的记载在原始文献中存在错误或者争议。上文中提到的阿尔弗雷德·福克的诗选《唐宋诗集》(*Dichtungen der Tang- und Sung-Zeit*)(汉堡,1929年)中的苏轼便是一例:该诗选出版一年后,作者将其中的原创诗歌再次结集出版,并将7首诗歌归于苏轼名下。但经过全面仔细地检索,可以肯定这7首诗歌都是其他作家所为。从中国新近出版的《全宋诗》中可以得知,前5首诗在中国本土的文学史上也曾被误认为是苏轼所作,并被列入苏轼的各种诗集中,直到最新的研究表明,它们都是其他诗人的作品。[2] 由此可以推测,至少这5首诗的张冠李戴要归咎于中国文献本身由来已久的讹误。至于另外两首诗为什么会搞错,各种原因尚不得而知。尽管福克翻译出版的第二部诗选存在这样一些问题,但是它是中国诗歌在德国接受史上的一部鸿篇巨著,对此无人会提出半点质疑。

君特·艾希曾学过半年中文并得到精通汉语的日本学家威廉·贡德特的指教,对于其翻译作品,我们不可一概而论。在他结集出版的诗选《东方抒情诗》(慕尼黑,1952年)中,大部分诗歌作品不论在内容上还是在语言上都做到了谨遵原文。但是也有少数几篇作品至今查核未果,例如于1976年在美因河畔的法兰克福出版的诗选《汉译诗歌》(*Aus dem Chinesischen*)中有9首诗歌被归于苏东坡的名下,但它们很有可能是艾希受中国诗歌启发而创作的诗歌。[3]

其他可能影响诗歌标题查核结果的因素还有:

❧ 原诗的知名度。例如李白的《静夜思》,即使译作相当自由,但在一般情况下还是一眼就能把它辨认出来,因为这首诗在中国家喻户晓,在德国它也是众多诗选的基本组成部分。但如果原诗的知名度不高,而译文又与原作相差甚远,那么核查就变得困难重重了。

❧ 诗歌作者的标注有误。可惜连最优秀的汉学家也不能避免此种讹误,例如:

---

1 比如E. Schwarz(1969年和1978年)。
2 参见:《全宋诗》,第14册,第9642页及第9644页存目。
3 本人从德博教授那里得知,博士论文"君特·艾希与中国"(海德堡,1989年)的作者卫茂平也曾为了甄别这9首诗而对苏轼全集进行过系统筛查,亦不曾找到原文。

诗歌标题	误判作者	实际作者	译者
羽林郎	李延年	辛延年	福克（Forke）
春别应令四首其四	萧纲简文帝	萧绎梁元帝	福克（Forke）
怨歌行	宋玉	班婕妤	艾恩施泰因（Ehrenstein）
夜上受降城闻笛	李白	李益	艾恩施泰因（Ehrenstein）
醉眠	杜甫	杜牧	刘茂才（Li Mau-Tsai）
宛转歌	宋若宪	郎大家宋氏	刘茂才（Li Mau-Tsai）
出山二首其二	朱敦儒	陈与义	霍罗迪施（Horodisch）

出现这种情况，有时也是因为某些诗歌的作者至今在中国尚无定论。例如《闺人赠远五首（其四）》（"啼莺绿树深"）、《秋思赠远二首（其二）》（"厌攀杨柳临清阁"）以及《秋夜曲》这三首诗在中文诗选里既被归于王维也被归于王涯名下。

　❧　译文更改了开头诗行的顺序。这有时候也会给诗歌标题的查对带来巨大困难。在乌伦布鲁克忠实于原文的译文中，杜甫《旅夜抒怀》的起首诗行——"细草微风岸，危樯独夜舟"——被译作了：

Ein zartes Gras im leichten Wind am Sand

Und steiler Mast und nichts als Nacht und Boot.

第一行里的"草"和"风"是该诗的重要标志。然而，在亚伯拉罕·霍罗迪施的译本中，到了第三、四行才出现了这两个字。

　❧　古诗中出现的历史地名随着时间的推移而不再被使用。例如，李白的组诗《金陵三首》曾以节选的形式被收录进多部诗选[1]，诗人在诗中描述了曾经被称作"金陵"而今天被称为"南京"的城市兴衰。在现有的诗选中，译者/编者把"金陵"直接写成了"南京"，如果不了解其历史沿用名称，就会在查核诗歌标题的时候碰到一些障碍。[2]

3. 本书目的收编范围及目标

如前所示，中国诗歌在德语地区的译介源远流长，各种诗选的数量与规模庞大，难以一览无遗。鉴于从诗选标题往往很难（或者根本不可能）看出诗选的内容，再加上大部分诗选现如今早已

1　参见：Alfred Forke 福克（1899年），第147–148页；Wilhelm Gundert 贡德特（1965年），第298页；Hans Heilmann 海尔曼（1905年），第34页。

2　关于中国抒情诗德语翻译中遇到的问题，另可详见顾正祥："论诗之嬗变——中国古典抒情诗译本之异化现象及其在德语世界文选中的整编"，载：《20世纪德语诗集中的世界文学》（国际翻译研究之哥廷根论丛，第13册），柏林：Erich Schmidt出版社，1997年，第246–276页[„Metamorphosen der Poesie. Verfremdungen klassischer chinesischer Lyrik durch Übertragung ins Deutsche und ihre Anordnung in deutschsprachigen Weltliteraturanthologien". In: Birgit Bödeker u. Helga Eßmann (Hrsg.): *Weltliteratur in deutschen Versanthologien des 20. Jahrhunderts*. Berlin: Erich Schmidt Verlag, 1997, S. 246–276]。

无法购得，因此这些诗选里收录的译诗显然是尚未被人发现的、下落不明的宝藏：如果没有辛苦耗时的专业检索，这一丰富的资源就无法供诗文爱好者，甚至是学者翻阅研究。现在，本出版物填补了该项学术空白。在系列丛书《德语诗选中的翻译文学》（Anton Hiersemann出版社的书目手册）的框架下，本书将首次对德语诗选中的诗歌翻译进行系统全面的书目整编。

本书共囊括了202部诗选，涉及中国历代诗人约850位，诗歌总数达5000首之多。相应的德语译诗则翻了好几番，相关译者和再译者达170位左右。其中，约有三分之一诗选的标题已列入哥廷根大学"专项研究领域309：文学翻译"（SFB 309: Die literarische Übersetzung）的研究书目，笔者可在那儿查阅，它们构成了该项目最重要的研究基础。

本书目所统计的诗选中大概有一半左右的译诗集是中国诗歌的专集，本书称之为"双边"诗选（意为"德、中双边"诗选）。其中篇幅最小的诗选仅包含了3位诗人的8首诗歌（两位诗人的诗选以及单人诗集不在本书的考察范围内），而篇幅最大的诗选则包含了上百位诗人共计500余首诗歌。另外一半诗选则是所谓的"多边"诗选（意为"多国"诗选），其中汇集了多个国家，即多文化背景下的诗歌作品，而中国诗歌只占其中一部分。这类诗选的篇幅与双边诗选一样也迥然不同。例如，贡德特等主编的多边诗选《东方抒情诗》约译介了100位中国诗人，而在某些别的诗选中仅出现了一位中国诗人，有的甚至仅收录了一首中国诗歌[1]。

在本书所考察的诗选中，最早的出版于1833年，最近的出版于2000年。绝大多数诗选源自德国（其中原民德有13部）和其他欧洲国家（奥地利6部；瑞士7部；意大利、荷兰和匈牙利各1部）。另有7部源自中国，1部源自印度尼西亚，另有2部源自美国。其中有10部是部分或全部为德汉双语版本。就总体而言，中国古典抒情诗构成了整个译介史的核心，但是近几年来中国现代诗也受到了一些重视。通过诗歌选集，德语读者至少可以通过译文或者诗歌改写接触到大量的中国诗人——特别是那些在可预见的未来也不太有可能出版个人诗集的诗人。

编制该书目之目的在于，尽可能全面地梳理与评价所有包含中国诗歌的诗歌选集，系统发掘整编这些诗集中的相关资料，首次全方位地向诗文爱好者以及研究人员（汉学家、日耳曼学者、比较文学家、翻译研究人员以及诗歌标题研究人员等）提供该领域迄今为止的整体接受情况。

[斯图加特：Anton Hiersemann出版社，2002年]

（陈虹嫣 娄西利 译）

---

1 参见：Wolff（1837年）；Schlosser（1856年）；E. Schwarz（1989年）等。

《来自黄河的诗》译者补记

　　亲爱的读者，当你打开展现在您面前的这本精美汉德双语诗集时，定会体察到诗人桑恒昌那独特的诙谐与睿智，深邃的思辨和创作上的独具匠心。1989年春，译者在德国明斯特市国际诗歌节上初识桑君。动起翻译他诗的念头，则缘于真心倾慕。倾慕若愚，尊之为中国现当代最优秀诗人中的一位。他的诗未尝流于廉价的政治说教，读其诗，如读人生，开卷有益，决非虚言。从而想把他推荐给异国同胞，让他们也感受到一位黄河畔诗人滚烫的情杯。并将他的诗章奉献给我客住了一二十年，曾诞生过歌德、席勒、荷尔德林和海涅等大诗人的这一片德意志土地，同时也与祖国的读者朋友共勉。基于这样的考虑，本书在德国编辑出版，却在中德两国发行。

　　按理说，在德语、德国文学领域，译者或许称得上是科班出身。既有上海外国语大学德语专业毕业的骄人学历，又有德国名校图宾根大学的一纸博士文凭。在海外走的又是一条漫漫求学路。尽管如此，从外语译母语倒还好说，从母语译外语，自觉气血不足。故每每动笔迻译，不敢夜郎自大。为了译文之正确和传神，也为了对作者和读者负责，总要拜请精通德语和诗学的德国友人把个关。他们虽不谙中文，也谈不上合译，有时却在遣词造句上起到了某些意想不到的效果。对这种帮助的真诚感激之情是译者需要向两国的读者朋友表白的。

　　附带说明的是：《冰》《心葬》《海浴》《天空》《迎客松》《屈原》《老夫老妻》《我对自己说》《这个地方那些人》《总是这方热土》（断简）十首，曾发表于顾正祥翻译，伊丽莎白·博尔歇斯审阅的德文版诗选《我住大洋东：二十世纪中国抒情诗》，1996年德国柏林Oberbaum出版社出版。《同饮一杯蓝天》《没有户籍的公民》《夜宿莱茵河畔》《地球太薄了》《路遇急雨》《问云》《北京—法兰克福》《写在波罗的海》和《筑梦》系我与德国友人安德列亚斯·托马斯贝格尔合译，后三首曾刊于图宾根文学期刊*exempla*。另须提及的是《通活》《生日》《向日葵》三诗，原载德国北莱茵－威斯特法伦州外国协会会刊《桥》（2002年11月号）。其余的诗在此均系首次发表。

2005年8月初于德国图宾根

［汉堡：WAYASPA出版社，2005年］

《歌德汉译与研究总目（1878-2008）》自序

　　歌德是德国，也是世界文学中举世瞩目的大作家，通常人们把他跟荷马、但丁、莎士比亚相提并论。歌德的在华译介史，始于清末年间，已逾百年。大体可分五个时期，即"早期"（1922年以前）、"第一次翻译高潮"（1922-1937年）、"抗日战争到中华人民共和国成立"（1937-1949年）、"新中国成立到文化大革命时期后不久"（1949-1979年）、"改革开放的国策推行以来——第二次翻译和研究高潮"（1980年-）。早期，除歌德绍介的先驱李凤苞之外，还有活跃于上世纪初的辜鸿铭、王国维、苏曼殊、赵必振、马君武、应时（应溥泉）、王光祈、仲遥和鲁迅等。他们的译介虽值得称道，却仅限于辞书里的个别条目，报刊上的零星文章、个别诗章和少数作品的片断等，因此还未形成气候。真正称得上歌德译介开山祖师，非郭沫若莫属。因为是他与田汉、宗白华一起，在五四运动之后大声疾呼，要把歌德的名作有系统地一一介绍过来，并身体力行，率先译出歌德名作《少年维特的烦恼》（1922年），六年后又译出巨著《浮士德》第一部，这才奠定了歌德中文译介的基石，拉开了歌德译介的大幕，并随即迎来了它的第一个高潮。至1930年的八年间，小说《维特》仅泰东书局一家就出了15版之多，足见一斑。这期间，值得一提的还有汤元吉译的《史推拉》（*Stella*，1925年）和《克拉维歌》（*Clavigo*，1926年）两个剧本。可惜，在后来国难当头的抗战年代至新中国成立前，歌德译介大不如前，这里就不作详述了。

　　应该怎样来评价建国后的十七年呢？这也许还是个多少有点儿敏感的论题。但笔者深信，在思想解放的今天，对它作出实事求是的评价，不是不可能的。文革前的十七年与文革十年，虽有本质的区别，我们却不难发现，德语译坛和学界的低迷几乎不相上下，而歌德的遭遇尤为寂寞。请看，十七年中仅有三本郭老一家的旧译重版，并无他人他译问世。充其量还有某诗选里几首零星译诗和某文选里的一篇小说。评论文字就更寥若晨星了！那年头，一味强调工农兵，"洋为中用"的方针并未得到认真贯彻。另一重要因素是受计划经济的钳制。世界文学浩如烟海，全国却只有北京、上海的二三家专业出版社被允许出版外国文学作品。更何况它们每年出多少书，出谁的书也都是"计划"好的。这就不难理解，为何在这段时间大陆的歌德译介竟落后于台湾。如小说《少年维特的烦恼》，在大陆，仅二十年代郭译的重版一种，别无他译。而在台湾竟有十种译本面世。

　　粉碎了四人帮，特别是上世纪九十年代以来，伴随着政治、经济、文化等领域的改革开放，歌德译介才迎来了它的第二个高潮，一个前所未有的繁荣局面，主要表现在：

　　一是出版社之多。拙著所收录的书目并非歌德译介的全部，它们的出版社就已遍布全国各地。从大陆到港台澳，从南国海口到北疆的哈尔滨，从新疆的乌鲁木齐到西藏高原的拉萨，涵盖最边远、最内地的省市。发表论文的报刊杂志更是不计其数。除外语、外国文学、中外交流等文艺杂志和大专院校的学报校刊以外，还有些跟歌德似乎没多大关系的刊物，诸如《金融管理与研究》《音乐爱好者》《山西老年》《游泳》《安徽消防》《安徽电气工程职业技术学院学报》《中国穆斯林》《回族研究》《好家长》《家教博览》等也来加盟。

二是译者、作者和编者人数之众，他们再不是屈指可数，而是数以百千计。如今，郭沫若被尊为译介歌德的开山祖师，有泰斗之称的冯至，与张威廉、董问樵、杨武能一起曾先后荣获德国政府或文化机构的十字勋章。此外，从周学普、陈铨、宗白华、朱光潜、梁宗岱、刘思慕到钱春绮、侯浚吉、余匡复、高中甫、叶廷芳、章国峰、张荣昌、韩耀成、关惠文、绿原、魏家国、李清华、韩世钟、张载扬、黄明嘉、米尚志、赵乾龙、樊修章、卫茂平、叶隽等都是名噪译坛或学界的功臣。这其中，尤以钱老难能可贵。自五十年代弃医从文，沦为"无业"人员。虽无缘留洋，却无怨无悔。身居斗室，潜心于德国古典名家，特别是歌德、海涅的译介。锲而不舍，终成大业。译著等身，蔚为大观，居入选各选本之首。又闻樊老先生，在与命运的抗争中译出《浮士德》和《歌德诗选》，令人不无钦佩。至于那些崭露头角的新手，举不胜举，只好付之阙如了。

三是对歌德的评价。应该指出，建国后在长达三十余年的时间里，歌德的头上一直戴着不该有的紧箍咒。那时，恩格斯的话成了金科玉律。先把歌德高高地举上天，说他是"最伟大的德国人""奥林匹斯山上的宙斯""鄙视世界的天才"，又对他重重地抽上一鞭子，说他是"谨小慎微、事事知足、胸襟狭隘的庸人"。不少人惯于引经据典，为他贴上"资产阶级的代表""庸人""渺小""保守性""鄙俗气""反对革命"等等的标签。还有人对他的恋爱经历和恪守魏玛宫廷礼节颇有微词。随着改革开放的深入，对歌德的评价也有了较大的转变，对导师的话也提出了质疑。于是，我们的歌德不再蒙垢受辱，不但被称为世界文学的大文豪，而且是大思想家，是"一位眼观宇宙万物，胸怀全世界和全人类，巍然耸立于天地之间的大哲和精神巨人"（杨武能语）。顺便说一下，伟人和庸人是冰炭不相容的两个范畴，把它们同时套在歌德的头上，是极不公平的。一个伟大人物，他可能会有这样那样的缺点甚至错误，但决不至于又是个市侩庸人，一个市侩庸人也不可能同时又是个伟大人物。歌德的一些生活事例越来越多地被刊登在我国中小学生或幼儿教育杂志上，它说明，不仅歌德的著作是人类宝贵的精神财富，就是歌德的人格，歌德的处世为人，也成了我们素质教育的材料，对我们也不无启示。

四是出版种类和题材之丰。诗歌（抒情诗，叙事诗）、小说（长篇，中篇，短篇）、童话、散文、戏剧、文艺评论，书信、格言、甚至绘画，种类繁多。特别值得一提的是，上海译文出版社、人民文学出版社和石家庄的河北教育出版社分别推出的六卷本、十卷本和十四卷本的《歌德文集》，不同程度地囊括了歌德文艺类各种题材的代表作，代表了当今国内歌德译介的最高水平。郭译的《少年维特的烦恼》《浮士德》畅销半个多世纪，在完成了历史使命之后，如今退居二线，不再独霸天下。新译本纷至沓来，至本世纪初，已有好几十种。我们还欣喜地看到，这几年，除了"维特热""浮士德热"之外，还出现了《歌德自传》热和《歌德谈话录》热。人们在不断地解剖或者说挖掘其丰富的思想内涵。余匡复的专著《〈浮士德〉——歌德的精神自传》（上海外语教育出版社，1999年），还被列为国家社科八五规划基金项目。

五是普及之广。歌德作品不再囿于象牙塔内，为少数人欣赏，可以说正进入寻常百姓家。歌德条目几乎被列入所有中文版文史哲、美学、教育学等辞书和手册，歌德作品被收进不知其数的文学选本，有的还作为领导干部的参考读物、普通公民的修养读物，被列入大中小学的课外阅读或必读书籍，不少诗文还被编入了中小学课本。近闻《少年维特的烦恼》将被制成音响出版物发行，更是可喜可贺。

面对这幅繁荣景象，我们完全可以理直气壮地宣布，中国的歌德译介取得了举世瞩目的成绩，可以无愧地告慰歌德译介的先贤，他们的宿愿、宏愿正一步步地实现。此乃百余年来一代又一代的中国翻译家和研究家辛勤劳动的结晶。也应归功于无数志士仁人的推波助澜及几百家、上千家参与出版的报刊杂志和出版社的远见卓识。由于他们的共同努力，大文豪歌德才在遥远的东方古国安家落户，才极大地丰富了我们的精神财富。

经过我国几代学者的努力，翻译、研究歌德的文献资料已是汗牛充栋，浩如烟海。特别是杨武能教授的专著《歌德与中国》（三联书店，1991年），对歌德的在华译介史作了专题探讨。新近问世的《中国翻译通史》（马祖毅等著，湖北教育出版社，2006年12月）第2卷"外国文学在中国篇"第6章，阐述德奥文学包括歌德的在华译介，资料丰富，评述作家和作品也甚公允。[1]然而，我国还没有一部哪怕是薄薄的、却是单独出版的歌德书目。笔者虽不才，从事德语、德国文学的教学和研究却已数十年。七年前，在独立完成《中国诗德语翻译总目》这一德国科协（DFG）的科研项目之后，竟异想天开，再鼓余勇，马不停蹄地投入中德、德中比较文学领域里的另一场攻坚战——《歌德汉译与研究总目》的编纂，旨在科学地、系统地总结包括台湾在内的百余年歌德翻译史和学术史，为更好地继承伟大诗人歌德丰富的文学和精神财富作一份贡献；旨在为中德两国的日耳曼学者、歌德爱好者和研究家、文艺工作者和广大读者，提供一部足以反映我国迄今为止翻译研究歌德成果的、可供查阅的详备的工具书。并为我国歌德译介的前辈拓荒者，为孜孜不倦、心型笔耕的我国几代学者，为我的学长和同行的辛勤劳动和卓越贡献，也为这些成果的催生婆——各家出版社树碑立传。

歌德作品的中文译文，除译著之外，主要散见于我国历年出版的大量世界文学、外国文学、西方文学、欧洲文学和德国文学的选本、汇编中。我国学者的研究成果，除专著以外，多半分布在数不胜数的辞书、教科书、文学史、论文集以及报刊杂志中。不言而喻，这些辞书、选本和杂志都需要在翻阅之后才知，里面究竟有没有收进或收进了哪些歌德的作品，因而，这里的每个条目，都是笔者深山探宝的收获。全书亦编、亦译、亦注，集三者为一体。说它是编，不是现成资料的汇总，

1　其美中不足的是，缺了对建国后十七年的评价。又不该遗漏了诗人荷尔德林。之所以不该，是因为荷尔德林在德国文学史，尤其在抒情诗领域卓然不群，敢与歌德比高下。又因为他在中国读者中已不再那么陌生。仅上世纪九十年代以来的十余年间，至少有以下六部汉译和专著问世：《荷尔德林诗选》，顾正祥 译注，北京：北京大学出版社，1994年；《荷尔德林文集》，戴晖 译，北京：商务印书馆，1999年；《荷尔德林诗的阐释》，海德格尔 著，孙周兴 译，北京：商务印书馆，2000年初版，2002年再印；《烟雨故园路·荷尔德林书信选》，张红艳 译，北京：经济日报出版社，2001年；《塔楼之诗》，先刚 译，上海：同济大学出版社，2004年；《荷尔德林的新神话》，海德格尔等 著，莫光华等 译，北京：华夏出版社，2004年。此外，单篇散译和论文也可如数家珍。

而是要上下求索，逐一查找，累计起来，竟有手稿大大小小十来本；说它是译，是因为要把全书的每条中文标题，特别是每条中文论著和论文目都译成德文；说它是注，是因为每条中文译目，都注上了德文原文，间或还加上了一些笔者的看法。这种体例的书目国内恐怕还没有。笔者沿用的是本人在海外出版的《中国诗德语翻译总目》（斯图加特，2002年初版），只是课题和研究方向不同而已，因而视之为它的姐妹作。它同时又是笔者退休前的封笔之作。为了尽力反映歌德译介的巨大成就，笔者倾注了整整七年的心血，投入了毕生的知识积累。编纂的全过程大体分两个阶段，第一阶段偏重于资料的搜索和甄别，博采广收，并着手查找和核对原文。第二阶段偏重于原文的查核和中文标题的德译，一边继续搜索资料，直至截稿。谈到资料搜索的难度，从出版地的分布看，港台澳的书目比大陆的书目难找，因为港台澳大陆缺藏多；从出版时间看，民国时期的书目比当代书目难觅，因为民国时期的书纸质松脆，正在或即将制成胶卷；从出版物的种类看，报刊杂志较书籍难找，因为报刊杂志的收藏都不易齐全，多人集书目较单人集书目难找，因为这些书目并不告诉你里面有没有歌德的作品。令笔者困惑的是，冯至著《歌德传》（书讯见1932年3月22日《葛德纪念特刊》和1933年张月超著的《歌德评传》）和张嘉谋译《德国名诗选译》，上海国际画报社1934年出版（书讯见Bauer，第173页，书号04516）均"踏破铁鞋无觅处"。又如网页中的一则书目（《亲合力》，周静译，长春：时代文艺出版社，世界文学名著经典，第三辑，2001年初版，2002年11月第2次印刷），却无一家图书馆收藏，打电话到出版社核实，答复是"子虚乌有"。

　　至于译作之原文的锁定，笔者虽说身居原文的"源头"，却也并不轻松。且不说离原作甚远的意译，有时，即便是德语专门家的译文，也令笔者一头雾水，在此略举数例：

原诗	译文1	译文2
Vom Berge	如果我，亲爱的丽莉，不爱你	下山
Mut	冰上人生	勇气
An des lust'gen Brunnens Rand	我不知道为何要停留	在快活的泉水边上
Legende „In der Wüste ein heiliger Mann"	一位圣徒在荒野里面	传说
Mit einem gemalten Band	赠彩绘的缎带	情丝
Es geht einer nach dem andern hin	一个接着一个走	告诫
Was bedeutet die Bewegung	啊，从哪里来的狂喜欢腾？	东风之歌
Die Bekehrte	钟情的牧羊女	回心转意

　　乍看，你一定会以为它们都是风马牛不相及的两首诗。遇到这种情况，原著后所列的详目就无济于事，译诗与原诗的对号入座，说不定会旷日持久，甚至一拖几月、几年。何以如此？我想，除了由于译家们的译笔异彩纷呈以外，还因为：

❖ 有的未译原诗的标题，而把原诗的第一句译成标题；

❖ 组诗的译文情况比较复杂，有的全译，用的是组诗的标题，有的只译其中一首或几首，只用那一首或那几首的标题，而未注明组诗的标题。同一组诗也有不同的标题，如玛里扬巴特哀歌（Marienbader Elegie）爱欲三部曲（Trilogie der Leidenschaft）；

❖ 原诗无标题，这通常指二行或四行一诗的格言警句或题赠诗，译者往往把首句译作标题。有些选本的编者还喜欢把人家的东西斩头去尾，以至面目全非。

面对这重重困难，时而山穷水尽，时而柳暗花明。尽管殚精竭虑，还凝聚了不少中外友人的智能和无私奉献，仍非尽善尽美，仍有遗珠之憾，仍会有不少错愕，仍不十分体面，仍失之于粗糙。但它毕竟是笔者的呕心沥血之作，就让它当作奉献给生我养我的中华古国和我诚爱的德意志第二故乡的一份薄礼，并化作友谊和理解的桥梁；就让它当作向在校时曾以一片爱心呵护过我，并对我寄予过厚望的师长们所交的一份考卷；当作歌德百余年在华译介的一次初步的回顾和总结。令笔者感到欣慰的是，堪称中国权威出版社之一的中央编译社接纳拙稿，且在普遍强调经济效益的今天，待我不薄。我与责编董巍先生无数次的国际长途通话也始终十分愉快。德国斯图加特著名的Anton Hiersemann学术出版社同意，向德、瑞、奥等德语地区高校和州图书馆代为发行若干册，解决了目前尚待解决的图书跨国流通的大问题。德国歌德协会魏玛总部，图宾根大学东亚学术论坛等单位表示将举行新书发布会或研讨会，更添文坛佳话。魏玛版的歌德全集有143卷之多，该译而未译的著作何其多！但愿拙著能为推动歌德作品在中国的进一步传播和接受作一份小小的贡献。

2008年秋于德国图宾根

[中央编译出版社，2009年]

《歌德汉译与研究总目（1878-2008）》跋

　　早在杭大任教时，笔者就着手定向搜集德国文学的汉译资料，慢慢地有了相当规模，日后被我一箱一箱地运到德国。这私人藏书，连同德国图宾根大学汉学系图书馆的《民国时期总书目》，鲍尔先生主编的双语种书目 *Deutschlands Einfluss auf die moderne chinesische Geistesgeschichte* 和郑寿麟的《中国德意志学书目》这三种综合类书目，就成了我编纂本书目的起跑点，而上海图书馆中心馆、它附属的各分馆和上海各高校图书馆堪称我调研的大本营。特别是上图，称得上是全国一家出类拔萃的学术图书馆，它民国时期丰富的藏书，曾使我左右逢源，乐而忘归。另一条途径是逛书店。逛新书店，以求资料之新，不少是图书馆来不及收购或不一定会收购的书。逛旧书店，为的是拾遗补缺，因为不管哪家图书馆，都不可能收购齐全，百分之百地满足每一位学者的不同需求。为此，我曾日复一日地蜷伏在新旧书店的书架前，一本本地翻阅，把它们抄录在小本子上，直抄得头昏眼花，力不能支。有时像乞丐，因为常常要征得他们的同意后才开始翻阅，有时又战战兢兢，生怕受到某位书店员工的提醒甚至奚落，不时会有人走过来说，"先生，我们是书店，不是图书馆。"是的，他们也不无道理，因为他们是营业单位。但我不可能把要编纂的千百本书全都买下来呀！后来听说这条禁令被解除了，其理由是"有利于精神文明建设"。

　　这么个巨大的工程由一人担当，似乎有点不自量力。但我决非单枪匹马，孤军奋战。广大的译者、作者和编者，是我完成这一工程的"关系网"。这里有德语界老前辈钱春绮先生。难忘2005年盛夏，他老人家蛰居书斋，挥汗如雨地为我梳理他本人的藏书，理出其中我需要的歌德书目供我翻阅，凡二三十种，并将它们抄录。蝇头小字，密密匝匝五六页。母校上海外国语大学的良师益友，以《德国文学史》雄称于德语学界的上外资深教授余匡复，容笔者数次登门访谈，不吝赐教，并惠赠早已脱销的大著《〈浮士德〉——歌德的精神自传》。此外，四川大学的杨武能教授，母校上海外国语大学卫茂平教授，北京大学的孙坤荣教授都曾惠赠专著数种。北大的张荣昌教授从国内惠寄影印资料。

　　身居异国他乡的我，离"源头"远，除了把每年三四十天的"探亲"时间全部贡献给歌德外，所需资料，不能唾手可得，往往须"遥控"。庆幸的是，我有一支庞大的"后备军"。它的主力不是别人，正是我的亲属。首推胞弟顾正平，他是我最得力的"私人秘书"，当我在上图和上海各书店查阅时，每每总有他的助阵。后来又有我通常不摇笔杆的胞妹顾正兰加盟。近来外甥沈彪也闻风而动，用电子邮件频频为我传递复印资料。连我的侄子、刚考入华东师范大学的黄勇也为我找到了在国家图书馆和上图都没能找到的李长之的《德国的古典精神》。特别是妻子黄宗英，年复一年，含辛茹苦，尽力为我赢得时间。尤为感人的是，非亲非故、仅有一面之交的国家图书馆外文采编组的龚雪英女士，当我从国外打电话求助于她时，毅然允诺本不属于她业务范围之内的事，遂想方设法挤时间，通过各种途径为我查阅、复印并邮寄包括民国时期的资料。凡此善举，都大大方便了笔者的编纂。

在我客居了一二十年、如今成了我第二故乡的德意志所得到的珍贵友情和无私帮助，更是难于计数。在六年多不遗余力的编纂中，本人曾有幸先后得到德国巴符州中国友协、德国东亚学术论坛、德国魏玛古典文学基金会、中国科学院上海交叉学科研究中心及上海图书馆等文化机构、科研单位和高等学府的多方资助。他们或提供机票，或提供食宿，或发放短期奖学金，或资助出版。特别是巴符州的中国友协，他们虽然经费有限，却率先连续两年（2003-2004）把笔者的歌德项目作为资助重点。该会主席宋德教授还将之在年会上当众宣布，在会后又兴冲冲地走到我跟前向我道贺。他时时把项目的进度记挂心上，曾驱车数百里亲临寒舍赐教，还时常打电话来，询问我的编写情况。年近八旬，还亲自为我从上海订购了十四卷的歌德文集。另一位我需要感恩戴德的师友是德高望重的德博教授，他年逾八旬，拖着病体为我向魏玛古典文学基金会的申请写鉴定，坚信拙编将是中德文化交流的"无价之宝"，为了表明他的诚意，还慷慨解囊。可惜他不能亲眼目睹拙编的问世。

[中央编译出版社，2009年]

《以爱为本：跨越时空、惠及子孙的教育理念
——瑞士—中国裴斯泰洛奇国际研讨会论文集》
（卢塞恩，2012年4月）
前言

内容提要

2012年4月10日至13日，瑞士中部师范大学师生和瑞士"学校为儿童基金会"邀请中国大陆七所高校和研究所的十一位教育专家，在瑞士卢塞恩联合举办了"裴斯泰洛齐国际研讨会"。本书选编与会代表的发言稿和相关论文二十余篇，从不同层面探讨世界著名的瑞士教育家裴斯泰洛齐（Johann Heinrich Pestalozzi，1746–1827）教育思想的历史和现实意义，涉猎中外比较教育学和中外教育关系史，值得两国教育界参考和借鉴。书末并附裴斯泰洛齐在华译介书目（1883–2013），供读者查检之用。

前言

这本论文集即将交稿，作为主编之一的笔者为之欣然。它的由来，可追溯到近几年在国内国外召开的两次裴斯泰洛齐国际研讨会：第一次是在2009年桂子飘香的金秋十月，在风景迷人的杭州西子湖畔，由浙江大学教育学院中外教育现代化研究所主持召开。另一次是在2012年4月春寒料峭的卢塞恩，东道主是瑞士"学校为儿童基金会"（Stiftung Schule für das Kind）与瑞士中部师范大学（Pädagogische Hochschule Zentralschweiz，Luzern）。我们把杭州会议看作是发端，把卢塞恩会议看作是延续，不仅因为两会的时间相隔很近，更因为连主题和实施的方案都是由中国和瑞士、德国，或是瑞士、德国与中国双方联合设计和制订的。它们的共同特点是，除了广泛的学术交流之外，还都安排参观访问，让客人们了解本国的风土人情、历史和现状、文化和传统，增进了彼此的了解。

杭州会议的硕果已经反映在肖朗、赵卫平两君主编的《跨文化视野中的教育史研究——裴斯泰洛齐教育思想国际研讨会论文集》（浙江大学出版社，2011年）之中。呈献在读者面前的这本论文集，则是卢塞恩会议的主要收获和集中体现。全书选编了参加瑞士国际研讨会十名中国代表撰写的中文发言稿15篇，它们的作者来自浙大、同济、华东师大和华中师大四所高校、复旦大学附属中学和上海市金杨中学以及中国社会科学院外国文学研究所和中国教育科学研究院等单位。德文发言稿

的作者主要来自瑞士中部师范大学与德国的图宾根大学和斯图加特媒体大学。

本论文以中德两种文字面世。中国作者的中文稿，限于人力物力，没来得及译成德文[1]。好在它主要在汉语区发行，想必并无大碍。五位德语学者的德语稿，由于出版社审稿的要求，也考虑到中国读者阅读的需要，译成汉语势在必行。由于篇目不多，这个任务就由笔者一人包揽。笔者深知，学术著作的翻译，务求准确，比文学作品的翻译更少发挥的余地。为此，在文字的理解上，若遇费解或歧义处，决不似是而非，敷衍了事；在内容的理解上，如遇陌生的专业知识或俗语、典故等，译者也决不自以为是，不懂装懂；总是细细琢磨，反复体会，并多次求教于师友或原作者。尽管如此，误译和不当之处仍属难免，恳望读者不吝赐教。

本论文集共分四大部分，另加《附录》殿后。

第一部分：论文四篇，中心议题是裴斯泰洛齐接受史，既涉及裴斯泰洛齐在欧美国家的接受和影响（库勒曼），也涉及裴斯泰洛齐在中国的接受和影响（顾正祥）。赵卫平的论文标题没有"接受史"这几个字眼，实质也是谈接受史，因为他从史学的角度，既谈裴斯泰洛齐在欧美西方，又谈裴斯泰洛齐在日本，特别是在中国的影响和地位。

第二部分：论文五篇，属于比较教育学领域，将裴斯泰洛齐与中国教育家作比较。叶隽、商丽浩、袁志英三教授将视角投向王国维、蔡元培、陶行知、武训和晏阳初等中国前辈教育家；而杨汉麟、杨佳和郑方贤三学者的论文则聚焦于中国的当代教育。

第三部分：论文六篇，系裴斯泰洛齐教育思想解读。共收编二位瑞士作者和四位中国作者的论文。内容论及裴斯泰洛齐教育思想中符合儿童天性的理念、教育哲学理念、和谐教育理念和施教理念等，从不同侧面深入探讨裴斯泰洛齐的思想遗产以及两国教育界当前面临的挑战。细心的读者定会发现，中国学者与瑞士本国学者对裴斯泰洛齐的关注和评价不尽相同。

第四部分：诗文三篇，反映对研讨会的回顾与反响。

需要说明的是，本论文集的论文，有些已在中外报刊杂志上发表。这次重刊，除注明出处外，谨向这些报刊杂志深表谢意。

身为海外学人的笔者，为能担任这本中外高等学校国际论文集的主编之一而深感荣幸。不瞒读者诸君，在瑞士的裴氏协会约请笔者翻译裴氏生平和著作之初，他还是个十足的门外汉呢。欣然受命，仅凭一副豹子胆，就滥竽充数起来。短短七年里，居然编写了尽管粗陋、却颇具规模的汉语区第一部裴斯泰洛齐书目，虽非杭州国际研讨会发言稿，却破例刊登于研讨会论文集的附录一栏，并受到论文集两主编的错爱和谬奖；笔者自己也不敢相信，七年前的一个裴斯泰洛齐盲，如今已出版了一部二十三万字规模的有关裴斯泰洛齐的译著（中央编译出版社，2013年3月），并有幸为两次国际研讨会引线搭桥，略尽绵薄之力。笔者深知，自己对裴斯泰洛齐的理解至今仍很肤浅，远不能同这本论文集中的其他作者比肩，唯愿继续努力，指望有一天由读者鉴定，摘掉"门外汉"这顶帽子。

---

1 感谢叶隽和袁志英两教授另为自己的论文提供了德文稿。

　　笔者深深感谢"教圣"裴斯泰洛齐的故乡——风景秀美、民风淳朴的瑞士，成了我心仪的文明之邦；感谢"裴斯泰洛齐在网页协会"（Verein Pestalozzi im Internet）和"学校为儿童基金会"（Stiftung Schule für das Kind）及其董事会多年来对笔者的厚爱和对笔者学术活动的支持；特别感谢本书的主编之一戴特灵先生（Roger Dettling），没有他的智慧和才能、他的事业心和忘我的热忱，就没有2012年4月卢塞恩裴斯泰洛齐国际学术会议的成功，更不会有即将诞生的这本论文集的问世；感谢布律迈尔（Dr. Arthur Brühlmeier）、库勒曼（Prof. Dr. Gerhard Kuhlemann）、鲁斯（Prof. Dr. Markus Roos）等学者及其家属对笔者一如既往的信赖和友谊，为笔者的人生增添了一笔珍贵的精神财富。最后还要特别感谢上海交通大学出版社领导的重视、组稿编辑倪华女士和特邀编辑东方出版中心原社科部主任程炳生先生的真诚热情和友好合作以及顾方媛女士的耐心配合。期待本书成为一本经得起读者检验的、严谨的学著，跻身于中国和瑞士、德国的学术之林。

[上海交通大学出版社，2014年]

《裴斯泰洛齐汉译与研究见闻录（1899-2009）》
引言

　　余习日耳曼学，涉猎翻译文学、比较文学、目录学，而非教育学，更非裴斯泰洛齐专家也。数年前，应瑞士裴斯泰洛齐协会之邀，迻译裴氏小传，载于裴斯泰洛齐互联网网页。期间，深为裴氏的教育思想和教育实践所感动。每有回国机会，一边抓紧编纂歌德书目（中央编译出版社，2009年1月）和荷尔德林书目（商务印书馆，待出），一边则忙于查找和搜集百余年来裴氏在华译介的有关文献资料。搜索的方向是各类中外辞典、百科全书、报刊杂志，也包括版本不同的西洋教育史和教育学的学著，以及大量国民和青少年教育的通俗读物。书海茫茫，非得一本本地翻阅，才知其中有无裴氏生平著作的条目或章节。即便是裴氏的单人集或评述裴氏的专著，凡有可能，余都要亲眼过目后，心里才踏实。起初有点儿"瞎子摸鱼"，慢慢有了点门道，日积月累，竟成了现在的规模。2009年10月，余有幸参加中国教育学会教育史分会与瑞士裴斯泰洛齐协会联袂举办、由浙江大学教育学院中外教育现代化研究所具体承办的裴氏国际研讨会，群贤毕至，异彩纷呈，获益匪浅。日前，余赴港台访学三周，篇目又添许多。欣闻论文集付梓在即，不揣冒昧，将余学术生涯中的这一边缘成果，奉献给我国老中青三代的裴氏专家。它记录了他们译介裴氏的心力和业绩，也奉上余对他们的敬意。

2010年8月底于德国图宾根

[上海交通大学出版社，2014年]

《裴斯泰洛齐汉译与研究见闻录（1883–2013）》
引言

学界将书目的编纂定性为目录学[1]，承认它为一门独立的学科，肯定了它的学术意义，这是不无道理的。因为，它们都不是手头现成资料的汇总，而要在浩如烟海的学科领域里不断探索、挖掘、查找、甄别，寻寻觅觅，锲而不舍，日积月累而成，是一个漫长的学术过程。之后，又要用学术的眼光加以评估、梳理。打从上世纪九十年代初写完比较文学的博士论文以来，笔者编纂的书目，大大小小不下六、七种[2]，无一不是德国科研机构或学术团体的科研项目，也无一不是笔者的呕心沥血之作。即便是这部有关裴斯泰洛齐的小小《见闻录》，竟然也花去了笔者好几年的功夫。正是它们，在不知不觉中，构建了笔者这一时段学术生涯的"主体工程"。

那么，笔者是如何编纂这类书目的呢？笔者已编或在编的目录，简述之，都追求一个"全"字，即有"目"必录。因为笔者深信，编纂者不可能未卜先知，对不同读者的不同需求都了如指掌，由他一人对原始材料作取舍，难免主观、片面和失当。笔者的具体做法是，在"兼收并蓄"的同时，力所能及地作一些"编者附言""编者提示""论点摘要"等，指出这些版本的品质和特点，为普通读者多提供一分信息，为专业读者多提供一分参考意见，以抛砖引玉。再补充一点：有条件的话，跨语种的书目最好是双语，即原文与译文相对照，以方便中外读者的使用。上述做法，既考虑了资料的全面性、完整性和应用性，又提升了工具书的学术性，得到了众多德国汉学家和中国德语德国文学专家的肯定[3]。

本《见闻录》原载《跨文化视野中的教育史研究——裴斯泰洛齐教育思想国际研讨会论文集》（浙江大学出版社，2011年）。承蒙肖朗、赵卫平两主编恩准，得以重刊。借此机会，笔者将近年来陆续搜集的新书目和旧稿遗漏的书目一并编入，了却了一大心愿。只因增幅较大（约占原稿的三分之一），只得重排。学海无涯，难臻完美。笔者虽已尽力，遗憾依然多多。时不待人，权且以今日的面目求教于读者和方家吧。

2013年6月于德国图宾根

[上海交通大学出版社，2014年]

---

1 参见：叶隽："基础性工作的学术性意义——评《歌德汉译与研究总目（1878–2008）》"，载：《文汇读书周报》，2009年4月24日，第9版。

2 用力最勤、收获最丰的应是下列四部书目：《中国诗德语翻译总目》（斯图加特：Anton Hiersemann 出版社，2002年，大开本，38+409页）、《歌德汉译与研究总目（1878–2008）》（中央编译出版社，2009年，大开本，19+519页）及其《续编》（中央编译出版社，待出）和《荷尔德林汉译与研究总目（1900–2013）》（中央编译出版社，待出）。

3 如：杨武能："两种精神，三个旨在——评顾正祥《歌德汉译与研究总目（1878–2008）》"，载：《科学时报》，2009年9月10日；又载：《东方翻译》（双月刊），2009年第2期，第82–84页；又如：约亨·戈尔茨文："歌德在中国"的全景图——评顾正祥编著《歌德汉译与研究总目（1878–2008）》，袁志英 译，载：《中华读书报》，2011年11月9日。

《歌德汉译与研究总目》（续编）自序

一、看好近年来的歌德译介（综述）

歌德译介史的发端，学界都从钱钟书说（国外文学，1982年第1期），清一色地锁定为1878年清人李凤苞的《使德日记》。近年来偏有几位学界新秀"挑衅"前辈：宁波大学的尹德翔扒梳钩沉，似乎在张德彝的《随使法国记》中找到了歌德《浮士德》的蛛丝马迹[1]，认为张氏1871年10月8日手稿中记载的巴黎戏院的上演镜头，与歌德的《浮士德》非常吻合（东方文学研究通讯，2005年第1期）。厦门大学青年学者张治也著文称，"第一个在著作中提到歌德作品《浮士德》的，目前找到最早的可能是张德彝（《三述奇》，1871年10月9日）"[2]。而华中科技大青年学者谭渊则表示"《浮士德》版本极多，英法俄都有人写过，歌德也不是第一个写《浮士德》的作家，从书中文字还看不出此处说的歌剧、戏剧都来自歌德。""发端"之争，暂且不作深究。学无止境，说不定哪一天又有人会有新发现。我只想说明，当下的年轻一代，思想甚为活跃，并不囿于前辈或权威的某种说法。

近年来的歌德译介，给人的第一印象是，新老更替明显，队伍呈年轻化趋势。老一辈的歌德元勋纷纷离世。年近九旬的大翻译家钱春绮壮心不已，从他给笔者的来信得知，晚年还在为他插图本的《浮士德》操劳，终因心力交瘁未果。钱老的谢世（2010年），标志着歌德译介"第二代"人物的最终谢幕。紧接着，《德国文学史》和《〈浮士德〉——歌德的精神自传》的作者余匡复溘然而逝（2013年），没来得及再展宏图，令人扼腕长叹。其余的"第三代"著名学者如关惠文、张荣昌、魏家国、高年生、韩世钟、赵乾龙、罗悌伦、李清华等也纷纷步入古稀之年，似乎都淡出学界。值得一提的著译倒有：杨武能的旧作《歌德与中国》的修订稿与《走近歌德》合为一集，以崭新的面貌再度面市（上海社会科学院出版社，2012年）；袁志英的《歌德情感录》（上海书店，2014年），以原始资料为基石，集编译与文学再创作为一体，文字活泼生动，是一部学术性与可读性双佳的专著；图文并茂、厚达412页的《星火·桃李集：杨武能教授文学翻译、学术研究、外语教学五十年》（外语教学与研究出版社，2012），系杨门弟子们奉献给导师的一册纪念文集。冯至、钱钟书、季羡林、王蒙等前辈的文墨与冯亚琳、董洪川、段峰、傅晓微、莫光华、贺骥等弟子的感恩之声融于一炉。在我看来，这不仅是杨氏一家、也是冯至的及门弟子们共同吟唱的"天鹅之歌"。

---

1 参见：张德彝（1847–1918）：《随使法国记》（原名《三述奇》），长沙：岳麓书社，1985年，共510页。由著者遗稿整理出版。
2 参见：张治（1977–）：《中西因缘——近现代文学视野中的西方"经典"》，上海：上海社会科学院出版社，2012年。

之前，由杨武能倡导、由杨氏弟子莫光华任所长的"歌德研究所"与杨个人无偿捐助、藏书量达三千多册的"杨武能图书文献资料馆"，在地处西南边陲、却是西南歌德重镇的四川外语学院落户。一"所"一"馆"开创了我国德语学界的两个"第一"，体现了杨氏关注后学的战略眼光和无私奉献的精神。近闻"杨武能著译文献馆"将于今年金秋十月在重庆图书馆隆重开馆，这更是中国日耳曼学界的一件盛事，谨献上我这位同辈学人的由衷钦佩和热烈祝贺！

顺应这样的形势，中国歌德学会年会暨纪念冯至逝世二十周年学术研讨会于2013年6月13日在中国社会科学院外文所举行。会上，德高望重的老会长叶廷芳研究员卸任，由社科院的年轻同事叶隽研究员继任，并产生了新一届歌德学会理事会，它由四地（即北京、上海、武汉、成都）八人（即叶隽、吴建广、莫光华、谭渊、罗炜、王炳钧、方维规、张辉）组成，体现了薪火相传的精神。这批中青年理事大凡有多年旅德学历，学术底蕴深厚，是当下和今后歌德译介的生力军。他们人人都有厚重的专著问世。如莫光华的博士论文《歌德与自然》（外语教学与研究出版社，2010年），以340多页的篇幅，全面而深入地探讨了歌德的自然科学观和在自然科学领域的建树，一改以往我国学人重视歌德文学作品、忽视其科学著作的偏向。又如谭渊的《歌德席勒笔下的"中国公主"与"中国女诗人"：1800年前后中国文化软实力对德影响研究》（中国社会科学出版社，2013年），史料翔实，举证严谨，委实是一部令我辈刮目相看的学著。再如社科院的贺骥博士，虽未跻身歌德学会理事会行列，其300多页的博士论文《〈歌德谈话录〉与歌德文艺美学》（中国社会科学出版社，2014年），系该领域的凤毛麟角之作，被列入"中国社会科学院文库·文学语言研究系列"，为学界竖起了一枝标杆。

最值得我们庆祝的，应该是上海外国语大学卫茂平教授领衔的"《歌德全集》翻译"项目和西南交通大学杨武能教授牵头的"歌德及其作品汉译研究"项目，各自申报2014年度"国家社科基金重大项目"，奇迹般地双双胜出，成为两校、乃至全国德语界、特别是中国歌德学的最大盛事。羊年新春大吉，上外与西南交大分别于3月7日和3月21日举办了开题会，不是校长致辞，就是书记讲话。从中央到省、到各高校、再到媒体，从学会会长、研究室主任，到这位专家、那位名流，纷纷到会祝贺、指导。上外的子课题负责人是谢建文（上外，总协调人）、姜峰（上外）、王炳钧（北外）、李昌珂（北大）和谷裕（北大）。战略任务为移译当今最高水平的德文原版《歌德全集》，即四十卷法兰克福注释本。除文学作品外，还包括自传、书信、文牍、日记和自然科学著作等，拟打造"世界范围内最全、最权威的《歌德全集》评注版汉译本"。还成立了"歌德翻译研究所"。西南交大团队的学术骨干有莫光华（西南交大）、冯亚琳（川外）、吴建广（同济）、吴晓樵（北航）、谭渊（西南科技大）和陈巍（宁波大学）等。学术目标为"全面深入研究歌德其人其作，研究歌德在中国的传播、影响与接受，进而挖掘思想家歌德在现代精神文化建构过程中的作用"（西南交大新闻中心，2014年11月20日）。从此，沪川两校的两大团队，凝聚国内外最优秀的德语人才和学术资源，沐浴国家改革开放的文化政策，依托国家强有力的财政资助，必将全面、有序地推进中国的歌德译介。快哉，多年来形形式式、层出不穷的这类"重译"现象所营造的假性繁荣将被中止！[1]幸哉，实现郭老等先贤的夙愿不再遥遥无期！虽非"指日可待"，也该是"指年可待"了。

行笔至此，猛然想起德语界的一段"稗官野史"。上世纪八十年代，德语界曾有"北冯南张"之说。"北"指的北京或北大，"冯"乃德语界巨擘冯至；"南"便是南京或南大，"张"系德语界元老张威廉。笔者斗胆窃想，如把这种提法稍作修正，把上海的钱春绮、董问樵的大名也添上，改为"北冯南张沪董、钱"来概括那个时代，是否会更全面、更切合实际些呢？套用这样的称谓，能否用两个项目首席专家的名字来称呼当今中国的歌德学时代，称之谓"东卫西南杨"时代呢？这不是对某某个人的神化，而是将他们视作一种标志，一种符号。过了若干年，涌现了新的代表人物，想必会有另一种叫法。这才叫"薪火传承"。话又得说回来，能在招标中胜出，不仅取决于项目的价值，也与首席专家和他们身边的弟子有关，他们的学术成绩、信誉和投入也很重要。没有他们的振臂一呼，也许会跟眼下这来之不易的一切失之交臂。

让我们再看看这几年的学术活动吧。近年来崛起的年轻学者叶隽应是这方面最典型的个案。叶曾私下向我透露，他本可以留在最享盛名、待遇又不菲的北大。为了赢得属于自己的更大空间，却去了"清水衙门"社科院。在物质和精神的天平秤上，叶视学术生命高于一切。难怪他才过"不惑之年"，便新作迭出。就量而言，几年内论著不下十大部，论文多达好几十。就质而言，它们都不是东拉西扯的大拼盘，都不是抢热门、赶时髦的应景之作，而对曲高和寡的学术史研究情有独钟。须知，学术史乃一种文学、一位作家或一部作品领域中的"上层建筑"，学术史研究更是这个"上层建筑"中的"上层建筑"。"高处不胜寒"，故非浅尝辄止之辈所能占领。涉足者"需要宏通之史家眼光与踏实之细致功夫的结合，而且双重文化背景的占有、个人阅历的丰富，也都是很有必要的"（叶隽语）。叶锐意进取，心无旁骛，敢于将学术史作为他研修的根基和主线，为读者奉献了一部又一部厚重的"史"的专著：《史诗气象与自由彷徨：席勒戏剧的思想史意义》（同济大学出版社，2007年）、《德语文学研究与现代中国》（北京大学出版社，2008年）、《歌德思想之形成》（中央编译出版社，2010年）、《歌德学术史研究》（译林出版社，2013年）、《歌德研究文集》（译林出版社，2014年）、《文学·比较·侨易》（复旦大学出版社，2014年）、《德国精神的向度变型：以尼采、歌德、席勒的现代中国接受为中心》（中央编译出版社，2015年）。论数量，平均一年一部专著，节奏之快、之众，在同辈学人中罕有其匹；论评述，堪称公允、客观、中肯；论手法，引经据典，详加注释，西文的书目和标题往往汉德对照。这是叶著的一大特色，不妨称之为"叶氏风格"[2]。叶隽之所以能取得如此骄人的成绩，全赖他个人的才智和努力，或许也得益于他身处的社科院这个大环境。那里不设坐班制，便于埋头找资料，一心搞学问。相比之下，在高

---

1 笔者不完全统计，《少年维特的烦恼》的译本，已不下上百种，《浮士德》的译本也达好几十种，一个多么惊人的数字呵！而我们却并不稀罕这种"繁荣"。诚不知这些译者系何方神仙，一直无缘结识，若真是位颇具眼光、勤于耕耘的歌德学者而又真心想为中国的歌德译介添砖加瓦，何以置143卷之巨的德文版《歌德全集》于不顾，而热衷于去炒那些冷饭。
2 在叹为观止之余，倒有一条保留意见。在笔者看来，即便是学术著作，在措辞上也应当尽量减少、甚至避免过于专业和高深莫测的表达方式。拜读叶著，常会碰上一些诸如"一体二魄""二元维度""原相变形-向度变型""诗史气象"与"诗思苍茫""辨章学术，考镜源流""古典图镜观"等名词术语，颇令笔者几番猜度乃至困惑。不过，由此而造成的这点"困惑"，决不会动摇我对叶先生毫无保留的钦佩。

校当老师就没那么自在了。忙完备课、上课和各种考核，科研时间就所剩无几了。

说到学术史梳理，还有个重要的课题，也即如何以务实的心态看待前辈的功过。冯至是我国德语界继郭沫若之后最负盛名的歌德权威之一，是歌德译介"第二代"的代表，"第三代"的歌德名家几乎都出于他的门下。因而再高的评价也不过分。然而，再大的权威也非圣贤，也都是某个时代的产物，都受主客观种种条件的制约，难免有这样那样的局限，都需要作具体分析。这个历史使命要由新一代毫无思想包袱的年轻学者来完成。也举叶隽为例。他对冯至，不是在一片颂歌中随声附和，而是慧眼独具，既肯定冯的《歌德论述》与《德国文学简史》（上册）"都很重要"，又认为"作为一门学科的德语文学研究其实并没有在严格意义上建立起来……应该说，冯至这代人是有责任的"。"冯至的德国认知，较诸同辈人物张威廉、商承祖、陈铨等，确实有独到之处；但另一方面，如果公允地来看，冯至的位置亦并非不可替代。"甚至敢断定冯"算不得名标青史的大学者"。再看他对德语界另一位泰斗张威廉的评述："真若论及在德语文学研究方面的意义，冯氏的著作和贡献，也都要多些。不必为贤者讳，张先生的学术史意义不必评价过高，这一点仅从他留下来的作品数量就可看出。所以有论者对称张先生为"中国日耳曼学的一代宗师"颇不以为然，我同意这个观点，张氏自有其独特的不可抹杀之意义，不必'张冠李戴'"[1]。

对已故权威如此，对尚且健在的权威是否就"买账"呢？请看他对杨武能的代表作之一《走近歌德》一书的评价："即以此著论，不太符合严格意义上的学术著作的常规体例，也谈不上有什么自家的理论建构"（德语文学研究与现代中国，页352）。"这表现在参考文献、索引、中外文名词对照表均未列出，注释中的学术性阐释较少，德文缺位等"（该文脚注）。而且还刨根究底，说是"从冯至那里就已经开始了的"（该文脚注）。其结论是："所以杨氏之作与其说是研究，不如定位在以赏析为主。"而杨也闻"过"则喜，还为该书作序，称赞叶"眼界开阔，学养深厚""好学深思"；并坦承"本人的主要志趣在德语文学译介，研究乃不得已而为之，对他擅长的这类研究只在早年玩过一段时间的票。"更为突出的例子是，叶在杨先生纪念文集《星火·桃李集》[2]中的那篇约稿：先回顾杨的学术生涯，后评估杨的学术成就。且不论其观点如何，对作者、尤其对学界权威的评价很难、也无须"一锤定音"。令人钦佩的是，叶敢于直言，且能以务实的心态多视角地加以审视。既无趋炎附势之嫌，亦无咄咄逼人之势，尽管罗列了叶自己也承认"或许是苛求于人"的诸多"不足"，如："回顾杨武能的学术生涯，也有些比较遗憾的地方，譬如在学术实绩上未能够乘胜追击，数量都在翻译文学上了；在学术方法论上，若能更重视实证研究的方法，或可更上层楼；在翻译实践与理论思考基础上，虽不乏洞见，但却未能够提炼出更有贡献的翻译学理论创发"（第72页）"杨武能的各个研究领域虽不乏关联性，但缺乏有效的联通维度，更缺乏自觉性主动建构的大家意识。"（第73页）甚至触及一些极为敏感的话题，诸如杨本人的重译，杨获勋的由来

1　参见：叶隽："先生百龄，乘风而去"，载：《读书》，2005年第2期，第33—34页。
2　参见：董洪川、段峰、傅晓微　主编：《星火·桃李集：杨武能教授文学翻译、学术研究、外语教学五十年》，北京：外语教学与研究出版社，2012年。

等[1]。叶不因《纪念文集》而碍于情面，坚持学术伦理；杨泰然面对"求全责备"，虚怀若谷，高山仰止。此风长，学术繁荣矣！

二、歌德于我，我与歌德

《歌德汉译与研究总目》（续编）终于脱稿，释然、欣然之情自不待言。科隆大教堂的建造时断时续，横跨六个多世纪才竣工；巨著《浮士德》的创作，呕心沥血六十年，直至生命的最后一息；一部长篇小说如《威廉·迈斯特》的完稿也长达三四十年。这些奇迹古今中外毕竟罕见，也非人人和事事都能效仿。一个建筑工程不宜拖得太长，该尽早完工。图书工程也是。拙稿（续编）虽说不是《总目》（前编）的小小"尾声"（篇幅也逾500多页），虽是自成一体的独立工程，然过于"旷日持久"，也觉得并不可取。这才决心作个"了断"。

说来惭愧，大文豪歌德并非我学术生涯中的初恋。外国文学中，我首先接触的是俄国的普希金、英国的雪莱、印度的泰戈尔等。德国文学中我首先接触的也不是歌德，而是海涅。大学时代的我，因读了钱春绮译的《诗歌集》而先倾心于海涅，也便有了后来的处女译《海涅传》（陕西人民出版社，1987年），只是由于当年某种政治气候的影响，它的出版才迟于我后来译的《格林兄弟传》（浙江文艺出版社，1986年）。嗣后，陕西人民出版社又约我翻译《德国抒情诗选》（与钱春绮合作，陕西人民出版社，1988年），这才算与歌德有了实质性的缘分。

在《德国抒情诗选》中，我翻译了歌德52行的悲情诗《你为何赐予我们深邃的目光》80行的教育诗《植物的变态》和20行的短诗《浮游于地球之上的天才》。这便是我译介歌德平淡无奇的起步。之所以只有三首，远比该书中荷尔德林和默里克少（各八首），甚至落在施托姆的后面（五首），绝非偶然，而是明确的选择。想当年，钱春绮译的《德国诗选》和《歌德诗集》上下卷，已让歌德的诗作名满中华。作为后学的我，又何必拾人牙慧，步人后尘！聊以自慰的是，本人翻译的歌德诗，数量虽少，却都是国内首译，而非容易招人诟病的重译。

我研修歌德的最大成绩，想必是七年前在中央编译出版社出版的《歌德汉译与研究总目（1878–2008）》。感谢接纳和出版拙著的中央编译出版社"向学术倾斜"和不计盈亏的出版方针，竟将合同规定的平装，主动而又未设任何条件地升格为精装，并请美术公司"梳妆打扮"一番。这才使拙著美人似的"亭亭玉立、卓而不群"（杨武能赞语）。出版伊始，恰逢中国德语文学研究会与社科院主办的歌德席勒国际研讨会在京召开，我有幸应邀向大会作了汇报，又先后忝获国际歌德协会（魏玛）和巴符州中国友协（康斯坦茨）的邀请，特别是受到一些名噪海内外的歌德专

1　这么说，叶隽是否就是个专爱挑刺的人呢？当然不是！不妨援引他在另外场合对杨的评价以正视听："作为第三代歌德研究者的代表人物，杨武能在三个方面都将中国的歌德研究有所推进。一是《歌德与中国》较为全面地梳理了歌德与中国的关系，不管是歌德之认识中国，还是中国之接受歌德，在史料上顾提供了不少重要线索；二是尝试在冯至研究的基础上，有所推进，即通过文本分析加深对歌德的理解，其中尤其值得注意的是'浮士德研究'；三是以德文撰作《歌德在中国》，使得德语学界有可能了解中国的歌德接受与研究状况。这些方面，可以说他是代表了这代学人的歌德研究成绩的。"引自"中国的歌德译介与研究现状综述"，载：《中华读书报》，2009年2月18日。

家的关注。他们是社科院外文所研究员叶隽、四川大学欧洲研究所教授杨武能、同济大学教授袁志英和南京师范大学图书馆员平保兴以及国际歌德协会会长戈尔茨博士、安娜·阿玛里亚图书馆赛弗尔特博士和柏林国家图书馆汉学家魏汉茂博士，都给拙著以极高的评价，说它"对1878-2008年间130年的歌德在中国接受史进行了系统清理，是研究中德文学、文化关系，德风东渐的重要基础性资料。""可谓'荦荦大观'，很有将百年中国歌德学'一网打尽'的气魄。"（文汇读书周报，2009年4月24日）；"内容丰富、浩繁、完备，条目和索引几乎囊括我国百年来研究和译介歌德的所有专集、合集、编著、辞书、史籍和译著、译文"；系"一部以目录和索引形式体现的中国歌德接受史"（科学时报，2009年9月10日）；"为学界提供了像《清明上河图》一样的中国歌德翻译研究的全景图"（中国图书商报，2009年12月4日）。新近，上海外国语大学卫茂平教授主编的《中外文学交流史》（山东教育出版社，2014年，共297页）也有类似的评价。其中，杨叶袁三书评，既评书又评人，把编者的治学态度和献身精神也大大地夸奖了一番。暗思，他们又没看着我编写，何以如此知根知底？莫非真会"心有灵犀一点通"？那字里行间透出的关爱，尊重和理解，沁润着一位海外游子的心田，成了其辛勤劳动的最高奖赏，这是任何物质的奖励都无法替代的呵！

　　拙著既被如此推崇，又何来今天的这个《续编》呢？是因为我笃信，一个人的能力总是有限的。学海无涯，学术追求也不应有满足的时候。哪怕是最成功的著作也会有瑕疵，也不可能尽善尽美。每念及此，就不敢妄自尊大，也不会被冲昏头脑。果然，我逐渐发现拙著也有不少"遗漏"。而每发现一"遗漏"，便添一分遗憾，多一份愧疚，心底也越不踏实。于是，强烈的责任心驱使我，下决心再编个《续编》！就这样我又匆匆上马，又一次次地登机返国，又废寝忘食于茫茫书海。又像以往那样，一有新的发现，便立即记到小本子上，或写进笔记本电脑。并立誓要比上次编的那本胜出一筹。否则，就对不起作者们的劳动，也有负广大读者的厚望。这一忙便一发不可收拾。惊回首，竟又是七年！年复一年，几曾娱乐与休闲？！寒来暑往，谢绝了多少春色和阳光？！两眼在扒梳搜寻间昏花，鬓发在风尘仆仆中染霜。当然，这种奉献并非单向的付出。既有耕耘之劳，也有收获之甜。编纂中，我对歌德、乃至整个人文学科的认知也渐有长进。尤其应当感激的是，正是歌德给我智慧、给我力量，让我在物欲横流的年代清心寡欲，抵制各种诱惑，坚守在孤寂的学术阵地。

　　走笔至此，猛然想起两桩近乎传奇的亲历。有一次，我出差去上世纪八十年代任教的浙大，趁便想在那里的社科图书馆找些歌德资料。不料，门口的安全装置挡驾，管理人员也视我为"陌路"，硬是不买我这个当了二十多年"校友"的账。托人"疏通"后总算被"网开一面"。在这番"有惊无险"之后，我去藏书楼似的七楼文史馆查看"旧书"。那里很少有人问津，通常由铁将军把门，听说我要去才把门打开。我在那里如鱼得水，忙不迭在尘封的书架上翻找，连中午有人来锁门也没察觉，以至于被关了大半天的"禁闭"。我却并不觉得冤枉，反倒暗自庆幸，否则我哪来得及查找啊？！说来神奇，那天我虽粒米未进，又忙个不停，却没"饥肠辘辘"。相似的经历发生在复旦，那一次我倒幸运，被奉为"稀客"，破例让单独进书库查找。这次我同样舍不得离开，也把午餐置之脑后。下午三四点，他们才发觉我还在那里，都莫名惊诧。其实我在侨居的图宾根，午餐也不那么"正规"。白天去大学图书馆或汉学系，通常只带几片面包或几颗巧克力，再带点水果就能打发过去，忙的时候说不定还会"忍饥挨饿"呢，晚上回家才事烧煮，多半还托夫人的福，真是为难她了。文汇报称不才"长年过着斯巴达式的生活"（2012年2月8日第9版），此话不假。然非节俭，乃惜时也。"君子食无求饱"，我在图宾根大学电脑房还结识了一从早到晚不吃不喝连续工作七八个小时的德国学者呢！比之他，我自愧不如。

《续编》截稿于2015年6月底。共收译文条目445条，其中诗目203条，小说散文目189条，戏剧目46条，书信目7条；研究条目共1786条，其中辞书目165条，文学史目134条，合集目544条，单人集目40条，论文目694条，非汉语研究目209条，删去前编中的格言目，全书合计条目共2232条。前编已收的条目一概不收。我对每条书目都十分珍视，它们来自"五湖四海"，都有各自的背景和家世，同在我悉心耕耘、用心血浇灌的园圃上争芳斗艳。愿条条书目凝成一个西东合璧的有机体，在歌德当年神往的中华古国为他垒起一座新世纪的丰碑。谢谢不少作者、译者、主编和出版社友情赐赠还来不及上市、图书馆还来不及采编上架的最新图书或书讯。既是《续编》，仍如前编德汉对照，仍保留前编的框架和结构：译文目仍设诗歌、小说散文、戏剧、书信四个栏目，研究目仍列辞书、文学史、选集、专集、论文等栏。纵向保留编年史格局。每条书讯内的排列顺序也保留不变。并在以下几个方面作了新的尝试：

1、把握编纂方略：既力图宏观把握，又重视微观透视。宏观把握是指时时不忘歌德是位百科全书式的人物，搜索的范围涵盖文史哲、美学、教育学和自然科学等各个领域；微观透视是指增强查找的力度和深度：在前编书目的基础上，进一步挖掘那些"深藏不露"的篇目或书目，力求有所突破和发现。主要从两个途径：一是挖掘散见于尘封了近百年的各种报刊杂志中的零星篇目以及它们的译者、作者和编者。以往我们一谈起歌德译介，言必称辜鸿铭、王国维、马君武、应溥泉（应时）、王光祈、郭沫若、宗白华、冯至、张传普、李长之、陈铨等名家，另一批民国初期或中期就与歌德结缘的"小人物"则被边缘化，诸如唐性天、许震寰、孙铭传、邓均吾、梁俊青、抱菽、胡一贯、张新燔、赵子刚、汤礼璠、李蓬洲、希夷、佩心、邓雪峰、向培良、房曼弦、梅子、蒋藻、中必、罗家伦、小耕、莲岳、余生、克锋等。这一连串不很起眼的名字还未引起我们足够的重视。其中唐性天，翻译过歌德诗五首：《所得》（Gefunden）、《迷个侬》（Mignon）二首："此乡花发有柠檬"（„Kennst du das Land")和"只谁识相思"（„Nur wer die Sehnsucht kennt")、《游客夜歌》："无数山峰里"（Wandrers Nachtlied: „Über allen Gipfeln")和《对月》（An den Mond），受过郭沫若批评，但这又有何妨？！特别是专著《德国文学史略》（江汉印书馆，1932年），乃民国时期少数几部德国文学史之一，辟有歌德传记和著作两章，迄今还无人问津。又如许震寰译的一首歌德小诗《所得》，在笔者看来，与哪一位名家名译相比也都不会逊色。至于另一途径，则取决于编者的知识面和"嗅觉"。有些书并无专章专节论及歌德，与歌德有关的文字隐蔽在全书各处，一时并不容易发现。如传记《郭沫若和他的三位夫人》（海南出版社，1994年），描写的是郭沫若的婚恋生活，仅看书名和目录，与歌德并不沾边。翻阅后方知，里面竟有那么多歌德的影子。又如

《张闻天文集》（中共党史出版社，1990年），李辰冬的《红楼梦研究》（正中书局，1942年）同属这种类型。这类书就得潜心梳理，才不至于与我们擦肩而过。

2、明确编纂理念：一心想着读者。歌德有首题为《作者》的小诗，耐人寻味，发人深省，应该成为每个作者的座右铭："没了你，我还算个啥？！读者朋友呵，如是那样，我所有的感受便成自言自语，我所有的欢乐不就湮没无声。"[1]上文所举的例子，从书名到目录都无"歌德"字眼，然而总得向读者交代，你为何要收编那则书讯，与歌德有关的内容又在何处。总不能让他们像编者那样，也把整本书都翻个遍。于是，便有了比拙著（前编）多得多的"编者附言""编者提示""论点摘要"等。这一举措，旨在加强对入选条目的甄别和评估，提升它们的学术品质；这样做，又方便了读者的使用，增强了工具书的实用性。细心的读者定会发现，拙著（续编）的多人集（含文集、选集、别集等）一栏的规模和欧美日俄研究汉译一栏的规模都比拙著（前编）翻了一倍有余。这是编者这次用心最勤的地方。

3、珍视台港书目。《续编》中为数不少的台港书目，是笔者飞赴台港实地考查的收获。在拙编（前编）中，果然也有少量这类书目，其中还有台港友人的友情相助，但毕竟是"隔靴抓痒"，哪能与学术访问的效果相比！那是2010年8月盛夏，笔者有幸以台大交流学校——德国图宾根大学访问学者的身份，历时三周，顶着南国的如火骄阳，挥汗如雨地奔波于香港中文大学、香港大学、台大、台师大、台湾文化大学五所高校的图书馆，每每都起早摸黑地泡在"书山辞海"里，在相关的书架上逐一盘查，唯恐有所漏网。末了，还走访了台湾国家图书馆和台大附近的一家新书店。如今看来，这些书目比之其他书目，更添一分特殊的情调。

4、坚持编纂特色。可以问心无愧地说，德汉双语是本书目独占鳌头的一大优势。其特点是：凡中文译文的标题，"返本归真"，都注上德文原文。这道比一般书目多出来的工序，是对编者源头文学学养和毅力的严重考验，操作起来要比常规程序多下好几倍功夫；至于中文著述的中文标题，则尽皆译成德文，这就使书目的编纂又平添了一道工序。这种全书统一的双语编制，能使所编文献为德中两国读者共享。这在跨国跨文化交流日渐频繁的今天，越发显得重要。就拿拙著（前编）为例，2009年1月由中央编译出版社出版后，有幸走出国门，由德国Anton Hiersemann这家百余年著名学术出版社代销，已发行至德语区的国家图书馆和各州、各大学图书馆。

日前，拙著《续编》已交中央编译出版社审核。岁月不居，已过七旬的我，已隐隐感到心灵的疲惫，遂想把这部《续编》变成本人歌德学的"天鹅之歌"。这类基础性的工作，本该由一个团队集体完成。也许编者过于好强，明知不能为而为之。不料去年，前述的《歌德全集翻译》及《歌德作品汉译研究》两大国家社科基金项目招标，沪川两校申报小组双双来信，盛邀不才加盟。既蒙抬爱，焉敢推诿？于是就被"捷足先登"的母校上外滥竽成翻译项目的"学术顾问"。暗自想，"顾

1　德文原诗为：Der Autor: „Was wär ich / ohne dich, / Freund Publikum! / All mein Empfinden Selbstgespräch, / all meine Freude stumm." 已有绿原译文，载：《歌德诗选》，北京：人民文学出版社，2001年，第69页。笔者核对原文，觉该译甚佳，简约如原诗。此处系笔者自译。

问""顾问"，"顾"而不"问"就是了。却没想到数日前，成都的研究项目又驰函惠聘，还指派了具体任务。这下更觉得盛情难却，只好"义不容辞"。这才形成"身在曹营心在汉"的态势。细思之，不管是"曹营"还是"汉营"，都与我侨居的德邦有万里之遥，既然都为了"歌德"，我就效仿"老骥伏枥"的曹操，再"壮心不已"一回。而放眼未来中国的歌德接受，只能寄希望于一代又一代忘我献身的后辈翻译家和研究家。

2015年8月于德国图宾根

[中央编译出版社，2016年]

附录一：歌德译介功臣榜一瞥

Anhang I: Überblick über Wissenschaftler, die in der chinesischen

Goethe-Rezeption bedeutende Beiträge geleistet haben

歌德译介的先驱： 出生于十九世纪下半叶，活跃于二十世纪初，仅零星译介，但功不可没

Vorgänger der Goethe-Rezeption, die im 19. Jahrhundert geboren wurden und Anfang des 20.

Jahrhunderts gewirkt haben, vereinzelte Beiträge, die aber nicht übersehen werden sollten

李凤苞（1834–1887）：《使德日记》，元和江氏灵鹣阁丛书，光绪四年（1878年）

张德彝（1847–1918）：《三述奇（随使法国记）》，1871年

辜鸿铭（1857–1928）：二十年代初接触歌德，《张文襄幕府纪闻》（《浮士德》节译），扫叶山
房石印本，1928年

应时（应溥泉）（1866–1942?）：《德诗汉译》（译著），浙江印刷公司，1914年

王国维（1877–1927）："德国文豪格代、希尔列尔合传"，载：《教育世界》70号，1904年3月；
《格代之家庭》，第373–379页，载：《教育世界》80、82号，1904年8月至9月

马君武（1881–1940）：《马君武诗稿》，上海：文明书局，1914年

王光祈（1891–1936）："译诗《爱尔王》（Erlkönig）"，载：《德诗汉译》，1914年；又载：
《西洋诗歌与音乐》，上海：中华书局，1924年

第一代人物： 出生于十九世纪末，活跃于二十世纪二三十年代

Personen der 1. Generation, die etwa Ende des 19. Jahrhunderts geboren wurden und in den 1920er und

1930er Jahren gewirkt haben

蔡元培（1868–1940）：《三十五年来中国之新文化》（1931年6月15日），《少年维特的烦恼》
"影响于青年的心理颇大"

陈独秀（1880–1942）："文学革命论"，载：《新青年》，第2卷第6期，1917年2月1日

郭沫若（1892–1978）：《三叶集》（通信集），上海：亚东图书馆，1920年；《少年维特的烦
恼》（译著），1922年；《浮士德》（上卷）（译著），上海：创造社出版部，1928年；《赫曼
与窦绿苔》（译著），重庆：文林出版社，1942年；《浮士德》（上下卷）（译著），上海：群
益出版社，1947年

宗白华（1897–1986）：《三叶集》（通信集），上海：亚东图书馆，1920年；《歌德之认识》，
南京：钟山书局，1933年；《歌德研究》，上海：中华书局，1936年

朱光潜（1897–1986）：《歌德谈话录》（译著），北京：人民文学出版社，1978年

田汉（1898–1968）：《三叶集》（通信集），上海：亚东图书馆，1920年

张闻天（1900–1976）："哥德的浮士德"，载：《东方杂志》，1922年8/9月，第19卷第15、17、
    18期连载

周学普（1900–1983）：《浮士德》（译著），上海：商务印书馆，1935年；《铁手骑士葛兹》
    （译著），上海：商务印书馆，1935年；《歌德对话录》（节译），上海：商务印书馆，1937年

汤元吉（生卒年月不详）：《史推拉》（译著），上海：商务印书馆，1925年；《克拉维歌》（译
    著），上海：商务印书馆，1926年

余祥森（生卒年月不详）："德国文学小史"，载：《学艺》，1922年10月1日，第4卷第4号（歌
    德，第13–17页）；《德意志文学》，上海：商务印书馆，1930年

杨丙辰（生卒年月不详）：《亲和力》（译著），上海：商务印书馆，1941年

第二代人物：出生于二十世纪初叶

Personen der 2. Generation, die zu Beginn des 20. Jahrhunderts geboren wurden

黎青主（廖尚果）（1893–1959）：《哥德》，上海：商务印书馆，1930年/1933年

张威廉（1902–2004）：《德国文学史大纲》，上海：中华书局，1926年；《歌德名诗选》（译
    著），上海：现代书局，1933年；《德语文学词典》（主编），上海：上海译文出版社，1991年

陈铨（1903–1969）：《中德文学研究》（博士论文），德国基尔大学，1932年/上海：商务印书
    馆，1936年

梁宗岱（1903–1983）：《一切的峰顶》（译著），上海：商务印书馆，1934年；《诗与真》（译
    著），上海：商务印书馆，1935年

刘大杰（1904–1977）：《德国文学概论》（论著，含歌德章节，篇幅达61页之多），北京：北新
    书局，1928年

刘思慕（1904–1985）：《歌德自传》（译著），上海：生活书店，1936年/北京：人民文学出版
    社，1983年

冯至（1905–1993）：二十年代始译歌德诗，《歌德论述》（论著），南京：正中书局，1948年；
    《论歌德》（论著），上海：上海文艺出版社，1986年；《威廉·麦斯特的学习年代》（译
    著），北京：人民文学出版社，1999年

柳无忌（1907–2002）：《少年歌德》，上海：北新书局，1929年

董问樵（1909–1993）：《浮士德》（译著），上海：复旦大学出版社，1983年；《浮士德研究》
    （专著），上海：复旦大学出版社，1987年；《亲和力》（译著），上海：上海译文出版社，
    1988年；《威廉·麦斯特》（译著），上海：上海译文出版社，1999年

李长之（1910–1978）：《德国的古典精神》（专著），成都：东方书社，1943年/北京：中国社会

科学出版社，2010年；《文艺史学与文艺科学》（译著），上海：商务印书馆，1943年；《歌德童话》（译著），成都：东方书社，1945年

张月超（1911–1989）：《歌德评传》，上海：神州国光社，1933年；《西欧经典作家与作品》，武汉：长江文艺出版社，1957年；《欧洲文学论集》，南京：江苏人民出版社，1981年

周辅成（1911–2009）：《歌德之认识》（与宗白华合编），南京：钟山书局、京华出版社，1933年；"歌德对于哲学的见解"（论文）

侯浚吉（1919–　）：《少年维特的烦恼》（译著），上海：上海译文出版社，1982年；《歌德传》（论著），上海：世界图书出版公司，1995年

钱春绮（1921–2010）：《歌德抒情诗选》（译著），北京：人民文学出版社，1981年；《歌德诗集》（上下册）（译著），上海：上海译文出版社，1982年；《浮士德》（上下册）（译著），上海：上海译文出版社，1982年；《歌德叙事诗集》（译著），北京：人民文学出版社，1983年

绿原（1922–2009）：《浮士德》（译著），北京：人民文学出版社，1997年；《歌德诗选》（合译），北京：人民文学出版社，2001年

陈淡如（生卒年月不详）：《歌德论》（论文汇编），上海：乐华图书公司，1933年

第三代人物：出生于二十世纪三十年代后

Personen der 3. Generation, die nach den 1930er Jahren geboren wurden

钱鸿嘉（1927–2001）：《歌德中短篇小说集》，上海：上海译文出版社，1982年

韩世钟（1928–2016）：《歌德戏剧三种（克拉维戈、丝苔拉、哀格蒙特）》，上海：上海译文出版社，1982年/1999年；《克劳迪内·冯·比利亚·贝利亚》（小歌剧），石家庄：河北教育出版社，1999年

王克澄（1931–2009）：《歌德中短篇小说集》，上海：上海译文出版社，1982年；《情人的脾气》（韵文独幕牧歌剧），《同罪者》（三幕韵文喜剧），石家庄：河北教育出版社，1999年

樊修章（1932–2007）：《浮士德》（译著），南京：译林出版社，1993年；歌德诗选（译著），南京：译林出版社，2000年

高年生（1932–　）：《亲和力》（译著），石家庄：河北教育出版社，1999年

关惠文（1933–　）：《维廉·麦斯特的漫游时代》（译著），北京：人民文学出版社，1988年/1999年；《少年维特的烦恼》（译著），杭州：浙江少年儿童出版社，2009年/北京：中央编译出版社，2010年/北京：高等教育出版社，2013年/天津：百花文艺出版社，2013年/北京：中国友谊出版公司，2014年（维特小说的署名时为："关惠文、高中甫 译"，时为"高中甫、关惠文 译"）

高中甫（1933–　）：《德国伟大的诗人——歌德》（论著），北京：北京出版社，1981年；《歌德接受史》（论著），北京：社会科学文献出版社，1993年；《歌德名作欣赏》（主编），北京：中国和平出版社，1996年；《歌德绘画》（译著），北京：人民文学出版社，2004年

魏家国（1933– ）：《伟大的德国文学家歌德》（论著），北京：商务印书馆，1987年；《歌德诗选》（译著），合肥：安徽文艺出版社，1996年；《诗与真》（上下集）（译著），石家庄：河北教育出版社，1999年

李清华（1933– ）：《歌德书信两卷》（译著），石家庄：河北教育出版社，1999年

洪天富（1934– ）：《亲和力》（合译），南京：译林出版社，1998年；《歌德谈话录》（译著），南京：译林出版社，2000年/2002年

赵乾龙（1935– ）：《意大利游记》（译著），石家庄：花山文艺出版社，1997年/石家庄：河北教育出版社，1999年；《德国诗人歌德》（传记/论著），深圳：海天出版社，1997年/沈阳：辽海出版社，1998年

叶廷芳（1936– ）：《遍寻缪斯》（散文随笔集），北京：商务印书馆，2004年；《歌德和席勒的现实意义》（主编，与王建合作），北京：中央编译出版社，2006年；《不圆的珍珠》（散文随笔集），北京：人民文学出版社，2008年

余匡复（1936–2013）：《歌德与浮士德》（论著），上海：上海教育出版社，1989年；《德国文学史》（论著），上海：上海外语教育出版社，1991年（2001年再版，2012年出版上下册修订增补本，篇幅达1018页）；《浮士德——歌德的精神自传》（论著），上海：上海外语教育出版社，1999年；《德国文学简史》，上海：上海外语教育出版社，2006年

欧凡（陈家鼎）（1937– ）：《歌德诗选》（译著），上海：外语教学与研究出版社，2006年

张荣昌（1938– ）：《歌德席勒文学书简》（合译），合肥：安徽文艺出版社，1991年；《威廉·麦斯特的学习年代》（译著），石家庄：河北教育出版社，1999年；《威廉·迈斯特的漫游年代》（译著），石家庄：河北教育出版社，1999年

杨武能（1938– ）：《少年维特的烦恼》（译著），北京：人民文学出版社，1981年；《野玫瑰：歌德抒情诗咀华》（论著），太原：北岳文艺出版社，1989年；《歌德与中国》（论著），北京：三联书店，1991年；《走近歌德》（论著），石家庄：河北教育出版社，1999年；《歌德文集》（14卷）（与刘硕良合作主编），石家庄：河北教育出版社，1999年；《三叶集——德语文学·文学翻译·比较文学》（论著），成都：巴蜀书社，2005年；《走近歌德》（增订本），上海：上海社会科学院出版社，2012年

潘子立（1938– ）：《德语诗歌精品读：漫游者之夜歌》（德汉对照）（译著），天津：南开大学出版社，2007年；《浮士德》（译著），天津：天津人民出版社，2013年

袁志英（1939– ）：《歌德文集（第3卷）：列那狐、赫尔曼和多罗苔》（译著），石家庄：河北教育出版社，1999年；《被责难的爱——歌德与克里斯典娜》（专著），昆明：云南人民出版社，2001年；《歌德情感录——歌德和他的妻子》（专著），上海：上海书店出版社，2014年

罗悌伦（1944– ）：《歌德文论》（译著），石家庄：河北教育出版社，1999年

章鹏高：《铁手骑士葛兹·冯·贝利欣根》（译著），北京：人民文学出版社，1984年/石家庄：河北教育出版社，1999年

姜铮：《人的解放与艺术的解放——郭沫若与歌德》（专著），长春：时代文艺出版社，1991年

第四代人物：多半出生于二十世纪五十年代后

Personen der 4. Generation, die ab 1950 geboren wurden

冯亚琳（1952－　）：《德语文学中的文化记忆与文化价值观》，北京：中国社会科学出版社，
2013年

卫茂平（1954－　）：《中国对德国文学影响史述》（论著），上海：上海外语教育出版社，1996
年；《德语文学汉译史考辨》（论著），上海：上海外语教育出版社，2004年；《德语文学词
典》（主编），上海：复旦大学出版社，2010年；《中外文学交流史》（中国–德国卷）（合著/
论著），济南：山东教育出版社，2014年

王炳钧（1954－　）：《歌德的小说〈少年维特之烦恼〉1945年以来在德国的接受史》（德语博士
论文）法兰克福：Peter Lang出版社，1991年

李昌珂（1954－　）：《"我这个时代"的德国——托马斯·曼长篇小说》（论著），北京：北京
大学出版社，2014年

李伯杰（1956－　）：《德国文化史》，上海：对外经济贸易大学出版社，2002年

吴建广（1960－　）："被解放者的人本悲剧——德意志精神框架中的《浮士德》"（论文），
载：《外国文学评论》，2008年第3期，总第87期；"人类的界限——歌德〈浮士德〉之'天上
序曲'诠释"（论文），载：《德国研究》，2009年第1期；"濒死意念作为戏剧空间——歌德
《浮士德》'殡葬'之诠释"（论文），载：《外国文学评论》，2011年第2期；"在古典与浪
漫的形式中展现此在的终结——歌德《浮士德》'山谷'之诠释"（论文），载：《德国研究》
（*Deutschland-Studien*），2012年第1期，第27卷第101期；Das Spiel als Wille und Vorstellung: eine
Interpretation der Helena-Dichtung im Faust. In: *Zeitschrift für Literaturwissenschaft und Linguistik*,
Heft 157, Jg. 2010 /"戏剧作为意志和想象——《浮士德》（第二部）海伦剧之诠释"（论文），
载：《文学与语言学杂志》，2010年第157期

陈良梅（1962－　）：《德国文学名著》，南京：江苏美术出版社，2001年

贺骥（1964－　）：《〈歌德谈话录〉与歌德文艺美学》（博士论文，专著），北京：中国社会科
学出版社，2014年

谷裕（1969－　）：《现代市民史诗——十九世纪德语小说研究》（论著），上海：上海书店出版
社，2007年；《隐匿的神学——启蒙前后的德语文学》（论著），上海：华东师范大学出版社，
2008年；《德语修养小说研究》（论著），北京：北京大学出版社，2013年

第五代人物：多半出生于二十世纪七十年代后，在中国改革开放的大潮下，多半有多年或多次赴德
深造的学历和学位。他们是当今歌德译介的中坚力量，是未来歌德译介可寄希望的新一代

Personen der 5. Generation, die ab 1970 geboren wurden, von denen zahlreiche dank der Öffnungspolitik
Chinas zumeist einen langjährigen oder mehrmaligen Deutschland-Aufenthalt und Studien absolviert
haben. Heute sind sie die Hoffnungträger der künftigen Goethe-Rezeption in China

莫光华（1972-　）：《歌德与自然》（博士论文，专著），北京：外语教学与研究出版社，2010年

叶隽（1973-　）：《另一种西学：中国现代留德学人及其对德国文化的接受》（论著），北京：北京大学出版社，2005年；《史诗气象与自由彷徨：席勒戏剧的思想史意义》（论著），上海：同济大学出版社，2007年；《德语文学研究与现代中国》（论著），北京：北京大学出版社，2008年；《歌德思想之形成：经典文本体现的古典和谐》（论著），北京：中央编译出版社，2010年；《歌德学术史研究》（论著），南京：译林出版社，2013年；《歌德研究文集》（编选），南京：译林出版社，2014年

范劲（1973-　）：《德语文学符码和现代中国作家的自我问题》（论著），上海：华东师范大学出版社，2008年

谭渊（1975-　）：《歌德席勒笔下的"中国公主"与"中国女诗人"——1800年前后中国文化软实力对德影响研究》（论著），北京：中国社会科学出版社，2013年

几句"题外话"

　　歌德在中国接受的阶段论，最初可追溯到德语界前辈北大教授严宝瑜1999年在昆明国际歌德研讨会上提出的"歌德在中国接受的三阶段"之说。后得到年轻学者叶隽响应（详见2009年2月18日《中华读书报》上"中国的歌德译介与研究现状综述"一文）。最终又获歌德权威杨武能首肯（《走近歌德》，上海社会科学院出版社，2012年，页440）。三前辈和同仁的理念，无非想把百余年来浩如烟海的歌德在华译介史理出个头绪来。笔者受他们启示，按他们设想的框架，审视了个人十余年来编纂《歌德汉译与研究总目》所采集的资料，在并无其他参照的情况下，冒昧将这个框架具体化、脸谱化。虽反复斟酌，仍难失偏颇。不言而喻，这里所展示的远非功臣们的全谱，遗珠之憾在所难免。唯望抛砖引玉，由方家提出一个更合理的名单，一个更完善的"功臣榜"，从而为读者提供一份更为权威的有关经典译品和经典论著的信息。

　　一个尚待进一步明确的问题是，这个具有特定意义的"代"该如何划分，标准如何设定。若按辈分次第、如师生关系分（例如第一代：杨丙辰-第二代：冯至-第三代：杨武能-第四代：莫光华），那迄今为止只有四代，还没有第五代。否则，是按作者、译者的出生年月划分呢，还是按作品发表的先后划分？有些人出生年月早，而作品发表迟。最典型的例子是朱光潜（1897-1986）和董问樵（1909-1993）。如按年龄分，他俩应与郭沫若是同时代人，应属于所谓的"第一代人"；如按作品发表的先后分，则与杨武能等是同时代人，应属于所谓的"第三代人"。又如先辈如陈独秀等虽只留下了一二篇文章，甚至仅片言只语。若按篇幅的大小分，与后人的大部头译著或整本的专著不成比例；若论它们的在译介史上的拓荒性地位，论对后人的影响，就非同一般，因而也被列入此榜。此外，含歌德章节的德国文学史、含论述歌德的德语文学论文集和论著，也被录入了本"榜"。

《百年来中国文学海外传播研究》
（德语卷/文献卷/德汉对照）
编者自序

Chinesische Literatur im deutschsprachigen Raum seit 100 Jahren.

Eine kommentierte Bibliographie (Biobliographie, deutsch / chinesisch)

涓涓细流汇成滔滔江河：一部源远流长的传播史

十八至十九世纪传播

中国文学在欧洲德语区的传播，始于18世纪的1747年。屈指一算，迄今已有270余年的历史。起始于法国传教士杜哈登《中国详志》的德译本，浩浩四大卷中，中国文学的含量已很可观。且不说诸子百家哲学经典的介绍如何详尽，属于纯文学的《诗经》选编和戏剧作品《赵氏孤儿》也悄然进入德国文坛。稍后，清代小说《玉娇梨》的译本相继问世（1766年）。上述两译，兴许是18世纪该地域中国文学传播的唯一记录。虽是零星的，却开启了德人对中国文学的早期认知，影响了包括歌德与席勒在内的思想和创作，为中国文学在欧美的全方位传播开了先河，其里程碑式的意义不容置疑。

跨入十九世纪，中国文学西渐已不再是涓涓细流。为数不少的古典名著，或片断，或全集，陆续被翻成了德语。值得一提的是：S. Julien翻译的《三国演义》片断（1833年）、Wilhelm Schott翻译的《水浒传》片断（1834年）[1]、Heinrich Kurz翻译的《花笺记》（1836年）、奥地利人August Pfizmaier翻译的《离骚》和《九歌》（1852年）与Victor von Strauß（维克多·冯·斯特劳斯）翻译的《诗经》全译本（1880年）、Hans Conon von der Gabelenz 翻译的《金瓶梅》全集（手稿）等。文艺理论方面，则有Rudolf von Gottschall的戏剧专著（1887年）等。

其影响所及，也十分广泛深远。最令人关注的，无疑是歌德席勒从阅读英法等其他语种的译本所了解到的中国文学，以及他们对中国文学的倾心、推崇、以至再创作。这类题材的论文、专著已不胜枚举，无须编者老生常谈。而一般读者并不那么熟悉的，恐怕是中国文学对十九世纪其他流派的影响，如浪漫派作家沙米索、青年德意志海涅、古茨科、毕德迈耶尔派拉贝等人。[2]

1　参见魏汉茂的最新研究成果：Hartmut Walravens: *Chinesische Romane in deutscher Sprache im 18. und 19. Jahrhundert. Zur frühen Kenntnis chinesischer Literatur in Deutschland*. Wiesbaden: Harrassowitz Verlag, 2015。

2　参见：Ingrid Schuster: *China und Japan in der deutschen Literatur 1890–1925*. Bern und München: Francke Verlag, 1977；Hosrt Tscharner: „Chinesische Gedichte in deutscher Sprache". In: *Ostasiatische Zeitschrift*, Jg. 1932, Heft 8, S. 189–209；卫茂平：《中国对德国文学影响史述》，上海：外语教育出版社，1996年。

二十世纪初以来的传播

随着两国关系在外交、文化、文学、宗教和教育等领域的全面推进，两国作者和学人的互访、接触和交流日渐频繁，中国文学在德语区的传播也迎来了人才辈出、各领风骚的繁荣局面。且作如下粗略的梳理：

几种分类

I. 按流派分：

❧ 其一是意译派（Nachdichter），指某些德语作家，既未到过中国，也无中文基础，只好借助于某种欧美其他文字的译本。因为它们原先已是意译，德语的转译便成了意译之意译，故多想象和发挥。说到底，它们谈不上是什么"译"，而是从英法译本中汲取了灵感的再创作，正如它们的标题页上所标明的那样（Nachdichtung）。固然妙笔生花，却与中文原诗相去甚远。有的译诗，不看别的，光看行数，就比原诗翻了好几倍。不少篇什的原型是哪首，迄今仍是谜团。[1]他们的代表人物，有十九世纪从拉丁文转译了《诗经》全本的 Friedrich Rückert 与二十世纪从英法等文转译了历代中国古典诗的 Klabund、Hans Bethge、Hans Böhm、Hans Heilmann、Fritz Mühlenweg、Albert Ehrenstein、F. C. Weiskopf 等人。尽管如此，他们的诗集曾让热爱华夏文化的德人痴迷。他们的诗集曾一版再版，客观上为中国诗在德语区的传播起到了推波助澜的作用。

❧ 其二是直译派（Übersetzer），大凡汉学出身，受过高等学府汉语语言、文学和修辞的严格训练，强调忠实原文，译文谨严，类似于中国翻译界推崇的"信达雅"，在学术界也被称为"语文学家"（Philologe）。这方面的人士不胜枚举。也有不少人，虽非汉学"科班"出身，因在华时间长而被"汉化"，甚至跻身高校，得益于中国智囊的指导和把关，译文如出"科班"。他们是"科班"的同胞兄弟，最典型的例子就是卫礼贤（Richard Wilhelm）和洪涛生（Vincenz Hundhausen）等。

II. 按年代分：

❧ 古典派，侧重于或集中于古典作品，如德博（Günther Debon）所译的诗，都是自《诗经》至清代以前的古典诗，却没有一首是二十世纪以来的现代诗；

❧ 现代派，如彼得·霍夫曼（Peter Hoffmann），翻译和研究了闻一多、顾城、西川、商禽、吉狄马加等多位现代诗人的作品，却从没有翻过哪怕是唯一的一首中国古典诗。又比如高立希（Ulrich Kautz），翻译了王蒙、邓友梅、陆文夫、王朔、余华等几十位现当代小说家的长篇小说，却从没有见过他翻译了哪一部中国的古典小说。

---

1 参见拙文：Hrsg. von Birgit Bödeker und Helga Essmann: „Metamorphosen der Poesie. Verfremdungen klassischer chinesischer Lyrik durch Übertragung ins Deutsche und ihre Anordnung in deutschsprachigen Weltliteraturanthologien". In: *Weltliteratur in deutschen Versanthologien des 20. Jahrhunderts* (Göttinger Beiträge zur internationalen Übersetzungsforschung; Bd.13). Berlin: Erich Schmidt Verlag, 1997, S. 246–276. / Birgit Bödeker, Helga Essmann 主编："诗的蜕变：中国古典诗德译中的异化及其在世界文学选本中的呈现"，载：《20世纪德语诗集中的世界文学》，哥廷根大学"文学研究所"丛书第13卷，柏林：Erich Schmidt 出版社，1997年，第246–276页。

III. 按体裁分（这要看各人的气质、禀赋）：

❧ 诗歌翻译家，严格地说，爱写诗或会写诗的人才能译诗。因为诗不同于其他体裁，它有一些特殊的元素要传递：如诗意、情调、意境等，要求译者有细腻的感触和思维。有些译者擅长译诗，远的如卫礼贤，除翻译古典哲学外，另有一部译诗集问世，他撰写的《中国文学史》中也有不少诗歌的译文，我们却从未见过他译过哪一部小说。近的如德博，他译诗、论诗，一生出过七部中国诗的译诗集，却从未跟中国小说沾过边。

❧ 小说翻译家，有些译者擅长译小说，老一辈如库恩（Franz Kuhn），他的译著全是小说，从未单独译过哪首诗；在翻译古典小说《好逑传》时，出版社竟把里面的诗都让别人翻；译小说《红楼梦》，也多半将其中的诗文略去。而当代翻译家如高立希的翻译实践，他译了小说一部又一部，却从未翻过哪首诗。"一个汉学家同时应是诗人，一个诗人同时应是汉学家的要求是一种苛求"[1]，库恩如是说。

❧ 多种文体的翻译家，如恩斯特·施瓦茨（Ernst Schwarz），他既翻译出版了历代中国诗人数十位、篇幅多达五百页的译诗选本[2]，又有宋代词人李清照、朱淑真两人集和当代女诗人舒婷专集的译著问世。而他翻译的散文也成绩不菲，本拙编也收录了他篇幅多达七百余页的中国古代散文的译文集[3]。

❧ 更改原作文体的翻译家，大体分两种：

一是将诗改译成散文。先要说明，译诗连排并不一定就成了散文。前文提到的杜哈登《中国详志》德译本中的《诗经》译文未分行排列，可能是当时的惯例。其实，中国古诗最早也是连排的，到了现代才分行排列。这里所指的诗译散文，是指改变了诗歌元素的译法，在翻译家察赫（Erwin von Zach）那里甚为明显：他的四大汉译巨著：李白、杜甫、韩愈三大诗人的诗集以及萧统《文选》中的韵文，全都被译成了散文化的德文，甚至论文式地添加了不少夹注。目的只有一个：最充分地把原作的思想内容传递给目的语读者。要是处理得好，更改原作文体的译法也不无它们的合理性。由于中国古典诗词格律严谨和文字高度简洁的特殊性，被译成某种西方语言时，任凭你如何高明，它们的形式都会严重异化。察赫以他的翻译实践表明，自己虽无诗的"才华"（这无损颜面），却把精力用于专研、吃透原文，全方位地把握其思想内核。作为思想载体的诗的外形（分行）和特征（如韵律）虽有流失，而诗的精灵——思想内涵却能脱颖而出。而翻译家本身，仍不失大家风范。有专家认为，察赫是现代欧美最优秀的德语翻译家、最杰出的汉学家。

1　原文为：„Dass ein Sinologe zugleich Dichter, und ein Dichter zugleich Sinologe sei, das ist zuviel verlangt". In: *Eisherz und Edeljaspis*. Leipzig: Insel Verlag, 1926, S. 341. 这并不意味诗与库恩就毫无缘分。据库恩的侄子，即库恩传记的作者奥托透露，他在遗物中发现，1947至1949年间，库恩作诗十八首，其中一首名为"1947年的饥饿之歌"（Hungerlied, 1947）。

2　Schwarz, Ernst: *Chrysanthemen im Spiegel. Klassische chinesische Dichtungen. Mit 60 Illustrationen*. Berlin: Rütten & Loening, 1969。

3　Ernst Schwarz: *So sprach der Weise. Chinesisches Gedankengut aus drei Jahrtausenden. Mit klassischen chinesischen Illustrationen*. Berlin: Rütten & Loening, 1981。

二是将散文改译成诗，如意译派译诗家洪涛生译庄子、卫礼贤译周敦颐的《爱莲说》。比较多见的是将辞赋改译成诗体。欧阳修的《秋声赋》在洪涛生的笔下变成了一首共十一节、每节五行的诗，赋的标题被简化为一个《秋》字[1]。又如卫礼贤，他将苏东坡的《前赤壁赋》《后赤壁赋》和欧阳修的《醉翁亭记》等，都译成了分行分节的诗文[2]。译家们如此处理，自有他们的道理。赋这种文体，散文与诗的特质兼备。翻译成诗的用意是将其中诗的元素凸显出来。

功勋汉学家举凡

二十世纪初以来的一百多年里，德国文坛涌现了一群杰出的汉学家。他们的视野远远超出了本国的国界，视中国文学为世界文学的一个重要组成部分，像普罗米修斯一样，不遗余力地把中国文学移植到德意志文学的沃土。这些文化传播的勋臣，都有深厚的汉语底子。除个人努力之外，又得益于长期的旅华（含旅台港）生涯。几年、乃至几十年地与炎黄民族休戚与共，深受华夏文化熏陶，热爱中国文学，这才成就了他们东风西渐的旷世伟业。试举数例如下：

- 中国文学在德国译介的开山鼻祖，非德国汉学家卫礼贤（Richard Wilhelm，1873−1930）莫属。1899年以传教士的身份赴华。后去北大任教，回国后创办法兰克福大学汉学系和"中国学院"，是一位由非汉学到汉学、跻身于汉学领域的汉学家。虽有几位晚清文友襄助，主要靠自身的才华和努力，卫只身扛起中国古典哲学兼文学西渐的重任，把诸子百家最重要的典籍介绍到欧洲大陆，与同样古老的古希腊哲学与古罗马文艺复兴合流，为此倾注了毕生的心血。笔者以为，这是一个开创性的工程，其意义并不亚于马丁路德翻译圣经，赫尔德翻译荷马史诗《伊利亚特》。诸子百家的哲学典籍，多用散文写成，不少寓言、神话、传说和成语故事等源出于此，是华夏文学的一大源头，具有很高的文学价值。至于卫礼贤对纯文学译介的贡献，同样不可小觑。代表作有1922年出版的《中国诗选》[3]和1926年出版的《中国文学史》[4]。

- 先尊卫礼贤，对福尔克（Alfred Forke，1867−1944）与威廉·格鲁贝（Wilhelm Grube，1855−1908）两位汉学家似欠公允。他俩捷足先登，首先夺得了德国汉学史上的两个第一：前者为德国汉学贡献了最早的一部德译中国多人诗选（1899年）和多部元代戏剧的译稿，迎来了二十世纪德国汉学的第一缕曙光；后者则撰写了德国汉学史上第一部中国文学通史（1902年），并首译长篇小说《封神演义》前46卷（1912年）巍巍两大卷等。他们的成就和影响虽属可观，而与卫礼贤相比，则未免略逊一筹。

1　Vincenz Hundhausen: *Chinesische Dichter des dritten bis elften Jahrhunderts*. Eisenach: Röth-Verlag, 1926, S. 83。
2　Richard Wilhelm (Übers.): *Chinesisch-deutsche Jahres- und Tageszeiten: Lieder und Gesänge*. Jena: Diederichs, 1922, S. 35, 45, 68, 75。
3　Richard Wilhelm: *Chinesisch-deutsche Jahres- und Tageszeiten. Lieder und Gesänge*. Jena: Eugen Diederichs, 1922. – 129 S。
4　Richard Wilhelm: *Chinesische Literatur*. Wildpark-Potsdam: Akademische Verlagsgesellschaft Athenaion, 1926. – 199 S。

❧ 弗朗茨·库恩（Dr. Franz Kuhn，1884–1961），二十世纪上半叶中国文学最多产的翻译家。库恩曾任哈尔滨副总领事（1909–1912），一战期间任德国外交部翻译，二战期间（1942年左右）他的《金瓶梅》译本曾被纳粹列为"有害和不受欢迎的著作"之列。像卫礼贤译介中国古代哲学经典一样，库恩尽全力译介中国古典小说经典，名著如《好逑传》（1926年）、《金瓶梅》（1930年）、《红楼梦》（1932年）、《水浒传》（1934年）、玉蜻蜓（1936年）、《三国演义》（1940年）、《今古奇观》（1952年）、《绘图儿女英雄全传》（1954年）、《隔帘花影》（1956年）等。这些译本不仅在德国一版再版，让一部又一部中国古典小说走进千家万户，还被转译成英、美、法、荷、意、芬兰、瑞典、丹麦、西班牙、捷克等各种文字，风靡全欧和北美。回眸二十世纪一百年，有谁像他那样著译宏富，勇攀华夏文化的一个个峰巅！由于他译介中国文学的巨大成就，1932年被授予萨克森州国家奖"莱辛奖"（Lessingpreis），1952年又被授予"德意志联邦共和国十字勋章"。

可又有谁知道，在现实生活中，这位文学成就和至高荣誉的得主，竟是个孑身一人的自由撰稿人，为了他执着追求的事业，陷入居无定所、靠卖稿糊口、靠友人接济的窘迫境地[1]。人生的逻辑常常是：才华屡被命运所作弄，成就常以牺牲为代价。这使我联想起中国的翻译名家钱春绮，一个翻译了中古高地德语史诗《尼贝龙根之歌》、歌德大型诗剧《浮士德》、歌德和海涅诗集、《法国名诗人诗选》和波德莱尔名著《恶之花》、席勒、施托姆、尼采、黑塞等人诗选的人，一个德高望重、在德语翻译界首屈一指、享有中国作家协会会员、中国德语文学研究会名誉理事、上海翻译家协会名誉理事、中国翻译工作者协会第二届理事会理事等称号的名流，也竟然是一个靠卖稿为生的"自由撰稿人"，直到晚年才享有上海文史馆赐予的一份微薄的固定俸禄。

❧ 梅薏华（Eva Müller，1933–   ），中国现代文学杰出的女翻译家。1954年携夫同去北大深造，在游国恩、王瑶、林庚、吴祖缃等汉学大师处深造，主修中国文学，撰写了《大跃进民歌中的劳动》的毕业论文，又从师冯友兰，兼修中国哲学，留学中国六年（1954–1960），文史哲的底蕴十分深厚。梅以介绍中国现代文学为主，翻译了大量中国小说。其学术成绩也不逊色，所撰前言后记、书评和其他论文多多，并与吕克福合编了《中国文学辞典》。

1　参见：Hatto Kuhn: *Dr. Franz Kuhn (1884–1961). Lebensbeschreibung und Bibliographie seiner Werke*. Wiebaden: Franz Steiner Verlag, 1980, S.15–16: Von seiner Familie, von Freunden und Bekannten wurde er oft als mehr oder weniger entgleist, als verirrtes Lamm oder hoffnungsloser Fall angesehen. „Wer konnte denn den Stern sehen, der nur mir sichtbar leuchtete und den Weg vorschrieb? Freilich erwies sich dieser Weg während der Vorbereitungszeit – wie bei freien Berufen nicht anders zu erwarten – als sehr dornreich. Wer vermag denn so viele Jahre ohne sichtbares Einkommen durchzuhalten? Ich vermochte es – aber fragt mich nur nicht wie!" In der existentiell schwierigsten Zeit seines Lebens von 1919 bis 1925, in der er „zeitweise seine Gardrobe versetzt" hatte, herumlief „wie ein Landstreicher und sich sogar Geld von einem Hausmädchen geliehen" hatte. (S. Briefe an den Insel-Verlag v. 16. und 20.9.1934) / 家人、朋友、熟人常把他看成或多或少出了轨，像一头迷路的羔羊，或是已到了无可救药的地步。"谁看得见那颗只让我瞥见并为我指定前程的星星——自由职业者的命运只能是荆棘丛生，不可能有别的指望——谁能熬过这么多年没稳定收入的日子？！ 我却偏偏能做到，可别问我如何会做到。"在一生中最为艰难的那些岁月（1919–1925），他"时而无处安身，四处奔波"，"像个流浪汉似的，竟向一位女佣借过钱"（参见他1934年9月16日与20日写给小岛出版社的信，第15–16页）。

❖ 马汉茂（Helmut Martin，1940–1999）：德国现代杰出的汉学家。鲍吾刚的及门弟子。撰写《李笠翁／李渔论戏剧：十七世纪的一部中国剧评》的博士论文。后把研究和介绍的重点移到中国现当代文学、包括台湾文学，堪称不遗余力。他的突出功绩是在波鸿大学汉学系独家创立"卫礼贤翻译中心"，创办中国文学德译版本的图书馆和台湾文学专题资料室，与他的博士生导师鲍吾刚在慕尼黑大学汉学系创办的德国文学汉译与研究资料馆遥相呼应，双双造福于当代与后世的学子。

❖ 莫宜佳（Monika Motsch，1942–   ）：德国杰出的女翻译家与研究家，德国著名钱钟书研究专家，钱钟书长篇小说《围城》的译者，著有长篇学术论著《〈管锥编〉对杜甫的新视野》。此外，她又是顾彬主编《中国文学史》第三分卷《中国短篇小说史》的作者。文学翻译与学术研究相得益彰。

❖ 魏汉茂（Hartmut Walravens，1944–   ）：德国当代杰出的汉学家、汉学史家和文献学家。魏供职的柏林普鲁士国家图书馆，居全德汉学藏书之首，或许称得上得天独厚。然谁能想到，魏除了这块丰饶的领地之外另有一方独特的精神家园，即他的私家书斋，其藏书之丰，昭示着他的执着追求。不少还是连某些大型图书馆也未必都有收藏的古籍珍本，如《中国详志》德文原版（1747年）、《玉娇梨》德译初版（1766年）、《耶稣会传教士全集》；专业杂志如：上世纪三四十年代在北洋书局出版的全套《中德学志》、卫礼贤在法兰克福创办的Sinica（中国学刊）等。对魏君来说，这些古本珍本并非世俗和肤浅的点缀，而是他潜心深造的沃土和根基。正是这万卷藏书，使魏君成为远近难觅的饱学之士和著作等身的优秀学者[1]。编者每每打电话请教他，无论是古是今，是人是事，只要与汉学有关，他都能"活辞典"般地对答如流，给人惊喜。魏治学谨严，注重调查研究，常去外地查阅资料（如查访斯图加特外国关系学院尘封的地窖书库）。曾多次赴华、赴美考察，采访著者和译者。正是这种超人的执着、勤勉和智慧，助推他对早期和近代欧洲汉学家和汉学文献的挖掘、整理和研究，成就了他对欧洲汉学史、中国文学欧洲传播史研究的非凡贡献[2]。从而享誉欧洲汉学界，也影响了中国日耳曼学者的相关研究[3]。

❖ 顾彬（Wolfgang Kubin，1945–   ）：德国当代著名汉学家、中国文学翻译家，又是诗人和散文作家。以中国古典文学的研究起家，撰写论述唐代诗人《杜牧》的博士论文和以《空山》为题的教授资格论文。后移足中国现代文学的研究，尤对中国当代朦胧诗派情有独

1　魏个人的出版物，仅目录就厚达二百多页，参见：Hartmut Walravens: *Rückblick auf ein Leben für die Wissenschaft*（《回顾学术的一生》），Berlin: Simon Verlag für Bibliothekswissen, 2011。

2　如：Julius Klaproth (1783–1835): *Briefe und Dokumente*. Wiesbaden: Harrassowitz, 1999 (Orientalistik Bibliographien und Dokumentation, Bd. 4); Anna Bernhardi (1868–1944): *T'ao Yüan-ming (365–428). Leben und Werk eines chinesischen Dichters. Mit einem Schriftenverzeichnis A. Bernhardis, Fragmente ihres Tagebuchs aus China (1905–1912), einem Brief über das chinesische Schulwesen und Dokumenten über den Verkauf der Bibliothek Bernhardis*. Hamburg: C. Bell, 1985; Vincenz Hundhausen (1878–1955): *Leben und Werk des Dichters, Druckers, Verlegers, Professors und Anwalts in Peking. Mit einer Fundliste der chinesischen Texte von Lutz Bieg*. Wiesbaden: Harrassowitz, 1999 (Orientalistik Bibliographien und Dokumentation, Bd. 6); 在他的察赫（五卷本）中，三卷是李白的诗，另二卷是书评，都曾发表在如今已经很难找到的各家杂志上。

3　参见：宋健飞：《德译中国文学名著研究》，北京：外语教学与研究出版社，2016年。

钟，频频译介了北岛、杨炼、翟永明、张枣、梁秉钧等个人或多人诗集，贡献独特。扛鼎之作无疑为其六卷本德译《鲁迅选集》（主编）。顾彬主持的德文版《中国文学史》丛书十卷，堪称鸿篇巨著，在德国汉学史上独占鳌头。并被译成中文，在中国大陆出版。值得一提的重要贡献，另有他与夫人张遂之共同耕耘了二十余年的期刊《袖珍汉学》（*Minima Sinica*）与《导向》（*Orientierungen*），追踪中国内地和港澳台文坛的最新情况，刊登和报道新人新作，信息量大，与科隆大学汉学系出版的《东亚文学期刊》（*Hefte für ostasiatische Literatur*）同为中国文学在德传播的重要渠道。顾彬所谓的"中国现代文学垃圾论"，引发中国大陆学界热议，褒贬杂陈，甚至受到"抓住一点，不及其余"的曲解。然"平心而论，德国很少有人真正像他那样深爱中国文学"（Volker Klöpsch之评）。退休后，顾眷恋华夏，应聘任中国好几所大学的顾问。足迹所至，诗情澎拜，已有多部访华诗集问世。

❧ 齐默尔（Thomas Zimmer）：在顾彬主编的《中国文学史》系列中扛大梁，主持和撰写了《中国文学史》中第三分卷《中国长篇小说史》厚重的两大册（403+976页）和第四分卷《中国散文史》（378页），系德国汉学界近年崛起的后起之秀。

虽说难免"挂一漏万"，仍斗胆再举数例：远的诸如十九世纪翻译过《水浒传》片断、研究过中国诗学的威廉·索特（Wilhelm Schott，1802–1889），翻译了屈原《离骚》和《九歌》以及白居易诗选的普菲茨迈尔（August Pfizmaier，1808–1887），翻译了《今古奇观》和《金瓶梅》全集（手稿）的加贝伦茨（Georg von der Gabelentz，1840–1893）等。二十世纪以来，最值得一提的恐怕是德国第一个翻译了陶渊明诗集的女汉学家伯恩哈迪（Anna Bernhardi，1868–1944），出色地翻译了李煜词集的霍夫曼（Alfred Hoffmann，1911–1997），早早推出了中篇小说佳译的弗兰克（Herbert Franke，1914–2011）和鲍吾刚（Wolfgang Bauer，1930–1997），被顾彬誉为中国诗"最佳译者"的德博（Günther Debon，1921–2005），撰写了自成一家的另一部《中国文学史》并任奥古斯特伯爵图书馆馆长达二十余年的施密特·格林策尔（Helwig Schmidt-Glintzer，1948–　），贡献了《唐诗三百首》的权威译本、合作编著了《中国文学辞典》尤其承担了中国"大中华文库"系列中《唐诗选》《宋词选》和《唐宋文选》三大卷既编又译任务的吕福克（Volker Klöpsch，1948–　），评述乾隆之诗、整理加布伦兹《金瓶梅》全译手稿的嵇穆（Martin Gimm，1930–　），著译甚丰的彼得·霍夫曼（Hans Peter Hoffmann，1957–　）等等。

可以想象，为了传播中国文学的火种，这些汉学家，也包括他们的出版商，是如何含辛茹苦，披荆斩棘，历尽艰难险阻，才成功了他们的旷世伟业。特别值得一提的是瑞士出版家维斯讷（Felix M. Wiesner，1920–2005）以及他于1951年在苏黎世创办的出版社Die Waage。正是这位远见卓识的出版家，以凌然正气，面对因出版中国小说《肉蒲团》和《株林野史》而前后两次招来瑞士联邦法院旷日持久、惊心动魄的庭审乃至焚书事件（分别发生在1961年前后及1971—1974年间）[1]，最终成功地出版了德译中国小说系列二十部，其中包括《金瓶梅》《聊斋志异》和《今古奇观》等名著。

无疑，中国文学的德语翻译与研究，已经取得了令人瞩目的成绩，已呈现出琳琅满目的可喜景象，但与泱泱大国的国势相比，与数千年的华夏传统相比，与硕大无朋的大中华文学宝库相比，仍不过是沧海之一粟。是的，诗歌类虽有了《诗经》和《楚辞》的全译，陶渊明、李白、杜甫、韩愈、李煜、李清照等大诗人的全译，却还没有王维、白居易、李商隐，乃至全唐诗、全宋诗、全宋词等的全译；小说类固然已有四大名著《红楼梦《西游记》《水浒传》《三国演义》及《肉蒲团》《金瓶梅》《儒林外史》《聊斋志异》等的全译，却还没有诸如《隋唐演义》《说岳全传》《官场现形记》《二十年目睹之怪现状》等的全译；散文类已有了萧统《文选》的近乎全译的注释本，却还没有司马迁"无韵之离骚"《史记》、唐宋八大家散文、乃至全唐文等的全译。元杂剧、元曲、清代诗词、明清笔记本小说的译介更是个薄弱环节。由此看来，上述成果的取得，还只能说是散兵游勇式的奋斗。系统译介中华文学优秀典籍，全面展示中华文学精华，仍是百年大计，任重而道远。

结语：喜忧参半

喜的是，中国文学译介呈现出国内外互动的态势。

❧ 从国内看，国力越来越增强，国策越来越开放，中外、中德交流日渐频繁，且向纵深发展，国家也越来越重视中国文学"走出去"。而要"走出去"，先须"请进来"，即聘请外国专家当智囊，让他们与中国同行一起斟酌，共同把关。既考量原创文学的经典性，又遴选目的语的最佳译本，或重版[2]，或新译，汉德对照，力争向世界贡献一批中华典籍最权威、最过硬的译本。国家出版基金资助的双语《大中华文库》，便是这一战略举措的集大成。与此同时，国家还鼓励和资助与外国出版社合作出书，或直接为国外资深汉学家提供中国大陆和港台的出版基地[3]。

❧ 从国外看，越来越强大和开放的中国，越来越引发外国友人的关注，也越来越带动他们对中国文化、文学的重视。不少"国产"中国文学的原版和德译本，都被欧美国家图书馆收藏。编纂中，每每见到这类图书，都倍感亲切。近年来，中国古典小说四大名著《红楼梦》《水浒传》《西游记》《三国演义》和《金瓶梅》《聊斋志异》等德文版全译本纷纷

1　上述因中国文学缘起的海外司法事件及其影响不容忽视。本项目组德语国家卷（研究卷）主编范劲教授来信嘱我实地查询出版商Felix M. Wiesner印发庭审白皮书的下落。谁知这本仅18页的小册子在德国寻觅无处，在瑞士也仅国家图书馆和苏黎世中央图书馆两家收藏。而范偏不满足于当年的媒体报道等第二手材料，非得白皮书原件过目不可。我理解，凡严谨的学者，从不得过且过，追本溯源是他的本分。范君对该事件的关注、重视和挖掘，让我们了解到中国文学海外传播的一波三折，其学术史意义不可低估。范的开拓意识，范的执着、求知、求真和求实的精神令人钦佩。如何看待这两次司法事件，另可参见：Ralph Müller："Unsittlichkeit und Unzüchtigkeit. Zwei skandalträchtige Wertungsbegriffe". In: Hrsg. von Stefan Neuhaus, Johann Holzner: *Literatur als Skandal. Fälle – Funktionen – Folgen*. Göttingen: Vandenhoeck & Reprecht, 2007, S. 100 ff.
2　如外文出版社于2015年新版的中国文学名著：《诗经》(Victor von Strauss译)、《红楼梦》(Rainer Schwarz与Martin Woesler译)、《聊斋志异》(Gottfried Rösel译)等。
3　如Rainer Schwarz译的《影梅庵忆语》，北京：外语教学与研究出版社，2009年。

面世，《西游记》两年内连出三版，又被另一家出版社翻印，还得了2017年德国莱比锡书展奖[1]。这些文学名著的全译，不仅使德语读者得以攀登一座座中国文学的巍巍大山，"无限风光在险峰"，也为他们提供一部部中国古代社会历史风貌、文化传统和伦理宗教等领域的大百科全书。

❧ 先是编纂《中国诗德语翻译总目》（斯图加特，2002年），今又编纂《中国文学德语区传播二百五十年》，德语国家汉学家和读者对中国文学的一往情深，令编者不胜感慨。之前，编者还有幸编纂过《歌德汉译与研究总目》两大卷（中央编译出版社，2009年与2016年），又耳濡目染中国日耳曼学者译介德语文学的热忱和他们创造的业绩。在前后长达二十五年的时段里，两股对向而流的潮流合成一股，同在心中汹涌，圆了编者的人生和学术之梦。欧亚两大洲古老和现代文明遥相呼应，又仿佛不约而同：同把异域火种点燃本国人民的心灵。同住一个地球村，今日才有了"东边日出西边雨，道是无缘却有缘"的联想。

❧ 眼前形势令人鼓舞，潜在隐患并非全无。忧的是，德国当今的汉学界也不无例外地受到了经济大潮的冲击。选专业必然要与今后的就业挂钩。学语言、爱文学，日后找工作会遇到麻烦，不像经济和信息专业那么热门。许多高校便调整了它们教学和科研的方向，中国文学原先的几所重镇，如慕尼黑、海德堡、波鸿、科隆、波恩等，都改弦更张。只有明斯特一所大学还设有一个中国古典文学的博士点。缺了高等学校汉语言文学的培养和训练这个环节，长此以往，还有谁去继往开来、担当起先贤的未竟之业？！难怪有些老一辈汉学家已在担心后继乏人。

编者最终却认为，同时坚信：改革开放既已势不可当，文化交流、文学繁荣也不宜过虑。"江山代有人才出，各领风骚数百年"，先哲的遗训应能增强我们的信心。我们期待着！

编纂始末

承蒙华师大学友范劲教授抬爱和举荐，笔者有幸加盟国家社科基金重大项目《百年来中国文学海外传播研究》，忝任子课题负责人之一，并承担德语文献卷之编纂。这是机遇，也是挑战。接手之初，我暗自估算了一下自身的条件：年已古稀，然精力尚健；上马稍迟，犹可奋起直追。长居国外，采集和积累资料相对方便；虽说"退"而不"休"，时间相对充裕，且可自由支配。遇上急事还可"临阵脱逃"，周末和节假日多加把劲就是。更重要的是，项目的课题投合本人的学术情趣——中德文学交流及其影响研究。项目的高标准，正是对自己能力的又一次检验。更何况，海外游子报效祖国母亲，这正是千载难逢的机会。

本编的先期准备，应是当年编纂的《中国诗德语翻译总目》（斯图加特，2002年）。同是德汉

---

1 值得注意的是，这些经典作品的译者，如Rainer Schwarz (1940–), Eva Lüdi Kong (1968–)和Eva Schestag (1963–)皆非位高权重之辈，而是民间"草野"（freier Übersetzer），当然也没有大学教授们的工作条件。但凭自己单打独拼，竟有这等成果，能不令人刮目相看、心存感激？！

双语，又都带点评估和注释，因而不无借鉴。资料的完备是编者的一大追求。本人经年积累的德语汉学私藏，助我得心应手。图宾根大学总图书馆与汉学系图书馆丰富的汉学藏书，加上已故汉学教席格林（Prof. Dr. Tilemann Grimm, 1922–2002）个人留在馆内的藏书，已使编者如鱼得水。先"就地取材"，尽量利用本地资源，也求助于频繁的馆际借书，并出差去柏林、科隆、苏黎世、维也纳等汉学重镇，顺藤摸瓜、如饥似渴地在当地州和大学图书馆的开架书架上逐一盘查。更大的考验是，为那么多的译文——找出相对应的中文原文。它要求百科全书式地了解从古到今历代作家及其作品，这道工序常使编者疲于应对。为了确保资料的准确性，所编之书，凡有可能，必欲亲眼过目、翻看、核对信息。每有困惑时，力图广开思路，常电话求教或邮件联系，直至登门拜访各地编者、译者或作者如魏汉茂、吕福克、包惠夫（Wolf Baus）和孙君华等。

想当年的同龄同事早开始颐养天年，自己却不自量力，"老夫聊发少年狂"，每天还坐到图宾根大学图书馆的宽阔大厅。从早到晚，一方甜点一瓶水，隐士般地混迹于做功课、写论文的莘莘学子们中间，想想也荒唐。但既然这是我选定的人生之路，便应义无反顾地走下去。在知识的大千世界里开疆扩土，固然两袖清风，却尝到了苦尽甘来的滋味。寻寻觅觅，钩沉索隐。废寝忘食五寒暑，心犁笔耕，常为点点滴滴的收获和积累欣喜不已，尤其在发现了历史上甚为重要、却被湮没无闻的那些作家和作品，诸如作家Dr. phil. Theodor Bönner (1874–   )，1908年获柏林大学汉学系哲学博士学位。这位名正言顺的汉学家，系二十世纪德国翻译出版了《诗经》的第一人（1910年），撰写过《中国哲学比较和批判研究》（*Vergleichende und kritisierende Darstellung der chinesischen Philosophie*），又翻译过司马迁《史记》中的《贾谊传》（1908年），惜很少为人所知。又如Emil Krebs (1867–1930)，是位很不起眼、却又很了不起的人物，精通数十种文字、长年任德国驻华使馆译员，又承担了格鲁贝（Wilhelm Grube）大型译著《中国人的皮影戏》中的大部分译文。作品如戈特沙尔的《中国人的剧院和戏剧》[1]，虽然还不很符合当下的学术规范，毕竟是德国汉学史上第一部、十九世纪德国绝无仅有的一部中国戏剧专著。类似这样的作家和作品，在迄今为止的一部部文学史中都无他们的蛛丝马迹。邂逅其人其书，真有点像哥伦布发现新大陆似的庆幸。

不无抱憾

"百年来中国文学海外传播研究"，一个多么宏伟的工程！它理应全方位地和历史地审视、整理和检阅德语国家中国文学译介的丰硕成果。但它作为一个国家社科基金的重大项目，又必然受到国家财政预算和运行年限的制约。对于项目的执行人来说，必然受到编纂时间和书稿篇幅的压力。

源于十五年前的拙编《中国诗德语翻译总目》（斯图加特，2002年），就收编范围而言，无法与当下的项目相比。前者仅限于世界文学德语选本中的中国诗一种，后者系中国文学在德语国家传

1　原文参见：Rudolf von Gottschall (1823–1909): *Das Theater und Drama der Chinesen.* Breslau: Verlag von Eduard Trewendt, 1887. – 209 S。

播的全覆盖。若论编纂时间，前者耗时七年，以此类推，后者的"达标"，恐怕还需要十年、八年；而篇幅，也至少再增加一倍。

编者颇怀歉意的是，固然勤于搜索汉语经典文本的译本和重要论著，限于时间和篇幅，却疏于查找单篇的译文和论文。以至于前者内容相对充实，后者含量却过于单薄。就总体而言，颇有顾此失彼之嫌。尤其论文，包括书评、导读、诠释或赏析文字，它们是译介中国文学的轻骑兵，却未得到应有的重视。

引以为憾的还有，未能顾及林林总总的汉学杂志。它们是纸本图书的孪生兄弟，是与之平行的传播中国文学的又一渠道。唯因项目体例的关系才忍痛割爱。项目首席专家王尧先生知我苦衷，鼓励和支持我今后另择机会。

不少国内版民间文学的德译本，如寓言、童话、笑话、民间故事等，幸运地走出了国门，在异国他乡的图书馆落了户。囿于时间和篇幅，这些译本也未能悉数入编，也很难一一找出它们对应的中文原文，在本拙编中留下了不少空白。

随着网页时代的迅捷到来、中国图书市场的年轻化和"明星作家"的走红，近年来，德国书市也涌现了不少这类的新译本。自觉落伍的编者，对这部分的翻译文字追踪、消化不够，无法识别某些著者译名的中文原名以及某些短篇小说和诗歌译目的中文篇名。反之，年代已久的应时之作，虽被译成了德文，今已鲜为人知，也难辨认它们原先的身份。

鸣谢（并非题外的题外话）

应该承认，这几年加盟该项目，除了学业上的长进以外，个人生活上也得益匪浅："公私兼顾"，多次搭乘回国述职的"顺风车"，得以探亲访友，领略浓浓乡情；品尝姑苏佳肴，重温华夏经典；尤其目睹祖国经济建设的腾飞和精神文明的日渐改善，欣喜之情，无以言表。特别感谢项目组首席专家、苏大原文学院院长、苏大校学术委员会主任王尧先生，感谢他组建了一个如此优秀的团队，让我在古稀之年成了跟他们休戚与共的同仁。诸位同仁的智慧和卓越，丰富了我的思维，开阔了我的视野。特别感谢王院长对不才的错爱，委以重任，给予信任。一次次的跨国相聚和晤谈，让我感受到他的豁达和宽容，让我贴近了一个心志高远又极富人情的个性。

我还要深切感谢我的第二故乡德意志，衷心感谢德国学界挚友原哥廷根大学文学翻译研究所所长弗兰克教授（Prof. Dr. Armin Paul Frank）以及普罗佩斯特博士（Dr. Volker Probst）和魏汉茂博士（Dr. Hartmut Walravens）对编者的不吝赐教和无私奉献。借此机会，我还要真挚感谢原康斯坦茨大学校长、同济大学中德学院外籍院长、巴符州中德友协主席宋德教授（Prof. Dr. Horst Sund）、原德国东亚学术论坛负责人莫泽博士（Dr. Karin Moser von Hilseck）、原斯图加特媒体大学库勒曼教授（Prof. Dr. Gerhard Kuhlemann）及瑞士"学校为儿童"基金会主席戴特灵博士（Prof. Dr. Roger Dettling, Stiftung Schule für das Kind）多年来对编者的呵护和厚爱。

要感谢的人再多，也不能忘了我平凡、善良和勤劳的妻子黄宗英。她自己要上班不算，还体贴入微地关心我的衣食起居，几十年如一日节衣缩食，与我同甘共苦，只为成就我的事业。我对她的亏欠和感激之情刻骨铭心，无以言表。

2017年6月26日初稿

2017年7月23日修改

2018年3月30日再改

于德国图宾根

[江苏教育出版社，待出]

顾正祥论文选

⚘ **德语文学论文**

海涅与叔父所罗门

在海涅众多的亲属中,他百万富翁的叔父所罗门·海涅(以下简称所罗门)一家占有突出的地位。这不是一种普普通通、平淡无奇的叔侄关系,而是长达数十年、几乎贯穿海涅一生的资助与被资助、依赖与被依赖的特殊关系,这种关系又因政治、经济地位的悬殊,性格、爱好和追求的不同而变得风波迭起。正确认识这种关系,就必须了解所罗门其人其事,了解所罗门周围的人。

对所罗门这样一个具有多重性格的历史人物,决不能因为他是百万富翁,就想当然地贴上"唯利是图"的标签。不同时期、不同国家、不同流派和信仰的政治家强调的侧重面不同,褒贬也不一样。海涅自己对他也时褒时贬,毁誉参半。"当我撰写自己回忆录,不得不提到他时,我们之间相处得还相当出色,我确是深情满怀地描写他的。"海涅在1836年12月20日的一封信中写道。并说:"他是我最敬重的人之一,他品德高尚,具有天赋的力量。"时而又说他"没有为我干过一点正经事";"在德国流传的关于所罗门·海涅对他诗人的侄子表现出大方的说法纯属海外奇谈"。这种自相矛盾的说法使人莫衷一是。这就需要对海涅的身世、海涅本人及其同时代人的书信、日记、回忆录和其他文学作品、历代学者的研究成果加以综合考察,经过缜密的分析思考,方能还所罗门以历史的本来面目,并对诗人与所罗门之间的关系作出中肯的评价。

海涅自幼家贫,他对金元叔父所罗门的依赖关系是历史形成的。1816年,刚满十九岁的海涅就被所罗门接到他开设在汉堡的银行公司和在奥腾森的乡间别墅,开始了两年的学徒生活,迈出了人生道路的第一步。从此,所罗门一直没有中断过对海涅的接济;海涅对所罗门也理应感恩不尽。在他早年写的《回忆录》中所罗门占了相当篇幅,可见这个叔父在青年海涅心目中的地位。只是由于这种接济在一开始就穿插了海涅与所罗门女儿阿玛丽(后来是苔莱赛)的不幸爱情,叔侄关系也在一开始就被蒙上阴云。

海涅饮誉文坛的杰作《诗歌集》有三分之二以上的篇幅是描写诗人失恋,抒发诗人忧郁情怀的。好心的读者在热爱、同情诗人的同时,必然会谴责诗人的堂妹阿玛丽的薄情,并进而推想,这是否得到了所罗门的怂恿,从而迁怒于所罗门。这是很不公道的。阿玛丽作为贵族小姐,养尊处优,无所事事,她的过错应由她自己来承担。诗人在给青年时代的好友克利斯蒂安·泽德的信中写道:"我那些专为她创作的优美歌曲,也横遭她最尖刻、最卑劣的凌辱,她故意把这些歌演奏得不堪入耳。"可见,是阿玛丽为诗人带来了"青春的烦恼",是她刺伤了诗人的心。在雍容华贵的阿玛丽身上,父亲靠16个格罗申起家的精神丧失殆尽。她与纨绔子弟打得火热,又怎么能理解诗人的情怀?她受到诗人的谴责和后人的责备是理所当然的。但阿玛丽不等于所罗门,做父亲的所罗门不能保证膝下的金枝玉叶都与诗人情投意合。难道所罗门可以违背他女儿的意志，一意孤行，来一个"父母之命，媒妁之言"？退后一步说，果真是所罗门没有成全这门亲事，在当时也是情有可原的。1819年夏哈里·海涅公司刚刚倒闭，父亲扎姆宗的商店也继之破产，连他们1821年举家迁入的吕内堡贸易市场旁的那幢房子也是叔父出钱买的。要是这门婚事真的由所罗门来定夺，鉴于海涅当时的经济状况，为女儿婚后的生活考虑，恐怕他也只能作这样的选择。

所罗门没有把女儿嫁给海涅，却供给他大学深造的费用，希望他将来在汉堡开业作律师，能自食其力。原定三年读完的大学因故延迟，所罗门又继续提供资助。当时海涅的健康一度欠佳，叔父给了他十个金路易去库克斯港疗养。1823年以后，叔父每年给他四百塔勒，按季度分期支付，每次一百塔勒，共两年。自1825年1月至7月20日通过博士考试这半年多时间里，叔父没有给他钱，与其说是吝啬，不如说是一种鞭策，一种敦促，敦促他尽快结束学业，拿到博士学位。从中可以看出叔父是严厉的，但严厉又蕴涵着疼爱和关怀。

1825年8月，为了庆贺侄子刚刚通过博士考试，也为了缓解侄子复习迎考阶段的紧张和疲劳，慈爱的叔父又慷慨解囊，拿出五十个金路易让侄子去诺德奈岛海滨疗养。通过这次疗养，诗人的体力和脑力得到了全面的恢复。他诗潮如涌，写出了雄浑有力的《北海组诗》。显然，没有叔父的资助，海涅就没有钱去饱览北海风姿，也许就不会成为德国第一个海洋诗人。在那里，他还完成了以反映犹太人疾苦为主题的历史小说《从巴哈拉哈来的法学教师》的构思。

大学毕业后诗人没有在汉堡定居开业，许多传记归咎于叔父一家，这也有失公允。原先，海涅曾打算找一个"安静的住所"，在那里"成家立业"（参见海涅1825年致Sethe和Merckel的信），还专程赴汉堡与叔父面商此事。当时并没有迹象表明曾受到叔父的非难。现在看来，有主客观两方面的原因，一方面是由于海涅辛辣的嘲讽刺痛了一些人，定居之事可能确实遭到了他们的抵制和反对；另一方面，同时代人发现"在他的气质中有某种候鸟的特性"。他在物色适合于他呆的地方，他对汉堡却十分反感，称它为"该死的汉堡""愚人的乐园"，称那里是"商人的天下"，他们都"面目可憎""养尊处优"、好"流言蜚语"，甚至希望他的妹妹也不要"汉堡化"。这也许是他最终没有在汉堡定居的缘故吧？

海涅是如此猛烈地抨击旧德意志的统治，统治者当然也不会饶恕他，必然要在他就业问题上设置种种障碍。因而诗人在博士考试通过之后，已接近中国人所说的"而立之年"，生活还不能自立，还不能完全摆脱对叔父的依赖。这时，海涅只有一些零星的收入。除了《游记》和《诗歌集》等所得稿费外，他曾短期在科达主编的《普通政治新年鉴》中任职。另有一些额外收入，如诗人旅英归来不久，有几位英国友人曾从伦敦汇款给他。

这段时间所罗门似乎没有给诗人以固定津贴，却仍然经常不断地给诗人以资助。《我美好而令人痛苦的摇篮》一书中有一张1827年4月2日叔父亲自签发的支票的复印件，上面"20个金路易给法学博士海因利希·海涅"的字迹清晰可辨。类似这样的支票是不知其数的。又如1827年海涅旅英归来后叔父曾签发过一张八百塔勒的支票。他们后来为此事闹出了矛盾那是另一回事。1829年叔父还答应他去荷兰和布拉邦特旅行，也给了他一笔钱。

迁居巴黎后人生地疏，海涅的生活更无保障。但隔山隔水隔不断叔侄间休戚相关的命运。流亡伊始，叔父的接济也随之而来，而且从未间断。头几年每年给四千法郎，这个数目远远超过了诗人全年的稿费所得。1835年12月"青年德意志"包括海涅书籍的出版受到禁止，加上他还丢失了一笔存放在一个法国友人处的钱，经济陷于狼狈。就在这时，迫于无奈，诗人领取了法国政府提供的年金。同时向一贯给予资助的叔父发出了求援呼声。1838年，所罗门的老伴刚过世不久。出于对侄子命运的关切，七十高龄的叔父孤身一人亲抵巴黎看望侄子及未来的侄媳。他是从祖国远道而来探望诗人的第一位亲属。这次相聚增进了了解，进一步密切了关系。年金也由四千法郎增至四千八百法郎，这个数目相当于海涅年总开支的三分之一。海涅去世后，玛蒂尔德仍可按半数领取。1843年诗人从巴黎回到阔别十三年的汉堡，母亲和妹妹喜出望外，在奥腾森的叔父家里还举行了庆祝舞会。1844年所罗门与世长辞。《遗嘱》规定给海涅八千马克的遗产继承权。这表明他至死也没有忘记自己穷困的侄子，这是他对侄子始终不渝关怀的又一明证。其实，所罗门自己子孙满堂，不乏遗产继承人，又何劳远在异国他乡的侄子来分享呢？那么又为什么在所罗门的《遗嘱》中只规定海涅的遗产而没有规定海涅的年金，从而导致了一场旷日持久的遗产之争呢？因无可靠的依据，大家只能推断。一般认为，年金的遗漏可能是所罗门家族的影响所致。但所罗门本人也不是没有一点责任的。它在客观上损害了诗人的身心健康。即使如此，我们难道能够以偏概全，因此而全盘否定、抹杀他对海涅的独特贡献吗？

这场遗产之争延续了三四年，至1847年始告结束。"他（指卡尔）万分乐意地表示，在我死后由他负责将我年金的半数支付给我的妻子终生享用。在这里他又显示出他高尚的灵魂，他满腔的爱。当他跟我握手，以示恪守庄严的保证时，我把它按在嘴唇上，我是多么激动，此时此刻他多么像他已故的父亲、即我的叔父啊！当年，每当他对我慈悲为怀时，我总是孩子气似地吻他的手。"（摘译自海涅遗嘱附言）"我跟卡尔的关系完全澄清了。是的，我甚至对他很满意。这不但因为他支付我的年金直到我去世，一如我从他先父那里领取的那样，还因为他作出了庄严的保证，保证在我死后（上帝保佑我）这笔年金的半数，即二千四百法郎转手给比我长寿的妻子终生享用。"（摘译自《海涅著作书信选》）可见，郁积在海涅心头多年的阴云正在散去。他抚今思昔，怎不缅怀已故叔父的感激之情呢？！

诚然，海涅也曾沐浴过父慈母爱。海涅晚年在他的《回忆录》片断中写到，"我的父亲把我抱在他的膝上并吻我的前额。"他的母亲为了支持他读完大学，"卖了她的很贵重的首饰：项链和耳环。"只是由于父亲不擅经商，濒于破产，后来又在贫病交迫中过早地去世了，才使小海涅没有过多地承受这种父母之爱。多亏有了所罗门这样的好叔叔，海涅才度过了生活道路上的一个又一个难关，并取得这样辉煌的文学成就。

海涅的叔叔不止所罗门一个，有的也是汉堡城里的银行家，偶而他们也会作一些施舍，但又有哪一位能像所罗门那样数十年如一日地帮助过诗人呢？海涅的两个弟弟都不像诗人那样执拗，那样的愤世嫉俗，因而官运亨通；大的那个由普通商人当上了哈布斯堡王朝龙骑兵的军官和新闻记者，后来成了百万富翁；另一个由俄国沙皇的军医荣升为沙皇政府的枢密官和沙皇本人的贴身御医。前者到1851年诗人病重和1855年诗人垂危时才去看望过两次。后者曾于1848年先后汇去过四千法郎，他自己是医生，却要等哥哥瘫痪四年以后才去巴黎看看他是否确实患了不治之症。连诗人一直念念不忘的最亲爱的妹妹夏绿蒂也到诗人临终前不久才去巴黎探视。兄妹情，淡如水，不如所罗门这位叔叔的情谊深。所罗门的赞助是非常宝贵和卓有成效的，是无与伦比的。难怪海涅在所罗门去世时说过："此人在我的生命史上起过很大的作用，是难于忘怀的，是应该大书特书的。"

海涅晚年写过一首题为《屈辱的府邸》的诗，他回首往事，称那里"找不出一个去处，我的心灵没有受到伤害，我的眼睛没在那里哭泣。"全盘否定所罗门一家，这是海涅认识上的一次反复（正像他以前曾多次反复过一样）。这也许是因为他长年缠绵病榻，身心交瘁所致吧？

古往今来，像所罗门这样的好叔叔委实不多。尤其难能可贵的是，他不仅为侄子慷慨解囊，还表现为对社会底层的广泛同情和乐善好施。平日里，他听到小店主长吁短叹，会在暗中助一臂之力；在小礼拜堂里看到劳苦小女孩双膝跪地，会悄悄地扔下几个金币；还经常为普通的剧场小工人办事。1839年他出资在汉堡为穷苦的犹太人建造了一所在当时堪称设备完善的医院，1843年9月7日竣工。他的临终遗嘱更是他扶危济困之高尚心灵的反映。请看他向哪些机构或团体赠了款：蓓蒂基金会得了三千马克，以色列人的公益企业得了八千马克，还有燃料薪炭协会、面包和汤水协会、妇女协会、老人、男子和妇女协会、租赁协会、遗孀协会、老处女先令募捐处、奥腾森的园林工人及其女儿、马车夫、马车夫助手、饲马员全都被考虑到了。这正如海涅在诗里赞美的那样：

一个实干家，能办的他全都办到；
为了有益的事业他付出毕生辛劳，
到了晚年，对人和蔼友好，
从事慈善事业，休息养老。

他慷慨地付钱——可是有时更慷慨地
施舍他的眼泪，美丽而又珍贵，
他为兄弟们的不治之症
所抛洒的大滴眼泪。

（《海涅选集·诗歌卷》《献给汉堡新以色列医院》）

海涅在这里对所罗门的一生作了十分中肯的评价：他是个杰出人物，是企业家兼慈善家，他不仅"慷慨地付钱"，有时还更慷慨地抛洒他大滴的同情之泪。这不是一般的百万富翁所能做到的。

是的，所罗门不仅仅表现为物质上的慷慨，还表现为品格上的豁达大度。他乐善好施，却从不接受他人之礼："我的原则是主人不收受他人的赠礼，大家没有送礼是成全了我。"（引自拙译《海涅》，路德维希·马库塞著）叔侄间在所罗门生前共出现过两次较大的危机。一次是1827年，诗人擅自将所罗门的一张暂时不让兑换的八百塔勒的支票兑换掉了，把钱存放在友人处，使叔父十分恼火。另一次是在德意志联邦禁止海涅书籍出版，海涅生活更为困难以后。这两次冲突以后，海涅在其作品以及与友人的通信中曾说过不少气话、过头话，甚至骂叔父为"无耻的混蛋""吹牛大王"，指责他"吝啬""冷酷"，到头来叔父还是原谅了他。1843年5月所罗门把他的一张画像寄给所有的亲戚，也寄给了侄子海涅，还在信中写道："作为一个男人，我从未奢求过美。当您打量这幅画时，只见老来发胖，惹人生气，如我平时对待人的那祥。尽管如此，您还是想要这幅画的。"所罗门去世后，他的儿子卡尔表示，八千马克遗产的支付将取决于海涅能否保证永远不写攻击卡尔一家任何成员的文字，即使在海涅死后，违背海涅的意志发表对卡尔家的某一条攻击，将立即取消玛蒂尔德的年金。回想1838年，所罗门与侄子的一场风波才平息，他并没有耿耿于怀，还与侄子重聚于巴黎。在增加侄子、侄媳的年金时也并没有附加任何条件。

所罗门的宽厚待人，最终也赢得了海涅的谅解。 岁月流逝，海涅的心理获得了平衡，他恢复了公正的评价。在所罗门逝世前夕，海涅在长篇名诗《德国，一个冬天的童话》中叙述他回到阔别十三年的旧地，触景生情，真情溢于笔端：他对出版商康培表示感谢；对叔父所罗门表示尊敬，称叔父所罗门为"高贵的老先生"，肯定他"爱护我又总是宽宏大度"，而对所罗门的女婿、苔莱赛的丈夫A.哈雷却只称"某某"，表示出轻蔑，他是攻击海涅的元凶之一。

海涅自己总有一种寄人篱下的感觉，而所罗门并没有鄙薄海涅的贫寒。1816年，海涅还是个乳臭未干的穷学徒，寄住在所罗门位于奥腾森的豪华别墅，叔父家的人并没有把他当外人。且不说叔父所罗门，海涅的叔母也是位厚道人。海涅曾对她作过这样的描述："从我青春时代的回忆中常常浮现出一个仙女般的善良形象向我微笑。在我面临粗暴和困境时，她屡屡成了我的保护神。她是那祥和蔼可亲啊！"为了报答这种厚爱，海涅曾从诺德奈岛寄去《旅行记》并题诗，作为给叔母的生日贺礼。海涅跟所罗门的长子赫尔曼也情谊甚笃。一些自作多情的女子还以为他是金元叔父的侄子而具有"高贵的血统"，一时间都争着向他邀媚献宠。在叔父举行的一次家宴上，他还有幸与名将布吕歇尔元帅同桌就餐。但是，由于诗人的天性敏感、孤傲，却又始终无法摆脱经济上的依赖，因而时时有一种压抑感和孤独感，发出"孑然一身"的慨叹。

也许所罗门确实抱怨过花了他多少多少钱，批评他不挣钱，说他这个年纪还一贫如洗，等等。平心而论，这种抱怨和批评也有失当之处。他满心指望侄子能成为像自己一样的银行家，可惜这只是一厢情愿，因而也是注定要落空的。于是就武断地称他为"傻小子"。海涅曾把他写的两个悲剧和《哈尔茨山旅行札记》恭恭敬敬地呈献给自己的叔父，却没有得到积极的鼓励。1843年诗人从异国归来时，早已是名闻遐迩的大文豪了。当叔父听说侄子还在"写书"时，仍然认为是"毫无长进"。凡此种种，都表明海涅的精神追求不能被叔父所理解，他的艺术才华也得不到叔父的赏识。这种"欲取鸣琴弹，恨无知音赏"的孤独心境以及有时由此萌生的愤懑之情是不难理解的。——金元叔父不一定就是艺术鉴赏家。我们不能要求所罗门既是他衣食住行的施主，又是他诗歌创作的启蒙导师；如同我们不能要求施勒格尔既向他传授诗韵诗律知识，又供给他衣食住行一样。所罗门不能替代施勒格尔，施勒格尔也不能替代所罗门，两者只能互为补充。

此外，诗人愤世嫉俗，对当时物欲横流，精神沦落的时代风尚切齿痛恨。而所罗门作为市民阶级的一员，他的思想观念是与时代潮流基本合拍的。当海涅与他发生冲突时，长期郁积在心头的满腔愤怒，便在他的身上找到了突破口，毫不留情地发泄出来。就事而论，固然针对他；联系起来看，又何尝不是指向他身后的整个社会？"尽管我们分歧不断，我还是分外爱他。其程度超过了我自己的估计。我们在气质上和性格上有许多共同之处，同是倔强、泼辣，同是软心肠人，同时古怪得很。只是幸福女神把他变成了百万富翁，而把我变成相反，即变成诗人，从而把我们造就成在思想上和生活方式上一看就知道是截然不同的两个人。"（摘译自海涅1825年10月12日致弗·罗伯特的信）海涅本人的这段话是很有概括性的。

需要指出的是，即使是在海涅的父母家，他的诗也没有找到知音。且不说海涅那个只会饲马、喂狗、下棋、打牌的父亲，他最亲爱的母亲原来也想把他培养成拿破仑式的军事家或是罗德希尔德[1]式的银行家。她虽出身书香门第，却害怕诗，从儿子手里抢去每一本小说，不准儿子听神鬼故事。所以海涅承认："我并非从她那里继承了想象和浪漫主义"。他的两个弟弟会写一些拙劣的诗，但对哥哥的好诗一窍不通。就连幼时跟自己在一起玩过对韵句游戏的妹妹夏绿蒂，也不比两个弟弟高明多少。当诗人把一首得意之作朗诵给她听，满以为会大受喝彩的时候，她只说了声"还可以"，海涅也曾为此大失所望。

从叔父家到海涅自己家，再从两个家看整个汉堡社会：在这个富商密集、金钱万能的城市里，谁有钱，谁就有"出息"；写诗的人挣不到钱，当然就是"没有出息"。因此"人们对诗歌没有些微的感情"（海涅语）。有钱人崇尚看戏，因此演戏很盛行。海涅认为这也是诗歌无人器重的原因之一。所罗门所持的偏见，在当时是带普遍性的，并非他一个人特别"不学无术"（梅林语）。

综观海涅在贫病交困中苦斗的一生，可以看到，没有叔父所罗门，海涅就难于捱过这漫长而艰难的人生历程。此人可能有刚愎自用、高傲专横的一面，他也为之付出了代价；但更有扶危济困、心地善良的一面，因而他也受人敬重；他是不幸的，常因女儿、女婿、儿子、儿媳对海涅干下的蠢事而受牵连；他又是幸运的，因为他对穷困潦倒的诗人海涅慷慨解囊而被载入了史册，他的名字将永远和驰誉世界的大诗人海涅的名字联系在一起，并大放异彩。

[原载：《海涅研究》，张玉书主编，北京大学出版社，1988年，第350–360页]

1　罗德希尔德 (1743–1812)：德国银行家。他的儿子在维也纳、巴黎和伦敦等地均设有分行。海涅家和他们有一点远亲关系。

国际荷尔德林书目

由德国frommann-holzboog出版社出版的《国际荷尔德林书目》，是与诗人荷尔德林（Friedrich Hölderlin，1770–1843）的名字联系在一起的。这位诗人在生前身后沉寂了百余年之后，在德国诗坛声名大振，独占鳌头，赢得了越来越多的爱好者和崇拜者。鉴此，符腾堡州立图书馆在1941年创建了"荷尔德林档案馆"，并在馆藏书目与新征集到的文献资料的基础上，于1953年出版了它自编的第一部《荷尔德林书目》。该书目后由Maria Kohler续编，陆续刊登在《荷尔德林年鉴》上。

《国际荷尔德林书目》是在这几个《书目》的基础上扩充修订的。之所以被称为"国际"，是因为诗人的声名和作品早已越过国界，在世界上传播。第一卷成书于1985年，仍由Maria Kohler主持，收编了1804年至1983年间世界范围内的荷氏出版物和文献资料的全目录，时间跨越180年，规模之宏，令人瞩目。

第二卷由荷尔德林档案馆工作人员Werner Paul Sohnle先生与Marianne Schütz女士合作，收编了后四年，即1984至1988年间荷氏新出版物和资料的目录，于1991年问世。从这一卷开始，编纂采用现代化电子数据处理，并得到了州统计局的配合，在规划上也更趋系统化、制度化。这表现在加快了出版周期，每隔两年出一卷。每卷都分为一、二两个分卷，每个分卷又都有固定框架。

先说每卷的第二分卷，即"资料卷"。因荷氏诗文歧义甚多，注家纷起，在德语国家不时有德文新版本问世。与此同时，也不断有荷诗或小说被译成世界上的某一种文字。该分卷的头两项即收编荷氏德文版与译文版的新书目。第三项收录不断涌现的以诗人的生平或作品创作或改编的文学、戏剧、电影、音乐和造型艺术等作品的目录。最后一项则罗列新发表的评论荷氏的专著或专题论文的目标。

各卷的第一分卷都起名为"入门卷"，旨在为查阅者提供向导，共分五项。第一项为词目分类鸟瞰，为读者查阅第二分卷提供一个粗线条的条目分类梗概。然后将其繁化，形成细目表，为第二项。从这两项去查检，容易发现各条目之间的相互联系。下一项是将这些条目统统按字母的先后顺序排列。最后两项为"资料卷"中所引的人名（指作者和译者）及标题索引，各按字母顺序排列。这样多方位立项，便于读者从不同的途径进行检索。

[原载：《中外文化交流》，1996年第3期，中文版第23期，第55页；

又载：《莱茵通信》，2002年8月第4期，总第73期，第45页；

《中国诗人》报，2002年9月28日，第4版]

资料丰富　学养深厚

——评刘皓明的《荷尔德林后期诗歌》[1]

2009年4月在北京的歌德国际学术研讨会上，我有幸结识了专修德国诗人荷尔德林的美籍华人学者刘皓明先生，欣悉他的大作《荷尔德林后期诗歌》（以下简称《后期诗歌》）即将问世，便翘首以待。

荷尔德林是德意志文学贡献给全人类的一位卓越而又深奥的诗人，被誉为"哲学诗人"、"诗人中的诗人"。在我国，因其卓越，上世纪初便有人关注；因其深奥，译介才滞后。令人振奋的是，近十五年来诗人的译介出现了转机，诗歌、小说、文论和书信陆续出版。如今，刘皓明的《后期诗歌》更是一部难能可贵、足于令人刮目相看的重要著作。

笔者的第一印象是《后期诗歌》的篇幅之宏，厚厚三大本，分"文本卷"（即译文卷，德汉对照）和"评注卷"两种，凡1600余页。一眼看去一大叠，双手捧起沉甸甸，创造了荷尔德林在华译介史上的篇幅之最。回首1994年北大版的拙著《荷尔德林诗选》，虽在时间上比它抢先了一步，早了十五年，也美其名曰"译注"，在篇幅和功底上却不成比例。

再看《后期诗歌》的内容。先谈译文卷。荷尔德林诗中富含西方哲学、神学、诗学知识，须经年研读，方入门径。翻译时，为了语义的判定和典故的查证还需频频查阅资料，学术活动贯穿翻译始终，因而翻译成果即学术成果。特别难能可贵的是，译文的底本不是信手拈来的哪一本，而是林林总总，版本各异的全集、选集、影印本、校勘本、注疏本，治学态度的谨严可见一斑。

评注卷两册分量更重。它们对每首诗进行勘读、题解、注疏、考辨和串讲，刨根究底，旁征博引，从西方，特别是古希腊和德国的哲学、诗学、神学、美学传统，谈到荷尔德林后期诗歌产生的历史和时代背景、思想内容和艺术特征，又不时地将它们与中国的诗歌传统作比较，时间与空间的跨度可谓大矣。使笔者惊叹不已的是，作者身居美国，离诗人的故乡那么遥远，赴德深造的机会毕竟有限，哪来这么多的时间和精力研修和消化这浩如烟海的源头文学？

《后期诗歌》资料丰富，卷帙浩繁（75万字），是研究西方思想史的集大成之作，在译学和比较文学领域，也颇有参考价值。白璧微瑕、引以为憾的是，漏列了荷尔德林汉译史和汉语荷学研究史的参考文献。值得商榷或有待进一步探讨的方面有：

一是直译还是意译？从"五四"以来，中国翻译界就为此争论不休。刘君在《后期诗歌》的"导论"中，对他所遵循的翻译原则和体系作了十分详尽的阐释（第139–163页）。归纳起来，在结构上应是"字对字、句对句、行对行"的直译，在选词上是以《圣经》和合本为代表的西典汉化

1　《荷尔德林后期诗歌》，刘皓明 译著，华东师范大学出版社，2009年7月，定价: 158元（全三册）。

所使用的白话文与古汉语中最本原的语义和词法为基础，"试图把荷尔德林建立在德语语源乃至句法上面的诗，强行移入中文"。译者自己承认，这样一来，译文就难免"有悖于汉语语感和阅读习惯"，并预感到读者在阅读时会有"陌生感"。笔者深深敬佩译者的勇气和他所作的独辟蹊径的尝试。而这种尝试的实际效果如何？是否有必要和是否能够改造中国读者的阅读口味？最终能否被他们所认同，所接受？则有待于时间的检验。至于笔者本人，仍崇拜先贤严复"信达雅"的遗训。在荷诗的翻译中，在尽量忠实原文的基础上偏重神似，不以形似伤神似，从不刻意追求格律的吻合，从不去数诗行的音节，因为那样不是削足适履，便会画蛇添足。

二是对现代汉语的评价，在《后期诗歌》的导论中，刘列举了现代汉语中最常见的六种语言风格，即欧化体、成语体、宋词体、纯白话体、浅文言体或伪文言体和旧体，并列数它们的弊端，似有全盘否定之虞。明确宣布"译者所使用的汉语不同于流行的当代西方诗歌翻译所使用的汉语，也不同于自胡适以来、尤其是上世纪七十年代以来现代汉语诗歌主流的语言和风格"。刘的这一评价是否科学地反映了现代汉语的流变和现状？

三是对久已俗成并见诸于各种词典的诸多译名的改译，如将"祖国"（Vaterland）改译为"父国"；将"东方"（Morgenland）改译为"旦国"；将"西方"（Abendland）改译为"夕国"，将"晚上"（Abend）改译为"夕时"等。

[原载：《文汇读书周报》，2010年5月21日，第9版]

杨武能与歌德

　　八十年代初，当我还在杭州大学任教时，杨先生的大名就已如雷贯耳。不巧的是，几十年来一直失之交臂。2004年终于有了一次谋面的机会，有幸一起参加法兰克福大学汉学系召开的卫礼贤国际学术研讨会，然迄未重逢。近日听说杨教授从事德语文学翻译已有五十个年头了，这是翻译界和学术界的一桩盛事。作为杨先生的一名读者，也作为杨先生在德语界的一名同仁，总该写点什么，以示庆贺。

　　杨先生译著宏富，若要把握总体，全面评价，总得静下心来，至少通读一遍，再作一番研究。笔者漂泊海外，多半跟外文打交道，又疏于动笔（母语），在编纂拙著《歌德汉译与研究总目（1878–2008）》时，固然多有接触，却往往走马观花。于是捉衿见肘，如今只能临阵磨枪，权且把杨先生的翻译作个初步梳理，供杨先生本人参考，并求教于读者和方家。

杨武能与德语文学

　　回顾杨先生文学翻译五十年，即整整半个世纪，大体可分为上世纪的六七十年代的前二十年以及从上世纪八十年代以来的后三十年这两个阶段。前二十年，于国，正多事之秋，于杨先生，也非丰产时节，恕笔者不敢恭维。我手头有一本他在国外出版的题为《万花筒，西东诗萃》（1991年）的他选译的双语诗选中，书末占了四个页面的长长的"杨武能著译目录"中，没有一部作品和一篇文章是出自八十年代之前的。真正的腾飞还得在十年浩劫后。归纳起来，有下面几个特点：从题材来分，有小说、诗歌、戏剧、童话等，可谓琳琅满目；从文学史来分，从十八、十九世纪到上世纪末，横跨两个多世纪；从文学流派来分，有启蒙主义、古典主义、浪漫主义、象征主义；从作家来说，从莱辛、歌德、席勒、海涅、霍夫曼、格林兄弟、施笃姆等到里尔克、托马斯·曼、黑塞和伯尔等，几乎贯穿德国文学全史。

　　下面按译著的体裁分述。杨先生首先倾心的是德语小说的译介，"点""面"结合，先是编选了《德语国家短篇小说选》和《中篇小说选》两种（人民文学出版社，1981年和1984年）。前者选收德奥瑞三国短篇小说34篇。后者分上、下卷，共1199页，作家14位，其中德国作家10位（歌德、霍夫曼、克莱斯特、德罗斯特–许尔斯霍夫、施笃姆、冯塔纳、海泽、豪普特曼和托马斯·曼），瑞士和奥地利作家各两位（凯勒和迈耶尔，以及施迪夫特和茨威格）。上世纪八十年代初，外国文学园地，经历了十年浩劫后，已是万木萧瑟。两选本为国内德语园地的复苏和逐步繁荣作了铺垫。当然，作家个人集的翻译更值得我们重视。从十九世纪的古典作家中，杨选译了莱辛的寓言、格林兄弟的童话、克莱斯特和施笃姆的部分小说。其中格林童话一版再版，影响广远。在重视古典作家的同时，杨也不放松二十世纪重要作家的介绍，其中海泽的《特雷庇姑娘》（1983年）和黑塞的《纳尔齐斯与歌尔德蒙》（1984年），乃国内首译。另有托马斯·曼巨著《魔山》的译本，为这部长篇小说的移译，杨呕心沥血数十年。

杨武能与歌德

无疑，德国大文豪歌德是杨先生文学翻译生涯中的最爱。上世纪七十年代末，杨师从德语界巨擘诗人冯至专修歌德。乍暖还寒之际，杨捷足先登，率先抛出歌德名作《少年维特的烦恼》的新译本，与钱春绮的《歌德抒情诗选》在同年、同月、同一个出版社出版。这是继郭沫若之后，也是建国后歌德这部名作的第一个新译本。从这个意义上说，他可以说是郭老的直接传人[1]。该书在享有盛誉的人民文学出版社，一版再版，印数高达一百五十万册以上。以后又在好几家别的出版社出版。据初步统计，杨译的歌德作品，题材不同，大致如下：

⁂ 歌德小说散文四种

1. 《少年维特的烦恼》（出版社十一家）：北京：人民文学出版社（1981年）；桂林：漓江出版社（1991/1992/1993/1994年）；合肥：安徽文艺出版社（1998年）；杭州：浙江文艺出版社（2001/2003/2011年）；北京：京华出版社（2002年）；北京：中国书籍出版社（2005年）；北京：中国戏剧出版社（2005年）；北京：中国对外翻译出版有限公司（2009年）；长沙：湖南教育出版社（2009年）；北京：光明日报出版社（2009年）；西安：三秦出版社（2009年）；南京：江苏人民出版社（2010年）。

2. 《亲和力》（出版社四家）：合肥：安徽文艺出版社（1998年）；南京：译林出版社（2002年）；北京：华夏出版社（2007年）；北京：中国对外翻译出版公司（2009年）。

3. 《威廉·迈斯特的学习时代》（出版社三家）：合肥：安徽文艺出版社（1999年），南京：译林出版社（2002年），桂林：广西师范大学出版社（2003年）。

4. 《歌德谈话录》（出版社五家）：杭州：浙江文艺出版社（2004年）；北京：光明日报出版社（2007年/2008年）；成都：四川文艺出版社（2008年）；北京：燕山出版社（2009年）；西安：三秦出版社（2009年）。

⁂ 歌德诗选七种

继小说翻译之后，凝聚了杨先生大量心血的，还有他翻译的大文豪歌德的300多首诗。让我们粗粗地浏览一下他规模不等、各具特色的译诗选本吧，据不完全统计，约有如下七种问世：

1. 《野玫瑰 歌德抒情诗咀华》，太原：北岳文艺出版社，1989年，共200页，9000册，诗65首。

2. 《迷娘曲 歌德抒情诗精萃》，桂林：漓江出版社，共244页，1991年初版，1992年再印，共12450册。

3. 《歌德抒情诗选萃》，成都：四川人民出版社，1997年初版，2009年再版，共197页，9000册，诗65首。

4. 《世界诗苑英华》，第九卷：歌德，济南：山东大学出版社，1997年，2000册，诗140首。

---

1 在郭译《维特》面世后，曾有多家多种《维特》译本面世（如：曹雪松 1927年；黄鲁不 1928年，傅绍光 1931年；罗牧 1931年；达观生 1932年；余文炳 1932；杨逸声 1938年），但它们几乎都没什么影响。

5.《歌德精品集 抒情诗·西东合集》，合肥：安徽文艺出版社，1998年，共504页，5000册。

6.《歌德文集》，第一卷：诗歌，石家庄：河北教育出版社，1999年，共411页，2000册。

7.《迷娘曲 歌德诗选》（杨武能译文集），桂林：广西师范大学出版社，2003年，共474页，5000册。

这七种诗选陆续在七个省七家不同的出版社出版。前四种，标题带"咀华""精萃""选萃"或"英华"的字眼，顾名思义，都精选歌德名诗。"漓江"出的那一本，还配有精美的插图。篇幅都较小，最多不超过250页。属于文学欣赏读物，面向广大读者，特别是文学和诗歌爱好者。后三种选本的容量增大，都在四五百页之间，其中，广西师大出的《迷娘曲》（杨武能译文集之一）收编最丰，是杨译歌德诗的集大成，在篇幅上出众多同类诗选之尤，仅处于译诗大家钱春绮上下卷的《歌德诗集》。在体例上按编年史顺序排列，大体都划分为早期、狂飙突进时期、魏玛头十年、古典时期、暮年等五个时期。某个时期内的诗，或按主题分为"塞森海姆之歌""丽莉之歌""罗马哀歌"等，或按题材分为自然诗、哲理诗、抒情诗、即兴诗等。西东合集、威尼斯警句和叙事谣曲等各分为独立的一组。创作日期、创作缘由、文化背景、人物典故、题解提示等信息，多用脚注交代，这就使选本既有文学欣赏价值，又添了层资料价值和学术氛围。三选本的开本、装帧各异，入选的篇目也不尽相同：以"西东合集"为例，《迷娘曲》含全译，《精品集》减半；《文集第一卷》仅少量（28首）。值得称道的是，为同一首诗推出两种译文，后一种被称为"别译"（参见诗选《迷娘曲》第91、92、298、300页），颇有郭老遗风。杨先生曾撰文阐释过郭沫若笔下歌德《迷娘曲》一诗风格迥异的两种译文[1]，还将郭译"放浪者的夜歌"与梁宗岱、冯至和钱春绮的译文相比较[2]。并亲身实践，足见译者文思缜密、反复推敲的苦心和匠心。鲜为人知的是杨先生在国外出版的那两本诗选[3]，皆德汉对照。区别仅在于：前者含歌德组诗"中德四季晨昏杂咏"十四首，后者则纯属德国当代诗人诗选，与歌德并不沾边。

杨译的诗不乏两"味"，既有洋味，又有诗味。它从原著中脱胎而出，使译品既不失异国风情，又借助译者独到的匠心，获得了新的生命。这样的篇什实在太多，为了节省篇幅，恕不在此举例。这是因为杨自己既是译者，又是个诗人和作家。在他的散文集《圆梦初记》刊登的八首诗中，余最爱"寄托"和"思念"这两首，还屡屡把玩诵读。文字顺畅，但不圆滑；不求朦胧，但见真情。译诗家钱春绮在译诗之余，也勤于写诗，留下了数量可观的诗稿。只可惜没有在有生之年盼到它们的问世，到身后才出了本十四行诗集，不知能否告慰九泉下的钱老之魂。

❖ 歌德诗剧一种

《浮士德》，合肥：安徽文艺出版社，1998年；北京：燕山出版社（2000年）；桂林：广西师范大学出版社（2003年）；成都：四川文艺出版社，2010年。这是个大题目，恕不在此赘述。

---

1 参见：杨武能：《迷娘曲 歌德抒情诗精萃》，桂林：漓江出版社，1991年，第457–458页；又：杨武能：《三叶集——德语文学，文学翻译，比较文学》，成都：巴蜀书社，2005年，第29–30页。
2 参见：杨武能：《三叶集——德语文学，文学翻译，比较文学》，成都：巴蜀书社，2005年，第346–347页。
3 参见：杨武能：《西东诗萃·万花筒》，1991年；《多彩的情思》，1995年，系德语当代诗选。皆德汉对照。

❧ 杨译或主编的歌德多卷集

1. 《歌德精品集》（四卷），合肥：安徽文艺出版社，1998年/1999年（含歌德小说三种：《少年维特的烦恼》和《亲和力》合为一卷，《威廉·迈斯特的学习时代》自成一卷，另加诗选《抒情诗·西东合集》与诗剧《浮士德》各一卷）。

2. 《歌德文集》（十四卷），石家庄：河北教育出版社，1999年（第一卷：诗歌，杨武能 译；第二卷：诗剧《浮士德》，杨武能 译；第三卷：长诗《列那狐》《赫尔曼和多罗苔》，袁志英 译；第四卷：小说《少年维特的烦恼》《亲和力》，王荫祺等 译；第五卷：小说《威廉·迈斯特学习年代》，张荣昌 译；第六卷：小说《威廉·迈斯特漫游年代》，张荣昌 译；第七卷：戏剧《情人的脾气》，王克澄 译；《铁手骑士葛兹·冯·贝利欣根》，章鹏高 译；《克拉维戈》，钱春绮 译；《丝苔拉》，米尚志 译；第八卷：戏剧《埃格蒙特》，韩世钟 译；《伊菲格尼》，关惠文 译；《托尔夸托·塔索》，韩世钟 译；《私生女》，张载扬 译；第九卷：自传《诗与真（上）》，魏家国 译；第十卷：自传《诗与真（下）》，魏家国 译；第十一卷：游记《意大利游记》，赵乾龙 译；第十二卷：文论，罗悌伦 译，第十三卷：书信，李清华 译，第十四卷：书信，李清华 译。

迄今在中国面世的多卷本《歌德文集》共三种[1]：上海译文出版社出的六卷本（《浮士德》《威廉·麦斯特》《少年维特的烦恼》《歌德诗集》《亲和力》和《歌德戏剧三种》）、人民文学出版社的十卷本和河北教育出版社的十四卷本。三者的主要区别在于，前两者由出版社策划，将现成的不同译本拼成一组，化分散为集中，冠之于"文集"，无异于旧版的新版。后者由两主编个人牵头，调兵遣将，力争新译。从篇幅上看，译文版最小，人文版次之，河北教育版最大。从内容上看，河北教育版比十卷本的人文版又增加了歌德的名作《意大利游记》一卷、书信两卷和戏剧一卷，几乎涵盖了歌德这位世界级大文豪的代表作。十四卷本《歌德文集》的出版，与高中甫主编的七卷本《茨威格文集》叶廷芳主编的九卷本《卡夫卡全集》张玉书主编的六卷本《席勒文集》和章国锋、胡其鼎主编的十二卷本《海涅全集》一样都是大手笔。当然，任何作品都不可能尽善尽美。笔者私下里暗想，若是收进了《歌德谈话录》这部自传体的经典作品，该《文集》或许会更趋完美[2]。

3. 《杨武能译文集》（两种），桂林：广西师范大学出版社，2003年，十一卷；成都：四川文艺出版社，2008年，八卷。

在世的作家出版自己文集的不乏其人，在世的译者出版自己大型成套译文集的却还无先例。不仅德语翻译界没有，恐怕其他语种亦然[3]。呈现在我们眼前的洋洋十一卷，是杨先生个人成就的

1 另有一卷本《歌德文集》两种面世：谢志茹 译，北京：中国社会出版社，2000年，共759页；韩平 译，北京：京华出版社，2001年，共506页
2 还要请杨先生宽恕的是，不得不指出其中一个小小的、却是令人惋惜的失误：第三卷《列那狐》与《赫尔曼和多罗苔》这两首长诗的译者，大名鼎鼎的袁志英被误植为"袁尚英"。一本书出来，有好多程序，有时真不知错在哪里。这方面笔者自己也有过沉痛的教训：在上文提到的拙著《歌德汉译与研究总目（1878–2008）》中，竟将赵乾龙的大名弄成"赵干龙"，这是电脑在繁转简时的"笔误"，我竟然视而不见，深感愧疚。
3 《莎士比亚全集》的译者朱生豪，出了浩然15卷个人译文集的译者傅雷，都是在身后才享此福分的。

大检阅，也是德语文学翻译史上的一座丰碑。从歌德、席勒、海涅的诗歌、小说、戏剧，到格林兄弟和豪夫的童话，从施笃姆的《茵梦湖》到黑塞的《纳尔齐斯与歌尔德蒙》和托马斯·曼的《魔山》，洋洋十一卷，仅此伟绩便令我辈望尘莫及。其选题和阵容倒很似译坛老将钱春绮，两人都把译事的重点放在古典作家、经典作家上。所不同的是，杨先生似乎是小说与诗歌（包括诗剧《浮士德》）并重，而钱老则以译诗见长（包括歌德的《浮士德》和其他三大诗剧），上溯《尼伯龙根之歌》，下及尼采、格拉斯等，而小说于他仅是牛刀小试（如《青年维特的烦恼》[1]）。

我们在强调杨先生翻译成就，特别是歌德文学翻译成就的同时，不应忘记他的学术成就。杨不以文本的移译为满足，翻译与学术并举，学术指导翻译。翻译、学术和写作三者都是他的强项。用他自己的话来说是，"并非只顾埋头译述，做一个吭哧吭哧的搬运工"。这不仅体现在他的每部译著都有前言或后记，还在国内的核心报刊如《人民日报》《文艺报》《新华文摘》《读书》《书林》《名作欣赏》《外国文学评论》《外国文学研究》《社会科学战线》《学习与思考》《中国比较文学》《中国翻译》《翻译通讯》《译林》《四川大学学报》和国外的*Goethe-Jahrbuch*（《歌德年鉴》）等发表一篇篇文章[2]，或阐述中德文学渊源，或撰写一首首诗和其他作品的导读，阐述时代背景、思想内涵和艺术特征等。再拿小说《维特》的译著为例，除"译后记"之外，另有：论《维特》与"维特热"、漫话《维特》、我译《维特》、《少年维特的烦恼》修订感言等文。其中以论《维特》与"维特热"一文的内容最为厚重（39页），从"维特与歌德""维特的时代意义和思想意义""维特的艺术特色""维特的社会影响和历史地位"及"《维特》在中国"这五个层面来剖析，这就大大方便了我国读者的理解和接受，拉近了他们与歌德和其他德国古典作家时空和文化背景的差距。据不完全统计，仅仅在八十年代，杨先生发表的德语文学的学术论文就有好几十篇。据笔者判断，其论文之多，刊登的杂志之广，在我国德语德国文学界的同行中鲜见。

无疑，这些论文的主体，是对德国文学史上不同流派重要作家及其不同题材体裁作品的介绍。从莱辛寓言到格林豪夫童话、从古典主义的歌德、席勒、到浪漫派的海涅和霍夫曼，从施笃姆的诗意小说到里尔克的象征主义诗歌，从托马斯·曼的小说名作《魔山》到黑塞小说《纳尔齐斯与歌尔德蒙》。其中，不少论文的见解不同凡响，有较高的学术价值。诸如《思想家歌德》一文，阐释了"歌德时代"的意义、歌德思想的构成、核心和载体，以及"世界文学"构想与"全球化"的关系，指出了只着眼于歌德的文学创作而忽视了他杰出思想家的一面，忽视了去挖掘他丰富的思想遗产；《何只自强不息！》一文，是对浮士德精神的别解和新解；《他不是"法兰克福市议员的谨慎的儿子"——对恩格斯关于歌德评价的质疑》一文，更是振聋发聩之作。在那个清一色的年代，容易人云亦云。对导师的话或某些权威的"解释"，一概盲从。杨先生却以学术为重，勤于思考，一旦发现破绽，勇于提出"质疑"，并大声疾呼，这并不是每个学者所能做到的。

1　百花文艺出版社，1996年初版。
2　如："Goethe in China. Das Goethe-Jahr 1932 und die neuerliche Goethe-Verehrung"，载：魏玛*Goethe-Jahrbuch*，第115卷，1998年；"Goethe-Rezeption in China"，载：东京Von Wertherfieber zu Werther-Übersetzungsübereifer，Studien des Instituts für Kultur der deutschsprachigen Länder，第18辑，2000年。

❖ 杨撰歌德论著四种

1. 《野玫瑰·歌德抒情诗咀华》，北岳文艺出版社，1989年，共200页

2. 《歌德与中国》[1]，三联书店，1991年，共239页

3. 《走近歌德》，河北教育出版社，1999年，共346页

4. 《三叶集——德语文学·文学翻译·比较文学》，巴蜀书社，2005年，共560页

它们是杨先生学术成就的大检阅。这里只谈谈《歌德与中国》，它是建国后德语文学领域里第一部比较文学的专著[2]，也是建国后第一部系统的歌德接受史[3]，尽管并未冠以"接受史"的字眼。该专著从世界文学的总格局，全面回顾了我国的百年歌德译介史，从歌德与中国及中国与歌德这两个不同的层面论述两者的渊源关系，着重论述了歌德作品对我国现代文学，特别是对我国青年的影响，从而奠定了它在学术史上不可动摇的地位，尽管它的内容还有待进一步丰富和深入[4]。作者曾自谦这部著作"早已过时、落伍"。且不论是否真的"过时、落伍"，即便是实情，也无可厚非。难道我们应该苛求二十年前问世的《歌德与中国》，预测到二十年后中华古国的又一波"歌德热"，让它为我们提供当时还没有的信息和资料不成？！学海无涯，乐于肯定他人的成就，敢于承认自己的不足，是每个正直的学者应有的涵养、品格和胸怀[5]。说到底，这类接受史的时间性很强，它们的编订不可能一劳永逸。只要歌德的作品还有人翻译，歌德的思想还有人研究，歌德的文化遗产还为我们所珍爱，这部歌德接受史就得一直写下去。请看杨先生的战略眼光，请听他对后学的嘱托和期望："日前，我更明确授权师从我专攻歌德的莫光华博士，让他在我修订的基础上作进一步修订和完善，以便在条件成熟时出一个像样的单行本，同时也用这个接力的方式把歌德与中国课题的研究一直做下去。"[6]

杨先生之所以能在翻译、学术和写作上取得全面丰收，在笔者看来，主要有如下几个因素：

在译本自序中，译者首先感谢的是出版社及主管人员，感谢他们敢于"吃螃蟹"的胆识，这是完全可以理解的。一部稿子的命运首先取决于出版社的态度，是慧眼独具，还是赢利至上，是被笑纳，还是被婉拒，甚至被怠慢或非礼，译者要冒或大或小的风险，在当今经济大潮的冲击下，严肃文学的出版实属举步维艰。同为译者，笔者是深有体会的。不禁联想起十七年前，拙作《荷尔德林

1　此著还有个在德国出版的德文版扩订本：Yang Wuneng: *Goethe in China (1889–1999)*, Frankfurt u. a.: Peter Lang Verlag, 2000.

2　其前驱之作有：建国前的陈铨《中德文学研究》（1933年）和周冰若、宗白华主编的《歌德之认识》，第四部：《歌德与世界》，第217–322页。其中有篇目："歌德与德国文学"（杨丙辰），"歌德与英国文学"（范存忠），"歌德与法国"（徐仲年），"歌德与中国文化"（卫礼贤），"歌德与中国小说"（陈铨），"孔子与歌德"（唐君毅），"歌德与中国"（郑寿麟）。

3　该领域里的开山之作，陈铨于上世纪三十年代出版、影响深远的《中德文学研究》并非研究歌德的专著；较杨著稍迟出版的《歌德接受史1773–1945》（高中甫 著，北京：社会科学文献出版社，1993年）乃歌德在其本国的接受史。

4　参见：叶隽：《德语文学研究与现代中国》，北京：北京大学出版社，2008年，第349页。"杨氏两著的主要贡献在于总结和梳理了歌德在中国接受的基本史实，但对于许多深层问题的挖掘、辨析和探讨仍有待来者。"笔者认为这个评价是中肯的。

5　写到这里，不由得联想起笔者十七年前完稿的博士论文"德语抒情诗在中国"（德文版），写的是荷尔德林的汉译与研究，样书虽有富余，却羞于馈赠他人，其原因也是个过时的问题。从这个意义上，我与杨先生颇有点同命相怜。

6　参见："两种精神，三个旨在——读顾正祥著《歌德汉译与研究总目》"，载：《科学时报》，2009年9月10日，B3版。

诗选》的译稿因未满足要价，被南京的某家出版社"婉拒"，才斗胆敲开北大出版社的大门。无独有偶，如今的《荷尔德林诗新编》，先受上海一家出版社冷遇，才在京城的商务印书馆落户。我不知杨先生在为他的《译文集》物色出版社时，是否旗开得胜，在广西师大出版社一锤定音的，有没有为此付出或多或少的"代价"。无能如何，《译文集》的出版于译者个人是桩幸事，于译界和学界是桩盛事。

除出版社之外，译者还列了一个长长的被感谢者的名单。杨先生惯于饮水思源，从中学的启蒙教员，到高校本科和研究生的导师，从出版界其余的"伯乐"，到父母、家人、亲友、学长，挨个儿感恩戴德，唯恐遗漏。说实话，杨先生是幸运的。良好的中小学教育给他的启蒙，全国著名高校南大和最高学府社科院浓浓的学术氛围，先贤们绘制的蓝图，良师益友的提携，又逢开革开放的好时机，使他如虎添翼。倾听译者的肺腑之言，我们感受到的是一位饱受儒学熏陶的谦谦君子的风范和涵养，这是杨氏著述的一大特色。

外部条件固然必须，个人因素更为重要。具备同样条件的人有千千万万，而"杨武能"却只有一个。首先，个人的天赋，执着的追求，锲而不舍的努力，使杨先生很早就崭露头角。披览杨先生近年来撰写的自传性作品，如《感受德意志》（四川人民出版社，2001年）、《圆梦初记》（湖北教育出版社，2001年）和《三叶集》（巴蜀书社，2005年）[1]等，一个真实的"杨武能"便向你敞开心扉，娓娓道来，他以感人的笔触和沛然的文采向你倾诉他的身世遭遇、他的追求、他的拼搏，描画他"从奴隶到将军"的艰难漫长而又丰富多彩的人生轨迹：一个贫苦人家的孩子，未被命运所困，从巴蜀内地奔向更广阔的天地。继而，他的生命之舟又"从长江黄河划向莱茵河"（杨武能语），去拥抱德意志，视它为第二故乡，找到了另一个精神家园，再从那里划回故地。或许是秉性所致，他视文学翻译，特别是歌德译介为"至爱""大半生矢志不移，辛勤劳作"。

杨先生的敬业精神甚为可嘉。他不是急功近利，为升等提薪，不是为名为利，而是把文学翻译作为自己的"主要志趣和事业"，甘当"运送精神文化产品的苦力"（《三叶集》，第115页），又把它作为自己的"至爱，甚至可以讲是生命的主要组成部分"，是他的"心血和生命"。"四十多个寒暑春秋，不管外面的世界是阳光明媚，还是风雨交加，也不管个人的命运是顺利畅达，还是坎坷曲折，我都一样乐此不疲。"（《三叶集》，第377页）

杨先生的治学态度堪称严谨。在"我译维特"一文中他谈到，虽然熟悉该书的时代背景、成书经过、思想意义以及艺术风格，"为了真正译好这本书，我又细读了原著，查阅了许许多多的研究资料，直至确信已经基本把握了维特的风格。"（《三叶集》，第352页）此外，他还悉心研读了钱钟书等学者的有关论著。他透露，工作是艰辛的，为达到保持和再现原书风格情致的要求，常常字斟句酌，每译一段都要进行一番思考，甚至"使出浑身解数，费了九牛二虎之力"。再拿格林童话的翻译为例，虽然已有魏以新等前辈的现成译本，他"手里掌握的原文版本至少五六种，格林兄弟的传记和研究资料也不在少数"。辛勤耕耘，必有收获，这才有了比魏译多了五篇的成果。

---

1 读了这些散文、随笔和论文，你会由衷地钦佩杨先生的丰富学识和文学才华，会毫不迟疑地认定，他不但是优秀的翻译家，也是优秀的诗人和作家。开卷有益，有兴趣的读者千万别失之交臂。

成功的另一个重要因素是选材，即译品本身的品位，本身的价值，它的系统性和科学性。译者为我国读者贡献的，都是历代德语文学，特别是歌德文学的经典作品，是"纯文学"，而不是东拉西扯的大杂烩，更不是投机取巧、急功近利的廉价产品。《译文集》的出版表明，德语文学的优秀遗产通过无数先贤心血的浇灌已经扎根。同时表明，随着我国文学翻译和研究的普遍繁荣，我国读者的文学鉴赏水平日益提高。只有经典作品中高水平的译本才有长久的生命力。

于是，从京城到内地，凡杨译，各地出版社都争相出版。拿他的《维特》为例，不仅人文一家旺销一百五十万册以上，其他十多家出版社也不甘落后，简直到了铺天盖地的程度。恐怕杨先生自己一时也弄不清，一共有多少家出版社出了他多少译著。这就使大型多卷个人译文集的应市形成水到渠成之势，没有这个势头，我敢断定，是断然没有哪家出版社肯冒这个"风险"，敢破例、敢接纳这个颇有经济风险的大型出版项目的。

结语：感慨和期待

德语文学大花园[1]花团锦簇，我们却往往不太留意浇灌这片园林的栽花人，很少关注他们付出的心血和汗水，很少思考他们劳动的价值和意义。同行的人也往往自顾不暇。我原想，以杨先生这样的知名度，准会招来评文如云，事实却正相反。翻看拙著《歌德汉译与研究总目（1878–2008）》，杨评歌德的论文数不胜数，评杨之文一数仅三篇[2]。杨先生自己却是火热心肠：他尊冯至、张威廉、叶逢植等前辈为恩师，一再感恩戴德（参见"多才多艺，可佩可叹——怀念恩师叶逢植""我的老师张威廉""厚实温暖的大手——冯至师杂忆"）；他为钱春绮、傅惟慈、刘硕良等同行或友人作传（"钱春绮传奇""忙人刘硕良""能人李景端"）；为年轻学者的著作写序[3]；在自己的著述中，他未曾扮演"孤胆英雄"的角色，频频引录他人的作品；连我这位浪迹海外经年，几被祖国遗忘的学子，何德何功，也蒙杨先生抬爱，两次拨冗谬奖，自觉亏欠杨先生太多。需要强调的是，并非杨先生一个人被同行冷落，郭沫若、冯至、董问樵、钱春绮等名流的待遇也大同小异[4]。从总体来说，我们对翻译家们的关注太少，没有作家们那么幸运。为此，笔者期待，不，是

---

1 杨武能：《德语文学大花园》，武汉：湖北教育出版社，2007年，共229页，8000册。
2 评杨武能论文三篇："重温歌德，认识生活：评杨武能新著《走近歌德》"（罗悌伦），《外国文学研究》，2000年第3期，第141–142页；"对书信体小说《少年维特之烦恼》的翻译对比——以郭沫若及杨武能的译本为例"（张燕华），上海交通大学：外国语言学与应用语言学（德语），2009年；"断代的感喟：从《走近歌德》说起（黑马）"，《出版广角》，2000年第7期，第36页。
3 如为叶隽《德语文学研究与现代中国》（北京大学出版社，2008年）一著作序。
4 评冯至论文四篇：华然、陈石："一部颇有深度力度的学术著作——《论歌德》"，载：《中国社会科学》，1987年第6期；殷丽玉："论冯至四十年代对歌德思想的接受与转变"，载：《文学评论》，2002年第4期，第125–131页；严宝瑜："冯至的歌德研究"，载：《北京大学学报》（社科版），第40卷，2003年第4期，第65–72页；叶隽："救亡与沉潜：西南联大时代冯至、陈铨对歌德的诠释"，载：《外国文学评论》，2004年第4期，第89–98页。评宗白华论文四篇：云慧霞："浮士德精神与审美现代性问题：试论宗白华对歌德之人生启示的研究"，载：《内蒙古大学学报》（社科版），2003年第3期，第86–90页；张国花："宗白华对歌德艺术人生的感悟"，载：《淮阴师范学院学报》（社科版），2006年第4期，第440–442页；叶隽："文化建国者的'精神支柱'——论宗白华的歌德观"，载：《南京师范大学文学院学报》，2007年第1期，第142–147页；张泽鸿："'东西对流'中的生命融通——宗白华美学的西学渊源论"，载：《十堰职业技术学院学报》，2007年第3期。评论董问樵、绿原、郭沫若各一篇：郑重："无愧于作者，对得起读者——访《浮士德》新译者董问樵"，载：《文汇报》，1981年8月13日；桂清扬："诗人、翻译家绿原和他的《浮士德》译本"，载：《外语与翻译》，2002年第4期，第53–56页；程光炜："中国'歌德'之道路：论郭沫若解放后的思想和文艺活动"，载：《海南师范学院学报》（社科版），第15卷，2002年第2期，第15–22页。

呼吁，全面活跃德语文学翻译和研究的评论，从语言学、美学、诗学和译学等角度，加强对日耳曼学者文学翻译的选题、风格、技巧、质量、效果和影响等课题的探讨和评估。以杨先生为例。譬如将杨先生的译品与他人的译品作比较：在歌德诗歌的翻译上，不妨与钱春绮、绿原、樊修章等的译本相比较，在《少年维特的烦恼》的翻译上，不妨与郭沫若、侯浚吉、韩耀成、胡其鼎，卫茂平和近二三十来涌现的大量新译者相比较；在《亲和力》的翻译上，不妨与高中甫、洪天富等人的译文相比较；在《浮士德》的翻译上，不妨与郭沫若、钱春绮、董问樵、绿原等的译本相比较；在《威廉·迈斯特的学习时代》的翻译上，不妨与冯至、董问樵、关惠文、张荣昌等人的译文相比较。畅所欲言，各抒己见，是褒是贬，悉听尊便，关键是不带偏见，作出尽可能中肯的评价。这固然很难，但应该朝这个方向努力。笔者深信，这个课迟早要补。我们这代人能补，何必留给后代？！但愿这一呼吁能得到德语界同仁的响应和广大读者的参与，在不久的将来，不仅这方面的单篇论文多多，还有几部诸如《杨武能传》或《杨武能论》的论著面世。并以此为开端，为谢世不久而又功勋卓著的钱春绮、董问樵、绿原等作传，在描述他们人生道路的同时，多谈谈他们的文学翻译和他们与文学翻译相关的学术研究，因为这是他们用血肉凝成的生命的一个重要组成部分[1]。

[原载：《薪火·桃李集——杨武能教授德语教学、学术研究、文学翻译五十年》，董洪川、段峰、傅晓微主编，外语教学与研究出版社，2012年10月出版，第48–59页]

---

1 在这方面，业已问世的几部《郭沫若传》和《冯至传》似嫌不足。

别具一格的歌德传记

——读袁志英著《歌德情感录：歌德和他的妻子》

《歌德情感录：歌德和他的妻子》是一部别具一格的歌德传，也是歌德和其妻的合传。细心的读者还会发现，作者为女主角克里斯典娜倾注了更多的关注和同情，因而也不失为一部独立的《克里斯典娜传》。

全书共十五章，分别从他们的家境，从呱呱堕地，一直写到女传主去世。全书从他们的柴米油盐、饮食起居和你来我往的点点滴滴入手，反映出他们既平凡而又不平凡的人生经历和精神世界，读来倍感真实和亲切。

资料的全面和丰富是《歌德情感录》的一大特色。从书后列出的"参考书目"得知，它参照了共二十来种原版和中文版的歌德诗集、情诗集、论文集、自传、同时代人的回忆录和传记等。但最核心的和最具影响力莫过于格莱福（Hans Gerhard Gräf）主编的两卷本《歌德伉俪通信集》（1916年初版）和达姆（Sigrid Damm）著的《克里斯典娜和歌德》（法兰克福，1998年），"该书由为数众多的真实的历史碎片连缀而成，作者对每个细节都进行了调查研究，甚至翻阅了克里斯典娜数百年来的家谱"（袁"自序"，第5–6页）。《歌德情感录》正是反映了该领域国外研究的一些最经典和最具权威的成果。

作者就是以两人的通信集和达姆的专著为基石或者说为基干，糅合、补充、充实了从其他渠道所得到的有关资料和说法，并加上自己的见解和评论。如此添枝加叶，使得光秃秃的枝干变得繁花似锦，枝繁叶茂起来。这不是胡乱的拼凑，也不是生拉硬扯的堆积，而是有机的组合和整合。这样整合的结果，一棵浑然一体、生气勃勃的大树矗立在眼前。说到克里斯典娜受辱，歌德的被误解，作者自然而然地联想到了中国的《三叶集》；说到歌德研究自然科学的情况，作者似乎胸有成竹，进行了颇有见地的论述，对所本之书甚至有所超越；说到歌德为使克里斯典娜得到魏玛上流社会的承认，他亲自走访各个显贵之家；作者便从其《叔本华传》中的有关段落移植了过来，进行巧妙的对接，并没有任何的生硬突兀之感。

全书为我们刻画了克里斯典娜如下的人生之路：一个家境窘迫的制花女工，成了歌德的情人后，迫于世俗压力，只能幽会同居，被摈除在社交活动之外，受尽上流社会的歧视、责难，甚至不堪入耳的辱骂。被"明媒正娶"后，才赢得"为人妻"的合法身份，才成为"克里斯典娜·冯·歌德枢密顾问夫人"，才有资格以"女主人的身份"举办大型茶会（第368页）。我们有理由为克里斯典娜的命运，为她生前的坎坷和死后的冤屈抛洒一掬同情之泪，又钦佩她的刚毅和奉献精神。她与歌德相伴28年，照管诗人的衣食住行，给了歌德那么多的爱、温暖、灵感和慰籍，使歌德写下了许多著名的诗篇，甚至配合歌德的写作，这在《歌德情感录》中有较为详尽的描述。尤为可贵的是，她对歌德和其他女子的来往，也能"抱着宽容的态度"（第241页）。甚至对歌德有救命之恩：在法军侵扰魏玛的兵荒马乱中，她挺身而出，挡住了直指歌德的刺刀。

那么，歌德是怎样"回报"克里斯典娜的呢？诚然，《歌德情感录》写了他与施坦因夫人的情感纠葛，写了他出游意大利时与"风流寡妇"的春风几度，写了他与《西东合集》中玛丽安娜的情投意合等。但这些无非是歌德婚恋中的插曲，"间或和她们打打交道，不过是逢场作戏而已，也可能为激发其诗情计。……并没有'动真格儿'"（第408页）。有的是他与克里斯典娜认识之前发生的。构成歌德情感生活主旋律的，是他一见钟情、后来终生陪伴他的克里斯典娜。试想，在当时门第森严的魏玛，时任枢密大臣的歌德，与一个贫民女子结合，须承受多大的压力啊！他善解人意地对妻子说："博览群书，谈论政治，提笔著文，这是对你的苛求"（第122页），甚至关爱有加：有一次他让妻子去卡塞尔度假，给她"买了一条精工制作的裙子，还有一条型款式的大围巾"，"再买一顶帽子和一件连衣裙"（第252页）。可见歌德并不是某些人想象中的"负心汉"。诚然，歌德有时会"避"开她，也有过短暂的危机，但不是因为"朝三暮四"，或"另有所欢"。文学是歌德的生命，有时他需要一人独处，静心思考。再说，哪家夫妇没有一点恩恩怨怨，亲疏冷热？！

《歌德情感录》并不局限于歌德夫妇俩，不仅描写了两人的人生经历和悲欢离合，还描写了十八、十九世纪魏玛公国的整整一代或几代人：其中有居住在法兰克福的母亲，有歌德的恩主、魏玛小朝廷的奥古斯特公爵及其王室，有大作家席勒、维兰德，有大哲学家赫尔德、叔本华及其母亲、大音乐家贝多芬，有浪漫派作家阿尔尼姆、布仑塔诺、蒂克，有克里斯典娜的哥哥、通俗作家克里斯蒂安，还有歌德家的秘书、医生和仆人等。此外，还写了歌德与法国革命和拿破仑、与文学创作、与自然科学和与泛神论等的关系。笔墨或详或略，或淡或浓，却是歌德"家谱"的延伸，是歌德精神生活和文学活动的背景，从而使《歌德情感录》成为歌德跻身魏玛仕途后漫长生涯的实录，成为歌德生平和创作丰富多彩的画卷。

《歌德情感录》还描绘了魏玛的市容、居民、街道、卫生条件和娱乐活动以及社会风貌，甚至还有当时的一个粮食和副食品的价目表（第7页）；在论述克里斯典娜被歧视的社会根源时，还分析了当时流行的婚姻制度（第75–76页）、法律条款和婚嫁习俗；在描写歌德随公爵和联军远征法兰西时，又描述了战地情景、歌德的战地身份和战地形象。在写到拿破仑进兵耶拿时，描述了魏玛横遭兵祸的惨状和歌德夫妇亲历的惊险场面。

《歌德情感录》是继中文版《歌德自传》和《歌德谈话录》问世之后，又一部不同凡响的歌德传记，是我们多视角了解歌德情感世界的又一力作。它以资料的真实可靠、内容的丰富多彩、观点的新颖和构思的缜密，将在中国的歌德译介史上占有一席位置。

[原载：《文汇读书周报》，2014年11月14日，第6版]

新腔与旧调的变奏

——读卫茂平的德语文学论集《新腔重弹旧调的余响》

去岁秋冬之交归国返沪，邂逅卫茂平的新作《新腔重弹旧调的余响》（以下简称《余响》），深感荣幸。

卫茂平是德语界同仁都很敬重的文学翻译家，中德文学、文化双向比较和中德文学、文化关系史研究专家，已发表《席勒传》等以首译为主的德语译著三十余部，出版《中国对德国文学影响史述》（上海外语教育出版社，1996年）、《德语文学汉译史考辨：晚清和民国时期》（上海外语教育出版社，2004年）和《异域的召唤：德国作家与中国文化》（宁夏人民出版社，2002年）、《中德文学关系研究文集》（上海外语教育出版社，2004年）、《中外文学关系史——中国－德国卷》（山东教育出版社，印制中）等中德文学关系史论著多部。

这里要探讨的论文集《余响》，选收作者历年来发表过的德语文学、哲学、文化的学术论文以及翻译作品的前言后记49篇，2015年年初，由国内权威学术出版机构之一——北京的生活·读书·新知三联书店郑重推出。

论文发表已非易事；将散见在报刊杂志上的零星旧作结集出版，更是难上加难，尤其在市场经济激烈竞争的今天。纵观近年来的德语文学界，虽新人迭出，也有不少好兆头（如"《歌德全集》翻译"和"歌德作家与作品汉译研究"这两个国家社科基金重大项目，都于2015年3月开题），而德语文艺论集的出版，仍如凤毛麟角。相比卫君的那部论集，既能脱颖而出，印数也很可观（5000册）。看来，"新腔重弹"的，不止是"旧调余响"，还增添了新的生机。

全书49文，按主题辑为三组：第三辑"书前书后"，凡20篇，全系译著的前言后记。第一辑"哲学文学"，也即哲学与文学，讨论与德国哲学和思想史有关的作家和作品，收论文13篇；第二辑"中德文化"，主述中德文学、文化关系，共16篇。两者相加共29篇，陆续发表在全国各地的14家主流媒体或专业杂志：从上海的《文景》《书城》《文汇读书周报》《外国语》和《中国比较文学》，到北京的《人民日报》《中华读书报》《读书》和《国外文学》，从南京的《东南大学学报》（双月刊），到长沙的《创作与评论》、郑州的《寻根》和重庆的《四川外语学院学报》，直至南疆的澳门理工学院中西文化研究所的《中西文化研究》（半年刊）。这些学术论文，与他众多的译著和论著一起，从另一个侧面，反映了作者二十年间（1994–2014）所走过的历程和为之倾注的心血。可以想象，这些学刊和媒体的"门槛"都不会太低，绝非等闲之辈随意可及。卫君却能赢得如此宽阔的地盘，全赖他的学术功底，也反衬出他在学界所拥有的地位。

卫君坦诚，上述成果鲜为"投稿"所获，多半还是"应命"之作。同时又强调，每每又不乏作者自己的选题原则。披览全书，至少有以下几个可贵之处：

　　请看《余响》聚焦的对象。这里，有些是我们熟悉或比较熟悉的，更多的是我们不太熟悉，甚至是很不熟悉的。这里，既有十八、十九世纪德语古典作家莱辛、歌德、席勒、荷尔德林、冯塔纳、施托姆、尼采等，也有二十、二十一世纪的现当代作家托马斯·曼、布莱希特、凯泽、格拉斯、瓦尔泽等。专文讨论与文中涉及较多的作家不下20余位（重复的不计在内），比较详细讨论的哲学家或思想家也有六位 [尼采（Friedrich Nietzsche）、海德格尔（Martin Heidegger）、施米特（Carl Schmitt）、荣格尔（Ernst Jünger）、斯洛特戴克（Peter Sloterdijk）、萨弗兰斯基（Rüdiger Safranski）]。《余响》作者按学术规范，为我们不太熟悉或很不熟悉的外国作家注上外文原名。舍此，会让专业读者大失所望。在国际交流日益频繁的今天，更显得难于回避。因为不附原文的译名，充其量也只是与汉语拼音相近的替代符号，在汉语语境中已"面目全非"，难于辨认。而这样做，通常又会遭娱乐性、消遣性、乃至文艺性中文报刊的拒斥。它们担心的是，这些外文字母会减弱文章的可读性，甚至会让一般读者望而怯步。看来，"取"与"舍"的权衡，是困扰我国译者和作者的一大难题。如何填平"学术"与"消遣"、"专业"读者与"一般"读者之间的这一鸿沟，是一门跨学科、跨行业的学问，还有待于我国学界的进一步探讨。

　　《余响》中所探讨的，多为哲学与文学联姻的德国作家，彰显作者向德国哲学、哲思倾斜的学术兴趣。在上述哲学家之中，作者对萨弗兰斯基（被誉为"德国最敏锐的思想家"和传记作家）情有独钟。据悉，继《席勒传》的汉译本问世后，卫君的新译《歌德——生活的艺术作品》也即将竣工。据卫君介绍，萨氏崇尚"诗化哲学，哲学化诗"（Das Philosophische in der Dichtung, das Dichterische in der Philosophie），即诗与哲学的交融，让学术走出少数人的象牙塔，走向大众，从而每年都有学术书面市，居然还能畅销。在卫君看来，"德语纯文学更重思辨性，因而可读性要差一些。但德国的强项是哲学、历史等和思想史相关的其他学科。尤其是德国哲学，它是理解德国文学的重要途径，也是德语文学创作的重要基石。而且，德国哲学家大多具有深厚的文学素养，也经常拿文学说话；反过来，很多经典作家的作品也具有浓厚的哲思，如歌德和席勒"。

　　题材的新颖是《余响》的显著特点，也是其精髓之所在。放眼德语界，《浮士德》和《维特》曾是最热门的话题，谁都想在那儿显一显身手，这方面的高论也层出不穷；提起荷尔德林，言必称"诗意的栖息"，未解其真意，便滥用于各行各业。与此相反，《余响》为我们辟出一片神清气爽的新天地。这儿，全非德语语境中耳熟能详的陈旧话题，并非一而再、再而三地被重复的老生常谈，也不追逐那些时兴的热门话题，而将视线优先投向德国文学史、思想史上那些地位重要、迄今却少有介绍的人物。如克罗洛夫（Christian Graf von Krockow），此君虽不有名，平生只出过两本书，但其代表作《决定》引用率很高，便引起了《余响》作者的关注。而对歌德、席勒等大文豪及其名作（如《浮士德》等），并未倾注太多的笔墨。这是因为他"考虑作为中国的日耳曼学人，研究重点若与德国同行一致，恐怕难有突破，因而比较注重中德文学或文化关系，力求在中德学术的交界处开辟学术通道"（《余响》序）。

　　《余响》并不兜售虚张声势的玄深理论，并无名词术语的大量堆砌。《余响》涉及（非指专论）"浪漫主义""理想主义""欧道主义"（Eurotaoismus）和"决断主义"（Dezisionismus），也旁涉"历史主义"和"自然主义"。但基本不涉及目前比较时髦的"现代主义""后现代主义""殖民主义""后殖民主义""女权主义"等。"力避繁琐概念和空头理论的时风"（序言，第2页）是《余响》追求的学术伦理。据悉，作者对理论的态度是：只求了解和理解，但不参与专门的理论讨论，甚至还找到了一位"了解理论，为的是不搞理论"的德国知音。卫君的这番美学情趣，自有他的缘由。抚今思昔，平日里不苟言笑的他，这下竟娓娓道来："如今众多中文出身的学人，意气风发，评骘西学，甚至研究中国古籍，也时常引上一位洋人，谈上一番理论。而以外语为立身之本的我，却置身于时兴"主义"之外，在中国近现代出版物中，甘于钩发沉伏的考证。蓦然回首，自己也发觉一种倒错，顿觉惊悸。许是愚钝如我，不能'与时俱进'？更许是幼时寒暑假期，被送乡野，夏日树下，冬日炉旁，听老人讲三国水浒聊斋镜花缘，心底蛰伏的中国传统梦太浓，浓得化不开，总让自己与流行意趣相悖？"（《德语文学汉译史考辨》之"后记"）。实话实说，卫君的这种情趣，颇合笔者的口味。比之卫君，自己更是一位"主义"的门外汉。几十年混迹于学界，自甘落伍，从未认认真真地研修过一部有关时新"主义"的宏论，从而也从敢跟人奢谈哪个"主义"。囊中怀揣的唯有倾注的心血和抛洒的汗水，以及从中引发的一些思考。往日羞于启口，如今还暗自庆幸，居然还找到了一位像卫君这样的同道。当然，这也仅仅是一家之说，笔者在此也无意以偏概全。理论与实践两者的最佳效应，应是相得益彰，其潜能的发挥，则因人而异了。

《余响》中的文章皆非宏篇巨构。篇幅短小，是《余响》的一大特色。《书前书后》中的前言后记，无一不是一二页、二三页的短文。即便是那些专论，短的四五页，长的也只有十五六页。篇幅虽小，内涵却很丰富。恰如苏州园林，曲径通幽，别有洞天。试以《作为德国事件的浪漫主义》（第76—85页）一文为例。浪漫主义，勘称硕大无朋的话题。该文却舍空对空，从理论到理论的门径；而从具体文本出发，以萨弗兰斯基的《浪漫主义——一个德国事件》为线索，从德国浪漫派的代表人物施莱格尔和诺瓦利斯，到德国狂飙突进运动和古典主义的旗手席勒和歌德，从英国作家以赛亚·伯林、匈牙利作家伊姆雷·凯尔泰斯、俄国作家加比托娃、伊瓦肖娃，到丹麦作家勃兰兑斯、克尔凯郭尔，论及浪漫主义作家十位，相关著作八部，添加注释十七条。旁征博引，游刃有余。

这种学术优势，当然不是先天的。它源于锲而不舍的学术追求。长年的知识积累，又夯实了他的学术根基。且看他的私人藏书。不是良莠不分的古董式大杂烩，也不是些猎奇式的所谓"孤本""珍本"，而都是与他本人的研究领域密切相关的专业图书。从民国初期到今天，凡汉译德语文史哲名著，都一一收藏，其规模不亚于某些省市图书馆的"特藏"。其中，汉译德语文学名著的典藏最丰，包括小说、诗歌、散文、文论等体裁，内外两层摆放，把他书房的整整一垛墙遮得严严实实。有几种图书，如歌德的《浮士德》，还藏有不同时期、不同译者的多种版本。令人叹服的，是他的那一大套《中德学志》期刊，凝聚着上世纪三四十年代中德两国学者兼办刊人的共同心血。虽是影印本，售价不菲，连装帧也很平常，而论文献史料的价值，却不可估量。这些藏书，再加上只有史家才会关注的那些民国时期的杂志，更呈现学者气度和书斋氛围。

拜读《余响》，获得的另一印象是，作者的自谦自律和为人处事的低调。二十余年耕耘，三十余部译著，又有厚重的文艺专著多部，如今又是国家社科基金重大项目"《歌德全集》翻译"的首席专家，却从不标榜、张扬自己。披览《余响》，只见他如数家珍地介绍一位又一位中外文学家、哲学家、思想家，却从未撰文专门介绍他自己，奢谈自己如何如何。或许，只有在他译著的"前言""后记"里，或在介绍外国作家之余，我们才能发现他本人的某些"行踪"。比如《余响》中的《遭逢萨弗兰斯基》一文（第72–75页），谈作者与萨氏的缘分、译书的经过和其中的甘苦，也颇详尽。但在那里，萨氏是"主角"，作者自己甘当"配角"。当话题转到比较文学，他一再否认"自己是在搞比较文学，虽然有的著述被归入比较文学范畴"，并以平实的口吻解释道："我曾参加中国改革开放后第一次的、1983年在天津举行的全国性比较文学大会（有人称它是中国比较文学界的'黄埔一期'），也比较熟悉中国的比较文学研究情况。但比较文学作为一门学科，发展至今，内涵和外延都有很大发展，绝对超出我个人的兴趣和能力范围。我研究的仅是中德文学关系，谈不上是比较文学的'专家'。说到'地位'，我只能说，在同时代的德语工作者中，自己是比较勤奋和多产的一个。"

这里，没有一星半点的文过饰非与夸夸其谈。这种夫子性格，从"社会"层面看，符合中华传统美德，理应给予充分肯定。作为"社会"人，面对物欲横流，有多少人丧失了道德的底线。不为名利所动，洁身自好，守住一方净土，委实难能可贵。而从"学术"层面看，笔者却不敢恭维。古今中外，曾有多少作家的自述为后人留下了一笔可贵的精神财富。或许是个人嗜好，笔者从小就爱读名家自传，他们向读者敞开心扉，情真意切，文笔也尤为感人。笔者暗想，先有德国"洪堡生"的骄人资历，后任上外德语系主任兼博导的卫君，人生阅历与学术生涯一定丰富，治学和翻译经验定然有益，付诸文字，必定生动。令笔者若有所失的是，论文集《余响》并没有为我们留下这一方面较为完整的资料。

不无遗憾的还有，《余响》中的篇目多系外国作家与中国作家比较、外国作家在中国接受及其影响研究，却无专文讨论学界同仁及其著译。即便是《今天您"诗意地栖居"了吗？——德诗汉译考究一则》那一篇（第243–249页），也旨在廓清一种"现象"，并未针对具体的哪一位作者或哪一部作品。据卫君本人透露，他不太愿意在同行中"说三道四"。是避"文人相轻"之嫌吗？我未细问。德语界有这种顾虑的同行估计不少。虽说一年一度的年会也提供碰头的机会，平时却宁可"孤军奋战"，有看法，多半在私下议论，甚至心存芥蒂。于是，几份外国文学、翻译文学或比较文学的专业杂志，也因"巧妇难为无米之炊"，而少有来自德语界的批评、自我批评和表扬或创议，少有开诚布公的切磋、交流与探讨。这点缺失，还需我们补上。但愿我们这一代与下一代和下下一代，能以郭沫若、田汉、宗白华等先贤为榜样，一如他们在《三叶集》（亚东图书馆，1920年）里所昭示的那样肝胆相照、共襄大业。

2016年7月23日于德国图宾根

[原载：《探索与争鸣》（全国中文核心期刊），2016年第12期，第137–138页]

书 评

林纯洁：《德意志之鹰：纹章中的德国史》

呈现在我们眼前的这本书，由来自华中地区的年轻学者林纯洁（1983年出生）撰写。全书分三个章节和三篇附录，既系统展示一部纹章的历史，又折射德国政治、经济和文化的演变，从而也成了一部德国通史———一个引人入胜而又难度很高的题材！

该书的特点和令人钦佩之处在于，作者并非捡起现成的材料，作浮在表层的、枯燥的描述，而进行了独辟蹊径、持续多年的综合考察，顺藤摸瓜、刨根究底地查找不同领域的各种证据和资料来源，筛选查获的材料，最终才得出研究结论。书中展示的不仅是带有鹰图案的纹章，还有历史上一些公爵、贵族、名门望族的纹章和一些历史名人的纹章，直至当今联邦德国各州的州徽和德国各大学的校徽。异彩纷呈、形状各异。还分别介绍了那些纹章的起源、图像的演变、象征意义以及影响。作者的文学功底和大量的彩色插图使得这本书不仅能够成为历史学家和学者的研究资料，也能作为通俗读物为中国广大读者所接受。

特别令人感兴趣的是，作者在最后一章附录中对德国的鹰纹章和中国传统的龙图案进行了对比———龙在中国和鹰在德国一样，象征着力量、权力和统治地位。

2017年9月3日于图宾根

（王玉珏 译）

论诗之嬗变

——中国古典抒情诗德译本之异化现象及其在德语世界文学选集中的地位

对诗歌译者而言，翻译中国诗歌所面临的问题恐怕最为突出，也最棘手。不论是从语言和诗韵，还是从内容和意境而言，恐怕没有哪种诗歌比我们的诗歌更加迥异不同了。[1]

中国诗歌在德国的译介肇始于19世纪上半叶，但是刚开始的译介极其有限。一直到世纪之交，在世界文学选集（Weltliteraturanthologien）[2]中只有《诗经》入选[3]，而其他则基本是欧洲诗歌。与之相关联，中国诗歌在世界文学选集中仅占到第21位[4]，但在东方文学中，它排名第一。进入20世纪后，随着越来越多的中国诗歌被翻译成德语并出版，更广泛的中国诗歌进入德国读者的视阈，同时其在世界文学选集中的地位也有所上升：它一如既往地排在日本和印度诗歌之前，而在德国、法国、英国、美国、意大利、俄罗斯、西班牙和希腊诗歌之后，位列第九。因此有必要从比较文学的视野出发，对包含有中国诗歌的相关诗歌选集进行研究，以便确定译者/编者是如何挑选中国诗歌的，中国诗歌的整体形象是什么以及又是如何进行诗歌翻译的。中国诗歌在被译介成德语的过程中，数量众多的诗选充当了主要传播媒介，另外一大特点则是各种各样内容和形式上的变形：从诗歌的挑选到诗人姓名的拼写，从诗歌标题到诗行和诗段的建构，从诗歌的韵律到诗歌的意境和氛围。

1. 诗歌选择的特点

在本文所考察的22本包含中国诗歌的20世纪世界文学选集中，主题为"爱情"[5]的诗选有两本，三本的主题为纯女性文学[6]；有两本涉及"战争与和平"[7]；四本的主题不明确，名曰世界文学的诗

1　Tscharner, *Gedichte* 242.
2　关于世界文学选集的定义请参见：Essmann: *Übersetzungsanthologien*，第39–40页。
3　有两个例外情况：一是北朝民歌《木兰辞》，由O·L·B·沃尔夫（O. L. B. Wolff）翻译，参见：Wolff, *Hausschatz* 415；二是杜甫的诗作《江村》，由阿道尔夫·艾立森（Adolf Ellissen, 1815–1872）翻译，参见 Scherr, *Bildersaal*, 1869, S.17–18 和1885, S.17。这两首诗歌都被收录在Hart, *Orient*, Spalt 4–8。
4　在专项研究领域"文学翻译"框架下进行的关于世界文学选集的数据分析结果可参见该丛书中希尔克·施密特（Silke Schmidt）的论文。
5　Guenther (1958); Wilken (1967).
6　Vring (1956); Bodeit (1977); Korth (1988).
7　Fassmann (1961); Roscher (1965).

198

文精华。其他几本则只是简单地自称是"世界诗歌"或者"东方诗歌"。在考察诗歌选集——也即考察诗选中收录了哪些中国诗人或者诗人派别,具体诗歌是什么以及诗歌数量是多少——的过程中,可以发现众多特征或者说变形,而它们和编者在前言后记中的说明并非完全一致。

在依据拉丁语、英语或者法语译本对中国诗歌进行二次翻译的早期译者中,歌德是第一人。歌德在晚年对中国文学,当然也包括对中国诗歌兴趣愈浓,并试图在中国诗歌与德语诗歌之中建立某种联系。除了组诗《中德四季晨昏杂咏》之外,他在1827年根据彼得·佩林·汤姆斯(Peter Perring Thomas)的英译本把几首唐诗翻译成了德语,并发表在《中国》(*Chinesisches*)一文(见杂志 *Kunst und Alterthum*)中。[1] 歌德的译作在20世纪被收录进了多本世界文学选集中。[2] 歌德之后是弗里德里希·吕克特(Friedrich Rückert)(1788–1866)——一位充满激情的东方文学的传播者。他的《诗经》译本(1833年)依据的是传教士孙璋(Lacharme)的拉丁语译本(*Confllcii Chi-king sive tiber canninum*. Stuttgart – Tübingen: Cotta,1830),尽管孙璋的译本非常忠实于原文,但是吕克特的译本确是相当自由的。在19世纪中期以来,吕克特的译文经常被收录进德国的诗选[3],尽管在1885年,已有文学史家约翰内斯·舍尔(Johannes Scherr,1817–1886)对其译本提出了批评意见,之后也常有编辑批评其不忠实于原文。[4] 几年之后,即1844年,约翰·克拉默尔(Johann Cramer)在其主编的四卷本诗选的第三卷中推出了新的《诗经》译本。到了20世纪,汉斯·贝特格(Hans Bethge,1876–1946)和克拉邦德(Klabund,1890–1928)是最著名的对中国诗歌进行转译的译者,而他们的译作也常被收录进德国的世界文学选集中,为中国诗歌的普及做出了贡献。但是,他们的再创作往往是奇思妙想的产物,因此他们的译文较之于汉学家的恪守语义的译作就变得越来越相形见绌。这些汉学家是:维克多·冯·施特劳斯(Victor von Strauß,1809–1899)、阿尔弗雷德·福克(Alfred Forke,1867–1944)、卫礼贤(Richard Wilhelm,1873–1930)、察赫(Erwin Ritter von Zach,1872–1942)、君特·艾希(Günter Eich,1907–1972)、德博(Günther Debon,1921–2005)、顾彬(Wolfgang Kubin,1945–)等。

不管是进行二次翻译的译者还是汉学出身的翻译家,他们一开始主要将注意力集中于1911年之前(中国最后一个封建王朝的终结)的中国古典诗歌——19世纪如此,20世纪上半叶也一样。只有汉斯·贝特格作为唯一一个主编在他的世界文学选集中收录了一首发表于同时期,即清朝(1644–

---

1 Eibl,*Goethe* 1212–14.
2 参见: Fräulein See-Yaou-Hing 薛瑶英. In: Goldscheide (1933) 51; Fräulein See-Yaou-Hing 薛瑶英 und Fräulein Mei-Fe 梅妃. In: Braun (1952) 27–28; Kai. yüan Gung-jen 开元宫人(713–41),„Widmung". In: Jaspert (1953) 108; Kai-yüan Gung-jen 开元宫人: 袍中诗 (In die Tasche eines Waffenrocks gesteckt, den sie für die Truppen an der Nordgrenze genäht hatte) und 谢赐珍珠 (Verschmähte Perlen). In: Gundert (1965) 286–87。
3 吕克特的意译诗作首先被收录在Scherr,*Bildersaal* (1848) 33–39,最后一次入选世界文学选集时由阿尔贝特·艾伦施泰因(Albert Ehrenstein)修订,参见Braun (1952) 24–25。
4 参见Scherr,*Bildersaal* (1885)。在该选集中,舍尔倾向于挑选忠实于原文的译作,如维克多·冯·施特劳斯和卡尔·弗里德里希·诺伊曼(Friedrich Neumann, 1793–1870)的译作,但是在第一版(1848年)和第二版(1869年)中,他却只选了吕克特和克拉默尔的较为自由的意译作品,或者如舍尔所称,是他们的"改写"作品。另可参见Gross / Hertzer: *Rückert* 1: Einleitung (o. Pag.): "即使是《诗经》这样宏伟的译作也不能算是功德圆满,因为吕克特根本没有参照原文,而是参照了拉丁文译本,维克多·冯·施特劳斯的德语译文使得吕克特的工作变得多余了。"

1911）的诗歌[1]，这也符合他的编选方针。其他21本文学选集出版于1932至1992年间，即从魏玛时期持续到当代。在该时间段的前半时期出版的诗选也几乎是清一色的中国古典诗歌。

但是，对于中国古典诗歌的选译，其朝代分布并不均匀。中国最古老的诗歌总集——《诗经》（约公元前1100–公元前500年）以及中国诗歌的鼎盛时期——唐朝（618–907）的诗人最受青睐。除了《诗经》，在20世纪60年代之前的大部分世界文学诗选中，总能找到李白、杜甫、王维和白居易的诗歌。此外，西汉（公元前206年–公元后24年）及后续朝代的诗人如汉武帝、曹操和陶渊明的译介也十分频繁。

对同一首诗歌的理解可以大相径庭：李白的诗歌《对酒》（Vorm Wein）既被莱茵哈德·雅斯佩（Reinhard Jaspert）收录进他的世界诗选里（柏林，1953年），因为它体现了人生短暂，同时也被约翰内斯·冯·君特（Johannes von Guenther）收进了他编选的以爱情为主题的诗选（1958年），因为诗中描绘了一位美丽的女子。同样的情况也出现在据说是孔子所作的诗歌《人之命运》（Das Los des Menschen）和《悼战士》（Epitaph auf einen Krieger）、汉武帝的《秋风辞》（译作Herbst或Ruderlied）、王维的《送别》（Der Abschied des Freundes）、李白的《悲歌行》（译作Das Lied vom Gram或Das Trinklied vom Jammer der Erde），它们出现在主题各异的诗选中，这也说明了对这些诗歌之解读与阐释的多元化。

相较于唐朝诗歌的高频译介，唐之后的宋朝（960–1279）诗歌就差得远了。即使在诗选《东方抒情诗》（Lyrik des Ostens）中，尽管宋朝诗歌已得到了较多的译介，但是从数量上还是无法和唐朝诗歌相媲美：该诗选中共有52位唐朝诗人的179首诗歌，而宋朝诗人只有18位，仅43首诗歌。而且，宋朝诗歌反响平平，只有极个别诗人例外，如苏东坡（1036–1101），但是他也只是出现在了为数不多的诗选中。而宋朝之后的诗歌被译介得就更少了。在所考察的22本世界文学选集中，元（1271–1368）、明（1368–1644）、清（1644–1911）三个朝代的诗人总计只有三人入选，且每人只有一首诗歌被译介。[2] 在这三个朝代中，诗歌不复再有唐朝的辉煌，并逐渐被其他文学形式（话剧和长篇小说等）所超越。1960年代以后，中国传统诗歌的译介被逐渐淡化，而现代诗歌的译介则日渐重要。1962年至1992年间出版的十本诗歌选集中，有五本诗歌选集选编了中国20世纪的现代诗歌。老一辈的诗人如艾青（1910–1996）以及年轻一代的诗人如北岛（1949–　）、舒婷（1952–　）、杨炼（1955–　）和顾城（1956–1993）在西方为读者开始熟知。[3]

一般说来，世界文学选集的读者面比较广，因此在挑选诗歌进行翻译时，编者就会倾向于选择尽可能不需要评注的诗歌，也就是说尽量不出现让读者觉得陌生的人名和地名。[4]

---

1 Bethge, *Lyrik* 5–78.
2 1) Felden (1947) 29–30: „Ich lob mir mein Versteck“; 2) Jaspert (1948) 80: „Li-Song Flu um 1870“; 3) Roscher (1965) 33: „Gau Tsching-tschiu / 高青丘 (1336–1374)“.
3 1) Lewerenz / Sellin (1962) 86, 196, 197–200: Mao Tse-tung / 毛泽东: „Der Lange Marsch“ / 七律“长征”und „Schwimmen“ / 水调歌头“游泳”；Ai Tjing / 艾青: „Die neue Straße“ / 公路 2) Heise (1963) 138: Mao Tse-Tung, „Notizen auf dem langen Marsch“ / 七律“长征” 3) Hartung (1991) 341–47: Gu Cheng / 顾城: „Eine Generation“ / 一代人 und „Zwinkern“ / 眨眼; Bei Dao / 北岛: „Tradition“ / 关于传统, „Lücken“ / 空白 und „Sprache“ / 语言.
4 Debon, *Weg* 269.

因此，一些文笔优美、结构浑然天成的佳作——如叙事谣曲《孔雀东南飞》杜甫的组诗"三吏三别"（即《新安吏》《石壕吏》《潼关吏》《新婚别》《无家别》和《垂老别》）、白居易的《长恨歌》和《琵琶行》——虽然被入选了一些双边诗选[1]，但是在多边诗选里却没有它们的位置。这种情况也适用于屈原篇幅宏伟、悲壮有力的哀歌《离骚》，尽管它很早就被译介至德国，但是由于诗中存在大量的隐喻和象征，在德国的接受度并不高。[2] 相反，一些篇幅较为较小、在文学史上的地位并不很高，对其作者身份仍有争议的诗篇如《卜居》《渔父》《大招》和《国殇》却得到了译介。由此，如果阅读的范围仅限于这类诗选，一般的读者就会产生"中国抒情诗篇幅短小"的错觉[3]。而真正的"中国通"则会因为没在其中看到中国抒情诗的里程碑之作而若有所失。鉴于此，想要更多地了解一个国家文学作品的读者，有必要阅读相关的双边诗选。

世界文学选集的编者，通常并不熟悉入选诗歌的所有源语国语言，他也不可能精通每个国家的文学。在本文所考察的22本多边诗选中，其编者也并非人人都是中国专家，这也就决定了他们选择诗歌的标准和质量。一直到上个世纪的50年代，这些诗选的编者都毫无顾忌地收编吕克特、贝特格、克拉邦德和其他几位文笔自由、但不精确的转译作品，在一本世界文学选集中，甚至还有在转译基础上再次改写的作品。[4] 缺乏专业能力的一个典型例子是编者菲利克斯·布朗（Felix Braun）出版的诗选，他在1952年出版的诗选的前言中坦承：

> "很少有人知道一首中国诗歌是如何诞生的，但是不计其数的西方诗人却总是一再渴求模仿这些诗作。但即使是熟悉李太白语言的人，又有多少人的模仿诗作是成功的，对此我不敢妄加评论。"[5]

显然，该编者不是汉学家。所以，在他主编的诗选中出现了一个严重错误也就并非纯属偶然了：有一首诗歌的两个译本被当作一个诗人的两首诗歌被同时收录进了该诗选。[6] 同样的错误发生在1933年路德维希·哥特舍得（Ludwig Goldscheider）身上：在他的诗选中，同一首法语诗歌的两个不同译本同时出现，但标题不同，就好像是两首不同的法语诗歌。[7]

有些诗选中收录的诗歌仅限于《诗经》的历史跨度和唐朝诗歌，无法向目的语国家的读者全面反映中国抒情诗的悠久历史。[8] 还有一些诗选错误百出，仅以雅斯佩1953年出版的诗选为例进

1　叙事谣曲《孔雀东南飞》收录在Forke, *Blüthen* 97–111；Waley, *Lyrik* 90–103；E. Schwarz, *Chrysanthemen* 119–45。白居易的《长恨歌》参见E. Schwarz, *Chrysanthemen* 262–73，《琵琶行》参见Hundhausen, *Dichter* 95–100。

2　Pfizmaier, *Li-sao*.

3　Debon, *Weg* 269.

4　例如参见Wolfenstein (1938)。在第26–27页上有三首阿尔贝特·艾伦施泰因根据吕克特的意译诗作再次翻译的诗歌作品。

5　Braun (1952) 9.

6　Braun (1952) 29-30 和 985（诗歌和作者目录）。

7　Goldscheider (1933) 377：《你的脚步》，作者为波德莱尔，译者为R. 沙卡尔（Richard Schaukal）；该译者的同一首译作出现在了第379页上，但是这一次的标题为《十四行诗》。另可参见Keck, *Baudelaire* 2:55，书中注明："《十四行诗》和《你的脚步》实为同一首诗歌。"

8　例如Goldscheider (1933), Wolfenstein (1938), Felden (1947) 和 Guenther (1956).

行说明：被他选中的10位中国诗人中，有两位的生卒年份完全写错，还有一位的生卒年份变化不定：老子比孔子晚50年出生，但是在这本诗选中，他的出生年份被断定为比孔子晚了150年；诗人屈原的生卒年份（约公元前340年–公元前278年）也被放在了14世纪（1300年左右）[1]；而李白的生卒年份则出现了三个不同的数据。[2]因此，老子的诗歌没有在孔子之后出现，而是被放在了千年之后的唐朝诗人的后面也就不足为怪了。此外，在这本诗选中，李白的两首诗——《Zu Schiff》和《Improvisation》各出现了两次。

而《东方抒情诗》则要相对严谨得多。编者在"后记"中写到：

"直到最近，我们所熟悉的诸多阿拉伯、波斯、中国或者日本抒情诗的译本并非从源语文字直接译入，而是基于英语或者法语译本的二次翻译。这类第二手的转译容易犯形形色色的错误，原文不是被扭曲了，就是被译得不着边际。除了几例有特殊理由并经严格审核被纳入本选集外，其余则一概不予考虑。"[3]

这一指导思想引领着主编及出版社，影响着他们对原诗的取舍和译者的挑选。除了歌德以外，其余从其他语言进行转译的译者不再被收录进诗选，而著名汉学家的译本则大受青睐，他们是：维克多·冯·施特劳斯、卫礼贤、君特·艾希、亚瑟·韦利（Arthur Waley，由Franziska Meister/弗兰西斯卡·迈斯特翻译成德语）、彼得·奥尔布里希特（Peter Olbricht）、扬·乌伦布鲁克（Jan Ulenbrook）、德博和威廉·贡德特（Wilhem Gundert，其实是日本语言文学研究者）等。中国诗歌第一次在一本多边文集中从它的起源到明朝按照时间顺序得到了系统、全面的译介，因此该诗选直至今日依然是中国古典诗歌的一个相当可信的德语译本。特别值得一提的是中国最古老的诗歌总集《诗经》（其意义可与希腊文学的荷马史诗《伊利亚特》和《奥德赛》相媲美），以及唐朝诗歌——中国诗歌的最高成就，在这本诗选中得到了大面积的译介。比如，唐朝诗人李白在这本诗选中位居榜首，共有33首诗歌得到了译介，紧随其后的是白居易（25首诗）、在中国和李白齐名的杜甫（17首诗）以及王维（11首诗）。所有这些诗人在中国的诗选中也居显要地位。在由中国专家精心编选的《唐诗鉴赏辞典》一书中，共收录了196位唐朝诗人的1105首诗歌，其中李白和杜甫各有112首诗歌入选，王维有49首诗歌入选，白居易有44首诗歌入选，而有84位诗人分别只有1首诗歌入选。

但是，西方译者的遴选标准往往和中国编者的标准不一致。例如，我们可以在多本德语诗选中找到开元宫人的《袍中诗》（In die Tasche eines Waffenrocks gesteckt, den sie für die Truppen an der Nordgrenze genäht hatte）以及梅妃(失宠于唐玄宗的妃子)的《谢赐珍珠》（Verschmählte Perlen），但是在中国的诗选中几乎难觅其踪影。这两首绝句本身都是感人至深的佳作，它们在德国之所以能广为人知，我们还要感谢歌德，他的改写也扩大了中国读者的视野。

1　这首诗的译者是卫礼贤，他在《中国文学史》中对屈原的介绍是正确的："屈原生活在中国南方，即扬子江畔的楚国，约从公元前332年至公元前295年。" Wilhelm, *Literatur* 96。因此，应该是这本选集的编者搞错了屈原的生卒年份。

2　Jaspert (1953) 110, 111, 113.

3　Gundert (1965) 620. （出版社的后记）

　　再举一例：唐朝诗人寒山在中国并不算一流诗人，他的诗作却能在海外广为流传。在前述《唐诗鉴赏辞典》一书中，他也只有一首诗歌入选，但是在德国他在不久前还获得了出版个人诗选（共150首诗歌）的殊荣[1]，而比他地位显赫得多的许多中国诗人在德国依然默默无闻。

　　世界文学选集中的另一个"特殊的热点"是老子和孔子。中国先贤老子的经典之作《道德经》主要由哲学箴言和格言组成，其诗学意义不容忽视，但在中国本土通常不太被归入诗歌一类。即使在一些最重要的文学史里一般也不被提及或仅仅一笔带过[2]。所以，它也没有出现在任何一本中文诗歌选集中。在德国则不同，自从被布鲁诺·威勒（Bruno Wille）收入他于1912年出版的选集之后，一战之后它又被收进各种诗歌选集中，此点颇令中国读者费解。其中原因可能主要有两点：一方面是因为它本身存在诗学价值，而此点备受德国的一些译者和评论家的推崇；另一方面是因为这部作品的知名度。在19世纪末20世纪初，《道德经》已经有了17个德语译本，它在德国的受欢迎程度甚至赶超了中国，因为来自遥远东方的生活哲学和智慧令当时那些对生活现实不满、并孜孜以求真理的德国学者为之着迷。

　　和老子的译介情况极为相似的是孔子：20世纪以来，孔子频频出现在世界文学选集中。虽然在中国，从未有人视其为诗人，但是在德国却不同：在上述22本选集中有7本选集收录了所谓孔子的诗歌。它们主要是以下五首诗歌：《命运》（Menschenlos，由吕克特翻译）、《人之命运》（Das Los des Menschen，由贝特格翻译），《悼战士》（Epitaph auf einen Krieger，由克拉邦德翻译，Das Lied des Narren von Tschu和Preis geistiger Gemeinschaft，卫礼贤译）。根据内容和主题的相似性来判断，前三首诗歌其实是同一首诗歌。但是鉴于它们都是从拉丁文或者法文转译（贝特格和克拉邦德），即都是在转译基础上的再次转译，因此无法查证其原文到底是什么。而第四首诗歌出自《庄子》（卷四外篇骈拇第八），也就是说根本不是孔子所作，而且从内容来看其实是批评孔子的。所谓的"愚人"（Narr），很可能是指楚国的一位道士。但是有两本诗选都错误地认为它就是孔子的作品，《东方抒情诗》在目录栏的注释里纠正了该偏差。[3] 第五首作品也并非孔子的诗歌，而是出自《易经·大传》（约创作于汉代，公元前206年–公元后220年）。后两首作品尽管语言隽永，但还不是严格意义上的诗歌作品。另外还要指出的是，有一部诗选甚至认为《诗经》是孔子所作[4]，该假设曾在德国和中国广为普及，而现在看来却是站不住脚的。

1　Schmacher, *Han Shan*.
2　诸如中国科学院文学研究所编写的《中国文学史》和游国恩等著的《中国文学史》（人民文学出版社，1962年/1963年）等。上世纪末，中科院文研所和人文联手全国智囊，合力推出篇幅达14卷的文学史巨著《中国文学通史》，对《道德经》中诗的特质才有了更全面而深刻的阐发，说它"以诗的笔触、情致，使文章富于诗歌的节奏韵味"，"诗境迷茫恍惚，极有抒情诗的色彩。文中句式结构既像赋体，又像楚辞"等等（参见《先秦文学史》，人民文学出版社，1998年，第270–276页）
3　参见：Jaspert (1953) 103, Guenther (1956) 185 和 Gundert (1965) 250。
4　参见：Goldscheider (1933)。在第51页上赫然写着："孔子：选自《诗经》。"另外，卫礼贤也曾认为有一首诗歌是孔子所作。参见Wilhelm: Literatur 31："孔子为易经创作的一首诗歌。"

2. 诗人姓名的改写

一直到近代，诗歌翻译的另外一重变异体现在诗人姓名的多种德语拼写方式上，从而使读者难以辨认。中国的汉语拼音制定于1955–1957年，1958年正式公布，1982年成为在国际社会通用的中文罗马字母拼写规则。而在此之前，一些译者采用"韦氏拼音"拼写人名，一些译者参照卫礼贤的译本，而另外一些译者则各行其是，自行决定译名。由于读法各异，或者说发音不同，原有的中文名称被改写得五花八门，错误百出。例如，孔子就有如下几种写法：Kung-tse，Kung-tzu和Kung-dsï，孔子的别称孔夫子则被拼写成Confuzius，Konfuzius，Kung Fu-dsi'，Kungfutse，Konfutse等。

特别要提及的是，有时候同一位译者会以不同的方式拼写同一位诗人的姓名。在德博的诗选《湖面秋光潋滟》（*Herbstlich helles Leuchten überm See*，1953年）中，中国诗人王之涣就被写成了"Wang Dschy-huan"，但是在诗选《东方抒情诗》（1965年）中，却变成了Wang Dschi-huan（在目录中；后又被写成Wang Chih-huan/Wang Dschï-huan），在80年代的版本中，诗人的名字又被写成了Wang Dschih-huan。[1]

如果诗人小有名气，再加上诗选中提供的一些个人信息，那么读者就比较容易判断作者究竟姓甚名谁。但是如果诗人无甚名气，那么要断定他的身份就变得困难重重了。在库特·法斯曼出版的《反战诗选》（*Gedichte gegen den Krieg*，1961年）中，我们可以在目录和脚注部分读到如下文字：

Tschang-Tü-Tsi（8世纪），中国诗人，克拉邦德在其诗选《锣鼓冲天》（*Dumpfe Trommel und berauschtes Gong*）介绍了该诗人。但是由于他的姓名拼写具有蒙蔽作用，他的诗歌翻译又极其自由，所以想要断定作者的身份几无可能。[2]

3. 诗歌标题的改写

中国诗歌标题的一大特色是，标题中往往会出现若干人名、地名、时间和其他一些说明语。诗歌作者这么做的意图很明显，旨在详述诗歌创作的动机，以便为读者提供尽可能多的入门信息。如果是逐字翻译标题，对于深受西方文化习惯影响的读者而言，它们就显得过于繁复和过于散文化。因此，德语译者从诗学角度出发常常认为有必要大幅删减原标题并对其进行改写，例如：

原诗标题： 陪诸贵公子丈八沟携妓纳凉晚际遇雨二首（其一）落日放船好	译作的标题： Mahlzeit im Freien 野餐

1　Debon, *Weg* 124.
2　Fassmann (1961) 347.

另外一种情况则是，中国诗人常常用一些简洁而精辟的隐喻作为诗歌的标题，如果逐字直译的话，西方读者恐怕难以理解其中含义。因此，译者就会用一个比原诗长得多的标题来挑明诗歌的主题、主旨及其意境。

硕鼠（诗经）	Abschiedslied der Auswanderer an ihren Oberbeamten[1]
采蘩（诗经）	Wie die Fürstin das Frühopfer des Fürsten sorgsam vorbereitet und ihm würdiglich beiwohnt[2]

译者的删减或者扩充都会改变相关诗歌的外观，就像不准确的诗人姓名拼写一样，会妨碍对原先诗文的甄别。

对同一首诗歌，其标题的译法也会大相径庭。以杜牧的古诗《山行》为例，顾彬的翻译是"Im Gebirge"（山中）[3]，和原文标题相当接近；而德博则将其翻译成了"Herbst"（秋日）[4]，是译者根据诗歌内容自行拟定的标题。再举李白的《月下独酌》一诗为例，艾希的翻译忠实于原文，为"Einsamer Trunk unter dem Mond"[5]，而贝特格的译法较为自由，为"Die drei Kameraden"（成三人）[6]。

4. 诗句的变化

鉴于中文的语言结构，中文（尤其是古文）是一种相当凝练、紧凑的语言。汉语和德语不同，没有冠词和助动词。所以，翻译成德语后，诗句的长度和数量都会相应增加。

4.1 诗句长度的变化

中国古典诗歌主要有以下三种诗歌形态：发源于《诗经》时代，即两三千年前的四言诗，汉代（公元前206年–公元后23年）以来的五言诗以及唐朝（618–907）以来的七言诗。而在德语译文中，这种诗歌形式上的差异荡然无存。读者无法鉴别原诗究竟是四言、五言还是七言。因此，一首五言诗经翻译后可能比七言诗还要长：

---

1 Gundert (1965) 246.
2 Gundert (1965) 233.
3 Kubin, *Tu Mu* 216.
4 Gundert (1965) 346.
5 Gundert (1965) 303.
6 Bethge, *Flöte* 28-29.

萧萧风色暮	Abend ward es. Das Wetter ist fahl und frostig geworden.
江头人不行	An den Ufern des Stroms gehen die Menschen nicht mehr.
村舂雨外急	Nur die Mörser lärmen im Dorf, durchstampfen den Regen,
邻火夜深明	Und die Feuer im Kreis leuchten tief in der Nacht.
湖羯何多难	
渔樵寄此生	Welch ein Leid erstand durch die grimmen Barbaren des Nordens!
中原有兄弟	Hier nun leb ich dahin, Köhlern und Fischern gesellt.
万里正含情	Ferne aber, im Mittleren Reich noch wohnen die Brüder.
（《村夜》）	Zehntausend Meilen weit geht meine Sehnsucht dorthin.[1]

两个黄鹂鸣翠柳	Ein Paar von Goldpirolen, die im Grün singen.
一行白鹭上青天	Ein Zug von weißen Reihern regt zum Himmel auf die Schwingen.
窗含西岭千秋雪	Vom Fenster eingerahmt hebt sich das Schneegebirg empor.
门泊东吴万里船	Ein Schiff von weither ankert dicht vorm Tor.[2]
（《绝句四首》其三）	

在翻译现代汉语诗歌时，由于其语言不像古汉语那么洗炼，也就是说诗句所含的内容没有那么紧凑，所以原文和译文在长度上就不会产生巨大的悬殊，也就是说，不必像翻译古诗那样堆砌文字才能与原文等量齐观。就此看来，德语和现代汉语较为接近。而且，现代汉语诗歌对韵律的要求没有那么严格，由此也给译者的翻译以较多的空间，这一点也使得原文和译文较为吻合。

4.2 诗句数量的变化

如前所述，在翻译古汉语诗歌时，译者往往不能保持原先诗句的数量。为了让汉语诗歌易于为德国读者所接受，翻译成德语后的诗句往往多于原文。

4.2.1 恒定的扩展因子

在翻译四行诗或者八行诗时，由于汉语诗歌内容丰富、语言凝练，译者常常不得不将原有的诗句数量翻倍，以便完整地传递原有诗歌的全部涵义，例如王维的诗歌《九月九日忆山东兄弟》，其德语译文如下：

1　Gundert (1965) 315: Du Fu, „Nacht im Dorf“.
2　Gundert (1965) 312: Du Fu, „Landschaft“.

独在异乡为异客	Allein an fremdem Orte
每逢佳节倍思亲	Bin ich ein Fremdling geblieben.
遥知兄弟登高处	Ach, an festlichen Tagen
遍插茱萸少一人	Denke der Lieben ich doppelt.
	Heute steigen die Brüder
	Daheim die Höhe hinauf,
	Kornelkirschen im Haar.
	Einer ist nicht dabei.[1]

为了缓和由于诗句数量翻倍而造成的原文与译文的张力，有的译者采取了如下翻译策略：

黄河远上白云间	Der Gelbe Strom steigt auf – er stößt
一片孤城万仞山	in leuchtende Wolken vor.
羌笛何须怨杨柳	Ein Wachtturm, einsam, ragt auf dem Berg
春风不度玉门关	zehntausend Klafter empor.
	Tangutenflöte, was klagt dein Lied
	vom grünen Weidenzweige?
	Des Frühlings milder Glanz durchbricht
	doch nimmer das Jadetor.[2]

右侧的译文究竟是四行诗还是八行诗呢？如果读者——仅从视觉效果来判断——把它看作是一首八行诗，那么读者就搞错了。只要再仔细看一下，人们就会发现，它其实和原文一样是一首四行诗。每一行诗都有七个扬音节，但是由于长度问题而无法出现在同一行里；如此一来，原有的诗句必须换行排版，但是值得注意的是，其诗行排列并非出于排版印刷原因，而是格律要求使然。一般情况下，在第四个扬音节之后会换行（就像在汉语诗歌里，每行诗在第四个音节之后会有一个停顿），换行后还有三个扬音节，起始字母为小写，从而提示读者，前面一行并未结束，而这一行也并非独立成行。该译文每行都有七个扬音节，从而和原诗中的"七言"相呼应。译者希望籍此避免诗行的翻倍和加长，从而在内容和形式上以及在韵律和节奏上实现和原文的"等价"："翻译的基本标准是，每一个字，即原诗中的每一个音节通过德语中的一个扬音节来再现。"[3]

---

1 Gundert (1965) 291.
2 Gundert (1965) 310: Wang Dschi-huan, „Jenseits der Grenze".
3 Debon, *Weg 270.*

除了德博，维克多·冯·施特劳斯[1]、卫礼贤和威廉·贡德特都采用了该翻译策略。

极个别的情况下，汉语诗歌的诗行数量在翻译成德语时会大幅增加。例如，傅玄的二行诗《雷》翻译成德语后变成了六行诗[2]；李白的四行诗《清平调》经洪涛生（Vincenz Hundhausen）翻译后，共有四个小节20行诗，和原文简洁的文风迥然相异。[3]

4.2.2 可变的扩展因子

中国诗歌的德语译本既会增加诗行，也会删减诗行。由马科斯·盖林格尔（Max Geilinger）翻译的杜牧的四行诗《山行》就多出了一行诗[4]；李白的《月下独酌》在海因里希·罗特吉瑟尔（Heinrich Rothgiesser）的译本中缺失了后两行诗[5]；杜甫的五律《登岳阳楼》原有八行，但是德博只翻译了一半。[6]在同一首诗歌中，诗行数量的变化也不尽相同，就像《诗经》中的《生民》：原诗每一节的诗行数量为10、8、10、8、10、8、10、8，而在某译文中，其诗行数量变为11、10、9、10、9、13、15、9。[7]但是，它也可能每一行都有变化，如杜甫的七言律诗《白帝》的德语译本：

[1.] 白帝城中云出门，

[2.] 白帝城下雨翻盆。

[3.] 高江急峡雷霆斗，

[4.] 古木苍藤日月昏。

[5.] 戎马不如归马逸，

[6.] 千家今有百家存。

[7.] 哀哀寡妇诛求尽，

[8.] 恸哭秋原何处村。

[1.] In der hochgelegenen Festung Ba di tscheng ziehen Wolken und Dünste bei den Toren hinaus.

[2.] Unterhalb der Festung regnet es in Strömen.

[3.] Und ihr zu Füßen, zwischen den steilen Wänden der Schluchten rauscht, durch den Regen angeschwollen, der Große Strom dahin mit einer Hast und einem Lärm, wie wenn Donnerschläge einander bekämpfen.

1　参见：Strauss, *Schi. King* 60.
2　Gundert (1965) 273: Fu Hsüan 傅玄, "Im Gewitter"。
3　Hundhausen, *Dichter* 59. 另外可参见和原文比较贴近的吕福克的译文：Klöpsch, *Faden* 115; Li Tai-bo 李太白, "Auf eine schöne Frau im kaiserlichen Garten" 清平调词三首（其一）"云想衣裳花想容"。
4　Geilinger, *Gedichte* 9.
5　Wolfenstein (1938) 28-29.
6　Gundert (1965) 311.
　　在和德博的一次交谈中，我曾问他，这原本是一首八行诗歌，为什么他只翻译了一半。他告诉我，当时翻译这首诗歌的时候，他还是在校的大学生，而那时候，他觉得另外四行诗过于"隐晦"，翻译起来较为棘手。王之涣的四行诗《登鹳雀楼》他先后有三个译本，表明他一直在追求贴近原文的翻译。
7　原文参见 ZHU, *Shijing* 129, 译文参见 Braun (1952) 19–22.

[4.] Oben aber, hinter alten Bäumen, erscheinen Sonne oder Mond vor lauter Nebel nur als trübe Scheibe.

[5.] Ich hörte sagen: Pferde, die in den Kampf ziehen, zeigen nicht die gleiche Hurtigkeit, wie jene, die heimkehren.

[6.] Von den tausend berühmten Familien Chinas sind etwa hundert übriggeblieben.

[7.] Jämmerlich klagen die Witwen，die überdies noch durch Steuern und Zwangsabgaben verarmen.

[8.] In allen Dörfern der herbstlichen Ebenen vernimmt das horchende Ohr Weinen und Wehklagen.[1]

根据上方译文所示，这里的扩展因子（除了第二行之外）介于1.5和3.5之间。

4.2.3 增补

另外一种扩展形式乃是任性的译者或者说转译者的随意增补。这里可以举《诗经》中的三节古诗《祈父》为例，克拉邦德在《士兵的控诉》（Klage der Garde）中的译文如下：

祈父，	General!
予王之爪牙。	Wir sind des Kaisers Leiter und Sprossen!
胡转予于恤，	Wir sind wie Wasser im Fluss verflossen ...
靡所止居？	Nutzlos hast du unser rotes Blut vergossen ...
	General![2]

在原诗中，"General"相对应的"祈父"每段中只出现了一次，且在段首，以提出控诉，引起共鸣。但是在译文中，该称谓不仅每次出现在诗节的首位，而且又出现在诗节的末尾，从而使之出现的频率翻倍，并形成了一种复调。对于熟悉中国诗歌的学者而言，克拉邦德的这一做法无疑是有悖于忠实原文的原则的，而他这么做的原因估计是为了突出反战思想并强化对军事首领的控诉。这也符合该诗选——《反战诗歌》的指导思想，从而对其读者群产生特殊的影响力。

个别译作的篇幅会比原诗多出不少。这里仅以贝特格翻译的的王维的古诗《送别》[3]为例进行说明：译作中不单添加了词语，而且增补了不计其数的、原文根本没有的内容。比如说，德语译文中喜用的诗意表达"我那寂寞的心"和"忧郁的呻吟"在原诗中并未出现；特别是第8至10行的内容原诗中也根本没有，它们都是转译译者的想象之物。相比之下，德博的译文较为忠实于原作，特摘抄如下以飨读者：

1　Fassmann (1961) 35.
2　Fassmann (1961) 11.
3　Jaspert (1948) 63.

下马饮君酒，	Ich stieg vom Pferd und reichte dir den Wein
问君何所之？	Und fragte dich, warum du gingest.
君言不得意，	Du sagst: Ich hatte in der Welt kein Glück,
归卧南山陲。	Will in des Nan-schan fernen Klüften ruhn.
但去莫复问	So geh, mein Freund, ich frage dich nicht mehr:
白云无尽时。	Dort wandern Wolken weiß und haben kein Ende.[1]

5. 诗节数量的变化

在不少情况下，中国诗歌的德语译文并不严格遵循原诗的诗节数量。除了那些奉行自由翻译的意译家们之外，我们会发现一些汉学家为了尽可能精确地展现原文的内涵，也会改变诗节的数量。当然，诗节数量的变化情况各异，不能一概而论。卫礼贤、韦利和艾希常常并不分段，和原诗更为贴近。奥尔布里希特和德博则经常分段，但是他们二人所钟爱的艺术形式又不尽相同。奥尔布里希特喜欢使用两行诗（尽管这种形式在中国古典诗歌中并不常见），他翻译阮籍的《咏怀诗》（Lieder von der Sorge im Herzen）[2] 就采用了这种形式；而德博则不同，他经常把译文分成若干小节，每节四行诗，但有时候也会采用三行诗和四行诗混合的颂歌体形式，且行首缩排。[3]有时候对他们来说，让译文符合德国抒情诗的传统以及本国读者的口味比严格遵守中文古诗的形式更重要。

5.1 恒定的扩展因子：增加诗歌小节

四行汉语古诗经常被分成两个小节：

登鹳雀楼	Das Turmhaus zum Storchen
白日依山尽	Die weiße Sonne sinkt hinter den Bergen;
黄河入海流	Der Gelbe Strom treibt in das Meer hinaus.
欲穷千里目	Dass mich mein Blick entführe tausend Meilen,
更上一层楼	Steig ich im Haus noch ein Geschoss hinauf ...[4]

1　Gundert (1965) 293.
2　Gundert (1965) 271-73.
3　Gundert (1965) 300-01.
4　Debon, *Leuchten* (1953) 31.

有时候，诗行的数量会翻倍：

静夜思	Zur Nacht

床前明月光
疑是地上霜
举头望明月
低头思故乡
	Vor meinem Bette lag
	   vom Mond ein heller Schein.
	Es war mir fast, als sei
	   es Reif am dunklen Rain.
	
	Da hob ich meinen Kopf,
	   sah in den Mond gebannt
	Und senkte ihn: Mein Sinn
	   ging in mein Heimatland.[1]

有些译文比原诗多出了很多小节，目的在于完整地再现诗歌内容。但是，译者的这一干预策略有时是完全可以避免的。比如前述引用的诗歌《登鹳鹊楼》（1953年）在1989年再版时，同一译者将两个小节合并成立一个诗节并对原译作稍做了调整：

Die weiße Sonne sinkt jenseits der Berge;
Zum Meer hin treibt des Gelben Stromes Lauf.
dass sich dem Blick eröffnen tausend Meilen,
Steig ich im Turm noch ein Geschoss hinauf.[2]

中国的四行短诗构成了一个不可分割的整体——不管是指其内在含义还是指其外在结构，就像一件袖珍艺术品不能被分割后再观赏，或者就像一首短曲必须一气呵成一样。在翻译成德语时对原诗进行分段实际上大大影响了原诗的特色，因此不能算是巧妙的汉诗德译的方法。

特别有意思的现象是比对同一译者在不同时期对同一首古诗的翻译。就让我们看看德博在1950年代和1980年代对同一首诗歌的两个不同译本，那么我们不难发现，他为了努力接近原作而做了哪些努力：

---

1 Debon, *Leuchten* (1953) 10.
2 Debon, *Leuchten* (1989) 49.

独坐敬亭山	Am Berge Ging-Ting-Schan　（第一个译本）
众鸟高飞尽 孤云独去闲 相看两不厌 只有敬亭山	Da flogen Vögel hoch 　am Himmel und flogen fort. Da zog eine Wolke still 　und einsam zum fernen Ort. Da waren wir beide allein 　und sahen einander an, Und wurden nicht müde dabei: 　ich und der Ging-Üng-schan.[1]

　　这首译作会让我们联想起艾兴多夫的抒情诗，如下面这首：

译文如下：

Die Luft ging durch die Felder,	轻风吹过原野，
Die Ähren wogten sacht,	麦穗怡然摇晃，
Es rauschten leis die Wälder,	树林沙沙作响，
So sternklar war die Nacht.	月夜星光明朗。
Und meine Seele spannte	我的思绪放松，
Weit ihre Flügel aus,	尽情张开翅膀，
Flog durch die stillen Lande,	掠过静谧之境，
Als flöge sie nach Haus.[2]	好似飞回家乡。

（顾正祥自译）

1　Debon, *Leuchten* (1953) 10.
2　Stenzel, *Romantiker* 834: „Mondnacht".

又如下面这首诗歌：   译文如下：

Vom Berge Vöglein fliegen	小鸟飞自山间，
Und Wolken so geschwind,	云也紧随而来。
Gedanken Überfliegen	思绪飞得更高，
Die Vögel und den Wind.	高过风和云彩。
Die Wolken ziehn hernieder,	云儿甘拜下风，
Das Vöglein senkt sich gleich,	鸟也垂下翅膀。
Gedanken gehn und Lieder	思绪飘然而去，
Fort bis ins Himmelreich.[1]	歌声迳飞天堂。

（顾正祥自译）

如果我们同时阅读这三首诗歌，我们不难发现它们拥有许多相似点：相似的主题（大山，田野，白云，小鸟和我）、相似的意境（环境清幽，个人独处）、相似的画面（我在自然之中，我和自然）、相似的语气以及相似的形式（四行诗）。我们据此可以得出结论：汉诗德译的早期版本被德国同化了，它们更像德语诗歌，而非汉语诗歌。

Allein am Ging-ting-Berge sitzend （第二个译本）

Vögel in der Höhe flogen fort;

Still die Wolke war dahingetrieben.

Salm uns unersättlich an, wir beide:

Nur der Ging-ting-Berg war dageblieben.[2]

在第二个译本中，两个诗节融合成了一个诗节，诗歌文字减少了一半左右，从而和原文更加贴合。显然，第二个译本比第一个译本更加凸显了原诗文笔精炼的特色。

一首原本只有一个诗节的汉语诗歌如果采用两行诗的翻译形式，那么翻译后的诗歌小节数量会成倍增长。一首原本自成一体的汉语诗歌被分割成了若干部分，本来译文就不可避免地无法等同于原文，如此一来，译文则更加偏离了原文。译者如果打算采用本国文学中常见、而源语国根本没有的诗歌形式向读者介绍外来民族的抒情诗歌，实有自欺欺人之嫌。

还有一些译者既不想谨遵原有诗歌的形式也不想借鉴西方诗歌的模式，于是就会形成一种"不

1　Stenzel, *Romantiker* 840: „Abschied im Walde bei Lubowitz".
2　Debon, *Weg* 108.

伦不类之物"。一个例子就是《东方抒情诗》中的诗歌《良耜》（Der Landbau）[1]：它被肢解为七个长短不一的诗节，既不同于原诗只有一个诗节的形式，也不同于德国的诗节形式。有时候，如果原诗内容较多，层次繁复，译者不仅会在翻译时将其分割成很多小节，而且还会对其进行编号，并对相关内容进行注释或阐释，从而使诗歌在目的语国家易于为读者所理解。[2]不仅译风宽松的意译家会这么做，而且忠实于原作的汉学家通常也会选择这个做法。

5.2 可变的扩展因子

同样一首诗歌在不同译者的处理下会呈现千姿百态的形态变化。例如，汉武帝的《秋风辞》（一个诗节，九行诗）曾被数位译者翻译成德语。在我手头的八个译本出自八位不同的译者，它们呈现出五种不同的文风结构。

1) 君特·艾希[3]和亚瑟·韦利（他的英译本及其德语转译本）[4]的译本，一个诗节九行诗，其中诗节和诗行的数量都和原文保持了一致；

2) 马克斯·弗莱施尔（Max Fleischer）[5]的译本——两个诗节，每个诗节八行，和原文相比，诗节和诗行的数量几乎翻倍；

3) 康拉德·豪斯曼[6]和格奥尔格·施耐德[7]的译本——四个诗节，每个诗节四行，也就是说诗节是原诗的四倍，而诗行数量也几乎翻倍；

4) 奥托·豪泽尔的译本[8]——五个诗节（其中四个为四行诗，一个为两行诗），诗节是原诗的五倍，而诗行数量恰巧是原诗的一倍；

5) 汉斯·贝特格的译本[9]——七个诗节，每个诗节三行，也就是说诗节是原诗的七倍，而诗行数量是原诗的一倍多。

五种诗节形式给读者留下五种不同的印象，并会产生不同的效应，其中，仅有一个诗节的译本最能反映原诗的形象。诗节和诗行数量越多，它们就越偏离原文。同时我们还可以发现，诗节的数量和长度会随着诗行数量的变化而变化。

1　Gundert (1965) 238.
2　参见：E. Schwarz, *Chrysanthemen* 119–45。
3　Gundert (1965) 259.
4　Waley, *Lyrik* 38–39.
5　Braun (1952) 30.
6　Guenther (1958) 192.
7　Schneider, *Staub* 58.
8　Jaspert (1953) 128.
9　Braun (1952) 29f.

属于同一组诗的诗歌在主题、形式和意境上是一致的，但是在翻译组诗作品时，即使是同一位译者也会改变其形态。诗选《东方抒情诗》中收录了陶渊明的组诗《拟挽歌辞》三首，由于主题一致，诗歌的外在形式也保持了一致，即五言组诗。三首译作的标题均为"Grabgesang"，即和原诗一样采用了同样的标题，但是在诗行数量上却不尽相同，尽管它们都出自同一译者的手笔。[1] 译者采用了两行诗的译法，其中一首两行诗的句尾构成了诗句的末尾，即没有换行，而另外两首两行诗的诗韵整体则被换行打破了。这样一来，原有组诗的统一的节奏和意境在翻译成德语时被破坏了，原诗的形象也被扭曲了。

值得注意的是，同一位译者的译作在不同版本中的诗节数量也不尽相同。卫礼贤翻译的《越人歌》"今夕何夕兮"（O dieser Abend, welch ein Abend）在他1926年发表的专著《中国文学史》中还只有一个诗节，或者也可以说有两个诗节（根据诗歌的排版两种分类都是可行的）[2]，但是在诗选《东方抒情诗》中，卫礼贤的译作就成了一首具有三个诗节、每个诗节有四行诗的诗歌了。[3] 应该说，卫礼贤专著中的诗歌分段体现了原诗的特色，后来的诗选主编却对该译作进行了编辑。否则我们将无从断定，这种不一致究竟缘起编者还是译者自身的原因。由德博翻译的王昌龄的《采莲曲》二首（其二）"荷叶罗裙一色裁"（Das Boot der Lotussammlerinnen）在诗选《东方抒情诗》中是一首两个诗节的诗作[4]，但是在20年后出版的一本双边诗选中[5]，该诗的译作和原作保持了一致，即一个诗节。

6. 意境、内容和艺术风格的变化

如前所述，随着中国文学的演变，现代诗歌和古典诗歌大相径庭，但是在译文中，这些差异几乎荡然无存。所以，对于德国读者而言，他往往很难断定他所阅读的诗歌究竟是一首源自二、三千年前，即诗经时期的古典诗歌，还是一首中国现代诗歌。在德语国家和地区，中国抒情诗的译介历史并不太长。现有译本所使用的现代词汇，无非是中世纪之后近代标准德语发展的结果，由此而造成了某些特殊的修辞特色的消解，特别是中国古典诗歌形式的消解。

在此，我又要引用菲利克斯·布朗主编的诗选中的两首诗。它们其实是汉武帝创作的同一首诗，但是编者却视其为两首不同的中国诗：

1　Gundert (1965) 276-79.
2　Wilhelm, *Literatur* 99.
3　Gundert (1965) 256.
4　Gundert (1965) 309.
5　Debon, *Weg* 127.

秋风辞	Herbst	Ruderlied
秋风起兮白云飞， 草木黄落兮雁南归。 兰有秀兮菊有芳， 怀佳人兮不能忘。 泛楼船兮济汾河， 横中流兮扬素波。 箫鼓鸣兮发棹歌， 欢乐极兮哀情多。 少壮几时兮奈老何！	Der Herbstwind tobt, die weißen Wolken jagen Mit Schwärmen wilder Gänse um die Wette, Vergilbte Blätter taumeln durch die Luft. Die Lotosblumen welken ab, die Rosen Stehn ohne Duft. Mich martert die Erinnerung An Eine, die ich nicht vergessen kann. Ich muss sie wiedersehn! Ich mache eilig Das Boot los, um in ihm das andre Ufer Des Flusses zu erreichen, wo sie wohnt. Der Strom geht stark, das Wasser rauscht wie Seide Und quillt empor und kräuselt sich im Winde, Trotz aller Mühe komm ich nicht vom Fleck. Mir Mut zu machen, heb ich an zu singen, Doch wehe! meine Schwäche bleibt dieselbe, Und traurig und in Qualen stirbt mein Lied. O Liebesglut! Du drängst zu ihr hinüber, Die mich erfüllt, – ich aber kann nicht folgen, Ich bin im Herbste, meine Kraft ist aus. Der Herbst des Lebens weht durch meine Tage, – Ich sehe in die Strömung und erblicke Ein Greisenbild erzitternd unter mir.[1] （汉斯 · 贝特格译）	Der Herbstwind hat die Blätter aufgeweht. Wie kahl der längst vergilbte Laubwald steht! Die wilden Gänse heben sich zum Flug und schweben südwärts hin in langem Zug. Die Blume Lan ist lächelnd aufgeblüht. Von Chrysanthemenduft bin ich umsprüht. Leicht legt an meine Wange sich der Wind Da denk ich dein, du heißgeliebtes Kind. Die Barke fliegt. Die Trommel wird gerührt. O Stimmung, die zu einem Lied verführt! Mein Ruder gibt mir Melodie und Takt. Wie hatte jäh ein Taumel mich gepackt! Wie liebte ich, wie litt ich, wie vermaß ich mich im Glück, dass ich der Zeit vergaß, der Zeit, die wie dies Ruderlied vergeht und dich und mich wie gelbes Laub verweht.[2] （马克斯 · 弗莱施尔译）

　　首先来看一下这两首译作的标题："Herbst"（秋日）和"Ruderlied"（舟楫之歌）并非近义词，也不属于同一类感官语义词汇。前者很适合作为自然诗歌的标题，或者将其引申为人生的秋天，而后者则很像一首描写个人经历的诗歌。此外，这两首译作在诗行和诗节形式上也迥然相异。"秋日"共有七个小节，每个小节都是三行诗；"舟楫之歌"则只有两个小节，每节都有八行诗。一些表达方式也不尽相同：在"秋日"里的译文比如是"Die Lotosblumen welken ab, die Rosen stehn ohne Duft"（倒译回中文是：荷花凋零玫瑰无芳），而在"舟楫之歌"中，相应的诗句被译作了"Die Blume Lan ist lächelnd aufgeblüht. Von Chrysanthemenduft bin ich umsprüht"（倒译回中文是：

1　Braun (1952) 29-30.
2　Braun (1952) 30.

兰花喜笑怒放，菊香四溢环萦）。在"秋日"译文中，人生苦短在三个诗节中被不断强化（第14行："meine Schwäche"，即"我的弱点"；第18行："ich bin im Herbste, meine Kraft ist aus"，即"人生如秋，我力已尽"；第19行："der Herbst des Lebens weht durch meine Tage"，即"秋风扫过我的生命"），但是这种抒怀在"舟楫之歌"中一直到诗歌末尾才出现（"dich und mich wie gelbes Laub verweht"；倒译回中文为：你和我恰如枯黄的秋叶般凋零）。所以，人们完全有理由认为这是两首不同的诗歌。只有仔细核对之后才能发现，这其实是一首汉语诗歌的两个德译本，因为在汉武帝流传下来的为数不多的诗歌中，只有这一首诗歌的主题为秋日泛舟。

编者犯下如此错误实属罕见，但的确偶有发生。德博就认为，贝特格转译的诗歌《人之命运》以及克拉邦德翻译的诗歌《悼战士》依据的就是同一首诗歌。他曾在给我的信中写道：

"我能为这两首译作找到的最近的一个文献是尤迪特·高蒂尔（Judith Gautier），'Le livre de jade'，巴黎，1867年出版。书中的标题是'Strophes improvisees'。尤迪特·高蒂尔不是汉学家，她的译文相当不可靠。她的许多"译作"，包括下面这一首根本找不到原诗。而贝特格和克拉邦德除了参考德语文献之外，很喜欢参照这本书。"

但是，诗选主编莱茵哈德·雅斯派特（Reinhard Jaspert）并不知情，所以他在1948年和1953年出版的诗选《世界抒情诗选》（*Lyrik der Welt*）中收录了这两个译本，并将其归入孔子名下。

7. 体裁的变更
7.1 把诗歌改成散文体

回乡偶书	Rückkehr in die Heimat
少小离家老大回 乡音无改鬓毛衰 儿童相见不相识 笑问客从何处来	In früher Jugend schon Hab ich die Heimat verlassen. Als alter Mann kehr ich zurück. Wie früher noch klingt mir entgegen Der Landsleute Sprache Unverändert. Doch meine Haare wurden grau inzwischen. Ein Kind auf der Straße erblickt mich. Erkennt mich nicht mehr als Landsmann. Fragt höflich lächelnd, Woher der Fremdling gekommen...[1]

---

1 Franke, *Lesebuch* 21.

当然，并不能不假思索地就判定这篇译文是一篇散文。它的特色是每一个句子都是一个完整的意思或者说完整的印象，每一个诗行有三个重音节（其他则由非重读音节填满），这样就突出了译诗的正中间独自成行的单词"unverändert"（"无改"）。从诗歌结构上来看，这么做是完全可行的，因为它是全诗的转折点，围绕它，全诗的主旨发生了变化：回乡的老人发现自己的家乡无甚变化，但是他的同乡在他身上看到了巨大的变化，以致于认不出他来了。因此，该译本可以被视为是一种针对德国阅读习惯的再创作。[1]

另一方面，我们不能不看到，译文的诗句数量远远大于原文，几乎达到了原文诗句的三倍，因此它的回旋余地也就比原诗要大得多。我们在每一行诗句中都可以发现译者随意地用非重读音节来填满诗行，所以（从第4句至第11句）每一行诗的音节数量都不相同，而这在原诗中是不可能的。显然，译者的自由度要比原诗作者大得多，由此给读者留下的印象是，原诗更像是一个微型画像，而译作则完全不具备此特征。据此可以得出结论，尽管译文采用了诗歌的形式（自由诗），但是因为它比原诗更自由、更宽松，因此还是或多或少地令人联想起散文文体。

另外要提及的是，中文原作被翻译成德语后，失去了原有的诗歌特色而变得过于德国化：译者自行决定了译文的结构并偏离了原诗的形式，这也是这首译作常常遭到诟病的原因之一。君特·艾希认为："译者的任务不是完善原作品。翻译不是阐释。"[2]

除了上述范例之外，察赫——一位在汉诗德译方面做出了卓越贡献的翻译家，他的译文也注重散文体翻译法，因为他不太看重音节的数量、诗句的长短以及音律、节奏等问题，而是追求尽可能地再现原诗的内容。下面以组诗《饮酒》（其五）的前四行为例进行说明：

结庐在人境 而无车马喧 问君何能尔 心远地自偏	Obwohl ich mir eine Hütte innerhalb bewohnter Regionen erbaut habe, gibt es bei mir keinen Lärm *(ankommender)* Wagen und Pferde. Ich frage dich, wie solches wohl möglich ist. Mein Herz will eben *(von den Menschen)* nichts wissen und daher ist mein Wohnplatz auch vereinsamt *(d.h. wird von den Menschen nicht besucht).*[3]

译文的语言和原诗一样淳朴自然，但是原文简洁凝练的五言诗体却在翻译成德语时变得相当冗长。特别是置于诗词开头的连词"obwohl"（"尽管"）赋予了整篇译文散文文体的特色。另外一个特点是作者在括号内增加补充说明，或者说注释的内容，它们可以是一个单词、一个词组或者一个句子，该特点在其他译者那里也可以找到：

---

1 感谢阿尔敏·保罗·法兰克教授（Prof. Dr. Armin Paul Frank）的提示。
2 Storck, *Eich* 14.
3 Zach, *Anthologie* 543–44.

少无适俗韵	Von klein auf hatte ich nichts mit der Welt im Sinn,
性本爱丘山	Von Natur galt meine Liebe Hügeln und Bergen.
误落尘梦中	Ich beging den Fehler, ins Netz der niederen Welt zu geraten,
一去三十年	Einmal fort, waren es schon 13 Jahre *(Beamtenlaufbahn 393-405)*.
羁鸟恋旧林	Der Zugvogel verlangt nach seinem alten Wald,
池鱼思故渊	Der Fisch im Teich sehnt sich nach den früheren Wassergründen.
开荒南亩际	Weit im Süden der Vorstadt habe ich Wildnis erschlossen,
守拙归园田	Den Urzustand meines Wesens bewahrt *(d.h. sich nicht vermarkten und keinen Ehrgeiz haben)* bin ich aufs Land *(yuantian)* zurückgekehrt. [1]

上述译文补充了三项内容，第一个交代了诗歌作者的生平履历，第二个是对忠实于原文的翻译进行解释，第三个则是用拼音给出原诗的意象。译者的这些翻译手段，即告知读者相关的生平和背景知识，诠释陌生的概念以及附加原文信息，旨在尽可能地消除目的语读者的阅读障碍。

在中国也有不少类似的例子。荷马的《奥德赛》、维吉尔的《伊尼特》、奥维德的《变形记》、但丁的《神曲》以及德语英雄史诗《尼伯龙根之歌》的中译文都是散文。[2]特别是翻译史诗作品或者抒情诗，鉴于其艺术性很高的诗歌形式难以在目的语中再现或者这一过程相当困难，译者可能会采取散文的形式进行翻译。

7.2 散文衍变成诗歌的形式

在极个别的情况下，有些汉语散文在翻译成德语时会衍变成诗歌的形式。卫礼贤曾翻译了苏东坡（1036–1101）的《前赤壁赋》和《后赤壁赋》，并将完整的译文收录在自己的诗选中，随后又被编者大幅缩减后收录在一些多边诗选中。[3]其中一篇文章，自始自终都采用了诗歌的形式[4]；另外一篇文章开始和原文一样是作为散文发表的，但是此后再版时，编者通过排版而把它作为诗歌再现。这两种文学形式的自由切换也发生在卫礼贤翻译的陶渊明的《归去来兮辞》[5]以及《桃花源记》[6]上。我们可以发现，上述提及的作品在诗歌和散文之间并不存在不可跨越的鸿沟。它们的形式是散

---

1 Kubin, *Berg* 200–01: Tao Yüanming, „Rückkehr aufs Land".
2 如下一些西欧作品以散文的形式被翻译成了中文：荷马的《奥德修纪》，杨宪益译（北京：外国文学出版社，1979年）；维吉尔的《伊尼特》，杨周翰译（北京：人民文学出版社，1984年）；奥维德的《变形记》，杨周翰译（北京：人民文学出版社，1984年）；但丁的《神曲》，王维克译（上海/北京：商务印书馆，1939–1948/1954年）；田德望译（北京：人民文学出版社，1990年）。德语英雄史诗《尼伯龙根之歌》（第7和第14首），安书祉译（载：《国外文学》，1989年第3期）等。
3 Jaspert (1948) 76–79.
4 Wilhelm, *Wintergedichte* 1–4.
5 中文参见Sun, *Tao Yuanmingji* 180–84；德语译文参见 Wilhelm, *Literatur* 130–31.
6 中文原文见 He, *Gushi* 598–99；德语译文见Wilhelm, *Tageszeiten* 4–7。

文，它们的内容却是诗。所以译者认为自己有理由可以在两种文体之间自由转换。但是我们仍不得而知的是，这种体裁上的变化是译者的个人主观想法还是要归结为出版社的建议。

8. 结语

迄今为止，中国古典抒情诗歌在德国的译介接受主要呈现上述的"异化"现象，或者说译介难题。虽然有些时候可以避免或者减轻其程度，但是从根本上来说这是无法完全避免的，原因在于：

翻译行为试图架桥的双方，或者说两岸之间差异巨大：双方的语言、双方的文学，在大多数情况下还有双方的文化——不管从物质层面还是从精神层面来看，在某种意义上甚至还包括双方的自然环境各不不同。另外，时代和个人对于作者及其作品的阐释不同（译介状况的变迁）以及翻译规划的变化，这些因素都会使翻译行为变得更为复杂化。[1]

尽管中德抒情诗存在众多的可比性，但本文无意讨论二者的共性。[2]另外，现代汉语诗歌翻译的可能性和局限性也是一个可以单独讨论的学术话题。不管怎样，双方国家的译者仍在孜孜不倦地努力把异国的抒情诗译介至本国，以求丰富和推动本民族的文学发展。

1997年于德国哥廷根

（陈虹嫣 译）

---

1 Frank/Schultze, Normen 96–97.
2 参见：Gu Zhengxiang: *Deutsche Lyrik in China. Studien zur Problematik des Übersetzens am Beispiel Friedrich Hölderlin.* München: Iudicium-Verlag, 1995. 笔者博士论文的侧重面，不在于探讨德中、中德诗歌之间的亲缘关系和互译的可能性，而在于探讨这个过程中所遇到的诸多困难和出现的各种异化。

参考文献：

1. Deutsche Übersetzungen chinesischer Dichtung. Eine Auswahlbibliographie 德译中国诗目（选编）

Bethge, Hans: Die chinesische Flöte. Nachdichtungen chinesischer Lyrik. Leipzig: Insel, 1907. Nachdr. Wiesbaden: Insel, 1952.

Böhm, Hans: Lieder aus China. München: Callwey, 1929.

Cramer, Johann: Das himmlische Reich. Oder Chinas Leben, Denken, Dichten und Geschichte. 4 Bde [Bd. 4 nicht erschienen]; Bd. 3: Schi-King, oder chinesische Lieder. Neu und frei nach P. La Charme's lat. Übers. bearb. Crefeld: Funke, 1844.

Debon, Günther: Herbstlich helles Leuchten überm See. Chinesische Gedichte aus der Tang-Zeit. München: Piper, 1953. Veränd. Ausg. ebd. 1989.

-. Li Tai-bo: Gedichte. Eine Auswahl. Stuttgart: Reclam, 1962. Überarb. Ausg. ebd. 1990.

-. Chinesische Dichter der Tang-Zeit. Stuttgart: Reclam, 1964.

-. Mein Haus liegt menschenfern, doch nah den Dingen. Dreitausend Jahre chinesischer Poesie. München: Diederichs, 1988.

-. Mein Weg verliert sich fern in weißen Wolken. Chinesische Lyrik aus drei Jahrtausenden. Heidelberg: Schneider, 1988.

Donath, Andreas (Hrsg.): Chinesische Gedichte aus drei Jahrtausenden. Frankfurt a.M.: Fischer, 1965.

Forke, Alfred: Blüthen chinesischer Dichtung. Aus der Zeit der Han- und Sechs-Dynastie. Magdeburg: Faber, 1899.

Franke, Herbert: Kleines chinesisches Lesebuch. Eine Auswahl aus der klassischen Literatur Chinas. Köln: Staufen, o.J. (nach 1940).

Geilinger, Max: Chinesische Gedichte in Vierzeilern aus der Tang-Zeit. Unter Benutzung der französischen Übersetzungen von Dr. Lo Ta-Kang 罗大纲. Zürich: Rascher, 1944.

Gundert, Wilhelm: Lyrik des Ostens. China. München: dtv, 1958.

Hauser, Otto: Die chinesische Dichtung. Berlin: Marquardt (1908). Nachdr. Weimar: Duncker, 1917.

-. Li Po: Gedichte. Berlin: Marquardt, 1911. Weimar: Duncker, [2]1912. [3]1917.

Hausmann, Manfred: Hinter dem Perlenvorhang. Gedichte nach dem Chinesischen. Frankfurt a.M.: Fischer, 1956.

Heilmann, Hans: Chinesische Lyrik vom 12. Jahrhundert v. Chr. bis zur Gegenwart in deutscher Übersetzung. München - Leipzig: Piper, [1905].

Herweg, Werner (Übers.): Die großen Klagen des Tu Fu. Bremen: Schünemann, 1956.

Hoffmann, Alfred: Die Lieder des Li Yü. Köln: Greven, 1950.

Horodisch, Abraham: Chinesische Gedichte. Gütersloh: Bertelsmann, o. J.

Hundhausen, Vincenz: Chinesische Dichter des dritten bis elften Jahrhunderts. Peking – Leipzig: Pekinger Verlag, 1926.

Klabund: Dumpfe Trommel und berauschtes Gong. Nachdichtungen chinesischer Kriegslyrik. Leipzig: Insel, 1915. Nachdr. Wiesbaden: Insel, 1952.

-. Li-Tai-Pe: Leipzig: Insel, 1923.

Klöpsch, Volker: Der seidene Faden. Gedichte der Tang. Frankfurt a.M. – Leipzig: Insel, 1991.

Kubin, Wolfgang: Das lyrische Werk des Tu Mu (803-852). Wiesbaden: Harrassowitz, 1976.

-. Nachrichten von der Hauptstadt der Sonne. Moderne chinesische Lyrik 1919-1984. Frankfurt a.M.: Suhrkamp, 1985.

Mayer, Rupprecht: Zwischen Wänden. Moderne chinesische Lyrik. Reihe Pflaumenblüten. München: Simon & Magiern, 1984.

Mühlenweg, Fritz: Tausendjähriger Bambus. Nachdichtungen aus dem Schi-King. Hamburg: Dulk, 1946.

Pfizmaier, August: Das Li-sao und die neuen Gesänge. Zwei chinesische Dichtungen aus dem 3. Jahrhundert vor der christlichen Zeitrechnung. Wien: Akademie der Wissenschaften, 1852.

Pohl, Karl-Heinz (Hrsg.): Tao Yuanming. Der Pfirsichblütenquell. Gesammelte Gedichte. Köln: Diederichs, 1985.

Rückert, Friedrich (Übers.): Schiking. Chinesisches Liederbuch. Altona: Hammerich, 1833.

Schmacher, Stephan (Übers.): Han Shan. 150 Gedichte vom Kalten Berg. Köln: Diederichs, 1974.

-. Wang Wei: Jenseits der weißen Wolken. Die Gedichte des Weisen vom Südgebirge. München: Diederichs, 1982. Neue Aufl. 1989.

Schwarz, Ernst (Übers.). Tau Jüan-Ming. Pfirsichblütenquell. Leipzig: Insel, 1967.

-. Chrysanthemen im Spiegel. Klassische chinesische Dichtungen. Berlin: Rütten & Loening, 1969.

-. Chinesische Liebesgedichte aus drei Jahrtausenden. Leipzig – Weimar: Kiepenheuer, 1978.

-. Chinesische Frauenlyrik. Tzi-Lyrik der Sung-Zeit von Li Tsching-dschau und Dschu Schu-dschen. München: Deutscher Taschenbuch Verlag, 1985.

Strauss, Victor von: Schi-king. Das kanonische Liederbuch der Chinesen. Heidelberg: Winter, 1880. Nachdr. Darmstadt: Wissenschaftliche Buchgesellschaft, 1969.

Tatlow, Antony: Brechts chinesische Gedichte. Frankfurt a.M.: Suhrkamp, 1973.

Ulenbrook, Jan: Pflaumenblüte und verschneiter Bambus. Chinesische Gedichte. Zürich: Manesse, 1969.

Waley, Arthur: Chinesische Lyrik aus zwei Jahrtausenden. Deutsch v. Franziska Meister. Hamburg: Schröder, 1951.

Weber-Schäfer, Peter: Altchinesische Hymnen aus dem „Buch der Lieder" und den „Gesängen von Chu"

Köln: Hegner, 1967.

Wilhelm, Richard: Chinesisch-Deutsche Jahres- und Tageszeiten. Lieder und Gesänge. Jena: Diederichs, 1922.

Woitsch, Leopold: Lieder eines chinesischen Dichters und Trinkers. Leipzig: Asia Major, 1925.

Zach, Erwin von: Han Yü's poetische Werke. Cambridge, Mass.: Harvard UP, 1952.

-. Tu Fu's Gedichte. 2 Bde. Cambridge, Mass.: Harvard UP, 1952.

-. Die chinesische Anthologie. Übersetzungen aus dem *Wen hsüan*. 2 Bde. Cambridge, Mass.: Harvard UP, 1958.

2. Sekundärliteratur 研究文献

Bethge, Hans: Die Lyrik des Auslandes in neuerer Zeit. Leipzig: Hesse, [1907].

Essmann, Helga: Übersetzungsanthologien. Eine Typologie und eine Untersuchung am Beispiel der amerikanischen Versdichtung in deutschsprachigen Anthologien, 1920-1960. Neue Studien zur Anglistik und Amerikanistik 57. Frankfurt a.M.: Peter Lang, 1992.

Frank, Armin Paul, und Brigitte Schultze: „Normen in historisch-deskriptiven Übersetzungsstudien". Die literarische Übersetzung. Stand und Perspektiven ihrer Erforschung. Hrsg. von Harald Kittel. Göttinger Beiträge zur Internationalen Übersetzungsforschung 2. Berlin: Schmidt, 1988. 96-121.

Goethe, Johann Wolfgang von: Gedichte 1800-1832. Hrsg. von Karl Eibl. Frankfurt a.M.: Deutscher Klassiker Verlag, 1988.

Gross, Edgar, und Eisa Hertzer: Rückerts Werke. Auswahl in acht Teilen. Berlin etc.: Bong, (1910).

Gu, Zhengxiang 顾正祥: Deutsche Lyrik in China. Studien zur Problematik des Übersetzens am Beispiel Friedrich Hölderlin. München: iudicium, 1995.

Hart, Julius: Orient und Occident. Blütenlese aus den vorzüglichsten Gedichten der Welt-Litteratur. Minden i. Westf.: Bruns, 1885.

He, Xinhui 贺新辉: 古诗鉴赏辞典 (Altchinesische Gedichte mit Interpretationen). 北京: 中国妇女出版社, 1988.

吉林大学中文系中国文学史教材编写小组 (Lektorat für Lehrwerk der chinesischen Literaturgeschichte der Universität Jilin, Fakultät für chinesische Philologie): 中国文学史稿 (Lehrwerk der chinesischen Literaturgeschichte). 长春: 吉林人民出版社, 1961.

Keck, Thomas: Der deutsche „Baudelaire", 2 Bde. Beiträge zur neueren Literaturgeschichte 111, 112. Heidelberg: Winter, 1991.

Kubin, Wolfgang: Der durchsichtige Berg. Stuttgart: Steiner, 1985.

Scherr, Johannes: Bildersaal der Weltliteratur. Leipzig: Becker, 1848. Stuttgart: Kröner, [2]1869. [3]1885.

Stenzel, Gerhard (Hrsg.): Die deutschen Romantiker. Salzburg: Kaiser, o.J.

Storck, Joachim W. / Eich, Günter: Marbacher Magazin 45/1988 für die Ausstellung von April bis August 1988 im Schiller-Nationalmuseum Marbach am Neckar. Marbach am Neckar: Deutsche Schillergesellschaft, 1988.

Sun, Junxi (Kommentator): Tao Yuanmingji jiaozhu 陶渊明集校注 (Das kommentierte Sammelwerk des Tao Yuanming). 郑州：中州古籍出版社，1986.

Tscharner, Eduard Horst von: „Chinesische Gedichte in deutscher Sprache." Das Problem des Übersetzens. Hrsg. von Hans Joachim Störig. Darmstadt: Wissenschaftliche Buchgesellschaft, 1973. 242–272.

Wilhelm, Richard: Die chinesische Literatur. Handbuch der Literaturwissenschaft. Wildpark-Potsdam: Athenaion, 1926.

Wille, Bruno: Die Weltdichter fremder Zungen und Schätze aus ihren Werken in deutscher Nachdichtung 2: Von den Veden bis Tolstoi. Berlin: Märkische Verlagsanstalt, 1912.

Wolff, Oscar Ludwig Bernhard: Poetischer Hausschatz des Auslandes. Übersetzungen in den Versmaßen der Originale. Leipzig: Wigand, 1848.

You, Guo'en 游国恩, et al.: 中国文学史（Die chinesische Literaturgeschichte). 3 Bde. 北京：人民文学出版社，1964.

中国科学院文学研究所（Chinesische Akademie der Wissenschaften, Institut für Literaturforschung): 中国文学史（Die chinesische Literaturgeschichte). 3 Bde. 北京：人民文学出版社，1962.

Zhu，Xi 朱熹（Kommentator): 诗经（Das kanonische Liederbuch). 上海：上海古籍出版社，1987.

[德语论文，原载：Weltliteratur in deutschen Versanthologien des 20. Jahrhunderts，

主编：Birgit Bödeker und Helga Essmann. Berlin: Erich Schmidt Verlag，1997

(Göttinger Beiträge zur internationalen Übersetzungsforschung，Bd. 13)，第246–276页]

汉诗译者卫礼贤

卫礼贤在自传《中国心灵》（*Die Seele Chinas*，1926年）一书的前言中就他在中国的25年生活经历写到："我有幸目睹了仿佛屹立了数千年的旧中国；我也经历了它的崩溃并看到新的生命正从废墟中崛起。新与旧却有着相近的特质，那就是永不止步、却并未丧失的处世宽容与心地宁静两者兼备、又但愿永不泯灭的中国之魂。"在书的结尾部分，他站在世界主义的立场写到："当人类摆脱时空条件的束缚时，他需要两样东西：一是深入自己的潜意识，以那里为出发点，让世界万物一并纳入你的视野，让你在不知不觉中亲身体验。这就是东方的财富。另一方面，他需要增强个人的自主性而作最后的冲刺，方能承受外部的压力。这就是西方的财富。东西方在这块土地上相遇，就像难以割舍亲情的兄弟姊妹。"从这些话语中，我们不难感受到卫礼贤对中国的热爱，他对中国和中国文化的执着以及他对中国未来的肯定，而所有这些感受他都想传递给自己的国人。在这个大框架下来考察他为推广中国作品所做的努力以及他的翻译实践，我们可以看到，这些并不只是简单的文字或者语言练习，而是基于更广泛的文化传播，甚至可以说是文化关联的理念。当我们考察卫礼贤的思想时，我们必须始终关注他的这一人文视角，尽管我接下来主要还是从接受史和语文学的角度来分析作为汉诗译者的卫礼贤。考察的对象有1922年出版的诗选《中德四季晨昏杂咏》（*Chinesisch-Deutsche Jahres- und Tageszeiten*）、1926年出版的史学著作《中国文学史》（*Die chinesische Literatur*）以及收录有中国诗歌的专著和论文。不在考察之列的是他翻译的哲学经典作品如《老子》《孔子》和《庄子》等，尽管其中多为押韵的格言，但是在中国，它们并非严格意义上的诗歌作品。

约在上个世纪初，卫礼贤开始从事汉译德的工作，他首先翻译的并非神学和哲学著作，而是文学作品，主要为一些短小的中短篇小说和童话，关于这点，萨罗梅·卫礼贤（Salome Wilhelm）在他的传记（第116页）中有相关叙述。当时，尽管歌德、弗里德里希·吕克特（Friedrich Rückert）、威廉·朔特（Wilhelm Schott）、奥古斯特·普夫茨迈耶（August Pfizmaier）、维克多·冯·施特劳斯（Viktor von Strauß）和阿尔弗雷德·福克（Alfred Forke）做了一些开创性的工作，但是中国文学整体上在德国还是相当陌生的。1902年，三字一句、朗朗上口的蒙学经典《三字经》被翻译成了德语；1904年，卫礼贤从《诗经》中选译了一首诗歌并发表在《传教士和宗教学杂志》（*Zeitschrift für Missionswissenschaft und Religionswissenschaft*）。这是他首次尝试翻译诗歌，15年后，卫礼贤的诗歌翻译活动达到了鼎盛期。"这一年里（即1919年），他翻译了大量中国诗歌。他根据四季时令把它们整理成了四个小集子，书中配有中国石版画，并利用中国的石版印刷术刊印后将其作为圣诞和生日礼物送人。通过这种方式，他的不少布道内容也得到了传播，他的耶稣会宣传手册就放在1919年的圣诞桌上。"萨罗梅·卫礼贤如此写到（萨罗梅·卫礼贤，第257页）。此处需要修正一个小错误：这四本诗歌集并非如书的封面上所写是在1919年一年内完成出版的，而是在三年时间内陆续问世。还在一年前，即1918年，他的第一本诗歌集《中国的秋之歌》（*Chinesische Herbstgedichte*）在当时的德国殖民地——青岛发行。这本手抄本相当薄，只有18页，配有一幅小型插图，画面是传统的中国画风，而且没有页码。第二年，关于春天和夏天的诗集陆续问世，收录的诗歌较前增加了，取自中国传统水墨画的插图也增加了；又过了一年，第四本诗集也出版了。这四册书在三年时间里陆续出版，其共同特征是：每一册以一季为主题，外表装帧相似，因此不论从内容还是从形式来看都构成了一个系列。就外形来看，它们身轻体薄并由手工装订成册，而非由专业出版社出版发行，因此很难在中国或者德国觅其踪影。幸好在哥廷根大学的东亚图书馆内保存有一套完整的四册全集。即使在今天，这四本小册子的重要性依然未减，因为它们和两年后出版的著名诗选之间存在明显的连贯性。后者由奥伊根·迪特里希出版社出版，书名和歌德的组诗《中德四季晨昏杂咏》（耶拿，1922年）相同。较之于前四本小册子，该诗集删减了七首诗歌；除此之外，诗歌主题即四季、入选诗歌、遣词造句和诗歌排序都没有更改，因此我们完全有理由视前者为"先行者"，它为后者的出版做好了充分准备。

尽管存在共性，但是四本小册子结集出版还是会带给读者一种全新的体验。它一共收录了30多位中国古典诗人的54首诗歌，时间跨度从公元前221年到公元1279年，书后还附有一篇内容详尽的后记以介绍中国诗歌。除此之外，书中还有12篇诗人小传或者评论，这些内容使得该诗集的重要性尽显无疑。之前的四本小册子自成一体，分别收录了春、夏、秋、冬的诗歌，而现在它们同时出现在一本诗集里，其主题关联性不言而喻。这本诗集是一本活页线装书，正如在书的扉页所言，该书共有16幅中国山水和人物版画的插图。书的封面设计——一条飞龙和出自《周易》中的"坤"字——也显示了该书的主题：龙是中国文化的象征，而"坤"表示大地之母，即象征着四季晨昏和大地山水。因此这本书的装帧设计使人在开始阅读之前就自然而然地联想起中国文化。在本书的最后一页，在目录下面有如下一段关于印刷的文字记载："用毛绒纸印了500册，用上等的中国纸装订后，放在盒子里并手书编码。"也就是说，这本诗选除了普装本之外，还有精装的典藏本。

当然，该书的美学价值首先并不在于它装帧精美，而是指它的内容。这是中德文学接受史中第一本按照主题分类的诗选，并深受歌德"世界文学"之概念的影响。在此之前，维克多·冯·施特劳斯、阿尔弗雷德·福克、汉斯·海尔曼（Hans Heilmann）和奥托·豪泽（Otto Hauser）四人曾先后出版了四本语言功底扎实且内容多样的诗选，但这四本诗选无一例外地都是按照时间顺序和作者进行编排。而卫礼贤的诗集中没有一首诗歌和此前诗选中收录的诗歌重复，由此可以推断得知，他希望有所突破并做出一些新贡献，于是，大量的楚辞和赋体文学就通过这本诗选为德国读者所熟知了。

其史学著作《中国文学史》（柏林，1926年）构成了卫礼贤文学翻译活动的顶峰，该书和威廉·贡得特（Wilhelm Gundert）的专著《日本文学史》（*Die japanische Literatur*）作为文学手册丛书中的系列丛书出版。卫礼贤在书中详尽介绍了中国传统哲学，篇幅约占一半左右，因此人们很容易视之为一本史学著作；但是鉴于书中不计其数的诗歌翻译，我们同样有理由视之为一本兼顾评论的诗歌选集，且内容更为扎实、厚重。诗选《中德四季晨昏杂咏》中只收录了54首诗歌，约占卫礼贤诗歌翻译总量的三分之一，而《中国文学史》一书中共收录了88首诗歌，超过了此前的耶拿出版物。在诗歌的选择上，两本书中只有一小部分重叠：除了少数几篇作品——如陶渊明的《桃花源记》王羲之的《兰亭集序》和苏东坡的《前赤壁赋》同时出现在两本出版物中，许多颇有意趣的文章如15篇《诗经》选译、屈原的《卜居》和《渔父》、贾谊的《鹏鸟赋》、陶渊明的《归去来兮辞》以及大量的李白、杜甫和王维的诗歌的德译仅在这本文学史中出现过。

另外，卫礼贤的诗歌翻译散见于《传教士和宗教学杂志》（1904年卷）以及1927年、1928年和1930年的《中国——中国学和中国研究期刊》，共有25首诗歌发表在上述杂志上。他的两本专著《中国心灵》（柏林，1926年）和《中国文化史》（*Geschichte der chinesischen Kultur*，慕尼黑，1928年）还收录有11首诗歌。不容忽视的是卫礼贤在《东亚年鉴——普通福音新教传教协会》（*Ostasien-Jahrbuch. Jahresbericht des Allgemeinen Evangelisch-Protestantischen Missionsvereins*）（柏林，1921年）发表上的论文"论中国的哲理诗"，在《中德年鉴1929/30》（*Chinesisch-deutscher Almanach für das Jahr Gi Sï 1929/30*）发表的"歌德译诗《百美图诗》中的中国元素"（"Chinesisches. Gedichte hundert schöner Frauen von Goethe übersetzt"）以及在《歌德年鉴》（*Goethe-Jahrbuch*）1927年卷发表的论文"歌德与中国文化"（"Goethe und die chinesische Kultur"）中所提及的诗歌翻译。可惜的是，由于早逝，他未能亲见自己翻译的10首孟浩然的诗歌以及叙事诗《木兰诗》（发表在*Sinica* 1930年卷）的发表。

就目前已知的情况来看，卫礼贤一共翻译了近40位著名诗人的约150篇抒情诗、叙事诗和带有浓郁抒情色彩的散文。其中，有6位诗人属秦汉时期，5位属于魏晋时期，17位是唐宋时期的诗人。最后三个朝代，即元明清时期以及和他同时期的诗人，他仅在自己的文学史专著以及《中国心灵》一书中略有提及，但没有具体的诗歌翻译。到目前为止，还有4位诗人的名字以及10首诗歌还无法最后核实，因此目前已经确认是卫礼贤译作的作品高达94%。仍不得而知的是，在他去世后是否还有遗作尚未发表，这些遗作的数量究竟有多少。

至于他的翻译方法，卫礼贤曾坦言："我们非常严谨认真。他（指劳乃宣，卫礼贤的汉语老师，学识渊博）先用汉语解释，我则把它们记录下来。然后我一个人把它们翻译成德语。之后，在没有书的情况下，即抛开原文，我把我写的德语文章回译成中文，他则进行对比，看我是否所有的地方都翻译准确了。这之后，还需要推敲德语的修辞，注意各个细节问题。我还会再加工三至四遍，并添加最合适的评论。"[1]基于此，他的笔下诞生了一系列既忠实于原文又富有表现力的译作。下面将通过对比分析李白的五言绝句《独坐敬亭山》及其译文来说明原有诗歌中的内容、情绪以及语言是如何传神地在译作中得到了再现：

---

1 参见：Wilhelm Schüler: *Richard Wilhelms wissenschaftliche Arbeit*, Sinica, 1930, S. 64。

| Mit dem Ging-ting-Berg allein | 独坐敬亭山 |

Die Vögel alle flogen hoch und höher	众鸟高飞尽
Und auch die letzte Wolke segelt fort ins Blau -	孤云独去闲
Nur einer bleibt beständig mir und näher:	相看两不厌
Der Berg mit seiner Felsen ernstem Grau.[1]	只有敬亭山

除了第二诗行之外，其余三行皆采用了五步抑扬格，以求和中文诗歌中的"五言"相对应，其押韵方式为a-b-a-b，韵脚为阴韵-阳韵-阴韵-阳韵。卫礼贤翻译的另外一首李白的诗歌也显示出了同样的特征：在翻译中，他采用了中古高地德语早期至繁盛期的一种诗歌形式：两行四步格诗，押韵方式为aa-bb的邻韵。

Vor meinem Lager ein weißer Streif,	床前明月光
Als wäre der Boden bedeckt mit Reif.	疑是地上霜
Ich blicke empor in das Mondlicht hinein,	举头望明月
Ich senke das Haupt, denk der Heimat mein ...[2]	低头思故乡

他曾撰文分析歌德翻译的五首中国古典诗歌，为了进行对比，他附上了自己翻译的尽可能忠于原文的译文[3]，陈诠对此的评价是"逐字逐句的翻译，并具有相当的学术性"[4]。

尽管卫礼贤的译作基本忠实于原文，但是如果我们进一步审视其他一些相异于此的诗篇，我们就不会得出以偏概全的结论。卫礼贤有时候也会不顾及中国传统的主题和素材，在诗行和韵脚的处理上使之尽可能适合西方的尺度，从而使诗歌能够满足西方读者的想象空间（大多数时候是四行诗节，但也有两行、三行或者多行诗节，采用抱韵、首尾押韵或者中间连续押韵的方式）。这时候，译文诗行的韵脚往往就不再紧随原文的韵脚，而是采用在欧洲通行的某种押韵方式，因为在中国传统诗歌中占主导地位的单一韵脚模式在目的语中很难找到对应物。例如，在翻译陶渊明的五言诗《读山海经》时，前三个诗节采用了首尾押韵，即a-b-b-a，第四个诗节则采用了交替韵脚，即a-b-a-b。同时，他在翻译时力求用一个德语音步来取代一个汉字。尽管诗行数量一样，但是每一行的音步并不相同，为5到6个。又如，在翻译李白的五言诗《古朗月行》[5]时，卫礼贤采用了德语中不讲求押韵的五步格诗，每一行诗通过5个扬音节来营造出抑扬顿挫的感觉。另外，在翻译柳永的《过涧歇近（淮楚）》一词时，卫礼贤启用了古希腊阿尔凯奥斯的颂歌体形式，又呈现出另外一种译风。

1 参见：Richard Wilhelm: *Chinesisch-Deutsche Jahres- und Tageszeiten*. Jena: Diederichs, 1922, S. 44。
2 参见：Richard Wilhelm: *Die Seele Chinas*. Berlin: Hobbing, 1926, S. 135。
3 参见：Richard Wilhelm: *Chinesisch-Deutscher Almanach*. Frankfurt a. M.: China-Institut, 1929/30, S. 13–20。
4 参见：Richard Wilhelm: *Die chinesische schöne Literatur im deutschen Schrifttum*. Diss. Univ. Kiel, 1933, S. 108。
5 参见：Richard Wilhelm: *Chinesisch-deutsche Jahres- und Tageszeiten*, 1922, S. 51。

偶尔，卫礼贤也会给予自己更多的自由空间，例如在翻译唐朝诗人张继的七言绝句《枫桥夜泊》一诗时，德语译文的外在诗歌形式就大大偏离了原文，这和他的大多数诗歌翻译不一样。

An der Ahornbrücke bei Nacht vor Anker	枫桥夜泊
Der Mond ist längst hinunter.	月落乌啼霜满天
Nur Raben sind noch munter,	江枫渔火对愁眠
Der kalte Reif vom Himmel fällt.	姑苏城外寒山寺
Am Fluss der Ahorn dunkelt,	夜半钟声到客船
Der Fischer Feuer funkelt,	
Ich bin allein auf weiter Welt.	
Fern ruht die Stadt im Tale,	
Da tönt mit einem Male	
Vom Berg die Klosterglocke schon	
Die Mitternacht, verklingend	
Und übers Wasser schwingend	
Vernimmt der Pilgrim diesen Ton.[1]	

在标题的翻译上，他基本采取了逐字翻译的方式：Ahornbrücke对应"枫桥"，bei Nacht对应"夜"，Anker对应"泊"。就目前已有的11个译本来看，这是唯一一个没有经过任何增删的翻译，因此从语义学角度来看是最贴切的译法。但与标题翻译不同的是，三个重要的元素在诗文的翻译上却没有体现出来：城市名称"姑苏"，即今天的苏州，"船"以及"愁眠"，它们对于原文并非无足轻重。尽管省略了这三处，译文还是要比原文长得多：原来的诗歌仅有一个诗节，共四行，而译文则将其分成了两个较长的诗节，且诗行数量也是原来的三倍了。除此之外，译文采用了西方常见的中间押韵方式（aa-b-cc-b），所以译文的视觉效果更贴近德语诗歌，而非汉语诗歌，尽管其内容并没有缺失。[2]

卫礼贤对中国诗歌的另一大贡献是他选译了大量的宋词，而在他之前该领域尚无人问津；另外，中国古典文学的一种特殊形式——赋也引起了他的关注，他深入研究并翻译、阐释了公元前4世纪到公元11世纪之间的不少铭文、散文诗和短文。在"论中国的哲学诗"（载：《东亚年鉴》，

---

1 参见：Richard Wilhelm: *Chinesisch-Deutsche Jahres- und Tageszeiten*. Jena: Diederichs, 1922, S. 88。
2 参见：Reinhard Breymayer: *Die Bibel der Chinesen*。关于翻译中的西化现象（从符腾堡–施瓦本的汉学丛书至卫礼贤的翻译作品）参见：Semiotica Biblica: *Eine Freundesgabe für Erhardt Güttgemanns*. Hamburg: Kovač, 1999, S. 181–209。

1921年，第14-19页）——后成为耶拿版诗选《中国诗歌》后记的一部分——一文中，卫礼贤视"赋"为一种"较自由的诗歌形式，介于散文和严格意义上的诗歌之间"。它们可以被定义为是拥有诗歌语言的散文，也可以被定义为是拥有散文形式的诗歌，因此其分类在中国也不统一。这种混合文体形式也存在于德语文学中，如克洛普施托克（Klopstock）、荷尔德林的《祖国颂》（Vaterländische Gesänge）以及海涅的组诗《北海》（Die Nordsee）。尽管如此，因为在此之前尚无人将其翻译成德语，所以这种独具特色的中国文学形式在德国和欧洲并不普及。鉴于此，卫礼贤倾尽全力向德国读者介绍了如下篇章：屈原的《卜居》和《渔父》、贾谊的《鹏鸟赋》、阮籍的《大人先生传》、陶渊明的《归去来兮辞》和《桃花源记》、王羲之的《兰亭集序》、李白的《春夜宴从弟桃李园序》、刘禹锡的《陋室铭》、欧阳修的《醉翁亭记》、周敦颐的《爱莲说》以及苏东坡的《前赤壁赋》和《后赤壁赋》。

上述篇章是中国文学中最著名、最优美的文学作品，几乎每一本文选中都能找到它们的身影。它们大多数篇幅较长，内容较难，即使是中国学者也要参考较为详尽的注释才能读懂它们。卫礼贤的译本主要呈现出如下特征：

1. "分割译法"（Kolumnenschreibung）。也就是说，在外在形式上把连续完整的中文文章进行分割。一个句子就另起一行，这样，译者卫礼贤就能通过这种类似于诗歌的形式来表达自己的诗意感受；但值得注意的是，卫礼贤并没有特别注意韵律和韵脚问题，虽然原文有可能是押韵的。

2. 过滤一些别具中国特色的文化元素如人名、地名和一些特别的历史影射，如果译者认为这些要素对于西方读者过于陌生。例如在《前赤壁赋》一文中，译者就略去了根据中国传统历书记录的年份——壬戌年（即1082年）、星座名称"斗"和"牛"、历史人物如赢得赤壁之战的周郎、两座战略重镇"荆州"和"江陵"以及《诗经》中的相关用典。这些翻译策略并无伤大雅，从语文学的角度来看，卫礼贤的译文是贴切而忠实于原文的，既没有出现误解，也没有删减内容。他所翻译的刘禹锡的《陋室铭》即是一例。在这篇译文中，他只对"南阳诸葛庐，西蜀子云亭"一句进行了改写，因为这里涉及两个人名——"诸葛亮"和"子云"（即杨雄）以及两个地名——"南阳"和"西蜀"（四川省的简称），为了避免由于不了解中国历史而造成的阅读障碍，卫礼贤在此将其简单翻译成了"从前有人……"。

3. 卫礼贤的一些译本达到了炉火纯青的地步，堪称完美。令人惊叹的译本比如有屈原创作的古老而极具艺术造诣的辞赋《卜居》和《渔父》、贾谊的《鹏鸟赋》、王羲之的《兰亭集序》以及陶渊明的《归去来兮辞》。为了帮助读者理解这些古文，中文现代白话文版本也会提供详尽的注释，而卫礼贤则做到了用极具诗意的目的语来再现源语诗文，并尽可能做到不添油加醋、不任意裁剪，忠实于原文并为其找到恰如其分的表达。因此，不管是从内容还是从形式来看，译文最大限度地保持了和原文的一致性。通过这样的译介方式，卫礼贤将中国文学中的明珠带到了德国和欧洲。

在卫礼贤之前的汉学家中，除了奥古斯特·普夫茨迈耶翻译过屈原的《离骚》和《九歌》之外，还没有人关注过此种文学形式。因此，卫礼贤所进行的这项译介工作开创了先河，之后又有察赫（Erwin von Zach）、弗兰西斯卡·迈斯特（Franziska Meister）和恩斯特·施瓦茨（Ernst Schwarz）等人将其传承下去。和卫礼贤一样，察赫在20世纪20年代末30年代初从《文选》当中选取了数量可观的"赋"体诗文，翻译后发表于《中国周刊——德国守卫和汉学论文集》[*Die Chinesische Revue，Deutsche Wacht und Sinologische Beiträge III*，Batavia (Jakarta 雅加达)]。1951年，弗兰西斯卡·迈斯特根据亚瑟·韦利（Arthur Waley）的英译本转译了张衡、王延寿、王逸和杨雄创作的辞赋（张衡的《观舞赋》和《髑髅赋》、王延寿的《王孙赋》和《梦赋》、王逸的《荔枝赋》以及杨雄的《逐贫赋》）。继她之后是格奥尔格·施耐德，他在1955年出版的中国诗选中重译了王羲之的《兰亭集序》。几年之后，在1962年版的《李太白诗选》中，君特·德博（Günther Debon）重译了李白的《春夜宴从弟桃李园序》并称其为"艺术散文"。这之后，恩斯特·施瓦茨也投入了赋文的翻译：他在1969年翻译了贾谊的《鵩鸟赋》，1978年又翻译了司马相如的《美人赋》。也就是说，除了贾谊的《鵩鸟赋》和王羲之的《兰亭集序》，卫礼贤译的不少辞赋至今仍是唯一的德语译文。

就目前的研究来看，自1940年以来，一共有15本德语诗选收录了卫礼贤翻译的中国诗，远超他的同仁如阿尔弗雷德·福克、奥托·豪泽（Otto Hauser）和洪涛生（Vincenz Hundhausen）。汉斯·海尔曼（Hans Heilmann）所翻译的诗歌从来没有引起诗选主编的注意，而卫礼贤的译本则受到普遍推崇——不管是在汉学界还是对于非汉学研究者。他的译文在由一群汉学家主编的、具有里程碑性质的诗歌选集《东方抒情诗》（*Lyrik des Ostens*，慕尼黑：汉泽尔出版社，1952年）中备受关注。在这本诗集中，卫礼贤和君特·德博、君特·艾希（Günther Eich）、威廉·贡德特（Wilhelm Gundert）以及扬·乌伦布鲁克（Jan Ulenbrook）是决定了该诗选质量的主要译者。《中国诗歌上下三千年选集》（*Chinesische Gedichte aus drei Jahrtausenden*）由费舍尔出版社1965年在美因河畔的法兰克福出版，其目的是向德国读者介绍忠实于原文的译作，其中卫礼贤的诗歌翻译又占据了重要一席。在该诗选中，他作为"精通汉语者"和赫伯特·弗兰克（Herbert Franke）、马丁·吉姆（Martin Gimm）、阿尔弗雷德·霍夫曼（Alfred Hoffmann）、彼得·韦伯-舍费尔（Peter Weber-Schäfer）以及察赫等人相提并论。在哥廷根大学德国科学基金会研究项目——"德语诗选中的中国诗歌目录"的研究框架下，首次有学者对卫礼贤的诗歌翻译进行了系统梳理（顾正祥，斯图加特2002年），发现并整理了诗选中卫礼贤翻译的所有中文诗歌及其作者名称，尤其是耶拿1922年出版的诗选《中德四季晨昏杂咏》中收录的诗歌。

在中国，卫礼贤也得到了普遍认可。刘正在《海外汉学研究》（武汉，2002年）一书中写到："到20世纪早期，《易经》的译本已多达120余种……这其中，卫礼贤的译本是最容易理解，也最贴近原文的翻译"（第205页）。该论述不仅完全适用于卫礼贤的《易经》译本，也适用于他所翻译的全部中国古典文学作品。1988年，卫礼贤的自传*Die Seele Chinas*被翻译成中文并作为"认识中国系列"丛书之一出版（《中国心灵》，王宇洁、罗敏、朱晋平译，北京国际文化出版公司，共364页）。在该书末尾的内封页里有如下一段评述："卫礼贤中文造诣甚好，对中国古诗词和传统典籍非常熟悉，对中国文化有比较深入的了解，书中处处可见中西文化碰撞所迸射出的火花。"文字不长，但却全面而准确地描述了卫礼贤对中国语言、诗歌和文化的了解以及他的跨文化传播努力。

是的，不论是在德国还是在中国，卫礼贤——当然也包括身为中国诗歌译者的卫礼贤——值得我们敬重和钦佩。他在中国古诗方面的翻译实践和研究及其在译介儒、道学说方面做出的卓越贡献都是他毕生事业的重要组成部分，是丰富了德语和中国文学的宝贵的文学财富，是一位在两个世界中进行文化传播的精神使者留给我们的伟大遗产，基于此，我们心怀感激，在他最后的栖息地——巴德博尔（Bad Boll）共同庆祝。

2007年于德国图宾根

（陈虹嫣 译）

附录一：卫礼贤中国诗译介书目简编

编者附言：卫礼贤著述甚丰。上世纪三十年代初病逝后不久，即由后人编撰了第一个卫礼贤书目，名为"Übersicht über die Schriften Richard Wilhelms"（刊于：*Sinica*，Nr. 5，Jahrgang 1930, S. 100–111），分"整本的书""主编的书""教科书"及"论文和文章"四部分。拙编微型专题卫礼贤书目，旨在反映卫氏译介中国诗的学术成就和独特贡献，提供他在该领域的文献资料。追本溯源，它与文集正文《汉诗译者卫礼贤》一起，同脱胎于笔者上世纪九十年代在哥廷根大学"文学翻译研究所"（SFB 309, Die literarische Übersetzung）时的研究。

当代学者魏汉茂（Hartmut Walravens）对其汉学前辈有全面而深入的研究。他在本文集中发表的对1930年卫礼贤书目的评估，具有鞭辟入里的分析（第199–209页）。翌年，他又推出了一个更为完整的卫礼贤书目Richard Wilhelm (1873–1930)：*Missionar in China und Vermittler chinesischen Geistesguts. Schriftenverzeichnis, Katalog seiner chinesischen Bibliothek und Briefe von Heinrich Hackmann und Ku Hung-ming.* St. Augustin: Institut Monumenta Serica, 2008.–316 S.，使德国汉学的卫礼贤研究上了一个新台阶。

I. Wilhelms Gedichtübertragung in seinen Gedichtsammlungen 卫礼贤刊于他本人译诗选本中的译诗

[01] *Chinesische Frühlingsgedichte*, Tsingtau [Qingdao] 1919. – 20 S.

[02] *Chinesische Sommergedichte*, Tsingtau [Qingdao] 1919. – 30 S.

[03] *Chinesische Herbstgedichte*, Tsingtau [Qingdao] 1918. – 18 S.

[04] *Chinesische Wintergedichte*, Tsingtau [Qingdao] 1920. – 23 S.

[05] *Chinesisch-Deutsche Jahres- und Tageszeiten. Lieder und Gesänge.* Mit 16 Nachbildungen

chinesischer Holzschnitte. Jena: Diederichs, 1922. – 131 S. (S. 1-95: Gedichtübersetzungen; S. 97-116: Über die chinesische Poesie; S. 117-129: Die Dichter, 12 Kurzbiographien)

II. Wilhelms Gedichtübertragung in seinen Aufsätzen 卫礼贤刊于他本人学术论文中的译诗

[06] „Die Philosophische Dichtung in China". In: Ostasien-Jahrbuch. Jahresbericht des Allgemeinen Evangelisch-Protestantischen Missionsvereins, hrsg. v. Missionsdirektor D. Dr. Witte. Berlin 1921, S. 14-29.

[07] „Goethe und die chinesische Kultur". In: Jahrbuch des Freien deutschen Hochstifts 1927, Frankfurt a. M, S. 301-316.

[08] „Die Musik in China". In: Sinica, Jg. 2 (1927), H. 6/7, S. 90.

[09] „Das Wesen der chinesischen Musik". In: Sinica, Jg. 2 (1927), H. 11/12, S. 202.

[10] „Dichtung und Wahrheit im Osten". In: Sinica, Jg. 3 (1928), H. 5/6, S. 177-188.

[11] „Chinesisches. Gedichte hundert schöner Frauen von Goethe übersetzt". In: Chinesisch-Deutscher Almanach. Frankfurt a. M.: China-Institut, 1929/30, S. 13-20.

III. Wilhelms Gedichtübertragung in seinen Monographien 卫礼贤刊于他本人学术专著中的译诗

[12] *Die chinesische Literatur*. (In: Handbuch der Literaturwissenschaft, hrsg. v. Oskar Walzel). Wildpark-Potsdam: Akademische Verlagsgesellschaft Athenaion, 1926. – 200 S.

[13] *Die Seele Chinas*. Berlin: Hobbing, 1926, S. 134; 135; 163; 236; 238; 309.

[14] *Geschichte der chinesischen Kultur*. Mit einer farbigen und 33 schwarzen Tafeln. München: Bruckmann, 1928, S. 68; 73; 191.

IV. Wilhelms Gedichtübertragung in Zeitschriften 卫礼贤刊于报刊杂志中的译诗

[15] „Die Verlassene. Übersetzung aus dem Schi King". In: Zeitschrift für Missionskunde und Religionswissenschaft, Organ Evangelisch-Protestantischen Missionsvereins (ZMR), Jg. 19 (1904), H. 8, S. 237-238.

[16] „Gedichte von Mong Hau Jan". In: Sinica 1930, S. 97-100; „Mulan". In: Sinica 1930, S. 254.

V. Wilhelms Gedichtübertragung in chinesischer Übersetzung oder Monographien 卫礼贤刊于汉语译本或学术专著中的译诗

[17] 《中国心灵》（*Die Seele Chinas*)，王宇洁、罗敏、朱晋平 译，北京国际文化出版公司，共364页，1998年（"认识中国系列"丛书)

[18] 陈铨：《中德文学研究》，沈阳：辽宁教育出版社，1997年，共144页（新世纪万有文库)

VI. Wilhelms Gedichtübertragung in Anthologien (in alphabetischer Reihenfolge) 卫礼贤刊于多人诗选中的译诗（按字母顺序）

[19] Anon. *Der Bambus wiegt sich im Winde. Lyrik chinesischer Dichter.* Pinselzeichnungen von Li Ai Vee. Kleine Kostbarkeiten der Aldus Manutius Drucke. Zwanzigster Druck. Zürich, Stuttgart: Aldus Manutius Verlag, o. J. – 11 S.

[20] Bogner, Ute. *Gedichte. Eine Auslese.* Ausgewählt von Ute Bogner. Weinheim: Zweiburgen-Verlag, o. J. – 351 S.

[21] Donath, Andreas. *Chinesische Gedichte aus drei Jahrtausenden.* Herausgegeben von Andreas Donath. Fischer Bücherei 702. Frankfurt a. M.: Fischer Verlag, 1965. – 144 S. Su Dung-Po (Su Dongpo, Su Shi): „Frühsommer" (S. 103); „Erste Fahrt zur Roten Wand" (S. 104); „Zweite Fahrt zur Roten Wand" (S. 108).

[22] Fink-Henseler, Roland W. *Brevier fernöstlicher Weisheit. Sprichwörter, Aphorismen und Gedichte aus Japan und China.* Zusammengestellt und mit zahlreichen Illustrationen versehen von Roland W. Fink-Henseler. Bayreuth: Gondrom Verlag, 1984. – 216 S.

[23] Günther, Johannes von. *Unsterbliches Saitenspiel. Die schönsten Gedichte der Weltliteratur.* Ausgewählt von Johannes Guenther. Ullstein Buch 100. Frankfurt a. M.: Verlag Das Goldene Vlies, 1956. – 221 S.

[24] Günther, Johannes von. *Lyrik aus aller Welt. Liebesgedichte.* Ausgewählt von Johannes von Günther. Ullstein Buch 186. Frankfurt/M.: Ullstein Taschenbücher-Verlag, 1958. – 221 S.

[25] Gundert, Wilhelm, Annemarie Schimmel und Walther Schubring. *Lyrik des Ostens.* München: Carl Hanser Verlag, 1952. S. 229 – 372. [Zweite Auflage 1965, dritte, überarbeitete Auflage 1957, 9. – 20. Tsd. Als Band 38 der Reihe Die Bücher der Neunzehn (einmalige Sonderausgabe). – Lizenzausgaben: Vollständiger Abdruck des Kapitels „China" unter dem Titel: Lyrik des Ostens: China. Mit einem Nachwort von Wilhelm Gundert. München: Deutscher Taschenbuch Verlag, 1962. – 184 S.; Goldmann Klassiker 7588. München: Wilhelm Goldmann Verlag, 1980. – 229 S.]

[26] Hucke, Helene. *Eine Freude vertreibt hundert Sorgen.* Fernöstliche Weisheiten. Köln: Buch und Zeit Verlagsgesellschaft, 1985. – 128 S.

[27] Jaspert, Reinhard. *Lyrik der Welt. Ausland.* Ausgewählt von Reinhard Jaspert. Zeichnung von Fritz Jaspert. Berlin: Safari-Verlag Carl Boldt, 1948. – 783 S.

[28] Jaspert, Reinhard. *Lyrik der Welt. Lyrik und Weisheit des Auslandes.* Herausgegeben von Reinhard Jaspert. Zeichnung von Fritz Jaspert. Berlin: Safari-Verlag Carl Boldt, 1953. – 794 S.

[29] Korth, Michael. *Schöner Jüngling, mich lüstet Dein. Liebesgedichte von Frauen.* Ein Wegweiser durch den Irrgarten der Liebe von Sappho bis Gioconda Belli, gegliedert von Nancy Arrowsmith,

herausgegeben und mit einem Essays zur Geschichte der europäischen Frauenlyrik versehen von Michael Korth. Frankfurt a. M.: Eichhorn Verlag, 1988. – 333 S.

[30] Kurzer, Michael. *Klassische Weisheit aus China*. Mit Bildern aus dem Album des Wang Yun. Kleine Bibliothek Flechsig. Würzburg: Flechsig Verlag, o. J. – 64 S.

[31] Oehlke, Waldemar. *Seele Ostasiens. Chinesisch-japanischer Zitatenschatz*. Zusammengestellt und herausgegeben von Waldemar Oehlke. Berlin: F. A. Herbig Verlagsbuchhandlung, 1941. – 175 S.

[32] Vring, Georg von der. *Unsterblich schöne Schwestern. Frauenlyrik aus drei Jahrtausenden*. Ebenhausen bei München: Verlag Langwiesche-Brandt, 1956. – 208 S.

[33] Wilken, Rolf. *Liebe ist besser als Krieg. Erotische Lyrik und lose Lieder*. Freimütig präsentiert von Rolf Wilken und frech verziert von Siegfried Oelke. Hamburg: Christian Wegner Verlag, 1967. – 299 S.

VII. Wilhelms Gedichtübertragung in Nachschlagewerken

[34] Gu, Zhengxiang 顾正祥. *Anthologien mit chinesischen Dichtungen*《中国诗德语翻译总目》. Wissenschaftlich ermittelt und herausgegeben von Gu, Zhengxiang. Stuttgart: Anton Hiersemann Verlag, 2002. – XXXVIII, 409 S. (Hiersemanns Bibliographische Handbücher; 13/6)

附录二：卫礼贤译诗标题
（按中文作者汉语拼音顺序排列）

Register der der Titel der von Richard Wilhelm ins Deutsche übersetzen Gedichte (in alphabetischer Reihenfolge). Die Quellenangaben im Anschluss an den Originaltitel bestehen aus Nummerierungen [in eckigen Klammern] der im Anhang I aufgelisteten Ausgaben und Abhandlungen, teils mit Angabe, auf welcher Seite das Gedicht sich befindet.

Anon. → Wu Mingshi 无名氏

Bai Juyi 白居易 [Bai Letian 白乐天] (772–846)
Bergwanderung im Traum 梦上山，时足疾未平. – [12]153; [22]; [31][1]
Blumenmarkt 秦中吟十首并序 · 买花. – [10]185
Einem geschwätzigen Besucher 赠谈客. – [12]153

---

1 方括号里的数字是指本文 "附录一（Anhang I）" 中所列的与卫礼贤有关的诗选、论文、论著、杂志等的序号；方括号之外的数目字是指该诗在那本书或杂志里的第几页。

Frühling am Westsee 钱塘湖春行. – [12]154; [13]

Grillen 闻虫. – [12]153

Um Mitternacht 同钱员外禁中夜直. – [12]154; [25]

Was der Nachtrabe krächzt （赋得）乌夜啼. – [12]153

Bai mei tu xin yong 百美图新咏 [Neue Gesänge über die Bilder von hundert Schönen, 2 Bde]
(1788/1809)

„Die beiden Kassiablätteraugenbrauen" 梅妃. – [07]; [11]; [18]

„Du tapferer Krieger im Wüstensand" 开元宫人. – [11]

„Schneeigen Gesichts die Mondfee" 潘妃. – [11]

„Wenn du tanzest" 薛瑶英. – [11]17

„Wenn ich auch heute Grade finde" 冯小怜. – [11]18

Ban Jieyu 班婕妤 (48-6 v. Chr.)

Der Fächer im Herbst 怨诗（怨歌行）. – [12]119; 33

Cai Yong 蔡邕 (132–192)

Beim Pferdetränken an der großen Mauer 饮马长城窟行 "青青河畔草". – [12]118

Cui Tu 崔塗 (um 901)

Nachtgedanken 巴山道中除夜书怀. – [04]20; [05]92; [25]

Dschung Tsü

Sehnsucht [nicht erm.]. – [01]1; [05]3; 19

Du Fu 杜甫 (712–770)

Der neue Mond 初月. – [12]150

Die müde Nacht 倦夜. – [05]; [12]150

Heimkehr im Traum 归梦. – [12]149

Herbstklarheit 雨晴. – [12]150; [25]

Im Schnee 对雪 "战哭多新鬼". – [12]149

Kahnfahrt 陪诸公子丈八沟携妓纳凉晚际遇雨二首. – [02]4; [05]27; [12]150

Leuchtkäfer 见萤火. – [12]149; 25

Unter den Bäumen 树间. – [12]149

Wintergedanken 小至. – [04]14; [05]86; [12]152

Du Siau Schan

Winternacht [nicht erm.]. – [04]9

Feng Yanyi 冯延巳 (903?–960)

Am Goldtor 谒金门 (其一) "风乍起". – [10]185; [12]158

Han Yi

Die durchwachte Nacht [nicht erm.]. – [03]; [05]54; [19]

Han Yu 韩愈 (768–824)

Bergfelsen 山石. – [02]21; [05]40; [12]155; [13]134; [25]

Elegie 左迁至蓝关示侄孙湘. – [04]21; [05]93; [12]155; [25]

Huangfu Ran 皇甫冉 [zi 字: maozheng 茂政] (716/717–769/770)

Abschied vom Frühling [nicht erm.]. – [05]

Jia Yi 贾谊 (200–168 v. Chr.)

Das Eulengedicht 鵩鸟赋. – [12]111

Kong Rong 孔融 (153–208)

Auf ein Kind, das während der Abwesenheit des Vaters geboren und gestorben 杂诗二首(其二)
"远送新行客". – [12]125

Kong Zi 孔子 [auch: Kong Fuzi 孔夫子，d. i. Kong Qiu 孔丘，zi 字: zhong ni 仲尼] (551–479 v. Chr.)

Preis geistiger Gemeinschaft [nicht erm.]. – [23]; [24]; [25]; [28]

Li Duan 李端 (um 750)

Der Neumond 拜新月. – [02]6; [05]28; [23]; [24]; [25]; [28]

Li Shangyin 李商隐 (813–858)

Die Mondfee 嫦娥. – [03]; [05]52

Li Taibai 李太白 [Li Bai 李白] (701–762)

Abschied „Die grünen Berge türmen sich" 送友人 "青山横北郭". – [12]146; [22]; [31]

„Am Turm des gelben Kranichs wendet" 黄鹤楼送孟浩然之广陵. – [12]138

Auf dem Turm der Störche und Elstern 登鹳雀楼. – [02]17

Ein Frühlingsmahl im Pfirsich- und Pflaumengarten. Einladung an die Brüder 春夜宴从弟桃李园序. –
   [01]8; [05]107; [06]15

Einsamer Trunk im Mondschein 月下独酌四首（其一）"花间一壶酒". – [12]146

Einsamkeit 玉阶怨. – [03]; [05]62; [12]147

Erinnerungen 古朗月行.– [03]; [05]51

Groll 怨情 "美人捲珠簾". – [12]145; [22]; [31]

Ich denke dein auf ewig 长相思 "长相思，在长安". – [12]145

Mit dem Ging Ting Berg allein 独坐敬亭山. – [02]25; [05]44

Nächtlicher Rabenruf 乌夜啼. – [12]145; [10]182

„Vor meinem Lager ein weißer Streif" 静夜思. – [13]135

Waldgespräch 山中问答. – [01]4; [05]8; [12]147

Wanderers Sehnsucht 行路难 "金尊美酒斗十千". – [04]22; [05]94; [12]147

Am Wege [nicht erm.]. – [12]146

Stoßseufzer [nicht erm.]. – [12]145

Li Yi 李益 (748–829)

Im Gefangenlager 夜上受降城闻笛. – [03]

Lin Bu 林逋 (967–1028)

An die Mandelblüte 山园小梅二首（其一）. – [04]13; [05]85; [12]167; [13]236; [25]

Liu Changqing 刘长卿 (709–780)

Schneenacht im Gebirge 逢雪宿芙蓉山主人. – [04]8; [05]82

Liu Qiqing 柳耆卿 [Liu Yong 柳永] (um 1034)

Sommerlandschaft 过涧歇近 "淮楚". – [02]2; [05]26

Beim Wein [nicht erm.]. – [04]5; [05]79

Liu Xijun 刘细君 [Wu Sun 乌孙公主] (um 110 v. Chr.)

Trauergesang „Sie haben mich in die Ehe gegeben" (Ausz.) 悲愁歌. – [12]119; [31]

Liu Yuxi 刘禹锡 (772–842)

Die ärmliche Hütte 陋室铭. – [02]18; [05]39

Liu Zongyuan 柳宗元 (773–819)

Der Fischer 渔翁. – [02]16; [05]38; [12]156

Der Fischer im Schnee 江雪. – [04]17; [05]89; [12]156

Lu Ji 陆机 (261–303)

Winterwanderung 苦寒行. – [04]18; [05]90

Mei Fei 梅妃 [Jiang Fei 江妃] (8. Jh.)

Bai mei tu xin yong 百美图新咏

Meng Haoran 孟浩然 (689–740)

Am Bergteich 万潭山作. – [12]140; [22]; [31]72

Am Pfirsichblütenquell 游精思题观主山房. – [12]139; [16]98

Das Blumenmädchen 美人分香. – [16]97

Das Mahl in der Winternacht 寒夜张明府宅宴. – [16]98

Das Schloss der Ewigen Freude 长乐宫. – [16]100

Der Hirschtorberg vom See aus 彭蠡湖中望庐山. – [16]99

Frühe Mandelblüten 早梅. – [12]139

Frühherbst 初秋. – [12]140

Frühlingsmorgen 春晓. – [12]139

Herbstnacht „Im leeren Herbstraum" 秋宵月下有怀. – [12]140; [16]99; [31]

Kahnfahrt bei Wu Ling 武陵泛舟. – [16]98

Kalte Nacht 寒夜. – [16]97

Krank in der Fremde 初年乐城馆中卧疾怀归作. – [16]100

Nächtliche Heimkehr zum Hirschtorberg 夜归鹿门山歌. – [02]20; [12]140; [25]

Sommerabend 夏日南亭怀辛大. – [12]139; [16]98

Ouyang Xiu 欧阳修 (1007–1072)

Das Lied von der Prinzessin Ming 再和明妃曲. – [12]168; [25]

Der Pavillon des trunknen Greises 醉翁亭记. – [02]26; [05]45; [06]23

Nach dem Gewitter 临江仙"柳外轻雷". – [02]10; [05]32

Winterstimmung 渔家傲"十月小春梅蕊绽". – [04]10; [05]84

Qin Shaoyou 秦少游 [Qin Guan 秦观] (1049–1100)

Wintermorgen 如梦令 "遥夜沉沉如水". – [04]15; [05]87

Nachteinsamkeit „Des Marmorhauses dichte Mauern umschließen fest des Herzens Kühle" 桃源忆故
    人 "玉楼深锁薄情种". – [04]12

Qu Yuan 屈原 (340–278 v. Chr.)

Das Orakel 卜居. – [12]99，[28]125，[25]

Der alte Fischer 渔父. – [12]100

Aus der Elegie „Ins Elend verschlagen" (Ausz.) 离骚 (节译). – [05]; [25]; [26]

Ruan Ji 阮籍 (210–263)

Das Lied von den großen Männern (Ausz.) 大人先生传 (节译). – [12]126

Shi Jing 诗经 (1050–700 v. Chr.)

„Am lieblich stillen Flussesstrand" 斯干. – [13]311

Besuch bei den Eltern nach der Hochzeit 葛覃. – [12]20

Das Kuan Tsü-Lied 关雎. – [08]90; [12]20

Das Opferlied des jungen Königs 敬之. – [12]24; [14]115

Das Söhne spendende Kilin 麟之趾. – [09]202; [12]21

Das Wunderschloss des Königs Wen 灵台. – [12]24; [25]

Der dunkle Vogel 玄鸟. – [12]25

Die grünen Fliegen 青蝇. – [12]24

Die Verlassene. Übersetzung aus dem Schi King 氓. – [15]237

Die verstoßene Gemahlin 柏舟. – [12]22

Einladung zur Werbung 摽有梅. – [12]22

Glückwunsch 螽斯. – [09]202; [12]21

Haremsmädchen bei der Rückkehr 小星. – [12]22

Heimliche Liebe 野有死麕. – [12]22

Hunnenkampf 采薇. – [12]23

Sehnsucht nach dem fernen Geliebten 草虫. – [12]21

Vergebliche Sehnsucht 汉广. – [12]21; [10]178

Shu jing 书经 [auch: Shang shu 尚书]

Der Musikmeister Kue und die Macht der Musik [nicht erm.]. – [25]

Su Dongpo 苏东坡 [Su Shi 苏轼] (1037–1101)

Erste Fahrt zur Roten Wand 前赤壁赋. – [05]68; [06]24; [12]170; [21]; [27]

Erwartung 贺新郎 · 夏景. – [02]7; [05]30

Frühlingsnacht 春夜. – [01]7; [05]12

Frühsommer 阮郎归 · 初夏. – [02]1; [05]25; [19]76; [21]

Herbstfahrt zur roten Wand （前）赤壁赋. – [03]

(Die) zweite Fahrt zur Roten Wand 后赤壁赋. – [04]1; [06]27; [05]75; 21

Tao Yuanming 陶渊明 [Tao Qian 陶潜] (365–427)

Beim Lesen des Buchs von den Bergen und Meeren 读山海经 "孟夏草木长". – [02]24; [05]; [12]131; [25]; [30]

Die Chrysanthemen 饮酒二十(其七) "秋菊有佳色". – [13]309; [05]64; [12]131; [20]; [25]; [26]; [33]

Die Sage vom Pfirsichblütenquell 桃花源诗并记. – [01]2; [06]20; [05]4

Heimgekommen 归去来兮. – [12]130

Wang Anshi 王安石 (1021–1086)

Frühlingsnacht 夜直. – [01]11; [05]14

Wang Fong Yuän

Abschied vom Frühling [nicht erm.]. – [01]12; [05]16

Wang Jia 王驾 (um 890)

Das Mädchen im Garten 雨晴. – [01]5; [05]9

Wang Wei 王维 (701–761)

Frage 杂诗三首 "君自故乡来". – [12]141

Herbst im Gebirge 山居秋暝. – [03]; [05]52; [12]141

Herbstabend im Gebirge 山居秋暝. – [25]

Herbstfest 九月九日忆山东兄弟. – [12]141

Im Bambushain 辋川集(其五) 竹里馆. – [12]141; [22]; [31]

Im Hirschgraben 辋川集(其十七) 鹿柴. – [12]141

Wang Xizhi 王羲之 (321–379 od. 303–361)

Im Orchideenpavillon 兰亭集序. – [06]21; [01]17; [05]19; [12]127; [13]163

Wei Zhuang 韦庄 (836–910)

Das Mädchen 女冠子二首 (其一) "四月十七". – [12]158

Wu Jun 吴均 [Wu Yun 吴筠] (469–520)

Sommerabend in den Bergen 山中杂诗三首 (其一). – [02]23; [05]42

Wu Mingshi 无名氏 (221 v. Chr. bis Han-Zeit)

Altes Lied 古歌 "秋风萧萧愁". – [12]118

Das Lied „Dort droben steht ein hohes Haus" 古诗十九首(其五) "西北有高楼". – [03]; [05]57; [22]; [31]

Das Lied vom weißen Haar 相和歌辞 · 白头吟. – [12]119

Der Hahnenruf 鸡鸣歌. – [01]10; [05]13

Gruß in die Ferne 古诗十九首 (其六) "涉江采芙蓉". – [03]; [05]61

Herbstgedanken 古诗十九首 (其七) "明月皎夜光". – [03]; [05]56

In der Ferne 古诗十九首(其十九) "明月何皎皎". – [02]11; [05]59

Marschlied 鼓吹曲辞 · 战城南. – [12]118; [10]183; [14]191

Mulan 木兰诗. – [16]254

„Nebel sieht man in den Bergen brauen" 山际见来烟. – [13]145

„O dieser Abend，welch ein Abend" 越人歌. – [12]99; [25]; [29]43

„Phönix! Phönix!" 接舆歌. – [12]44; [23]185; [25]; [28]

Trennung 古诗十九首 (其一) "行行重行行". – [03]; [05]58; [12]118

Treue Liebe 鼓吹曲辞 · 上邪. – [02]9

Wandern 古诗十九首 (其一) "行行重行行". – [25]

Xu Yuanjie 徐元杰 (1194?–1245)

Auf dem See 湖上. – [01]6; [05]11

Zhang Ji 张继 (8. Jh.)

An der Ahornbrücke bei Nacht vor Anker 枫桥夜泊. – [04]16; [05]88

Zhang Jiuling 张九龄 (673–740)

Mondgedanken 望月怀远. – [03]; [05]65

Zhong Shu 仲殊 [Zhang Hui 张挥] (gest. um 1104)

Die Lotosblume 念奴娇 "水枫叶下". – [02]12; [05]33

Zhou Dunyi 周敦颐 (1017–1073)

Die Liebe zum Lotos 爱莲说. – [02]14; [05]35

Zi Ye 子夜 (4. Jh.)

Lieder der Mitternacht 1 子夜歌四十二首(其二) "芳是香所为". – [01]13; [05]17

Lieder der Mitternacht 2 子夜歌四十二首(其八) "前丝断缠绵". – [01]13; [05]17

Lieder der Mitternacht 3 子夜歌四十二首(其十三) "揽枕北窗卧". – [01]14; [05]17

Lieder der Mitternacht 4 子夜歌四十二首(其二十三) "谁能思不歌". – [01]14; [05]17

Lieder der Mitternacht 5. 子夜歌四十二首(其二十四) "揽裙未结带". – [01]15; [05]17

Lieder der Mitternacht 6 子夜歌四十二首(其二十九) "欢从何处来". – [01]15; [05]18

Lieder der Mitternacht 7 子夜歌四十二首(其三十七) "怜欢好情怀". – [01]16; [05]18

Lieder der Mitternacht 8 子夜歌四十二首(其四十一) "恃爱如欲进". – [01]16; [05]18

„Sanft kommt die Ruhe nieder auf das Wasser" [nicht erm.]. – [13]238

Nachteinsamkeit [nicht erm.]. – [05]66

Zi ye ge 子夜歌 → Zi Ye 子夜

[海外德语汉学论文，原载：Wippermann, Dorothea (Hrsg.): *Interkulturalität im frühen 20. Jahrhundert: Richard Wilhelm – Theologe, Missionar und Sinologe*. Frankfurt am Main: Iko-Verlag für Interkulturelle Kommunikation, 2007, S. 153–174: „Richard Wilhelm als Übersetzer chinesischer Lyrik".]

漫游在黑森林

——中国作家对德国的认知

随着1911年清政府的垮台以及1919年五四运动的爆发，中国开始大量学习西方文明，同时，在过去数十年间，中国发生了翻天覆地的变化。1979年12月，改革开放政策落地，中国更是日新月异，变化之大非20世纪的其他年代可比。中德文化交流也得到了长足发展，获得了新的发展维度。许多中国政治家、作家和学者或者曾有在德国留学数十年的经历，或者曾或长或短地在德国逗留过，因而也或多或少地了解这个国家。他们的印象、感受和思想见诸中国的各类报刊杂志和作品集，不仅在文学作品中，也在学术研究中得到了体现。

他们的作品体裁多样，主题丰富，创作手法和个性特点鲜明。中国日耳曼学者的专业著述建立在作者多年的学术研究和资料分析基础之上，但是每位学者关注的视角和重点又各不相同。有些学者，如积淀深厚的历史学家丁建弘就更关注历史，而非当下。他的专著《德国文化：普鲁士精神和文化》（上海，2003年）内容翔实，系统描述并阐释了德国文化从千年前的起源一直到威廉二世（1888–1918）的发展历程，从而探索了德国国民性的历史根基。鉴于书中提出的一些新的观点与认识，该书在中德两国的史学界获得了不菲的声誉。

邱震海的学术纪实作品《德国：一个冬天之后的童话——旅德纪实》（上海，1997年）同样备受关注，并经常被援引。但是，他的兴趣点与前述作品完全不同。身为新闻报刊和传媒方面的专家，作家以敏锐的目光捕捉着德国社会的政治、经济发展及现实问题，其中包括了德国共产党（KPD）的兴衰发展史，尤其是该政党自二战以来至今的政治命运是作者关心的焦点。同样的观察视角也体现在了吴友法的著作《当代德国——命运多舛的世界新秀》（贵阳，2000年）之中。

有一些专家聚焦研究特定专题，如池正杰的《德国〈外国人法〉及其对中德民间交往的影响》（上海，1996年）和孙秀民的《统一后的德国对欧洲及世界的影响》（上海，2001年），也有一些学者的著作内容涉及面广，旨在让中国读者尽可能全面客观地了解德国，如高关中的《德国风土大观》（北京，2001年）和姚宝的《当代德国社会与文化》（上海，2002年）。书中既囊括了德国的历史发展情况，又涉及了德国和欧洲的最新发展，如欧元的引入、外国人政策和欧盟扩张等。

而中国作家的文学作品，尤其是他们的游记则呈现出另一番风貌。他们之中有的会德语，有的则对德语一窍不通，对他们而言，德国是一个充满异域风情的国家，他们记录下自己的经历，描写他们对德国文化浮光掠影式的感受，关键不在于阐释说明，而在于反映个人独到的观察及其对自己的诗意影响，如王安忆的《窗外与窗里》（广州，2001年）、张光武的《体验欧洲》（上海，2002年）、邓友梅的《边走边看》（沈阳，2002年）、陈秀玲和邹香华的《流浪在黑森林——德国南部纪行》（北京，2003年）以及余秋雨的《行者无疆》（北京，2003年）。

一些作者也记录下了他们和德国联邦政府的政治家的会面。作为时任德国联邦总统的里查德·冯·魏茨泽克传记的译者，孙秀民受邀到德国访问。在和德国总统见面之后，孙教授评价魏茨泽克总统"非常德高望重，受人尊敬"，但同时又"很亲切，很和蔼"。杨武能——洪堡奖学金学者也受到了德国总统卡尔·卡斯腾斯的接见，那一年是1984年。杨教授认为该举动体现了德国对"科学的重视，对学者的尊重以及对国际文化交流的推崇"。有意思的是他把此次受邀和自己在中国某高校的经历进行了对比：他曾在那里担任副校长六年之久，却和学校辖属的省部委及中央领导没有任何联系。这样的接见在中国作家眼中是一种荣誉，是一次特别的人生经历。

孙书柱曾在波恩长期担任外交官，他在《走不出的咖啡馆》一书中强调了德国政治家的谦逊为人及良好声誉。他举了三个例子：康拉德·阿登纳，他的头像就竖在波恩一条人行道的路边，而不是被放在某个"更显耀"的位置，如总理府的院子。里查德·冯·魏茨泽克三到四周就会携夫人去一家中餐馆吃饭，不带秘书和随从，这在中国是很难想象的。最后一例是住在汉堡的前联邦总理赫尔穆特·施密特，他环保意识很强，每次晨跑的时候总是会捡起被路人随手丢弃的烟头和可口可乐易拉罐。

中国地处东亚，爱情和性爱、婚姻和家庭在那里的传统完全不同于欧洲。因此，德国的道德观并不符合在中国占主流地位的道德观。但正是这种不一样让中国作家兴致盎然地近距离地观察异域文化现象。当然，价值评判大相径庭。哲学家赵鑫珊对此持肯定的态度。在关于德国电视节目"婚姻中的性爱生活"的一文中，他以极其坦率的态度报道了观众的提问以及主持人的回答，且未加删减。在赵鑫珊看来，德国公众开诚布公的讨论是一种"性学的教育"，是"文明和社会进步的标志"。另外一例是彭名燕的小说《日耳曼式的结婚》。作家以诙谐幽默的笔触描写了自己的女儿"小佳"和比她大23岁的德国人霍夫曼结婚后的趣闻轶事，展现了一幅欧洲大陆的社会和风俗画卷以及自己作为外国岳母是如何融入德国中产阶级的日常生活：从最初的不适应到适应，从不满到满意，从不接受到包容。

与前述作品不同的是，大部分中国文学作品对此持批判态度，不少作家把目光投向德国的红灯区。例如在孙书柱的眼中，汉堡的红灯区"绳索大街"是"地狱"，是"犯罪的渊薮"，是社会容忍了该地区的存在。孙书柱在他的作品中讲述了一个可怕的故事：两位清白无辜的姑娘由于找不到其他工作而成了妓女，她们不仅遭到皮条客和法警的强奸，还被他们毒打；一位皮条客由于没有按时交税而受到法院起诉，在1986年法院调查期间，他先是开枪打死了法官及其妻子，继而开枪自杀；还有一名教师在一位坦胸露肩的妓女的陪伴下在酒吧里喝了三杯啤酒，却要支付4800马克的高昂费用——真是漫天要价的巧取豪夺。

从维熙也在文中写到，妓女们晚上在汉堡街头踯躅徘徊，恬不知耻地拉扯男性客人，并由此得出结论，类似的景象就像恶鬼幽灵一样"污染德国的空气"，损害"德国的名声"。但是他又补充到，在像汉堡这样一座拥有百万人口的大城市中，红灯区只是"冰山一角"，在这里，冷漠与温情并存，美丽与污秽也在同时扩散。这似乎略微缓和了文中的批判语气。

德国养老院的寂寞人生，也同样是中国文学作品中常见的主题之一。老人们主要靠布告栏中儿女的来信来自我安慰。儿女来访，也只是带一束鲜花。鲜花很快枯萎，老人们又在等待中打发时日。一位富裕的女士已经有好几年没有看到自己的女儿了，却依然在执着地等待。从维熙试图以此说明，德国家庭关系的冷漠不仅只是联邦德国的社会问题，而是整个西方社会的问题。随着物质财富的增长，人际关系却变得极其冷淡。

对于德国的赌场，中国作家也同样持贬抑态度。从维熙在另外一篇文章中讲了一则老太太卷入赌博游戏的故事：她先是赌输了1000马克，随后拿出的7000马克也全部落入了赌场的腰包。冷汗冒上了她的额头，她神不守舍地悄悄离开了赌场。这一令人心碎的图像震撼了作者的内心。他是这样叙述对这些穿着得体、貌似达官贵人的"掠夺"的："赌场上的金钱争夺战，包藏在香水和面纱里，是滋生在德国肌体和大动脉上的一个毛细血管瘤，它跟色情读物一样，是在汉堡、慕尼黑和法兰克福蔓延的非生理学意义上的社会艾滋病。"

所有这些描写——不管其批判性如何尖锐——都不是要贬低德国这个"东道国"，也绝不是对德国的恶语中伤。为了预防误解的产生，这些作家常常引用德国邀请方的话来澄清自我："虽然我们比中国富裕——这可能会激发你们的创作，但是请不要忘记记录我们国家的另外一面：娼妓、犯罪、对奢侈生活的穷奢极欲，人与人之间的冷漠……"德国人开诚布公，受此鼓舞，一名中国作家写到："让我们不带偏见地观察西方社会的问题和顽症。我们歌颂一切值得歌颂的，但是对那些不值得歌颂的也不会给予好评。我们的德国朋友大多自我批判意识很强，很严肃，我们还有什么理由要不加批判地美化一切呢？"

有一些作家用抒情诗的形式简洁而生动地记录下他们的印象。在以下两本诗选——《绿原自选诗》（北京，1998年）和《桑恒昌诗选》（北京，1991年）中就有20多首关于德国的诗歌，令人印象深刻。仅从后者摘录一首为例：

饮于西德

举杯
碰一碰目光

几口摩子尔河葡萄酒
缓缓落肚
于丹心深处

引发出
乡曲乡韵的酒嗝

　　还有一些作家并不拘泥于某种创作形式，他们的作品常常混合了散文与韵文两种不同的文体。舒婷在她的作品《柏林：一根不发光的羽毛》（广州，1999年）就采用了拼盘式的写作方式：整本书由游记、日记片段、书信、引文、诗歌和图画组成。

　　这些文学作品的主题或者说素材来源于德国的自然风景如莱茵河、波登湖、黑森林和阿尔卑斯山，还有的是德国的著名景点如勃兰登堡门、科隆大教堂以及各类博物馆——柏林墙、柏林纪念教堂和布痕瓦尔德集中营等。历史名人如作家歌德、席勒和海涅，哲学家黑格尔和尼采，作曲家如贝多芬、莫扎特、瓦格纳和施特劳斯也频频出现在中国作家的笔下。很多作家试图在自己的作品中回答以下问题：该如何理解德国的民族性？该如何评价德国人的性格和思想？德国人究竟是吝啬还是大方？他们是乐于助人、待人友好的民族呢还是心肠冷漠、难于接近呢？德国人讨人喜欢吗？他们对待外国人友好吗还是仇视外国人？德国这个民族是如何形成的？他们的显著特征是什么？为什么在第三帝国时期犹太人遭到屠杀？又该如何评价德国的民主制度？为什么德国人能够创造出"奇迹"？他们是如何创造奇迹的？

　　总而言之，中国文学作品中的德国形象是非常多元的——不管是从历史的角度还是从描述的事实角度来看。

2005年于德国图宾根

（陈虹嫣 译）

[德文稿，原载：Zeitschrift für Kulturaustausch，55. Jahrgang，3+4 2005，S. 40–42:
Wandern im Schwarzwald. Wie chinesische Schriftsteller Deutschland wahrnehmen /
《文化交流杂志》，第55年度（2005年第3–4期），第40–42页]

《来自黄河的诗》捐书赠言

　　作者和译者以一片爱心奉上的这本小小诗集，从多重意义上说都是中德友谊的结晶，中德交流的合璧。诗集德汉对照，面向两国读者。译稿凝聚着中外学者的共同智慧。内文由德国出版社审稿、排版和出版，封面设计和全书印制却在国内完成。更重要的是诗集的内涵：除了原汁原味的中国怀亲诗、哲理诗之外，有近一半是访德诗，是诗人在异国土地上，在两国文化的碰撞中的感受、联想和思考，并由此而迸发出的思想火花。诗集虽小情意重，愿每首诗都是一朵芬芳的小花，奉献给关心和呵护中德友谊的读者，愿每首诗都像一股清泉，滋润热爱中国的德国朋友。

[原载：《来自黄河的诗》（诗选）（汉德对照），桑恒昌 著，

顾正祥 译，汉堡：WAYASBAH出版社，2005年，第159页]

书　评

魏汉茂：《18和19世纪德语中的中国小说——德国早期对中国文学作品的认识》

前不久，当魏汉茂（Hartmut Walravens，1944–）的新作《18和19世纪德语中的中国小说——德国早期对中国文学作品的认识》放到我的书桌上时，我迫不及待地打开它以求一睹为快，因为本书的主题——中国小说在欧洲的认知和接受以及中德文学关系和影响史令我颇为着迷。本书的作者是一位知名汉学家，在20世纪90年代，我已经拜读过他的作品《中国幻像——16至18世纪欧洲大陆对中国的理解》（沃尔芬比特尔，1987年）。

欧洲对中国文学的接受可追溯至P·让–巴普蒂斯特·杜赫德（P. Jean-Baptiste du Haldes）主编的四卷本百科全书《中华帝国及其所属鞑靼地区的地理、历史、编年纪、政治及博物》，简称为《中华帝国全志》（*Description géographique，historique chronologique, politique, et physique de l'Empire de la Chine et de la Tartarie chinoise*）（巴黎：Le Mercier出版社，1735年）。书中详尽记录了中国文化的各个方面，并在同一时期被译成了英语、德语，甚至俄语。一直到19世纪初，该书毋庸置疑是欧洲人了解中国的最主要的工具书。

到了20世纪，欧洲人对中国的兴趣不减，但是视角变得多样化，重点也各不相同。先有阿尔弗雷德·福克（Alfred Forke，1867–1944），他在19世纪末在德语国家地区出版的第一本文选就是中国诗歌选集（1899年）。后有威廉·格鲁贝（Wilhelm Grube，1855–1908）和卫礼贤（Richard Wilhelm，1873–1930），前者出版了第一部用德语写作的中国文学史（1902年），后者则出版了一系列中国古典哲学和文学作品。之后还有上个世纪中叶的阿尔弗雷德·霍夫曼（Alfred Hoffmann，1911–1997）和威廉·贡德特（Wilhelm Gundert，1880–1971）、君特·德博（Günther Debon，1921–2006）、鲍吾刚（Wolfgang Bauer，1930–1997）和马汉茂（Helmut Martin，1940–1999），当代则有沃尔夫冈·顾彬（Wolfgang Kubin）、施寒微（Helwig Schmidt-Glintzer）、吕福克（Volker Klöpsch）、汉斯·彼得·霍夫曼（Hans Peter Hoffmann）等人，一大批德国汉学家正孜孜不倦地翻译和研究中国文学，为中国文学的传播做出了并且仍在做出卓越的贡献。[1] 而在这个行列中，历史学家和文献学家魏汉茂所占的地位非同一般。他最近推出的新书是第一部聚焦于中国小说在18和19世纪中欧地区接受情况的作品。

通常，德国汉学家和史学家在撰写文学史时，对于中国小说译介成欧洲语言的情况往往不过是一笔略过；大部分时候只是提及这些译作的名字，以便"圆满"完成自己的文学史工程。事实上，对此进行细致深入的调查研究是完全有必要的。除了可以满足汉学家的专业兴趣，这项研究对于文

1　对此，笔者在苏州大学文学院承办的国家社科基金重大项目"百年来中国文学海外传播研究"（德语卷/文献卷）的框架下，进行了较为深入全面的相关研究。

学研究者也大有裨益，他们从早期翻译作品中或许可以发现对本国文学作品的某种影响和启发。而文学作品所传播的形象和政治、历史想象相结合，又会强化人的固有认识和偏见，其影响直到今日仍随处可见。

至于德语国家和地区的情况，对中国文学的存在和内容认知的发轫时间大致和英国和法国一样，但是其汉学研究发展总体比其邻国滞后。在此期间，大量的汉语文学作品从法语和英语被译成了德语以弥补不足。

该书的研究对象仅限于中国长篇小说，但是作者承诺将会在另一本专著中探讨其他文学类型如戏剧、中短篇小说、散文和诗歌，而该书也已列入出版社的同一类出版计划。除了前言和人名索引，本专著共由七章组成，主要根据译介史和内容进行划分，其重点是在过去近100年间被翻译成德语的七本小说或小说片段。它们分别是：《好逑传》《三国演义》《列国志传》《水浒传》《雷峰塔》《红楼梦》以及《玉娇梨》。该书主要介绍了最初的译本和评论，此外还有译介史概述、原书或译介片段的介绍并截取了一些译文片段以飨读者。而后者之所以如此必要，是因为相应的原文即使在图书馆中都难以一见踪影。

每一章集中探讨一部长篇小说，并自成一体。这七部小说构成了一幅马赛克拼图，从而令读者对中国长篇小说的早期译介情况（1766–1860）获得概貌性的了解。作者有意略去了该时期的一些翻译篇目，如威廉·朔特（Wilhelm Schott）从法语翻译成德语的《三国演义》中的董卓故事（1833年）以及海因里希·库尔茨翻译的《花笺记》（圣加仑瓦尔特曼和施特琳出版社，1836年）——一本带有小说叙事特色的由59个章节组成的叙事谣曲集。魏汉茂也有意没有把在德国较为普及的中国短篇小说集《今古奇观》（首先收录在哈尔德1735年在巴黎出版的中国手册，后在斯图加特由科罗纳兄弟出版社于1880年出版）纳入该专著中，因为《今古奇观》不是长篇小说，而是中短篇小说集。

论述以小说《好逑传》开始，这是在欧洲最早为读者所熟悉的中国小说[1]。有意思的是，该小说非汉学家或者东方学学者翻译，而是由纽伦堡的一位海关官员——克里斯托夫·戈特利普·冯·穆尔（Christoph Gottlieb von Murr，1733–1811）从英译本 *Hau Kiou Choaan, or, The pleasing history*（伦敦：多兹利，1761年）转译而来。特别值得一提的是，在当时的写作和印刷条件下，从原文本到翻译出版只用了五年的时间！这表明，译者当时不仅具备全球性思维且感觉敏锐，而且他对于外国文学的传播充满了热情。他积极拥护世界文学的想法，他的艺术史和文学杂志（1775–1799）就证明了这一点。尽管译文中难免有错——德语标题中就有一处明显错误，但是其译本还是引起了轰动。歌德和席勒也欣喜不已，席勒甚至亲自动笔翻译，并有残稿存世（参见该著第27–30页）。

接下来介绍的第二本书是《三国演义》——中国最有名的历史小说之一。当时，《好逑传》在德语地区早已为读者所熟悉，但是《三国演义》却并不为大家所知晓。直到不久前，在符腾堡州立图书馆中发现了明朝的早期绘本片段。在H. 考迪尔（H. Cordier）的标准化书目（*Bibliotheca*

1　早在1719年，即大约三百年前，该小说的主要部分就由一位名叫詹姆斯·威尔金森（James Wilkinson）的英国人翻译成了英语。

sinica）中，这两个译本都没有被收录进去。其中一个是斯坦尼斯拉斯·尤林（Stanislas Julien）翻译的故事（La mort de Tong-tcho），最初发表于《欧洲文学》（*L'Europe littéraire*）杂志。这则关于董卓之死的故事是《三国演义》中的一个片段。在尤林将其从中文翻译成法语后，几乎在同一时间它就被翻译成了德语（见《海外》*Das Ausland*），但是译者不详。作者认为，除了排版工人的一些小失误（如本应为Fengsien，但工人排版时却成了Tongsien），转译版本是"生动"且"引人入胜的"。

在同一章中，作者还向我们介绍了该小说的另外一个译本，该译本出现时间要晚得多，译者是以翻译中国古典哲学而著称的翻译家卫礼贤（Richard Wilhelm，1873–1930）。书名译为：*San Guo Yen I. Die Geschichte der drei Reiche*（参见：《东方世界》*Die Welt des Ostens*，青岛，1904年），以及《传教士和宗教学杂志》1906年第21期（*Zeitschrift für Missionskunde und Religionswissenschaft*，Jg. 1906，Heft 21）。但是魏汉茂对该译本评价并不高："由于大量删减，原有的文采尽失，而且综述痕迹明显，句子表达简单。"魏汉茂在此发现了两个被世人遗忘的译本，从而为中国文学在德语世界的传播做出了有意义的贡献。

接下来一章讲的是《列国志传》，人们在沃尔芬比特尔和魏玛的图书馆内找到了明朝出版物的残篇。该书作者为余邵鱼（1566年前后在世），系出版人余象斗（活跃于1588–1609年间）的亲戚，福建建阳人。书中讲述了幽王的嫔妃褒姒将东周王国拖垮的故事。汉学家卡尔·阿恩特（Carl Arendt，1838–1902）参照的中文版本是蔡元放撰写的《东周列国志》，在翻译时他把书中人物按照德语拼写方式译成了"美丽的姑娘潘"。阿恩特在柏林开设有东方语言学习班，其学生之一——诗人和作家奥托·尤利乌斯·比尔鲍姆（Otto Julius Bierbaum，1865–1910）受此启发而创作了自己的小说——《美丽的姑娘冯·潘》。该书在序言部分特别提及了目前为止所发现的明朝版本以及它们和现存于柏林的满洲语节译部分之间的关系。

《水浒传》的德语版译者为弗朗茨·库恩（Franz Kuhn），他对原书的翻译有删减，其德语标题为"Die Räuber vom Liang Schan Moor"（倒译回中文，标题变成了"梁山强盗"）。在中国，该冒险小说由于强烈的社会批判意识而一直深受读者喜爱。其作者是施耐庵和罗贯中。弗朗茨·库恩的翻译使得这部小说在德国被大众所知晓，但是之前就有译者巧妙地节选了某些章节进行翻译，因此该书很早就进入了德国读者的视野。该译者就是当时在柏林做家庭教师的威廉·朔特（1802–1889）。他从明114回版本中（而不是由金圣叹改编过的70回版本）中选译了武松的故事。此举出于两个原因值得世人关注：一方面，武松的故事是著名长篇小说《金瓶梅》的"胚芽"，如此一来，朔特便同时向德国读者介绍了两部中国小说；另一方面，一直到当代，其他《水浒传》译本依据的都是金圣叹（约1610–1661）的版本。魏汉茂在柏林国家图书馆中觅到了这两个不太常见的中文版本（很有可能是孤本），并对其有所介绍。

药店伙计和白娘子的故事选自雷峰塔传奇——小说《白蛇传》的第一章，从斯坦尼斯拉斯·尤利安（Stanislas Julien）的译本*Loui-Pong-Ta ou l'Esprit de la Couleuvre blanche, Roman fantastique*转译而来。这个德语译本此前鲜为人知，但是译文语言流畅，引人入胜。

　　毫无疑问，中国传统小说中最重要的作品当属《石头记》，又称《红楼梦》（弗朗茨·库恩将其翻译成：Der Traum der Roten Kammer），作者为曹霑，又称曹雪芹，他一共创作了80回，后40回则由高鄂完成（约1750–1820）。现在，原著的前80回已经有了德译本，译者为莱纳·施瓦茨（Rainer Schwarz）（柏林：欧洲大学出版社，2006年，两卷本）。但是长期以来，该小说的第一个德语选译片段并未引起学界重视：这首先要归功于俄国采矿工程师Aleksej Ivanovič Kovańko（1808–1870），他曾于1830年至1836年间在北京生活，供职于俄国教会第十一使团，匿名发表了《祖国追思录》，谈及自己在异国的生活经历并且试译了《红楼梦》片段。德语译本紧随其后问世，真是令人喜出望外！

　　专著的最后一章介绍了小说《玉娇梨》的主要内容及其文本分析。该德语译本从J. P. 雷缪沙（J. P. Rémusat）的第一个欧洲译本：*Iu-kiao-li, ou, Les deux cousines*（巴黎：Moutardier出版社，1826年）转译而来，1827年问世，并在前言中对比分析了欧洲和中国小说（维也纳：Chr. Fr. Schade出版社，1827年）。专著中提及的文本分析则要晚得多才面世（1860年），可能是当时的历史背景——英法联军进入中国——促使作者向编辑部提交了这篇关于中国的文章，如果作者还能再等上几年的话，那他就可以看到斯坦尼斯拉斯·尤利安的最新译本了（巴黎：Didier出版社，1864年，2卷本）。作者从出版社的档案中发现了当时的译者是罗特韦尔的牧师和阿拉伯语言研究者菲利普·沃尔夫博士（Dr. Philipp Wolff，1810–1894）。

　　除了大量文学史细节和书目信息外，该专著还配有插图，最后还有人名索引。译本选读部分让读者一睹当时译本的风采，事实上，有不少译本直到最近才被"重新挖掘"出来。

　　该书的续编将探讨中国诗歌和散文在德语国家和地区的译介并已见诸新书预告，是一本值得我们翘首以待的新书。此外，对魏汉茂感兴趣的读者不妨试试他的其他著作：关于尤利乌斯·克拉普奥特（Julius Klaproth，1783–1835）[1]——德国第一位严格意义上的汉学家的四卷本传记，关于德国女汉学家安娜·本哈迪（Anna Bernhardi，1868–1944）[2]的研究专著，关于洪涛生（Vincenz Hundhausen，1878–1955）[3]的三卷本传记——洪涛生自1924年起在北京生活，并以优美流畅的文笔翻译了大量的中国诗歌和戏剧作品；另外还有关于察赫（Erwin Ritter von Zach，1872–1942）[4]的研

1　Julius Klaproth (1783–1835): *Briefe und Dokumente*. Orientalistik Bibliographien und Dokumentation, Bd. 4. Wiesbaden: Harrassowitz, 1999. – 235 S.

2　Anna Bernhardi (1868–1944): *T'ao Yüan-ming (365–428). Leben und Werk eines chinesischen Dichters. Mit einem Schriftenverzeichnis A. Bernhardis, Fragmente ihres Tagebuchs aus China (1905–1912), einem Brief über das chinesische Schulwesen und Dokumenten über den Verkauf der Bibliothek Bernhardis*. Hamburg: C. Bell, 1985. – XVII, 240, 153 S.

3　Vincenz Hundhausen (1878–1955): *Leben und Werk des Dichters, Druckers, Verlegers, Professors und Anwalts in Peking. Mit einer Fundliste der chinesischen Texte von Lutz Bieg*. Orientalistik Bibliographien und Dokumentation, Bd. 6. Wiesbaden: Harrassowitz, 1999. – 211 S.

4　关于察赫，魏汉茂共出版了五本专著，其中三本收录了他翻译的李白诗歌，其余两本则收集了散见于各种杂志的关于察赫的评论文章，如今，这些杂志早已难觅踪影。与之相联，有必要提及恩斯特·博舍曼（Ernst Boerschmann，1873–1949）——魏汉茂首先视其为建筑师，而非汉学家：在他的三卷大开本著作中，他为读者呈现了数量可观的中国古典诗歌以及富有韵律的对联格言等，虽然这些翻译主要出自权威专家之手，部分由容尼·黑夫特尔（Jonny Hefter）翻译。

究专著。察赫把唐代李白的全部诗歌、杜甫和韩愈的大部分诗歌以及萧统（501–531）的《昭明文选》一并介绍给了德国读者，工程浩大，贡献卓著。

（陈虹嫣 译）

[德文书评，原载：*Hefte für ostasiatische Literatur*，Mai 2017，Nr. 62，S. 129–134:
Walravens, Hartmut: *Chinesische Romane in deutscher Sprache im 18. und 19. Jahrhundert.
Zur frühen Kenntnis chinesischer Literatur in Deutschland*. Wiesbaden: O. Harrassowitz, 2015
(Asien- und Afrikastudien der Humboldt-Universität zu Berlin; 43). – 206 S. /
《东亚文学》期刊，2017年5月第62期，第129–134页]

裴斯泰洛齐

　　裴斯泰洛齐，瑞士大教育家，世界爱心教育和直观教育的奠基人之一。著述宏富，计全集校勘本31卷，书信集14卷，另有总目录一卷，是人类教育史上一笔丰富的遗产。尤其可贵的是，裴氏身体力行，创办孤儿院，重视教学实践，提倡有教无类，关注弱势群体。生前就有不少欧美和沙俄等地的人前往取经。

　　裴氏的教育思想和教育实践对我国教育界的影响也很大。百余年来，裴氏的名作如《隐士黄昏》（1780年）、《我对于人类发展中自然进程的探索》（1797年）、《葛笃德怎样教育她的孩子》（1800年）、《天鹅之歌》（1926年）等，特别是三易其稿，呕心沥血四十年的长篇小说《林哈德和葛笃德》也早就译成了中文。

　　[原载：《以爱为本：跨越时空、惠及子孙的教育理念——瑞士–中国裴斯泰洛奇国际研讨会论文集》（卢塞恩，2012年4月），[瑞士] 戴特灵、顾正祥 主编，上海交通大学出版社，2013年12月：扉页]

裴斯泰洛齐在华译介概览

Überblick über die Rezeption Pestalozzis in China

翻译部分

I. 裴斯泰洛齐人名译名举凡

Der Name Pestalozzi auf Chinesisch

贝斯罗西，帕思大罗齐，贝斯达禄齐，巴斯德罗奇，裴司泰洛齐，裴斯他洛齐，裴司塔洛齐，倍斯泰洛齐，柏斯塔劳齐，派斯塔罗，佩斯塔洛齐，白斯达洛集，裴斯泰洛齐

II. 裴斯泰洛齐著作的汉译本

Ausgewählte Werke Pestalozzis (übersetzt)

1. 《裴斯泰洛齐教育文选》（第一卷），北京编译社 译，北京：人民教育出版社，1959年，上册（印6700册）：《林哈德和葛笃德》，1–430页；下册（印4100册）：《林哈德和葛笃德》，第431–923页。据1946年德文版译出

2. 《裴斯泰洛齐教育论著选》，夏之莲等 译，北京：人民教育出版社，1992年（外国教育名著丛书），2001年再版，共513页。含早中晚期代表作

3. 《裴斯泰洛齐选集》（第一卷），阿图尔·布律迈尔 主编，尹德新 组译，杜文堂 审校，北京：教育科学出版社，1994年，共361页，5000册

4. 《裴斯泰洛齐选集》（第二卷），阿图尔·布律迈尔 主编，戴行福等 译，杜文堂 审校，北京：教育科学出版社，1996年，共415页，1000册

5. 《西方近代教育论著选》，任钟印 主编，北京：人民教育出版社，1999年（高等学校文科教材），共532页，2001–5000册，2001年重印2000册

6. "裴斯泰洛齐"，周采 编著，载：《外国教育史》，上海：华东师范大学出版社，2008，第229–295页（《林哈德和葛笃德》《葛笃德如何教育她的子女》和《天鹅之歌》）

III. 裴斯泰洛齐长篇小说《林哈德和葛笃德》的汉译本

Pestalozzis Roman *Lienhard und Gertrud* (übersetzt)

1. "醉人妻"，载：《教育世界》，罗振玉、王国维 主编，1901年5月；又载：《教育丛书》，上海：教育世界出版社，1905/06年（37章，56000余字）

2. 《贤妇人》，郑若谷 译，北京：著者书店，1933年。附《裴斯泰洛齐的生平和思想史略》。据英译本转译

3. 《贤伉俪》，傅任敢 译，何炳松 序，上海：商务印书馆，1937年。据英译本转译

4. 《裴斯泰洛齐教育文选》（第一卷），北京编译社 译，北京：人民教育出版社，1959年，上册（印6700册）：《林哈德和葛笃德》，第1–430页，下册（印4100册）：《林哈德和葛笃德》，第431–923页。据1946年德文版译出

5. 《林哈德和葛笃德》（上、下两册），北京编译社 译，北京：人民教育出版社，1984年（外国教育名著丛书），3400册精装本；台北市：五南图书出版公司，1991年（教育经典译丛）；北京：人民教育出版社，2005年

研究部分

I. 含"裴斯泰洛齐"条目的百科全书和其他辞书
Pestalozzi in chinesischen Lexika und Handbüchern

1. 《中外人名辞典》，上海：中华书局，1940年出版，1947年第3印
2. 《新知识词典》，上海：新知识出版社，1958年
3. 《教育大辞典》，台北市：台湾商务印书馆，1974年
4. 《教育大辞典》，台北市：时潮出版社，1964年
5. 《最新世界人名大辞典》，台湾永和镇：文海出版社，1964年
6. 《辞海》，上海：上海辞书出版社，1979年
7. 《世界史大辞典》（上、下册），台北市：远流出版社，1981年
8. 《环华百科全书》（第二卷），台北市：环华百科书局，1982年
9. 《简明社会科学词典》，上海：上海辞书出版社，1984年
10. 《中国大百科全书》（教育卷），北京/上海：中国大百科全书出版社，1985年
11. 《大辞海》（共三卷），台北市：三民书局，1985年
12. 《百科大辞典》（革新版），台北市：名扬出版社，1986年
13. 《社会科学人物辞典》，上海：上海辞书出版社，1986年
14. 《德育辞典》，武汉：湖北辞书出版社，1987年
15. 《教育辞典》，南昌：江西教育出版社，1987年出版，1988年再版
16. 《教师百科辞典》，北京：社会科学文献出版社，1987年
17. 《教育学辞典》，北京：北京出版社，1987年

18. 《幼儿教育词典》，李沐明 主编，哈尔滨：黑龙江科学技术出版社，1987年

19. 《外国人名辞典》，上海：上海辞书出版社，1988年

20. 《世界文学家大辞典》，成都：四川人民出版社，1988年

21. 《世界知识大辞典》，北京：世界知识出版社，1988年，1998年修订

22. 《哲学社会科学名人名著辞典》，石家庄：河北人民出版社，1988年

23. 《教育与心理辞典》，陈元晖 主编，福州：福建教育出版社，1988年

24. 《教育词典》，李诚忠 主编，哈尔滨：黑龙江科学技术出版社，1989年

25. 《中国百科大辞典》，北京：华夏出版社，1990年

26. 《中国中学教育百科全书》（教育卷），沈阳：沈阳出版社，1990年

27. 《德语文学词典》，上海：上海辞书出版社，1991年

28. 《西方文化百科》，长春：吉林人民出版社，1991年

29. 《中外文化辞典》，海口：南海出版公司，1991年

30. 《实用百科全书》《实用百科全书》编委会编，台北市：开明书店，1993年

31. 《世界文化辞典》，南昌：江西教育出版社，1994年

32. 《小学教育百科全书》，郑州：河南教育出版社，1994年

33. 《教育百科辞典》，台北市：五南图书出版股份有限公司，1994年

34. 《中国大学生百科全书》，沈阳：辽宁教育出版社，1995年

35. 《世界近代史词典》，上海：上海辞书出版社，1998年

36. 《新世纪百科全书》，香港：龄记出版有限公司，1998年

37. 《当代青少年心理与教育大辞典》，太原：山西人民出版社，1999年

38. 《中国少年儿童百科全书》，杭州：浙江教育出版社，2001年

39. 《小学教师知识词典》，上海：上海科学普及出版社，2002年

40. 《德语文学辞典》，上海：复旦大学出版社，2010年

II. 含"裴斯泰洛齐"章节的外国教育史

Geschichte ausländischer Erziehungswissenschaften mit Kapiteln oder Abschnitten über Pestalozzi

1. 《西洋教育思想史》（下册），瞿世英 编撰，上海：商务印书馆，1931年初版（尚志学会丛书）。共281页（上卷），共211页（下卷），1932年第2版

2. 《新中华教育史》，孟宪承 编写，上海：新国民图书社，1932年出版（高级中学师范科的教材），上编：《世界教育史》，第十六章：《裴斯泰洛齐》

3. 《西洋教育思想史》（上、下册），蒋径三 编撰，上海：商务印书馆，1934年（师范丛书），共588页，1935年第2版

4. 《西洋教育通史》，雷通群 著，上海：商务印书馆，1934年初版，师范学校和师范大学教材

（本书于2007年由华夏出版社、2011年由福建教育出版社新版

5. 《外国教育史》，曹孚 编，北京：人民教育出版社，1962年初版，1981年第4版

6. 《西洋教育史》，刘伯骥 著，台北市：台湾中华书局，1964年出版

7. 《外国教育史》，罗炳之 编著，南京：江苏人民出版社，1962年初版，1981再版

8. 《西洋教育思想史》，徐宗林 著，台北市：文景出版社，1980年（修订本），共328页，1983年修订二版

9. 《外国教育史话》，吴式颖、姜文闵 著，南京：江苏人民出版社，1982年

10. 《简明外国教育史》，谢觉一、乔有华 编著，济南：山东教育出版社，1984年

11. 《外国教育史简编》，吴式颖、赵荣昌、黄学博、李明德、单中惠、徐汝玲 编，北京：科学教育出版社，1988年

12. 《外国教育通史》（第三卷），滕大春 主编，济南：山东教育出版社，1990年，2003年重印

13. 《外国教育史纲》，马骥施 著，北京：人民教育出版社，1991年

14. 《西方教育思想史》，张斌贤、褚洪启等 著，西安：陕西人民出版社，1994年

15. 《西方教育思想史》，王天一、方晓东 编著，长沙：湖南教育出版社，1996年

16. 《简明外国教育史》，李申申 主编，杨捷、王超明 副主编，开封：河南大学出版社，1997年初版，1999年第2版

17. 《教育学史论纲》，王坤庆 著，武汉：湖北教育出版社，2000年

18. 《外国教育史》（上、中、下册），戴本博 主编，张法琨 副主编，北京：人民教育出版社，2001年

19. 《外国教育史纲》，张季娟、袁锐锷 编著，广州：广东高等教育出版社，2002年

20. 《外国教育史纲》，马骥施 著，北京：人民教育出版社，1991年

21. 《外国教育史话》，萧云瑞、诸惠芳、邹海燕 编著，北京：人民教育出版社，2002年

22. 《外国教育史纲要》，诸惠芳 主编，北京：人民教育出版社，2003年

23. 《新编外国教育史纲》，袁锐锷 著，广州：广东高等教育出版社，2005年

24. 《西方教育心理学发展史》，高觉敷、叶浩生 主编，福州：福建教育出版社，2005年

25. 《外国教育史》（上册），王天一、夏之莲、朱美玉 编著，北京：北京师范大学出版社，2006年

26. 《西方教育思想史》，林玉体 著，北京：九州出版社，2006年

27. 《国外教育发展史纲》，刘新科 著，北京：中国人民大学出版社，2007年

28. 《外国教育史》，王保星 主编，北京：北京师范大学出版社，2008年

29. 《外国教育史》，周采编 著，上海：华东师范大学出版社，2008年

30. 《外国教育史简明教程》，北京教育行政学院等七院校 合编，北京：新时代出版社，2008年

31. 《西方教育思想史》，李明德 著，北京：人民教育出版社，2008年

32. 《外国教育史》，贺国庆等 主编，北京：高等教育出版社，2009年

33. 《西洋近世教育史》，滕春兴 著，台北市：心理出版社，2010年

III. 裴斯泰洛齐传记

Biographien Pestalozzis

1. 《贝斯达禄齐事迹》，《教育丛书》六集，上海：教育世界出版社，1906年（约62000字，15小节）[1]

2. 《裴司泰洛齐传》，朱元善 编，上海：商务印书馆，1916年（《教育丛书》第二集第十二编），共41页，附《希脱传》（裴司泰洛齐，第1–12页）

3. 《裴斯泰洛齐》，吴志尧 编著，遵义：裴斯泰洛齐诞生二百周年纪念会 [1946年]，共118页

4. 《裴斯泰洛齐》，吴志尧 编著，上海：商务印书馆，1948年（国民教育文库），共143页，孟（宪承）序，俞（子夷）序

5. 《教育家裴斯泰洛齐》，李园会 著，台北市：商务印书馆，1975年（人人文库），共127页，1984年第2版

6. 《裴斯塔洛齐》，张平和 译，台北市：名人出版社，1980年（名人伟人传记全集之二十四，梁实秋 主编），1982年再版

7. 《教育与文化》（上下册），田培林 著，贾馥茗 编，台北市：五南图书出版有限公司，1976年，"裴斯泰洛齐教育学说"，第627–677页，共50页

8. 《外国教育家评传》（第二卷），赵祥麟 主编，上海：上海教育出版社，1992年，共817页，2350册，"裴斯泰洛齐"（赵端瑛），第35–67页（近2万字）

IV. 裴斯泰洛齐教育思想评论集

Sammelwerke und Monographien über Pestalozzi

1. 《裴斯泰洛齐教育学说》，田培林 编著，台北市：复兴书局，1955年

2. 《教育与人的发展》，卓晴君、方晓东 主编，北京：教育科学出版社，1995年，共210页，3000册

3. 《裴斯泰洛齐教育思想研究》，余中根 著，昆明：云南大学出版社，2009年（滇西学术文丛），共323页

4. 《跨文化视野中的教育史研究——裴斯泰洛齐教育思想国际研讨会论文集》，肖朗、赵卫平 主编，杭州：浙江大学出版社，2011年

5. 《裴斯泰洛齐与当代教育》，[瑞]阿·布律迈尔 著，顾正祥 译，北京：中央编译出版社，2013年

6. 《以爱为本：跨越时空、惠及后代的教育理念——瑞士–中国裴斯泰洛奇国际研讨会论文集》（卢塞恩，2012年4月），[瑞]戴特灵、顾正祥 主编，上海：上海交通大学出版社，2013年

---

1 参见：肖朗："裴斯泰洛齐在近代中国"，载：《跨文化视野中的教育史研究——裴斯泰洛齐教育思想国际研讨会论文集》，杭州：浙江大学出版社，2011年，第159–163页。

V. 裴斯泰洛齐接受史论文

Rezeptionsgeschichtliche Beiträge

1. "裴斯泰洛齐教育学研究的历史、现状与未来"，莱昂哈德·弗里德里希（Leonhard Friedrich）著，方晓东 译，王绍兰 校，载：《教育与人的发展》，北京：教育科学出版社，1995年

2. "裴斯泰洛齐：从18世纪到现在的网络在线"，格哈特·库勒曼（Gerhard Kuhlemann）著，庄玮 译，载：《跨文化视野中的教育史研究》，杭州：浙江大学出版社，2011年

3. "裴斯泰洛齐在德语区的接受"，格哈特·库勒曼（Gerhard Kuhlemann）著，顾正祥 译，载：《以爱为本：跨越时空、惠及后代的教育理念——瑞士–中国裴斯泰洛奇国际研讨会论文集》，上海：上海交通大学出版社，2013年

4. "裴斯泰洛齐在近代中国——以其教育著作和思想的译介为中心的考察"，肖朗，载：《跨文化视野中的教育史研究》，杭州：浙江大学出版社，2011年

5. "浙江大学教育学系与裴斯泰洛齐研究"，赵卫平，载：《跨文化视野中的教育史研究》，杭州：浙江大学出版社，2011年

6. "裴斯泰洛齐研究成果之中外比较——基于1980–2008年间中英文相关文献的分析"，洪明，载：《跨文化视野中的教育史研究》，杭州：浙江大学出版社，2011年

7. "历久弥新——裴斯泰洛齐的中国接受（1883–2012）"，顾正祥，载：《教育史研究》2013年第1期，又载：《以爱为本：跨越时空、惠及后代的教育理念——瑞士–中国裴斯泰洛奇国际研讨会论文集》，上海：上海交通大学出版社，2013年

裴斯泰洛齐在华译介史的总跨度：已130年

Zeitraum der Pestalozzi-Rezeption in China bis heute: 130 Jahre

裴斯泰洛齐在华译介的总规模，据不完全统计，已近350条目

Anzahl der bisher ermittelten Titel der chinesischen Pestalozzi-Literatur: ca. 350

参与裴斯泰洛齐在华译介的总人数，据不完全统计：已近400名

Anzahl der an der Pestalozzi-Rezeption Beteiligten bis heute: ca. 400

[原载：《以爱为本：跨越时空、惠及子孙的教育理念——瑞士–中国裴斯泰洛奇国际研讨会论文集》（卢塞恩，2012年4月），[瑞士] 戴特灵、顾正祥 主编，上海交通大学出版社，2013年12月]

历久弥新

——裴斯泰洛齐的中国接受（1883–2013）

裴斯泰洛齐（Heinrich Johann Pestalozzi，1746–1827）是举世闻名的瑞士教育家，被尊为"穷孩子之父""黎民百姓之师""万邦之友"，生前就在德国、俄国、巴尔干半岛、斯堪的纳维亚半岛和欧洲地区的其他国家拥有众多的崇拜者。十九世纪初，他的著作跨越大西洋，传到美洲大陆。那么，打从何时起，又通过哪些渠道，裴斯泰洛齐也来到了中国这样一个地理位置如此遥远、语言和文化背景又如此不同的国家呢？

现有的研究资料表明，裴斯泰洛齐是于1883年，也即130年前传入中国的。这比大文豪歌德晚了五年，但比其他德语诗人如海因利希·海涅和格林兄弟等要早许多。这首先得归功于美国传教士丁韪良（W. A. P. Martin），他在那一年的《西学考略》一著中，比较详细地报道了裴斯泰洛齐的教育法。

裴斯泰洛齐在华接受的第二个阶段是英国传教士秀耀春（F. H. James）和中国学人汪振声合译的《养蒙正轨上：帕思大罗齐训蒙新法》，此文被刊登在1899年2月的《万国公报》上。此后，裴斯泰洛齐便频频出现在各种不同的中文百科全书和文集之中。

1908年，裴斯泰洛齐的名字载入 Chambers Biographical Dictionary 的中译本《世界名人传略》，上海山西大学堂译书院译印。其中的条目虽然简短，仅五、六行字，既没有交代他人生历程中的几个阶段，也没有提及裴氏的哪一部作品，却对裴斯泰洛齐学说的历史地位和意义作了十分精确的评价。条目指出，裴斯泰洛齐为欧洲教育科学作出了巨大贡献，受全体欧洲人尊敬，被视为新教育学的奠基人之一。尤为可贵的是其中的比较文学观点，该文把裴氏的学说与孔子的儒家哲学作比较。

八年后，即1916年，距今近一个世纪，当时位于上海的著名出版社商务印书馆，出版了第一部中文版的《裴斯泰洛齐传记》（教育丛书第二集第十二编）。作者朱元善（1856–1934），曾为清末官员，教育家，多种杂志的主编，对中国的封建教育制度持批判态度，致力于引进西方民主主义的教育理论。该传记开宗明义，称裴斯泰洛齐为"世界之大教育者也。今日之从事教育者，无不依此大教育者之指导；浴教育之泽者，无不感此大教育者之慈悲"。进而又分析：裴氏"所以能为大教育者，以其诚实与热心二者故也。非学问深造家，又非富有资财家，又非得有力者之助，又非得好机会。"该书系袖珍本，仅手掌般大小，封面蓝底白字，色泽今仍鲜艳，唯课文仅12页。附录为德国哲学家费希特的传记，篇幅竟比正文超出一倍多。费希特为裴斯泰洛齐的同时代人，对裴斯泰洛齐的评价很高。两种传记置放一起，其深意不言自明。

上世纪二十年代，有关裴斯泰洛齐的出版物只有一种，即美国学者格莱夫斯（F. P. Graves）著、庄泽宣译的《近三世纪西洋大教育家》（现代教育名著丛书，上海：商务印书馆，1925年）。该书特辟专章详述，篇幅达30多页。

上世纪的最初三十年，每十年仅出一种论文。到了三十年代，涉及裴氏的出版物增至十一种，九种系百科全书中所列的条目或文化史和教育学论著的某个章节。另两种都是裴氏名著长篇小说《林哈德与葛笃德》（*Lienhard und Gertrud*）的中译本，都由英译本转译，却出自两位不同译者的手笔，分别由京沪两家出版社出版[1]。

到了四十年代，经过半个多世纪的酝酿，裴斯泰洛齐的在华译介进入一个新的层面，由单纯的出版物演化成群众性的文化活动。这样的活动至少有两次：一次是1943年国际儿童节前夕，一百多名小朋友演唱了由浙江大学教育系吴志尧教授作词、由他的学生武宝琦作曲的《裴斯泰洛齐纪念歌》[2]。歌词写道："普天之下/孩子们的爸爸/裴斯泰洛齐/来听我们歌唱/接受我们的颂扬/你的爱是我们的雨露/你的笑是我们的阳光/你的手指着我们方向/你的心是引路的灯光/你培育出我们的生命之花/你领导我们走向天堂/愿你的名永扬/愿你的恩爱无疆。"另一次活动是在1946年，为了纪念裴斯泰洛齐诞辰200周年，浙大教育系在贵州遵义他们抗战时迁往的临时校区举办了一次隆重的庆祝会。为了配合这次庆祝活动，教育家吴教授还发表了长达118页的裴斯泰洛齐传。

上世纪五十、六十、七十年代，特别是十年文革期间，由于众所周知的社会政治原因，外国文化，包括外国教育家裴斯泰洛齐的译介甚为萧条，出版物屈指可数。这样看来，长篇小说《林哈德与葛笃德》新译本的问世，且直接从德文版译出，只能算是个例外[3]。与此同时，在海峡对岸的台湾，由于政治气候不同，裴氏的译介也大不一样。据不完全统计，约有二十来种有关裴氏的辞书、论文甚至专著在那里出版，远远超过了大陆。

八十年代，随着大陆政治气候的变化，外国文学，包括裴斯泰洛齐的译介均有复苏。裴氏载入辞书的频率大幅度上升。仅以1988年这一年为例，含裴氏条目的辞典就不下10种，超过了建国后三十年内发表的总数，还翻了一倍。这样的规模更是初创时期和民国时期所无法比拟的。值得一提的是，就在这一年，北京师范大学的领导决定，在该校图书馆的画廊里，陈列有史以来世界大教育家的画像，除孔子等先贤之外，裴斯泰洛齐也位列其中。

可喜的是，自九十年代以来，裴氏的译介出现了新势头。这集中体现在三次裴斯泰洛齐教育思想的国际性学术研讨会。

---

1 郑若谷 译：《贤夫人》，北京：著者书店，1933年。附《裴斯泰洛齐的生平和思想史略》；傅任敢 译：《贤伉俪》，上海：商务印书馆，1937年，何炳松 序。
2 参见：雷道真著的《浙江大学音乐生活六十年》。
3 参见：北京编译社 译：《裴斯泰洛齐教育文选》第一卷：《林哈德和葛笃德》（上、下册），北京：人民教育出版社，1959年，共923页。

	举办时间	举办地点	举办单位
第一次	1994年10月	中国北京	中央教育科学研究所和瑞士苏黎世裴斯泰洛齐教育研究中心
第二次	2009年10月	中国杭州	中国教育学会教育史学会和瑞士裴斯泰洛齐协会
第三次	2012年4月	瑞士卢塞恩	瑞士"学校为儿童基金会"和瑞士中部师范大学

伴随着这些国际性学术研讨会的召开，裴斯泰洛齐的在华译介也登上了一个新台阶，且在质和量的两个层面上都有所体现。如第一次研讨会，就带出了两部裴斯泰洛齐作品的译文集[1]。从译文所选的数量来看，他超过了研讨会召开前北师大夏之莲教授主持的《裴斯泰洛齐教育论著选》[2]；从译文的质量来看，前者直接从德文译出，显然也要比后者从英文转译强。值得一提的是，这两部译文集中的每一篇课文，都伴有导读或题解，由担任主编的瑞士著名裴斯泰洛齐专家阿图尔·布律迈尔博士（Dr. Arthur Brühlmeier）撰写，对中国读者的理解不无裨益。那次研讨会的另一成果是大会的论文集《教育与人的发展》（卓晴君、方晓东主编，北京：教育科学出版社，1995年，共210页，3000册），是我国第一部由中外专家撰写，全面论述教育家裴斯泰洛齐方方面面的论文集。第二次研讨会的成果同样瞩目。大会论文集《跨文化视野中的教育史研究——裴斯泰洛齐教育思想国际研讨会论文集》，肖朗、赵卫平主编，浙江大学出版社，2011年6月，共324页。第三次研讨会论文集的编纂也正在紧张地筹划中，先期成果有发表在国内教育界的权威刊物《教育史研究》（2012年第2期）上赵卫平撰写的大会综述和袁志英撰写的《和谐出自贫民教育——裴斯泰洛齐教育实践与思想》论文，有华裔学者顾正祥和瑞士中部师范大学戴特灵先生合作撰写，发表在国外杂志的长文《裴斯泰洛齐在中国、德国和瑞士》（载：《中国报道》/ China-Report，第53期，2012年7月15日）。另一可喜的收获是，新近出版的由瑞士布律迈尔撰写和顾正祥翻译的专著《裴斯泰洛齐与当代教育》（中央编译出版社，2013年3月）。

---

1 阿图尔·布律迈尔（Arthur Brühlmeier）主编，尹德新组 译，杜文堂 审校：《裴斯泰洛齐选集》（第一卷），北京：教育科学出版社，1994年，共361页，5000册；阿图尔·布律迈尔（Arthur Brühlmeier）主编，戴行福等 译，杜文堂 审校：《裴斯泰洛齐选集》（第二卷），北京：教育科学出版社，1996年，共415页，1000册。
2 《裴斯泰洛齐教育论著选》，北京：人民教育出版社，1992年，2001年重版，共513页。该书收编裴氏早中晚三个时期作品，系裴氏的第一个中文版选本。

回眸裴斯泰洛齐在中国的接受史，我们会惊异地发现，他的思想和著作已成为我国教育界、思想界和文化界的宝贵财富。据不完全统计，国内收编裴斯泰洛齐条目的辞书或百科全书已达15部，辟有裴斯泰洛齐专章专节介绍的外国教育史计21部，或长或短的裴斯泰洛齐传记有8部，裴斯泰洛齐教育思想评论集6部，有裴斯泰洛齐作品选集5种，有裴斯泰洛齐的名作长篇小说《林哈德和葛笃德》凡5种。发表的专题论文更是难于计数。[1]

[原载：《教育史研究》，2013年第1期。这次发表，部分数据有所更新]

---

1 参见本论文集中的拙编"裴斯泰洛齐汉译与研究见闻录(1883–2013)"。

顾正祥散文选

海外游子回故园

虽说是"老上海"了，我在1988年赴德深造，攻读博士学位，又先后在德国几所高校和科研机构谋职位，每次回沪探亲，却总是来去匆匆。上海豫园，不知多少年前游过，印象已淡。

在新世纪第一个国庆兼中秋节之际，诗友李汝保邀我去豫园一游。尽管离沪登机只有两天，尽管对我年近九旬的老父来说，哪怕我在他身边多待片刻也好，也尽管我四十年前在复旦园的同窗好友、上海交响乐团的曹畏节日值班，邀我去陪他叙叙旧，我还是欣然答应了对方。旧谊弥珍贵，新谊不可轻。下午二点，当我挤过游客摩肩接踵的九曲桥来到豫园门口时，汝保已翘首以待了。汝保提着相机，兴趣盎然地领着我在亭台楼阁间转悠。从"三穗堂"到"得月楼"，从"渐入佳境"到"古戏台"，一个个美不胜收的景点，令我目不暇接。汝保还特地让丁女士陪我在外宾接待室里外刘海粟、戴敦邦等名画家的美术真迹前驻足，并告戴敦邦为他的作品自选集题词，上海作家协会副主席赵丽宏为其《星光灿烂——李汝保散文、特写自选集》作序，且邀我也写一篇短文。在大饱眼福之余，我们在三楼接待室品茗交谈。我将我的译作《海涅》和《荷尔德林诗选》等赠于汝保并题字。汝保则为我介绍豫园乃至上海的变化。上海豫园管理处副主任肖荣兰和主任助理刘栩，还与我们在著名的太湖石前合影，从而把豫园的娇容，也把豫园的情怀留在画面里，更留在我们的心中。

在我看来，以豫园为代表的中国园林艺术隐含着丰富的旅游文化。它与外国的园林艺术相比，应是情趣迥异，各领风骚：一个以大片森林、池塘、白天鹅等自然景观和群体雕像取胜；一个以路回峰转，雕梁画栋见长。一个辽阔壮观，令人心旷神怡；一个布局紧凑，内涵丰富含蓄。但无论如何，中国的园林艺术在世界艺术宝库中堪称一绝，是独树一帜的。我的另一个印象是，上海，这座世界大都市，这几年追星赶月，面貌日新月异。而豫园，这朵古文化的奇葩，却仍光彩夺目，它与拔地而起的东方明珠、世贸大厦等浦东新建筑群交相辉映。

在上海豫园游览中，汝保介绍说，这座江南名园曾接待过美国前总统克林顿等外国元首的来访。克林顿曾陪他女儿在小竹林掩映的池塘畔喂鱼一个多小时，流连忘返。英国女王伊丽莎白也曾在此留下芳踪。至于来访的其他外国友人，则更是数不胜数。显然，中国的一些名胜古迹，往往是我国对外开放的窗口，是中外友谊的见证。晚上，汝保请我在上海老饭店小聚，并将他编的一本书赠我，还挥笔写上"海内存知己，天涯若比邻。今日豫园行，心中存美景"的题诗。此诗道出了海外游子回故园的心情。于是我写下这篇小小游记，并相约来年再相会。

[原载：《星光灿烂》，李汝保 著，中国文联出版社，2001年，第171–172页]

一位诗人的灵感之旅

——记中国诗人桑恒昌的德国之行

(2002年7月4日-8月16日)

2002年7月4日星期四，中国诗人桑恒昌携夫人踏上了访德之旅。经过几天的短暂休整，便于7月7日星期日下午在Melchingen的Lindenhof剧院举行了第一场中国作者诗歌朗诵会。中文原诗由诗人本人朗诵，其间交替穿插由Fritz Hackert和笔者朗诵的德文译本。大概有十八位听众到场聆听，其中还有两位曾是图宾根大学汉学系的学生，他们会后找我表示了对译文的认可。两天后《霍亨索伦报》（*Hohenzollerische Zeitung*）上发表了一篇评论，文章对此次活动的水平给予充分肯定，认为这是一场"非比寻常的诗歌朗诵会"。根据评论员的评价，桑先生的抒情诗"充满一种形象栩栩如生、语言表达绮丽多彩的美学"。关于译文的质量，他说，原诗的表现力在译文中似乎并未打什么折扣。

7月19日在小城Weinsberg的Justinus-Kerner-Haus诵诗会把旅程推向了另一个高潮。同样是在作者及译者三人组的配合下，约三十位听众备受鼓舞。根据来自Weinsberg市政厅的博物馆科技专员Hans Göbbel的说法，单是人们的参与热情就让人印象深刻。他没预料到会有这么多人前来聆听，因为通常来讲，关于外来文化的活动要赢得访客不是那么容易的。活动氛围也很棒。每一位听众都竖耳聆听。笑声、颔首或接下来的问答始终伴随着这场诵诗会。末了，在Kerner协会第一主席Emil Englert先生的提议下，所有访客都有机会一品当地的葡萄酒。就在这时，一些访客告诉我他们特别享受这个晚上，因为他们头一次领略到中国诗的美。甚至有些人已经在问，这些诗歌何时何地会发表，好让人作为读物重温、学习。

2002年8月16日，桑先生同夫人飞回中国。回首这段总共历时一个半月的德国之旅，他称其为"极其完满成功"。他从家乡山东济南发来带有德国风景的照片，并写道："在德国一个半月的时段内创作或修改了四十余首诗，这是我在中国两年内都很难完成的。"

作为桑诗的译者，笔者可以清楚地看到，跟他此前出版的十一本诗集相比，诗人这一个半月内的新作明显达到了一个新的层次——不管是内容上还是形式上。德国的风光、文化以及历史种种都赋予他无限的灵感。比如，在《德国与鸟》和《雨中登索丽特皇宫》这两首诗中，他大赞德国的环保；在诗歌《渴雨》中，他身在德国的雨季，遥想故乡那久旱的长城，那龟裂的大地；在《醉与醒》一诗中，他与德国人一道欢庆德国足球队获得世界杯亚军；他对西方基督教的认识在《祈祷——写在离主最近（欧洲最高）的乌尔姆大教堂》一诗中留下了印迹，这是在乌尔姆大教堂前的一段反思。

试摘录刊登在德国《桥》（*Brücken*）杂志秋季版下面的那段话来分析和评价桑诗的创作：
"红色中国的抒情诗，顺应社会主义艺术纲领的主流，表现为对党的歌颂、对毛主席和社会主义祖国的拥戴以及对工农先进人物的赞扬。面对这一趋势，一种以西方模板为指归的诗歌应运而生。这类诗的极端化会沦为编码工作，遣词造句又让人琢磨不透，故被贴上了'朦胧诗'的标签。桑恒昌的诗既不属于这类'朦胧诗'，也不属于党派的遵命文学。他不属于任何一个派别，而是像一个独行者那样，把对日常的观察和个体的意境转换成独具匠心的意象，这些奇特的意象能紧紧抓住读者或听众的注意力，唤起他们的思考和领悟，并常常收到出其不意的效应。"

桑先生此行收获甚丰，拓宽了他的视野，丰富了他的创作素材，并在德国受到了广泛关注。北莱茵－威斯特法伦州外国协会的期刊《桥》收到几首样诗之后即刻决定，在其特刊《中国》上发表三首诗的原文加译文。有鉴于此，同北莱茵－威斯特法伦州外国协会有合作关系的Athena出版社已经做过预告，拟出版一本桑诗双语诗选集并收录在"文学论坛"系列中。目前，这项出版尚在筹备过程中。

桑先生和夫人此次做客德国，受到了巴登－符腾堡州中国协会的热情支持，这构成了他们逗留德国期间的精神和物质基础。在此，我对中国协会、Hans Ulrich Vogel教授以及Fritz Hackert博士所提供的多方位的支持表示感谢。

（娄西利 译）

[原载：*China-Report*，Nr. 38（15.01.2003），S. 19 /
《中国报告》，第38号，2003年1月15日，第19页]

莫渝印象记

听说《莫渝诗文集》的编纂正紧锣密鼓地进行，不久问世，它应是台湾文坛的一件盛事，可喜可贺。

我与诗人莫渝先生的文字之交，说来已有十五个年头了。回想起来，其发端应归功于莫渝先生。他发表于1989年8月的《笠》152期的《中国译诗选集介绍》之五，介绍了钱春绮先生与我合译的《德国抒情诗选》（陕西人民出版社，1988年）。几乎与此同时，或者说略迟于此，我翻译了莫渝和其他几位台湾诗人的诗，却并非为了"投之以桃，报之以李"，而是巧合，因为这则书评是我几年后回国探亲时才偶然从翻译家钱春绮老先生处获悉的。但毋庸讳言，这一文之恩，使我对莫渝先生心怀感激，尽管我在其中仅被一笔带过，事后他还为此向我"打招呼"。我感激的是，他第一次使拙译（全书的第二部分）扬名台湾。我的《格林兄弟传》和《海涅》的面世虽然比那本诗选早，但它们当时是否已跨越海峡，未作调查，迄今未知。

我之所以心仪莫渝，当然远非一则书评，首先应该是诗。从幼时的涂鸦和学生时代的习作，到后来的翻译和学术生涯，诗始终是我生命的主旋律。在《德国抒情诗选》中，我翻译了德国古典派和浪漫派的二十二位诗人的六十首诗，还出了德国诗人《荷尔德林诗选》的译注本（北京大学出版社，1994年）。从这个意义上讲，我与莫渝先生的交往，决不是偶然的。记得1989年底光景，那是我游学德国的第二年，短期受聘于美因河畔法兰克福大学的我，在日耳曼语专业的博恩教授（Prof. Dr. Volker Bohn）处供职。博恩教授为了成全我，并不向我吩咐任务，却慈悲为怀地对我说："顾先生，您不用为我干什么事，尽管从事有助于您将来前途的事。"从而使我第一次有机会较为从容、较为系统地接触中国现代诗，并着手选编和翻译一本有一定规模的这类诗选，了却我的一大心愿。

远离本土想编本国文学的书，所遇到的首要难题是资料匮乏。还好有该校汉学系收藏的二三十本大陆和台湾出的中文诗集供我使用。这个数字在大陆或台湾当然不值得炫耀，但在遥远的德国，已属可观。当时我给自己定下的选编标准是，不以人论诗，不论资排辈，只挑自己最喜欢、最有价值的，又较容易为德语读者所接受的诗，并斗胆试译。诚然，译诗比译散文的要求更高，更何况是从母语译外语。既要不失原意，又要尽量传递原诗的意境和韵味。还好，那一阵子我有幸成了德国著名小岛出版社老板Prof. Dr. Siegfried Unseld的客人，得天独厚，译完了，有该出版社总编德国当代著名女诗人Elisabeth Borchers的润笔。她虽不谙汉语，遇有译意不显处，就让我去她的办公室，问我原文指的是什么，然后再由她画龙点睛。尽管如此，我仍步履维艰，字斟句酌，虽然日日勤奋，经常夜半更深，前后十个半月，也不过选译了四十八位两岸华语诗人的七十九首诗。其中台湾诗人七位，每人一首。它们是陈敏华的《雏菊》、陈坤仑的《无言的小草》、杜国清的《岛与湖》、林泠的《阡陌》、罗青的《水稻之歌》、施善继的《标示士》和莫渝的《弃妇》。应该说明的是，台湾诗坛与大陆诗坛相比，可谓异军突起，有成就的诗人当然远不止这七位。我之所以对莫渝的《弃妇》一诗情有独钟，是因为它以苍凉之笔，淋漓尽致地刻画了一个弱者女性的形象。

在等待这本诗选出版的日子里，我体会到莫渝先生的豁达和宽容。在德国出书难，出诗集更难。诗稿译完后，译书却年复一年，迟迟不能问世，令我焦虑万分。出不了成果，不仅有负博恩教授的厚望，又如何向众多已经取得了联系的作者交代？！使我深为感激的是，这其间，莫渝先生从未表现出丝毫焦燥，也从未怀疑过它迟早能发表，这只是一个时间问题。正是这种可贵的人与人之间的信任和谅解，幻化成了维系我们友谊的基石。六年寒暑，呕心沥血，这本装璜精美的德文版译诗集《中国新诗百首》（诗作者和诗标题德汉对照），终于在德国柏林的Oberbaum出版社出版，当然是皆大欢喜。后来，我又将那首德译《弃妇》以及Burkhard Risse先生翻译的《草木常绿——流沙河》《疮疤》《枯手》《苦竹》四首诗[1]，一并编入2002年在德国Anton Hiersemann出版社出版的德汉双语种《中国诗德语翻译总目》（斯图加特：Anton Hiersemann出版社，2002年）中。此外，我与德国友人Ernst Mögel博士合作翻译的《秋》《没有鸟的天空》《暖雨》《炉火》四首诗，连同先前已经发表的那首《弃妇》，被编入了莫渝先生之作，多语种的《水镜》增订本（台北，河童出版社，1998年出版，第110–114页），也令我深感荣幸。某日，我往译诗的合作者家作客，将《水镜》的一本样书转交给他。品茗之余，我俩即兴合作，又译了该诗集中的《残腿》一诗。今翻阅旧札，方知译诗的日期为1998年8月12日。现将原诗和译稿全文录下，供方家斧正：

残腿　　　　　　　　　　　　　　　Ein halbes Bein

半截腿依在田埂　　　　　　　　　　Ein halbes Bein hängt am Feldrand,
等候他永不回归的主人　　　　　　　wartet auf die Wiederkehr seines Herrn.

血还鲜着　　　　　　　　　　　　　Das Blut sieht noch ganz frisch aus.
前头的战事尚未结束　　　　　　　　Vorne an der Front geht der Krieg weiter.

一连好几个月　　　　　　　　　　　Monatelang hat die Sonne das Wasser aus der Erde gesogen.
太阳拧干了土地的水分　　　　　　　Jetzt ist sie frech dabei, das Blut aus dem Menschen zu saugen.
又张牙舞爪地
吸吮人类多余的血液

莫渝的诗名不仅在台湾掷地有声，且早已远播大陆。不然我何以在那时就知其名，译其诗？！他曾不止一次地自许"一生与诗文学为伍"，此话并非虚言。《读诗录》（1992年）、《阅读台湾

---

1 Tienchi Martin-Liao, Ricarda Daberkow: *Phönixbaum. Moderne taiwanesische Lyrik.* Bochum: Projekt Verlag, 2000. – 408 S. （汉文书名《凤凰木：台湾诗选》汉德对照）。

散文诗》（1997年）、《笠下的一群——笠诗人作品选读》（1999年）、《台湾新诗笔记》（2000年）、《新诗随笔》（2001年）……他长长的著作书目，无不都与诗有缘，首先是与台湾的诗文学有缘。应该承认，我对台湾文学知之寥寥，也因此托他代购过有关台湾文学、台湾诗歌的专门辞典。他爱莫能助地来函说，台湾暂无这类工具书，一时使我有点纳闷。谁知，莫渝他自己的诗作、诗论和译诗论，就足以弥补我的这种缺憾。浏览了他的论著，彷佛浏览了台湾诗坛的艺术长廊，比之大陆那儿灿若繁星，别有洞天。先说他本人，出生台湾省苗栗，他自己的一卷卷诗集就独领风骚。我还来不及通读他的全部诗作，也并不奢望在此勾勒他诗创作的全貌。但就我手头他寄来的自选集《水镜》而言，题材广泛，虽属短章，却篇篇隽永，经得起咀嚼。在那儿，自然界的一鸟、一竹、一滴露珠或一片落叶，都闯入诗人的视野；人世间的恨恨爱爱，无不撩拨诗人心灵的琴弦。他在母亲病榻前构思的《枯手》一诗及悼亡之作《捡骨》和《旧照》，还有追怀父亲的《背影》《秋雨》《烧香》和《脚踏车》等篇什，使我油然联想起中国诗人桑恒昌的整部《怀亲诗集》[1]，两者表现手法各异，却皆有儒家遗风，充满了浓郁的亲情，催人泪下；他的《疮疤》《残腿》《军事演习》《战争孤儿》等，折射出他的反战心态；他的《乡音》《乡愁的声音》《小毛驴》《情愿让雨淋着》与《土地的恋歌》等，抒发了他对故乡的眷恋；《没有鸟的天空》表现出他对人类生态环境的关切；而他的《花市》《香水与香颂》《怀杜伯雷》与《罗亚河畔的思念》等，则又充满了异国情调。这些诗章，与我在文革前后在国内耳濡目染的那些直抒胸臆，却往往是假大空的政治抒情诗情趣迥异。可贵的是，作为诗人的莫渝并不满足于将自己的思辩与情愫倾注于笔端，他同时又深感自己有责任，也有需要向中国和向世界介绍台湾文学的命脉和血统，它的题材、演化和成就。可以看出，他在这方面的努力是不遗余力的，他或合作或单独编写的一本本苗栗文学读本便是范例。在《笠下的一群——笠诗人作品选读》，他一口气就为八十三位台湾诗人奉献了爱心，如数家珍地介绍了他们的诗作九十首。他们诗作的色彩和底蕴，因莫渝先生着笔的点化和挖掘而昭示于世。这类介绍在莫渝的其他几卷论著中数量不等。他究竟介绍了多少，未作详细统计。但有一点可以肯定，没有对台湾岛本土的挚爱，对台湾文学的挚爱，是难以办到的。我想，台湾诗人包括广大台湾读者定会十分感谢莫渝的苦心。我曾在一首赠诗中称他为"殚精竭虑，浇灌台湾诗苑，桃李芬芳"。他回信谦称是"溢美之词"。

莫渝是诗人，又是译诗家。他的译诗，让人领略欧风美雨。他在大学学的是法语，又去法国深造了一年，不言而喻，译介法国文学应是他的本行。于是他在这个领域硕果累累，他既译了古典诗，如《法国古诗选》，又译了现代诗；既译了浅显易懂的儿童诗，又译了深奥费解的象征派诗；既推出了多部多人集，又推出了多部名家如缪塞、韩波、马拉美和波德莱尔的单人集。在这一方面，他所关注的不仅仅是法国一个民族的文学，即便它是何等辉煌。他驰骋世界文坛，视野远及北欧如丹麦、瑞典，东欧如捷克、匈牙利，南欧如西班牙，甚至中东地区的以色列、巴勒斯坦和埃及。但在我的心目中，莫渝更是一位值得刮目相看的诗评家、译诗学家、比较译诗学家。难能可贵

1　山东文艺出版社（1995年）和中国文联出版社（1999年）。

的是，他始终不忘把台湾文学放在世界文学的大背景上审视，不仅唱出了对生他养他的这片土地的恋歌，而且展现出世界文坛的五彩缤纷。譬如，在《诗的疗伤·疗伤的诗——读陈秀喜诗的笔记》（《台湾新诗笔记》，第211–223页）一文中，在评述陈秀喜诗歌内涵时，他就从比较文学、比较诗学的角度，引录了三位法国诗人，两位日本诗人和一位美国诗人的诗论。而像这样精彩的辞章，在莫渝的一本本厚重的论著中决非凤毛麟角，而是比比皆是。打开他的论著，不难发现，当他论及某位台湾诗人时，常常会联想到欧美俄苏的拜伦、雪莱、济慈、屠格涅夫等；当他论及某位外国诗人时，又常常会联想到中国文学史上的李白、杜甫等或某一位当代诗人。 就德国文学而论，虽非他的主攻专业，每每举凡发论，却弥足珍贵。在《现代译诗名家鸟瞰》中，莫渝介绍了郭沫若、梁宗岱、钱春绮和绿原四位德语文学的译者，收集的资料翔实可靠， 并不给人隔靴搔痒之感。仅以【钱春绮】这个条目为例，他脉络分明地将钱的译品分别在【已出版】（27）、【已完稿】（1）和【进行中】（4）这三项中列出， 共32条，几乎网罗殆尽（第174–177页）。又如上文提及的《中国翻译诗歌集介绍》（之五）这则书评中，他论及的德语作家就达六位之多（歌德、库纳尔特、韦尔特、霍夫曼斯塔尔、黑塞和克拉邦德），且都附德文原文。在《爱与和平的礼赞》一书中，他结合台湾诗人张我军的切身经历，入木三分地描述了《哥德又来勾引我苦恼》（大陆通译歌德）一诗产生的背景，揭示了它与德国诗人哥德的小说《少年维特之烦恼》的内在联系（第106页）。在《新诗随笔》一卷中，他对德国诗人贺德林（大陆通译荷尔德林）《黄昏的和谐》或《黄昏的幻想》（拙译《黄昏的遐想》）一诗的题旨，也作了精辟的提示，足令德语行家叹服（第68页）。

《现代译诗名家鸟瞰》和《彩笔传华彩——台湾译诗20家》，无疑是莫渝论译诗家的两部重头专著，是交相辉映的姐妹篇。其共同点是，作者以乐为他人作嫁衣的胸怀，凭一己之力，无私无悔地为五十位华语译诗名家树碑立传。在建构上，它们既是辞书类工具书，又是译文欣赏，无论在大陆或是台湾都是诗坛和译坛的力作。在选材上，既有早已去世的老前辈如郭沫若、戴望舒，又有健在的当代诗人钱春绮；既有名倾译坛的高手朱生豪、戈宝权、查良铮，又有作者自己挖掘出来的虽已贡献卓著，但尚未引起广泛注意的译者。其不同点是，前者重点谈大陆译诗家，占压倒多数，后者从题目上看，似乎是专谈台湾的，两者互补，就避免了偏颇。这里，我们首先钦佩的，应该是作者的胆识。搞学术，他自有一杆公平秤，既不为两岸时局左右，又不囿于门户之见。值得称道的是莫渝的治学态度，因为被介绍的都是名流，不乏经传，急功近利者容易满足于抄抄编编。莫渝先生的这部论著，却无这种流弊。据后记介绍，他曾风尘仆仆，亲赴大陆采访译诗家钱春绮、刘湛秋等，曾造访过上海译文出版社，与三十名被撰者中的十八名有过直接或书信的联系，可见学风之严谨。由于他亲手掌握第一手资料，有五位入选的大陆翻译家，为稍早于它出版的由北京中国对外翻译出版公司推出的《中国翻译家辞典》（1988年）所无。新年伊始，我诚盼两著的续集早日问世，再攀新高。

莫渝先生是我迄今有直接联系的唯一的台湾诗人，与他的友谊我当然珍爱有加。凡寄他的信，我都复印存盘。他给我的来信当然也悉数保存。日期最早的是1992年元旦，最迟的是1998年2月21

日。这期间，我们的通信时多时少，彼此的了解却日渐增强。近一年多来，书信联系为快速传递的电子邮件所替代。但无论书信还是电子邮件，字里行间都能看出我们的心志之同。笔者始终认为台湾文学是中华悠久文化的一部分，并身体力行，在自己的德语译著《中国新诗百首》中，将海峡两岸的诗人编为一集（大陆诗人四十一名，台湾诗人七名）。"以体现两岸文化的一脉相承，即共性，同时又不否认由于两岸政治、经济、文化背景的不同而带来的差异，即个性……"（参见该书简介，载：1996年2月10日台湾《世界论坛报》第九版，《笠》诗刊第191期，第116页）。在上文提及的《中国诗德语翻译总目》这本辞书中，笔者又收编了迄今已被翻译介绍到德国的五十八位台湾诗人的诗作和生平，以及他在该书中引用过的若干台湾资料。正是我们对文学爱好的共识，成了维系我们感情的纽带，并通过书信或电波这个唯一的渠道，交换德国文学在台传播或台湾文学在德传播的信息。我书架上珍藏的李魁贤先生翻译的《里尔克诗集》（桂冠图书公司，1994年）和《杜英诺悲歌》（名流出版社，1988年）以及齐德芳主编的《爱的人生·德国小小说选粹》（宇宙光出版社，1985年）便是这种交流的珍贵纪念。

十五年，在时间的长河里只是弹指一挥间，但在人生的征途上，却是重要的一章。年长日久，唯因两岸相隔，确切地说是两大洲两大洋相隔，我们居然一直无缘谋面。任凭岁月流逝，从未清茶一杯，更谈不上饮酒长谈。我只能凭借附在他一本本论着中的几帧照片观其音容笑貌，从扉页的作者介绍中了解他的简历，从频繁的书信联系和资料往来中了解他的为人。倘若哪一天台湾召开莫渝研讨会，邀我参加，我一定会尽力争取，欣然前往。我坚信这一天一定会到来，因为莫渝对诗学、译诗学、比较译诗学的贡献是丰富的，还有待于两岸学术界和翻译界的认真总结。

2005年元月

莫渝按：

感谢旅德学者顾正祥教授这篇顾、莫两人文字之交的详细记录。文中提及他认为台湾文学与中华文化的关系（第278—279页），是顾教授个人的见解，这一点与莫渝的看法有出入：中华文化影响台湾文学，是台湾文学的营养之一，却不尽然有涵盖收纳之意；1920年代兴起的台湾新文学，有其自主意识的建构。

[原载：《莫渝诗文集》，第V册：莫渝研究资料汇编，台湾省苗栗：苗栗文化局，2005年，第271—280页]

顾、莫就上述《莫渝按》交换了意见，并达成如下共识：

顾 我又注意到先生在拙作的下方加了一则附记，谈及我俩对台湾文学的定位。其实，我所理解的汉文化不等于大陆文化或中国文化，而是汉字文化，只要是用汉字写成的佳作，不管它出自中国大陆或台湾省，或东南亚乃至世界各地的华人区，也不管它们各自如何异彩纷呈，都是世界文学中的一个有机的组成部分。海纳百川，它不是以地域、国别或疆界来划分的，它是属于全人类的。因而，我无意用大陆文学来矮化台湾文学。否则就不会有我俩这十五年的文字之交，也不会萌生我进一步译介台湾文学的念头。反之，也正因为先生对大陆文学的看法不抱偏见，才有先生风尘仆仆赴大陆的采风之行，才有先生为大陆翻译家树碑立传的《现代译诗名家鸟瞰》之大作。所以，当初先生提出让我修改，我思考欠周，没有过于认真，仅以为是文字的改动。先生的附记却引发了我长长的思考。但我确信，我俩对台湾文学的看法，如果不尽相同，也相差无几。即使有分歧，也不是坏事。并认为，全面深入探讨两岸文学的关系，不是三言两语就能说清的，值得开个学术研讨会，本人孤陋寡闻，不知这个主题的研讨会是否已经开过。

（摘自笔者2005年8月5日给莫渝的电子邮件）

莫 那则附记，希望不会造成误会与困扰。谢谢您长期的爱护与支持。往后，仍将尽量邮寄相关书刊或提供来台研究与教学的信息。继马汉茂之后，期待您在"台湾文学"的领域拓出一片新天地。

（摘自莫渝2005年8月6日给顾的电子邮件）

顾彬印象记

——兼及"顾彬现象"

这几年，自从顾彬"中国当代文学是垃圾"的惊人之语传出之后，一石激起千重浪，满足于四平八稳的中国文坛便沸沸扬扬。抱抵触情绪、为己辩解、甚至兴师问罪、斥其为反华政客们的一个"棋子"者有之；猛然反省、坦承汗颜、或大加喝彩、称他为中德文化的"搬运工"者有之。争论的主题大至大国心态、文化传统、政治、经济、社会背景的方方面面，小至他主编并已译成中文出版的十卷本《中国文学史》的评价及民族文学、世界文学和比较文学关系的探讨，甚至关注起顾彬的家庭、孩子、业余爱好和性格特征，等等。争论的面之广之深，始料未及。

上世纪九十年代初，我在图宾根大学攻读比较文学博士学位时，就闻顾彬大名，并拜读了他论杜牧诗歌的博士论文和论中国文人自然观的教授资格论文，却一直无缘谋面。

见面的机会终于来了。1996年元月的某一天，我应顾彬教授之邀，在波恩大学第十二梯形大教室作《论诗之嬗变：中国古典诗德译中的异化》的德语报告。报告前几分钟顾彬才进门，穿的是夹克衫。平时课，教授们的穿着都很随意，并不像我们想象中的那样衣冠楚楚。所不同的是，他神情森然，冷峻中带点忧郁，瘦削的面颊上无一丝笑容。没有礼节性的客套，只有简短的握手问候。报告前的开场白也无溢美之辞。事后听说，这是他的个性，对别人亦这样。就我的感受而言，我既不喜欢虚情假意的满脸堆笑，也不习惯寒冬腊月似的一脸冰霜，尽管他也许有火热的心肠。但这仅仅是个人好恶，不能强求一律。唯不知顾彬的严肃与生俱来，还是当上教授后才形成？求学年代的顾彬，奋力拼搏撰写博士和教授资格论文时的顾彬，与功成名遂、成了"一方诸侯"的顾彬，社会地位落差很大，前后的性格可有变化？

报告后是例行招待，在附近的一家饭馆共进晚餐。别以为这下可美餐一顿，其水准相当于国内的工作餐，一人一菜自点。虽无排场，却令人清心寡欲。这样的招待已成惯例，对反腐倡廉不无裨益。陪同就餐的还有顾彬的同事莫宜佳教授、访问学者袁志英和另一位国内来的汉语教员。他乡遇故知，倍感亲切。闻讯赶来为我捧场的两位熟人，德国外交部的费尔祯女士和哈特曼先生，也饶有兴趣地一同用餐，当然是自掏腰包。

这第一次见面不算精彩。报告虽长，因照本宣读，专业性又强，谁知人家听懂了多少。报告后并无提问和讨论，由顾彬作个小结完事。晚饭时，顾彬坐我身边，也没跟我寒暄一番，没有形成心灵的交流。这也不能全怪顾彬，只得怪自己没有主动走进顾彬的心灵，窥见严肃神情下那个丰富的内心世界。尽管如此，这次波恩之行仍有它的特殊意义。这是我在德国高校的第一个"正规"报告，能受到德国汉学界领军人物的邀请，使我感到很荣幸，是对自己学术追求的一种认可。我在讲义夹里，至今还珍藏着当年那张粉红色海报呢。

第二次见面也在波恩大学中文系。当时我受聘于哥廷根大学的"文学翻译研究所"，正承担一套丛书中中国卷的任务，即后来的《中国诗德语翻译总目》。这次因公出差，分别去汉学重镇波恩、科隆和波鸿三所大学，查询译成德语的汉诗资料。我正要向秘书室说明来意，顾彬闻声而至，允许我不但在图书馆、还在他书库似的办公室里查阅。

顾彬的办公室足有梯形大教室那般大。因是古旧建筑，房顶比一般房间高出一倍。满满的书架把四壁遮得严严实实，顶上几格的书要爬梯子才能取下。不清楚这个大厅似的房间原先是系图书馆的一部分，是主人想以书为伴，把自己的办公室设在那里，还是系里地方小，让图书馆的书挤占了这位大教授和系主任的地盘？

打完电话后顾彬向我道别，把偌大的办公室留下任我使用。他走后，我在林林总总的书架上发现了一本顾彬翻译的后朦胧诗人张枣的诗集《春秋来信》（德汉对照），上有作者的亲笔题词。记得有一次一起开会，顾彬还向我打听张的境遇。可惜，张枣的早逝，中断了这种颇为特殊的诗友情谊。顾彬不仅跟张枣，也跟许多别的作家、诗人，有广泛而又频繁的接触，既有业务上的交流，也有生活上的往来，如邀他们上家里作客。那时的顾彬才显得平易近人，跟中国同仁一起下厨、包水饺。间或约你一起散步聊天。按传统的说法，是个文艺沙龙；用今人的眼光看，是个暖意融融的国际大家庭。

再说说后朦胧诗。后朦胧诗之"朦胧"我领教过。张枣生前曾为我逐行解释过他的某首诗，我却一头雾水。因而我十分崇拜顾彬翻译后朦胧诗的勇气和不踩平路、独辟蹊径的胆识。在《春秋来信》的译本《后记》中，顾彬透露了他译的那本诗集的艰辛："尽管译者得到了各种可能的帮助，也尽管自诩为新语言大森林中的一名披荆斩棘者，还是不得不承认，中国文学的翻译使译者遇到了从未有过的困难。因此我很想修正中国文艺界的一句话。与其说张枣是'二十世纪十大最佳诗人之一'，还不如说他是最为难懂的诗人，只有一位同行能与他比肩，即杨炼。亲爱的读者可以相信，本译者可能的失败，将为你们自己的翻译包括阐释提供机会。"

令我不无惊异的是，我还在他的办公室里发现了一本笔者自译、由德国岛屿出版社总编、女诗人伊丽莎白·博尔歇斯（Elisabeth Borchers）审校的德文版《二十世纪中国诗选》（*Ich lebe östliches Ozeans. Chinesische Lyrik des 20. Jahrhunderts*）。该诗选收编四十一名大陆诗人和七位台湾诗人的七十九首抒情诗。多亏当年法兰克福大学德语系的博恩教授开恩，让我专心致志于诗选的编译。曾有多少夜晚，我最后一个离开那栋漆黑的大楼。因为纯文学的出版很难，都要申请资助，我求助于南德的中国友协总部。获准后又几经折腾，才落实到柏林Oberbaum出版社。出版社没作广告，出版的时间又不长，远在波恩的顾彬怎么会获此信息，还买了一本，居然就放在随手可取、紧靠他办公室座椅的那个书架里？我后来才知道，民德时期，这家出版社还出过不少俄苏时期的好书，顾彬自己也在那里出过译著（杨炼：《面具与鳄鱼》，柏林，1994年）。

令笔者最难忘怀的，还是顾彬写的那则书评，评拙著《中国诗德语翻译总目》（斯图加特：Anton Hiersemann出版社，2002年）：

诗词在当代，虽已丧失了它固有的园地，却仍拥有自己的读者和爱好者。事先，谁会想到，1833年至2000年间汉译德的诗词，光是收编在选本里的，就该编成一部有四百多页之多的完备工具书供人查询呢？本书作者肩负重任，在众多各具特色的图书馆里搜索。搜集在这里的资料，不乏少见的人名、珍稀的版本、如今已鲜为人知的译者，让人既感激又惊异。感激的是，大家终于有了一本工具书，有了它，至少能找到各种选本的中国诗译文及其相对应的中文原文。惊异的是，数百年间异彩纷呈的译诗，被编纂成完美之极的大典，足见德意志的精英们曾是何等地倾心于汉文化。

面对这样一项浩大的工程，下功夫跟这么多业已过时的改写文字打交道，将它们转化成当下通用的拼音文字，并列出必要的汉字表，毋庸讳言，差错是难免的。或许，这最后一道工序原本可让一位有汉学素养的人承担，让他把手稿通看一遍，此人很可能马上会发觉其中按发音改写的人名、语句和术语的拼写之误。可惜这方面颇为混乱，如字母的大小写、合写或分写。数据并不总是准确的，有些术语的译文看来还有待商榷，某些汉学职业翻译家的历史地位没有得到合理的界定。尽管如此，我的评价仍是肯定的，一件恢弘的杰作，一部工具书的巨著，对我这位中国诗词的爱好者来说，不啻是一大佳音。

这是我当年先后任聘于哥廷根大学文学翻译所和东亚系的时候独自完成的科研项目《德语选本中的翻译文学·中国诗歌卷》（德汉对照），有幸在德国已有百余年历史的优秀学术出版社Anton Hiersemann Verlag出版。这家出版社为检验图书质量，设有固定的书评联络网，还让作者推荐书评人选，交他们统一寄发。拙著的九则书评出自中西三国九名学者之笔，其中，中国教授一名（杨武能），德国教授三名（Lutz Bieg, Günther Debon, Wolfgang Kubin），德国博士三名（Volker Probst, Ulrich Stolte, Hartmut Walravens），德国女汉学家一名（Christine Berg），美国教授一名（William H. Nienhauser）。

坦率地说，拙著能忝获顾彬的书评，不管是长是短，是详是略，是褒是贬，不啻是一份馈赠，都觉得弥足珍贵。出书后最可怕的是无人问津，毫无反响。在学术领域，书评这块园地并非人人关注。据说眼下国内不太有人愿意写书评，原因是发在报刊上的书评不算学术成果，无助于升等与加薪。德国的学者也认为写书评是桩事倍功半的苦差使。就拿顾彬来说，据媒体采访，他每周要上九节课，主编两个杂志，经常外出开会，还不断有这个那个的出版项目。尽管如此，他不辞辛劳，忙中偷闲，书评迭出（有人统计有二十多篇，实际数字恐怕不止）。他的淡泊功利，他那过人的勤奋委实可嘉。

古训曰，滴水之恩，当以涌泉相报，更何况我受的恩泽并非滴水，而是山高水长。我常勉励自己，不能愧对这些崇高的爱，使炎黄子孙蒙羞。唯有不辜负他们的期望，才是对他们最好的报答，也体现人的审美价值。我以诚信为本，学术的理念越发坚定，对事业的追求愈加执著，攀登路上不歇脚，这才有了后来德国总统授予的"德意志联邦共和国十字勋章"。我的荣誉不仅属于我个人和生我养我的祖国母亲，也属于我的第二故乡——礼仪之邦德意志和每一位呵护我、对我奉献爱心的德意志同胞。

不足挂齿的是，笔者为顾彬的大作《中国诗歌史》（德文版）也撰写了一则小小的书评（德文），刊登在由德国外国关系学院主办、编辑部设在柏林的季刊《文化交流杂志》2003年第四期。书评按德国惯例，在交代思想内容和篇章结构的基础上，着重指出如下特色：一是编制体例，不按皇朝更替，而按西方编年史，有别于国人撰写的中国文学通史；二是全书布局不求面面俱到，只求重点突出，详述重要作家的生平著作；三是资料性强，分析不同译文的质量和风格，注明出处，便于比较，还旁及他们在欧美的传播。定位是创德文版中国文学史篇幅之最，把德国汉学推到一个新水平。不足之处两条：一是正文中人名、地名、标题、术语等只标拼音字母，不见汉字原文。二是附录的索引若将中西文献分列，更为一目了然。

我自知书评粗浅，既然发表了，就不怕献丑，邮寄了一份样刊给顾彬。他立即回函致谢："亲爱的顾教授，多谢您出乎我意料的书评。对您的雅意我深感荣幸，并从心底里感谢您这则精彩的书评。至于我撰写的《中国诗歌史》里没有汉字出现，是出版社的缘故。他们担心，陌生的汉字会吓跑本土的读者。很高兴，我们将在法兰克福重见。感激您的顾彬，2004年3月1日"。

一封短信几多字，字里行间皆真情。顾彬先生，您太客气了。说来惭愧，您的那部大作我还未细细研读，唯寄希望于来日。您的人生历程昭示了横在我们两国、两国人民之间的千年壁垒业已坍塌。您宏富的著述是两国文化互相渗透、互相融合的丰碑。

笔者希望，能以自己的亲身经历和了解为顾彬正名，用各自用外文撰写、在外刊发表的两则外文书评，向国内尚未知情的同仁和读者旁证顾彬先生的学术良知、独特见地和为人之道。顾彬先生，八年来，我们并无任何往来，但您对中华文化倾注的爱、由爱驱动的汉学研究及其建树和由此在我心中唤起的钦佩并未因此淡化。请勿为所谓的"顾彬现象"或"顾彬事件"而沮丧。您的因舆论炒作而严重失真的"垃圾论"，出于一位严谨学者的良知，彰显了您仗义执言的坦诚性格和对当代文坛急功近利、浮夸成风现象的深恶痛绝。它与"欧洲中心主义"毫不相干，更非对中国文化的攻讦，而是对中国文化的关爱。正是这个"垃圾论"，打破了中国文坛一潭死水，引发人们反思，找出差距。只有这样，才有望在今后努力创造出无愧于古典辉煌和超越时空的我国当代文学，并雄立于世界文学之林。

[原载：《文汇读书周报》（特稿），2012年11月9日，第5版和第7版]

从博登湖到黄浦江

——文化使者宋德教授

　　小车行至一片起伏不平的林区。路牌提示，我们已进入博登湖畔康斯坦茨大学的校区。受南德巴符州中德友协的重托，我去拜访德国文化界、学术界的巨擘宋德教授（Horst Sund）。他是德国著名生物化学家，二战后德国著名高教活动家，康斯坦茨大学同济大学中德学院缔造者之一，巴符州中德友协名誉主席，被誉为"国际学术交流的马可波罗"。刚下车，一眼就瞥见年逾八旬、德高望重的宋德教授，他已拄着拐杖迎候在大楼前。以往我们多半电话联系，书信往来。预期三天的近距离接触，旨在全方位地了解伟人的方方面面，走近他的内心世界。

　　1926年，宋德生于北德的海港城市汉堡。生性聪慧，然时运不济，纳粹时被迫入伍，出生入死于硝烟弥漫的战场，负伤进野战医院救治。停战后父亲已死于肺痨，母亲也成了一贫如洗的难民。无奈，一只背包一双靴，独自去乡下谋生。先在农民家安顿，后找到住在慕尼黑的舅舅家，得以完成高中学业。21岁入慕尼黑大学化学专业，与哥哥租一间屋子，聊以挡风遮雨。哥哥也刚从集中营出来。

　　孟子曰："天将降大任于斯人也，必先苦其心志，劳其筋骨，饿其体肤，空乏其身。"显然，我国古代哲人的至理名言同样适用于别的民族。一个从小被溺爱、在糖水里泡大的孩子，日后又岂能干出一番轰轰烈烈的事业？！宋德教授的一生就印证了这条真理。

　　年轻时的宋德曾想当一名外交官。据他自述，是因为他就读的是一所精英学校，在校时就被印度和日本两国的使领馆召见过。高等教育却把他引入了学术之路。于是他快马加鞭，仅用一年半的时间就写完了博士论文，获得了博士学位，比通常快了一倍。此后，他受聘于苏黎世、斯德哥尔摩、格拉茨、耶路撒冷等地的研究所，积累了丰富的学术底蕴，培育了普世情怀。在取得教授席位之前，年不到四十，已享誉学界，尤其在瑞典斯德哥尔摩学院诺贝尔奖获得者生物化学家Hugo Theorell的身边工作了一年。此间，他还为权威性的工具书《化学手册》撰写条目。这些条目引录的文献特别详尽，有的竟达六百多条。资料的丰富性、论证的严密性和权威性，使它们广受推崇，单行本的订单来自世界各地，数以千计。有的还被选入了教科书。

　　"皇帝的女儿不愁嫁"，凭借这些优越的自身条件，就业的机会唾手可得。记得先后有过三次招聘，一次是基尔大学，让他去当系主任；还有一次是不伦瑞克附近的一个大型研究所，让他去当经理；第三次是维也纳。三次都未应聘，偏偏看好小城康斯坦茨。若问其中缘由，宋德如数家珍："第一，因为我先应聘于康斯坦茨；第二，这里有最好的工作条件；第三，这里有得天独厚的生态环境。"说起工作条件，对宋德来说，不是通常所指的优越设施，相反是指一无所有。正因为无，才可以大干一场。说起生态环境，用他自己的话说是"如在天堂"，这里有好山好水好风光。空气纯净，一尘不染。虽说地处南德边陲，却位居欧洲中心，离意大利的佛罗伦萨、奥地利的维也纳、瑞士的苏黎世、德国的大都市柏林和临时首都波恩都成等距离，皆六七百公里。若要问他最喜欢住哪里，回答是：第一康斯坦茨，第二弗莱堡，第三汉堡。"我完全理解他对康斯坦茨的依恋之情，博登湖烟波浩淼，博大深邃，镶嵌在博登湖周边的一座座小城似明珠串串，怎不叫人心醉并为之倾倒？！

宋德教授迷恋这儿的风光，更热爱这儿的工作。那是1967年，康斯坦茨大学成立不到一年，他成了该校自然科学系的第一位教授兼系主任。说起那个系的成立，还真有点儿传奇色彩：三位收到应聘书的教授参加了首任校长的六十寿辰庆典，同在小城津根转车，并在车站的一家餐馆用餐。边交谈，边统一思想，年轻的自然科学系就这样成立起来了。初来乍到，没有办公楼，第一个工作室就设在今日成了小岛旅馆的多米尼加教堂。就在那里，他跟三二同事一起白手起家，勾勒起一所尚在襁褓中的德国大学的蓝图。州政府给了他们六年时间。还未开始招生，就在考量学科设置，规划实验室和图书馆的建设，制定教学计划。物换星移，在当年一片片绿茵茵的草地上，耸立起一幢幢设备先进的教学楼。他工作了四十个春秋的办公室就坐落在那幢化学楼里。

德才兼备的宋德教授，在担任了七年自然科学系和生物系主任及四年副校长之后，于1976年被选为康斯坦茨大学校长，连任三届，历时十五年。这是康斯坦茨大学发展的重要时期。上任后，宋德先抓国际合作。他坚信，学术跟艺术，尤其跟音乐一样没有国界。学术活动应凝聚各国智慧，学术成果应为各国人民共享。于是，他风尘仆仆地穿梭于各国高校之间，除了和上海的复旦和交大签约外，还和亚非拉和欧美五大洲的十七所大学建立了校际交流。这些校际关系的建立使年轻的康斯坦茨大学走向世界，也让世界走向康斯坦茨大学。不仅提升了康斯坦茨大学的国际威望，也大大地促进了国际学术交流。

身为康斯坦茨大学校长和巴符州校长联谊会会长，又兼任上上下下五十来个政府部门、学术机构和国内外各种协会、基金会、专家评审会、咨询会的职务，并任多种学术杂志或丛书的主编、副主编或顾问。千头万绪，重中之重仍是抓教学和科研。宋德本人共发表专著、编著17部，论文160余种，撰写书评60余篇，主持学术研讨会20余次。会后出论文集，写稿须打字，印刷得排字，出书却快得惊人：少则五六个星期，多则不超过二三个月。不是薄薄的小册子，都是好几百页的大书，有的厚达八九百页。不仅含发言稿，还附会上讨论的记录，并在人名索引中逐一标示，供人检索。可以想象，这在没有电脑等设备的当年，要付出多大的努力啊！奇迹的创造来自如下共识：速度是学术之生命。科学进步日新月异，论文集不抓紧出，就会被人赶上，落后于形势。想想我们今天出一本论文集，设备和条件远比当年优越，却往往旷日持久，相比之下，简直羞煞人！

图书馆的建设也是校长工作的重要一环。建校之初，校图书馆一本书也没有，只得先到旧书店去摸底，或到私人藏书楼去收购。日积月累，如今已有了200万册的规模。据说，若把这些图书排起来，足有75公里长，可从康斯坦茨一直排到苏黎世。只设总图书馆，不设各系的分馆。各专业都有行家把关，避免重复订购。全馆实行开架借书。找到书后不愁找不到座位，或翻阅，或钻研，悉听尊便。当天的书看不完，留个条子放桌上，就不会被取走。为了方便读者，近年来实行全年开馆，没有节假日。三百六十五天，天天开放，不分昼夜，通宵达旦。这一新型体制，全德首创，加上一系列配套的优质服务，使该图书馆在全德同行中两次获奖。这一方案在宋德任期内受挫，理由是24小时开放，要人值夜班，难于被人接受。现在实施了，运转挺顺利。偌大的图书馆，一个出入口，每夜一个人值班就能应付。联想到我国的高校图书馆，别说节假日和周末，即便一周之内，开放时间也不长，甚至还有午休，使师生用书大受限制。还有个关键的区别：国内的高校图书馆是单位的"私有财产"，只对本校师生开放，凭证刷卡而进，高墙深院，外校读者都被挡驾。于是，笔者到国内高校查询就困难重重，常要讨人情，"开后门"。而德国的高校图书馆，无异于公共图书馆，作为文化资源，让全民共享，不管你是清道夫，还是大文人，来者不拒。

大学是个多事之地。宋德校长善意听取每个人的意见，找到症结之所在。他认为，一个校长的任务是，解决矛盾，创造一种和谐的气氛。他严于律己，每件事都记在小纸条上，一一落实，从不食言。同时严于治校，为了使工作有条不紊，制定每天的日程表，每天都排得满满的，这就需要有很强的时间观念。有一次大学评议会开会，不少人姗姗来迟，他毅然宣布会议取消，由他本人决定。这个激将法还真奏效，自此之后，除了特殊情况，再也没有人愿意迟到，因为谁也不愿意放弃自己的参政权、议政权。

该严厉的时候严厉，甚至冷酷，不该严厉的时候却是慈悲为怀。与一般教授不同，他那个办公室的门，四十年如一日，开着的时候居多，示意学生和同事，如果想找他，随时可进，不算打扰。再举一例：当年康斯坦茨的学生宿舍奇缺，身为校长的宋德亲自询问学生的住房情况，为没有住房的学生登报找房。特别感人的是，他竟亲自上街，在市政厅广场大声疾呼："不能让一个学生露宿街头！"号召市民们多挖潜力，为他们排忧解难。还有一次校评议会上发生争执，有教授滔滔不绝地指责一位学生的不是。宋德校长挺身为他辩护："我们当教授的，不也常常做蠢事吗？"我敢断言，像这样体恤下情的大学校长，在德国、中国都难找到。难怪德国政府授予他"一级十字勋章"（1986年）、"大十字勋章"（1991年），在他七十寿辰时，康斯坦茨大学还授予他"荣誉公民"的称号（1996年）。

宋德教授不但是杰出的科学家、教育家，还是誉满中外的文化使者。他的中国情结可追溯到他的中小学时代。早在上世纪六十年代，即在文革前，他就读了介绍毛泽东的书，稍候又读过毛泽东诗词。大学读书时对中国文学艺术兴趣益浓。他坦承，世界上没有哪个国家的文化使他如此着迷。那是1982年，中国改革开放伊始，他有幸以康斯坦茨大学校长的身份，随德国学术交流中心DAAD总监和教育厅高校联席会议秘书长访华。那是他第一次踏上中华大地，屈指一算，距今已整整三十个年头了。

一跨进大门，我的第一印象是他的藏书之丰。只见右手边的一排书架直耸屋顶，把整垛墙遮得严严实实。每一格的书都排得很挤，一本书要拿进拿出，非得费很大的劲。他的"图书迷"源于他舅舅。舅舅曾供职于慕尼黑资深的Beck出版社，任学术部主任。大学读书时，宋德也在那儿打过工，阅读兴趣很广泛。在宋德看来，自然科学和社会科学，统称文化。各学科互相联系，不能截然分开。哲学原理源于自然科学，自然科学隐含哲学原理，诸如哲学上的进化论就脱胎于自然科学。基于这种理念，本是自然科学家的宋德历练成一位博古通今、百科全书式的大儒。

我首先留意到他的中国藏书，《中国民居》《北京古刹名胜》《上海印象》《外滩今昔》等书频频跳入眼帘。先觉得山川景物、风土人情类书为数不少。后发现其他藏书也很可观，包括社科类书，如《当代中国的经济管理》；艺术类书，如《第九界全国美术作品展览》；哲学类书，如古代典籍《论语》《老子》和《孙子》；历史类书，如《中国史》（2012年德文版）；古典文学作品，如《红楼梦》《金瓶梅》《水浒传》等。这些书都非点缀或摆设，他竟然都烂熟于胸。交谈中他冷不防会引用孙子兵法和孔子语录。又认为《红楼梦》描写了上流社会的千姿百态，《水浒传》则披露了下层社会的苦状和反抗，让人从不同的侧面了解历史。不过，他如今阅读的重点已移到中国现当代文学，如鲁迅的《阿Q正传》，老舍的《四世同堂》，莫言的《生死疲劳》和姜戎的《狼图腾》，以及张洁《沉重的翅膀》（德译本）。另有德国当代作家马丁·瓦尔泽的小说《惊马奔逃》（浙江文艺出版社，2004年）和《恋爱中的男人》（人民文学出版社，2008年）。后者获人民文学出版社2009年最佳外国小说奖——"微山湖奖"。

宋德教授热爱中国文化，更关注中国的现状和发展，满腔热情地投身于振兴中国的事业。改革开放伊始，他积极推动康斯坦茨大学与上海交大的合作项目——上海中国企业家培训班，历时十余年，为我国培养了一大批企业界的高级人才。在1993年的无锡国际研讨会上，中德两国学者共同探讨江苏太湖的污染之源和治理措施，宋德教授也奉献了他一个生物化学家的智慧，并主编大会的英文版论文集《环境保护与湖泊生态系统》（中国科学技术出版社，1994年）。中国科学院院长周光召、江苏省省长、巴符州州长都写了前言。期间，他被上海复旦大学、交通大学和同济大学三所中国名校聘为"荣誉教授"。

无疑，为同济大学研究生院——中德学院所建立的丰功伟绩，是宋德教授一生最突出、最辉煌的篇章（1995–2010）。该院由两国政府出资，德国企业资助，两国教授任教，传授德国经济、电子和工程技术，也为两国教师和学生打开通向对方文化和精神世界的通道，进行跨文化对话。要搭建这样一个双边合作的平台，任重而道远。年已古稀的宋德教授欣然受命，出任德国学术交流中心的驻华专员。于是，他从博登湖飞赴黄浦江，没想到一去就是十五年，虽说不时要回国述职或联系。他与中国同仁一起，为中德学院的筹办、创建和发展呕心沥血。在同济大学外事处的办公室里，在中德学院成立的隆重庆典上，在中德学院大楼建造破土动工的行列里，在与德国公司、银行和合作高校谈判、签约的会议桌上，在国际航班的长途飞行中，都闪动着他不倦的身影。期间，往返两国七十余次，年均五次。而每次赴华，都不顾鞍马劳顿，急如星火地直奔他在同济的办公室。夜半更深，每每总是最后一个离开大楼。2010年10月25日，八十四岁高龄的宋德教授卸任返德，中外领导和同仁依依惜别，称之为"一个时代的结束"。

为了表彰宋德教授对我国的无私奉献，国务院授予他"友谊奖"，上海市政府授予他"白玉兰奖"。中德学院的一个会议厅被命名为"宋德厅"。今后，宋德夫妇可每年免费来华观光休假一次，终生享用。宋德感激这个特殊待遇，珍视这些莫大的荣誉。最大的安慰却是，这么早就来到中国，结识了中国数十座城市，了解华夏古国的今昔，目睹它日新月异的变化，还交上了不少无话不谈的知心朋友。当然，也看到了两国文化的差异。宋德认为，两个民族孰优孰劣，不能一概而论，德国人也不总是对的。一个人在某个国家待长了，就难免有些偏爱，会不知不觉地为她说话，而不再时时处处突出自己的民族。当问及他对毛泽东的评价时，他不假思索地回答："一个犯了许多错误的伟人"，崇敬有加，又不失公正。回头看，书架前还放着一樽青年毛泽东的塑像。耄耋之年的宋德虽已返回故里，还在为遥远而心仪的友邦牵肠挂肚，还关心它的防腐反腐、环保和人口老龄化这三大难题。其情可感，唯望宋德夫妇多保重，也恭祝两老健康、快乐和长寿。

[原载：《文汇读书周报》（特稿），2013年5月3日，第3版]

邂逅葛桂录

一

先要从我心仪的古城苏州说起。它与我求学十年的大上海相隔不到百里，坐"高铁"只消半小时。与我在国内高校执教十年、同被马可波罗誉为"人间天堂"的古杭州也不远。如想顺便领略苏杭这段大运河的野趣，坐游船也无非一夜航程。文革期间曾到此一游，近年来又多次陪外宾来此游览。而苏大文学院院长王尧教授主持的为期五年的国家社科基金重大项目"百年来中国文学海外传播研究"，又深化了笔者与这座千年古城的缘分，将我从一个萍踪浪迹、每次都只能走马观花的异乡人，吸纳为该学术团队里的一员。尤其是这次项目子课题负责人的务虚会，让我有幸结识了虽在同一项目组共事、却屡屡失之交臂的同仁，他们是日本爱知大学国际问题研究所所长黄英哲、李文卿夫妇、南开大学外国语学院院长阎国栋教授、福建师大文学院副院长葛桂录教授和江苏教育出版社的章俊弟博士。

这次赴会的最大收获，应该是结识了迄今才谋面、然一见如故的子课题英语组负责人——福建师大的葛桂录教授。记得在学生时代，我对英国文学也曾如痴若醉，也曾读过曹未风翻译的莎士比亚悲剧《汉姆莱特》和《奥塞罗》；因浏览《诗刊》某一期上的选载，而偏爱起苏格兰农民诗人彭斯（Robert Burns，1759–1796）；甚至选购过俄苏作家阿尼克斯特著的《英国文学史纲》（戴镏龄等译，北京：人民文学出版社，1980年）。改修德语文学专业后，英国文学虽有荒废，毕竟是引发我早年步入外语生涯的基因之一。不怕笑话，迄今还常诵读浪漫派诗人雪莱（Percy Bysshe Shelley，1797–1851）的《含羞草》《西风颂》等名篇，时而还班门弄斧似地引用"冬天来了，春天还怎能遥远？"的名句。

想必为教务所羁，葛没能赶上上午的务虚会，差点没赶上午餐。当他急如星火地赶到餐馆时，桌上已是一片狼藉。狼吞虎咽一番之后，相约去苏州古街平江路陶家宅院观光。一行六人围坐一张小桌品茗畅谈。葛沉静端正，坐我身旁，无甚接嘴。后偕去"状元楼"瞻仰。斯人已逝，灵气犹在。历历展品，似在现身说法。睹物生情，颇多感慨，各自沉浸在对先贤的追思中。

走出"状元楼"，漫步在楼层高低错落的平江路古街，拱桥、流水唤起思古幽情，而沿街毗邻的一家家特色小店，展示姑苏的饮食文化和工艺特色，却焕发出勃勃生机，古城遗风与新时代新气象相映成趣。我与葛君挨得很近，边走边聊，话题却非古迹名胜或风花雪月，也非时兴的生财之道或养生秘诀，而是"三句不离本行"——学术。

虽是"陌路相逢"，"葛桂录"的大名早已如雷贯耳，然记不清曾在哪本书里邂逅过。我问他有没有发表过关于歌德或荷尔德林的大作，答"没有"。我将信将疑，回饭店后，在我随身携带的电脑里搜索，证实了我先前的模糊记忆。在拙著《歌德汉译与研究总目（1878–2008）》及其《续编》的"研究卷"之"合集"一栏里，分别有两条书目闯入眼帘：一是葛编著的《外国文学学习指南》（银川：宁夏人民教育出版社，2007年）中的第五章"十八世纪启蒙文学"的第二点题解"解答题"和"论述题"两栏中，找出了作家及其作品中的人物如维特、浮士德和靡非斯特等条目，竟有十来条之多；二是他撰写的论著《比较文学之路：交流视野与阐释方法》（上海：上海三联书店，2014年）一书，目录中虽无"歌德"字样，内文却所述甚详。据此分析，我俩所修语种虽异，但学科一致，同是比较文学，专业上颇有共同语言。不然，怎么会有苏州项目这个共同际遇？！怎么会在姑苏古城"殊途同归"？！

知音难觅。白天交谈言犹未尽，便约他次日早上七点半在饭店一起用餐。边餐边聊，是赢得时间的最好办法。天蒙蒙亮就起床，一看时间尚早，就先忙一篇某杂志社催要的稿子。谁知这一忙竟忘了时间，一看手表，已过了八点。急忙去餐厅转了一圈，已不见葛的踪影。打电话到他入住的房间，也没人接，只得作罢。平日里与人交往，我最忌失信，这回竟偏偏失算，真是糟糕！我能轻描淡写地说一声"是无意的"或"对不起"之类的话来为自己开脱吗？

既已失约，追悔莫及。当晚电葛说明原委，深表歉意。葛却毫不介意，只是平静地告我，东道主王尧院长给他买了第二天一早去盐城的票，连早餐也顾不上了。糟了，谁想到他这么早就要动身，一时间不知所措，壮了胆才敢启口，探问能否腾出哪怕是几分钟的时间话别。不料他欣然答应。走廊拐弯抹角，怕他一时找不到我下榻的房间，就迎了出去。不一会儿，他手里拿了本分外厚重的书走出电梯。我下意识地想到这是"见面礼"，定有以文会友之意。我俩素昧平生还未"友"，葛却已视我为友！捧着他那本装帧大气又赫然在目的新著《经典重释与中外文学关系新垦拓》（人民出版社，2014年），无异于瞥见他为此凝聚的多年睿智和心血，也感受到他对新友奉献的一份爱心，而这些远比莆田桂圆或武夷山新茶等福建土特产珍贵。来而不往非礼也。我虽无思想准备，身边却刚好有一本欧美版中国各省地方志目录、且被欧洲各国图书馆收藏的古旧图书聊作回赠。蒙葛不弃，还申述"理由"：此书提供跨国图书信息，颇具文化史料价值，故弥足珍贵。

我让葛坐椅子，自己侧身床上。既是"初识"，本不该大谈个人身世，这未免过于唐突。而我生性执拗、直率，交往中每每喜欢一吐为快：有喜悦与人分享，有困惑期盼指点，有遗憾寻求慰籍，不喜欢遮遮掩掩。于是，便习惯性地与葛"老生常谈"起来，谈自己的坎坷人生和治学之道，谈自己如何废寝忘食、如何百折不挠，当然也不回避已经取得的"成绩"。奋斗与"成绩"这两者，构成了我的为人之道和立身之本。与其说是夸耀，不如说是自慰和自勉，是有意识地为自己壮胆和辩解。眼见当年赴德深造的同事，或开餐馆经营红火，或去公司或厂家发展。唯独我这个书呆子，不为金融世界心动，我行我素，还痴痴地守着诗歌王国甘之如饴，却又"阿Q"得很，竟自信并未枉此一生。

葛才过"知天命"之年，而我却已年逾古稀。在年龄上相差一大截。两人却并无"代沟"。葛并没有在我这位初识的"长者"面前滔滔不绝，我起初也不便探问他人生和治学的一些细节，只觉得他的言谈举止和气度涵养十分亲切。而他乡遇知音，同是天涯苦学人，感同身受。人生之路各异，学术门径相似。共同的人生理想，瞬息间把两颗心拉得很近很近。我仔细打量葛，面颊清瘦，身子瘦削、谈吐谦逊儒雅，不难想象他蛰居书斋的辛劳，想必他也有过贾岛"吟安一个字，捻断数茎发"的体验，也有过曹雪芹"十年辛苦不寻常，字字得来都是血"的感喟。身为比较文学工作者，他必是一位当代中华传统文化的苦行僧，又必是一位植根于中华大地的中国品牌的普罗米修斯。

从葛后来的来信中我才得知，去年年底他主持的另一项国家社科基金项目《中英文学关系史料学》（50万字左右）已初步完成并顺利结题。今年七月他又申请到了一项国家社科基金课题《英国文学编年史》（预计完成50万字的一部著作）。目前他集中精力完成国家出版基金项目《中英文学交流系年》（上下卷，约120万字），国家出版基金管理办公室要求今年年底出版并结项。三大项目，全系比较文学领域里的重大课题，项项堪称宏伟工程，无不令人刮目相看！

此外，我又从国内各大图书馆的收藏，获悉了葛著的如下图书信息：《比较文学教程》（执行主编，中国青年出版社，2001年）、《他者的眼光：中英文学关系论稿》（宁夏人民教育出版社，2003）、《中英文学关系编年史》（上海三联书店，2004年）、《神奇的想象：南北欧作家与中国文化》（宁夏人民出版社，2005年）、《跨文化语境中的中外文学关系研究》（上海三联书店，2008年）；《比较文学之路：交流视野与阐释方法》（上海三联书店，2014年）；《经典重释与中外文学关系新垦拓》（人民出版社，2014年）、《雾外的远音：英国作家与中国文化》（福建教育出版社，2015年）；《中国外国文学研究的学术历程·第5卷：英国文学研究的学术历程》（重庆出版社，2016年）；《外国文学经典导读》（高等教育出版社，2017年）、《中国英国文学研究史论》（人民出版社，2017年）、《20世纪中国古代文学在英国的传播与影响》（大象出版社，2017年）、《中国古典文学的英国之旅——英国三大汉学家年谱：翟理斯、韦利、霍克思》（大象出版社，2017年）等，有近二十种之多。

目睹这份长长的著作表，眼前浮现出一个奋力拼搏、锐意进取、且硕果累累的学者形象。理所当然，葛的这些成果赢得了社会和学界的承认和敬重。如今的葛，除身居该校文学院副院长兼学位评定委员会主席这个要职之外，还是中国语言文学博士后流动站及比较文学与世界文学博士点学科负责人，福建省社科重点研究基地中华文学传承发展研究中心主任，中国比较文学学会理事，中国比较文学教学研究会副会长，中国外国文学教学研究会副会长，中国高等教育学会外国文学专业委员会常务理事，福建省比较文学学会会长（拟任），福建省孙中山研究会副会长兼秘书长。这么多的社会兼职，这样的一位饱学之士，这么多的学术头衔，却毫无皓首穷经的学究气，又那么和蔼可亲，一个多么难得的个性！

二

邂逅葛君，是笔者晚年的一大幸事。所憾那晚时间仓促，未及作深层次的交流。恰好我下半年又有事要回国，很想去福建师大顺访葛教授。本月上旬我去信表达了上述意向。葛当即回函表示"竭诚欢迎"，并欢迎为该校师生作讲座。2017年12月10日，晚秋初冬之际，梦绕魂牵的赴榕之访终于成行。我与葛的相处，也因此由"邂逅"而深化而全方位的接触，进而走近一位立足福建、名满全国的知识精英。在征得葛老师的赞同之后，我斗胆向百余年老校福建师大文学院奉献了以下两个讲座：

I. "天涯若比邻——我的跨国人生体验与学术之路"（励志报告，对象：文学院全体学生）。
主持人：李彬源博士，时间：2017年12月11日（周一）14:30，地点：文科楼304教室；

II. "涓涓细流汇成江河——中国文学在欧洲德语区传播巡礼"（专题报告，对象：文学院全体研究生）。主持人：葛桂录教授，时间：2017年12月11日（周一）晚19:00，地点：邵逸夫楼二楼多功能厅。

后一个课题或许可算作"苏州项目"英、德两子课题之间的横向交流。

这前一个题目，则试图勾勒笔者不甘沉沦、勇与命运抗争、求贤若渴、求知若饥、浮士德似地永不满足而"不知老之将至"的人生轨迹，愿与当今的年轻学子共勉。不敢护短，笔者把自己的学历概括为：既先天不足，又后天荒废（用非所学十年整）；在而立之年抛妻别女，只身拼搏在深山老林，在浙南山坞当中小学教员（1970–1979年） → "鲤鱼跳龙门"，全省外语统考胜出，得以专业对口，入杭大外语系任助教、讲师，遂开始事业上的拼搏（1979–1988年） → 幸被选派出国深造，蜚声德国媒体，被国外学界誉为"荷尔德林在中国的使者"（因是中国第一本《荷尔德林诗选》注释本的译著者） → 获德国图宾根大学哲学/比较文学博士学位和杭大教授资格（1994年） → 参与哥廷根大学德国科协（DFG）科研项目，独立主持并完成搜集、整理和评估世界诗歌在德语语境中的传播（中国卷）及德国大文豪歌德一百多年来在中国的传播和影响，竟好评如潮，继获"德意志联邦共和国十字勋章/功勋勋章"（2011年10月30日授予） → 被聘为"同济大学人文学院模块化专家"（2013年10–11月） → 被誉为母校上外"杰出校友"代表（2016年12月3日，于上外德语专业六十华诞庆典之际）。

也许是榕城风调雨顺的自然环境和深厚的文化底蕴给我以灵感和激情，让我宾至如归地走进下午的课堂，得以从容不迫地现身说法，吸引了学子们的眼球。当我朗诵《我是个乞丐》《圣诞》和《爸为你骄傲——致女儿向明》等业余创作的小诗时，兴许是我异乎寻常的人生体验和学术追求，唤起了学子们的共鸣，会场上爆出一阵阵掌声。会后，还有人走到讲台跟前，跟我探讨其论文的可行性。至于那晚上的专题报告，虽以苏大项目德语卷/文献卷的《前言》为底稿，因临场随意发挥多，气氛也并不沉闷、呆板，座无虚席的报告厅内竟无一人提前退场。报告结束后，葛教授和刘海燕教授等提问。张若琪、张梦雪等三位研究生还让我签名题词，并提议与葛教授一起合影留念。

回顾这辈子的教学生涯，从浙南山区中小学，到西子湖畔老杭大，再到德邦的几所名牌大学，我一步一个脚印地走了过来。冯至曰："但开风气不为师"，先贤的高风亮节常令我汗颜。前后近半个世纪，莫非秉性所使，在"授业解惑"之余，我屡屡好为人师，老生常谈地跟学子们讲如何立志、如何拼搏、如何做人。退休以来，跟学生少有接触，仍经常思索、检点自己的人生。梦里还常常回到当年国内任教过的校园和课堂，梦见逝去的岁月里那一张张活泼开朗和充满朝气的脸蛋。

此番赴榕，温故而知新，让我返回和重温伴随了我大半辈子的教学生涯，又有社会大课堂为我开拓视野、让我接受教育：那福州名胜"三坊七巷"一条街，那唐宋八大家之一曾巩写下散文名篇《道山亭记》的乌石山，那刻印着数百年历史沧桑的榕城老街坊，那素有海纳百川之称的闽江入海口及河心岛，尤其那中国近现代历史名人林则徐纪念馆和严复、冰心、林觉民故居等，无不令人叹为观止。福建师大文学院的老师们，我好羡慕你们能在这块人杰地灵的宝地教书育人，迎来桃李满天下！

我也羡慕你们——文学院的年轻学子们！祝福你们——所有与我同行的晚辈、晚晚辈！祝你们身心健康和学业进步！"我这一辈子因为当年特定的原因，属于被荒废的一代。你们这代人生于盛世，只要潜心学习，诚实做人，一定能做出比我辈更为突出的成绩。"（摘自我应邀给葛教授博士生张国花的题词，2017年12月12日草书于福建藤山戴斯国际酒店）

2017年10月初稿

2018年8月修改于德国图宾根

"相逢何必曾相识"

——我与苏大文学院教授王尧

　　五年前，因华师大中文系范劲教授的抬爱和举荐，我有幸参与苏州大学文学院承担的国家社科基金重大项目"百年来中国文学海外传播研究"，并结识了该项目的首席专家、苏州大学教授、博士生导师、文学院院长和校学术委员会主任王尧先生。

　　感谢这个苏大乃至全国举足轻重的项目，让中德学界的两位同仁不至于擦肩而过，让我这位年逾古稀的华裔学者，有幸在中国一个国家级的学术平台上，在这位首席专家的门下发挥"余热"，为报效我深爱的祖国和献身我同样深爱的学术文化交流尽绵薄之力，这岂止是一种缘分，更是我一生之幸。

　　以下是王的第一封来信（2013年4月6日）："尊敬的顾先生道席：久仰先生，冒昧打扰。我一直钦佩先生的学术成就。最近在会议上听范劲老师说，他也曾得到您的提携。我在去年申报成功了国家哲学社会科学重大项目"百年来中国文学海外传播研究"。课题主要是研究百年来中国文学在海外的译介与研究，分为学术研究和文献两大部分。关于文献部分，我以前的规划是按照语种做论著目录，著作部分加中文提要。这次开题时，有些专家认为北外已经做了文献目录（即将出版），建议我们只做著作提要。我觉得各有利弊，还在斟酌之中。先生是这方面的大专家，我向先生请教，究竟如何做文学才更具价值？我也冒昧地想请先生做文献部分的主编，无论是我的辈分还是成就，都不敢有此奢望，范劲老师建议我和先生商量。真的很不好意思。……后学 王尧 顿首"。

　　某日，我收到了王于2013年7月20日签发的正式邀函，邀函称："诚邀先生为重大项目课题组主要成员，负责中国文学海外传播之文献卷的整理和研究。中国文学海外传播文献浩瀚，整理研究任务艰巨，五年之中需要多次往返中国德国，烦劳先生拨冗参与为谢。苏州大学文学院敬邀。"

一

　　开始时相互间都敬而远之。有邮件往来时，王总是写"顾先生道鉴，后学王尧顿首"。言必称我"前辈"、屡屡说我"德高望重"，颇有《三国演义》里关羽在曹操营里享受的"上马一钿金，下马一佃银"的待遇。我呢，惯于低调做人，凭良心做事，当然不会因此而心安理得，甚至沾沾自喜。见面和写信都称他"王院长"。一次，王厉声正色地朝我说，"别叫我王院长了。我有名字，我叫王尧"。我愣了一下便没吭声，日后仍"吾行吾素"。习惯成自然，即便他不久前恳辞卸任后也一直没改口。他奈何我不得，也只好默认。

　　每次访苏都蒙王的盛情款待。"老苏州"餐馆与南林饭店同在苏州老街"十全街"，时间紧王就带我去那家店：一来让我品尝正宗的苏帮菜，展示传统的姑苏美食——中华美食文化的一种；二来是让我重温文化名人的业绩：该店原名"老苏州茶酒楼"，由著名苏州作家陆文夫创办。一踏进这家餐馆，会油然想起当年的店主亲撰的广告："小店一爿，呒啥花头。无豪华装修，有姑苏风情；无高级桌椅，有文化氛围。"和"一见如故酒当茶，天涯来客茶当酒"的楹联，又联想起他脍炙人口的小说名篇《美食家》，仿佛听作家在现身说法，从而获得饮食和艺术的双重享受。

记得有一次在该店用餐，王尊我为上宾，专为我点了一只螃蟹，戏称来苏州吃了螃蟹才不虚此行，却没有为他自己点。于他是待客之道，于我却甚惶恐，故未笑纳。这倒不是因为螃蟹的名声已今非昔比，即便是号称阳澄湖的螃蟹，也没我小时候在乡下亲手捕来的鲜美；主要是因为我不喜欢喧宾夺主，一个人在那儿享用不成比例，会觉得很不自在。又何必再为此多花冤枉钱呢？！

王有时也带我去誉满姑苏的"同得兴"面馆就餐。此店名不虚传，连纪录片《舌尖上的中国》也介绍过。那里供应的面分白汤面和红汤面两种，色泽晶莹、细而不腻。另加几碟小菜，如卤肉、卤鸭、山药、木耳、黄瓜等，不失为一顿简朴而又高雅的美餐。若邀友共餐，边吃边聊，其乐无穷。王透露，不少客人多排场大的宴会式招待都是他自掏腰包的。学校财务科报销有严格规定，不是随便哪个饭店都能报的，有指定的饭店，就餐人数也有规定。

我从心底里感激主人的礼遇，视之为"抬爱"、"错爱"。这个说法，于别人或许是客套，于我却是实情。我懂得，盛情之下该自律，有2015年11月20日的邮件为证："王院长：前次来苏的回程交通费和本次来苏的来回交通费（计152元5角），明后天去邮局寄发票来。您将会看到，三次火车票中只有一次是'高铁'，因为我不想大手大脚，挥霍项目组的钱。警钟长鸣，才不辜负您的厚望。顾正祥拜谢"

每次去苏州总要王安排我住宿不算，还让他安排系里的研究生，协助我查找苏大选购的电子书刊资料，又指派苏大印刷所为我扫描我在各家图书馆复印的大量资料（PDF文档），扫描后的图片资料就可还原成文字。这样，既免了我抄录之苦，又加快了编写进程。人生地不熟，初次去苏大图书馆和苏州市图书馆还要人陪同。凡此种种，给他添了不少麻烦，难免惶恐。再说，我在生活上不拘小节，衣着随便。在公众场合，时而近乎木讷，时而又不善于驾驭自己的情绪，一激动会站起来说话。因而猜想，不会给人留下好印象。没想到适得其反，王并没有把这些小节放在心里，反而来信把我称赞了一番："这次在苏州见到您，我再次受到教育。顾先生的学养和治学精神，是我的楷模。"

（摘自2016年11月20日的邮件）

我明白，我不是项目组里一盏省油的灯。光是财务科报销一事就让人焦头烂额。航班路线、护照和机票的复印件、银行付款凭证之外，冷不防还需要我从德国补寄什么。财务科报销慢，慢得出奇，有一次长达四五个月，王还得向我解释一番。再说国际旅费远高于项目组里国内同仁的出差费。更何况我比别人跑的地方多，先后三次去了柏林、科隆、苏黎世三座汉学重镇。其中去柏林的那次最贵，几乎相当于跑了一趟中国。

但再贵也得去，不能因噎废食。我所能做的是尽量节省，把开销降到最低标准，可花可不花的钱一分也不花。去柏林和科隆两市，我宁可住三星级宾馆，房间设施和周边环境比起四星级来要差得多。尤其是早餐单调无比，只有清一色的面包、果酱和茶水或咖啡，比在家还艰苦。再说苏黎世之行，为了节省昂贵的旅馆费，我干脆当天来回。两地相距六七百公里，相当于上海到武汉的直线距离。德国还无"高铁"，到了那里，再抓紧也只有四五个小时的时间可利用。于是，一次不够再跑二次、三次。这后两次还借了别的活动的光，连火车票也没到项目组报销。

后来我又想去奥地利的维也纳。就那么一个项目，为什么要跑那么多地方？不说，别人怎会知道？这回，我觉得自己有责任向项目组作个说明，遂驰信王院长，郑重其事地申述了理由：

"王院长：……我意识到，我是在为中国文学史上一个里程碑式的项目添砖加瓦，同时也在塑造我自己的人生，因为这很可能是我一生中参与的最后一个国家级重大科研项目。随着项目的逐渐深入，时有新的问题需要解决。现就以下想法请示阁下：

一、德、瑞、奥三国都是德语区，文学史上统称"德语文学"，以区别于单纯的"德国文学"。调查、研究中国文学在德语区的传播，除德国之外，自然还包括瑞奥两国。为此，我两次去了汉学重镇——瑞士的苏黎世大学东亚图书馆，收获甚丰。而去奥地利国家图书馆和维也纳大学东亚图书馆的打算（大约一周）却还未成行，不知允否。但愿阁下知我苦心，不会怀疑我想"借公济私"。吸引我的，不是那里的丽山秀水，古迹名胜，而是项目所需的宝贵资料。那座闻名欧洲的文化古城，我早就去过，且不止一次。

二、诚如阁下嘱托，项目的译文部分，要求注明中文原文。这就需要到"源头"文学中去查找。跨国项目，看来都得兼顾"两头"。恰恰是这道工序，由于海外中文图书资料不足，屡屡令人犯愁，尤影响编纂进度。为此，倘若条件许可，打算在截稿之前，最好是明年下半年，集中二三个月时间，在国内图书馆查找相关篇目，填补目前和今后编纂中留下的大量漏洞（详见附录）。

以上所述，皆系实情。因为都涉及费用问题，不知如何是好。阁下有无良策？斗胆请示，甚盼赐复。"

（摘自2015年12月27日的邮件）

王院长回复如下："您邮件中提出的两个问题我都同意。去瑞士和奥地利没有问题，费用我这边支出。您的敬业和专业，值得吾辈学习。您编写的这本文献，肯定是我这个项目中的亮点，而且肯定是传世之作。再次感谢！"

（摘自2015年12月29日的邮件）

二

起初，我对王的了解很肤浅。觉得他有"三多"：兼职多，开会多，应酬多。每次去苏州汇报工作，只能在饭桌上进行。来去匆匆，只"公"不"私"，再想晤谈的愿望总是落空。脑海里不时闪过他忙碌的身影，身不由己地穿梭于各高等学校、文学团体之间：昨天去省里汇报工作，今天去出席某个杂志的周年庆典，明天去参加某协会的研讨会，后天要接受某某记者的采访……应接不暇。据王自己透露：实在招架不住，有时只好找借口，违心地谎称"不在苏州"。

我嘴上不说，暗地里觉得"可惜"，把本可以用于学术的时间，埋没在出差途中和会务活动里。读了他以下的来信，我才明白了大半："顾先生好：谢谢您的关心和厚爱。我1998年就担任院长了，后来又做过其他行政和党务工作。但心思一直在学术上。这么多年了，觉得自己已经尽到对学校和学院的责任，2015年就提出辞去院长职务，学校不同意。去年我又多次提出辞职，9月份学校终于同意，经过一个学期的换届程序，在期末产生了新的院长。我觉得有点安慰的是，在测评时，我仍然有90%以上的优秀率。呵呵。我现在还兼着学校的学术委员会主任，也是责任重大。"

（摘自王2017年2月24日的来信）

文如其人，言辞恳切，王以务实的心态对他为公务、政务、党务、会务忙不迭的现状作了注脚；对严肃的人生话题能驾轻就熟，作了一个阶段性的小结。拜读此信，似在夏夜纳凉时分或在饭后茶余，谛听他跟我、也跟他同事、亲友敞开心扉，谈心交心，吐露他的政绩、他的苦衷和他良心之所在，为我这个"旁观者"解开了谜团——无愧无悔，虚怀若谷！

物换星移，我们从相识到相敬，又从相敬到相知。有了心灵的沟通，就有合作的默契。凡是王吩咐的事我都一一照办：

"顾先生：我想麻烦您一件事。江苏省作家协会委托我做一件事，整理江苏当代作家在海外的译介文献。我想请您，列出江苏当代作家在德国译介和研究的目录，并提供几篇德国学者研究江苏作家的论文（复印）。作协会支付相关费用。江苏当代作家主要是：汪曾祺，陆文夫，高晓声，张弦，苏童，毕飞宇，叶兆言，格非，曹文轩，范小青，黄蓓佳，周梅森等。谢谢了！王尧再拜"。

（摘自2017年3月12日的邮件）

我觉得这是一件很有意义的事，对我本人也很有启发。我手头的资料是只按体裁、不分地域编纂的。以省为界，调查、研究、整理和评估作家和作品在海外的介绍，将是又一个新的研究课题，因为各省作家在国外的译介和研究很不平衡。如今，江苏作家先走了一步。收到王院长的来信后我马上行动，随即对上述作家作了个初步的梳理，顺藤摸瓜，还到旧书网查找和选购了若干译本和论著。

我们俩这种相互信赖的关系不仅表现在工作上的相互支持和亲密合作，还表现在日常生活上相互关心和体贴，进而升华为手足之情、普世之爱：

顾："王院长好，感冒、发烧、嘶哑等症可已痊愈？阁下正当盛年，为何常有小恙？定是太辛苦了吧？万望多多保重！"

（摘自2017年4月20日的邮件）

王当日回复："顾先生好，您辛苦了。我这段时间忙碌，学校又有棘手的事情，天气变化又大，所以身体状况出了问题。已经好转。谢谢您的关怀。"

透过表象，走进他心灵的深处，我窥见了一个真实的人，他的心底，他的为人，他人生中的方方面面，直至他待人接物的一些细节，并悟出了一个道理：在每位文化名人的背后，都有一部长长的历史。

王尧（1960— ）是江苏东台人，但江南惯有的和风细雨并没有赋予他一副细皮嫩肉。闲聊时他戏称自己像个"蒙古人"。细端详，还真有几分像。一张鳌黑的阔脸，大大咧咧。陌生人还以为他是从内地来的打工族。但王粗中有细。饭桌上，常为你端盆夹菜，甚至为客人揭开螃蟹的盖。要是有谁还没来，在众人动筷子之前，总会先拿个空碟子，每盘菜都放一点。这个小得不能再小的生活细节，素不相识的人还以为是故作姿态、逢场作秀，实质反映了一个人的礼数和人品。不妨以他

293

无意中谈起的一段陈年往事作佐证：早年在乡下，王还是一位名不见经传的小学教员，有位学生交不起学费，竟拿一篮子鸡蛋来相抵。王闻讯后，虽然每月只拿七元钱的工资，自己的日子也够清贫的了，仍慷慨解囊，为这个学生代交了学费。

人世间不乏"一阔脸就变"的人。如今的王，不但是苏大文学院博士生导师、文学院院长和校学术委员会主任，更是著名作家、文学评论家、文学史家、当代文学研究家。王的身份变了，地位变了，学术成就大了，却秉性未变，爱心未变，谦逊未变。

三

项目执行的五年中，王院长对不才的关爱、厚爱无以言表。对我的意见和建议尊重有加。开题之际，甚至把拙著《歌德汉译与研究总目》的目录和内页的样张分发给项目组的其他成员作为体例编制的参考。但这不等于说他会无条件地迁就与附和，会一味地言听计从。在一些原则性的决策上，王慧眼独具，提出了他独到的构想。于是，不是我说服了他，而是他说服了我。且看我们下面的信件往来：

顾｜"王院长，我已将散文小说混编。不知能否恩准，是否非改不可？专此请示。拙著歌德书目上下卷都是这样编的。有时见不到原书，无法将两者区分。"

（摘自2017年4月4日的邮件）

王｜"顾先生好：谢谢您精益求精！我从您身上学到了许多，真心地敬佩您！如果按照文体分类，小说和散文肯定不能混编，否则在大的方面体例就不一致了，作为一套书会出现问题。我理解小说和散文分开来的难处，但还是好处理的。您将可以确定的先分开，不能确定的，到时发给我，我根据您翻译的书名和目录，我可以辨识出哪些是散文哪些是小说。到时我辨识后再回给您。另外，您和阎老师主张研究类也按研究的文体编年，其实比翻译的文体分类更加困难，不是所有的论著题目都可以看出研究的是诗歌散文小说等，如果要搞清楚，则需要仔细阅读研究论著，短时间是不可能的。您先试试，不行，还是回到以前的体例。另外，论文文献目录不求全，选重要论文。这些意见供您参考，我们再商量。谢谢您！"

（摘自2017年4月4日的邮件）

散文和小说是两种不同的文体。将两者混编，会模糊读者的视线。此乃文学史家王尧的强项，比我这个半吊子文人清楚。王对我晓之以理，又留下商量的余地。遵嘱，我不厌其烦地将原先合编的那一栏拆开而毫无怨言。信中的其他指示也一一照办。

是否为外刊中的文艺杂志单独立项后编入文献卷，是我们共同深入探讨的又一大话题：

顾｜"王院长好：多谢谬奖，多谢拨冗赐教。眼下编排的体例与不才原先的体例有较大出入，不才岂敢标新立异，独断孤行。然恕不才愚钝，虽极力试图适应新的体例，可惜仍有不少困惑。回沪后虽不敢懈怠，仍裹足不前。愚最大的困惑是杂志部分。愚在德国对该部分作了系统调研与编纂，深感它是与纸本书籍相平行的又一大传播渠道。如何正确处理、充分反映这个领域里传播的丰富资源，乃德国卷（文献卷）义不容辞的任务。愚有两个不成熟的想法：一、将其作为一个整体，以"附录"的名义置于其余各栏目后；二、或置于译文的"其他"一栏（因译文、论文、书评和报道杂然并存于一期）。愚比较倾向于前者。如两者都不妥，愚受责任心的驱使斗胆想问，能否恩准愚不避风雨和劳顿，再来苏大短访，当天来次日走？不谋共餐，只盼阁下百忙中贡献半天时间不吝赐教，为愚"解剖麻雀"。百闻不如一见，阁下看了拙稿，才更"对症下药"，愚洗耳恭听。恳盼将疑惑和问题解决于"萌芽状态"。如此，或许比今后大返工要好。愚斗胆苦谏，万望宽恕！"　　　　　　　　　　　　（摘自2017年4月5日的邮件）

王对不才的请求十分重视。应不才之请，他不顾感冒咳嗽，还发烧38°C，赶到南林饭店"山水楼"底楼的大厅里与我碰头。王在耐心听取我的汇报后，充分肯定文艺杂志对文学传播所起的不可替代的作用，充分肯定系统搜集整理这方面资料的价值，也赞赏不才已经作出的努力。但从十卷本丛书的全局出发，不才的单独举措会影响丛书的统一性，故建议另出专集。王的见解令我心悦诚服。统一思想后，我又轻装上阵。

四

世上从无不散的宴席。韶光易逝，"相见时难别也难"。五年岁月峥嵘，耐人寻味。五年内，共同的项目让我们常聚又常散，常散又常聚。不管聚与散，脑海里不时会闪现出他那高过我的身影。五年内的彼处间，生性谦卑的我，本能地置自己于"俯首称臣"的地位，而我执拗、倔强和好激动的习性又偶然会导致情绪的失控，呈"金刚怒目"的态势。五年内，或许还有过观点和见解的相异，甚至有过处事和性格上的碰撞，但更有理解、默契和心灵的共鸣。不管是爱还是怨，是喜还是忧，他在我的心目中始终是一个有信仰、有思考和有见地的人物，是一位儒雅、深邃和有成就的作家和学者，是一个兢兢业业、忠于职守和富有魅力的事业家，同时又具有一个有爱有恨和宽容大度的个性。我断定，项目结束后，我仍会非常想念师长般敦厚博识的王尧院长，想念与这个名字联系在一起的苏大、想念位于姑苏古城滚绣坊20号的南林饭店，尤其是我每次下榻的"山水楼"。

曾记得，每当我在接待处报到登记时，会不由自主地抬头仰望接待室背后的那堵大墙，首先欣赏墙上那雄浑、奔放的书法，写着明代唐寅的七言律诗：

> 江南人住神仙地
>
> 雪月风花分四季
>
> 左持蟹螯右持酒
>
> 不觉今朝又重九

诗中所指的"神仙地"，与陶渊明的《桃花源记》一脉相承，与欧洲源远流长的人文主义理想、与意大利旅行家马可波罗称颂和描绘的"人间天堂"不谋而合。它概括了江南人居的本质和特色，即美的最高境界——人神合一、人与自然的高度和谐，符合普天下古往今来都成立的法则。置身此境，我仿佛真的来到了令人憧憬的"神仙地"，再多的忧愁和烦恼也会烟消云散。就在这块名不虚传的"神仙地"，南林饭店更是得天独厚。饭后茶余，我总要到介乎"山水楼"与"园中楼"之间的那片园林小憩，到其亭台楼阁稍坐、在古树名木前流连。听泉水淙淙，看金鱼游弋，尽情享受大自然的馈赠和园艺师巧夺天工的造诣。抚今思昔，感触良多，我写下《随感一则》寄王尧：

"从龙泉山窝土木结构的斗室，到杭大单间职工宿舍一只煤炉一张床，再到如今苏大文学院的座上客，住进位于黄金地段、闹中取静、设施高雅的五星级宾馆——南林饭店；从当年孑然一生、只有山林和清泉相伴的岁月，到如今跻身学界、在科学的圣殿里与知识精英们切磋交流。两相比较，何止天壤之别？！这儿的每一颗古树名木诉说华夏历史；这儿的每一条小溪拨动我的琴弦；这儿的每一条幽径令我驻足留恋。颗颗小草透出灵气，山山水水脉脉含情。抚今思昔，怎不感慨万千？！谢谢王院长，我们有缘在姑苏古城这块风水宝地相逢，沐浴风情万种的人文景观，携手完成文化交流这一神圣使命！"　　　　　　　　　　　　　　　（2017年11月11日手机）

王当日手机回应："顾先生中文根柢深厚，又有人文情怀，内心深处是位高贵和孤寂的诗人。先生为人坦诚率真，为文有大手笔气象。"

我的人生，用我自己的标尺衡量，不知有多少缺憾和惭愧。我从未奢望过这等评价，连做梦也不曾想过。王院长，让我在这里再说声"谢谢"，尽管我知道自己，无论是为人还是为文都不配。这或许是出于您的偏爱和抬爱，甚或是一句戏言或是一声不经意的谬赞，却让我珍视有加，因为它无意中道出了我那虽未企及却是毕生追求的人生目标，从而成了我心中的一座丰碑，任凭它是真实还是幻觉，也任凭它能否得到当代和后代的认同。

2018年2月19日–3月4日成稿

2018年5月6日补记于德国图宾根

资深翻译家袁志英与书

2009年，德语文学功勋翻译家钱春绮老先生的谢世，中断了我俩长达四分之一世纪的忘年之交。恰在那一年，在社科院在京举办的一次歌德席勒国际研讨会上，我有幸邂逅因漂泊海外而失散了二十余年的老"复旦"、老"同济"袁志英君，惊喜交集。从此，一年一访、回国必访的惯例便沿袭到亦师亦友的袁君身上。我的视线便从上海大场的钱府，转移到同济虹口老校区南侧那栋老同济职工楼里的袁府。从此，袁府便成了我回国出差或回沪探亲后烛照心灵的一盏灯。

袁府位于该楼第四层，三室一厅一卫加厨房，坐北朝南，陈设简朴，按当今流行的标准衡量，或许只能算一套"陋室"。然"山不在高，有仙则名。水不在深，有龙则灵"。一幅"墨之花"的镜框是客厅的亮点，也是袁府的点睛之笔。它挂在客厅右侧的墙上，苍劲有力，恰是袁君一生与墨为业、笔耕不辍的绝妙写照。我还以为是哪一位大家的手笔，谁能料到这幅杰作竟出自同楼某邻居孩子的手。听袁兄介绍，那孩子才读小学，那不是一位神童吗？据说他还很懂礼貌，见了袁和袁夫人，总"爷爷奶奶"地叫，即便擦肩而过，还回过头来补叫，真是"孺子可教"。

袁府最具魅力之处，自然是他的工作室兼书房和资料室。就在远离尘嚣、书香浓郁、令人清心寡欲的那间书房里，我们无数次地倾心畅谈，各抒己见，话题涉及文史哲的方方面面。此室虽不大，却很紧凑，足以让袁府"蓬荜生辉"。一张写字桌连同桌上的一台电话机和一架老式电脑靠窗朝东，与紧靠西墙的一副双人沙发相呼应，成对称之势。左右两侧书架壁立，架内的书竖的横的，摆得密不通风。古今中外的各类辞书、词典和百科全书数不胜数，世界文学名著和学术经典琳琅满目，却找不到一本饭后茶余的消遣书。这座道道地地的学者型书库，便是袁君的精神家园！就在那间早已"书满为患"的书房里，我每次造访，总会发现又多添了一二本令人刮目相看的新书。我在编纂几本德汉对照的学术性书目时，多次得益于袁兄的库藏。或就地抄录，或允我外借数日，使用后完璧归赵。

袁出书、赠书，又买书，一生与书为伍。久而久之，书成了袁的全部家当，包括不少学友们送他的书。老朋友、老同学、老作者赠书多半是各自的新作，向老朋友汇报新成果，算是一种交流，如邓伟志赠的《邓伟志文集》（六卷）；又如他当年北大同窗赵登荣所赠、上下两大本、厚达二千多页的《杜登德汉大词典》（北京大学出版社，2013年）等。新朋友、新作者赠书是为了向前辈报个喜，以赢得老前辈的鼓励，以期"百尺竿头，更进一步"，如近年来文坛兼译坛新秀李继宏。李中山大学社会学系毕业，在校时就研读了袁译的《文明的进程》，后慕名造访，还不堪重负地背来他出的一大堆书籍。李现住美国，才三十几岁，除社科类书之外，文艺书也译了不少。袁指着此君的书连声赞叹"了不起""后生可畏"。值得一提的还有，国外的老友顾彬常给袁寄简报，传来境外的学术动态和最新消息。

袁曾说："我们爱书写书，就像好多人打麻将一样，是我们人生的一个支点。少了这些，光是吃吃喝喝，人生还有什么意义？"袁翻译的西方社科类学术名著有恩斯特·海克尔（Ernst Haeckel）著的《宇宙之谜》（*Die Welträtsel*）、亨利希·库诺（Heinrich Cunow）著的《马克思的历史、社会和国家学说》（*Die Marxsche Geschichts-，Gesellschafts- und Staatstheorie*）和诺贝特·埃利亚斯（Norbert Elias）著的《文明的进程：文明的社会起源和心理起源的研究》（下卷）（*Über den Prozess der Zivilisation: soziogenetische und psychogenetische Untersuchungen*）等。马克斯·韦伯（Max Weber）的名著《新教伦理和资本主义精神》（*Die protestantische Ethik und der Geist des Kapitalismus*），也即将在上海译文出版社出版。该书的现存版本多半是英译汉，而袁则从德文版直接译出。文学类的名著有德国浪漫派作家克莱斯特小说全集、《水妖》（德国浪漫派名著）、瑞士汉学家胜雅律（Harro von Senger）著的《智谋：平常和非常时刻的巧计》（*36 Strategeme für Manager*）等。正是这些跨领域、跨学科、又高难度的经典译品，理所当然地为日耳曼学者的袁又赢得了"资深翻译家"的美誉。

据袁介绍，每次翻译了一本书，他都有一些感想，总要写几篇文章。总计已有二百多篇了，多半是他退休以后写的，被发表在《文汇报》（"笔会"专栏）、《东方早报》《上海滩》《海归学人》等报刊杂志上。正是这些媒体成了袁常年潜心学术和文学翻译的可靠后盾和基地，同时也成了他展示勤奋、智慧和思想硕果的舞台。笔者每次去袁那里，他首先总要从架子上的一大叠报纸中找出一二篇他新发表的文章让我拜读，印象最深的是他那篇发表在《文汇学人》上的译后记"双重的坎坷：埃利亚斯和《文明的进程》"，洋洋万言，既是他对译著的导读，又寄托了他对原作者犹太人身世的感慨。

的确，书是袁的主心骨。也是我俩从相识、相知到情深谊厚的一根纽带。早在上世纪八十年代我在杭大任教时，我就购买了袁著《抑郁的心灵之光：叔本华传》，并慕名登门拜访了时任复旦大学外文系教授的他，又恭恭敬敬地呈上我出版的第一本译著《格林兄弟传》（浙江文艺出版社，1986年）。十年前，阔别重逢后的我俩，又在上海的袁府相聚。借此机会，我向袁君呈上了刚出版的拙著《歌德汉译与研究总目（1878–2008）》。

袁曾说，书是宝贵的，他只送给感兴趣的人。蒙袁厚爱，这几年他馈赠我的书不少，如上文提到的《文明的进程》等。因不便携带，连同我的其他藏书暂存我上海的亲戚家。在我图宾根的书房里安家落户的袁著有两本：一本是上文提及的《叔本华传》，另一本是《歌德情感录：歌德与他的妻子》。后者我研读再三，字里行间留下了不少我用铅笔写下的旁注、提示或心得，作为日后撰写书评的素材。

（详见2014年11月14日的《文汇读书周报》第6版）

岁月不饶人。这些年来，我本人和我在德国、中国的不少同龄人，都开始考虑如何为自家的藏书"瘦身"。袁府的图书馆本已拥挤不堪，被挤得水泄不通。我把这个行情透露给袁兄，暗示袁兄采取相应的步骤；没想到袁"反其道而行之"，甚至"变本加厉"，居然还执意从我那里买下了同是德汉对照的拙著《中国诗德语翻译总目》（斯图加特，2002年）和《歌德汉译与研究总目》（续编）（中央编译出版社，2016年），尽管它们价格高（分别为150欧元和298元人民币）、体积大、分量重。袁如此高看拙著，令不才在感激之余又甚为不安。袁却强调，正因为价格高，才不能让我白送，否则于心不忍。这桩买书轶闻，见证了袁的厚道，更折射出袁的执着和追求。在我的脑海里不时闪过一位两鬓如霜、却精神抖擞、从不在岁月前服输、依然求知若渴的老式学者，一如既往、马不停蹄地奔跑在中德文学、哲学研究的学术之路上。

亦师亦友

——从我与志英的一席晤谈说起

2017年4月11日我对袁志英家的造访，是我们无数次造访中一次别有深意的相聚。除了海阔天空无所不谈之外，我着重有两个学术问题要请教。像往常一样，我先在他书房的沙发椅上坐下。随后，袁就泡了一杯茶端到我跟前。不知怎么的，这回我以"铁十字勋章"为开场白。那个多出来的"铁"字，源于袁在《文汇报》上一篇关于愚获勋的报道，乃袁不经意才出的一个笔误。谁料到会在媒体以讹传讹，一发不可收拾。我虽小有遗憾，却没把它当一回事。反之，就太不够"君子"了。那时，袁以同胞之谊热心向国人通报此讯，让祖国母亲也为海外游子宽怀甚至自豪，何错之有？我谢他都来不及呢！袁也知我心迹，并没多费口舌，不为自己开脱。十年来，我们就这样走到一起，说重说轻都不用提防对方会生气。

言归正传，先回到对德语界冯至等前辈的评价。想听听袁的高见。

冯至是中国德语界德高望重的前辈，是我们德语界同仁一致公认的导师。但导师也不见得是无瑕可击的完人，由于历史和时代等条件的局限，也不可避免地会有这样那样的"不足"。随着国内学术气氛越来越宽松，近年来已有一些学者直面这个文学现象。在《德语文学研究与现代中国》（北京大学出版社，2008年）中，年轻学者叶隽较早触及这个较为敏感的问题。涉及的人主要有冯至、张威廉和杨武能三位，分别指出他们在学术史研究上的地位成绩和"不足"。后来又读到范大灿在叶隽著《歌德思想之形成》（中央编译出版社，2010年）之"序：歌德研究也得不断创新"中对冯先生所作的分析和论证。稍迟，笔者也在拙著《歌德汉译与研究总目》（续编）（中央编译出版社，2016年）的自序（第IX页）中，大段引录叶的词句，并赞同叶的分析。尽管如此，我还是想了解袁对这个问题的看法，因为这个问题不是一朝一夕就能澄清，也不仅事关对某一个人的评价，而是涉及学术界如何看待先辈功过，如何继承先辈之精神遗产这个根本的学术问题。

袁开诚布公：没有徐光启、严复、林琴南、马君武、伍光建、陈望道，就没有我们这些人的成绩。至于冯至，无愧为"一代宗师"。他的中文底子好。六十年代编教材，周扬挂帅，中文组组长、外文组组长都让冯至当。至于冯自己"引以为耻"的《德国文学简史》，系大跃进产物，受苏联影响，说浪漫派是"病态"的。我译了浪漫派寄冯至。冯回信表示《德国文学简史》没编好，觉得自己不对。后来冯姚平访复旦，说她父亲当时不能违抗命令。对历史人物的评价不能用今天的眼光。不能要求孔夫子也懂微积分。为人要做到两点：一是感恩（Dankbarkeit）；二是敬畏（Ehrfurcht）。

袁不假思索，一口气说了六位先贤的名字，又着重谈了对冯至的评价，敬畏之情溢于言表。在我看来，这种敬畏之情并不是人人具备的。唯我独尊者不可能有，心胸狭隘者不可能有，争名夺利者不会有。敬畏先贤，未必是盲目崇拜和亦步亦趋，而是对先贤品德的仰慕和对先贤事业的建设性继承。

袁对中国近现代文坛满腹经纶、如数家珍，给我以从未有过的震撼，给孤陋寡闻的我，增添了不少有关先贤冯至的第一手信息。后来我又读了袁刊登在《文汇报》上的《浪漫派小说与冯至》一文方知，袁对冯的知根知底，来源于他的亲身体验：作为冯先生的及门弟子，当年课堂上的情景还历历在目，导师的言传身教仍铭记在心。从冯对袁译《浪漫派名著》的反应来看，更可看出冯为人的坦诚，他对德国浪漫派的看法也非如袁起初担心的那样会作出消极反应，真可谓高风亮节，感人至深。

无独有偶，冯对"大跃进"的产物——他本人主编的《简明德国文学史》也敢于作自我批评，甚至痛心疾首，同样不愧为大家风范。冯先生地下有知，也绝不会允许我们一味地对他歌功颂德。作为后辈的我们还有什么顾虑，对他的一生功过作出历史的、辨证的和科学的分析和评价呢？！

从表面看来，袁的观点与叶、范和笔者等不尽相同。细细想来，其实并不抵触。唯双方看问题的角度不同：叶、范、顾在肯定冯、杨等杰出贡献的同时指出他们这样那样的"不足"；袁正相反，在承认"不足"的同时强调他们的德高望重，颇有异曲同工之妙。它涉及一个人物的两个方面：指出"不足"，不等于否定功绩；强调功绩，也不等于蓄意掩盖或无视"不足"。两者都不应偏废。笔者深信，如何用历史和科学的眼光对历史人物，尤其是对二十世纪以来中国文学中有重要影响的人物，作实事求是的分析和评价，仍是今后学术界一项义不容辞的任务。

接下来，我还请教袁对上世纪八九十年代崭露头角的中国朦胧诗的看法。

袁认为朦胧诗不太适合中国，需仿效德国二战后"废墟文学"后的文风改革。顾城劈死老婆，难道这样的人还值得宣传？此案骇人听闻，震撼中国文坛，一时间似乎同情多于谴责。袁说到此人此事时似乎有些激动。袁又谈到北岛在美有别墅和游泳池。与"民国四君子"蔡元培、胡适、傅斯年、梅贻琦的廉洁奉公不成比例。胡适虽任驻美大使，简直老境凄凉，乐于助人，杜威死后，夫人在第一时间打电话给胡适，可见胡在这位世界文化巨人心目中的地位。

由中国的朦胧诗联想到德国的"废墟文学"，又由中国的朦胧诗联想到顾城、北岛等人，再联想到民国四君子，由文坛惨案联想到文坛佳话，袁思路开阔，学贯中西。尤其对朦胧诗的看法，与拙见不谋而合。我也许过于"传统"，总与"诗言志"的中华诗学脱不了干系。凡形象模糊、歧义过多的诗（如"四川五君子"的诗），它们的构思和技巧有可能别具匠心，它们的艺术造诣也可能很高，然终究只能为少数人欣赏。阳春白雪，受众面小。我当然也不是一概地反对朦胧诗，只是不要太"朦胧"（如舒婷的《土地情诗》《海滨晨曲》《双桅船》，杨炼的《耕》，顾城的《我是个任性的孩子》等），都被编入了德文版拙译《我住大洋东：二十世纪中国诗选》（柏林，1996年）里。

袁不但是资深翻译家，而且是饱学之士、资深学者，每有问题我喜欢向他请教。与袁相处，我了解到国内文坛、译坛的一些最新动态，常听到不少闻所未闻、令我耳目一新的真知灼见，有时甚至妙语如珠。在文学与政治这两者关系上，袁认为，我们是学人，而不是政治家。我们不搞政治，但要了解政治，关心政治。你写文章要有个底线，不能超越这个底线。在我的心目中，袁始终是一位我既尊又亲、温馨陪伴我人生的、亦师亦友型的学人。这绝不是什么客套或是恭维，因为其远见卓识和学养之深，确实远在我之上。而袁却偏偏不领我这个情分，对"亦师亦友"的说法一直持异议，一再强调，视他为"友"求之不得，称他为"师"则万不敢当。虚怀若谷也！

独树一帜的文本专家

——访华师大教授宋健飞

袁府不但是我俩聚会、晤谈的小沙龙，也是我与文坛联系的窗口，与国内学人交往的发源地、联络点（尽管每次造访都是我单独一个人）。通过袁兄的引荐，我有幸于2012年10月26日结识了《歌德谈话录》的译者之一、上海理工大学德国文化交流中心主任顾士渊教授，并应邀在他主办的国际交流会上向中外学者作了《歌德诗译介在中国》的德语报告；在那次活动中我又结识了上海三观文化传播有限公司总裁唐仲远女士，日后又参加了由顾、唐主持、德国驻沪总领事馆策划和参与的朱家角文化纪念活动。通过袁兄的引荐，我又结识了原《社会科学报》高级编辑、特稿部主任程炳生先生，日后，他成了拙著《以爱为本：跨越时空惠及子孙的教育理念（瑞士—中国裴斯泰洛奇国际研讨会论文集）》（卢塞恩，2012年4月）（上海交通大学出版社，2014年3月）的责任编辑。又记得袁带我去参加了德国驻沪总领事馆成立三十周年庆典，结识了总领事和其夫人德国著名汉学家凯茜博士，并合影留念。事后，凯茜博士竟派专车将她主编的驻沪总领事馆三十年史料集从浦西的总领事馆，送达浦东高桥我回国探亲期间客居的亲戚家。

应该说，最重要的交往莫过于我与德语教授宋健飞和黄克琴伉俪的接触。2010年5月的某日，我接到袁的电话，说同济德语系的老师邀我聚会，不算作报告，认识认识而已。到了那里我才发现，是让我正儿八经地作报告，报告什么由我自己定。只见那多功能厅里人头簇拥，讲台上并排放着好几个话筒，场面显得庄重，气氛森然。"临时抱佛脚"，我只得临场发挥，约莫开了个把小时的无轨电车，已记不清说了些什么，不外乎谈谈我个人的人生体验和学术理念吧。报告之后，当时尚在同济德语系任教的宋健飞教授还问及，最早译成德语的中国文学作品究竟是哪本书。我亦据己所知作了答复。

我与宋君的第二轮交往，是在2017年秋天的回国期间，缘于宋君的新著《德译中国文学名著研究》（外语教学与研究出版社，2016年）。其间，他已受聘于华东师范大学任教，担任华师大德语系主任。这本书也是我在袁府的书房里发现的。一见到此书我就喜出望外，爱不释手，因为它涉猎的领域、探讨的对象和研究的目标与我在苏州大学文学院国家社科基金重大项目《百年来中国文学海外传播研究》（德语卷/文献卷）如出一辙，其中难免有我值得参照的观点和可供补充的材料，我岂能与之擦肩而过？又因为德国汉学家魏汉茂刚好也出版了这个领域的专著，共两部：一部论述中国长篇小说的在德译介，另一部介绍中国戏曲、中篇小说、散文和诗的在德译介。对前者我还写了一篇德语书评，已在德国的专业杂志上发表了。

魏、宋两君，一个是德国汉学家，一个是中国日耳曼学者，围绕同一个主题——中国文学的海外接受。从地域上来说，一个是"近水楼台"，一个是"舍近求远"，研究的外界条件很不一样。从内容上来看，魏著涉及这部译介史的前半叶，截至于十九世纪中叶，是一部中国古典小说的早期译介史，重在考古甄别；宋著的张力从古典到现当代，涵盖中国文学译介的全史。虽着眼于文本分析、个案分析，串在一起仍能给人一个译介的概貌，堪称一部非译介史的译介史。魏宋两著真可谓"殊途同归，中西合璧"。然而，我不想停留在这个粗略的印象上，这才有了下面这篇在匆忙中录下的、还很不成熟的采访稿。

经约见，我于2017年4月16日在上海采访了宋君，谈话长达六个半小时之久（9:30–16:00）。午间，宋款待就近小餐（同济校内），席间仍聊，因有袁君助兴，谈兴更浓。分别就宋著创作的动机、编撰过程、特色和感受等作了交流。

顾 ｜ 宋老师好。恭喜大作《德译中国文学名著研究》（以下简称《名著研究》）问世。我已从袁老师那里借阅了两天。拜读伊始，钦佩不已。多谢今日馈赠，容我今后慢慢研读。我已把它列入拙著《百年来中国文学海外传播研究》（德语卷/文献卷）的参考书目。今天能有机会当面请教，感到十分高兴。

宋 ｜ 谢谢谬奖。拙著撰写了五六年，虽然已经出版，还仅仅是个开端，以后还有很多工作要做。

顾 ｜ 宋老师过谦了。这是一本系统研究和梳理中国文学"东学西渐"的学著，涉及从古到今二十位作者的文史哲作品近二十部，内涵丰富，达到了较高的学术水准。冰冻三尺非一日之寒，这需要多少沉淀、积累、钻研才能培育出的一颗学术之果！请问宋老师，您是什么时候打算写这本书的？

宋 ｜ 2000年后中德高校交往增多。在这个大气候下我去慕尼黑大学汉学系短访，亲眼看见那里的书架上汉译德的作品汗牛充栋，人家对我国的文化那么重视，对我触动很大。大约于2008年我就尝试在同济开设介绍德译中国文学的课程，旨在借助国外资料，在重温祖国经典，审视自己文化的同时，向学生介绍德译中国文学的常识。本为试探性举措，不料一发不可收拾。稍加引导点拨，学生的兴趣也与日俱增。

顾 ｜ 那具体是怎么操作的呢？

宋 ｜ 我先把翻译成德语的课文发给学生，让他们阅读后根据理解去寻找相应的中文原著，加以分析对比，再在课堂上作个小型报告，大家一起评点探讨，通过这种方式，既让他们重温和增长了平时所积累的中国文学知识，又可分析德国译者的译介视角、翻译理念和处理具体问题的技巧，收到一举多得的效果。

顾 ｜ "巧妇难为无米之炊"，教材的问题是如何解决的？国内德语系有那么多的德语资料可供教学使用吗？

宋 ｜ 肯定没有。充当教材的德语课文只能到国外去找。赴德短访采集资料的机会和时间都很有限。因为资料匮乏，《名著研究》也编得很苦。

顾 ｜ 一般来说，国内的中国日耳曼学者研究德译中要比研究中译德便捷得多，因为它的研究对象在国内，可以"就地取材"；逆向研究则艰难得多，因为它们"远在天涯"。如我本人虽是"华裔"，但人在国外，编纂中国文学海外传播的资料（如拙著《中国

304

诗德语翻译总目》）就相对方便；反之，编纂德国文学的中国接受（如拙著《歌德汉译与研究总目》）反倒是舍近求远，每次只能利用回国讲学、出差或探亲的有限时间查询、搜集资料，所以编得很吃力，甚至非得"求神拜佛"（国内的高校图书馆不对"外"）。您编著《名著研究》要到德国找资料，虽是舍近求远，自讨苦吃，却没有被"挡驾"的风险。又靠锲而不舍，才苦尽甘来，作出了不同凡响的成绩，总算苦得值得。

宋 | "苦尽甘来"，此言不虚。拙著出版还不到二年，已加印了三次。德语界一些志同道合的同仁得知后，也十分欣喜，自己购买阅读的同时，还推荐给学生参考。学界和读者的认同是作者最大的安慰。毋庸置疑，一心一意搞学问的人都是苦行僧，搞文科的尤其如此。所以要有一种痴迷的精神，要执着，有追求，甚至是"无孔不入""不择手段"，苦干若干年后就必有收获。

顾 | 这方面我与宋老师颇有同感。为了求知求真，我们非但"无孔不入"，还要"费尽心机"。十分惭愧的是，当年我每到一地，美其名曰是"讲学"，心底里盘算的是如何在该校图书馆为我的《歌德汉译与研究总目》搜集资料，居然还敢直言不讳。主随客便，还安排时间和选派研究生协助我。

宋 | 为了学术进步，您这种"费尽心机"，非但不该批评，还值得推崇。

顾 | 让我们再回到尊著这个正题。我想了解，您在接触德译原著、为日后的文本分析作准备时，是否也去接触了与这些译本有关的研究资料，譬如它们产生的社会效应？

宋 | 国外译本的数量虽然多，但我发现他们对自己译本的研究不那么重视。反倒是我们对这些很关心。汉学家硕特（Wilhelm Schott, 1802–1889）就是个例子。其人非科班出身，自学成才，当今的百科全书已少有他的条目，也很少有人知道他还是孔子《论语》、古典名著《水浒传》和古代小说集《太平广记》（节选）译介的第一人。

顾 | 宋老师慧眼独具。硕特确是一个很典型的例子。他于1833年以《汉字的本质》（Das Wesen der chinesischen Schrift）一文通过答辩、成为柏林大学汉语教授，1941年成为普鲁士科学院院士，曾影响过洪堡（Alexander von Humboldt）等大科学家。这样一名十九世纪德国汉学的拓荒者和头面人物，却被遗忘在二十世纪，到二十一世纪才被历史学家魏汉茂考古似地"挖掘"出来，并写成专著发表（Wiesbaden, 2001）。

宋 | 但拙见也可能以偏盖全。可惜因为短访时间有限，我只能把时间和精力集中到文本的搜集上，对译本学术史、译介史领域学术资源的接触自然就少，这也是实情。

顾 | 在我看来，《名著研究》虽非一部严格意义上学术史、译介史，却在译本比较、文本分析的同时，通过译者及译本介绍等"附件"，为我们提供了学术史、译介史的详实资料。大作中的译者及译本介绍，并非从别处摘编、挪用而来的条条杠杠式的现成数据，而是对其人其书言之有物的有血有肉的深层描述，融入了您个人的独到体验和认知，是一部人物和作品的接受史或曰影响史。可以说，"史"的意识在大作中呈现得

十分鲜明。拜读大作，想见宋老师一次次地跨国搜集资料，在浩瀚的史料里钩沉扒梳，又留心采集最新资料，犹如当年唐僧去印度佛国取经。拜读大著，深为宋老师学术史、译介史的造诣所折服。说您学贯中西、博古通今也毫不为过。再说，当今中国德语界，谈接受史的多，作译本比较、文本分析的少，甚至绝无仅有。从这个意义上说，您的此项工作还是个首创，既满足了学校教学的实际需要，是一项务实的举措；又提供了不少源文献性资料的出处，为国内德语学界填补了空白。接下来能否谈谈您在文本分析中所关注的重点？

宋 | 同一个底本，不同的译者因个人的背景、翻译的视角、理念不同，学养、素质各异，译文会带上各自不同的色彩。如《道德经》三译本的三位译者：维克多·冯·施特劳斯（Victor von Strauß，1809–1899）、卫礼贤（Richard Wilhelm，1873–1930）和鲁雅文（Erwin Rousselle，1890–1949），他们在翻译"道"这个核心概念时，分别给出了三个截然不同的答案："Tao"（音译，意音兼备，给读者以想象空间），"Sinn"（解读为"道路"、"方向"、"太初有道"，带《圣经》色彩）和"Führerin des Alls"（解读为"万物之母"）。

顾 | 对此，您在大作《名著研究》中作了详细的阐释，给我的启发很大。

宋 | 文学翻译也是一种学术活动。每本书的成书都有一本账。要真正理解作品的内核和灵魂，又考虑受众的审美趣味。切忌望文生义，只看到文字表面，仅满足于文字转换，没看到书的背后。一如书名的翻译：阿来的《尘埃落定》就被翻译成《红罂粟》，那是真正理解了作品的内核和灵魂，经过提炼、升华，又考虑到受众的审美趣味才作出的决定。小说的情节围绕鸦片的种植、买卖及其引发的暴力冲突展开，译者抓住了这一醒目的亮点，提纲挈领地进行了总结，萃取出这一吸人眼球的标题。

顾 | 您的这一理解可谓触类旁通呵。《尘埃落定》的书名倘若机械地从字面直译，难免会出现"尘"字，就会闹出当年翻译成语"胸有成竹"出现"竹"字一类的笑话来。

宋 | 话说到这里，我油然想起本人的一桩亲历。当初我为《德语文学与批评》（张玉书主编）翻译并讲解歌德的《童话》。既然是童话，开始以为很容易，后来才知道，连德国的教授也有看不太懂的，不是其文字，而是其寓意和背景。再看Albert Ehrenstein的《水浒传》译本，标题成了《强盗与官兵》，可谓画龙点睛之笔。他不懂汉语，译写时张冠李戴，移花接木，颇多想象和发挥。唯"武松打虎"一章是例外，我核对过，很忠实于原文。

顾 | 大凡不通汉语的译者都以他人的译本为底本，"武松打虎"那一章译得靠谱，想必是因为他采用的底本好。权且将中国古典文学的翻译搁置一边，先请教宋老师，您觉得当代中国文学德译的集大成者是谁？

宋（不假思索地）| 非高立希（Ulrich Kautz）莫属，他是译介当代中国文学作品、尤其是长篇小说的第一人。迄今他翻译了李准、王蒙、邓友梅、陆文夫、李国文、王朔、余华、阎连科等十余位中国当代著名作家的中、长篇小说三十余部，无论数量还是质量都居当今译坛之首。

顾 | 高立希无疑是一位出色的翻译家，被顾彬教授赞为"中国小说最好的德译者"；又先

后荣获"民主德国建设出版社翻译奖"和"中华图书特殊贡献奖"。但我对高先生翻译的小说还缺乏研究，也就没有多少发言权。能否请宋老师谈谈对顾彬的看法？

宋｜顾彬先生集汉学家、文学家、作家、大学教授以及翻译家等多种身份于一体。对中国朦胧诗情有独钟，译诗自然是他夺魁。

顾｜顾彬译古诗，又译现代诗，特别译朦胧诗。如果来一场比赛，肯定是他夺冠。顾彬之所以能在译诗上独树一帜，无非有以下三个有利条件：一是他自己写诗，是诗人译诗；二是有中国妻子做贤内助，是中西结合；三是"名师出高徒"，他是老一辈汉学家霍夫曼（Alfred Hoffmann，1911–1997）的弟子。霍氏的译品宁少勿滥，少而精，千锤百炼。他翻译李煜的词加注释堪称千古绝唱。但顾彬自己又推德博（Günther Debon，1921–2005）是中国诗的最佳译者。据说德博的母语好。好的译者外语与母语都要过硬，要旗鼓相当。请教宋老师，除了上述语言这一关之外，您认为还有哪些条件是译本成功的关键？

宋｜很重要的一条是了解原作者，多跟原作者沟通，才能对原著有深层的了解。

顾｜您曾师从高立希先生，并跟他一直保持密切的联系，这是您对高学有专攻的得天独厚的先决条件。文学翻译会使译者置身于陌生的语境，会使译者遇到并不熟悉、或者说不很熟悉的文化背景。单靠译者自己苦思冥想，往往并不完全解决问题。您在《文汇报》的《高立希先生》一文中指出："只有走近作者，才能走进作品，也只有走进作品，才能译出精品，而只有精品译著才能进入读者的心灵。"这话是说到点子上去了。您是文本分析的专家，您觉得文学翻译这方面还有哪些值得注意的地方？

宋｜还有个技术性的问题，是译文的注解问题。文学作品的翻译不同于学术著作的翻译，注解一多会影响阅读的连贯性，所以应该把它们融化到译文中。当然要有分寸。这方面高立希先生做得比较好，堪称表率。

顾｜我非常赞同高立希先生"我会努力做到德语版对德国读者的影响，跟中文书对中国读者的影响一样"的理念；但他又说，翻译时"我会直接把解释放在文本里面，也不用括号，不让读者发现是我解释的。还有些时候，我会缩短一些片段，比如原文中介绍西方的某一现象，用了很大的篇幅，但德国人一看就知道是怎么回事，这种地方可以缩短"。后者恐怕也只能算是一家之言吧。如何把握这个"分寸"，如何"融化"，既做到天衣无缝，又不伤原作之真，是对译者的莫大挑战。改日有机会再请教宋老师。在结束我们今天的谈话之前，我还想听听宋老师对当下译坛的看法。

宋｜当下的学人因有各种压力，故有急功近利之嫌。往往是名著一出，多家出版社疯抢，到手后便限时译出，受市场因素的主宰。不少人也因此沉不住气，没时间作深入的考证和研究。翻译时常有望文生义的现象，仅满足于文字的转换。在这方面，如果中国译者能够借鉴优秀德国翻译家在译介中国文学作品时采用的译策和技巧，一定会获得有益的启示，从"中为洋用"的大量实例里，找到"洋为中用"的反哺可能。

顾 ｜ 您目前在从事哪些方面的研究？

宋 ｜ 刚完成了一部中国文学德译本阅读教材的初稿，修订了一个自己主编的跨文化口译教程的升级版本，马上就可再版出书。眼下手头正在翻译一本厚达700余页的长篇小说，且是跨界翻译。经过了十多年的翻译教学与研究，有了一些理念上的认识和思考，想尝试把自己积累的心得体会用于实践，同时在实践中进一步深化自己的认知，更好地领会理论对实践的指导作用。翻译已近尾声，届时还要请顾老师多多指正。

顾 ｜ 今日采访有幸聆听宋老师的治学理念和学术见地，了解宋老师正在进行和将要实施的科研计划，也领略了宋老师的谦逊、朴实和坦诚的情怀，着实让我受益匪浅。由于时间关系，只好在此打住。衷心祝愿宋老师的教学科研再创辉煌。

宋 ｜ 久仰顾老师学富五车，著作等身，今天一席恳谈，令晚辈眼界大开，增长了不少见识，希望今后还有机会向您请教，谢谢您拨冗采访。

2018年8月25日整理于图宾根

远方的情思

——访川外教授李大雪、冯亚琳

曾子曰，吾日三省吾身。我每天坚持写日记，借此反省自己，警钟长鸣。二十余年里累计日记二十余本。有的字迹工整，有的歪歪斜斜；有的长篇大论，有的则寥寥几笔；兴致所至，说不定还会写上一二行诗句或整首诗。每天一页，记下成败得失，记下喜怒哀乐。深知贵在坚持，若当日未及，次日必欲补上。更有甚者，凡与友会面，必带个小本子；谈话伊始，就掏出本子做笔记。而且是面对面，俨然是记者采访。知我者谓我认真、勤奋，笔耕不辍；不知我者为之一怔，不无惊异。

应川外德语系主任李大雪教授、德语系前主任冯亚琳教授的热情邀请，笔者乘回国讲学和探亲之际，于2016年11月下旬从老家上海出发，远赴位于歌乐山下、嘉陵江边这所闻名祖国西南的外语高校，作为期四天的学术访问，日程安排如下：

27日（周日）：赴渝，川航3U8972（10:50–13:55）

28日（周一）：晚7:00作讲座："歌德在中国——一部辉煌与缺憾并存的传播史"

29日（周二）：机动（参观校、系、图书馆及在重庆市内的周边环境，与新老同行和朋友交流等）

30日（周三）：返沪，国航CA157（13:30–16:10）

28日一早，李主任陪同参观德语系各办公室、系资料室、德国研究中心和久已向往的"杨武能图书文献资料馆"，然后再回资料室并在赠书（11本）上一一题词签名。这一上午安排得非常紧凑。为了节省时间，李老师领我一起在学生食堂匆匆午餐后，便驱车带我重访重庆图书馆"杨武能著译文献馆"，在该馆刘女士的陪同下参观并合影。

29日上午游览磁器口、洪崖洞、解放碑等名胜。下午4:00–7:45与李、冯两教授访谈。冯因晚7:00有课，于6:30先走。"听君一席言，胜读十年书。"我视访谈为又一次求知的良机，故与新闻采访不同，不用围绕某一主题，也不讲究系统，而是一次随意的漫谈和交流，以便推心置腹，畅所欲言，促成心灵的沟通。

顾｜李老师，人人都说家乡好，您觉得您的家乡好在哪里？

李｜我爱重庆人的豪爽、真诚和热情。

顾｜您当系主任，是否认为行政挤走了学术，是否因此有点遗憾？如果让您重新选择，您会选行政还是选学术？

李｜无疑，学术成果是一种贡献，而把系里的事安排好，同样也是一种贡献。搞行政也是一种担当，虽然学术成果会少一些，可谈不上遗憾。当然，只要有合适的人选，我会把任务交出去。

冯 | 像我这个年龄（1952年生），也仅仅起个"搭台子"的作用（如帮助申请经费等），台上"唱戏"就让别人去了。就拿我担任《文学之路》杂志责任主编这个职务来说，主要是与六位编委沟通（中德双方各三位：分别为川外、复旦、同济与哥廷根、海德堡、图宾根六个学校的人）。

顾 | 冯老师，您是否曾是杨老师（杨武能）的学生？

冯 | 杨老师本人没教过我，而杨夫人教过我"精读"课。我与杨老师的缘分是招生。我是临潼人，在陕西长大。七三年杨老师去陕西招生，说重庆比较落后，问我愿不愿意去。我说"当然愿意"。到了重庆，不说重庆方言，也不觉得这里有排外情绪。因是文化人，都把你当"哥们"。杨老师对自己招的学生很关心，曾亲自下宿舍来看我。那时候我才知道，那么热的天，居然还有人（指杨老师）也把自己关在屋子里读书。

顾 | 那您怎么知道？

冯 | 我们住得很近。

顾 | 能否谈谈你们学校和德语系未来的规划？

冯 | 川外偏居内地，没有北外、上外等外语院校在生源、地理环境、经费配备等方面的优势。另一个挑战是，五十到六十岁这个年龄段出现断层，要练"内功"。年轻人的成长要有个积累。可喜的是，现在国内派出去的人都会回来。

顾 | 虽说偏居内地，也应该有雄心壮志。能否把川外办出特色，让人刮目相看？

李 | 我们也没有什么特别的目标，踏踏实实地干就是，随缘，能做到什么程度就做到什么程度。丝毫没有什么不服气、一比高下的想法，不好胜争强，不想刻意去争取，都是兄弟院校。一年一度的年会、平时的科研活动、调研、对口学习等都会碰在一起。而每一次碰头，都是一次互帮互学的机会。

顾 | 我明白李老师的过谦，却无意在此分辩或恭维一番，不妨想问问内地教师的生活条件是否比沿海城市会艰苦些？天气怎么样？

冯 | 重庆天气冬天阴冷，年龄大的教员都在海南岛、云南省买房。夏季天热，去山里避暑，仙女山、黑山谷、四面山等。重庆房屋便宜，江北一套三层住房卖二三百万元，这点钱在北京只能买个"蜗居"。这是重庆可以吸引人才的优势。

李插话 | 冯老师不仅学术卓著，生活也很美满。

（冯老师告辞后）

顾 | 我感到冯老师为人坦诚，不愧为人师表。

李 | 她堪称做人和做学问双优，所以学生的口碑也很好。

（对比自己很惭愧。当年只身在山沟中小学任教，对高材生"爱之有加"；对后进生却不够耐心，嫌他们"不开窍"，还以"恨铁不成钢"为由为自己开脱。赴德后有所转变，课堂上苦口婆心，反应就不一样。常有学生联名惠赠生日贺卡、联名赠书、赠鲜花，甚至集体请客上中餐馆。"投我以桃，报之以李"。我也曾破例为学生安插了一堂"茶文化"课，并为学生一一倒茶，讲解中华茶文化，还邀学生上家里包饺子。）

顾｜李老师，冒昧问一句，您是否发觉我俩性格上的差异？您看，我总是滔滔不绝，您却很少开口。这是否跟我们从事的专业有关？您学的是法律，一丝不苟，从不夸夸其谈；而我是文学型，激情多于沉思。

李｜是的。我性格内向，但不失真诚。

（后听陪同我的硕士生陈维小姐说"李老师很谦虚，很受人爱戴"。）

李｜顾老师，您长居海外，是否知道国外对中国友好的人多不多？

顾｜按我个人长居海外的体会，真正有眼光、有见地、有胸怀的人对古老而又现代的中国都肃然起敬。他们不是歌德，却有着歌德的品格。在他们的心田里没有国界之壁垒。因此，德意志民族是个优秀的民族。再补充一句：我编《中国诗德语翻译总目》（斯图加特，2002年）的时候，阅读各家选本的前言后记，发现他们对中华文学的称颂，不亚于我们对自己的评价。

我觉得言犹未尽，临走那天又约李老师访谈。李欣然允诺。但要先去一下他办公室，看看有没有紧急的事要处理。李领着我看了Thyssen Stiftung资助的图书馆。高高耸立的书橱严严实实地盖住了大约三十平米大书库的三垛墙。隔着玻璃橱，我匆匆浏览了一圈，德语的大型百科全书和大型德语语言工具书一应齐全，20世纪德语现代文学名家的多卷本全集也林林总总，配备得相当齐全，给人以别有洞天的感觉。我独自暗想，潜心求知的学子，何愁在此"无米之炊"。据李老师介绍，全国只有人大、同济、川外和西外四所高校获此馈赠。每校五万欧元，用于开会、出书和举办学术会议。

Thyssen Stiftung图书馆参观后，时间已经很紧，可还想分秒必争，再去看看他们的"海涅中心"，因为《海涅传》毕竟是我文学翻译的处女译，是我恋上德语文学的第一个驿站。该中心就在他系主任办公室的隔壁。只见陈列的《海涅全集》和《选集》就有好几套。虽然只看上一眼，我也心满意足了。除了表示感谢，还表示抱歉。系主任的工作那么忙，我竟又霸占了他半天的时间。李说：他与我是晚辈对长辈的关系。他夸我很谦虚，很客气，礼数很周到。临别还要看一看他们的"海涅中心"，说明我对川外很关心。

"相见时难别亦难。"上述访谈虽已过去了近三个年头，我依然时常怀念起重庆这座位于祖国内地的雄伟山城，怀念耸立在山城上的那所自强不息的四川外国语大学，怀念默默工作在这所外语大学的像大地一样淳朴敦厚的李大雪主任与和蔼可亲的冯亚琳教授以及他们的弟子们。

我与文学

大千世界，芸芸众生，每个人都有自己的爱好和兴趣，于是便有了相应的追求和奋斗目标。只不过这种追求和目标有远有近，有高有低，有雅有俗、有优有劣、有荣有辱。这在很大程度上也决定了一个人的人生道路和生活情趣。在这条路上，有值得庆幸、值得羡慕或值得尊敬的成功者，也有令人惋惜、令人同情或令人唾弃的失败者。

俗话说"有志者事竟成"。又说"三百六十行，行行出状元"。我钦慕每一位这样的"状元"，不管他或她是园艺师还是建筑师，是物理学家、化学家还是作曲家或歌唱家，是哲学家、教育家还是文学家、作家和诗人。

笔者早年献身于乡村教育，步入中年后从事高校外语教学、日耳曼学、国学和海外汉学的学术研究。经著名翻译家和学者汪飞白教授介绍，于1988年加入浙江省作家协会。虽非职业作家和诗人，文学和诗却贯穿我的文学翻译和学术研究，贯穿我的一生，是我人生的一个重要侧面。本文愿以严谨务实的笔触，历史地和全方位地回顾和审视笔者与文学的不解之缘。

回首我的文学生涯，大体可分为三个时期：

一、诗帆初航：从苏北到浙南

我出身在一个穷苦的农民家庭。淳朴的父亲只读过几年私塾，慈爱的母亲是个文盲。靠孤零零的一间草房遮风挡雨，哪里还谈得上书笔纸砚营造的文化氛围！晚上，幼小的我傍着如豆的烛光或油灯温习功课，过的仿佛是远古先民的清平日子。如今回想起来已恍若隔世。

有鉴于此，我不像书香子弟，从小耳濡目染，饱饮中华古典的乳汁。但我的心灵并不荒芜。瑰丽多彩的大自然是我的第一位启蒙大师，是我文学爱好的摇篮。南濒长江口、东临黄海湾的苏北启东是一块冲积平原，那是我出生的故土。虽地处苏北，却不失江南风光，盛产玉米、棉花、蔬菜、大豆、小麦等，堪称鱼米之乡。小时候我常在那里捕鱼捉虾，养羊挑草，种瓜植菜。早晨欣赏绯红的霞光，傍晚聆听竹林的鸟叫。感谢大自然孕育了我诗的秉性，赋予我诗的基因和最初的遐想。

我那严格意义上的文学爱好，则始于坐落在上海虹口区下海庙附近、历史渊源深厚的母校澄衷中学（当时叫"上海市第五十八中学"）读初中的时候。那是上世纪五十时代，求知欲驱使我，做完家庭作业后，还阅读课外书籍。周末，我常去坐落在北京路口外滩的"中苏友好图书馆"。书读了一本又一本，印象最深的就数《135个世界著名的文学家》那一本。别看它只是一本薄薄的普及读物，却是我文学启蒙的第一本书。正是它，让我全方位地了解到俄国的普希金和莱蒙托夫、英国的拜伦和雪莱、法国的巴尔扎克、雨果、莫泊桑和乔治桑、美国的惠特曼、印度的泰戈尔等世界文学大师。从此，我在接受中国文学熏陶的同时，也汲取外国文学的营养。沿着大师们的足迹，我从学生时代就开始阅读外国诗歌，并把父母给的零用钱用来购买诗集，如海涅的《诗歌集》（钱春绮译，新文艺出版社，1957年）、普希金的《普希金文集》（戈宝权译，时代出版社，1955年）等，与我购买的第一本中国诗选《宋诗一百首》相隔不远。在这批伟人中，我对海涅的命运最同情，对普希金的抒情诗最钟情，常诵读普希金的《致大海》《纪念碑》等名篇，领略诗人的豪情壮志；受挫折时，又背诵《假如生活欺骗了你》一诗来安慰自己。我最崇拜的另一个诗人是英国的浪漫派作家雪莱，他的名诗《西风颂》，具有震撼人心的力量，尤其头尾两句"哦，狂暴的西风，秋之生命的呼吸！你无形，但枯死的落叶被你横扫"（查良铮译）那种气吞山河的气派和"要是冬天已经来了，西风呵，春日怎能遥远？"（江枫译）的千古哲理促我沉思，给我力量。而他的《含羞草》一诗，又给人以细腻的美感享受。

在外国文学中，我阅读的诗歌远超阅读的小说。很惭愧，托尔斯泰的三大名著《战争与和平》《安娜·卡列尼娜》和《复活》我还没有读过。所读过的小说寥寥无几，能够回忆起来的有法国作家巴尔扎克的《欧也妮·葛朗台》、莫泊桑的《俊友》（又名《漂亮朋友》）、俄国作家托尔斯泰的《琉森》、屠格涅夫的中篇小说《木木》、契诃夫的《带阁楼的房子》和波兰作家密茨凯维奇的诗体小说《塔杜施先生》等。大作家们对千姿百态之社会的剖析令我叹为观止。

受大师的启示和激励，年幼时的我已开始练笔。先从老师布置的周记着手，写在寻常的练习本里。虽说每个学生都得写，而我比别人写得更主动，更认真，更勤快，无非是想多接受老师的指点。那时的班主任兼语文老师是赵成瑜。我期待她写在我练习本里的那些红笔批语，犹如小孩子渴望糖果一般。渐渐地，我与她也就多了一份师生情。正是在她的指导和鼓励下，我报考了全市的顶尖高中——复旦大学工农预科并被录取（1960–1963），这是一所有别于普通高中、免交学费的住读学校，从而更滋生了我对她的感激之情。毕业后，我还独自去她坐落在山阴路的家里拜访。可惜，当我最后一次想去看望她时才得知，她因惨遭车祸已离开人世，从此师生阴阳两隔。

预科生住复旦大学第三宿舍，与大学部的学生一样，都佩戴"复旦大学"校徽，可以自由出入大学部的校门、图书馆、书店和电影院等。凭借这些先天条件，我在复旦大学的大礼堂里聆听过贺敬之朗诵的《雷锋之歌》和郭小川朗诵的《祝酒歌》，又在几个大教室里聆听过工人作家费礼文、《踏平东海万顷浪》的作者陆国柱以及著名诗人闻捷等人的报告。还在"登辉堂"看过不少前苏联当时供批判用的"内部电影"，诸如由米哈伊尔·肖洛霍夫编剧、谢尔盖·邦达尔丘克导演的《一个人的遭遇》、由维克托·罗佐夫编剧、米哈依尔·卡拉托佐夫导演的《雁南飞》和墨西哥影片《冷酷的心》，等等。作为热血澎湃的文学青年，竟置预科的课程表上规定的自修课不顾，擅自去听文学报告，看外国电影。这样做，收获固然挺大，付出的代价也不小，以至于在毕业班的"操行评语"上，被班主任老师重重地写上了"看问题比较片面，态度不够谦逊，生活比较散漫。学习上片面强调爱好文学，忽视全面打好基础"的贬语。幸亏笔锋一转，又说我"有所转变"，否则，说不定还难逃高考落榜的厄运呢。

平心而论，"学习上片面强调爱好文学，忽视全面打好基础"的批评也不无道理。我在"澄衷"时，数理化全面发展，学生手册上几次"满堂红"，即全是5分。还被评为"三好学生""四好积极分子"，初三时还是班上的"学习委员"，并以此为荣。其实我那时就很不本分。例如上植物课我认为不重要（现在看来很可笑），老师在上面讲，我竟在桌子底下偷偷写什么诗。期末考试前临阵磨枪，在一位同班同学家里跟他一起通宵达旦，把整本教科书从头到底地翻看一遍，居然还得了个4分。

考入预科后，便认为一脚已经跨入复旦校门。天真地想，将来报考中文系，就可实现当作家的愿望，放松了对理工科的研读。预二时，坐我前排的吴鹤年同学数学好，不但能解课本里的方程式，还主动找课外的习题做，我对他暗自佩服。而我呢？说来惭愧，记不清是物理课还是化学课，竟还补考过一次。甚至还闹出过如下的笑话：有一次上化学实验课，我不巧要上一下厕所。化学老师却以为我是想逃避实验，见状便大喊："顾正祥要逃课了"。毕业后几十年，每逢老同学聚会，都有人拿这件事跟我开玩笑。幸好，二年后，文理分班，我被分到文科预三（9）班，免修数理化，强化外语、古典文学和世界史的课程，这时才算松了口气。

预科时，我与语文老师陈其人最接近。当时，我私下里听说他被划为"右派边缘"，政治上有点"问题"，想必学识过人。有一次，我看到他在《文汇报》上发表长篇论文《论亚当·斯密的庸俗经济学》，更对他刮目相看。果然，后来他被调到复旦大学经济系四年级任教，还带博士研究生。因仰慕，我常与丛良滋、曹畏、顾泽民三友结伴去他家拜访。他虽为人师，却从不满足。我考入上外德语系后，有一天他联系我上他家，说要向我学德语，还送了我一本俄语原版普希金长诗《茨冈》。他家搬到虹口区长阳路后，我又去看望过他，还记得他问我《马克思恩格斯全集》中某一则注解的译文是否正确。后来我偶然在书店看到厚厚的一大本《陈其人文集》，倍感亲切，也悟出了实至名归这个道理。在为人处世上，陈老师是个典型的老夫子。文革中他再受牵连，却并没有动摇我们对他的感情。不曾料到的是，往常与我们亲密无间的他，想必是怕"连累"我们，每次都默默地绕道而过。在他九十大寿后，他因不慎摔倒住进岳阳医院养伤，在一个月黑风高的夜里我专程去探望过他。唯不知他是否还能记起我这个及门弟子，只听他嘴里喃喃地说"谢谢！谢谢！"。

也在复旦预科，我写了处女诗《冒雨求学有感》：

满天蒙蒙雨纷纷，
与君同伞入书门[1]。
博览群书犹欢欣，
今生誓欲为诗人。

由当时复旦大学印刷所一位热心的工人帮我排字和印制，刻印在该厂一纸小张红头公文笺上，给我做纪念。这张诗页我一直珍藏。那首稚气可掬的诗，是我少年时代的人生宣言，几十年来随我走南闯北，并将伴我终生。那个当时位于邯郸路220号的复旦印刷所，尽管简陋不堪，却成了我诗

---

1 "君"是指同班同学邱盈昶，他考上上海体院预科，毕业后分配在上海长兴岛任教；"书门"是指上海外滩北京路口的"中苏友好图书馆"，今已另作他用。

歌创作的第一座航标。回首人生，"今生誓欲为诗人"的愿望有没有实现，自己不敢下判断，发言权在读者。专业归口后，我没有继续追随这个目标，除完成教学任务、勤于学术研究之外，把主要精力倾注到文学翻译，特别是诗的翻译上。这主要体现在德译汉的《德国抒情诗选》（与钱春绮合译，1988年）、《荷尔德林诗选》（1994年）和《荷尔德林诗新编》（2012、2013和2016年）以及汉译德的《我住大洋东：二十世纪中国诗选》（1997年）和桑恒昌著《来自黄河的诗》（2005年）。

我与文学的特殊缘分从"澄衷"延续到"预科"（系毕业典礼上朗诵诗《毕业献辞》的第一作者）。又从"预科"延续到上外。在"预科"时，我的作文都得4分，没得过5分。而到了上外，求读于狄兆俊老师门下，竟全得5分，似乎已"更上一层楼"。我问过自己，这一分之差，是因我的写作有了提高，还是两位老师的眼光不同？狄老师甚至还劝我向文汇报、解放日报投稿。文革后多年，我才在上外《中国比较文学》的创刊号上看到狄老师的一篇学术论文，可惜他在几年前已以九十高寿辞世。

上外休学和就读期间（1963–1968），最值得我感激和怀念的应是吴韦之大姐。吴是原上海大中华橡胶总厂厂长的遗孀，后来改嫁给上海交响乐团的一名演奏员。吴是上海文艺出版社的审稿编辑，思想敏捷，待人热忱豪爽。我甘愿拜她为师，抛砖引玉，把用订书钉订成一本的习作《初航集》交她审读。[1]她慧眼独具，这儿多一字，那里少一字，都逃不过她的火眼金睛。需要大笔改写的段落，改动多或评语长的部分，她另写在六张白纸上供我参考。嗷嗷待哺的我，虽很稚嫩，却已觉察到她是一名很在行的编辑，无论增删或润色都很到位。她的见地，她的诗才和她的文笔都令我折服。这种近乎手把手的指导，对我日后的提高大有裨益。

我的文学之恋，渗透我生命的每一个间隙，文革期间步行串联途中也不例外。在风行全国的大串联之际，我们上外德语系68届一行四人组成"向北京"长征队。行至杭州，我与同行的许某相约，一同步行去绍兴，拜谒现代文豪鲁迅先生的故居。上午十点，我俩从萧山出发，一口气徒步百里，晚上九点才抵绍兴。次日，我俩把书本上读到的百草园、三味书屋、咸亨酒店等鲁迅纪念地都瞻仰个遍，才回杭与其他两位汇合，继续原定的行程：沿富春江过富阳，再抵新安江水电站，后到上饶。连日长途跋涉后的某一天，又来到江西弋阳。弋阳是革命先烈方志敏的故乡，中国工农红军的发祥地之一，应是我这位文学青年汲取灵感的地方。于是我与结伴而行的几位商量，让他们先走，在百里外的鹰潭市等我。我独自留下，追寻革命先烈的遗迹，寻访革命先烈的后人，采集红军歌谣。值得庆幸的是我遇上了一位热心淳朴的老红军，他竟能全文背诵《共产军盘歌》那首长长的

---

1 她来信说："你的诗集，我昨天下午就看了。按照'编辑老爷'的习惯，一面看就一面动手改了。有的用铅笔，有的贴条子。主要是文字上作些修饰，吹毛求疵一番。晚上，又把后面的全部翻阅一遍，未及通读。这时我忽然想起：这可不是送来编辑部的原稿呵，这是小顾的珍宝，我可不能在上面涂涂抹抹！因此，从第二首起我准备用另纸提意见，这样好吗？明天晚上有会，后天要去看'老法师'，不会有时间，反正我以后有空就看，也一定提意见。我一个总的印象是：比较粗糙。我过去译诗、改诗都是倾向于有韵的，读起来要朗朗上口。对全集我未通读，具体意见还讲不出。最近国庆那首我认为写得不错，可以再加加工。'世界上怕就怕认真二字'，你既有这份雄心壮志，又那么用工，我相信在有了生活以后，是可以有所成就的。"感情的真挚细腻、文字的恳切生动跃然纸上。

革命歌谣（小放牛调，1932年前后流传），并当场将它抄录在"弋阳县漆工供销合作社"一张薄薄的红头公文笺上。其中"共产党纪律硬如铁，苏维埃旗帜红如血"两句，具有震撼人心的力量。末了，他还用一碗肉丝面款待我。为了感激他的盛情，我赠送随身所带据说有健脑功效的一瓶五味子糖浆，祝愿曾为中国革命披荆斩棘的先辈宝刀不老，有个健康幸福的晚年。

上外毕业后，我与上外、南大的德语老三届一起，都去安徽城西湖军垦农场学九连摸爬滚打，一晃就是整整两年，再接受重新分配，只身去了临近福建莆田的浙南山区龙泉任教。最初三年半在该县的黄鹤公社、上东公社两村校的"戴帽"初中任教。地陌人生，举目无亲。无农副市场，只能靠吃腌制品过日子。但离家乡和亲人再远，生活再艰苦，也没有浇灭我对文学的热忱。丛山峻岭，并没有窒息我诗的灵感，反而让我插上诗的翅膀飞翔。这个山坡的竹林，每年为山民贡献鲜美的春笋；那个山岭的苍松翠柏，为家家农户送来最纯净的饮用水。凝望在卵石上淙淙流淌的山泉，我写下孕育于山乡的第一首小诗《山村水电站》。七言四节16行罢了，却意外地引起了县宣传部和文化馆的关注，被刊登于县刊《万山红遍》。"山中无老虎，活狲摆大王"，一时间诗名大振，我被聘为县宣传部业余通讯员，又被推荐担任《浙江教育》通讯员，并多次参加县和专区业余作者的创作会议。由我执笔修改的某公社某大队文艺小分队的小歌剧，参加县里的文艺汇演，受到省广播局的重视，本人还差点被调离教学岗位。随后，我又写了三"老"组诗《老窑工》《老门卫》《老镢头》及《山乡放歌》《采石》《赤脚线务员》等短诗，描写山乡人物、见闻和个人感受。

调往县第一中学后，晚饭后我常在水流湍急的瓯江畔散步，写下长诗《瓯江抒情》[1]和《白求恩之歌》[2]等。还多次与该校的另一位语文老师合作投稿。每每写完诗，就请他抄写或插图。他插画的水平委实不低，《白求恩之歌》的插图被《杭州文艺》录用。说来惭愧，为了给编辑部一个好印象，我有时还违心地借公济私一番，让一位学生家长把诗稿誊抄得整整齐齐再寄出。那个学生是班上的学习委员，算是我的得意门生。他看到自己的任课老师业余写诗投稿，自己也经常在课外写点东西让我修改。那时，高考的录取比例很低，山区更是。那次高考，全班就他一人被录取，考上杭大中文系。后来我们在杭大见过面。他还特地从家乡龙泉带了一对青瓷花瓶赠我做纪念。

上外期间，我把过去习作的手稿编成一集，取名为《初航集》。而把在龙泉八年写的诗和小歌剧等另编一册，曰《续航集》。前者是手抄本，后者系打字或刻写的油印本。还有一些或大或小的诗稿散页。这些诗稿，最早的离今天快半个世纪了，业已发黄变脆、布满了"老人斑"的纸页，经不住岁月的侵蚀，一不小心就从生锈的订书针上脱落下来。除了上述两本手抄本之外，习作多数发表在《万山红遍》《丽水文艺》《宝山红花》《工农兵作品》和《征文选》等地县刊物。省市级发表的仅在《杭州文艺》一家。此外，浙江日报"选留待编"一篇，《杭州文艺》原定发表、因故延

---

1 浙江日报文教组丁子兵对该诗的审稿意见是："《瓯江抒情》写得还是比较有诗情画意的，朗诵起来也颇上口。但这类题材的作品在报纸上比较难登出去，因为报纸副刊有个特点，就是要求作品能紧密配合中心任务，在篇幅上也要求短小些。"
2 《杭州文艺》编辑部诗歌组来信说："顾正祥、王世选同志：你们的来稿已经收阅，觉得这首诗的基础是好的，有激情，有意境。可惜，我们刊物12月号已发了话剧《白求恩》，因此诗不准备选用了。建议给浙江文艺和浙报一阅。当然，诗本身还可以作些修改。改得更紧凑些，诗味浓一些，篇幅再短些。王世选同志的画我们准备留下作为插图发表，不知同意否，请来信告知。"（1977年10月21日）

误一篇。至此，笔者尚徘徊在本省文坛的外围，仍与之停留在若即若离的水平。时年35岁。

重读那些习作，语言文字已无初通汉语者常犯的语病；而其内容，从题材到措辞，恰似"出土文物"，都打上了那个"红色年代"流行的标记，离当今电子技术和商品信息时代何其遥远。艺术上，缺乏文艺思想和文艺理论的正规指导，谈不上合理的构思和技巧，也不合古今中外的哪个文学潮流。我知道，它们经不起当今诗评家的检验。它们唯一的贡献是，为笔者日后攀登另一座高山——文学翻译、尤其是诗的翻译作了铺垫。

二、杭大十年：由诗创作转向诗翻译

用非所学是悲哀的，也是痛苦的。专业归口，能重操被废置十年、渴望已久的旧业——德语国家的语言与文学，分外庆幸，遂急于在专业上做出成绩。新来乍到，都呼我为"小顾"。但学校似乎并未视我为一个十足的"小字辈"。1982年4月19日浙江省外文学会年会确定，探讨的课题为世界浪漫主义文学思潮，按英国文学、苏俄文学、德国文学三组分头进行，我竟被指定为德国文学组的召集人。其实这并非我之所长。我的所长不是理论而是实践。在教学之余，我将全副精力投入到文学翻译，特别是诗的翻译。我暗想，论写诗可能禀赋不够，论译诗也许不乏优势。这种优势来自自己对诗的一如既往的爱好，来自八年任教时汉语文学知识的积累，来自批改学生作文而带来的自身汉语能力的提高。再说，不管是写诗还是译诗，终究都与诗有关，也算是不违初衷吧。于是，在译完《海涅传》[1]和《格林兄弟传》（浙江文艺出版社，1986年）这两部文学传记之后，我随即投入了与译诗大家钱春绮合作的《德国抒情诗选》（陕西人民出版社，1988年）的翻译。

文学翻译学问之深，译诗尤其如此，国内外都有专门的研究所。一个最为浅显的道理是，在脱胎换骨、转换成另一种语言之后，除忠实地传递原诗的思想和内涵之外，还要尽力传达原诗的形象、意境和诗味，让目的语的读者也觉得是一首好诗。达到了这个标准，译诗即诗，译诗家即诗人。初出茅庐，不得要领，我的处女译《海涅传》拜请南大的郑寿康老师校阅。他在校阅中获得的印象是，我译诗优于译散文。这从侧面验证了我的自我评价，客观上为我敲了边鼓，译诗的愿望也更为迫切。《德国抒情诗选》含德国古典派和浪漫派21位诗人的诗60首，倾注了我对诗的一往情深。乘胜追击，以后我又翻译了《荷尔德林诗选》（北京大学出版社，1994年，印数4000册）和《荷尔德林诗新编》（商务印书馆，2012年，印数4000册）。后者在2016年底已出至第三版，总印数逾万。在金融市场冲击的情况下，外国诗能有这么个销量已相当可观。无疑，这首先取决于德语原诗的内涵和价值。然不必过谦，在一定程度上也取决于译文的优劣和成败。有时我甚至觉得，我不是在译诗，而是在写诗。我在《荷尔德林诗新编》的《感言》（第7页）中不无自豪地写道："说实在的，我译荷尔德林诗，所面对的不是一个个冰冷的单词。翻译时，不是将它们囿于修辞学的范畴，机械地进行对号入座，而是倾听它们所传递的诗人的心声，引发心灵的交流与共鸣。我仿

---

1 此书手稿系笔者首译。原计划在浙江文艺出版社出版。《浙江日报》（1983年9月7日）和《富春江画报》（1984年年历）曾分别刊登新书预告。后因故延误，1987年改由陕西人民出版社出版。

佛触摸到诗人的脉搏,感受到诗人的情致。这种秉性的养成也许可追溯到我的学生年代。回想自己年轻时酷爱文学,特别是诗,既爱李杜、苏辛,又爱普希金、雪莱、泰戈尔等,是中外诗圣的诗魂培育了我诗的灵感。文革中用非所学,却因祸得福,在浙南山乡当了八年的语文教员,有机会磨砺母语的功底,并有闲情,在殴江畔诗兴大发,留下孤芳自赏的习笔。"以上文字,概括和总结了我在译诗时的感受以及写诗与译诗之间的有机联系。我的译诗实践和亲身感受表明,译诗和写诗是共通的,是同胞兄弟,两者是有"血缘"关系的。

杭大这十年(1979–1988),缪斯不曾光顾,未及吟诗作赋。对比山乡八年,这是张白纸。但我已是《海涅传》《格林兄弟传》和《德国抒情诗选》三本书的译者和作者,在离杭大前不久,杭大中文系教授、热心的汪飞白老师介绍我加入了浙江省作家协会[1]。汪老师并认为,光凭《德国抒情诗选》这一本,当时还是讲师职称的我就该晋升为教授,至少是副教授。其理由是,这并非单纯的译著,而是既译又论的学术成果。书中对德国作家履历和著作的介绍和评述,反映了整整一个时代。既利用了国外的研究成果[2],又融入了译者的独立思考。汪那时是杭大校学术委员会成员,说话当然有分量。无奈我的出国日程离当时的职称评审只隔十天,我哪来得及提申请!他的这个意见当然也无法兑现。赴德后,我在图宾根大学用三年的时间拿下了哲学比较文学博士学位,这个问题才尘埃落定。

容我再透露点内情:汪老师是蜚声译坛的译诗家。我与汪老师是诗友,因诗而友。他翻译的《英国维多利亚时代诗选》、俄国涅克拉索夫的《谁在俄罗斯能过好日子》、马雅可夫斯基的长诗《列宁》和《好!》等,令我倾慕之至。汪是多面手,他为德语诗翻译垂询于我,让我这个半截子科班(因文革,本科只读了一半)把关。我欣然从命,不敢敷衍。他谬奖我改得到位。1991年6月,他舍近求远,驰书图宾根,盛邀身在海外的不才担任他主编的《世界诗库》(十卷本)第4分卷(德语卷)主编,说要让我"遥控"。我当时在图宾根大学攻读博士学位,需全身心地投入,怕"遥控"会耽误人家,在为该卷的选题匆匆提供了一个"参考诗目"后只得谢辞。汪老师却对不才错爱有加,仍把我留在"编委"的名单中,并在"编后记"中写上"正在图宾根大学(诗人荷尔德林的母校)研究的顾正祥负责荷尔德林专题[3]并为德语诗选提供了参考意见与资料"的字样。十多年后(2009年),我赴杭参加浙大教育系主办的"裴斯泰洛齐教育思想国际研讨会"。已是八十高龄的汪老,拖着病体,坐了出租车,把整套《世界诗库》(十卷)的样书,送达我下榻的西子湖畔金溪山庄。

三、旅德生涯:诗情复燃

我的第一身份应是学者,学术是我的本分。主攻中德文学比较、交流、中德文学关系史研究,尤以文献学见长,是我的主业;文学爱好、写诗属业余,在业余时间进行,应是我的副业。学术是

---

1 在异国他乡,我一直以浙江作协的一员而自傲。但因当初是他人介绍,与作协久无直接联系。十年前终于如愿。从此,作协定期惠寄《浙江作家》和《江南》杂志及其他资料。寄国外不便,就寄我上海的亲戚家。每年回国时,我将它们转赠给我的母校——复旦大学附属中学的图书馆,以便物尽其用。
2 曾蒙杭大历史系丁建弘教授厚爱,从他出访的德国为我购得并馈赠最新版德语原版《德国作家词典》。
3 鉴于荷尔德林在德国文学史上的地位突出,而在当时的中国国内介绍甚少,汪老师果断决定在该卷中网开一面,为荷氏腾出比大文豪歌德还要多的版面。

逻辑思维，讲究严密的论证；诗是形象思维，注重意境、想象等。这种分工在赴德后更为明显。写完博士论文后，学术项目一个接一个，牵动我在学术路上迅跑。然两者也并非截然分开。学术也能、也应该入诗，学术也需要诗的浇灌。我的那些前言后记，那些夹在学著中的大量"编者附言""编者提示""编者后记"便融入了诗的养分。

赴德后不久（1988年11月2日），我以在国内译过的几位诗人为起点，寻求他们在自己家乡留下的足迹。第一个驿站是以诗人荷尔德林著称的图宾根，从北疆基尔市千里迢迢而去。望着诗人讴歌过的内卡河，瞻仰耸立的荷尔德林塔，凭吊诗人长眠的墓地，心潮澎湃，即兴写下《谒荷尔德林塔》一诗：

谒荷尔德林塔[1]

无暇留意如林的教堂，
也不恋斑斓的桁架房。
穿过条条古弄小巷，
我寻觅
小城的骄子，
德国的抒情诗之王。

教堂直耸云天，
唯有阴魂游荡。
古建筑虽然豪华，
达官显贵早被遗忘。
只有您诗人——
才是我心中的偶像！

塔楼虽不显眼，
却是小城的心脏。
手稿价值连城，
尽管纸已发黄。
卧室足迹万千，
虽仅几个平方。
内卡河奔流不息，
是诗人激情流淌。

　　　　1989年1月25日
　　　　作于图宾根

Beim Besuch des Hölderlinhauses[2]

Die alten Kirchen seh ich nicht,
die dicht wie Wälder stehn,
nicht sehe ich die vielen Häuser
mit ihrer bundgemalten Balkenzierde,
In dem Gewirr von schmalen Gassen such ich allein
den stolzen Sohn der kleinen Stadt –
den König deutscher Dichtung.

Die Kirchen ragen in den Himmel,
doch wandern drin nur dunkle Geister,
so prachtvoll stehn die alten Bauten da,
doch lang vergessen schon sind ihre Herren.
Nur du, geliebter Dichter –
du bist meines Herzens Abgott.

Unauffällig steht der Turm am Rande,
ragt mir hoch ins Herz hinein –
gelb ist längst schon das Papier,
doch unendlich teuer ist mir seine Handschrift,
Tret ich in des Dichters Zimmer,
seh ich die Spuren tausender Besucher,
Der Neckar fließt und fließt –
wie deine Liebe mir ins Herz.

　　　　Tübingen, den 25. Januar 1989

1　中文原载：《黄河诗报》，"山东汉子"栏，第9页；又载：*exempla. Literaturzeitschrift.* Jahrgang 2013/2014，第92页。

2　与德国学者Gregor Wittkop博士合译。译文原载：*Suevica 5*, Jahrgang 1989，第129页；又载：*exempla. Literaturzeitschrift.* Jahrgang 2013/2014，第92页。

德意志是诗的沃土，美丽的大自然常常拨动我诗的琴弦。面对青山绿水，我写下《绿色的歌唱——献给春天》：

春天里	冬天里
我歌唱绿色的世界	我寻觅绿色的踪影
棵棵绿树	在枯枝败叶中
淌出股股春水	傲立的苍松翠柏
排排绿篱	无惧严冬的无情
唤起绿色的遐想	燃起春天的希望
纵然两鬓苍苍	纵然风雪呼啸
我仍像青春年少	我仍执著地、痴情地
沐浴绿叶赐予的春光	把绿色向往

2001年5月10日晨即兴

碰巧得很，拙诗完稿后，恰逢国内文艺界举办"中华'八喜杯'诗歌征文大奖赛"（2001年9月15日举办于山东东蒙避暑山庄）。笔者斗胆以此诗应征，竟忝获"优秀奖"，并应邀在隆重的颁奖仪式上代表与会的全体海外华裔作者发言。那天的场面还真热烈：主席台上前排坐着老红军、老首长、文化部、作协和高校文艺院系的负责人。评委们坐后两排，他们是《十月》《诗刊》《当代》《解放军报》等在京文艺刊物的主编、副主编、总编辑等头面人物。

走进数百人的大礼堂，我正想在后排随便找个位子坐下，便有人过来领我到前排的"贵宾席"，坐到第二名获奖者旁边（第一名空缺）。跟他一样，桌上放着两包中华牌香烟和一杯茶。我的发言也离不开诗："正是诗，指引我从遥远的阿尔卑斯山来到未曾相识的蒙山"。并透露在德国已把不少中国诗人诗翻译成德语发表，其中包括在座的评委李小雨、杨匡满、雷抒雁等。没想到这五分钟的发言引起不小的轰动：散会后，让我签名、题词、互赠名片、合影留念的年轻作者接踵而来，令笔者应接不暇。素不相识的福建诗友中华诗词学会会员林毓华还即兴赋诗两首（《寄顾正祥先生》《赠顾正祥博士》），写在米黄色"赊月斋诗笺"的宣纸上赠我。同室的辽宁诗友李宪贤，夜半更深也赋诗一首《蒙山行——赠顾正祥博士》。

我的有些诗是我在学术活动的过程中酝酿而成的，以反映我的学术活动。诗与学术是一家，虽然我这辈子已无信心、也没指望成为一位学者型诗人。如拙诗《圣诞》：

白雪覆盖青松

群山托起古楼

在异国的土地上

我送走又一个春秋

杜门不出

穿着依旧

不唱圣诞歌

不求主保佑

满案书稿满桌纸

伴我不分黑夜白昼

"满案书稿满桌纸"一句正是我旅德生涯中寒来暑往之学术活动的真实写照。最值得怀念的，是我在哥廷根大学独立承担的DFG（德国学术联合会）项目《中国诗德语翻译总目》，那是个学术与诗交相辉映的项目。编纂中，我全方位地搜索和梳理被欧洲国家翻译成德语的中国诗，自费选购了一百多年来在德瑞奥三国出版的各种诗选一百余本，复印资料达二十余个讲义夹，徜徉在中西合璧的诗的海洋里。在长达六七年的时间里，虽屡屡夜以继日，与诗相伴，身在福中不知苦。又如拙诗《喊一声图宾根——》

喊一声图宾根——	O Tübingen
曾有人问我	oft fragt mich jemand
为何在图宾根入住，	warum ich in Tübingen wohne
一声平常的探问	eine normale Frage
勾起我联想无数：	versetzt mich in Gedanken:
是因为埃伯哈特大公	weil Herzog Eberhard vor 500 Jahren
五百年前就建起巍巍学府；	die heutige Universität gründete;
是因为图宾根神学院闻名遐迩，	weil berühmt im Tübinger Stift
黑格尔谢林等大师曾在此就读；	der große Philosoph Hegel studierte;
是因为古典派文豪老歌德	weil Goethe, Meister der deutschen Dichtung,
当年来出版商科塔家光顾；	den Verleger Cotta zu Hause besuchte;
又因为二百年来内卡河	weil der Neckar 200 Jahre
都唱着荷尔德林赞美歌。	Hölderlins Hymnen singt
喊一声图宾根——	O Tübingen,
我心仪的文化古都，	meine geliebte Kulturstadt,
德意志的一颗明珠，	glanzvolle Perle der Deutschen
施瓦本的一片乐土！	fröhliches Land in Schwaben.
二十寒暑在你怀抱	Jahr für Jahr im Wechselspiel

大自然的馈赠多丰富：　　　　　　　　wie sehr mich die Natur verwöhnt:

满目青山绿水红花俏，　　　　　　　　überall sind, so weit ich schaue,

晨风清醒滋润我肺腑。　　　　　　　　grüne Berge und klare Bächer,

　　　　　　　　　　　　　　　　　　rote Blumen und weiße Schwäne

喊一声图宾根——　　　　　　　　　　wie wohl tut die Morgenluft

我的精神家园，

我的理想我的抱负！　　　　　　　　　O Tübingen,

论坛、讲座、新老文献　　　　　　　　meine geistige Heimat,

促我不恋仕途商贾恋学术。　　　　　　in der mein Streben gedeiht.

男女老少报以温馨的微笑，　　　　　　alte Sammlung, neue Literatur,

我那感激的心绪呵　　　　　　　　　　Forum und Lesung

禁不住飞向千家万户……　　　　　　　beflügeln meine Forschung.

　　　　　　　　　　　　　　　　　　Menschen lächeln mir warmherzig zu,

　　　　　　　　　　　　　　　　　　allen sende ich meinen Dank entgegen

此诗的第一节为发端，挖掘我如今生活的所在地——图宾根的文化传统和学术氛围，试图以诗的形式阐述我心仪这座城市的根源——它历史、哲学、文学、教育等方面的深厚底蕴；第二节写的是我自身受益的小城图宾根的自然和人文环境；最后一节把全诗推向高潮，抒发、倾吐我的人生理想和学术理念。这首诗和下一首诗《别喊我"老外"》，同为我忝获德国总统颁发的十字勋章而作，又同在授奖仪式上朗诵，与《答谢词》一起，一并献给当晚庆典的举办者——图宾根市政府、市长，献给古老的图宾根，也献给更为古老的德意志，并献给曾生我养我的祖国母亲：

　　　　　别喊我"老外"　　　　　　Nenne mich nicht „Ausländer" – Anlässlich der
　　——忝获德国总统颁发的十字勋章有感　Verleihung des BVK der Bundesrepublik Deutschland

　　别喊我"老外"　　　　　　　　　Nenne mich nicht „Ausländer"

　　我爱内卡河畔的图宾根　　　　　　Ich mag Tübingen am Neckar

　　像爱扬子江畔的大上海　　　　　　wie Shanghai am Yangtze

　　别喊我"老外"　　　　　　　　　Nenne mich nicht „Ausländer"

　　我在图宾根穿街走巷　　　　　　　Ich gehe durch die Gassen in Tübingen

　　好似在紫禁城里徘徊　　　　　　　wie Bummeln in der Verbotenen Stadt

别喊我"老外"	Nenne mich nicht „Ausländer"
歌德席勒荷尔德林	Goethe, Schiller und Hölderlin
和李白杜甫白居易	wie Li Bai, Du Fu und Bai Juyi
同是我所爱	sind alle meine Liebe
别喊我"老外"	Nenne mich nicht „Ausländer"
德意志和龙的传人	Deutsche und Chinesen
在我身上汇成	kommen in meinem Körper
同一个血脉	blutsverwandt zusammen
2011年	Ende 2011
作于图宾根	in Tübingen

朗诵结束后,市长当即问我,能否把这两首诗也寄给他。我当然答应,第二天就从邮箱发去。原哥廷根大学的弗朗克教授、原康斯坦茨大学的宋德教授也不约而同地表达了类似的愿望。网络时代真方便,我也由同样的途径分别寄给他们。后来,这两首诗先后发表在康斯坦茨大学的《中国通讯》(China-Report)和路德维希堡的文学杂志exempla上(中德对照)。该刊主编燕特尔女士还在该杂志发行40周年的庆典上,当面把两诗大大地夸奖了一番。

我的诗有的是用中文写的,写好后再译成德文;也有的正相反,先用德文写好,再译成中文。在旅德的最初几年里,我写了德语诗常拜请德国诗人或学者把把关,如:

✧ Ich lebe östlich des Ozeans. Chinesische Lyrik des 20. Jahrhunderts (Elisabeth Borchers 校)

✧ Sang Hengchang: Gedichte aus dem Gelben Fluss (Fritz Hackert 校)

期间,我渐渐领悟到译诗不同于译散文的一些规律:译诗比散文回旋的余地更少,不能一字不漏地硬译死译,搞对号入座,以为这样就是不打折扣;而应是兼顾德语语法的表达习惯,尽力把内涵和神韵传译过来,否则就是舍本求末。违背了这一条,何能让德语读者感受到中文原诗的美?!多年来,随着经验的积累,我逐步摆脱依赖,不用任何人参与也能独立完成。一如上文引录的那两首以及以下这首,都是我自译的得意之作:

图宾根新居	Neues Tübinger Zuhause
小女怜俩老,	neues Zuhause in Tübingen
新房买一套。	der Tochter zu verdanken
还未乔迁,	noch nicht der Umzug,
心已乐淘淘:	schon freuen sich beide

市政厅、火车站	Rathaus und Bahnhof
仅一箭之遥;	nah wie eine Schussweite
去图书馆、汉学系	zu Seminar und Bibliothek
无须八九个分秒;	acht Minuten und noch eine
更可况——	ferner –
傍着大超市,	direkt an Supermärkten,
瓜果任你挑。	bunt an Obst und Gemüse
内卡河桨影	Ruder auf dem Neckar,
似近在眉梢。	so weit das Auge reiche
清风阳光多,	Luft und Sonne inne,
心宽无烦扰。	mit Edelmut, frei von Sorge
晚年好运来,	Glücklich wird das Alter
尽享人间好。	ein Leben voller Freude

初稿于2017年8月20日凌晨　　　　　　übersetzt am 26.08.2017
改定于2017年8月26日　　　　　　　　　　in Tübingen
德国图宾根

　　这些诗并不诞生于风起云涌的烽火岁月，也并不直接酝酿于故国改革开放、改天换地的伟大时代，却产生于国际社会文化交流日益频繁和深入的大背景。反映一位华裔学者有志于传播友谊、增进了解、从事文化交流的心路历程，抒发不慕富贵、潜心学问、立志献身学术的人生理念和切身感受。不少酝酿于凌晨四五点或夜半更深，或录于另纸，或写入当天的日记。

　　遵循"诗言志"的古训，皆有感而发，直抒胸臆。德文称Gelegenheitsgedicht，或许可译成"感遇诗"或"即兴诗"。既不讲究诗词格律，也无"朦胧诗"的才华。说实话，诗词格律我从来就没用心钻研过。那玩意儿说不定会弄巧成拙，束缚人的思维，困住人的手脚。诗歌成就高于歌德的德国诗人荷尔德林，他的最高成就不是别的，而是他晚期的"自由节奏诗"。至于"朦胧诗"，我压根儿就不是它的宠儿。我为什么要"朦胧"？想考验读者的理解能力？想跟读者捉迷藏？非也！人家看不懂你的诗，又何能寓教于诗？文如其人，我要在诗里向读者敞开心扉，跟读者交流，诗是我思想和情感的载体。当初并没有拿去发表的雄心壮志，历来只供孤芳自赏。只有一组《旅德诗抄》六首刊登在大约十四五年前济南原《黄河诗报》的某一期，因为人在国外，当时编辑部只寄了单页，故到现在也不知到底发表在哪一期。

近年来，我常应邀去国内高校德语界作报告。有的是专业报告，讲歌德、荷尔德林等德国诗人在中国的传播和影响；也有不少是励志报告，现身说法，谈本人的成长、追求和奋斗经历，谈本人的人生体验和学术之路，又讲到做学问与做人之间的辩证关系。兴之所至，常会朗诵几首小诗，自觉地让学子们检验一番。每当这些时候，往日的涂鸦便派上用处，居然还赢得"粉丝"。听众有本科生和硕士或博士研究生，也有青年教师，反响都很热烈。或在场上报以雷鸣般的掌声，或在会后问能否拷贝一份，也有的拿出自己的小本子让我签名题词，或掏出他们的手机邀我合影留念。我在德国的不少场合，也曾博得过类似的喝彩。这些错爱，更助长了不才敝帚自珍的情绪，曾呆呆地自问，莫非真有它们的某些生命力，至少在青年学子那里？

不是小结的小结

说到底，我的全部学术活动、我的全部著译都与文学有关。对我而言，学术即文学，文学即学术。迄今为止，我出过的译本德译中七部，中译德四部，中德互译加起来共十一部。编写的德汉对照大型文学书目，已出三部，已经完稿、并即将出版的还有二部。中德文学论著两部，合计十八部。发表的中文论文十三篇，德语论文十一篇。前后涉及的出版社和报刊杂志，国内国外好几十家。我与它们的直接接触和文字往来有多有少，与它们维系的感情有亲有疏，但都感激它们为我腾出丰饶的文学园地，搭起宽阔的学术平台[1]。

论写诗，我平生没出过原创诗集，中文的外文的、国内的国外的书刊加起来，已零星发表的有一二十首，尚未发表的约七八十首。译诗的成绩大一些：德译中、中译德各三部，国内国外加起来共六部，与译著等身的译坛名家不能比肩。唯一聊以自慰的，一是中译德的数量破了独家翻译的纪录。中译德的难度远比德译中大，翻译界很少有人敢问津；二是翻译了语言文字深奥莫测、文学成就极高的哲学诗人荷尔德林，既译又注，翻译与学术兼容，并另撰专著评述[2]，旨在为荷尔德林的在华译介史添砖加瓦。

人生有限，诗心不灭。古稀之年，理应对自己的人生作个小结，检点一下，求学时代"今生誓

---

1 这里我要特别感谢《文汇报》编辑朱自奋。十年前，因叶隽教授在《文汇读书周报》上发表拙著《歌德汉译与研究总目（1878—2008）》的书评，我有幸在该报编辑部的办公室里，初识这位优秀而又坦诚的知识女性。在我的印象中，她当年似乎还是个刚迈出大学校门不久而未过而立之年的青年才俊：聪慧、单纯而直爽。蒙其错爱，那次见面时她就坦然表示，该报有个杨武能主持过的栏目，若我愿意，可交我执掌。对如此重任，我虽有点受宠若惊，当时却没有太顶真。不无荣幸的倒是，在以后的几年里，我屡蒙朱编辑垂青，陆续为那家主流媒体撰写了一篇篇学术著作的书评、学术论文的译文和长篇文学散论（甚至整版的特稿）。如今，它们都成了我一生中最重要的散篇之一；没有它们，我现在的《个人著作表》肯定会逊色很多。

2 Gu, Zhengxiang: *Deutsche Lyrik in China. Studien zur Problematik des Übersetzens am Beispiel Friedrich Hölderlin*. München: iudicium Verlag, 1995. – 191 S.

欲为诗人"的人生宣言有没有兑现。如上文所述,这道问答题本应由读者、专家、甚至后人做。眼前的这篇拙文似有明知故犯之嫌,而细心的读者定会发觉,这仅仅是一篇自传性的文字,是跟读者谈心交心,谈谈笔者的一生在献身教学与学术的同时,又如何与诗和文学息息相关,因为它毕竟也是我人生的一个重要侧面。自我评价不足为凭。关键的是想表白,我的一生都与诗有缘,无论是逆境还是顺境,都燃烧着诗的激情,以诗展示我的秉性:对自然的爱,对人生的思考和对美的渴望——坦诚做人和做学问。

2018年6月初稿
2019年2月27日修改
于德国图宾根

顾正祥诗选

我的天地宽广而不狭小

我的生活丰富而不单调

跋涉在文化领域追求学术真谛

攀登于精神境界虔诚仰望崇高

冒雨求学有感

漫天朦朦雨纷纷

与君同伞入书门

博览群书尤欢欣

今生誓欲为诗人

[作于复旦大学预科求
学期间（1960-1963）]

护线

赤脚线务员，

线路的警卫员。

银锄不离手，

日夜护线忙。

哪里召唤，

哪里上。

锤声叮当响云天，

火星飞溅赛礼花。

密林深处留足迹，

崇山峻岭度生涯。

风雪与你作伴，

霹雳为你照明。

顽石向你低头，

山洪见你让路。

条条线路畅通，

向你招手；

根根电杆列队，

向你问候。

赤脚线务员的心愿——

让北京的声音啊，

响彻山里山外！

[丽水地区征文办公室编：
《征文选》（1972年），第58页]

碧血丹心映中华
——白求恩之歌

引子

无边的太平洋

浪高风大，

飞驰的海轮

喷吐千朵雪浪花。

是谁，凭栏远眺，

满天风云收眼底？

是谁，伫立甲板，

任凭浪花耳边擦？

是你——

诺尔曼·白求恩大夫，

伟大的国际主义战士，

著名的胸外科专家！

来自加拿大，

启程温哥华，

今日去何处？

遥指五台山下。

飞掠的海燕

一路送你

万里海疆健步跨！

一

为什么

西方世界的

一顶顶桂冠

你看得那么轻

轻如鸿毛？

为什么

面对英国皇家学会的

331

一张张聘书

你轻蔑一笑?

因为呵

马克思的思想

融进你的血液和细胞;

革命的经典

统帅你的生活和思考;

你不愿做

高楼深院里的盆景,

点缀豪宅大院的阔绰;

你不愿让高超的医术

与炫目的商品划等号。

为什么你

不顾妻子的挽留,

拒绝老母的忠告,

远离祖国的人民,

告别家乡的花草?

你爱祖国的人民,

你恋家乡的花草;

你忠于医生的职守,

更珍惜战士的称号。

隔着大西洋万里惊涛

你翘首远眺,

望见——

侵略者的铁蹄

践踏良田,

异国的同胞

在战火中煎熬!

为了抵御战争狂人,

你年逾花甲走天下,

五洲风云一肩挑;

为砸碎旧世界镣铐,

火一样的热情呵

在你心底燃烧!

日本"皇后号"座机

满载美共加共的重托

直飞东方战壕……

二

河滩把手招,

语言不通心同跳;

锣鼓震山谷,

万里征程倦意消。

别了——

别墅和高薪;

别了——

牛油和面包;

得到的却是

无法估量的传家宝:

午夜的幸福会见呵

使你兴奋通宵;

杨家岭的红灯呵

如茫茫夜海的航标;

湍急的延河水呵

拍打你的心潮;

悠扬的纺车声呵

谱成延安生活的基调;

南泥湾老镢头呵

描绘新中国襁褓。

笔尖沙沙

描述真切的感受;

行行日记

录下心中的波涛:

住窑洞,

别具风味;

食小米,

味道特好;

饮米酒，

分外香醇；

着军衣，

红星在帽沿闪耀。

"我没钱，也不需钱"

每月一百元的津贴

都省给了伤员病号。

黄河之滨，

你送走一个个黄昏；

荒村古庙，

你迎来一个个拂晓。

高高的前额

沐浴晨曦朝晖；

宽阔的胸膛

顶着雨雪风暴；

清瘦的骨架

使一切艰险望风而逃；

钢铁的意志

让万千困难跪地求饶。

多少夜以继日的战斗

挤掉你的休息睡眠，

未把你的精力消耗。

每天，你比山村醒得早。

当小鸟在枝头呱噪，

你神奇的手术刀

早在晨曦中闪耀。

当夜幕把山野笼罩，

你为实习生作辅导。

你将智慧和热忱

凝成建议一条条。

化简陋为神奇，

变平凡为创造，

奇迹般地工作呵

将日月赶超。

模范医院落成典礼上

你热情洋溢的报告

激励多少干部战士，

感动多少乡亲父老。

"晋察冀军区卫生顾问"的称号

怎能衡量你

职位的高低，

贡献的大小？！

多少回

你冒着纷飞的弹火，

率领担架队

冲上前哨。

硝烟中

你坚毅从容，

神奇的五指

挥动手术刀。

金丝眼镜下

炯炯的目光

捕捉伤员的病灶。

多少回，

你的驴驮"手术室"

跋涉在峡谷古道。

你自削的探针镊子

赶走多少凶神恶煞；

你自熬的药丸软膏

带来多少康复的吉兆。

宿夜在山洞，

露水湿外套。

你手提马灯夜不眠，

把掀开的被角盖盖好；

你把难得的橘子藏衣兜，

病号床头往外掏；

你摸透每个人的口味，

亲当厨师好烹调，

你不顾烟火熏，

亲使切菜刀，

碗碗鸡汤寄深情，

一勺一勺喂病号；

为把咱新中国缔造，

你枣红马的足迹

踏遍陕北高原

的山山峁峁。

月儿弯弯树悄悄，

烛光伴你

阅读油印书报；

旭日临窗，

晨风探问

巡视报告可写好？

已是十分怠软了，

颗颗汗珠结霜花，

坚持看完每一个病号；

大雨滂沱，亲人呼唤，

你扬鞭策马闯急流；

夜半出诊，心急火燎，

鹅毛大雪落满战袍；

多少回

热了的饭菜凉了；

多少回

刮脸剃须也忘了。

诚不见，

宽阔的前额

一天天瘦削；

根根白发

偷偷爬上你的鬓脚；

难道你不知道休息？

难道你不知道疲劳？

蓝天无语呵

长风歌高，

青山俯首叹服，

绿水热泪滔滔。

幸福呵，白大夫，

你的伟大理想

闪耀在烽火岁月，

你以万般热忱

笑迎古国春晓。

和你的形象相比较，

珠峰嫌矮五岳臊；

和你的胸怀相比较，

黄河嫌窄海嫌小；

和你的心灵相比较，

清泉不及你透亮；

和你的贡献相比较，

青松不及你的风格高。

三

那一天

担架抬来个重病号。

阵阵痉挛

不禁愁云锁眉梢。

声声呻吟

犹如重锤心上敲。

何处寻找

求治的灵丹妙药？

怎样摆脱

死神的跟踪围剿？

血呵，那殷红的鲜血

能使生命之树免枯焦。
一只只胳膊在请求，
一副副袖管已卷高：
医生、护士——血型不对
部长、政委——血刚献了
"我是万能输血者！"
你径自走向手术台
不由分说把袖撩。
时针呵
转过一秒又一秒；
热血呵
徐徐顺着针管跑。
两颊——血色渐消，
两臂——青筋微暴，
微笑——冲破倦容挂嘴角，
心底——坦然欣慰诚骄傲。
看！刹那间
一股暖流涨春潮：
苏醒了，昏迷的大脑！
复活了，垂危的细胞！

四

树当掩体草当哨
千山万岭变成
铜墙铁壁似的战壕。
枪弹出膛刀出鞘，
孙家庄的小庙呵
成茫茫烟海一孤岛。
枪声一阵紧一阵，
战场步步向庙靠。
手术台边的白大夫
把生的希望留伤员，
把死的威胁脑后抛。

但他的安危
牵动干战们的思考。
一声声催促没回答，
一道道"命令"都无效。
忽听一声轻唤，
无名指上
割出伤口一道。
这突来的意外
在白大夫的体内
埋下隐患无穷的暗堡。

马儿呵，快撒腿飞跑，
要能取回治愈的良药
愿下五洋上九霄；
朔风呵，莫吼叫，
别把咱白大夫打扰；
山路呵，别这般陡峭，
让担架平稳莫颤摇。
一步一颤摇
多少颗心不住跳。
咱小勤务员
停步树下直嚎啕，
泪水满脸流
似一场暴雨当头浇。
行至黄石口，
小河含泪迎出桥。
前次来山坳，
左牵小妞手，
右把小孙抱，
走门串户忘饱暖，
曾坐土炕把话聊。
谁料今日
有歌欲唱难成调。

335

白大夫呵，

你却那么镇定

生命的航船

似非触礁而沉

而要扬帆启锚。

你惦念

前方伤员有多少，

他们可曾安顿好？

手按键盘吐心声，

万千遗愿从何表？

感谢您呵——毛泽东主席

永志不忘的教导！

感谢您呵——聂荣臻司令员

情深谊厚的忠告；

感谢你们——晋察冀的全体军民！

感谢你们——四万万亲爱的同胞！

置身于伟大事业，

人生才丰富崇高；

冲决了名缰利锁，

战士才乐观骄傲。

异国两年不寻常，

甘为解放热血抛。

捎个信儿回故乡，

儿无惆怅颇自豪。

回首平生无羞愧，

唯有一事心头绕——

未看到

全中华残夜消尽，

万紫千红春光好……

一九三九年十一月

落叶夹着雪花飘。

敬爱的白大夫

抢救了千百条生命，

自己却被病魔击倒。

这噩耗像晴天霹雳

震荡在华北高原。

唁电、讣告的沉重铅字

凝聚哀思

飞遍天涯海角。

庄严的追悼会上

万民肃立

悲哀紧锁心窍；

跟随多年的勤务员

手抚遗物

犹闻昏迷中

"我来治"的呼叫；

朝夕相伴的翻译

捧读遗稿

似觉红心仍在跳；

亲聆教诲的医务人员

凝视端详遗容

庄严的誓言默默表；

被你治疗过血尿的大嫂，

想起你给她第二次生命，

泪水像断线的珍珠往下掉；

被你摘除过瘤子的宝宝，

想起白爷爷的音容笑貌，

泪水沾湿了小睫毛，

亲身受过你治疗的伤病员

话悲痛为力量，

又吹响了进军的冲锋号……

五

白大夫呵，如今你

安卧东方古国的怀抱。

丛丛鲜花覆盖，

密密翠柏环绕，

群山为你御寒，

日月为你普照。

万千凭吊者的脚印

铺满你墓前的大道。

我们前来凭吊，

非把伤感的泪水轻抛；

我们前来凭吊，

把你光辉的业绩追忆，

把严峻的问题思考；

我们前来凭吊，

以继承你的未竟之志

接受伟大理想的熏陶。

你是永生的战士

在我们的事业中

青春永葆，

《纪念白求恩》，

一支巨笔，

把你的精神概括，

把你的形象勾描。

一句句

磁铁般地将我们吸引，

一字字

战鼓般地将我们感召；

"毫不利己，专门利人"

使多少蒙昧的心开窍；

"对技术精益求精"，

鼓舞我们奋力攀登红专道；

我们的援外同志，

捧读领袖之作，

用你的精神

架起友谊的金桥；

我们的白衣战士，

铭记亲切教导，

救死扶伤

把多少奇迹创造；

八亿人民，万里江山

发出同一个心声：

生怎样生，

死怎样死，

你是我们的好师表。

（1977年9月初稿
1978年7－9月修改
1980年9月再改
于龙泉一中
2018年9月中整理
于德国图宾根）

歌德呵，你又回到我们中间

《西湖》十月号刊载了薛菲的译作《歌德短诗一束》。读毕，仿佛又见到了多年未见的歌德……

曾记得，初次相见，

早在求学时的图书馆、售书店。

你天才的创作呵，

曾强烈地拨动我的心弦。

吟诵你的诗篇，

仿佛随你在丛林、飞瀑间流连，

眼前浮现奔腾的莱茵河浪花飞溅，

吟涌你的诗篇，

好似瞥见了古老德意志，

富饶的田园，缭绕的炊烟，

你"狂飙突进"的锋芒，

冲决了封建专制的铁链；

你的字里行间，

流露对人民的热恋！

最可恨，四妖翩跹：

污水泼诗笺，

民意被强奸，

精华当糟粕，

积尘蒙封面。

尊敬的歌德老人呵，

你与中国友人

同受严酷的考验……

红日跃出了海面，

大地才气象万千，

东方驱除了飞雪，

百花才得以吐艳，

斩断了四妖的魔爪，

我们方能阔别重见！

我们读呵——

似看见你翘首远眺，

古国的风土民情

化作你笔端喷吐的熔岩，

我们读呵——

在鹰飞鱼游的新春，

你一定浮想联翩，

挥笔谱写——

中德友谊的新诗篇。

歌德呵，庆贺我们重相见！

[原载：《丽水文艺》（季刊），
1979年第1期（总第6期），第31页]

题赠青田子木友

借得宝地风水好，

自建小楼迎春风。

庭花四季开不败，

迎客厅里书香浓。

满屋金银不是宝，

德高方有威望重。

情似瓯江日夜流，

寿比鹤山不老松。

（1988年4月16日深夜
于青田华侨饭店）

谒荷尔德林塔

无暇留意如林的教堂，

也不恋斑斓的桁架房。

穿过条条古弄小巷，

我寻觅

小城的骄子，

德国的抒情诗之王。

教堂直耸云天，

唯有阴魂游荡。

古建筑虽然豪华，

达官显贵早被遗忘。

只有您诗人——

才是我心中的偶像！

塔楼虽不显眼，

却是小城的心脏。

手稿价值连城，

尽管纸已发黄。

卧室足迹万千，

虽仅几个平方。

内卡河奔流不息，

是诗人激情流淌。

（1989年于图宾根，原载：《黄河
诗报》，"山东汉子"栏，第9页）

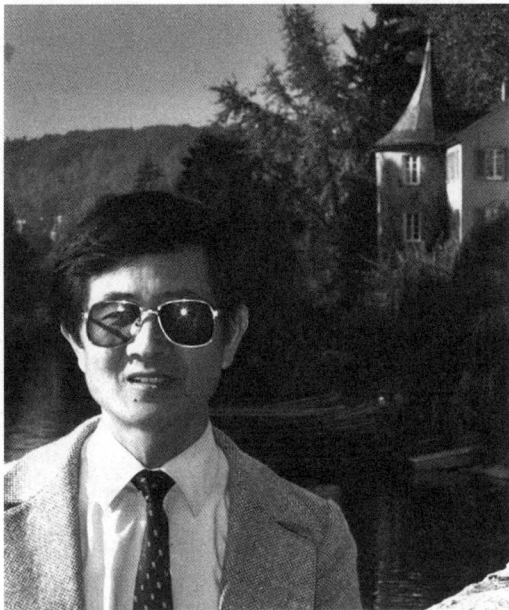

"幸福"小议

"幸福"的人
都有各自的烦恼：
腰缠万贯的人
因一场浩劫
便穷困潦倒；
爬上高位的人
虽呼风唤雨
却触上暗礁；
住上花园小楼的人
竟让人推着轮椅跑；
沉入爱河的人
仅小小误会
竟分道扬镳。

"不幸"的人
也有各自的欢笑：
糠菜度日的夫妇，
忠贞和理解
让两颗心紧靠；
悲哀和愤怒

孕育的诗人，
写下万古流芳的诗稿；
陷入绝望泥淖的人，
有爱心相助
也逢福星高照；
科学上的普罗米修斯，
从他献身的事业中
获得了熏陶。

我愿普天下
不幸者都弗气馁，
幸运儿都勿骄傲。

（1990年3月24日，周六
作于法兰克福裕华菜馆
2015年10月10日
改于上海胞弟顾正平家）

但愿

时已迟暮，
爱已蹉跎，
发已斑白，
腰已微驼。

但愿——
眼莫昏花，
再读名著百部；
耳莫失聪，
倾听心灵的欢歌；
步莫蹒跚，
野外山青水绿；
手莫失灵，
犹可奋笔疾书。

（作于1990年8月22日）

圣诞

白雪覆盖青松
群山托起古楼
在异国的土地上
我送走又一个春秋

杜门不出
穿着依旧
不唱圣诞歌
不求主保佑
满案书稿满桌纸
伴我不分黑夜白昼

（Marbach 1991
原载：西班牙《华新报》
第108期，2000年7月19日）

爸为你骄傲
——致女儿向明

往年在国内
爸为你烦恼。
你总是羡慕
张家的女儿
在爹的膝下
撒娇；
李家的宝宝
放学后
能吃上
可口的蛋糕；
感激妈
饮食起居的照料；
受不了爸

"从小吃点苦"
的布道。

如今你在国外
爸为你骄傲。
你舍弃了
父母身边
有中国风味的烹调，
凭一付嫩骨
敢到百里外的
"黑森林"去啃面包，
你说那个高校的专业
能为你开一条大道
于是，你创造了奇迹，
虽是"老外"
却名列于全班
德国学生的前茅。

（1999年9月3日作于图宾根
原载：西班牙《华新报》
第113期，2000年8月23日）

在我身后

在我身后
我愿变成——
万绿丛中的一棵草
为人间添一分春光；

愿变成——
百花园中一朵花
为热恋中的情侣
送一片芬芳；

愿变成——
黄山的青松
长江的浩荡
永为华夏披新装；

愿变成——
大千世界里的一只鸟
乐为日新月异的生活
歌唱！

（1999年10月8日乘坐荷兰皇家航班
自上海经阿姆斯特丹至斯图加特
途中作，同年11月13日改）

赠"东方书局"

在卡尔斯鲁厄市郊
在没一家商店的居民区
在一幢不起眼的大楼
在几平方的迎客室里
几个书架搭成"书局"

营造一片汉文化天地
旨在为旅欧学子捎去
方块字的乡音和乡情

（原载：西班牙《华新报》
第108期，2000年7月19日）

等待
——兼赠哲理诗人和散文家赵鑫珊

等待的滋味是苦涩的
等待越久，苦涩愈烈
当期盼变为现实
苦涩便转为甜蜜

等待的过程是残酷的
它伴随着迷茫和焦灼
但也可能是机遇和考验
就看你的毅力和忍耐

从故国到异国
人生路上有多少等待

（2001年2月11日于德国
原载：西班牙《华新报》
第143期，2001年3月19日）

电话

拨通上海的电话
仿佛从欧罗巴
又回到了
东海之滨的"亚细亚"

亲情浓似酒

淡化了时差和温差

我心急火燎地问

新年伊始新变化

魂系故国

哪怕漂泊在

海角天涯

（2001年2月15日作，2001年2月18日改
原载：西班牙《华新报》
第144期，2001年3月26日）

绿色的歌唱
——献给春天

春天里

我歌唱绿色的世界

棵棵绿树

淌出股股春水

排排绿篱

唤起绿色的遐想

纵然两鬓苍苍

我仍像青春年少

沐浴绿叶赐予的春光

冬天里

我寻觅绿色的踪影

在枯枝败叶中

傲立的苍松翠柏

无惧严冬的无情

燃起春天的希望

纵然风雪呼啸

我仍执著地、痴情地

把绿色向往

（2001年5月10日晨 即兴，16日稍改
2001年获中华"八喜杯"诗歌
征文大奖赛优秀奖）

谢答福建林毓华君二首

在蒙山诗歌征文颁奖会上我初识林毓华君，即蒙赠诗，实不敢当。赴德后，我曾复信给他，称"此诗是佳作，甚是喜爱，曾给多人赏读，并已珍藏"。不料，10月6日毓华君从国内又寄来赠诗二阕，用小楷毛笔工工整整地写在诗社宣纸上。感林君抬爱，于次日拂晓前草成一首。三日后，又得一首，谈不上是诗，略表心意也。

一

沂蒙山麓才晤面　　万里西域读华笺

字秀意深耐寻味　　纸薄情重值万钱

身居欧美日月忙　　心驰东海闽江边

清茶一杯共品诗　　何贪柑桔荔子鲜

二

读罢华笺心汗颜　　羞对同仁与先贤

人到中年始扬帆　　人生苦短惜残年

欲报社稷志未酬　　梦里难断故国恋

秋风落叶无须叹　　敢叫夕阳谱鸿篇

（2001年11月7日作于图宾根）

附：**林毓华赠诗**

致顾正祥博士

异域何如故国春　　归帆万里一诗心

从来游子珍离别　　敢叫蒙山作证人

（中华诗词学会会员月斋主人
林毓华书于东蒙山庄）

致顾正祥先生

断无消息问张骞　　海外鸿传五色笺

心系红尘连碧落　　诗随东土到西天

晤前敢望逢知已　　别后尝惊见月圆

为讯他邦秋几许　　故园篱菊已盈栏

小诗写罢待鱼传　　烛尽秋窗夜色凉

仿佛容颜凝落月　　奈何音讯隔云山

逢君许是三生定　　别尔难忘一面缘

自信风骚能化物　　且将唐韵付啼鹃

（林毓华奉呈）

永远歌唱
——赠施瓦本民歌手Helmut Hauser

母亲的歌

是你童年的音符

父亲的面包坊

赋予你音乐的翅膀

连天的硝烟炮火

把你锻成金凤凰

从此

你永远年轻

你永远歌唱

歌唱绿树青草

歌唱花卉芬芳

歌唱大地

歌唱太阳

歌唱丰收

歌唱春光

歌唱明天

歌唱希望

从施瓦本

唱到远方

从内卡河

唱到杨子江……

（顾正祥作，
于2005年9月1日）

我爱流水

我爱跟流水一起

无论大江大河

或是一泓小溪

那生命的畅想曲

使世界神奇

我喜与绿荫为伍

不管是破土幼苗

还是参天大树

依仗绿荫

世界才青春永驻

（2006年8月）

343

宝岛情

没来宝岛——
幼时神往的宝岛，
就想象日月潭风光，
爱饮阿里山美酒，
爱尝高山族蜜枣。

没来宝岛——
就听过郑成功的故事，
痴迷邓丽君唱的曲调，
阅读过琼瑶写的小说，
译介过"笠"社的诗稿。
宝岛的情思呵
已沁润我细胞！

今来宝岛——
梦牵魂绕的宝岛，
从万里外的欧罗巴
扑入你火热的怀抱，
谛听你心灵的呼声，
端详你亲切的容貌。

宝岛呵，我神奇的宝岛！
大陆宝岛何曾遥？
呼吸与你默契，
脉搏与你同跳！

（作于2011年6月7日）

喊一声图宾根
——忝获"德意志联邦共和国
十字勋章"有感之一

曾有人问我
为何在图宾根入住，
一声平常的探问
勾起我联想无数：
是因为埃伯哈特大公
五百年前就建起巍巍学府；
是因为图宾根神学院闻名遐迩，
黑格尔谢林等大师曾在此就读；
是因为古典派文豪老歌德
当年来出版商科塔家光顾；
又因为二百年来内卡河
都唱着荷尔德林赞美歌。

喊一声图宾根——
我心仪的文化古都，
德意志的一颗明珠，
施瓦本的一片乐土！
二十寒暑在你怀抱
大自然的馈赠多丰富：
满目青山绿水红花俏，
晨风清醒滋润我肺腑。

喊一声图宾根——
我的精神家园，
我的理想我的抱负！
论坛、讲座、新老文献
促我不恋仕途商贾恋学术。
男女老少报以温馨的微笑，
我那感激的心绪呵
禁不住飞向千家万户……

（2011年岁末
作于图宾根）

古老又美丽的图宾根市政厅

今晚为何相聚
——忝获"德意志联邦共和国十字勋章"有感之三

市政厅灯火辉煌，
贵宾们济济一堂。
今晚为何相聚？
市长代总统颁奖。
得奖者是黄皮肤，
鄙称顾正祥。

面对至高无上的大奖，
渺小的个人怎敢担当？！
荣誉应归我钟情的德意志，
它的豁达大度才值得赞赏；
荣誉该归大文豪歌德，
"世界文学"理念是他首创；
荣誉该归扶持我的社团，
笔笔惠款给学术以营养；
荣誉该归我两国的友人，
无私的奉献才增添力量。

于是，
就在这大厅
我斗胆想像：
太平洋问候大西洋，
内卡河拥抱扬子江；
中华古国和德意志
同是养育我的爹娘；
东方和西方的文化
皆是我驰骋的疆场。

（2012年1月
作于图宾根）

别喊我"老外"
——忝获"德意志联邦共和国十字勋章"有感之二

别喊我"老外"
我爱内卡河畔的图宾根
像爱扬子江边的大上海

别喊我"老外"
我在图宾根穿街走巷
好似在紫禁城里徘徊

别喊我"老外"
歌德席勒荷尔德林
和李白杜甫白居易
同是我的所爱

别喊我"老外"
德意志和龙的传人
在我身上汇成
同一个血脉

（2011年圣诞节
作于图宾根）

我不羞惭

我不羞惭，
若出门同行
兴许矮你几分。

我不羞惭，
尽管我并无
扶摇直上的背景。

我不羞惭，
尽管我没交上
富豪们的好运。

此生有幸，因为我
远渡重洋，阅历了
欧亚两大洲的文明。

此生欣慰，因为我
为自己心中的理想
不倦地奋斗了终生！

此生自豪，因为我
惜时如金成正果
献给了后代子孙！

（2012年2月27日晨即兴
2012年3月15日修改）

我是个乞丐

——兼赠袁志英教授

我是个早熟的乞丐，
从小就开始乞讨。

在那匮乏的年代，
在茅舍的油灯下，
我向小学的课本乞讨。

我是个执拗的乞丐，
乞讨不分天气。
无论阳光灿烂，
还是狂风呼啸，
都要向互联网乞讨。

我是个不看对象的乞丐，
我在图书馆乞讨，
不管它是大是小；
我在朋友家乞讨，
不管他藏书有多少。

我是个不分场合的乞丐，
节假日，旅途中
都勤于思考；
甚至半夜或凌晨
也打打腹稿。

我是个不自量力的乞丐，
乞讨忘了年龄。
哪怕老眼昏花，
还在苦苦耕耘，
不让时光从指尖溜掉。

（2012年4月2日凌晨即兴
2012年4月3日稍改）

抗争命运的斗士
——呈叶廷芳教授

命运对你不公
你偏不服

拒绝将优秀沦为
《不圆的珍珠》[1]

于是你文思如潮
心游欧邦德意志
《遍寻缪斯》

于是你挥汗如雨
耕耘在人文学科
窥见了《美的流动》

尤以大部头的
《卡夫卡全集》
把一个偌大的"残"字
修补成完美

（2012年3月15日）

献给你们
——武大的学子们

一首小诗献给你们
——武大的学子们
真羡慕园林般的校园
辉映你们的花季年龄

又懂得珍惜大好时光
青春才这样美丽动人

一支短歌献给你们
——武大的学子们
献上华发的祝愿和心意
愿你们的人生异彩纷呈
不再经受那么多风风雨雨
不像当年的我辈净踩蒺藜

（2012年6月13日即兴
2012年6月16日修改）

卢塞恩抒怀之一
——从裴斯泰洛齐国际研讨会归来

在我年轻的时候，
爱把日内瓦比杭州。
今日见了卢塞恩
方觉它更胜一筹。

雪山与碧水辉映，
古典与现代争秀；
远方的客人忙不迭
摄下一个个镜头。

湖中的白天鹅怡人，
卢塞恩美酒可口；
不为旅游和美酒，
学术友谊双丰收。

（2012年4月9日凌晨即兴
2013年4月17日上午修改）

1　本文带《》符号者均为叶氏著作名。

与会部分学者合影于瑞士比尔裴斯泰洛齐墓前

卢塞恩抒怀之二
——从裴斯泰洛齐国际研讨会归来

"地球村小"之说，
不再是空洞的口号。
从卢塞恩捎回的理念
成了我的思维，
融入我的细胞。

西湖上悠荡的龙舟，
连着琉森湖古木桥，
金发碧眼与黄皮肤
在同一个大厅探讨。

华夏古国与欧罗巴，
酝酿了同一幅画稿。
主题是"和谐"和"爱"，
源自"教圣"裴氏的教导。

（2013年4月17日
夜半及凌晨即兴）

如今已届老年

孩提时代的我
躬耕在宅前，
嬉戏在河湾，
老年是遥远的港湾，
布满迷蒙的雾霭。

不曾花前月下，
日日粗菜淡饭。
认定一个使命，
不曾左顾右盼。
唯有求知的饥渴，
一介布衣也灿烂。

蹉跎了多少岁月，
人到中年才扬帆。
一个"痴"字相伴，
在茫茫的学术之海，
我驶过一站又一站。

如今已届老年，
问我有何期待？
我成了变相的富翁，
虽囊中羞涩，
似有金山银山。

（2013年5月1日凌晨
初稿，次日晨改定）

自况

纵有迷惘，
更有清醒；
纵有彷徨，
更有坚定。

忝获殊荣[1]，
秉性难移：
一介书生，
终生布衣。

日复一日，
执著、痴迷地
耕耘、播种在
纯学术领地，

期盼为当代
贡献一份
无形的、哪怕是
微不足道的薄礼；

指望为后世
觅得一星半点
这样那样的
普世真理。

（2013年11月26日凌晨即兴，
2013年12月15日改定）

"前辈"小议

台湾笠诗社莫渝友来信尊我为前辈，
有感而发

往年我喊人"前辈"，
如今人喊我"前辈"，
如此更迭
乃自然法规？

何谓"前辈"？是否
就意味"功成名遂"？
在受宠若惊之后
问自己是否相配。

当了"前辈"，常思忖
哪些事做对没做对。
这一生是否亏待过
同事、亲友和祖辈。

既是"前辈"，莫滋生
白发和夕阳的哀悲，
或许能用你的余热
为后人竖一座丰碑。

（2014年1月6日
半夜和凌晨即兴，
1月13日晨定稿）

---

1 指"德意志联邦共和国十字勋章"，也称"功勋勋章"，德国总统2011年10月30日授予。

没有与哪有

没有与哪有的逻辑学
统帅我近年来的思考：

没有含辛茹苦的积累，
哪有游刃有余的地道？！

没有深山探宝似的追求，
哪有喜出望外的酬报？！

没有平日里默默耕耘，
哪有硕果累累的今朝？！

没有陋室枯坐的寂寞，
哪有贵宾席上的荣耀？！

没有心悦诚服的谦逊，
哪有忝被崇拜的骄傲？！

（2014年1月27日
上午10时前初稿）

献给笠的歌
——贺台湾"笠"诗刊五十华诞

一支歌献给你——笠，
何等平凡的笠，
这般不起眼的笠，
却又是诗苑的笠！

竹林是你的祖辈，
山河是你的故乡，
群峰是你的身影，
彩霞是你的想象。

虽无细嫩的肌肤，
那是粗犷的美；
虽无斑斓的色彩，
那是朴素的美；

惯于沉默不语，
那是含蓄的美；
终日大汗淋漓，
那是无私奉献的美。

遂有了阳光的思维
和风雨捶打的筋骨。
又有那泥土的灵气
和百草的梦想。

还有大山的坚定
和诗的风骨。
时时俯首大地，
又频频远望天涯……

（2014年3月6日
凌晨即兴，
3月13日晨修改）

我羡乌云
——我的美学观

我羡乌云
浓浓的乌云
你虽面目可憎
但有你的衬托
蓝天才更妩媚
人生才够回味

我亲乌云

浓浓的乌云

有你的一往情深

大地才不干渴

江河才起波涛

山岭才变苍翠

我敬乌云

浓浓的乌云

多亏你疾恶如仇

以横扫千军之势

涤荡人间污秽

迎来万丈春晖

（2014年12月26日凌晨即兴
2015年元月10日凌晨稍改
于德国图宾根）

言志铭

扬子江畔家国情怀梦牵魂绕

欧邦异域忘情学海笔耕不辍

——我的选择，我的追求

am Yangtse verbunden mit Heimatgefühl voller
  Traum und Sehnsucht
in Europa als Fremde und neues Zuhause versunken
  in Schrift und Kultur
— meine Wahl und mein Streben

（2015年元旦凌晨
于图宾根）

"德籍华裔"之后

十多年前，内卡河畔

我成了"德籍华裔"

从此

德邦，纳我游子为子民

华夏，夜夜托梦返故里

从此

历史、传统和文化各异的

两大民族在心底唇齿相依

从此

那么多拉丁姓氏成了我

切磋学艺的师兄和知己

从此

不同肤色不同语言的世界公民

成了我休戚与共的长辈或兄弟

（2015年2月17日凌晨即兴
2015年2月17日改定
于德国图宾根）

题赠重庆图书馆"杨武能著译文献馆"

敬先贤，自勤勉，成一代宗师

博古今，融中西，乃著作等身

——后学楷模

（顾正祥 敬题
2015年7月
于德国图宾根）

顾正祥（右4）参观重庆图书馆"杨武能著译文献馆"

我爱张秀字

蒙华中科技大张建伟教授、女书法家张秀伉俪之雅意，应邀前往张氏府上做客。女主人亲自下厨烹调。湖北家乡风味，清淡可口。满桌佳肴，无酒自醉。闲话家常，其情融融。饭后观张秀书法，大饱眼福，并获馈赠，实乃人生一大幸事也。遂即兴四句于主人留言簿。次日凌晨完稿于华科大宏嘉酒店。

一睹张秀字，
娟秀如花卉；

二品张秀字，
德馨文采美；

常读张秀字，
人生多滋味。

（2015年10月
于武汉）

人生于我

人生苦短
何从说起？
人生于我
另有一种涵义。

我挑战规律
把一个团队
才胜任的重担
全揽在怀里；

每个时日里
工作连工作
排成一行，便
望不到边际。

于是我懂得
塑造人生靠自己，
短暂变永恒
不是不可以。

（2015年12月13日
凌晨于德国图宾根）

我的黄昏恋
——谒"杨武能著译文献馆"

2015年10月12日，重庆图书馆"杨武能著译文献馆"开馆典礼上宾客如云。本人蒙杨武能先生雅意，应邀专程从图宾根回国，参加了这具有历史意义的盛会。返德后，情系重庆，缅想文献馆。敝帚自珍，成诗一首述怀。

想我年轻时
头脑多肤浅：
只留恋
苏杭的山水园林，
燕京的名胜古典。
地处西南的重庆
远在虚无缥缈间。

相见恨晚——
应邀来山城
已是古稀年。
芙蓉洞探幽目不暇接，
乌江畔尝鲜鱼虾糕点。
武隆出仙境醉倒海内外，
杨翁捐书斋垂爱人世间。

这番重庆缘呵，
成了我的黄昏恋！

（2016年3月27日凌晨即兴作
4月13日截稿。期间，一改再改）

我的相册

我的相册：一部自传
它展示我
幼时的茅屋
就读的校园
呆过的山窝
异国的风情

我的相册：一个系列
它摄下了我
童年的稚嫩
青春的美好

中年的勤奋
老年的荣耀

我的相册：一部辞书
它收藏了
我的信念
我的追求
我的甘苦
我的奋斗

（2016年5月18日凌晨
于德国图宾根）

小书的缘分

小书一本在手，
与我情谊深厚。

每每捧读再三，
可谓意气相投。

它有兄弟万计，
来自欧亚两洲。

出身各不相同，
年龄有长有幼。

操着不同方言，
个儿有胖有瘦。

来我书斋安家，
为我增智献谋。

（2017年1月29日凌晨
于德国图宾根）

图宾根新居

小女怜俩老，
新房买一套。

还未乔迁，
心已乐淘淘：

市政厅、火车站
仅一箭之遥；

去图书馆、汉学系
无须八九个分秒；

更可况——

傍着大超市，
瓜果任你挑。

内卡河桨影
似近在眉梢。

清风阳光多，
心宽无烦扰。

晚年好运来，
尽享人间好。

（初稿于2017年8月20日凌晨
改定于2017年8月26日
德国图宾根）

忆童年四字歌

黄海之滨，
扬子江边。
草屋一栋，
伴我童年。

浇水施肥，
忙于宅前。
自种瓜菜，
糊口为先。

无缘游戏，
捕鱼捉蟹。
养羊挑草，
磨破草鞋。

又采野花,

积攒零钱。

栉风沐雨,

虽苦犹甜。

（2018年3月18日凌晨六点作
次日凌晨改于图宾根）

最难忘

最难忘华北平原

老家的草堂一间,

常回首捕鱼捉虾

两腿泥巴的童年。

最怀念宅前的小河

是它喂养我长大。

最感激村里的小路

是它引我闯天下。

（2018年4月
作于图宾根）

呈苏大王尧院长
——谢《纪念文集》序并题词

拨冗赐笔情谊深,

是褒是贬皆是恩。

我这一生多愧疚,

何劳先生费此神?

（2018年9月2日晨
于图宾根）

我好逞强
——伍明春师雅正

我好逞强,虽年逾古稀

还怨满头白发泄露天机

我好逞强,虽"赋闲"在家

还似"上班族",马不停蹄

我好逞强,虽腰难直起

还拿电脑泡在图书馆里

我好逞强,虽精力不济

还在谈诗书,说文理

我好逞强,虽来日无几

仍坚信世界更多姿,人心更美丽

（2018年9月5日晨
于德国图宾根）

秋日揽胜图

今日秋阳明媚,

四友无锡聚首。

五十春秋流逝,

同窗之谊深厚。

"太湖毛尖"清醇,

胜似"茅台"美酒。

放眼湖光山色,

风景美不胜收。

"包孕吴越"古迹，
重温历史遗构。
阿炳墓前凭吊，
"二泉映月"伴奏。

（2018年10月23、24日）

遥寄：慰病中学弟

小引：学弟者，乃我当年复旦预科同窗顾泽民，从豆蔻年华到白发苍苍，近60年来与我情同手足、心心相印。丛、曹、顾则为丛良磁、曹畏和笔者本人也。

遥想十年前，
弟命系一线。
苍天怜贤才，
慈光显灵验。
阎王爷也说，
你一生为善，
今非你大限。
还是回去吧，
尽享好人间。

岂料数月前，
腹痛夜难眠。
癌魔来偷袭，
病势甚凶险。
丛曹顾三兄，
日夜存悬念。
此情胜妙药，
救弟重康健。

（2019年2月19日
于德国图宾根）

题苏州"山水观玉坊"
——赠艺师陈佳林

奇石非你财产，
老板非你身份。
艺术是你所爱，
助人是你人品。

生性豁达豪爽，
尤喜返璞归真。
厚德倍受拥戴，
心头永驻大仁。

你是商界之才，
堪称业内贤明。
敬你博古通今，
邂逅是我大幸。

（2018年12月9日
作于上海胞弟家）

编辑铭
——赠译文社徐玲、胡枫、庄雯等

恳谈助推共识，
笑靥释放温馨。
图书市场冷峭，
人心温暖如春。
构思装帧版面，
恰如园丁耕耘；
审视篇目字句，
修枝剪叶频频。
为制他人嫁衣，
不吝贡献才情。
韬奋榜样在前，
巨著靠汝催生。

（2018年12月22日
作于德国图宾根）

我

我委实草根般平凡渺小，
夏穿旧衬衣冬着老棉袄。
出门坐地铁甚或挤公交，
隐匿人群中有谁会知晓。

我还有个不爱赴宴的嗜好，
萝卜青菜才是我可口佳肴。
又整天蛰居斗室心犁笔耕，
不去游乐场歌舞厅图逍遥。

节假日、生日和周末，
本可为我添几分热闹。
我却把它们抛至脑后，
一味醉心课题的思考。

可我的天地并不狭小，
我的世界也绝非单调。
为灵魂升华我学海遨游，
为献身事业我书山登高。

（2018年11月21日
作于沪上胞弟家
12月5日、10日改）

下 编
中外学者评论选

中外学者评顾正祥编著《中国诗德语翻译总目》

中外学者评顾正祥编著《歌德汉译与研究总目》

中外学者评顾正祥译《荷尔德林诗选》与《荷尔德林诗新编》

中国学者的其他评论

外国学者的其他评论

来自德国政府的最高荣誉

　　——"德意志联邦共和国十字勋章"

德国媒体的报道（篇目）

心怀感恩，勤勉治学

　　——"德意志联邦共和国十字勋章"得主顾正祥教授访谈录

（陈虹嫣）

中外学者评顾正祥编著《中国诗德语翻译总目》

（Anthologien mit chinesischen Dichtungen / Stuttgart, 2002）

君特·德博的评论

Prof. Dr. Günther Debon, Heidelberg

顾正祥者，日耳曼学教授也，1944年生于江苏，1988年以来作为奖学金获得者旅居德国。1994年获图宾根大学博士学位，并在哥廷根大学从事研究。他的博士论文《德国诗歌在中国——以弗里德里希·荷尔德林为例探讨翻译之难》于1995年在慕尼黑出版。

现在，顾正祥拿出了他六年来的研究成果，这项由德意志学术联合会资助的项目，原本是一个团队才胜任的任务：旨在尽可能地查证所有在德语文集中被重塑的中国诗歌。

源于50家图书馆（包括位于汉堡的联邦国防军大学图书馆）的200多部德语文学选集，900余名中国作者的5000余首诗（超出了编者本人在第XXXI页上标出的数字）入编该书目。考虑到几乎每首原诗都有几种不同的译文，有些诗多达25种译文甚至更多，不难想象这需要掌握多少资料。

该书目结构繁复，在叙述周详的引言之后，分为9个"类别"：1."书目"，即德国著作者和他们的文学选本，以及被收编在内的中国作者的拼音译名；2.中国诗人的"人名录"，汉语拼音和繁体字并列，按字母顺序排列；3.同名同姓者按编年史顺序排列；4."作者名录"，可能是本书最重要的部分（第61-265页）；在这里，中国诗人的姓名下面是他们所有被翻译的诗歌，含译诗的德语标题、它们的译者以及这些选本的馆藏之地，中文姓名和标题以拼音和繁体字的形式出现；5."翻译名册"，对于大多数被翻译的诗人和选集将其德文标题按字母顺序列出，并补充原诗标题（第279–370页）；6.对于相关选集附有被翻译的诗人以及编号的译者名册；7.德国出版社的所在地；8.篇幅达十页的出版社名册；9.中文原始资料的参考书目。

完成如此浩大计划的前提是熟谙本国和德国的文学。顾正祥不得不常常为自由发挥的译文——多半是以意译为底本的再意译——找到它们相对应的原诗；单是陆游一人就需要浏览他一万首诗。张冠李戴之误又得纠正过来。

顾氏的德语理解非常准确。几乎没有打印错误，包括缩进的中文字符。

因为该书在德语选本的系列中出版，选本的定义指的是那些至少含三位作者的选集。因此，一些重要单人集，诸如阿尔弗雷德·霍夫曼译注的《李煜的词》或是在表现主义研究中被热议的汉斯·希贝胡特的《谪仙李太白的诗》，不能被考虑在内。与杜甫相比，韩愈的幸运之处在于：在哈佛大学再版时，除了韩一人的诗歌之外，还收录了一些其他诗人的诗，也就有了"选本"的名分。同样幸运的还有一些德语文选的主编们，诸如Liselotte Folkerts和她的《明斯特选集》，该选集收编了绿原写的赞颂和平之城明斯特的一首诗。（顾正祥在香港的一份文学杂志上发现了这首诗。）

标出未被查明的篇目是一个正确的举措。不言而喻，那会激起人们想把最后几块拼图添加到那张大图上去的愿望。"孔子"的"君子以制数度，议德行"（Preis geistiger Gemeinschaft）（第133

页）的韵文，按卫礼贤译本的次序，就在《易经大传》第8章第6节中。《书经》中押韵的段落想必也能找到。还有，吕克特《诗经》译本中原文未详的那一览表（第210页及以后）似乎也可缩短。

最后还得夸一夸安东·黑尔泽曼出版社，这本装帧精美的四开本达到了一本工具书的最高规格。祝愿该书广为传播。不仅中国的日耳曼学者和精通汉语的德国人（背后有一个汉学图书馆作支撑）将从中受益，而且德国的日耳曼学者和有兴趣的读者也能看到，所谓的"孔子"之诗，即克拉邦德所译的"一位武士的墓志铭"被收录到不下于十部的选集之中（第133页及第382页）。

德国文学从中国文学中汲取的营养，在顾正祥的著作中得到了最清晰的印证，两国之间的精神交流也由此得到了促进。

（林纯洁 池名飞 译）

[德文书评，原载：*Orientierungen*, Jg. 2002, Heft 2, S. 149–151 /
《方向》，2002年第2期，第149–151页]

沃尔夫冈·顾彬的评论

Prof. Dr. Wolfgang Kubin, Bonn

　　诗歌在现代社会，虽然不再是精神家园，仍有其读者和爱好者。谁能想到，1833年到2000年间从中文译成德语的诗歌被编为选集后，竟成了一本超过四百页、内容详尽广泛、并在作进一步研究时必不可少的参考书。编者担负着硕大无朋的任务，在各个图书馆中找到了这些资料。他在这里收集到的罕见姓名、珍贵书籍和现在几乎已经不为人知的译者令人既感激又惊讶。感激的是因为如今终于出现了一部百科词典，通过这部百科词典人们可以查找中国诗歌的选译本，并追溯其原文。惊讶的是因为大量的、有着长达几世纪历史的诗歌翻译被以最佳方式记录了下来，并表现了德国精神曾经是如何努力向中国精神靠拢。

　　承担这么一个浩大的工程，需要为众多业已过时的语音转译系统绞尽脑汁，却又要努力将它们转换成当今通用的拼音，并列出其必要的中文字符，错误当然是难免的。对于最后一道工序，也许有必要让一位受过汉学训练的读者把手稿通览一遍，因为他或许会马上发现在转换中文人名、中文词语和概念时出现的差错。本书中可惜有很多混乱的地方——大写和小写、合写和分写，数据也可能不总是正确，术语的翻译间或也显得有待商榷，甚至对某些工作严谨的汉学家译者的评价，以历史的眼光看，有些地方也难令人信服。尽管如此，我对本书的评价仍是积极的，这是一个巨大的成就，一部工具书巨著。对于中国诗歌爱好者的我来说，更是一桩喜事。

（林纯洁 王玉珏 译）

[德文书评，原载：*China-Report*, 15. Januar 2003, Heft 38 /《中国报道》，2003年1月15日第38期]

魏汉茂的书评

Dr. Hartmut Walravens, Berlin

  该书的出版源自德国国家DFG基金会基础研究特别项目"文学翻译"。就此而言分析并选编德语翻译文学文献是文学学科迄今很少涉及的类型。这项研究的结果成就了一套多部的文献丛书，《中国诗德语翻译总目》则是丛书的第6册，其篇幅之大罕有其匹，所编纂的世界文学诗选达202部之多，推荐了约850位中国诗人的5000首诗歌。相比之下先前出版的《俄国诗德语翻译总目》[乌莉克·耶库琪（Ulrike Jekutsch）编著，斯图加特，1998年] 仅收编了186部诗选，篇幅也仅186页。这是否就说明，俄国诗歌虽在许多方面更接近德国诗歌，中国诗歌仍比它更为德国读者所熟知呢？这个问题就很难回答了，因为这个研究项目选评的只是大量译成德语的中国诗歌的一个小截面，仅仅选自一些独立出版的诗集，不包括期刊，也不专选某一两位诗人的诗。

  本书的编著中国日耳曼文学学者顾正祥教授在其前言中对中国诗歌在德国的接受作了简要的概述，并根据不同的准则（年代顺序，译者，诗人，历史时代，接受频率/程度）从不同的视角对选题的不同特点进行了评析。歌德对于中国诗歌的浓厚兴趣以及他的几首改译或曰再创作，源自P. P.托姆斯（P. P. Thoms，而非Thomas!）选译自诗集《仕女图》，在前言中作了反复详细的评述。与之类同的是弗里德里希·吕克特（Friedrich Rückert, 1788–1866）从孙璋（Alexandre de la Chanrme, 1695–1767）的拉丁语版本转译成德语的《诗经》。不过，其间读者的兴趣却大为减退——就这样克里斯托夫·戈特利布（Christoph Gottlieb）将纽伦堡学者克里斯托夫·戈特利普·冯·穆尔（Christoph Gottlieb von Murr）从英译版转译的小说《好逑传》[1]收编在附录"II. 中国人的诗学论文及其若干诗作"中。称得上应用许多实例对中国诗歌作出最深入最可信评述的，那就是威廉·硕特（Wilhelm Schott）[2]。他的原则是尽可能将诗的每个字在德语表述中标上音步。 顾正祥教授在论述中将那些译者作了细微的区分：他将那些完全不懂或只懂一点中文的译者，如汉斯·贝特格（Hans

---

1 《好逑传》是一个好逑君的快乐故事。一部四卷本的中国小说，先由中文译成英文，又从英文译成德文。除了很多注解和介绍一部中国戏剧的内容之外，另有三篇论文：一篇论述中国诗艺，一篇谈中国人的谚语成语，另一篇则试论中国语言学，供德国人参考。由 Johann Friedrich Junius 编译，1766年，30+ 660 页，含索引，袖珍本。

2 "谈中国诗歌艺术和语言学习"（„Über die chinesische Verskunst. Zugabe zur Sprachlehre"），Wilhelm Schott 在科学院于1857年6月18日作的报告，后收录于《普鲁士科学院论文集》（哲学和历史分卷），第55–78页。

Bethge）、克拉邦德（Klabund）、洪特豪森（Vincenz Hundhausen）[1]和Fritz Mühlenweg[2]，可谓之意译者（Nachdichter）。而后者大体可以断定，他大多不和"俄国人"结伴而行，而是参加斯温·海丁（Sven Hedin）率领的"中瑞考察团"，和瑞典人、德国人和中国人一起进行考察的。与前者不同的，是那些既是汉学家又是转译的译者。顾正祥教授将恩斯特·施瓦茨（Ernst Schwarz）[3]纳入此列。最后值得一提的是语言学家，如维克托·施特劳斯（Victor von Strauß），阿尔费雷德·福克（Alfred Forke），卫礼贤（Richard Wilhelm）和埃尔温·冯·察赫（Erwin von Zach）。他们的意图曾被反复地讨论过，也曾有不少误解。他们的主要意图并不是为了提供一篇忠实于原文的译诗，而是为读者开启一条准确领悟原诗的通道，并期待某个有诗歌才华的人以相应的诗的形式表达出来。有些诗歌译者，比如君特·德博（Günther Debon）、格哈德·迈埃尔（Gerhard Meier / Jan Ulenbrook）并不需要这样的中间环节，因为他们自身具备语言天赋。

要是谁下过功夫，查考中国诗德语"译文"的原文，就会非常理解顾教授描述的关于搜索汇编这些诗所遇到的种种困难。有的是完全自由的再创作，几乎与原诗无一星半点的相似之处；有的搞错了作者，有的诗被张冠李戴，有的删截原著，有的改写或颠倒诗的章节，还有拼写错误。凡此种种简直可以写一本专著。

本书的结构像丛书的所有分册一样遵循同一个模式。在诗选目录之后是按照字母和年代排列的诗歌作者名单和别名。诗歌作者目录（这是全书的主体部分）涵括诗的中文标题和德文标题以及译者的姓名，德文版和中文版诗的出处。随后的译诗目录列出德文标题，并指出其相应的中文标题。最后是出版社及出版地名册，以及所有这些诗的中文出处一览表。中文贯穿全书，正因为如此它具有极高的学术价值。也因为用中文顾教授必须自己动手一句一句地写出来，这一点他做得尤其出色。与此同时偶尔会出现几个无足轻重的错句：第8页上将Arnoldo写成Arnordo；第16页上将Köser写成了Köder。这一点也同样适用于一些小小的误解，比如在出版社索引中写的不是"Fabe"或"Insel-Bücherei"而是"代销出版社"（Commissionsverlag）。在第61页上有个值得商榷的地方，即把Albert Ehrenstein的译诗"Aus Streifereien Kaiser Tsching Tis"的原创作者说成是乾隆皇帝（高宗）。我手头没有Albert Ehrenstein的译诗，但这里很可能是将高宗误认为是大明正德帝，因

---

1 对此可参考Hartmut Walravens主编的以下四本书：1.《Vincenz Hundhausen（1887–1955）：诗人、印刷出版商、教授、导演和律师在京的生活和事业》，威斯巴登：Harrassowitz出版社，1999年，共211页（东方学文献文档，第6卷）。书内附Lutz Bieg发现的一个中文文稿目录；2.《Vincenz Hundhausen（1887–1955）：北京的社会环境与文学杂志〈帆船〉》，威斯巴登：Harrassowitz出版社，2000年，共203页（东方学文献文档；第7卷）；3.《Vincenz Hundhausen（1878–1955）译：北京的舞台演出及时评》，威斯巴登：Harrassowitz出版社，2000年，共183页（东方学文献文档；第8卷）；4.《Vincenz Hundhausen（1878–1955）：1934–1954年间通信往来，1931–1954年间致Rudolf Pannwitz的信，有关他生活和工作的图片及资料》。威斯巴登：Harrassowitz出版社，2001年，共176页（东方学文献文档；第11卷）。

2 Vgl. Gabriele Goldfuß: „Tausendjähriger Bambus: Lyrik und Prosa Fritz Mühlenwegs (1898–1961) Chinawissenschaften – deutschsprachige Entwicklungen. Geschichte, Personen, Perspektiven." Hamburg, 1999 (Mitteilungen des Instituts für Asienkunde. 303), S. 505–527. / 参见：Gabriele Goldfuß："千年竹：抒情诗和散文，Fritz Mühlenweg (1898–1961)的中国学-德语教学的发展、历史、人物和前景"，汉堡，1999年（亚洲研究院通讯303期），第505–527页。

3 参见：Bernhard Führer:《忘却与遗失——奥地利中国研究的历史》（*Vergessen und verloren. Die Geschichte der österreichischen Chinastudien*），多特蒙德：Projekt出版社，2001年，VI，371页（Cathay第42期），第267–276页："一个从没有头衔的汉学教授"（„Ein Professor für Sinologie, der nie einer war"）。

为对于德国读者来说更为言犹在耳的是何梦梅著的《大明正德皇游江南》（*Streifereien des Kaisers Tsching Tih*）。这是一部由Wilhelm Adolf Lindau根据华人Tkin Schen的英译本译成德文的中国小说，上下两卷（莱比锡：Christian Ernst Kollmann出版社，1843年）。这部鲜为人知的英译小说由理雅各（James Legge, 1815–1897）作序[1]，波美拉尼亚传教士奥古斯特·居茨拉夫（Karl Gützlaff, 1803–1805）在《中国博物志》（1840年9月，第57–63页）作了评述。简而言之，Ehrenstein的译诗与其说源于高宗皇帝的诗，还不如说是源于这部小说（小说本身就含有诗的章节）[2]。

搜寻和验证翻译诗和再创作诗的原作许久以来一直以来无人问津。这项工作旷时又费力，勤奋而富有学识的编著者却很少得到相应的回报，以至于没什么人敢于承担这样的任务。这方面的倡导者也往往只是试探性的（几乎都没有自始至终地坚持下去）。这些试探之作有：Martha Davidson著：翻译成英法德文出版的中文书目，共2册，[美]密歇根州Ann Arbor：全美学术联合会（American Council of Learned Societies），1952年出版。之后，类似的出版物寥寥无几，比如，《中诗英译索引》（汉至唐）/ *A Research Guide to English Translation of Chinese Verse*（*Han Dynasty to Tang Dynasty*），编著者为Kaichee Wong、Pung Ho、Shu-Ieung Dang。[3]直至顾教授的著作问世，我们才有了一本崭新的经典著作，它凝聚着作者的别具匠心和对中国文学及德国文学的杰出见地。虽然它不太会被摘抄和引用，却是一部被频繁使用的工具书。顾教授在中国就特别对荷尔德林，格林兄弟以及海涅的著作作过深入的研究，并在德国发表过关于荷尔德林的论著[4]以及现代中国诗歌选[5]。但愿他继续发挥他的专长发表研究成果。

末了，还提一个与该书的选题有关、而与其主旨并不相干的问题。这是一个对文学研究很有意义的问题。事实上很多的中文译作或再创作并非直接译自中文，而是译自其他欧洲语言；很多情况译自英语和法语，但也有的译自俄语。后者就如藏书家和旧书商Abraham Horodisch的译诗，就源自郭沫若和费多伦孔（N. T. Fedorenko）合编的四卷本丛书《中国诗选》（*Antologija kitajskoj poezii*）[6]。我这里例举一份与俄文译诗相对应的德译中国诗目录，从中不难解释Horodisch译诗所具有的某些特点（保留人名地名的转译方式）。

Übers. und Hrsg. von Abraham Horodisch: *Chinesische Gedichte*. Gütersloh : Bertelsmann Lesering, 1964, S.84. / Abraham Horodisch编译和主编：《中国诗》，居特斯洛：贝塔斯曼读书会，1964年，共84页。

1　Tkin Schen: *The Rambles of the Emperor Ching Tih in Këang Nan*. London: Longman, Browne, Green & Longmans, 1843, 2 Bde. / Tkin Schen：《大明正德皇游江南传》，伦敦：Longman, Browne, Green & Longmans出版社，1843年，两卷本。

2　《大明正德皇游江南传》，参考孙楷第：《日本东京所见小说书目》，北京：人民文学出版社，1991年，第63页。

3　Kai-chee Wong, Pung Ho, Shu-leung Dang：《中诗英译索引》（汉至唐），香港：香港中文大学出版社，1977年，第XII页，第368页。

4　Gu Zhengxiang: *Deutsche Lyrik in China. Studien zur Problematik des Übersetzens am Beispiel Friedrich Hölderlin*. München, 1995. / 顾正祥：《德国诗歌在中国：以荷尔德林为例探讨译事之难》，慕尼黑，1995年。

5　Gu Zhengxiang: *Ich lebe östlich des Ozeans. Chinesische Lyrik des 20. Jahrhunderts*. Berlin, 1996. / 顾正祥：《我住大洋东：二十世纪中国诗选》，柏林，1996年。

6　郭沫若，N. T. Fedorenko编：《汉译俄诗选》，莫斯科：国家文艺出版社，1957年，四卷本。

5　Wind und Regen (Buch der Lieder) I[1], 965

　　风雨（诗经）I, 965

6　Es baut ihr Nest die Elster auf dem Damme (Buch der Lieder) I, 110

　　鹊巢（诗经）I, 110

7　Ode an den Mandarinenbaum (Ch'ü Yüan) I, 190

　　橘颂（屈原）I, 190

10　Ich schwör dir bei des Himmels Blau (NN) I, 234

　　上邪（佚名）I, 234

12　Chiangnan (NN) I, 235

　　江南（汉乐府）（佚名）I, 235

13　Aus weiter Ferne kam ein Gast gereist (NN) I, 274

　　古诗十九首（其十八）"客从远方来"（佚名）I, 274

　　Im Kerker besinge ich die Zikade (Lo Pin-wang) II, 12

　　在狱咏蝉（骆宾王）II, 12

　　Heimkehr（Ho Chih-chang）II, 22

　　回乡偶书（贺知章）II, 22

16　Im Anblick des Mondes denke ich an die ferne Geliebte (Chang Chiu-ling) II, 28

　　望月怀远（张九龄）II, 28

17　Frühlingsmorgen (Meng Hao-jan) II, 38

　　春晓（孟浩然）II, 38

18　Nacht auf dem Flusse Chiende (Meng Hao-jan) II, 39

　　宿建德江（孟浩然）II, 39

19　Nachts in der Felsengrotte meines Meisters E warte ich vergebens auf Freund Ting (Meng Hao-jan)

　　II, 46

　　宿业师山房期丁大不至（孟浩然）II, 46

20　Am neunten Tage des neunten Mondes gedenke ich meiner Brüder in Shantun (Wang Wei) II, 65

　　九月九日忆山东兄弟（王维）II, 65

21　In der Berghütte (Wang Wei) II, 67

　　山居秋暝（王维）II, 67

22　Das Häuschen im Bambushain (Wang Wei) II, 79

　　竹里馆（王维）II, 79

1　罗马数字I、II、III，指的是译者Horodisch转译的俄文版四卷本中第几卷，逗号后的阿拉伯数字是指在该卷中第几页。

---

1 这显然是译者Horodisch看错了。因为在俄译第57页上有朱敦儒的一首诗，与前一页上的那一首靠得很近，便下意识地将朱敦儒当成了诗的作者。而那首诗在那儿明明被置于陈与义的名下。顾教授手头没有俄译原著，自然也就无法交代这种失误的原委了。

2 经与原诗核对，译文的诗标题与诗文错位：《晚春》一诗的标题被译为Sommerfreuden（夏之乐），而《夏日》一诗的标题又被译为Herbstfreuden（秋之乐/秋兴），春夏、夏秋颠倒，奇也。——译者注

83　Überall geht der Hauch des Frühlings (Lu Tsu-kao) III, 103

　　谒金门"风不定，移去移来帘影"（卢祖皋）III, 103

84　Der Mond geht auf über Kuachou (Chang Chi) III, 104

　　月上瓜洲·南徐多景楼作（张辑）III, 104

值得一提的是，其中的有些诗另行出版。很可能是用于做广告的试行本，题为"Chinesische Gedichte / Shan yin qiu se jin"（《中国诗选/山阴秋色尽》），由Abraham Horodisch编译和主编，由 Bertelsmann Lesering（贝塔斯曼读书会）出版，出版地为Gütersloh，无出版年份，内容有：

[43]　Lied der getreuen Ehefrau (Chang Chi) II, 211

　　节妇吟（张继）II, 211

[44]　Die steinerne Stadt (Liu Yu-hsi) II, 226

　　石头城（刘禹锡）II, 226

[47]　Zum erstenmal auf der T'aihang-Straße (Po Chü-i) II, 242

　　初入太行路（白居易）II, 242

[48]　Mein Seufzer beim Anblick des Berges Sung und des Flusses Lo (Po Chü-i) II, 243

　　看嵩洛有叹（白居易）II, 243

（孙君华 译）

[德文书评，原载：

Orientalistische Literaturzeitung (OLZ): Zeitschrift für die Wissenschaft vom ganzen Orient und seinen Beziehungen zu den angrenzenden Kulturkreisen. In Verbindung mit dem Institut für Asien- und Afrikawissenschaften der Humboldt-Universität zu Berlin, Band 98 (Juli-Oktober 2003), Heft 4-5, Spalte 589–592 / 《东方文学》（OLZ），是一本关于整个中东以及与之相毗邻的文化区域关系的学术刊物。柏林洪堡大学亚非研究院协办，第98卷（2003年7–10月），第4–5册，第589栏—592栏]

乌尔里希·施多尔特的报道

Dr. Ulrich Stolte, Stuttgart

汉学的里程碑：荷尔德林译者顾正祥出版第一本文学合集的书目

图宾根的汉学家顾正祥为德中文化交流做出了新的贡献。顾正祥以中国第一本《荷尔德林诗选》（北京大学出版社，1994年）的译者著称。现在他又出版了一本文学合集的书目（中国诗德语翻译总目），几乎将德语版中国诗选的资料网罗殆尽。

这位62岁的日耳曼学者，在过去六年里，当他查阅德国主要图书馆目录的时候，完成了一项艰巨无比的任务。通常情况下，书籍的标题所提供的信息往往不很精确，顾正祥不得不使用馆际互借来获取书籍，以便确认其中是否包含中国诗。可惜的是，许多诗集由于过于珍贵及罕见，而不让馆际互借。于是他只好独自风尘仆仆，跑遍德国的阅览室，遍查德国期刊，光顾德国一家家重要的旧书店。在出差途中，他也探访那些大书店。

"有些标题我是直接在商店橱窗里发现的"，顾先生回忆说。与德语译者的密切联系丰富了他的收获；与中国作家的信件联系，也让他得到关于诗歌出处的提示。

在研究中，顾正祥对德语语境中的中国诗歌有了整体的了解——一部姗姗来迟的中国诗在德国的接受史。中国古典诗的信息在歌德时代首次来到德国。第一首诗也不是直接从中文译出的，而是源自法语或英语的翻译，并非语文学家的严谨尝试。顾评价它们不过是写作爱好者的练笔罢了。真正的中国风潮出现在第一次世界大战前，德国汉学的先驱——图宾根的卫礼贤，他翻译的几部中国经典唤起了德国人对远东诗歌的兴趣。

两个民族都气数已尽，德国和中国当时的情形就是如此。德国想要在东方唤醒它疲惫不堪的灵魂，而中国也想从此在西方寻找灵丹妙药。顾正祥描述道：歌德、席勒、海因里希·海涅和特奥多·施托姆等作家，在当时的中国特别受欢迎，并因此推动了中国新文学的发展。

顾先生自1988年以来一直居住在德国，他译注的《荷尔德林诗集》富有开创性，于1994年在北京出版。多年来，他依靠各类奖助学金生活。从1996年到2002年，当他编制参考书目时，有时甚至没有一个常设的职位。现在他在斯图加特任讲师。"我是中国人，我可以节衣缩食"，这位谦逊的男子如是说。2002年11月中旬图宾根的一次研讨会上，他获得了德国领军汉学家给予的赞誉，肯定了他终身为德中文化交流所做的工作。

正是顾正祥的研究，让我们知道了中国诗歌究竟是何时以及以多大规模来到了德国。

（林纯洁 李晓书 译）

[德文书评，原载：*Schwäbisches Tageblatt*, Mittwoch, 8. 1. 2003 /《施瓦本日报》，2003年1月8日]

贝格的评论

Christine Berg, Hamburg

这部功勋卓著、卷帙浩繁的奠基之作是首次对歌德时代以来的中国诗德语翻译诗选所进行的系统研究、科学评价以及书目编纂（最早的可追溯至1833年，最新的取自2000年）。编制该书目的宗旨是，通过对中国诗歌标题及其作者姓名尽可能全面的梳理以及大量的评述首次全方位地向专业人士——首先是德国汉学家和中国日耳曼学者、也包括比较文学家和翻译研究人员——以及爱好文学的读者提供该领域迄今为止的整体接受情况，并为今后的跨文化研究奠定基础。

该作品的结构如下：篇幅虽短却功力深厚的序言（含对译者及转译者的品评）；202部诗选的书目；约850位作者姓名录（按字母顺序排列）；作者姓名录（按年代顺序排列）；作者及作品目录（汉德对照，所收原诗标题约5000首）；译诗目录（德汉对照）；译者索引（约170位译者与转译者）；出版地及出版社索引以及汉语原诗的参考条目。所谓的“汉德对照”，是指使用了繁体字及其拼音注音。不言而喻，由于数目巨大，并非所有德语翻译诗的标题都能被识别。在无法核实原诗题目的地方，顾正祥教授一一作了标示。

作为系列丛书《德语诗选中的翻译文学（书目）》中的一卷，该书目凭借其收录详尽的索引毫无疑问为德国汉学研究立下了一座里程碑。它将是任何以传统悠久、影响深远的中国诗为对象，认真研究其德语翻译的出发点。令本篇书评的作者无限欣喜的是，她竟然找到了自己译成德文的四首台湾抒情诗人林冷的诗作。

顾正祥教授于1944年生于中国江苏。1963年至1968年就读于上海外国语学院德法语系德语专业。自1994年取得博士学位以来，发表了论述译事之难的著作并出版了几部诗选。

（娄西利 译）

[德文书评，原载：*ASIEN*, 10. 2003, Heft 89, S. 84–85 /《亚洲》杂志，2003年10月第89期，第84–85页]

倪豪森的评论

Prof. Dr. William H. Nienhauser, Wisconsin-Madison

这部巨著的开篇是对中国诗歌在德国接受情况的一个概览：从歌德根据Peter Perring Thomas的英文底本对一些诗人所进行的转译（1824年），到一连串著名学者诸如August Pfizmaier（白居易和屈原的译本）、Ernst Schwarz（多部诗选）、Erwin von Zach（其萧统《文选》版本是亮点）、Wilhelm Gundert（他研讨课上所用的诗集《东方抒情诗》）、Günther Debon（多部诗集）、刘茂才（《中国爱情、中国美酒》）等多种。对那篇论述详备的长篇导论，德国汉学系的学生或许会比中国原诗的读者更感兴趣。接下来是一个中国诗选德译本的书目（第3–27页），内容十分丰富。每个条目之下都附上该诗选所收录的诗人。再接下来是一份中国诗人的总名录，一律按（拉丁化的）汉语拼音首字母顺序排列，除汉字原文外，还有原作者姓名的各种德语化拼写法（对白居易的拉丁化改写方式竟有25种之多）。再往下是按编年史顺序排列的原作者中文姓名。最后，该书目的主体部分，分别是中国诗作者和德语翻译这两大目录。在第一项（诗作者目录）中，在白居易的名下（第61–75页），读者能找到一份他在所有德语诗选中的译诗清单（按拼音字母顺序排列）。以《感旧纱帽》一诗为例，作者标注了Alfred Forke、Franziska Meister（译自Arthur Waley）、Jan Ulenbrook、Bertold Brecht、Käthe Braun-Parger、Albert Ehrenstein以及Hans Böhm等人翻译的版本。就在这个诗作者目录中存在两个小问题：其一是作者并没有区分直接译自汉语（如Forke）、转译自其他西方语言（如Meister）和仿照或再创作（如Brecht）这几条不同的翻译路径；其二是白居易，其他所有的诗人也是，它们的各种拉丁文译名在此又出现了一遍。这第二项目录也是按诗人姓氏拼音顺序排列，并能让读者从德语题目（例如"Auf den Hut, den Li Chien dem Dichter einst schenkte"）直接找到相应的中国诗原题（《感旧纱帽》）。全书以出版人、出版地、参考的中国诗集评注的细目结束。顾正祥此项研究受到过郎密榭（Prof. Dr. Michael Lackner）先生"文学翻译"项目的支持。此二人之功可喜可贺，因为这项研究对下面两部在香港完成的如今多少有些过时的英文翻译索引是个很好的补充：*A Research Guide to English Translation of Chinese Verse: Han Dynasty to Tang Dynasty*（Kai-Chee Wong、Pung Ho及Shu-leung Dang主编，香港：中文大学出版社，1977年）和*25 Tang Poets: Index to English Translations*（Sydney S.K. Fung及S.T. Lai主编，香港：中文大学出版社，1984年）。

（Peter Gietz 德译）

（娄西利 汉译）

[英文书评，原载：*Chinese Literature: Essays, Articles, Reviews (CLEAR)*, 2003, Nr. 25, S. 219 / 《中国文学：随笔、论文及评论》（英文缩写CLEAR），2003年第25期，第219页]

毕鲁直的评述

Prof. Dr. Lutz Bieg, Köln

谁想试着作出判断，究竟有哪些中国作者的诗已被译成德语，都不得不得出以下的结论：总体看来——除例外情况[1]——关于中国诗德语翻译的考究在五十年代初就已中止。[2] 因为七、八十年代为数不多的几项以马塔·戴维森（Martha Davidson）（1911–1993）开山之作为榜样的后继性研究已不再着眼于我们德语区，而是专注于中国诗的英文翻译。这一论断在以下两部著作中体现得很清楚：其一，《中诗英译索引（汉至唐）》（黄继持、Pung Ho及邓仕梁主编，香港：中文大学出版社，1977年版，XXI，共368页），该翻译书目研究的时间跨度较大；其二，《二十五位唐代诗人：英文翻译索引》（Sydney S. K. Fung及黎树添主编，香港：中文大学出版社，1984年版，XXVIII，共696页，一部翻译汇编）。这部工具书仅对唐代（618–907）这一对整个中国诗而言举足轻重的时代给予了关注，并且仅涉及到了极少数诗人（该时期有不下2995位诗人，而书中仅收录了其中25位诗人的作品）。

这个特别不尽人意的研究现状，不论对译者、大学生还是对读者而言都显得极为尴尬。幸而，我们这里要介绍的中国日耳曼学者顾正祥的著作（很久前《东亚文学论刊》第22期就对此书作过预告，相关书目编号为6630）对该现状进行了长足的改善。作为哥廷根大学"文学翻译"这一特殊科研领域项目的研究成果，它至少涉及202部德语诗选，收编了约170位译者和转译诗人的译作，涵括了约850位中国诗人的近5000首诗。[3] 这些诗选的时间跨度为1833年至2000年。请参阅第138部诗

1　在此首先要提及的两篇德语论文乃应归功于石磊（Wilfried Spaar）："刘禹锡（772-842）编辑、翻译及研究书目（注疏本）"，载：《波鸿东亚研究年刊》，1986年第9期，第1–81页；以及《柳宗元作品翻译书目》，石磊编写（魏汉茂编辑），柏林：柏林国立图书馆，2003年，共174页（柏林国立图书馆——普鲁士文化遗产基金会，新设立的东亚部门，专刊4）。

2　笔者想到了马塔·戴维森并非丝毫未受到足够赞誉的未定稿书目：《中国诗英译、翻译及德译出版目录》，第I部分："文学（不含诗歌）"（试编）；第II部分："诗歌"。马塔·戴维森编修（试编），美国学术团体协会出品：J. W. Edwards出版社（安娜堡，1952年，XXVIII，共179页）、耶鲁大学远东出版社（纽黑文，1957年，第181–462页）。

3　更早一些，也就是据笔者所知第一部中国诗德译"诗选"乃是由穆尔（Christoph Gottlieb von Murr）从英文转译的《好逑传》的附录中的诗文汇编，该小说德文书名为 "Haoh Kjöh Tschwen"，即 "Die angenehme Geschichte des Haoh Kjöh. Ein chinesischer Roman, in vier Büchern"［按：意为"好逑（先生）的愉快故事，一部中国小说，全四册"］。英译本是根据中文翻译而来，穆尔又据此将其译成了德文。书中带有很多评注，包括中国戏剧的内容、关于中国诗歌艺术以及中国成语的论述，译者还试着为德国读者分析了汉语文字学。小说结束后，从第489页起有：《好逑传》附录：第I部分"一部中国戏剧的内容"（如1719年在广东所演出的那样），参见第491–508页；第II部分"论中国人的诗歌艺术及其若干诗歌"（第509–546页）；第III部分，"中国成语及谚语汇编"（第547–620页），由穆尔译自英文，附加了很多注解，并试着为德国读者添注分析了中国的语言学（第621–660页）。除了一份完整的索引（第489–660页+无页码索引，第661–669页+以下版印错误当可校正，在第670页上），在第II部分"论中国人的诗歌艺术［…］"这篇论文的末尾，标题为"中国诗艺中脍炙人口的短篇"（第529–546页）和第XV首杜少陵名下诗作《天下的大人物们，请不要嘲笑贫苦的农民……》（第542页）中，就包括一首杜甫的诗歌《少年行二首（其一）》（参见顾，第95页，作者在那里仅收录了德博的一首译诗《An die Jugend》），以及作为最后一节的《庄子》节选（32, 13）"第XXI，一则中国寓言"（第545–546页）。
　　——译注：《好逑传》的书名当出自《诗经》首篇《国风·关雎》中"窈窕淑女，君子好逑"。德译本将"好逑"作人名解，即"一位名叫好逑的君子（先生）"，这其实是有悖于原文的。然而，本文作者并未对该问题予以澄清。

选：弗里德里希·吕克特译的《诗经》，他是根据孙璋（Alexandre de la Charme）的拉丁文版本译成。这一拉丁文译稿约于1733年成文，却在1830年才版印问世；[1] 2000年出版的诗选共有两部：一部是第123部诗选《凤凰树·台湾现代诗歌》；另一部是序号为045部诗选《皇帝的药房》，Edoardo Fazzioli选译，而事实上该书早在1989年就已首刊。有鉴于此，不仅专业人士，所有对中国诗德语翻译的品评和鉴赏感兴趣的诗文爱好者，都应该对顾先生深表谢意。

作为由Hiersemann出版社刊行的系列丛书中的一卷，该书目在结构上与其他各卷保持了整齐划一的格式。另外，它通篇配有汉字，版印一丝不苟，尺寸是大开本，自然也价格不菲。该书目先是通过一篇出色的《导论》（第IXX–XXXVIII页）引入"中国诗在德国"这一主题，紧接着就是关于德语诗选中的中国诗的各种详实资料。对待这些译诗，不管它们是从中文直接译为德语还是经由另一种语言间接译成，只要尚可鉴别（参见第XXVII页相关"核定比率"[2]以及总数并不算少的"未能核出"译文），作者均对其巨细不遗（如核实出中文原诗的题目或者查明译者所参照的是哪个中文版本）。具体说来这些资料有：

第一，"书目"一栏（Bibliographie, 第1–27页），关于所评价作品的详实信息。作者在这里以目录的形式按出版人姓名的顺序列出了199部（或者说201部）诗选[3]，甚至还标出了收藏那些诗选的图书馆的缩写符号，并注明相关中国诗人或作品信息。

第二，作者及作品详录（第29–275页）。这是该书篇幅最长也是最重要的部分，它共分为以下三部分：首先是按照拼音加汉字的基本格式书写的作者姓名录（Autorennamen, alphabetisch, 第29–49页），按字母排序排列；其次是译文中出现的作者姓名录，即译者在各诗选中实际使用的格式，例如唐代著名诗人白居易（772-846）的名字就有28种截然不同的拼法，从Bai Dschü-i, 到Potschüi, 不一而足；最后是按年代先后排序的作者姓名录（Autorennamen, chronologisch, 第51–58页），从七位先秦（至公元前221年）诗人（以孔子开头），到三十位佛家诗人（至僧璨结尾）。此处作者仅给出了诗人的汉语姓名，我们或可由此推断这项索引首先面向的是通晓汉语的专业人士；这个作者部分的最后一项是一个作者目录（Autorenregister, 第59–275页），其中录入了姓名（标准的拼音加汉字的格式）、生卒年份以及在评价的诗选中出现的各种姓名变体，并分别录入了

1　该书目在书名中明确给出了诗选的限定——在评价时也就把文学史、对某单个诗人的汉学—文学学术研究[这里的例外是第168部诗选《冯梦龙的〈山歌〉》，作者特佩尔曼（C. Töpelmann）]以及数量更多的专攻某单个作者的翻译项目排除在外了，然而却包括普通的简编如第045部、第143部诗选以及《诗经》（顾似乎将其理解为"中国的诗选"）。这个限定是很有意义的，因为这部工具书的每个读者在使用前都应该明白：关于中国诗德语翻译的汇编文集相比之下要多得多，我们会想到比如察赫（Erwin von Zach）关于杜甫和李白的全译本或近乎全译本，或者现代诗人余光中的作品（第261页）。多亏Andreas Donath的德译本，后者呈现得让我们这里要介绍的书目要好得多。

2　年代愈久远，查证出译诗原文的可能性自然愈渺小，并且在一些对原诗肆意"发挥"的"转译诗人"那里跌至"谷底"——最典型的莫过于著名诗歌"Porzellanpavillon / Pavillon von Porzellan"（按：意为《陶亭》）。据称原诗作者为李白（参见第146页，10首"译作"的证明），然而德博（Günther Debon）却认为"所有迹象都表明"该译作是一个欧化的拼接作品！[参见德博："Schwabing und China"，载：《另一个中国》，鲍吾刚65周岁纪念特刊，施寒微（Helwig Schmidt-Glintzer）主编，威斯巴登：Harrassowitz出版社，1995年，第29页，Wolfenbüttel研究；62]。

3　关于顾选择的20世纪上半叶的诗选，亦可参见袁同礼（1895-1965年）始终无人能超越的书目 *China in Western Literature. A Continuation of Cordier's Bibliotheca Sinica*，袁同礼编，纽黑文：耶鲁大学远东出版社，1958年版，第407-412页。

（甲）中国诗原题目、（乙）德语译诗题目（含译者姓名）以及最后（丙）诗选编号（在这些诗选中，我们能找到某一首诗的常常是很多很多的译本）。能够厘清原诗的题目并核实出译文所根据的原版，这才是顾先生缜密搜寻工作的最大功劳以及非凡的学术价值所在。研究德语译诗还可以通过（下面会讲到的）几种途径入门。比如第五栏"德文译诗索引"（Übersetzungsregister，第277–370页），尽管作者（也许出于篇幅考虑）并未把全部译诗都列出来。对诗人石介（1005–1045）[1]（仅有两个德译本收录了他的一首诗，参见"Autorenregister / 作者目录"，第188页）或者其他仅有少量作品被译成德语的诗人，我们可以说一眼就能迅速了解到可能存在哪些翻译；但这一点在那些不断有新德译版本出现的诗人那里就不同了：找起译文所根据的原诗来会困难重重且耗时甚巨。所以该书目在方便读者查阅方面尤其可圈可点，如有400余首译自汉语原诗却因失考被归入"无名氏"（作者不详的诗歌）的诗歌和作品，作者对这些译诗的题目均按字母排序的方法进行了归整。此方法除了用于已提到的所谓"待考诗"，还用在译自以下11位诗人的翻译作品上（并非如第279页写到的12位）：白居易、杜甫、杜牧、韩愈、李白、刘长卿、孟浩然、欧阳修、苏轼、陶潜、王维；另外，作者还把康妮利亚·特佩尔曼（Cornelia Töpelmann）1972年写成于慕尼黑的汉学博士论文（序号：168）中论及的所有"山歌"归入"明清民歌"（第325–328页），并按字母顺序进行了排列。并且，作者还总结了一份关于《诗经》各篇目1700余种译法的细目（诗经译目汇编，第329–350页）。

对诗歌翻译的探索，当然也可以从第六栏"译者索引"入手（Übersetzerregister，第371–390页）。该索引在译者的名下（从匿名译者到Richard Zoozmann / 理查德·丘茨曼[2]），随即标明了译者所推断的中国原作者。对于其后，简短且分两部分列示的第七栏"出版地和出版社索引"（Verlagsorts- und Verlagsregister，第391–403页），在此仅做如下简要提示：其第一部分在城市名称（从亚琛到苏黎世）下方，列举了书目所依托的（所有相应）出版社（第393–396页），而第二部分则列举了出版社的名称（第397–403页）——从Acker出版社[笔者认为这是指位于巴登沃尔法（Wolfach Baden）的Ferdinand Acker出版社]到马格德堡的Faber家族印书馆[在序号为052的诗选中以"代销出版社"的名义出版了佛尔克（Alfred Forke）的作品，因此被列在字母F之下]，再到二千零一出版社（Zweitausendeins）。该索引对于只对中国诗歌——而不对出版史亦或图书掌故——感兴趣的人来说，与下面第七栏"中文原诗版本详目和略语表"（第405–409页）相比，意义不大。该清单由四个部分组成，不外乎中文原作的出处，分：单人集（古代）；单人集（现代）；多人集（古代）；多人集（现代）。以极为简洁的形式，按"作者目录"中使用过的缩略形式排列。

这一令人叹为观止的总目，造就了一个顶级的、能识别被译成德语（我需要强调这一限定）的

1　关于这位拥有144首传世诗作的宋代诗人，可参见曹卫国："Shih Chieh"，载：*The Indiana Companion to Traditional Chinese Literature*（第2卷），初级主编倪豪森（William H. Nienhauser），协编蔡涵墨（Charles Hartman）及助编斯科特·加勒（Scott W. Galer）编修，布卢明顿：印第安纳大学出版社，1998年，第147–149页。

2　书中所评析的第198和第199部诗选即出自理查德·丘茨曼（Richard Zoozmann）（1863–1934）。作为英语和意大利语作品的"诗选编译者"兼转译诗人，他至今仍为世人所熟知。

中国诗歌的工具书；现在，任何尚未"被公认的"先驱译者，都可按此总目比照确定。[1]当然，——如同所有书目索引都会出现的那样，没有哪个总目能真正做到"完美无缺"而"一劳永逸"——该书也存在遗漏、错误和疏忽。我对该总目的佩服无以复加。下文指出的些许瑕疵，并不会降低这部佳作的非凡质量。

顾先生并没有关注Wilhelm Christian Schott（1802–1889）的翻译，[2]尽管他引用了后者文章中的一些诗歌翻译，其中包括李白的《静夜思》["论中国诗行艺术——兼论语言学"（„Über die chinesische Verskunst. Zugabe zur Sprachlehre"），载：《普鲁士国家科学院学报》，柏林，1857年，第3册，第55–78页。][3]同样，德国日本学研究的开山鼻祖卡尔·阿道夫·弗洛伦茨（Carl Adolf Florenz）(1865–1939) 的早期论文："中国诗研究：押韵传译——导论、评注及原文"（„Beiträge zur chinesischen Poesie, in metrischen Übertragungen, mit Einleitung, Commentaren und den Originaltexten"，载：《德国东亚自然与人文学会会刊》，东京，第5卷，第42期，1889年，第43–68页），汉学家霍布理（Peter Olbricht）（1909–2001）的论文："中国爱情诗700年"（„Chinesische Liebesgedichte aus 7 Jahrhunderten"，载：《德国东亚自然与人文学会通讯》，汉堡，第79/80期，1956年，第15–29页）[4]，台湾赖丽琇的双语诗选《唐诗选粹》（台北：中央图书出版社，1988年，XVIII，共103页）[5]，以及恩格尔伯特·阿尔滕布格博士（Dr. Engelbert Altenburger）所著同为双语的诗选：《三李诗词：中国的梦境与现实，李白、李煜、李清照诗文品鉴》（*Die Drei Dichterfürsten Li. Traum und Realität Chinas, erlebt und aufgezeichnet in ausgewählten Werken: Li Bai, Li Yu, Li Qingzhao*，台北：冠唐国际图书股份有限公司，1999年，XIV，共168页），原本也应该加以

---

1 另一篇业已发表并同样对该书目持极大褒奖态度的书评出自德博。比较参阅：《东方方向》（*Orientierungen*），2002年第2期，第149–151页。
2 关于舒特的生平及著作，参见魏汉茂著：《威廉·舒特（1802–1889）：一位东方学家的生平与影响》（*Wilhelm Schott (1802–1889): Leben und Wirken des Orientalisten*），威斯巴登：Harrassowitz出版社，2001年，共220页（《东方学书目及资料汇编》，第13卷）。
3 关于这首在我看来最常被翻译的李白诗歌，比较参阅：毕鲁直（Lutz Bieg）和包惠夫（Wolf Baus）发表在《东亚文学论刊》1989年3月第8期，第89–109页，题名为"关于一首诗及其演变——李白静夜思的22种译本"（„Ein Gedicht und seine Metamorphosen – 22 Übersetzungen von Li Bais *jing ye si*"）对1857年后绝句翻译/意译的梳理。加上包惠夫发表在《东亚文学论刊》，1989年12月第9期，第122页的雨果·迪特伯尔纳（Hugo Dittberner）和曼弗雷德·豪斯曼（Manfred Hausmann）的两个译本，和瓦尔特·菲克（Walter Fick）所作四首李白诗歌翻译（《四首中国诗》Vier Gedichte）(Vergänglichkeit, Liebesschicksal, Ein Brief an meine Frau aus der Haft im Gefängnis von Xunyang, Träumerei bei Nacht)，载：《东亚文学论刊》，1997年5月第22期，第30–32页）中的《静夜思》，以及由顾额外标注（第138页），但常常被其他早期译者"借用"的菲力克斯·冯·雷佩尔（Felix von Lepel）、爱林斯坦、格奥尔格·施耐德（Georg Schneider）、马克思·弗莱舍（Max Fleischer）、康拉德·豪斯曼（Conrad Haussmann）、奥托·尤利乌斯·比尔鲍姆（Otto Julius Bierbaum）、吕福克、路德维希·高德赛德（Ludwig Goldscheider）、高特弗里德·波姆（Gottfried Böhm）、路德维希·沃奇（Ludwig Woitsch）以及德博的译作，该诗至少有37种翻译版本。对这首诗感兴趣的人可以参阅载于《东亚文学论刊》2001年5月第30期第146–147页包惠夫对该诗原文结构的评注。
4 恩斯特·伯施曼（Ernst Boerschmann）的两篇"诗选研究论文"，I. "唐诗"（619–906）；II. "当代诗"，（共收录16首诗歌），载：*Sinica*，法兰克福，1932年6月7日，第235–240页，以及Zoltan von Franyó著："中国诗：原文传译"（„Chinesische Gedichte. Aus dem Urtext übertragen"），含36首译作，载：*Sinica*，法兰克福，1940年1/2月15日，第49–59页，也并没有被顾评析，这或许是因为它们作为论文并没有被袁同礼（见注释6）收录。
5 由于此文集中也有一份题名为"Nachsinnen in der stillen Nacht"（第8–9页）的《静夜思》翻译，因此，至少存在38种该诗的德文译本。

评析。[1]

将柳宗元《江雪》（第158页）的德文翻译归为霍布理（Peter Olbricht）的译著是不准确的：这首诗并没有两次被译成德语并收录于《东方抒情诗》（*Lyrik des Ostens*），而是仅由德博（Günther Debon）完成了一次。同样的错误归类还可见于第159页的《渔翁》：霍布理（Peter Olbricht）不可能为《东方抒情诗》翻译了柳宗元的《渔翁》，因为该诗集并没有收录这首诗！

乾隆皇帝——或如作者所书：爱新觉罗·弘历——被列于"作者及作品录"的第三条目。诗歌"三清茶"确系乾隆所作；[2]但是，此处被列于乾隆名下、而且都没有被顾先生核对出的总计四首诗中的三首，绝不可能是乾隆皇帝的作品。[3]它们是由在知识产权方面极其"慷慨"的爱林斯坦（Albert Ehrenstein，1886–1950），取自一部中国小说的德语译本。[4]该书大约著于1832年，讲述了正德皇帝朱厚照（1491–1521，1505年起执政）微服私访下江南的一段虚构奇遇。这部中国小说在传教士理雅各（James Legge, 1815–1897）的倡议下，由其中国学生Tkin Shen，即He Jinshan，于1842年在马略卡，译成英语。

该小说的德文转译本——已随其英文译本在同一年——以如下题名出版：《大明正德皇游江南——一部中国小说》[*Streifereien des Kaisers Tsching Tih. Ein chinesischer Roman*，根据中国人Tkin Schen的英文译本，由威廉·阿道尔夫·林道（Wilhelm Adolf Lindau）转译成德文，两卷本，莱比锡，Christian Ernst Kollmann出版社，1843年版，XV，325，336页+说明页]。

在下文中，为了证明缩小"未核出诗歌"之数确实可行，并证实（支持包括布莱希特在内所有"转译诗人"的）爱林斯坦的"恶名"，笔者将对研读这部小说时发现的诗文脚本和爱林斯坦的翻译版本，进行初步的比对：

---

1 对第二本台湾诗选的初步评析，在研究深度上并未企及顾正祥在本文评介的总目中所达到的水准，见于《东亚文学论刊》，2001年5月第30期，第160-186页，由我持续更新的总目《中国文学最新德语出版作品》（*Neue deutschsprachige Veröffentlichungen zur chinesischen Literatur*），第5800及以下诸项。

2 对此应首要参阅马丁·嵇穆（Martin Gimm）的大作：《诗人乾隆（1711–1799）——诗文评注》[*Kaiser Qianlong（1711–1799）als Poet. Anmerkungen zu seinem schriftstellerischen Werk*]，斯图加特：施泰纳出版社，1993年，共231页，Sinologica Coloniensia丛书，第15卷。一份由汉学家翁有理（Ulrich Unger）所著的《三清茶》译作见于下书的第11项说明：茶碗，即"三清茶碗"，木样配青釉和红釉雕花；由如意云头构成的环纹之间刻有乾隆皇帝1746年的诗文；碗底、碗口直径分别为6.1、10.9厘米；（烧制于）中国18世纪（不早于1746年）；乾隆印鉴；1941年收藏；物品编号：AS-CH-c-6（茶碗插图见第101页），载：莫妮卡·科普林（Monika Kopplin）著：《漆器博物馆：东亚漆艺——作品精选》（*Museum für Lackkunst. Ostasiatische Lackkunst – Ausgewählte Arbeiten*），由约根·道派尔斯坦（Jürgen Doppelstein）作引，明斯特：巴斯夫油漆与染料公司所属漆器博物馆，1993年，第100页。

3 最后一首被顾先生收录于乾隆名下，由弗兰切卡·奥勒女士（1884-1955，曾于1909到1920年间作为传教士在广东生活，在归德后成为了著作颇丰的"民间作家"，并以Elisabeth Oehler-Heimerdinger为笔名从事创作）以《皇帝之泪》（Kaisertränen）为题名翻译的诗，相反却有可能是一首——"归功于"译者以下无甚帮助的说明："乾隆皇帝（1736-1796），一位强大的统治者，著有34000首诗歌。这首诗是关于一位美丽、已有婚约、但却遭他人觊觎的女孩。歹人除掉女孩未婚夫之后，女孩却来到素未谋面的新郎坟前，在石板上不停磕头，直到死去。"——尚未被查明的乾隆皇帝诗作。

4 小说：《大明正德皇游江南传》45回本——笔者无从查阅——由何梦梅所著且包含日期为1832年的作者序。

第1首诗[1]——标题为：Aus Streifereien Kaisers Tsching Ti I. Verborgen，第424页——载上文所引小说第2卷第208—209页；此处缩略引用的诗句源自译著第18章：

Es ruhet auf der See mein Kahn,
　　Von Wellenschaum umgeben,
Ich schau' zum fernen Berg hinan,
　　Wo Weib und Kinder leben.
Gern seh' ich die bebrückte Flut,
　　Wann Frühlingsregen gießen,
Und Nebel in der Morgenglut
　　Den Bergabhang umfließen. ...
Verborgen führ' ich meinen Lauf
　　Scheu vor der Welt zu beben,
Selbst meine Namen gab ich auf
　　Und nutzlos ist mein Leben.
Verrückt sogar erscheine ich,
　　Verräthern zu entrinnen,
Für taubstumm halten alle mich,
　　Wenn sie mich sehn und sinnen.

爱林斯坦将它改译为：

Es ruhet auf dem See mein Kahn,
Von Wellenschaum umgeben,
Ich schau zum fernen Berg hinan,
Wo Weib und Kinder leben.
Gern seh ich die bebrückte Flut,
Wenn Frühlingsregen gießen
Und Nebel in der Morgenglut

1　该按本文所述顺序编排的诗歌出自：爱林斯坦著，哈尼·米特尔曼（Hanni Mittelmann）主编：《著作：五卷本》（*Werke. Werkausgabe in fünf Bänden*）；以及《耶路撒冷爱林斯坦档案》（*Albert Ehrenstein Archiv Jerusalem*），3/I和3/II卷：《中国诗歌·抒情诗（卷I）·散文（卷II）》，［其第一分卷包括：Schi-King、Pe-Lo-Thien、China klagt、Po Chü-i、Einzelveröffentlichungen aus den Jahren 1923—1932、Das Gelbe Lied以及经"诗歌名称详录"汇编的其流亡期间所作诗歌（第487—501页）］，慕尼黑：Boer出版社，1995年，第3/I卷，第42—26页。

Den Berghang niederfließen. ...

Verborgen führ ich meinen Lauf,

Scheu vor der Welt zu beben;

Selbst meinen Namen gab ich auf

Geheimnis ist mein Leben.

Verrückt sogar erscheine ich,

Verrätern zu entrinnen,

Für taubstumm halten alle mich,

Ich muß mich hintersinnen.

第2首是基于3个选自上述19世纪小说的诗歌片段作成的混合诗。相应片段选自小说第I卷第325页中第21回末尾：

Im Leben trink' den Wein, den perlenhellen,

Denn nicht ein Tropfen kommt zu den neun Quellen.

第I卷第296页第20回开头：

Wenn jung, ist's Zeit den günst' gen Wind zu fangen,

Doch nicht der Mann kann fliehend Licht erlangen.

Des Mondes bleichkalt Licht nimmt ab und zu;

Die Blumen blüh'n und gehn verwelkt zur Ruh'.

Der Himmel hört auf weiche Klagen nicht,

Da Thatkraft stets ruhm voll den Sieg erficht.

以及第I卷第266页第17回结尾：

Den grimmen Tiger fangen wir,

Doch lasset nicht den Bogen sehn;

Der Köder ist gut angelegt.

Die Beute kann uns nicht entgehen.

和第I卷第267页第18回开头：

Vergebens, wenn das Menschenherz

Verlangt nach eitlem Glück;

Bald kommt der Todestraum und führt

Alles in Staub zurück.

Wir wähnen nicht, dass grün das Gras

Wohl tausend Jahre steht,

Noch auch, dass ein Jahrhundert nicht

Ein Grab so leicht verweht.

由此产生了爱林斯坦"转译"的"II. Mahnung"（第425页）：

Im Leben trink den Wein, den perlenhellen,

Denn nicht ein Tropfen kommt

Zu den neun unteren Quellen.

Und bist du jung, so ist es Zeit,

Den günstigen Wind zu fangen,

Nicht kann der dicke Mann

Fliehend Licht einfangen.

Das Mondes bleichkalt Licht

Nimmt ab und zu,

Die Blumen blühn

Und gehn verwelkt zur Ruh.

Der Himmel hört

Die weichen Klagen nicht,

Wir können jeder Tiger fangen.

Vergebens aber, Menschenherz,

Träumst du untätig dich ins Glück

Dann kommt der Tod

Und führt den Traum

In Staub zurück.

O wähne nicht, dass grün das Gras

Eintausend Jahre steht,

Rasch kommt das Jahr,

Das sanft dein Grab verweht.

第三首诗歌"III. Aufstand"（第426页）出自小说第5回（第I卷，第81页）：

Unglück kommt nicht allein. Durch's morsche Dach

Dringt nächtlich Regen; wilder Aufstand folgt

Dicht auf den Fersen grauser Hungersnoth.

以及第6回（第82页）开头：

Laut saust der Wind, doch lauter gellt

Die Kriegsdromete, rufend in das Feld.

Man sieht im wilden Kampf die Waffen scheinen

Und mit dem Fluß Blutströme sich vereinen;

Entwurzelt liegt des Baumes grünes Haupt,

Des Blumenschmuckes ist das Feld beraubt.

Doch schweigend wird die Welle fortgetragen,

Des Lärms nicht achtend, nicht der Todesklagen.

由此衍生出爱林斯坦的如下转译：

Unglück dringt ein.

Durchs morsche Dach

Stürmt Regen.

Laut saust der Wind, O Nacht!

Doch lauter gellt durch unsere Welt

Die Kriegstrompete: Schlacht!

Entwurzelt liegt

Des Baumes grünes Haupt,

Der Blumen ist das Feld beraubt.

Schweigend wird die Welle fortgetragen,

Lärms nicht achtend noch der Todesklagen.

《江上》[Über den（当为：Über dem!）Fluß，在顾书的第244页和第368页被标记为（未核出）]——爱林斯坦的那首印在上述三首选自小说的诗歌之后，且未注明作者是谁的诗（第426页末尾）——其实是他翻译的张继（8世纪，参见第267页）的绝句《枫桥夜泊》，译文冗长且颇为"离奇"。吕福克（Volker Klöpsch）译本的题名为"Nachts an der Ahornbrücke vor Anker"。关于此诗还有个大胆的猜测：从爱林斯坦文本"Der Fremden Schiffe ankern vor Kou Sou."[1]最后一行中地名的译名推断，在这位奥地利转译诗人的文本之前已有了法文译本或曰脚本。

（娄西利 徐腾飞 译）

[德文书评，原载：*Hefte für ostasiatische Literatur*，Mai 2004, Nr. 36，S. 142–152 / 《东亚文学论刊》，2004年5月第36期，第142–152页]

---

1 爱林斯坦用"Kou Sou"对这首七言绝句第三句，即倒数第二句开头的"姑苏"（指苏州）进行了表述。

严谨学风与愚公精神的美满结合

——评顾正祥编著的《中国诗德语翻译总目》

杨武能

　　一部硬面精装的四开本大书，篇幅多达到447页，拿在手里硬是沉得像一块砖头。虽然书的内容涉及文学翻译和中德文学文化关系，令我挺感兴趣，虽然出版社也是征得到了我的同意，才寄来这部价值昂贵的书——售价150欧元，折合人民币1500多元——请我写书评的，可在真的收到并捧在手里粗粗翻看之后，却又不禁感到有点后悔：这么厚重的一部著作，要为它写一篇稍许有点分量的书评，得耗费掉本人多少精力和时间啊！悔不该贪图得到人家一本赠书，结果自讨苦吃不是！

　　谁知在花了一周多时间认认真真"啃完"这块"砖头"之后，才庆幸自己没有与这部价值巨大、然而印数极少的工具书和学术著作失之交臂，才发现这本书真是值得认真读一读，真是有必要向我国的学术界，特别是翻译界和比较文学界慎重推荐。在动笔写这篇书评的时候，我深感能向国内学界同仁推荐它，让大家一起分享这样一颗十分难得的硕果，既是自己义不容辞的责任，也是自己极好的学习机会。

　　这部大作由以出版学术著作著称的德国斯图加特安东·希尔瑟曼出版社（Anton Hiersemann Verlag）出版，书名平淡无奇，德文叫做"Anthologien mit chinesischen Dichtungen"，中文原译作《中国诗德语翻译总目》——以下简称《总目》。顾名思义，似乎只不过是一册目录、索引，只不过是一部工具书罢了。

　　确实也是一部以目录、索引为主要内容的工具书，然而自打2002年出版问世以来，却得到了广泛好评和高度推崇，而这样的情况，据我了解在德国的汉学界和译学界实在都不多见。尤其难得的是，连硕果仅存、德高望重的老一辈汉学家和中国诗歌翻译家德博教授（Günther Debon），也专门撰文评介推许；当代的汉学和译学权威、波恩大学汉学系系主任顾彬教授（Wolfgang Kubin）也以既感激又惊喜（dankbar und erstaunt），来形容自己读后的感想和心情；还有的学者称其为本学科一部新的"权威著作"（Standardwerk），甚而至于誉之为德国"汉学新的里程碑"（Meilenstein der Sinologie）。如此等等，都说明《中国诗德语翻译总目》一书确实不同凡响。

　　这部赢得了如此赞誉的著作，作者是一位旅居德国的中国人，名字叫顾正祥。1944年出生在江苏，1968年大学毕业于上海外国语学院德语专业，1979年起在杭州大学任教，1988年赴德深造，1994年获得图宾根大学的博士学位，现已定居德国，在多所大学或机构从事研究工作。顾先生可称是我多重意义上的同行，虽然彼此早已知道名字，却一直无缘谋面。我因为译介格林童话，早注意到了他1986年翻译的《格林兄弟评传》；1994年他又出版荷尔德林诗集，成为了第一个在中国全面系统地译介这位天才诗人的学者，更令我瞩目。这次读到他的学术大作，方知道他到德国后已成功进入译学、汉学、比较文学、目录考据学这样一些彼此紧密相关的学科领域，并以自己中国文学文化和德国文学文化的良好修养和广博知识，再加上不惧艰苦和长期坚持不懈的努力，完成了非凡的建树，取得了令人钦佩的成果。

良好的修养、广博的知识也罢，不惧艰苦、坚持不懈也罢，建树非凡、成果令人钦佩也罢，统统都并非笔者信口开河，而是可以用本文推荐的这部大书——地、实实在在地加以证明。

书的内容，是对所有德语的翻译诗歌合集（Anthologie）里的中国诗歌，进行全面、系统和科学地搜集、整理和评价，最后编纂成了多达9个的索引或目录；因此，《总目》这个书名，可谓完全符合实际。

所收罗到的诗歌合集的时间跨度，上自尚属歌德时代的1833年，下迄二十世纪的最后一年，也即是167年。具体涉及在德国、奥地利、瑞士出版的202部德语译诗合集（其中约一半所选纯粹为中国诗），约850位中国诗人，5千余首中国诗歌，170位左右的德语译者。

《总目》除了有一篇25页的长序，构成正文的9个索引和目录具体是：译诗合集目录，作者名录（按字母顺序排列），作者名录（按年代排列），作者索引（汉－德），译诗索引（德－汉），译者索引，出版地和出版社索引，汉语原诗索引，以及中文原诗版本详目和略语表。俨然一幢高十多层的宏伟大厦！

"大厦"最核心、最精彩的部分，我以为一是长达200多页的《作者索引》，二是冠于正文之前的长序（Einleitung）。《作者索引》以汉语拼音为序，给850位左右的中国诗人一一编写了独立的条目，标准的条目内容包括：诗人姓名拼音，诗人的汉语原名以及字、号和别名、笔名，诗人生卒年月、朝代，原诗题名汉语拼音，译诗德文题名，德语译者姓名，译诗所在合集，原诗出处及版本等等，信息量大而周全，编纂工作可谓精雕细刻而又科学严谨！特别是像李白、白居易、杜甫、韩愈、苏轼等古代大诗人，被译成德语的诗歌多达几十上百首，收入的译诗合集例如李白、杜甫都在90种以上，都一一地查找出来并与原诗题名对上号，真是谈何容易！也是主要鉴于这内容丰富、精细、详尽的《作者索引》，我才认为《总目》不是普通意义的工具书，而也是一部学术著作，一部以目录、索引形式写成的中国诗歌在德国接受史。

可以想象工程异常地艰巨、浩大，因此有论者誉之为一桩希腊神话中的大力神赫克里斯所完成的壮举（Herkulesarbeit），同时又极其碎琐、辛苦，因此也让人比成了用小推车运土的苦力活儿（Kärrnerarbeit）。可不是吗，作者顾正祥已年过半百，却花了整整6年的时间和心血，搜索了德国所有大图书馆的目录，光顾了许许多多图书馆的借阅处、阅览室以及新旧书店，翻阅了不知多少的中文和德文诗集、诗合集，并且广泛联系德语译者和中国诗人，才得以完成了这部作品。因为《总目》罗列的200个德语译诗合集，只有三分之一能在他当时工作的哥廷根大学找到，存于别处的集子光看题名或者内容介绍、目录索引往往不知其详，只得靠远程邮借；而其中不少已成孤本、善本，是不外借的，顾先生就只得自己跑去了。此外还有必不可免的、无其数的摘录、抄写、订正，也非一般毅力和功力不足的人所能完成啊！再加上还有不少的姓氏译名和诗题译名与原名相去甚远，例如白居易的姓名一百多年来的各种拼写法就有25个之多，要全都辨别出来，正确归入各自的条目，又得十二万分的细心和耐心！

至于《总目》的长序，简言之与正文紧密配合，可称作是一篇"中国诗歌在德国的接受史纲"，不仅史料史实丰富、翔实、有趣，研究思路、分析方法也值得我们学习借鉴，乃这部工具书类著作学术性的另一重要体现。

在中德文学关系的研究领域，《总目》在许多方面都创造了第一，可以说是一项填补空白之作。对于中德两国的比较文学学者、翻译学研究者、德国的中国学家以及中国的日耳曼学学者，它都应该是一部非常有用的工具书，都为相关学科或问题的进一步深入研究，提供了一个宽广、坚实的基础。即使一般的读者，翻翻书中的索引，读一读它的序言，也可了解历史悠久、影响深远的中国诗歌在德国传播接受的概貌，也会得到许多有趣、有益的发现。

例如，从书中我们实实在在地知道，中国古代诗人译成德语的作品数量最多的是白居易，然后才是李白、韩愈、杜甫、苏轼；他们入选诗歌合集的频率却不一样，即李白（93次）、杜甫（90次）、白居易（72次）、苏轼（58次）、王维（46次）；总体而言知名度最高的应该还是非李白莫属。至于现当代诗人，毛泽东入选的频率仍旧遥遥领先，即跟屈原、汉武帝一样，在16个不同的诗合集中占有一席之地，其余的诗人充其量只出现在四五种本子里而已。至于你要想知道某个中国诗人包括当代诗人在德国的译介包括重复翻译的情况，那是一查就得的，除非他在2000年之前根本没有作品被翻译成德语。

再者，此书有力而清楚地证明了一个令我们感到自豪的事实，那就是中德文学交流源远流长，我们的诗歌特别是古典诗歌深受德国人的重视和喜爱，德国文学从中国文学中可谓获益良多。

拜读和评述顾正祥博士编著的《中国诗德语翻译总目》，我产生了许多感想，获得了不少启示。我首先想说，这部工具书的编纂成功，完全是因为这位中国学者既受过德意志严谨扎实的治学之风长期熏陶和严格训练，又具备愚公移山的吃苦耐劳精神和毅力、耐性，完全是这两者幸运地结合在一起的结果。

《中国诗德语翻译总目》系一套名为《德语合集中的文学翻译》的大丛书之第6分卷，编纂和出版都得到了德意志研究协进会（DFG）大力资助。这件事说明德国学术界何等重视基础性的研究和建设，重视以小见大，积少成多，由小而大，重视现存学术资源的整合、开发和利用。这与我们片面追求新潮，强调前沿，实则是浮躁、空虚的学风，形成了强烈鲜明的对照。

遗憾的是这本书1500多元人民币的售价实在是太贵了。但鉴于它巨大的使用价值和学术价值，以中国之大总该有几家图书馆或研究机构具备购置的能力和眼光，让需要用它的中国学人也有可能使用吧。

2004年5月于施特拉伦

[中文书评，原载：上海《中国比较文学》，2005年第1期；

台湾《笠》诗刊，2005年2月15日第245期；

德文书评，原载：*Nachrichten der Gesellschaft für Natur- und Völkerkunde Ostasiens* / Zeitschrift

für Kultur und Geschichte Ost- und Südasien, Redaktion: Asien-Afrika-Institut,

Abteilung für Sprache und Kultur Japans der Universität Hamburg, Jg. 2004, Heft 175–176, S. 307–310]

中外学者评顾正祥编著《歌德汉译与研究总目》

基础性工作的学术史意义

——评《歌德汉译与研究总目（1878–2008）》

叶隽

在近代以来西学东渐的大潮中，德风东渐是特别值得关注的现象。虽然由日本中转贩卖乃是不可避免的过程，但留德学人之后来居上和范式开辟，使得这波智力资源的转移过程又平添了许多有趣的篇章。而就德国文化资源之东渐论，作为其象征的歌德自然首当其冲。

1990年代初期，杨武能教授著《歌德与中国》，在西方传统的歌德接受中国文化领域之外，又新辟出中国对歌德接受史的领域。可惜的是，这一论域及其范式意义似并未受到学界的足够重视。就德国学界状况论，他们一般是先有大型的资料汇编出现，然后有精深的研究著作；而且他们很有知识建构的系统性意识。对于诸如《歌德在中国》《席勒在中国》《尼采在中国》乃至更深僻的《德布林与中国》《卡夫卡与中国》等题目，少有汉语著作，但却皆有德文著作（多为中国学者在德国完成的学位论文）；这样一种德国学术的导向性策略，似乎值得关注。一方面中国学界应当引以为憾，另一方面我们似乎应意识到在中国现代学术建构中"世界性知识谱系"这一环不可或缺（可喜的是，有些学者如葛兆光、王铭铭等已在提出这些问题）。而看到德方众多机构对这样一类"笨项目"给予的支持（如德意志研究会等），则同样让我感到一种"敬重"和"畏惧"。中国现在是发达了，投入到人文社会科学的资金也多了，可真正投到有学术建设意义的钱究竟有多少。现在学界领军人物津津以谈的多不过"分赃"而已，虽然按照布尔迪厄的理论，这些场域因素也属正常，但那种学术伦理的严重缺位，却使人思之后怕。

当然更让人感慨的是，面对这样一部完全由个体之力"兀兀穷年"而完成的目录学著作，我不能不肃然起敬。而感慨之一则是，如果此书早些出版，或许自己当初梳理学术史时就要省了好多力气；不过，出版总比不出版好，我深信，顾正祥先生的工作必将大有裨益于学界，不仅是对汉语学界的清理，而且对西方学界也非常重要。就我个人接触的感觉而言，西方学界对本国文化的异国（譬如大国如中国）接受其实颇多关注，但真正要下手时则极难，主要原因当在无所凭据，没有基本的工具书做导引，面对汉语文献的汪洋大海那就只能是"徒唤奈何"了。说起来，我们是要感到惭愧的，因为在这方面，当我们研究西方的东西时，在很大程度上是依靠了他们的先期成果，我自己感触就很深，研究歌德时，相当程度上依赖了Karl Robert Mandelkow那套四卷本的《批评者眼中的歌德——歌德在德国影响史资料》。顾先生以逾花甲之年而能鼓其余勇，在完成《中国诗德语翻译总目》（2002）之后，而又完成此《歌德汉译与研究总目》，对1878–2008年间130年的歌德在中国接受史进行了系统清理，是研究中德文学、文化关系，德风东渐的重要基础性资料。当2009年之时，可谓是纪念歌德（1749–1832）诞辰260周年的最好献礼之一。

全书分上下两卷，分别为译文目、研究目。前者分为译诗、散文小说、戏剧、书信四编；后者分为辞书、文学史、合集、专著、论文。可谓"荦荦大观"，很有将百年中国歌德学"一网打尽"的气魄。不仅如此，附录还有"格言译目""日俄欧美研究汉译目"，显示了作者非常宽阔的涉猎范围。从学术的角度看，我觉得其贡献至少表现于三端：一则作者钩沉索引，在大量的资料搜集考辨基础上做成此一大型工具书，其索引价值毋庸多言，而其作为基础性工作的学术编撰范式意义更足思考；二则作者借鉴西方成功经验，同时尝试创新体例，所谓"全书亦编、亦译、亦注，集三者为一体"，可为后来者和国内编撰同类工具书提供了一定的经验和模式；三则作者不以"编书"之匠人视己，努力进行学术性的思考，譬如辨析译文之原文的艰辛就非常人所可体会，这就使得这部著作在通常的工具书价值之外，也具有一定的学术性意义。

此书既然所涉庞大，白璧微瑕之处亦自难免。一则当然就是所收书目的全面性的问题，譬如论文中就未包括2008年的编目；二则在一些细节上，或可商榷。如书中多次出现宗白华著《歌德研究》，我估计当为宗白华、周辅成合编的《歌德之认识》，后更名，但"著"与"编"不一样（第417页，第423页），我估计台湾出的都是同书。三则有些德文翻译似乎可以斟酌，我想基本原则是否可以"达意"为标准，因为此书既为双语对照，就是希望能使德语读者能使用。譬如介绍拙著中涉及马君武的大学理念，将其直接译成"Auffassung von der Universität Zhiyong"（第390页），德国人恐怕要莫名所以。用"Die praxisorientierte Universitätsidee"是否要更好些？以上所论，也属苛求于人。

顾正祥先生以独居海外一人之力而能成就这样的成绩，使我们相信他能继续鼓其余勇，或与学界同人通力合作，在这一领域中继续拓展。我坚信，这样扎实而略显"笨拙"的基础性学术工作，必将为中国现代学术之走向辉煌的创造时代打下极为坚实的"筑基之石"。

[中文书评，原载：《文汇读书周报》，2009年4月24日，第9版]

两种精神 三个旨在

——读顾正祥著《歌德汉译与研究总目 (1878–2008)》

杨武能

2002年，德国斯图加特的安东·希尔瑟曼出版社出版了一部《中国诗德语翻译总目》（*Anthologien mit chinesischen Dichtungen*）。这部硬面精装、篇幅多达四百多页、拿在手里硬是沉得像块砖头的四开本大书，在德国一问世便得到广泛的好评和推崇，被誉为德国"汉学新的里程碑"（Meilenstein der Sinologie）和新的"权威著作"（Standardwerk）。前不久，也就是上述"总目"问世七年后，北京的中央编译出版社又推出一部《歌德汉译与研究总目》，编著者同为华裔德籍的著名学者顾正祥教授。北京"总目"和德国"总目"被顾教授本人视作姐妹篇，一面世同样也受到了重视和好评（参见本报4月24日叶隽《基础性工作的学术是意义》）。只是比起她出生在德国的姐姐来，北京这位妹妹模样儿还更加漂亮，身材也更加丰腴（篇幅多了一百来页），而且是亭亭玉立，卓尔不群——她系一部顾教授个人的独立专著，而不像姐姐似的为其他学者主编的丛书的一个分册。

粗粗翻阅了一下比砖头更砖头的《歌德汉译与研究总目》，我不禁惊叹连连：

一惊叹它内容丰富、浩繁、完备，条目和索引几乎囊括我国百年来研究和译介歌德的所有专著、合集、编著、辞书、史籍和译著、译文，真可谓林林总总，无所不包，应有尽有；

二惊叹它结构谨严，体例新颖，集编、译、注为一体，不但突破了我国一般目录、索引类编著的局限，也对其多所借鉴承袭的德国辞书学和目录学传统有了创新；

三惊叹这鸿篇巨构竟出自独居海外的顾教授一人之手。在长达七年的时间里，为编撰此书，他不知疲倦地奔波于德国、奥地利、瑞士和中国的各大图书馆和学术机构，一本一本地浏览、查阅浩如烟海的书籍报刊，一点一点地扒梳搜寻、钩沉索隐、抄录汇集，然后再一目一目、一条一条地整理编排成书，其间真不知经历了多少的艰辛，忍受了怎样的寂寞！

2004年，在法兰克福大学纪念杰出汉学家卫礼贤（Richard Wilhelm）的学术讨论会上，笔者有幸结识了顾正祥，对他朴实的形象和作风至今记忆犹新：花白头发，身板儿单薄，个头儿跟我一样矮小，真不知哪儿来那么大的毅力和体力，竟完成了这极其艰难、繁重，同时又繁杂、琐屑的浩大工程。

年逾花甲而独处异国的他编撰成一个又一个足以传世的"总目"，究竟凭借的什么？

凭借着两种精神：一是中国人素有的吃苦耐劳、锲而不舍、兢兢业业、不懈进取的民族精神，亦即我们常讲的愚公移山精神；二是德国人世所称道的脚踏实地、严谨认真、一丝不苟的治学精神。在顾正祥自视为终生大业的"总目"编撰中，这两种精神可谓完美结合，相得益彰。

行文至此，想说一句也许并非多余的题外话，就是咱们不妨把顾教授其人其作当成一面镜子，用它照一照眼前急功近利、浮躁成风、泡沫翻涌甚至剽窃盛行，以致不断闹出作假丑闻的中国学术界，在镜中好好照一照、看一看自身的残缺、丑陋和污浊，以此跨出自助自救和自我改造的第一步。

言归正传，顾教授的新著《歌德汉译与研究总目》自身价值又何在呢？作为与这本学术著作关系密切也从它受益良多的歌德研究者和译介者，我想扼要而具体地谈谈个人感受。

"总目"有一篇提纲挈领、观照全书的自序，顾教授以它交代了编书的三个追求，也就是他所谓的三个"旨在"，即一"旨在科学地、系统地总结包括台湾在内的百余年歌德接受史和翻译史"，二"旨在为中德两国的日耳曼学者、歌德爱好者和研究家、文艺工作者和广大读者，提供一部足以反映我国迄今为止翻译研究歌德成果的、可供查阅的详备的工具书"，三"为我国歌德译介的前辈拓荒者，为孜孜不倦、心犁笔耕的我国几代学者，为我的学长和同行的辛勤劳动和卓越贡献，也为这些成果的催生婆——各家出版社树碑立传"。

纵观全书，窃以为编著者这三个旨在都得到了实现，虽然实现的圆满程度不同。

首先，《歌德汉译与研究总目》确乎可以视作一部以目录和索引形式体现的中国歌德接受史，此前寥若晨星的包括拙作《歌德与中国》在内的同类著述，在完备和详尽方面简直无法与它同日而语。只要认真翻翻这部洋洋数百万言的大书，便可对百年来不同历史时期歌德在中国的译介和接受情况，获得一个概括而具体的了解。

再者，在中国乃至世界的歌德学特别是歌德接受史领域，《歌德汉译与研究总目》作为工具书，都极可能是最具规模、最为详备、也最实用和好用的一部。回想当年，受先贤阿英先生一篇短文的启发，区区斗胆尝试撰写有关歌德与中国关系的文章，为收罗资料曾长期埋首北图等库藏的故纸堆里，近十年的辛劳结果仅换来一小册薄似瓦片的《歌德与中国》，所幸在1988年完稿后终于在1991年收入了三联书店出版的"读书文丛"。

何以如此辛苦却收成微薄呢？因为当时国内没有任何可以利用的"总目"类工具书；笔者能够经常用上的，只是德国大汉学家鲍吾刚（Wolfgang Bauer）教授寄赠的四卷德语典籍汉译目录。有鉴于此，《歌德汉译与研究总目》的编撰和出版真是功莫大焉！

容笔者再唠叨两句《歌德与中国》和10年后在德国出版的*Goethe in China*。它们虽蒙学界谬奖，被视为中国歌德接受史的奠基之作，也确实是这一题材迄今世界范围内最引人注目的一部专著，但是却早已过时、落伍，所以2004年我便对前者做了补充、修订，准备收入计划由北京燕山出版社出版的个人文集。日前，我更明确授权师从我专攻歌德的莫光华博士，让他在我修订的基础上做进一步修订和完善，以便在条件成熟时出一个像样的单行本，同时也用这个接力的方式把歌德与中国课题的研究一直做下去，做下去。

手捧凝聚着顾教授心血和汗水的《歌德汉译与研究总目》，我想我的学生和学生的学生们有福了！为此，我真得感谢顾正祥和不计盈亏为他出书的中央编译出版社。

我还要感谢顾教授，以我本人的名义并代表众多研究和译介歌德的前辈及同行对他表示感谢，为了他那第三个"旨在",也就是他要用自己的大作为我等"树碑立传"！谁都知道,当今中国,搞外国文学特别是德语文学是个冷门,而研究、译介歌德老夫子尤其如此,真正关注和重视这行道的人特别是同时又握有权力的人,实在没有几个。在这种形势下,竟有眼光独到如顾教授者来给我们树碑立传,叫人怎么能不感激,感动！

啊,瞧瞧,确乎是一块这又大又厚、光彩耀眼的丰碑哟,上面刻满了著译家、研究者、出版社和报刊杂志的名字,还有他们或它们百多年来在中国的各个历史时期的贡献劳绩,一桩一件实实在在,一笔一划清清楚楚。这碑上的文字,可是他们以各自的辛劳和建树,刀錾斧凿地镌刻出来的呀;其实际价值,其抗风霜雨雪的坚韧度,绝非靠权势强占的、靠奉迎巧取的虚名浮利可以比拟！说到树碑立传,我想《歌德汉译与研究总目》这部巨著无疑也是顾教授本人及其出版社的纪念碑;只要伟大的歌德不朽,这碑和它的影响便会留存下去。

2004年,笔者曾为顾教授的德国"总目"写过一篇书评,这次动笔前他再三电话叮嘱我别净说好话,一定要多谈缺点和问题。实话实说,这么大一个工程绝对难免缺点和疏漏,更何况完成它的只是一个脑袋和两只眼睛,其他人乃至机构能帮的忙确实有限。

那就学习顾教授实事求是的德国治学精神,讲几点我眼中的疏漏吧——

我很欣赏总目以自序简要评价了各个时期的歌德接受状况,在一定程度上弥补目录、索引缺少分析和论述的固有缺陷。只是对上世纪九十年代以来歌德译介和研究的评说有失片面,只见到"可喜可贺"的繁荣,忽略了其背后问题多多。问题最明显莫过于为追逐经济效益而滥出《维特》等赚钱书,结果"抄译""编译"、剽窃泛滥。还有因研究生毕业、教师晋升、涨工资都得算论文篇数,一些报刊杂志和学报发表的例如《浮士德》的大量研究论文,便垃圾成堆,泡沫泛滥。是的,是没法对译著和论文逐一甄别,是不宜给其中某些"轻率地冠上'剽窃''盗版'的恶名,以避主观误判",但是,对特定时段的特殊现象做一个总的评估,却是可以的,应该的。说到此,我也要对自己涉及树碑立传的感言做点补正:在我们宏伟而美丽的纪念碑上,肯定难免刻有某些南郭先生甚至窃贼的名字。这怪不得顾教授,实在是没有办法！

再者,称李凤苞为"歌德绍介的先驱"似乎牵强、不妥,这荣誉当属于马君武或者辜鸿铭。还有,还应该在适当的地方提到杨丙辰、卫礼贤、周辅成、伍光健等先贤的名字及其贡献。再者,绿原先生译介、研究和编辑出版歌德贡献卓著,在"自序"中名字却放得过于偏后。——瞧,树碑立传和排座次多不容易。

还有,杰出汉学家Wolfgang Bauer教授的汉名最好用他自己取的鲍吾刚,不宜音译为鲍尔。《意大利游记》首译者赵乾龙变为了赵干龙,显系录入错误,并非编著者疏忽大意。

尽管遵嘱挑了这些"毛病",我仍认为不过是白璧微瑕,瑕不掩瑜。对于中德两国的德语界特别是歌德学者,顾正祥教授《歌德汉译与研究总目》的大功告成和顺利出版,实在可喜可贺！

[中文书评,原载:《科学时报》,第B3版,2009年9月10日;

又载《东方翻译》(双月刊),2009年第2期,第82-84页]

板凳一坐十年冷，文章不写一句空

——《歌德汉译与研究总目》评析

袁志英

　　《歌德汉译与研究总目》是一部多达70多万字的大型工具书，它为学术的万丈高楼奠定基础。作者顾正祥教授长期从事德语、德语文学的教学和研究工作。顾先生治学勤奋，著述甚丰，既有专著，也有译著，但最值得称道的乃是长达60多万字、2002年由德国斯图加特安东·希塞曼出版社出版的《中国诗德语翻译总目》和今年出版的《歌德汉译与研究总目》。

　　《歌德汉译与研究总目》（下称《总目》）分上下两卷，上卷为译文目，下卷为研究目。译文目又分诗歌、散文、戏剧、书信。研究目也分门别类，分出辞书、专集、合集、文学史和报刊杂志等。令人惊异的是还设置有《格言译目》和《日俄欧美研究汉译目》，这就为学界提供了像《清明上河图》一样的中国歌德翻译研究的全景图。

　　郭沫若、田汉和宗白华在他们的《三叶集》中称歌德为"人中之至人"，称之为"将其所具有的一切天才，同时向四方八面立体地发展了去的球形天才"；郭沫若甚至发下宏愿，"把全部的歌德，移植到我们中国来"。这只不过是聊发少年狂的豪言壮语而已，并没有实现。事过近百年，顾先生却把歌德这位影响人类文明史的文化巨人在中国的轨迹整理记录了下来，"亦编、亦译、亦注"而成为《总目》。

　　歌德最早出现在中国的年份是1878年（他首先出现在清朝外交官李凤苞1878年的《使德日记》中）。六年寒暑苦，2002年那年，顾教授终于完成了《中国诗德语翻译总目》。但他又鼓剩勇，追随歌德在中国的足迹，直至2008年。他对1878至2008年整整130年间歌德在中国接受的情况进行了清理和整理，从中也可窥见中德之间、中西之间、中外之间的文化交流、人员交流、经济交流的状况，甚至也可从侧面见识到中国国内政经和文化走势，其意义远远超越歌德在中国传播的本身，这是大型的基础材料工具书。

　　歌德作品汉译除整本整部的译著而外，大都散见于我国历年出版的世界文学、外国文学、西方文学、欧洲文学和德国文学的选本和汇编和报章杂志中；研究成果亦复见于形形色色的出版物中。所有这些都浩若烟海，为此顾教授要深山探宝，海底捞针，"上穷碧落下黄泉，两处茫茫皆不见"，空手而归，并非个案。有时居然"得来全不费功夫"，使人惊喜连连，然而它的背后乃是"踏破铁鞋"。得来后他还要将每个中文译目还原成德文原文，间或加上自己的一些看法。每个条目都凝结着他的心血。

　　"万丈高楼平地起"，学术大厦建筑在基础坚实的平地之上，资料整理，基础研究乃为重中之重。德国大教育家威廉·洪堡大力提倡基础科研，甚至提出"为科研而科研"，摒弃"立竿见影"、过分功利的科学研究。这样做的结果反而使得19、20世纪德国科学家群星灿烂，在科学史上发出最耀眼的光芒。

最近翻译界出了一个不大不小的笑话，将"Chang Kai-shek"（蒋介石）译成"常凯申"，再前有人把"Mencius"（孟子）译成是"门修斯"，译者分别来自清华和北大。我曾亲手校对过一段译文，把奥地利心理学家"Freud"（弗洛伊德）译成"快乐"，因为"Freude"德文本意是"快乐"，身为教授的译者"何乐而不为"？他们基础知识太差，对中外文化交流的状况几乎是两眼一抹黑，不看语境，而又懒得去查找，顺势就译将出来，不出错，不闹笑话那才怪呢！

年来学界浮躁之风盛吹，不少学人耐不住寂寞，坐不得冷板凳，可又要升职称，又要设置硕士点博士点，于是便抄袭、剽窃、偷梁换柱、瞒天过海，虚报成果；使出全身解数搞公关，败坏了学术道德，也败坏了社会风气，想想也真是可怕，也真令人悲哀。然而学界大多还是认认真真做学问，老老实实做人，顾正祥教授便是其中的一位，他前后十二载，在众人帮助下，独自一人亦编、亦译、亦注地完成了两部大部头的工具书。确确实实，实实在在，每个条目都是辛苦得来，真可谓"板凳一坐十年冷，文章不写一句空"。

[中文书评，原载：《中国图书商报》，2009年12月4日，第3版]

新书导读，工具书推介

——顾正祥编著《歌德汉译与研究总目（1878-2008）》

平保兴

少年维特对人世充满热情和希望，但鄙陋的社会现实使他遭受打击和失败，不幸的爱情又将他送上了一条不归之路。这就是《少年维特的烦恼》主人公维特的一生。1774年，此作出版后让歌德一夜成名，在德国青年中引起了共鸣。在我国，辜鸿铭、王国维、苏曼珠、马君武、鲁迅、田汉、宗白华、郭沫若等名流，或翻译，或介绍，或评论，与歌德结下了不解之缘。那么，歌德的作品何时传播到中国？它们在中国的译介情况如何呢？旅居德国的顾正祥教授，通过《歌德汉译与研究总目》这把钥匙，为读者打开了通向歌德在华传播和接受之门。

该书880×1230毫米，1/16开本，730千字，分为自序、歌德与中国、上卷、下卷、附录、主要参考书目和跋。上卷是译文，由四编组成，为译诗目、散文小说译目、戏剧译目和书信译目。下卷研究目，有辞书、文学史、合集、专著、论文五编。此书之特点，首先在于汉德双语对照条目法。它既可供国内读者使用，又方便了德国读者查阅，因此在中国和德国同时发行。其次，编写体例新颖、独特，表现在一般图书索引通常置于整本书之后，而该书安排在每编之末，如第一编译诗目后附译者、编者目，出版社目和原诗目。这就大大方便了读者的检索。此外，汉译书名或篇名德汉对照，要求作者具有精详的考证之功。没有上下求索，甄别博采之力，是难以企及的。这也是该书与目前出版的目录的不同之处。正如作者在《自序》中所言："为了尽力反映歌德译介的巨大成就，笔者倾注了整整七年的心血，投入了毕生的知识积累。"

[中文书评，原载：《南京师范大学图书馆简报》，2010年1月]

（原文）

Goethe in chinesischer Übersetzung und Forschung (1878-2008)
Eine kommentierte Bibliographie. Wissenschaftlich ermittelt u. hrsg. von Zhengxiang Gu

Jochen Golz

»Dem Mimen flicht die Nachwelt keine Kränze« – Schillers Diktum aus dem *Wallenstein*-Prolog hat im Zeitalter der technischen Reproduzierbarkeit an Bedeutung verloren, doch ganz aufgehoben ist es nicht. Wie viel mehr mag es in Anspruch genommen werden für den Bibliographen, jenen Faktensammler, der ein reich bestelltes Forschungsfeld aberntet und in säuberlich getrennte Kammern deponiert. Leicht lässt solch ein landläufiges Urteil außer Acht, dass der Bibliograph die vor ihm liegende Faktensammlung nicht nur rubrizieren, sondern vor allem destillieren, will sagen: kritisch reflektieren muss. Das hier anzuzeigende Werk legt von dieser Kunst des bibliographischen Destillierens Zeugnis ab.

Goethe und China, das ist ein Thema, über das noch manche Halbwahrheit verbreitet ist und das im Allgemeinen im Kontext von Goethes Weltliteraturkonzept verhandelt wird. Doch diese Perspektive bleibt einseitig, wenn nicht auch das korrelierende Thema – Goethe in China – hinzugefügt wird. In der Erschließung des zweiten Themas liegen Rang und Wert der Bibliographie des seit 1988 in Deutschland lebenden und lehrenden Zhengxiang Gu, der in der deutschen wie in der chinesischen Kultur bewandert und durch einschlägige Vorarbeiten für das vorliegende Werk bestens ausgewiesen ist. Ähnlich strukturierte Bibliographien zu Hegel und Nietzsche liegen bereits auf dem chinesischen Buchmarkt vor.

Das Buch, durchgängig in Deutsch und Chinesisch mit großer typographischer Sorgfalt gesetzt und gedruckt und dementsprechend für den deutschen wie für den chinesischen Markt bestimmt, besitzt zwei Hauptteile. Der erste zu den Übersetzungen Goethes ins Chinesische enthält vier Hauptkapitel *(Dichtung, Prosatexte, Dramen, Briefe)*, die jeweils einheitlich aufgebaut sind (lediglich das vierte Kapitel enthält zusätzlich ein Verzeichnis der Briefempfänger): Den chronologisch geordneten und bezifferten bibliographischen Angaben folgen in jedem Kapitel Übersichten zu den Übersetzern bzw. Herausgebern, zu den Verlagen und den Originaltiteln Goethes (die beiden letzten Rubriken bringen überdies Verweise auf die vorher bibliographierten Einzeltitel). Für den deutschen Nutzer ist das Verzeichnis der Originaltitel von besonderer Relevanz, vermittelt es doch nicht nur eine Übersicht über die frappierende Vielfalt der Übersetzungen (265

Nummern umfasst z.B. das Kapitel *Dichtungen,* d. h. Gedichte und Versepen, 280 das Kapitel *Prosatexte* – unter dieser Überschrift werden nicht nur künstlerische Prosa texte, sondern Maximen sowie Aufsätze zu Kunst, Literatur und Naturwissenschaft erfasst; auf die *Dramen* entfallen 94, auf die *Briefe* über 600 Nummern), sondern gibt Schwerpunkte zu erkennen, die zugleich Schwerpunkte der chinesischen Goethe-Rezeption sind. Dass der Werther-Roman oft übersetzt wurde, dass unter den Dramen *Faust* eine Spitzenstellung einnimmt und erst mit weitem Abstand *Egmont, Tasso* und *Iphigenie* folgen, wird hier gewissermaßen statistisch verifiziert. Aufschlussreich ist der Zeitpunkt, zu dem die ersten Übersetzungen entstehen. Während Lyrik und Prosa erstmals 1914 übersetzt werden, datiert die erste Dramenübersetzung (aus dem *Faust)* bereits aus dem Jahre 1902; verhältnismäßig spät erst (seit 1940) entstehen Übersetzungen von Briefen Goethes.

Nicht minder beeindruckt der zweite Hauptteil des Bandes, der in fünf Hauptkapiteln, inhaltlich wie die Kapitel des ersten Teils aufgebaut, und zwei Anhängen die Erträge der chinesischen Goetheforschung zusammenfasst. Sind schon für den ersten Teil Entdeckerfleiß und Entdeckerglück des Autors zu rühmen – welche Mühe muss es zum Beispiel gewesen sein, Übersetzungen goethescher Briefe an entlegener Stelle aufzufinden –, so gilt das erst recht für den zweiten Teil, in dem ein wahrhaft enzyklopädischer Überblick über entlegene, nur mit großem Spürsinn aufzufindende Goethe-Darstellungen in *Lexika* (Kapitel 1), *Literaturgeschichten* (Kapitel 2), *Sammelbänden* (Kapitel 3), *Monographien* (Kapitel 4) und *Aufsätzen* (Kapitel 5) gegeben wird. Im ersten Anhang werden Übersetzungen von Sinnsprüchen Goethes (sowohl von *Maximen und Reflexionen* als auch von Zitaten, die zu geflügelten Worten geworden sind) verzeichnet, im zweiten Texte ausländischer Goethe-Forscher in chinesischer Übersetzung bibliographiert.

Wenn man bedenkt, dass erst nach dem Ersten Weltkrieg ein in unseren Augen modernes China entsteht, dann ist es bemerkenswert, dass 1924 bereits Goethes Name in einer literarhistorischen Darstellung erscheint – doppelt bemerkenswert aber, dass Goethe schon 1878 in einem *Tagebuch aus meiner Gesandtschaft in Deutschland* von Li Fengbao erwähnt wird. Lassen wir wieder die Zahlen sprechen: 124 bibliographische Aufnahmen finden sich zu den Lexika (seit 1926), 124 zu Literaturgeschichten (seit 1924), 344 zu Sammelbänden (seit 1878),62 zu Monographien (seit 1923), 528 zu Aufsätzen (seit 1878). Ein reiches thematisches Spektrum tritt uns vor allem im Aufsatzkapitel entgegen.

Deutschen Germanisten mag es ungewöhnlich erscheinen, dass in einer Vielzahl von thematisch ganz unterschiedlich konzipierten Enzyklopädien und Lexika Goethe-

Erwähnungen oder Goethe-Kapitel zu finden sind. Respektvoll nimmt man Titel zur Kenntnis wie *Enzyklopädie für chinesische Schüler, Universallexikon der Ethik, Chronologische Tabelle der Weltzivilisation* oder *Universallexikon für chinesische Kinder* (Bd. *Literatur und Kunst),* in denen Goethe offenkundig ein Ehrenplatz eingeräumt wird. So darf in der Sammlung *Berühmte Worte von berühmten Personen, die uns lebenslang beeinflussen* (Anhang 1, Nr. 30) Goethe ebenfalls nicht fehlen. Darin spiegelt sich wohl ein Gutteil konfuzianisches Erbe, die Verehrung bedeutender Gestalten der Weltkultur als Weisheitslehrer der Menschheit – auch dies gibt die erstaunliche Bibliographie von Gu zu erkennen.

Der Autor hat dem Band eine sehr nützliche rezeptionsgeschichtliche Skizze vorangestellt. Überzeugend gliedert er die Aufnahme Goethes in China in vier Phasen: 1878-1922, 1922-1949, 1949-1976 (Ende der Kulturrevolution), 1976 bis zur Gegenwart. Seine Feststellung, dass seit dem Ende der Kulturrevolution die Beschäftigung mit Goethe im Hinblick auf Quantität und Qualität ein hohes Niveau erreicht hat, wird durch die Bibliographie eindrucksvoll bestätigt. *Faust* ist seit 1919 mehr als 24-mal übersetzt worden, vom Werther-Roman existieren mehr als 45 Übersetzungen. Jüngstes Zeugnis einer intensiven Goethe-Rezeption ist die im Jubiläumsjahr 1999 von Wuneng Yang herausgegebene und in mehr als einer Million Exemplaren verbreitete vierzehnbändige Goethe-Ausgabe.

Zhengxiang Gus bibliographisches Werk ist keine *creatio ex nihilo.* In einer Materialzusammenstellung auf S. 518 nennt er eine Reihe von Werken, auf deren bibliographische Ermittlungen er zurückgreifen konnte. Gleichwohl ist seine Erschließungsleistung, die lange Aufenthalte in chinesischen Bibliotheken erforderlich machte, nicht hoch genug zu bewerten. In seiner bibliographischen Tätigkeit zeigt sich Gu mit modernen systematisierenden Verfahren vertraut; er hat sich, wie die sorgfältig disponierte Kapiteleinteilung bezeugt, die Spezifik des goetheschen Werks zu eigen gemacht und verfügt über ein beeindruckendes Maß an Fleiß und Spürsinn. Was er vorlegt, ist nichts weniger als eine lebendige Dokumentation von Goethes kommunikativem Konzept einer Weltliteratur.

"歌德在中国"的全景图

——评顾正祥编著《歌德汉译与研究总目（1878-2008）》

约亨·戈尔茨

"后人不为优伶编织花环"——席勒这句出自《华伦斯坦》序幕的名言在技术可复制的时代已经失去了它的意义，但不能说它毫无意义。对于文献目录编纂者，即对那些资料的收集者来说，他们所要花费的气力比编织花环要多得多。他们在其科研的田地里精心耕耘，取得了收获；并将它们分门别类，储藏起来。还不仅如此，人们往往忽视这一点：面对收集的如山的资料，不光要对其梳理分类，而且首先要对其加以提炼升华。也就是说，要以批判的眼光作出反馈。我眼前的这部著作印证了这种艺术，为我们递上了一部经挖掘、梳理和审视的文献。

歌德和中国这一课题，同属于歌德的世界文学纲领。假如不将"歌德在中国"这一相互关系的研究纳入进来，那么歌德的世界文学纲领就会变得片面。自1988年便生活执教于德国、并对中德文化都有深厚造诣的顾正祥先生对"歌德在中国"的研究达到很高的水平，在前人相关工作的基础上，他以呈现在我们眼前的这部著作最好地证实了自己。

该部著作中德文对照，精心印制，既适用于德国书市，也适用于中国书市。全书共两大部分。上卷是歌德作品译成中文的篇目，这里包含四个章节：译诗目、散文小说译目、戏剧译目和书信译目。结构完整统一，只是在第四编书信译目中还特别添加了收信人的目录。全书各栏目按编年史顺序编号排列。每个章节都列出译者或主编者以及歌德原文标题和出版社的一览表（最后两个栏目还列出先前书目里出现过的标题让人参阅）。每条书目排列顺序为书名、主编者、作者或译者名、出版地、出版社和出版年、丛书名。对于德国读者来说，德文原文标题很是重要，从中可以看出中译的令人惊讶的丰富多彩（比如说译诗目就有265项，散文小说目多达280项。在这个标题下，不仅仅散文，另有格言以及文学艺术和自然科学的论文都包括在内），戏剧目达95项，书信目则超过600项。不仅如此，还显示出翻译的重点，这同时也是中国的歌德接受的重点。《少年维特之烦恼》被一再重译；《浮士德》在翻译中占有突出的位子，而《哀格蒙特》《塔索》《伊夫根妮》则被远远抛在后面。令人颇受启发的是，最早汉译发生的时间点。第一批诗歌散文的翻译是在1914年进行的；而戏剧（浮士德）的最早翻译则发生在1902年；而歌德书信翻译则相对较迟，那是从1940年才开始的。

下卷也给人以深刻的印象，此乃"研究目"，分五个子目，内容也按第一部分的框架设置，另加两个附录，涵括了中国学者对歌德的研究成果。只有先领会作者在第一部分所表现的进取精神和乐此不疲的心态值得褒扬（如在偏僻的地方要找到歌德书信的译文得花多大的精力呵），才能很好地领会第二部分的内容，它给人以百科全书式的概览，提供深藏不露、唯有用高度灵敏的触觉才能猎取的散见在辞书（第一栏）、文学史（第二栏）、诗文集（第三栏）、论著（第四栏）和论文（第五栏）中的歌德介绍。附录一收藏的是歌德格言的译文（不但有*Naximen und Reflexionen*/《歌德的格言和随想录》选登），还有因常被人引用而成为格言的歌德语录；附录二则是汉译外国歌德学者的课文信息。

在我们看来，中国在第一次世界大战后才成为现代国家。令人讶异的是，早在1924年，歌德的名字就已出现在中国的文学史中；更令人惊异的是，歌德的名字早在1878年就已出现在《李凤苞使德日记》中。让我们还用数字来说明问题吧："辞书"一栏共106[1]个条目（始于1926年），"文学史"栏共124个条目（始于1924年），"合集"一栏共344个条目（始于1878年），"专著"一栏共62个条目（始于1923年），"论文"一栏共529个条目（始于1878年）。尤其是"论文"一栏，呈现出题材的丰富多彩。

对于德国日耳曼学者来说，在浩若烟海的各个类别的辞书中来搜寻歌德的踪迹该是多么不同寻常的壮举。提提那些辞书的名字，就令人肃然起敬，比如《中国学生百科全书》《伦理百科辞典》《世界文明史年表》《中国少年儿童百科全书》（文艺·艺术卷）等等，歌德在其中都占有耀眼的一席。在《影响我们一生的名人名言》这一文集里，歌德也没有缺席。其中的大部分篇幅印证了孔夫子的遗训，即对人类先贤、世界文化重要人物的敬重。这一点在顾正祥的这部令人惊叹的著作里也得到了展现。

作者将中国对歌德的接受史列出便于查找的框架，将其分成四个阶段：1878–1922、1922–1949、1949–1976、1976–直至当代。他曾断言，中国学者对歌德的研究自文革之后无论数量上还是在质量上都上了一个新的台阶，从其总目的撰写中也令人印象深刻地证实了这一点。从1919年以来《浮士德》重译逾24次，《少年维特之烦恼》则有了超过45种版本。歌德译介的最新成果出自1999年的"歌德年"，这是由杨武能主编、发行量达2000套的14卷本《歌德文集》。

顾正祥先生这部著作并非凭空创作（creatio ex nihilo），在518页的平台上所汇集的一份文献资料他呼出一大批著作，追本溯源，都是他潜心查找而得的成果。他为此不得不长期泡在图书馆里，仅此一点也足以令人敬佩。从其编写的过程可以看出，他掌握了现代系统化的编写方法，分门别类来梳理歌德的作品，其目光之尖锐，工作之辛勤，令人印象深刻。他展示的一切，不啻是一部歌德关于世界文学互动之构想的生动文献。

（袁志英 译）

[德文书评，原载：*Goethe-Jahrbuch, Jg. 2009* (29. 06. 2010), S. 334–335 /《歌德年鉴（2009年）》，2010年6月29日，第334–335页；中文译文，原载：《中华读书报》，2011年11月9日，第10版（译文有删节，此处补全）。中文标题为《中华读书报》编者卢可思所加。作者约亨·戈尔茨（Jochen Golz）为国际歌德协会会长]

1　原文有误。

（原文）

Gu Zhengxiang: *Goethe in chinesischer Übersetzung und Forschung (1878-2008)*
Eine kommentierte Bibliographie. Wissenschaftlich ermittelt und herausgegeben

Hartmut Walravens

Goethe ist auch in China kein Unbekannter – publizistisch lässt sich eine intensivere Beschäftigung mit ihm freilich erst seit 1878 nachweisen. Zunächst waren eben Technologie und Militärwesen aus Deutschland von größerer Wichtigkeit als Literatur, was sich unschwer aus der chinesischen Geschichte und den damaligen Reform- und Modernisierungsbemühungen erklärt. Mit Beginn der Republik trat Goethe dann insbesondere durch die Übersetzungen Guo Moruos in den Vordergrund, und im Zusammenhang mit der Feier von Goethes Todestag 1932 kam es zu einer verstärkten Beschäftigung mit dem Dichter. In der Volksrepublik hielt man sich zunächst an eine Beurteilung von Friedrich Engels, in der Goethe als „bald trotziges, spottendes weltverachtendes Genie, bald rücksichtsvoller genügsamer Philister" charakterisiert wurde – nicht positiv genug, um eine ernsthaftere Beschäftigung mit dieser Persönlichkeit anzuregen. Eine Tendenzwende trat nach der Kulturrevolution ein, und auch die eng-dogmatische Beurteilung Goethes hatte nicht länger Bestand. Man kann geradezu von einer Goethe-Euphorie sprechen – so erschienen seither nicht weniger als 52 Ausgaben von *Werthers Leiden*, aber auch 13 Ausgaben des *Faust*.

Das große Interesse an Goethe in China ergänzt glücklich Goethes eigenes Interesse an der chinesischen Kultur. Goethe hielt die Chinesen für „ein Volk, das sehr viele Ähnlichkeit den Deutschen hat" und konstatierte: „Die Menschen denken, handeln und empfinden fast ebenso wie wir …", womit er sie aus der exotischen Sphäre herausholte und sie zu Menschen »wie du und ich« erklärte. Goethe las chinesische Literatur in Übersetzung und übersetzte gar selbst (wenn auch aus dem Englischen) mehrere chinesische Gedichte. Bekannt ist besonders der Gedichtzyklus *Chinesisch-deutsche Tages- und Jahreszeiten*, dessen Titel Richard Wilhelm später für eine Sammlung chinesischer Gedichte ausborgte.

Heute ist die chinesische Goethe-Literatur fast unübersehbar geworden, und es ist das Verdienst von Professor Zhengxiang Gu, dass er diese Fülle des Materials akribisch ermittelt und geordnet hat. Nach einer informativen Einleitung „Goethe und China", die die Entwicklung der Goethe-Rezeption in China darstellt, folgt sogleich die

Bibliographie, die in die beiden Hauptgruppen „Übersetzung" und „Forschung" geteilt ist. Die erste Abteilung besteht aus den Untergruppen: Dichtung, Prosatexte, Dramen und Briefe, während die zweite Abteilung die Untergruppen Lexika, Literaturgeschichten, Sammelbände, Monographien und Aufsätze aufweist. Ein Anhang verzeichnet Sinnsprüche und Forschung ausländischer Autoren, woran sich eine kurze Bibliographie und ein Nachwort des Verfassers (nur chinesisch) anschließen.

Innerhalb der genannten Systematik ist das Material chronologisch geordnet, sodass sich leicht die Entwicklung des Interesses an Goethe verfolgen lässt. Die Eintragungen sind nummeriert. Die chinesischen Angaben sind nicht transkribiert, dafür die Titel übersetzt bzw. die Originaltitel angegeben. Die Namen der Übersetzer, Herausgeber, Verfasser sind dagegen transkribiert. Die im Titel der Bibliographie angegebene „Kommentierung" ist eher sporadisch und kurz – eine durchgehende Kommentierung war auch nicht beabsichtigt: der chinesische Titel des Werkes spricht lediglich von einem „Gesamtverzeichnis der chinesischen Goethe-Übersetzungen und Forschungen". Das ist keineswegs ein Mangel und wird hier nur vermerkt, um anderen Erwartungen vorzubeugen. Das Material ist in vorbildlicher Weise erschlossen: Jede Untergruppe verfügt über Register der Übersetzer/Herausgeber (in Transkription), der Verlage (nach Orten) sowie der Originaltitel.

Die Bibliographie besticht durch die Fülle der Eintragungen, die der Autor in jahrelanger Arbeit gesammelt hat, durch die Genauigkeit der Verzeichnung (es gibt kaum Satzfehler!) und vor allem durch die Ermittlung der Originaltitel. Was bei Monographien noch verhältnismäßig einfach ist, wird bei einzelnen Gedichten zu einer mühsamen Arbeit, die zugleich eine enorme Werkkenntnis verlangt. So besteht wieder einmal Anlass zu der Feststellung, dass Bibliographie eine hohe Kunst ist und nicht zu verwechseln mit dem kritiklosen Kompilieren von Daten aus allen möglichen Quellen. Der Autor hat sich als Bibliograph schon vor einigen Jahren durch sein vorzügliches Werk *Anthologien mit chinesischen Dichtungen* (Übersetzte Literatur in deutschsprachigen Anthologien. Bd. 6, Stuttgart 2002) empfohlen, das deutsche Übersetzungen und Nachdichtungen chinesischer Lyrik identifiziert. Es sei auch betont, dass der Autor bis zur letzten Minute aktuelles Material eingearbeitet hat – die Bibliographie reicht tatsächlich bis 2008!

Das Werk ist durchweg chinesisch und deutsch gehalten und kommt damit den Bedürfnissen beider Sprachgebiete entgegen. Das Buch ist gut ausgestattet, Druck und Layout sind vorzüglich und augenfreundlich. Der Klappentext gibt Auskunft über den Autor, der als Germanist seit Jahren in Tübingen lebt und sich intensiv mit der

Übersetzung von Lyrik wie auch mit Hölderlin und Heine befasst hat. In seinem (nur chinesisch wiedergegebenen) Nachwort nennt er Deutschland seine zweite Heimat und dankt für die ihm vielfach zuteil gewordene „selbstlose Hilfe"

Rezensenten beweisen gewöhnlich durch kleine Anmerkungen, dass sie das Werk wirklich genau durchgesehen haben, und so seien auch hier einige gemacht:

S. 7, Nr. 17: Die Goethe-Festschrift des Deutschen Seminars wurde von Vincenz Hundhausen herausgegeben, was jedoch aus Bescheidenheit darin nicht vermerkt ist.

S. 9, Nr. 22 番石榴集: Der Titel ist mit *Psidium guajava* übersetzt. Vielleicht wäre besser: *Guajave* (da der Inhalt ja nicht botanisch ist)

S. 257, 259 u.ö. erscheint einer der seltenen Satzfehler: Hier ist Fucs in „Fuchs, Walter" zu verbessern.

S. 350, Nr. 13: *Dem Andenken Wielands*, gleichfalls eine Festschrift des Deutschen Seminars, wurde auch von Hundhausen herausgegeben.

S. 413, Nr. 5: Das Pseudonym Agricola steht für V. Hundhausen.

S. 413, Nr. 6 erscheint die Namensform Shokama, S. 504, Nr 3 Shakama; letztere ist (nach Forke, s. u.) zu verbessern.

S. 445, Nr. 1 u. 2: Hier stehen Beiträge von Li Fengbao sowie ein Kommentar zum Hongloumeng unter „Aufsätze". Es sind aber keine Fundstellen gegeben (bzw. Verweisungen, denn Li Fengbao wird bereits vorher an anderer Stelle genannt).

S. 513, Nr. 84: Hier ist wohl auch Paul Carus (statt Carrus) gemeint.

Bei einigen japanischen Übersetzern ist keine Umschrift gegeben, die hier im Interesse der deutschen Leser nachgetragen sei:

S. 504, Nr. 1: Ôhashi Shintarô

S. 506, Nr. 24: Akita Ujaku

S. 507, Nr. 29: Takahashi Yoshitaka

In der Bibliographie wäre zu ergänzen: Alfred Forke: Goethe in chinesischem Gewande. In: *Karl Florenz. Festgabe der Deutschen Gesellschaft für Natur- und Völkerkunde Ostasiens zum 70. Geburtstag von Prof. Dr. K. Florenz am 10. Januar 1935.* Tokyo: OAG 1935, 43-60. Dieser Beitrag ist besonders interessant, weil er ein erster Ansatz zur Wertung der Übersetzungen ist; Texte und Übertragungen sind einander gegenüber gestellt, und dabei wird insbesondere die große Leistung von Guo Moruo gewürdigt. Schließlich: Für den Nutzer der Bibliographie wäre es wohl doch besser gewesen, Gesamtregister zu haben als eigene Register zu jeder Unterabteilung.

Diese Bemerkungen sollten nicht von der Tatsache ablenken, dass wir in der vorliegenden Arbeit erstmals eine Bibliographie der chinesischen Goethe-Literatur aus einem Guss und in größtmöglicher Vollständigkeit und Qualität besitzen, die in erster Linie den Germanisten, darüber hinaus aber auch den Sinologen von hohem Wert sein dürfte. Der Autor hat wiederum ein bibliographisches Meisterstück geliefert!

（译文）

通晓中国浩如烟海的歌德文学

——评《歌德汉译与研究总目（1878-2008）》

魏汉茂

歌德在中国也非无名氏，有据可查的译介从1878年才开始。先是德国的科技和军事，其重要性甚于文学，这不难从中国的历史和当时为改革和现代化而奋斗的努力中得到解释。民国初年，特别由于郭沫若的翻译，歌德登上前台。1932年歌德忌辰纪念是个契机，诗人的译介更为加强。中华人民共和国成立以来，人们先是恪守恩格斯的观点，把歌德定性为"有时是叛逆的、爱嘲笑的、鄙视世界的天才，有时则是谨小慎微、事事知足、胸襟狭隘的庸人"，从而还不足于激发人们对这位伟人更大的关注。文革后出现了转机，对歌德的狭隘的教条式的评价也没能持久。甚至可以说是出现了一种歌德热——自此之后，《少年维特之烦恼》的版本不下于52种，而《浮士德》的版本也不下于13种。

中国国民对歌德的巨大兴趣与歌德本人对中国文化的兴趣互为补充。歌德把中国人视为"一个与德国人有许多共同之处的民族"，并断言"人们的思考，举止和感情和我们几乎一模一样"。这个印象是他从异国的语境中获取的，宣称他们"酷似你和我"。歌德读到的是中国文学的翻译，他自己也从英文译过好几首中国诗。著名的有组诗"中德四季晨昏杂咏"，这个标题后被卫礼贤（Richard Wilhelm）沿用，用于他的一本中国诗集。

时至今日，中国的歌德文学几乎已浩如烟海。顾正祥教授的功绩就在于，他细致入微地挖掘和查明了这些丰富的资料并加以整理。内容丰富、给人启迪的引言谈歌德与中国，描述了歌德在华接受史的走向。随后便是书目，分为"译文目"和"研究目"两大组。译文目含诗歌、散文、戏剧和书信，研究目包括辞书、文学史、合集、论著和论文。附录为格言目及外国作者的研究目。参考书目和作者后记（中文）尾随其后。

在上述系统内，材料按编年史顺序排列，以彰显对歌德兴趣的脉络。条目均编号，中文信息无拼音，而标题附译文或原文。译者、编者、作者的名字各有拼音。总目标题中提及的注释较为零星和简短，也无意作贯穿始终的注释。作品的中文标题只说是"汉语歌德翻译与研究总目录"。绝非是在挑刺，在此提一笔，以免另有所望。材料的开掘堪称典范。每条子目都有译者或主编目（含拼音），出版社目（按出版地分）和原文目。

该书目以条目之丰（它们是作者长年累月收集的结果）、表述的准确（几乎没有语病）、特别是查找出原作的标题令人爱不释手。论著的查找还容易些，一首首诗的查找便成了苦差使，它要求对作品的真知灼见。这就又有理由断定，书目是种高超的艺术，不该混同于那些不加分析的、各方数据的汇总。作者在数年前就以文献学家著称于世，凭借的是他的优秀之作*Anthologien mit chinesischen Dichtungen* /《中国诗德语翻译总目》（德语文选中的翻译文学，第六卷，斯图加特2002年出版），将中国诗的德语翻译和再创作逐一甄别。还需强调的是，凡已面世的资料，作者能编则编，直至最后一分钟。书目果然编到了2008年。

书中，中德双语对照，一贯到底，以应对两种语境之需。该书装帧精美，印刷和排版均属上乘，赏心悦目。勒口刊载作者介绍。作为日耳曼语言文学专家，他常住图宾根，不懈地从事抒情诗诸如荷尔德林和海涅的译介。在他的后记（只用汉语）中称德国为他的第二故乡，感谢对他多方面的"无私帮助"。

书评的撰写者一般都要写点评语，以证明他确确实实已把全书仔细地通读了一遍，因而我也在这里写上几条：

页7：德语系的《歌德纪念特刊》是由洪特豪森（Vincenz Hundhausen）主编的，出于谦虚，未在里面署名

页9：番石榴集，标题被译为Psidium guajava，也许译为Guajave更好些（因为它并非植物学之作）

页257，259等为少数笔误之一，这里的Fucs应纠正为Fuchs, Walter

页350，序号13：Dem Andenken Wielands同为德语系的纪念特刊，也是由洪特豪森主编的

页413，序号5：笔名Agricola系洪特豪森

页413，序号6上的署名方式为Shokama，在页504，序号3那里却变成了Shakama，后者应予纠正（据Forke，参见下文）。

页445，序号1和2：在"论文目"一栏，李凤苞和红楼梦评论两条目未注明出处或参见某处（李凤苞已在别处提到过）

页513，序号84，这里想必是指Paul Carus，而非Carrus，有几处日文译者无拼音，为方便德国读者起见应予补上：

S. 504, Nr. 1: Ôhashi Shintarô 大桥新太郎

S. 506, Nr. 24: Akita Ujaku 秋田雨雀

S. 507, Nr. 29: Takahashi Yoshitaka 高桥义孝

书目中应补上如下条目：Forke, Alfred: „Goethe in chinesischem Gewande". In: *Karl Florenz. Festgabe der Deutschen Gesellschaft für Natur- und Völkerkunde Ostasiens zum 70. Geburtstag von Prof. Dr. K. Florenz am 10. Januar 1935.* Tokyo: OAG, 1935, S. 43–60.（Alfred Forke："穿上中式服装的歌德"，载：Karl Florenz编：《德国东亚生物学和民俗学协会给K. Florenz 教授博士1935年1月10日七十华诞的贺礼》，东京，1935年，第43–60页。）这篇稿子之所以特别令人感兴趣，是因为它开了翻译评论的先河。原文和译文并排而立。特别是郭沫若的巨大功绩受到了肯定。最后想说的是，

全书的总索引比之每个栏目所立的索引来，也许更方便读者的使用。

这些意见不该回避如下事实，呈现在我们面前的这部著作里，我们破天荒拥有了一部中国的歌德文学书目。它的浑然一体，它最大限度的完备及其质量，首先对日耳曼语言文学家们，其次对汉学家们会有很高的价值。作者又为我们提供了一部目录学的杰作。

（顾正祥 译）

[德文书评，原载：*Orientalistische Literaturzeitung*, Bd. 105, Jg. 2010, Heft 3;

中文书评，原载：《文汇读书周报》，2009年9月4日，第9版]

（原文）

Goethe in chinesischer Übersetzung und Forschung.

Eine kommentierte Bibligraphie (Fortsetzung)

Hartmut Walravens

Das vorliegende Werk ist bemerkenswert, allein schon aus zwei Gründen, noch bevor der Inhalt gewürdigt wird: Zum einen gelten Bibliographien heute als nicht mehr zeitgemäß. Angeblich findet man ja alles Relevante inzwischen im Internet, vieles sogar im Volltext, sodass man gleich inhaltlich suchen (und hoffentlich kopieren) kann – eine Ansicht, die sogar schon von Bibliothekaren geteilt wird. Die Verleger haben sich dieser Ansicht schon aus Marktgründen anschließen müssen, denn die Hauptkunden für Bibliographien sind Bibliotheken; damit ist der Markt weggebrochen. Auch die Verwertungsgesellschaften sind umgeschwenkt – das Kompilieren von Metadaten kann ja wohl keine anspruchsvolle oder gar wissenschaftliche Tätigkeit sein, und so gibt es dafür keine Honorare. Hier nun haben wir eine stattliche Bibliographie als Verlagspublikation – also eine rühmliche Ausnahme! Zum zweiten: Es handelt sich hier um einen Supplementband zu dem 2009 erschienenen Hauptwerk (Bd. 1). Aber der Umfang der beiden Bände ist der gleiche: So ist für die Zeit ab 2008 bis heute etwa der gleiche Umfang an Goethe-Literatur festzustellen wie für mehr als ein Jahrhundert vorher und weist auf einen veritablen Goethe-Boom in China.

Der Autor, seit Jahren in Tübingen ansässig und nicht nur als Goethe-Forscher, sondern auch als Hölderlin-Spezialist bekannt, hat das Supplement wie den Hauptband gestaltet, was die Benutzung erleichtert. Da nicht jeder Nutzer das Grundwerk vorliegen haben dürfte, sind das ursprüngliche (chinesische) Vorwort sowie der Beitrag *Goethe und China* erneut abgedruckt, dazu kommt ein neues Vorwort zum vorliegenden Band, allerdings nur chinesisch. Damit bleibt das ansonsten zweisprachig angelegte Werk ohne ein deutschsprachiges Vorwort, was die deutschen Germanisten bedauern werden. Die chinesischen Vorwörter bringen freilich einiges Material, das auch in *Goethe und China* präsentiert wird; bedauerlich ist auf jeden Fall, dass die Benutzungshinweise nur chinesisch gegeben werden. In einem Anhang I werden dann, mit kurzen biographischen Angaben, die Wissenschaftler chronologisch verzeichnet, die sich um die Goethe-Forschung und -Übersetzung Verdienste erworben haben (nur chinesisch), während Anhang 2 diejenigen chinesischen Germanisten verzeichnet, die das deutsche Bundesverdienstkreuz erhalten haben (unter denen wir auch den geschätzten Autor wiederfinden) und Anhang 3 einen Auszug aus der Begründung (deutsch und chinesisch) der Verleihung an den Autor wiedergibt. Wie im Grundwerk ist die Bibliographie in einzelne Kapitel unterteilt: Teil 1: Übersetzung: 1. Dichtung, 2. Prosatexte, 3. Dramen, 4. Briefe; Teil 2: Forschung: 1. Lexika, 2. Literaturgeschichten, 3. Sammelbände, 4. Monographien, 5. Aufsätze, 6. Forschung ausländischer Autoren (soweit in chinesischer Sprache erschienen); das letzte Kapitel ist im Vergleich zum Grundwerk dazugekommen. Jedes Kapitel verfügt über eigene Zählung und ist mit eigenem Personen- und Verlagsregister versehen. Während diese Einteilung sehr praktisch ist, wären zusammengefasste *Register* vorzuziehen – dann brauchte man im Zweifelsfall nicht in zehn verschiedenen Registern nachzuschlagen. Den Abschluss bilden die zum ersten Band erschienenen Rezensionen sowie eine kurze Zusammenstellung *Nachschlagematerial*.

Wie beim ersten Band sind die Eintragungen chronologisch angeordnet und übersichtlich gegliedert, der Titel ist jeweils ins Deutsche übersetzt, der Name des Verfassers, Übersetzers oder Herausgebers romanisiert. Die Bearbeitung ist außerordentlich gründlich und sorgfältig – bei der Durchsicht fielen keine offensichtlichen Satzfehler auf; lediglich in dem aus dem ersten Band übernommenen Beitrag *Goethe und China* finden sich einige unerwartete Einsprengsel (nicht im Grundwerk!), vielleicht verursacht durch das Datenmanagement im Verlag.

Der Autor hat als Germanist vor einigen fremdsprachigen Namen kapituliert, von denen einige hier ergänzt seien: S. 113, Nr. 7: Bei dieser Faust-Redaktion handelt es sich um das Libretto für Charles Gounods Oper *Faust*; insofern ist Babiai 巴比埃 die Widergabe von Jules Barbier, Kalei 卡雷 von Michel Carré.

S. 136, Nr 47: Bailiaoci 拜辽兹 ist Hector Berlioz, 1803–1869.

S. 358, Nr. 114: 冈察洛夫 ist der Romancier Ivan Aleksandrovič Gončarov, 1812–1891.

S. 458, Nr. 114: 屠格涅夫 ist der Schriftsteller Ivan Sergeevič Turgenev, 1818–1883.

S. 458, Nr. 114: 陀斯妥耶夫斯基 ist der Romancier Fedor Michajlovič Dostoevskij, 1821–1881.

1 Vgl. *OLZ* 105.2010, 378–381.

S. 458, Nr. 114: 柯罗连科 ist der Schriftsteller Vladimir Galaktionovič Korolenko, 1853–1921.

S. 458, Nr. 117: 巴赫金 ist der Philosoph und Kulturwissenschaftler Michail Michajlovič Vachtin, 1895–1975.

S. 442, Nr. 47 handelt es sich um eine Übersetzung von: S. D. Artamonov, Z. T.

Graždanskaja: *Istorija zarubežnoj literatury XVIII veka; učebnik posobija dlja pedagogičeskich institutov.* Moskva: Gos. učebno-ped. izd. 1956. 486 S.

S. 365, Nr. 29 scheint die Chronologie nicht gewahrt, es sei denn, es handelt sich um einen Satzfehler.

Der 1957 erschienene Beitrag steht zwischen solchen vom Jahr 1932.

S. 366, Nr. 37: Bei „*die* deutsche Bibliothek kauft Goethes Nachlässe auf" im Jahre 1932 denkt man automatisch an die Nationalbibliothek, die damals allerdings Deutsche Bücherei hieß. Aber der Goethe-Nachlass kam durch den Goethe-Enkel an Großherzogin Sophie und damit an das Goethe-Archiv (heute Klassik Stiftung Weimar); die Kippenbergsche Goethe-Bibliothek kann nicht gemeint sein, denn sie wurde erst nach dem Zweiten Weltkrieg in Düsseldorf etabliert. Hier wäre eine Annotation hilfreich; so auch im Falle des oben erwähnten Librettos, wo ein Leser vielleicht eine Übersetzung des (originalen) *Faust* erwarten könnte.

Diese kleinen Ergänzungen sind indes nur kosmetischer Natur und haben keinerlei Einfluss auf die Qualität dieser in vieler Hinsicht vorbildlichen, mit Fleiß und Sachkenntnis zusammengestellten Bibliographie, die übrigens auch in ihrer soliden Ausstattung (Druck, Papier, Einband) dem Verfasser alle Ehre macht. Das Grundwerk hat sich inzwischen den Rang eines Standardwerkes erobert, und so wird dieses umfangreiche Supplement den Goethe-Freunden sehr willkommen sein.

（译文）

歌德文献资料的集大成[1]

——评顾正祥编著《歌德汉译与研究总目》（续编）

魏汉茂

据说，书目这一传统的学术形式业已落伍，因为，重要的信息在互联网上似乎都能找到，有不少还是全文，说不定还能下载，何不走此捷径，也许就唾手可得——连一些图书馆馆员也顺从这种看法。出于市场考量，出版商也只得亦步亦趋，因为书目的主要买主是图书馆，没了它们，也就没了市场。连"应用协会"（VG Wort）也跟着转向，认为这类资料性数据的荟集不可能是一种高难度的学术活动，于是，干脆就不给稿费。

就在这电子信息风行全球的网页时代，近日，却有一部意义深远、堪称巨著（stattlich und gewichtig）的纸质出版物呈现在我们面前，不能不说，这是一个令人叹为观止的例外。两部书目的规模呈等量齐观状，以至于2008年以来的歌德文学，与前一部书目中记录的一百多年来的数据不相上下，这足以说明该文学在华译介的空前繁荣。[2]

在德国图宾根大学读完哲学/德语比较文学博士学位、多年来居住在当地的顾正祥，首先是以歌德研究家和荷尔德林专家著称的。这部在中国出版的歌德文学新著，系学术性工具书《歌德汉译与研究总目（1878–2008）》的续编，由以下三个内容组成：1. 收编前书出版后七年来歌德译介的新书目，2. 补编前书未及编入的书目，3. 增编作者飞赴台港经实地查考后而得的书目。

新著《歌德书目》（续编）的内容与形式都承袭前编的体例，便于查阅。由于不是每一位书目的使用者都购买了前面的那一本，《前编》中的中文前言以及德文稿《歌德与中国》重刊，以显示两者的连续性。

篇幅达九页之多的《续编》新序与《前编》序言相衔接，续叙歌德在华接受的最新发展和前景。此外，作者又不吝笔墨，详述其编纂过程及在这过程中的种种经历和体验，期间，既有幸运的理解和感人的支持，也不乏苦涩、牺牲，甚至冷遇。从中不难看出，作者曾如何废寝忘食地工作，如何坚韧不拔地献身事业。不无遗憾的是，这个精彩的新序（连同"读者须知"）只有中文，想必会给德语读者的接受带来一定的不便。

新序中的附录1，推举了历年来为歌德研究与译介作出了特殊贡献的一批中国学者，以编年史

---

1 译文据作者手稿译出，故与正式发表的文字出入较大，还祈读者见谅。——译者注
2 歌德书目续编中的条目并不限于2008年以后这一时段。书封勒口上的"内容提要"已有交代："收编前书出版后七年来歌德译介的新书目，补编前书未及编入的书目，增编经实地查考后的台港书目。"

顺序排列，附生卒年月及主要作品；新序中的附录2系中国日耳曼学者中的"德意志联邦十字勋章"得主，（迄今五名，其中就有我们倍受尊敬的本歌德书目的编著作者）；附录3则交代向著者授勋的理由（中德文对照）和著者本人的感受。

与《前编》一样，《续编》也分上下卷。上卷为译文条目，共445条目，其中诗目203条，小说、散文目189条，戏剧目46条，书信目7条；下卷为研究条目，共1786条。其中辞书目165条，文学史目134条，合集目544条，单人集目40条，论文目694条，非汉语作者研究目（仅限被译成中文的）209条，删去前编中的格言目，全书合计条目共2232条。内容虽丰富无比，却纲目分明，秩序井然。每个栏目内的条目独立编号，著、译、编者索引和出版社索引置于每个栏目的后面，其优点是实用性强，翻查简捷，方便读者检索。不利的因素是，同一个著、译、编者的名字和同一个出版社的名字，有可能重复出现在不同的栏目中，所以也有人主张在书末只列一个囊括全书的总索引。《续编》全书的末尾另列两种附录：其一是对书目（前编）的书评，其二是主要参考书目。

一如《前编》，《续编》中的所有条目皆德汉双语，原文与译文相对照。在内容上，条目按编年史顺序排列，条例分明，层次清楚。凡标题都译成中文，著者、译者和主编者的名字都附汉语拼音。保留前编的传统，中间还穿插了不少"编者提示""编者附注""论点摘要"等，旨在表明著者的观点，补充信息，提供参考意见，乐为读者当向导，从而也无愧于该书德语副标题所标示的"评注本"的身价（eine kommentierte Bibliographie）。书目编纂极其严谨缜密，翻看全书，正文中并无错排错印的字。唯有从前编中沿用的德文稿Goethe und China发现几个错误，这无疑是因为德语中的几个特殊字母与汉语体系支持的电脑软件不很兼容的缘故。还须指出的是，《续编》的著者因是日耳曼学者，似乎在德语人名以外的外国人名面前、尤其是俄文人名面前"缴械投降"，在此略举数例：

第113页，序号7的条目"浮士德"，并非歌德的诗剧《浮士德》，而是由法国作曲家古诺（Charles Gounods）作曲、由巴比埃（Jules Barbier）和卡雷（Michel Carré）两人改词的一部歌剧，后两位只标中文译名，未附外文原文，更未交代歌剧的作曲者是古诺。类似的情况还有：

第136页，序号47中的拜辽兹，他是法国作曲家Hector Berlioz（1803–1869）。

第458页，序号114中一连四个外国人名，他们是俄国作家冈察洛夫（Ivan Aleksandrovič Gončarov, 1812–1891）、屠格涅夫（Ivan Sergeevič Turgenev, 1818–1883）、陀斯妥耶夫斯基（Fedor Michajlovič Dostoevskij, 1821–1881）、柯罗连科（Vladimir Galaktionovič Korolenko, 1853–1921）。

第458页，序号117中的巴赫金，他是俄国哲学家和文艺理论家（Michail Michajlovič Vachtin, 1895–1975）。

第442页，序号47中的阿尔泰莫诺夫和格腊日丹斯卡娅两位作者，指的是俄国作家S. D. Artamonov与Z. T. Graždanskaja。他们的文学史于1956年在莫斯科出版（486页），只比中文译本早了三年。

第365页，序号29和序号32两条目，似未严守全书的编年史规则，也或许是因为汪洋大海般的资料，难免使编者有一二次失手，也即误植。

第366页，序号37的条目称："德国图书馆收购歌德遗物"。此事发生在1932年，所谓的"德国图书馆"自然是指"德国国家图书馆"（Deutsche Bücherei）。而歌德藏书是由歌德的孙子交给大伯爵夫人索菲娅，进而转给歌德资料馆（也即今天的"歌德古典文学基金会"）的。这里指的不可能是Anton Kippenberg（1874–1950）创建的私立歌德图书馆，因为他是在二战以后才在杜塞尔多夫站住脚的。对这段歌德藏书的传承史作一个诠释性的交代，对读者也许会大有裨益。一如上文提到的《浮士德》歌剧，经历了由歌德德文原创，至古诺作曲、巴比埃和卡雷法文改词的过程，若能注明改编者的法文原文，并加个小注，交代歌德《浮士德》的跨国接受，给读者的信息就会更全面。

这些无关宏旨的补充只是化妆师式的点缀，毫不影响这部《续编》的声誉。它以勤奋和博识编纂而成、在许多方面堪称典范，更以它气派十足的装帧（包括印刷、纸张、封面设计等）为著者增光添彩。书目的前编早已跻身权威著作的行列，而这部内容丰富的书目续编也必将受到歌德学家和歌德爱好者的热烈欢迎。

（顾正祥 译）

[德文书评，原载：*Auskunft. Zeitschrift für Bibliothek, Archiv und Information in Norddeutschland.* 37. Jahrgang (Dezember 2017), Heft. 2, S. 485–489 /《信息报》，北德图书馆、档案馆和信息期刊，第37年度（2017年12月），第485–499页]

一部令人肃然起敬的宏篇巨著

——评顾正祥教授的新作《歌德汉译与研究总目》（续编）

冯亚琳

它终于摆上了我的案头，一部16开本大、508页厚的大部头，说它是宏篇巨著毫不为过。它就是旅德华裔学者、中德文学关系史和中国歌德接受史研究家、"德意志联邦共和国十字勋章"获得者顾正祥教授继其2009年由中央编译出版社隆重推出的《歌德汉译与研究总目（1878–2008）》（以下简称《总目》）之后的又一部力作。虽称"续编"，但同样耗时7年，篇幅之大、内容之丰富均可与前书相媲美。它不仅收编了《总目》出版后7年中歌德译介和研究的新书目，还增补了前书未搜集到的书目，尤其是是增编了经过实地考察后的港台地区的书目。在编排体例上，《歌德汉译与研究总目》（续编）（以下简称《续编》）沿用了前书的方式，分为"译文目"和"研究书目"上下两卷。"译文目"下设四编，分别为"译诗目""散文小说译目""戏剧译目"和"书信译目"，"研究书目"则包含"辞书""文学史""合集""专著""论文"以及"欧美日俄研究汉译目"六编。

作为基本的为学之道，首先要了解和研究前人的学术成果。然而要做到这一点，必须要有资料可查。上个世纪80年代以来，国内重要的公共图书馆和一些大学图书馆的馆藏量都有了很大的增加，尤其是最近几年，在各种评估和检查的推动下，图书的数量可用激增来描述。尽管如此，与包括德国在内的发达国家相比，我国图书馆藏书的系统性和完整性差距甚远，以至于对于许多从事人文学科研究的同仁来说，查资料得去国外，否则研究的前沿性和学术性有可能会打折扣。究其原因，除了我们的图书馆、档案馆的建设起步晚，理念和管理也相对落后之外，也不乏相当长一段时间以来重应用研究、轻基础研究带来的负面效应。我国高校和科研机构现行的科研评价和奖励机制则更不利于推动基础研究，这一点不仅表现在科研立项上，也体现在职称评定和硕导、博导聘任的规定条件上。由于只有专著或者在权威和CSCI期刊上发表的论文才能算作代表作，编著、译著备受歧视，往往被放在列表中当作垫底和充数之物，可有可无。

从这个意义上讲，顾正祥教授的这上下两部《歌德汉译与研究总目》给我们上了生动而深刻的一课：科研积极性单靠科研奖励是激励不出来的，恰恰相反，顾教授耗费14年之功力，奔波于德中两国之间，辗转于国内国外各大图书馆，废寝忘食，随身带着笔记本，然后再一个字一个字地敲进电脑，靠着这样的"笨"办法、可谓耗尽心血才得以完成的著作却并不是某个科研机构下达的项目，虽然在成书过程中也得到了某些机构的赞助，但它的"始作俑者"却是作者本人，或者用顾教授自己的话讲，是他"异想天开，再鼓余勇"（见《总目》自序）的结果。只不过，支撑这一"异想天开"举动的则是一位科研工作者的胸怀和责任心，是他为科学勇于奉献的精神和荣誉感，否则根本无法解释编者长达十几年、个中辛苦唯有自知的努力和坚持，无法解释他日复一日、年复一年地专注于一项繁琐、却半点儿也马虎不得的工作。从这个意义上讲，顾正祥教授以他滴水穿石般的毅力和严谨的治学态度的奉献给中德日尔曼学界和歌德翻译及研究界的不仅是一部可以填补歌德接受史上一大空白的工具书，更是一种科学的态度和锲而不舍的科研精神。只有在这种精神的支撑和鼓励下，才能做到耐得住寂寞，经得起诱惑，或者如同顾先生本人所言："年复一年，几曾娱乐与休闲？寒来暑往，谢绝了多少春色与阳光？"

从学术史意义上讲，《续编》的完成，标志着我国歌德作品翻译和研究进入了一个新的阶段，所以，它的面世在时间上与两个"国家社科基金重大项目"——即由上海外国语大学卫茂平领衔的"《歌德全集》翻译"和由西南交通大学杨武能教授为首席专家的"歌德及其作品汉译研究"项目——获批的基本重合应该不是纯粹的巧合。自歌德作品被翻译成汉语以来，已经过去了一个多世纪的时间，先后经历了"早期"（1922年以前）、"第一次翻译高潮"（1922–1937年）、"抗日战争到中华人民共和国成立"（1937–1949年）、"新中国成立到文化大革命结束后"（1949–1979年）、"改革开放以来——第二次翻译高潮"多个时期，如今，我们终于结束了战争、意识形态等各种原因造成的徘徊，也结束了最近一些年来利益驱动下的重译现象，进入了稳定成熟期。它让我们对有更优秀的、更靠得住的歌德译本和接受研究的出现充满了期待。而顾正祥教授的《歌德汉译与研究总目》及其《续编》堪称既是对歌德翻译史和学术史前一个时期的总结，同时又为新时期的开端奠定了基石。

翻阅《续编》，每每为编者细致入微的工作赞叹不已。笔者2000年发表在《庆祝四川外语学院建校50周年学术论文集》这样"偏僻"之地的一篇小文居然也被顾教授的火眼金睛搜寻到，着实令人惊叹。试问：为了寻找这些散落在书山文海中的信息，编者该是用了多少时间？耗费了多大的精力？不过作为工具书，本人在查阅过程中唯一觉得不太方便的是索引是分别放在每一部分、而不是整本书的后面的。另外，依笔者拙见，《总目》及其《续编》对我国歌德翻译和研究成果进行了客观的呈现，没有必要专门纠结译者和研究者的代际身份，更不必为他们的"座次"煞费苦心，尤其无须做出一个"歌德译介功臣榜"来。加上这一部分不仅有条目信息上的疏漏，还有一些年龄段上的差错，把它放在这样一部工整严肃的工具书中，似不那么协调。

用几句希望不是题外话的话作为结语：几天前听了一位新锐智库学者的报告，长见识的同时，对他关于智库学者与学术型学者之间大有区别的说法颇为认同。虽然报告人显然是站在智库学者的立场上说话的，但毋容置疑的是，两者既不能等同，也不能相互替代。因此，决策者们不能要求所有的学者都去做"咨政""伐谋"的工作，就像"国别研究"虽然时髦，却不能用它代替整个外语学科一样。学术型学者有自己的学术使命，为此，他们甘愿当"单干户"，坐冷板凳，几十年如一日，一如顾正祥教授；他们的成果短时间内难以见成效，更不直接产生经济效应，就像顾教授编纂的《歌德汉译与研究总目》及《续编》。然而，他们同样肩负着社会进步的希望，而它们则是学科乃至科学进步的标志。

[中文书评，原载：《德语人文研究》，2016年第1期，第74–75页]

中外学者评顾正祥译《荷尔德林诗选》 与《荷尔德林诗新编》

邀请信

(原文)

Der Magistrat der Stadt
Bad Homburg v. d. Höhe
- Kur- und Kongreßstadt
Amt für Kultur, Sport und Freizeit

Herrn
Gu Zhengxiang
EOH 1012
Steenbecker Weg 10
2300 Kiel 1

17. April 1989

Sehr geehrter Herr Gu,

wie uns die Hölderlin-Gesellschaft mitgeteilt hat, werden Sie im Juni und Juli 1989 Gast in der Hölderlin-Wohnung sein.

In diesem Zusammenhang möchten auch wir für Ihren Aufenthalt in Bad Homburg eine offizielle Einladung aussprechen.

Wir freuen uns auf Ihren Besuch in unserer Stadt und bitten Sie um Mitteilung, wann und wie Sie hier eintreffen werden (Pkw, Bahn, Flugzeug) und wo Sie gegebenenfalls abgeholt werden möchten. Auf jeden Fall wäre es zweckmäßig, wenn Sie sich am Tage Ihrer Ankunft zunächst mit uns im Stadthaus in Verbindung setzen, damit die Übergabe der Wohnung vorgenommen werden kann und vielleicht noch offene Fragen geklärt werden können. Da für die Wohnung kein Hausmeister zur Verfügung steht, würden wir es begrüßen, wenn Sie an einem Werktag anreisen.

Mit gesonderter Post geht Ihnen einiges Informationsmaterial über Bad Homburg zu.

Mit freundlichen Grüßen

Ihr W. Assmann
Oberbürgermeister

(译文)

十分尊敬的顾先生,

正如"荷尔德林协会"通知我们的那样,您将于1989年6月和7月成为"荷尔德林故居"的客人。有鉴于此,我们也向您发出正式邀请,邀请您造访巴特霍姆堡市。

我们很高兴您的来访,请告知您何时来和怎样来(开车来还是坐火车或飞机),希望我们在哪里接您。您在出发的那一天,请务必先与我们的市政厅联系,以便完成住房的交接,或许还有一些其他的问题要交代。因为该住房并无专人管理,希望您能在我们上班的某一天来。

有关巴特霍姆堡市的情况介绍将另信寄您。

顺致
敬礼!

W. 阿斯曼(签字)
巴特·霍姆堡市市长
1989年4月17日

(顾正祥 译)

423

顾正祥六十岁生日的贺信

（原文）

18. Mai 2004

Lieber Herr Gu,

zu Ihrem 60. Geburtstag gratuliere ich Ihnen mit den besten Wünschen und in Dankbarkeit über unsere Begegnung, vermittelt durch Friedrich Hölderlin.

"Vermittlung" ist auch Ihr Werk. Das Schicksal hat Ihnen die nicht immer leichten Wege dorthin gewiesen. Sie aber haben die schwere Aufgabe angenommen und dauerhafte Brücken des Geistes zwischen Ost und West, Asien und Europa, gebaut. Das Richtige tun, künftigen Generationen gemeinsame Werke als auch den Reichtum unterschiedlicher Kulturen offen legen - ist das an einem solchen persönlichen Fest- und Gedenktag nicht Grund zur Freude?

Herzlich, mit Grüßen an Ihre liebe Gattin und Ihre Tochter

Ihre Marianne Schütz
Württenbergische Landesbibliothek
Hölderlin-Archiv
Postfach 105441
70047 Stuttgart

（译文）

亲爱的顾先生，

在您60华诞之际，谨为您捎来我最美好的祝愿！感谢我们有缘相遇，是荷尔德林让我们走到一起。

"译介"荷诗也是您毕生的事业。命运为您指明了这一条并不总是那么顺畅的道路。而您承担了这一艰难的任务，并架起了东西方和亚欧两大洲之间持久的精神桥梁。这一正确的选择、造福于子孙后代的公共事业，展示不同民族的文化财富——凡此种种，在类似于这样一个个人的节庆和有纪念意义的日子难道不值得高兴吗？

衷心问候，也问候您亲爱的夫人和您的女儿。

您的玛丽安妮·许茨
符腾堡州图书馆"荷尔德林档案馆"负责人
2004年5月18日

（顾正祥 译）

诗国中的两颗璀璨明珠

——推荐两本德国诗人的诗集

孙坤荣

　　德国是个产生哲学家、音乐家和诗人的国家。德国伟大诗人歌德、席勒、海涅的名字在我国几乎是家喻户晓，但与他们差不多同时代的另外两位重要诗人在我国除散见在德国诗选或诗歌鉴赏词典中的若干诗篇外，还从未出过专门的诗集，这不能不说是文学界、翻译界的一件憾事。最近，1994年下半年，北京大学出版社接连推出顾正祥译注的《荷尔德林诗选》和张玉书、章鹏高合译的《德洛斯特－许尔斯霍夫诗集》，填补了这方面的空白，这确实是一件令人高兴的事情。

　　荷尔德林和德洛斯特－许尔斯霍夫[1]是两位怎么样的诗人呢？

　　弗利德里希·荷尔德林（Friedrich Hölderlin, 1770–1843）是德国的一位伟大诗人，也是世界上最优秀的抒情诗人之一。不少德国学者、教授认为，他在抒情诗领域里的成就要高于歌德。荷尔德林于1770年3月20日生于德国西南部内卡河畔的劳芬，1788年入图宾根神学院学习，和同学谢林、黑格尔结为至友。1789年爆发的法国大革命对当时的这些年青人鼓舞很大。他喜读文学、哲学著作，进行诗歌创作，对神学不感兴趣，也不愿从事神职人员的工作。1793年经席勒介绍当了家庭教师。1796年初去法兰克福银行家贡塔尔德家当教师，与女主人苏赛特（在诗歌里称她为迪奥蒂玛）发生了无望的爱情，1798年9月不得不离开那里。1801年他去瑞士和法国当家庭教师。由于长期忧郁而身心受到很大损害，一年后，他精神有些失常，只得步行回到德国。回国后他继续从事文学创作和翻译工作，直到1806年精神完全失常，被送进精神病院，在那里经受了野蛮治疗。1807年荷尔德林为图宾根一对好心的木匠夫妇所收留，但他已经无法再进行创作。此后又度过了36年漫长的岁月，于1843年6月7日逝世。

　　荷尔德林的诗歌创作就是在上述曲折坎坷的经历中进行的。他的早期诗歌有一部分被称为"人类理想的颂歌"，诗体和风格很像席勒的《欢乐颂》。每一颂歌以某一理想为对象，有《自由颂》《人类颂》《美之颂》《爱之颂》《友谊颂》等，这些诗歌反映了法国大革命后德国青年的热情和对封建制度的反抗精神。中期作品更为成熟，著名的有《致命运女神们》《德意志人的歌》《海德尔堡》《内卡河之恋》《漫游》等，这些诗歌反映了作者的人道主义思想和对故乡对祖国的热爱，以及对祖国分裂局面、鄙陋状态的忧虑和对古希腊灿烂文化的向往。在创作诗歌的同时，荷尔德林还写了书信体长篇小说《许佩里翁》（1797–1799）和诗体悲剧《恩沛多克勒斯之死》（未完

1　"顾正祥译诗选"中译为德罗斯特－许尔斯霍夫。

成）。他翻译的索福克勒斯的悲剧《俄狄浦斯王》和《安提戈涅》，获得很高的评价。

阿奈特·冯·德洛斯特-许尔斯霍夫（Annette von Droste-Hülshoff, 1797–1848）是德国最伟大的女诗人。她于1797年1月12日生于明斯特附近的许尔斯霍夫水上城堡，她的家庭是古老的威斯特法伦天主教贵族世家。她从小身体病弱，很少与外界来往。10岁开始跟家庭教师学习数学、拉丁文、希腊文、法文、荷兰文、英文和意大利文。她的诗文才能和音乐天赋很早就显露出来。1826年父亲去世，她跟母亲和姐姐住在更为僻静的吕施豪斯庄园，过着寂寞的生活。1841年迁居波登湖畔的梅尔斯堡宫她姐夫家。至1842年冬这一时期，她和青年作家列文·许金（1814–1883）互相爱恋，度过了一生中最美好的时光。她的创作力在此时摆脱了羁绊，和许金进行比赛，一共新写了60多首诗，这些都属于她的最佳作品，如《湖畔酒肆——致列文·许》《在钟楼旁》《在青苔中》《波登湖畔》《我的职业》《皱叶剪秋萝》《紫杉篱》《镜中影》等。在与许金相恋过程中，她写有多首《致列文·许金》的诗篇，表达她的爱恋之情和矛盾心理；但由于年龄差别太大及其他原因，他们两人未能结成眷属。后来她变得沉默寡言，偶尔有一段时间得以着力进行创作，写出了如《迟悟》《别了》《玉兔东升》《青草丛中》《不眠之夜》等抒情杰作。但1846年后她身患重病，已无康复希望。1848年5月24日女诗人溘然长逝。

德洛斯特-许尔斯霍夫与海涅是同龄人，他们生活的时代正是法国大革命至1848年革命这一激烈动荡的时代。但是她与海涅不同，因出身、社会、政治等原因她没有投身到革命斗争中去，写出像海涅那样的《时代的诗》，而是有意避开社会事件和政治斗争，过着半隐居的生活，以她自己的经历、气质，写出她的"时代的诗"。女诗人生性淡泊，从不取悦读者，也不迎合时代风尚。她从1813年开始创作诗歌，早年受浪漫主义的影响写了骑士史诗《华尔特》（1818年），后来她又写宗教诗和风景诗。这都说明她的生活孤寂，除了追溯往昔的骑士生活，或者在宗教里寻找慰藉，或者在山水中寄托感情外，别无其他创作素材和创作激情。但是，就是这些个人情感、风土人情、山川景色、荒野沼泽、自然风貌，德洛斯特-许尔斯霍夫抒发了以前的诗人们尚未感知的意境。正如沃斯勒教授在《前言之一》中所说的"她发现了和觉察到如此千差万别以致于只有在19世纪才能见到的种种特质和情调，她对此加以描写，其专注程度在那个时代也极为罕见。渺小万物的生存与活力、声音、气息、光线、映象、搏动，甚至于微不足道、了无生机的细粒的存在和本性在这里都得到极其细腻的描绘，同时又借助隐喻和幻影予以提高，取得间离效果。"因此，女诗人也被认为是有代表性的、独特的、欧洲最早的现实主义作家之一。德洛斯特-许尔斯霍夫于1838年出版第一本《诗集》，1844年出版第二本《诗集》；她去世后，许金整理出版了她的三卷全集，其中包括一些散文作品。

荷尔德林和德洛斯特-许尔斯霍夫这两位诗人在世时都没有受到文坛注意。前者直至20世纪初，他的很多重要遗稿被发现，研究他的人越来越多，他的声誉也越来越高。他被认为是伟大的爱国诗人和抒情诗人，他瑰丽的诗篇被认为是德国语言的高峰。后者在世时虽出过两本诗集，但她的诗作并不为民众所理解、所接受；女诗人坦然置之。她曾于1843年写给女友吕迪戈的信中说："我现在不可能也不愿一举成名，但是100年后，我愿有人读我的作品。"历史作出了结论，100年后德洛斯特-许尔斯霍夫被公认为是德国最伟大的女诗人，今天她的作品还被介绍到中国，女诗人在天之灵一定也会无比欣喜。

我国的第一首荷尔德林译诗，是冯至先生翻译的诗人小说《许佩里翁》中的《命运之歌》，载1925年12月的一期《沉钟》周刊上。专题研究文章比较早的则有季羡林先生1933年4月19日发表在《清华周刊》第39卷第5-6期上的《现代才被发见了的天才——德意志诗人薛德林》（即荷尔德林——笔者注）。解放后由于种种原因荷尔德林诗歌译介仍然很少。德洛斯特-许尔斯霍夫的诗歌据笔者手头的材料，最早见于钱春绮先生翻译的《德国诗选》（上海文艺出版社，1960年）中，收有两首；对她的研究文章尚是凤毛麟角。现在，顾正祥译注的《荷尔德林诗选》和张玉书、章鹏高合译的《德洛斯特许尔斯霍夫诗集》的出版，可以说是匡补缺失。前者收有译诗40首，后者收有译诗38首，绝大部分都是两位诗人的精品。荷尔德林的早期诗只选了《爱之颂》一首，其余均为成熟期、高峰期之作。由于各诗的创作时间相隔很近，再加上有些遗稿作者当时未注明写作时间，因此译者未按创作时间的先后排列，而是按题材划分为六个部分诗人集，故乡集，自叹集，爱情集，哲理集，祖国集——西东合集。德洛斯特-许尔斯霍夫的早期诗也只选了《急难》（1820年）、《池畔》（1835/36年）等少数几首，主要选了女诗人1841-1842年的最佳作品和1844年的力作。

接触过荷尔德林和德洛斯特-许尔斯霍夫的诗歌的人都知道，这两位诗人的诗歌是属于德语诗歌中最难理解、也是最难翻译的诗歌之列。他（她）们的诗歌不仅体裁多样，有颂歌体、哦德体、挽歌体、自由体等，而且尤其主要的是因为他们的诗歌内涵特别深邃。荷尔德林的创作时期正是古典主义和浪漫主义滥觞时期，诗人的作品包含着这两方面的特点。从他诗歌形式完整性，人道主义理想，美的追求，对希腊文化的歌颂等方面来看，他是属于以歌德、席勒为代表的古典主义的；从他那梦一般忧郁的渴望，热情的主观意识，现实和理想的不协调，幻想中的自我陶醉等方面来看，他又是属于当时兴起的浪漫主义的，因此有的评论家如勃兰兑斯也称他为"浪漫主义者的先驱"。荷尔德林诗歌中有三多：一是引用古希腊罗马神话典故多，二是抒写故乡之情多，三是抒发个人感受多。而且不少诗篇又是多层次的、交错的，内容博大精深。在语言运用上，他出于对传统德语的挑战，又为了追求优美的韵律，因而在语序上严重颠倒，在分行上也十分自由。这就增加了在理解和翻译上的难度。顾正祥这些年来在德国攻读博士学位，潜心研究荷尔德林的诗歌。他充分利用他的有利条件，就教于德国最杰出的荷学专家、教授，并借助于各大学、档案馆、研究所和出版社的图书资料，广泛涉猎荷学的研究领域，使他对荷尔德林诗歌的内涵、本质，有了比较深刻的认识和理解。他的译诗忠实于原诗，重内容、重达意、重传神，注释也很精当，特别是对几首难度很大的长诗，如《流浪者》《悼农为迪奥蒂玛哀叹》《莱茵河》《阿尔希沛拉古斯》《面包和葡萄酒》等，译者下了功夫进行钻研，终于"拨开云雾见青天"，能够以通畅晓达的汉语表现出来，这确非一件易事。但正如译者自己所言："任何译文都不可能尽善尽美，翻译介绍荷尔德林的诗和其他作品，需要几代人的努力"，这本选集也只是起抛砖引玉的作用。

德洛斯特-许尔斯霍夫有着女性的特殊敏感和十分细致的观察力。她的作品用词讲究，格律严谨，具有独特的韵味。女诗人的许多诗作往往把人物心态和自然景色有机地交融在一起，特别是通过对大自然的描写，不断地刺激抒情主体，利用荒野、沼泽、湖水、峰峦、月光、苍穹、云层、涛声、树木、花草、飞鸟、昆虫等等，烘托借喻，抒发情感，这大大增加了理解上的困难。张玉书、章鹏高两位准确地把握了这些难解之作，用明白晓畅优美的汉语，把女诗人的"咏物抒情"佳作介绍出来，让我们领略和品味到独具匠心的另类型的现实主义作品。

荷尔德林和德洛斯特-许尔斯霍夫的诗歌不是俗文学，而是雅文学；不是消遣品，而是高尚的艺术。我们感谢顾正祥和张玉书、章鹏高两位教授以及北京大学出版社，为我们送来了诗国中的两颗璀灿的明珠。

[中文书评，原载：《北京大学学报》（哲学社会科学版），1997年第1期，第151–153页]

荷尔德林早期的中国知音

吴晓樵

德国大诗人弗里德利希·荷尔德林（Friedrich Hölderlin，1770–1843）在今日中国的文坛已是广大文学爱好者耳熟能详的人物。一般读者可能以为中国的"荷尔德林热"是近二三十年以来的事情。实际上，早在20世纪上半叶荷尔德林就已经在中国找到了他的知音，而且是一批年轻的知音。有趣的是，中国早期的几个荷尔德林知音——冯至、季羡林、李长之、杨业治等——都与我国现代两所著名的高校北大、清华有着密切的关系。

翻译、研究荷尔德林诗歌的中国学者顾正祥在1994年出版的《荷尔德林诗选》的译序中对荷尔德林在中国早期的流传作过一番考索。他说："根据译者现有的手头资料，在中国，诗人荷尔德林的名字最早见诸茅盾主编的《小说月报》第8期'德国文学研究'专栏（1921年8月10日出版）被译成"黑利德尔林"。稍晚，另有1922年出版的《东方杂志》19卷第6期化鲁（即胡愈之）的文章《新德意志及其文艺》一文也提及，被译成"傅尔德林"，并附德文原文。随后逐渐见于各种外国文学史。我国的第一首荷氏译诗，则要算冯至翻译的诗人的小说Hyperion中的《命运之歌》，载1925年12月的一期《沉钟》周刊上，可惜原诗已散佚。后来又有李长之译的《大橡颂歌》（Die Eichbäume），收在1943年9月成都东方书社出版的《德国的古典精神》一书中。但该书也已绝迹，仅少量孤本，被封闭在档案馆的象牙塔里，非请莫入，要凭单位介绍信才能查看。"

顾正祥梳理了荷尔德林在中国民国时期翻译介绍的大致线索，同时他也表达了在中国特定环境下考索文献的不易。这些早期的荷尔德林中文文献，顾正祥之所以称之为"散佚""绝迹"，可能是因为当时他本人远在德国，加之中国内地图书馆界对利用民国文献的种种限制，故而他有这样的感慨。在《荷尔德林诗选》问世不久，译者顾正祥以研究荷尔德林诗歌在中国的翻译流传及其与中国诗歌的比较获得德国图宾根大学哲学博士学位。但据笔者所知，中文文献里提到荷尔德林的名字要早得多。如王国维在他发表于1907年关于德国著名戏剧家赫贝尔（Christian Friedrich Hebbel，1813–1863）的重要论文《戏曲大家海别尔》（上海《教育世界》总第145号、147号和148号连载，发表时未署名）中就已提及。

1925年9月，在北京大学德文系学习的冯至听他从德国回家省亲的堂叔冯文潜讲解了荷尔德林的《许佩里翁的命运之歌》，感到十分兴奋。这年12月5日，他翻译了这首诗。也就是顾正祥所说的"已散佚"的那首。实际上，这首荷尔德林《命运之歌》的翻译，除了见于顾正祥文中提及的《沉钟》周刊外，还见于《大公报》（1936年5月29日第3张第12版）。这时冯至已经自德国海德堡大学留学归来。冯至的荷尔德林译诗，今天我们可以在新近出版的《冯至全集》中读到。

继冯至之后，在中国注意到荷尔德林的是20世纪30年代初在清华大学外文系学习的杨业治、季羡林。杨业治曾在美国哈佛大学德文系、德国海德堡大学留学，精通希腊语、拉丁文。他自称在那时就对荷尔德林发生了浓厚兴趣。他在当时虽没有关于荷尔德林的著述问世，但他对荷尔德林的关注则是中国早期的几个荷尔德林知音里最为持久的一个。在20世纪80年代，我们可以读到他的德语论文"荷尔德林与陶渊明的自然和自然概念"（„Natur und Naturbegriff bei Hölderlin und Tao Yuan Ming"）等。早就听出版社的朋友说，杨业治教授在翻译荷尔德林的书信体小说《许佩里翁》，但迟迟未见问世。

在清华四年期间，季羡林以德语为主科。当时在清华大学教授德文的有杨丙辰、艾克（Gustav von Ecke）和石坦安（Von den Steinen）等人。季羡林本人对四年的专业学习评价不高。他说，杨丙辰用中文上课，而德国外教说的是英语。四年德语，只能看书，而不能听和说。最后写毕业论文系里要求的不是用德文写，而是用英文写。但季羡林写的学士毕业论文却是关于诗人荷尔德林的。论文题目是"The Early Poems of Hölderlin"（"论荷尔德林早期的诗"），指导教师即为艾克。想必季羡林的这篇英文论文今天还能在清华大学图书馆里找到吧。值得注意的是，当时季羡林将他的学士论文改写为中文，发表在1933年4月19日的《清华周刊》第39卷第5、6期合刊上，题为《现代才被发现了的天才——德意志诗人薛德林》。此外，季羡林还写了《近代德国大诗人薛德林早期诗的研究》，第二年发表在北平创刊的由李长之、杨丙辰主编的刊物《文学评论》（第1卷第2期）上。这两篇比较难以考索的论文今天都已被收入《季羡林文集》第13卷。在晚年，季羡林回忆这篇论文时，对自己的少作评价不高，他说"内容现在已经记不清楚了"。据说，季羡林早年还作过翻译荷尔德林诗歌的尝试，其中正式发表的有《玫瑰是多么美丽，多么新鲜呵……》《代替一篇春歌》《蔷薇》等几篇，但发表的出处待考，尚有一些没有发表。

此外，在抗战期间，专攻法国文学的陈占元先生还从法文翻译过奥地利著名作家斯特芬·茨威格的《荷尔德林的诗》一文。译文发表在1912年2月20日在桂林出版的《诗创作》第8期春季特大号上。这是根据茨威格的名著《与魔鬼搏斗》中的《荷尔德林传》部分翻译的。

[中文书评，原载：香港《文汇报》副刊，2002年12月31日；

又载：《中华读书报·国际文化》，2006年10月11日；

又见于：《中德文学因缘》，上海：外语教育出版社，2008年，第61–63页]

阿尔希沛拉古斯与中华大地

——顾正祥率先将荷尔德林译成汉语
骤然间让世界五分之一人口走近诗人

乌尔里希·施托尔特

图宾根（报道）：或许他有朝一日会被称作一名伟大的传播者，他跨越东西两半球间的天堑，在水流湍急的陡峭两岸架起一座座桥梁，从而去实现东西方文化财富的汇通。又或许，有一天他的名字会被遗忘在文学史的脚注里。中国日耳曼学者顾正祥最先将荷尔德林译成了汉语[1]。该译本在北京版印并发行了3000册，这——单纯从理论上讲——总算是让全世界五分之一的人走近荷尔德林。

顾正祥住在一幢学生宿舍的阁楼公寓里，这一带曾是法国兵营驻地。改建尚在进行中，后面建筑机器嘎嘎直响，街上孤零零地走过一位朋克，四条辫子飘摇在风中。顾就住在这些乱象的上面。他为客人沏了一壶龙井名茶，这茶来自中国东部的杭州。今年51岁的顾曾在那里的大学教授了九年日耳曼语言文学。顾是在上海念的大学，那会儿正赶上文化大革命，但顾似乎在回避这个话题。顾在诵诗会附上的履历中提到了一段下乡实习的经历。1888年，顾带着奖学金以及科研任务来到了德国，并于去年在图宾根博士毕业。

在他粉刷洁白的卧室兼工作室里摆放着少量书籍，无一例外全是专业书刊，书前放一台电脑。靠墙处是顾的学术珍宝，它们井然有序地立在暖气管道的防护板上。陈设极度简朴。给人的印象是，没什么会分散他的注意力，所有的设施都围绕他忙于研究的课题。

顾正祥很快便把话题引到了他的研究上——引到荷尔德林、他所钟爱的诗人荷尔德林。在谈到荷诗的价值时，他的回应是一番近乎情绪激动、咄咄逼人的辩护词。

荷诗里的爱情、仁义、和平、和谐与理解等主题令他神往。"这是世界文学中所有诗人的共同主题。"他说，其中蕴含着奇幻和力量。诗人的作品使人产生两种感受。一方面，那是一种难以把握的抒情诗，蒙着古希腊神话、西方哲学与宗教的面纱；另一方面，他的诗又仿佛埋在地下的瑰宝，要想接近它，必须经过n次三番的探索。

顾沉思良久后才开口讲述，有时得字斟句酌才找到最贴切的表达。

---

1 这里有个界定不严的问题。不才虽是中国第一本荷尔德林诗选的译者，但决非中国译介荷尔德林的第一人。这在《荷尔德林诗选》（北京大学出版社，1994年）前言、尤其在《荷尔德林诗新编》（商务印书馆，2012年）前言中有甚为详细的介绍。——顾正祥补注

　　世界上没有人——他继续说道，他顿了一下，更正了措辞：从未有人用德语把对家乡和自然的热爱表现得如此壮美与崇高。在德语诗中，可以跟荷尔德林诗相媲美的描写河流的诗歌绝无仅有，如《莱茵河》或者《在多瑙河源头》等。在这些诗里，历史和现实以一种无法拟仿的方式融为一体，富有震撼力。

　　仅从顾把描写自然的诗看作巨大的艺术成就，仅从这一点来看，就可发现顾的侧重点跟德国日耳曼学者的研究路径大不一样。顾将《献给我敬爱的祖母》一诗收录进他薄薄的诗册，《致朗岛厄尔》那首诗也是。按照中国的标准，如顾所言，对高尚友谊和骨肉亲情的看法，拿中国的标准，是衡量诗人高低的一个决定性因素。[1]

　　顾正祥翻开一册已经读到脱页的荷尔德林，这本诗集是Reclam出版社出的。他一页页小心翼翼地翻动着，那用不同颜色标记的注释看上去就如同一幅幅小水彩画一般。

　　这个版本正是他当时翻译用的脚本。这个薄薄的淡紫色小册子就是中国第一本汉译荷尔德林诗选。它出版于1994年，并不曾受到世界目光的关注。它在北京的一个高校出版社印行了3000册，其中包含荷氏后期作品里的重要赞美诗，如《阿尔希沛拉古斯》《漫游》和《面包和葡萄酒》。

　　该版本是一个注疏本，以便为中国的读者阐释欧洲文化的内在关联，尤其是与荷尔德林息息相关的古希腊神话。荷氏的不可拟仿之处在于它那庞杂的诗人品达式的韵律。由于这是学术性翻译，荷诗形式的激昂化作了一种中国式的质朴。这里值得注意的是，一排排汉字被包装在大家所熟悉的欧洲颂诗的格式里映入我们的眼帘。至于诗人从古希腊句式中借鉴而来的、几乎被拉扯得支离破碎的句法，译者作了简化。汉语里的句子构成，顾解释说，不容许有这种张力。

　　顾把自己看作一名传播者。他曾把《格林兄弟传》译成汉语，还译过一本《海涅传》，目前手头的项目是关于一部德国诗人的诗选。[2] 现在又写成一本关于德国抒情诗在中国接受的博士论文。他说："我还想在德国呆很久，我沉浸在自己的工作中，内心还有很多愿望要实现。我将翻译视作此生的事业，视作我毕生的追求。"

生命过半

悬着黄橙橙的梨、
长满野玫瑰的
陆地偎依着湖水。
你们可爱的天鹅，
为亲吻而陶醉
一头栽进
神圣清醒的水里。

1　此乃记者当时的理解，与顾本人的观点有出入。——译者注
2　译者向顾先生本人请教后核实，此处原文表述不确，它实际上是指顾先生后来的成名巨著《中国诗德语翻译总目》。——译者注

中外学者评顾正祥译《荷尔德林诗选》与《荷尔德林诗新编》

可叹，倘若冬天已到，我
何处去采摘花卉，
何处去领略阳光，
和大地上的荫处？
高墙默立
无语，寒冷，风中
风信旗嘎嘎直响。

（顾译荷尔德林名诗《生命过半》）

（娄西利 译）

[德文书稿，原载：*Schwäbisches Tagblatt*，6. September 1995，S. 24 /
《施瓦本日报》，1995年9月6日，第24版。该文上方为顾在图宾根一次诗歌朗诵会上的一幅照片。
文中有《荷尔德林诗选》（北京大学出版社，1994年）的扉页以及荷诗《生命过半》（德汉对照）]

荷尔德林译介的又一硕果

——评顾正祥的译诗集《荷尔德林诗新编》（书评之一）

魏汉茂

德国最优秀又最深奥的诗人荷尔德林（Friedrich Hölderlin，1770–1843），曾给浪漫派以深刻影响，生前生后近百年却几乎湮没无闻。二十世纪初才声名鹊起，被尊为"人民预言家"。第三帝国时期，纳粹统治妄图让荷尔德林"为我所用"，为他们的舆论工具服务，当然只是徒劳。战后形成的"荷尔德林热"，恢复了他在德国文学史上应有的地位，荷尔德林作品中的哲学、诗学和美学的丰富内涵也被一一挖掘出来。以荷尔德林为题材的戏剧、小说和音乐作品频频问世。最终，拜斯讷（Friedrich Beissner）主编的八卷本注释本"大斯图加特版"《荷尔德林全集》（1943–1985）和萨特勒（Dietrich Eberhard Sattler）主编的20卷本"法兰克福版"《荷尔德林全集》（1975–2008）使诗人在本国的接受达到高潮。然而，即便在德国，阅读和研究荷尔德林的人也始终是少数，其作品也从未得到实质性的普及。

令人惊异的是，位于地球另一半的中华古国，荷尔德林的作品也赢得了不少爱好者和研究者。这个可喜的现象先得感谢王国维（1877–1927）、季羡林（1911–2009）、李长之（1910–1978）、冯至（1905–1993）、杨业治（1908–2003）和钱春绮（1921–2010）等老一辈日耳曼学者的开拓之功。而第一次对荷尔德林作了全面而系统介绍的，应是原在杭州大学任教，多年前已定居图宾根的华裔学者顾正祥教授。他在图宾根大学完成的博士论文"Deutsche Lyrik in China. Studien zur Problematik des Übersetzens am Beispiel Friedrich Hölderlin"（德语诗的汉译：以荷尔德林为例探讨译事之难），是华人撰写的以荷尔德林为题材的第一篇博士论文；他于1994年在北京大学出版社出版的译注本《荷尔德林诗选》，是荷尔德林在中国的第一部译诗集，两者在理论上和实践上都具有里程碑的意义。

旧版（北京大学出版社）的《荷尔德林诗选》，获Inter Nationes资助，译诗40首，按题材分组，有众多注释，脱销已久。有网友称，正是这本诗集使他爱上了荷尔德林这位充满神性的诗人。《荷尔德林诗新编》（商务印书馆）获歌德学院总部（慕尼黑）翻译资助。引言部分（8页）精辟概括荷尔德林在中国的百年译介史，交代译者自己的翻译理念。译诗66首，比旧版的篇幅增加三分之一多，按编年史顺序排列。题解、脚注和译者附注等都有强化。内文的不少插图及其说明均与荷尔德林的生平和创作有关，增加读者背景知识的信息量。中国读者期待《新编》在已久，出版的当月即被列为畅销书，并荣列新浪中国好书同仁榜。于是，在短短的三四个月里，出版社就在考虑重版的事。纯文学能交上如此好运，在当今的图书市场实属鲜见。它表明，在经济大潮的冲击下，无论在中国，还是在德国，依然有为数不少的文化精英，钟情于世界文学的经典作品。

　　荷尔德林抒情诗的形式如哦德体、哀歌体和颂歌体在中国古典诗词中颇能找到相似之处，而它的取材和诸多从古希腊神话中移植过来的象征性意义却使中国读者感到陌生。如何选词这一关就使译者很难把握。譬如"祖国"一词，它所描绘的，并非爱国主义意义上理解的某一民族的国家，而是一个理想国，那里不是人治，而是由"爱的法则，普世平等"主宰。此外，诗韵、诗律，诗的格式、凭借句式和元音的堆砌所唤起的诗情画意及其效果，由于中德两种语言的差异很难亦步亦趋。回天无术，只求外观相似，满足于诗节划分与诗行长短的模拟。固然诗的格律也许能借助汉语语音的四声音调找到变通的办法，但这样一来，多半弄巧成拙，译文生硬笨拙，很难收到一种特殊的艺术效果。于是，译者在这儿也陷于进退维谷的两难境地，不得不寻求一条介乎于紧扣字义，即形似，和刻意强调接受国读者的鉴赏水准和阅读情趣，注重传神效果，即神似的中间道路。

　　顾教授走的正是这样一条中间道路。凭借他多年的翻译实践和从中积累的正反两方面的经验以及他在博士论文中所作的理论探讨，我们有理由相信，顾教授找到了一条最适合他秉性和气质的翻译之路，译文的标准也最符合他的审美理想和审美价值。译者以自己的辛勤劳动为荷尔德林在中国的接受作出了一份特殊的贡献。

（顾正祥 译）

[中文书评，原载：《文汇读书周报》，2012年10月26日，第9版]

《荷尔德林诗新编》（书评之二）

魏汉茂

译诗注释详尽，部分译诗伴有评论或译后记。译著荣获经慕尼黑歌德学院审核批准、由德国外交部拨款的翻译资助。

荷尔德林在中国也不再陌生，这主要还得感谢李长之（1910–1978）、冯至（1905–1993）、杨业治（1908–2003）和钱春绮（1921–2010）。而多年来生活在图宾根的顾正祥教授，则作出了特殊的贡献，他于1994年在北京大学出版社发表了一部荷尔德林诗选。眼下的这一部《荷尔德林诗新编》在中国期待已久。如今甚至上了全年的"好书榜"[1]。荷诗中的颂歌、哀歌、赞美诗能在中国古典诗词中找到相对应的形式，而它们的题材、象征手法和对古代希腊罗马神话的借用，会使中国读者感到陌生。译文的选词已够让这位中国译者头疼——如"神圣"（heilig）一词的译法，又如"祖国"（Vaterland）一词，它决非对本国本民族的爱国情怀所能包容。它是一种存在，在那儿，不是统治者的权力、而是"爱的法则、普世平等"主宰一切。除此之外，韵脚、诗的格律、借助句法和词汇的堆砌所营造的诗情画意及其所产生的效果，也因中德两种语言的差异而难于被领会。于是，有关的译文只能局限于外形上的相似，模拟诗节的划分和诗行的长短。固然，借助于中文的声调之变或可苟同于原诗的韵律，而这种笨拙的活计多半徒劳无功，很难收到特殊的艺术效果。译者在这里也面临进退两难的选择，在注重语言文字的亦步亦趋与注重作品艺术性的传递这两者之间找到一条中间道路。顾正祥在他的博士论文"德国抒情诗在中国：以荷尔德林为例探讨译事之难"（„Deutsche Lyrik in China. Studien zur Problematik des Übersetzens am Beispiel Friedrich Hölderlin"）阐述了他翻译荷尔德林的经验，这就表明他比先前的同行翻译得更为确切、更忠实于原文。译者以他的辛勤劳动为荷尔德林在中国的传播作出了一份卓越的贡献。

（顾正祥 译）

[德文书评，原载：*Germanistik. Internationales Referatenorgan mit bibliographischen Hinweisen*，Band 53, 2012，Heft 1-2，S. 175 / 《日耳曼学刊——国际书讯兼短评平台》，第53卷，2012年，第1–2册，第175页]

---

1 是指2012年4月孔夫子旧书网登载的全国"十大畅销书"之一。据商务印书馆信息，拙著在当年九个月内销售一空，次年第二版，三年后又再版。——译者注

中国学者的其他评论

感悟 诗意 交流与向往

——《来自黄河的诗》序

孙书柱

桑恒昌1989年在明斯特德国第六届国际诗歌节上诵读自己诗作的时候，还不曾想到，他的第一次德国诗旅将开出怎样的花、结得怎样的果。朗读时，他很认真很专心，甚至还有些激动。但之后，他开始心不在焉了，首先还不是因为他不懂德语——他想家了。那时侯，国内的一些学生闹得正欢。他的心不在焉，使得这位睿智的、诙谐的、观察事物细腻入微的诗人，在德国获得的印象竟然是"德意志的雨季／比它的高速公路还长／太阳也该晒一晒了"（《德意志印象》）。也许，他似乎感觉到，他将再次访问这个国家。

恒昌朗读完毕，步下讲坛时，花开了，并开始孕育果实。明斯特国际诗歌节组委会主席奥斯奈布吕克大学教授沃斯勒先生在道别时对恒昌说："希望有更多的中国诗作译成德文，希望你们再来，希望你们下次来能多读多读……"当时，站在沃斯勒先生身边，从斯图加特赶来的中国学子——现今已成为德语文学博士的顾正祥深情地注视着桑恒昌。这位德语文学博士是个使命感很强的有心人。作为中国学子，他看到并体会和理解到恒昌的才华、诗艺在当代中国诗坛的代表意义，愿意更多地把恒昌介绍出去。在艰辛攻读学位的同时，他用各种方式和远在山东的诗人联系，读他、听他、研究他、理解他，并努力促成德国多家文学和科研机构邀请恒昌携夫人再次访德，直至编选和翻译了这本难能可贵的《来自黄河的诗》。

顾正祥把诗集定名《来自黄河的诗》，诚然与恒昌来自黄河之滨并曾担任《黄河诗报》主编有关，但更主要的应该是因为黄河是母亲，黄河是祖国，黄河是华夏文明的发源地。由此可见，顾正祥是如何看待桑恒昌的诗作分量和诗美价值。也许正因为这个缘由，顾正祥选进这个集子的诗，除了恒昌两次访德的印象作品之外，主要是那些闪烁哲理辉光的诗。顾正祥在德国近20年，是德语文学的专门学者，自然知道德国人需要了解中国诗歌创作的哪些方面。换句话说，知道应当让德国人了解当代中国诗苑中的哪些奇葩，进而更多地了解中国。恒昌的这些诗作，精辟的、智慧的、简约的而又不乏奇巧和脍炙人口的剖析和刻画了身边常见事物的本质和侧面，给人以启迪、震撼和回味。

以诗的形式表达诗人的感受、思索、理解和向往，是中国诗创作的传统。无疑，读者尤其是外国读者容易借此了解诗人的情怀和诗人所处时代的气息，从一位卓越诗人的浩瀚作品中选编一本诗集，一本用两种文字出版的诗集，并不是轻而易举的事。顾正祥独具匠心，呕心沥血，运用他对中德两种文化和两种接受方式的理解，完成了这一巨大的工程，是应当受到广泛赞许的。况且，翻译文章不易，翻译诗则更难。从母语译成外语把汉语文的诗译成德语文的诗，其难度是没有实践经历的人所难以想象的。作为编者和译者的顾正祥不仅具有让人感动的情怀和勇气，也有令人敬佩的广博知识和艺术才能。

诗作为一种艺术，无论古今，无论中外，不仅仅表达感知、向往和志向，表达情绪、情感，表达爱憎也是诗歌亘古犹存的重要内容。桑恒昌作为当代知名的卓越诗人，其诗作的内容、手法是多面的，他是个情感充沛的诗人，他是个多才多艺的诗人，他是个优秀的抒情诗人。他给中国诗坛带来的新鲜气息相对新诗的贡献应该说是巨大的。

参加明斯特国际诗歌节回国不久，恒昌的几十首怀亲诗发表了。中国诗坛震动了，中国读者震动了。读者信函纷至沓来，一大批诗歌评论家和有影响的诗人以及文学教授和诗歌爱好者，竞相评论赞扬。一则评论在分析他的《中秋月》时说："这是怀亲诗的千古绝唱！"一位评论家说："怀亲诗是桑恒昌对中国诗歌史的一大贡献。"另一位评论家说："桑恒昌怀亲诗专著的问世，填补了中国乃至世界诗以艺术宝库中的一个空白。"桑恒昌的怀亲诗给当代中国诗坛和读者以强烈的震撼。

亲情是人类共有的最基本的最直接的情感。重亲情是中国人的传统，位居中国美德之首，是中国优秀文化传承的主要内容。了解中国人的亲情方式和深度，才能更本质更全面地了解中国人，才能更好地了解有人类四大发明——中国文明的生命力之所在。所以，恒昌的怀亲诗不仅仅是抒发他对父母的感恩和缅怀，也不仅仅属于中国文学；它是全世界的、全人类的。也许有一天，诺贝尔文学奖会注意到桑恒昌的名字和桑恒昌的诗。

《来自黄河的诗》没有选辑恒昌的怀亲诗，可能有其缘由；也许顾正祥正在编译恒昌的另一部诗集——怀亲诗专辑。我们相信，恒昌的怀亲诗译成德文，也定会引起强烈的反响。让我们和时间一起静候佳音。

2005年于汉堡

绿原来信

顾教授：

　　你好！新年刚到，特向你道个万福。绿原先生读过《来自黄河的诗》。发来邮件，现转发给你。便中可否与他联系。

　　　　　　　　敬礼

　　　　　　　　　　　　　　　　　　　　　　　　　　　　　　　　　桑恒昌

　　　　　　　　　　　　　　　　　　　　　　　　　　　　　　　　　2007.01.01

恒昌同志：

　　大作《来自黄河的诗》收到，不胜感谢。一首首格调明朗的精致小诗就像一串串珍珠，闪现着诗人对人生、对世界的热烈情感和睿智沉思，想来这是泉城之水的造化之功！

　　这本诗集为中外文化交流闯出了一条新路：由在异国生活的中国德语学者介绍中国的新诗，比靠国外汉学家来做文化中介要快要好，顾正祥先生这些年为中德文化交流做了不少有益的工作。前几年，我曾收到他的来信，因为大病之后，精力不济，不记得是否回过信，便中请代我向他问好。

　　新年将至，祝您在2007年诗兴旺盛，佳作泉涌，全家快乐！

　　　　　　　　　　　　　　　　　　　　　　　　　　　　　　　　　绿原

答谢学友顾正祥（诗二首）

丛良滋

一、答谢

今日夜读，翻阅正祥学友赠诗数篇，
感而慨之。学书一律答谢，以示心怀。

与君一别整十年，	念君才华应出众，
容颜依旧岁月添。	叹余愚昧滞不前。
今日又理君大作，	何日江浙再握手[1]，
往事再现预科园。	喜吟诗书笑连篇。

（1978年1月29日）

二、重九

有同窗自德国远道而来，重九之夜欢聚于无锡崇安寺，留此志之。

又逢佳节重九。	当年同窗沪上，
月儿已上东楼。	而今功成名就。
崇安寺前迎旧友，	身在异国他乡，
中西话语杂交流。	心为中华分忧。
美食一餐共长寿，	频添华发孰为愁！
一曲二泉绕心头。	何日再聚首？

——顾正祥同学存念

（2009年10月）

---

1 友当年任教于浙南山区。

附：顾正祥中学时代习作

吴淞行

初与丛友吴淞游，
如意之行竟添愁。
登车始见细雨飞，
下车满地雨水流。
我且暂避泥屋下，
他自径奔电影楼。
苍茫宇宙如怒狮，
君我顿作风雨囚。

雨后云开天地清，
吴淞中学景色新。
小桥流水傍古楼，
柳暗花明多书声。
重临旧地倍亲切，
师生同窗叙别情。
从此一别几时来，
山南海北万里程。

与君又来浦江畔，
舟楫迷离几点点。
夜风轻撩君我衫，
几曲清歌飘江面。
远灯孤红夜色中，
少年天才更光艳。
林荫石桥稍歇坐，
俯闻浦江奏三弦。

江寒漫袭吴淞镇，
长街旅人依纷纭。
子夜徐步能几回，
浦江之水流无尽。
今宵但愿千日长，
述尽卓志天乃明。

（1963年残稿）

（草于复旦大学预科）

致顾正祥博士（诗二首）

林毓华

中华诗词学会会员月斋主人
林毓华书于东蒙山庄

一、致顾正祥博士

异域何如故国春　　从来游子珍离别
归帆万里一诗心　　敢叫蒙山作证人

二、致顾正祥先生

断无消息问张骞　　小诗写罢待鱼传
海外鸿传五色笺　　烛尽秋窗夜色凉
心系红尘连碧落　　仿佛容颜凝落月
诗随东土到西天　　奈何音讯隔云山
晤前敢望逢知己　　逢君许是三生定
别后尝惊见月圆　　别尔难忘一面缘
为讯他邦秋几许　　自信风骚能化物
故园篱菊已盈栏　　且将唐韵付啼鹃

蒙山行

——赠顾正祥博士（诗一首）

李宪贤

有缘相会聚东蒙，
诗友本为一工农。
天涯难忘沂水情，
鸭绿江畔再重逢。

2001年9月16日夜1时
草成于东蒙山庄

与辽宁农民诗友李宪贤合影于中华"八喜杯"诗歌征文大奖赛颁奖大会期间

与顾正祥握手

——大洋彼岸的挚友

莫渝

1990年前后，我陆续在《笠》诗刊登载"中国译诗选集介绍"。当初的构想是透过个人收集大量中国译诗选集，提供国人较广大的诗文学的视野；同时，配合进行中的"译诗名家评介"的写作。这两股写作方向，都获得上海译诗名家钱春绮先生的大力支持。

"中国译诗选集介绍"第5篇介绍《德国抒情诗选》，刊登在《笠》诗刊152期（1989年8月15日）。此书由钱春绮和顾正祥两人合译。当时的按语，我引录钱春绮在"序"里的一段话，表明他俩编译的心愿："希望这本诗选不仅能成为大学德语系和中文系教学外国文学的师生们的参考资料，同时也能成为一般爱好诗歌的广大读者欣赏和借鉴的读物。"由于出版品没有加附译者简介，也找不到资料，我的文章内就短缺对译者顾正祥的介绍（先前第3篇《法国名诗人抒情诗选》时，已介绍过钱春绮）。

这篇短文，却引发长长的友谊。稍后，顾正祥受杭州大学派遣赴德国交流访问，后攻读德国语言文学博士学位，期间进行《二十世纪中国诗选：我住在大洋东边》的德译和编纂，选用拙诗《弃妇》，透过钱春绮先生的转达，彼此有进一步的联系。《二十世纪中国诗选》在柏林出版前，顾正祥希望我在台湾发布讯息。不负所望，1995年11月8日《联合报·联合副刊》（痖弦主编）、1996年2月10日《世界论坛报·世界诗叶》（刘菲主编）、1996年2月15日《笠》诗刊191期（岩上主编）等报章诗刊，分别刊载"德译本《二十世纪中国诗选》简介"的出版消息，《笠》诗刊还补登顾正祥研究主题的《国际荷尔德林书目》。《二十世纪中国诗选》79首译诗中，台湾诗人7位：陈敏华、林泠、杜国清、施善继、莫渝、罗青、陈坤仑。这几位诗人的诗作，大都选自广州花城出版社的《台湾新诗》（翁光宇选析，1985年）一书。我想，当时顾正祥手头台湾诗的资料有限，可能受《台湾新诗》一书的影响较多。

1996年11月26日，我收到这本德译诗选（Oberbaum出版社，1996年6月），新25开版型（同商务印书馆的新人人文库，或三民丛刊），精装带书衣，封面淡彩山水画，封底德文文案说明外，中央位置摆放一枚"中国新诗百首"的篆体方印。虽言百首，实际仅共选译48位诗人79首诗。此书选译莫渝诗作《弃妇》，即当时莫渝的诗在中国流传较广的一首（或许该拜萧萧与张汉良共同编着的《现代诗导读》之赐）。晚些，2000年9月，另一部汉德对照《凤凰木：台湾诗选》也出版。

莫渝个人选集1995年的《水镜》，除中文诗外，另有日、英、法、韩四种外语翻译，无德译；拟增订时，央得顾先生的协助，抽空新译4首，连同《弃妇》共5首，放进《水镜》1998年的新版中。

与顾先生交往与信笺，在持续中。2003年12月中旬接获顾先生新址及电子邮件地址。这时，顾先生在译诗之余，还完成了博士学位（1994年），任教当地大学，成为知名的汉学家。藉电子邮件地址，联系更便捷。顾先生原本有意将进行《中国古典和现代著名诗人的德汉双语诗选》的编译出版，在台湾，这样的文学市场有限，顺势，我建议他着手研究与译介台湾文学；他有汉学家的声誉，已建立的名望中，再开一牖新窗，空气更流通，光线更明亮，也有一番先期开辟的意义。他欣然同意。

2004年11月，我决定离开5年的编辑工作，虽是个人的抉择，却也打扰朋友的关心，他写了一首小诗：

"桂冠"之忧
——为诗人莫渝离"桂冠"作

赫然传来的电波
令我惆怅迷惘

风尘仆仆
你曾奔大陆
采风忙

殚精竭虑
你浇灌台湾诗苑
桃李芬芳

今义无反顾
问君奔何方

隔着汪洋大海
我眺望呵眺望

（2005年元月2日晚11时即兴，元月5日改）

感念朋友的关心。事实上，尽管不时萌生隐退，却未曾离开文学书刊的阅读与写作。2005年开始，希望顾教授能展开关于台湾文学的研究与译介。

顾正祥——中德交流的使者

李汝保

"海内存知己，天涯若比邻。今日豫园行，心中存美景"的题诗，是我在豫园为从德国来的"老上海"顾正祥博士赠书时题写的。我们在上海老饭店小聚，在豫园外宾接待室欣赏刘海粟、戴敦邦等名家真迹，在豫园古戏台一起合影，他在《星光灿烂——李汝保散文、特写自选集》中撰文《海外游子回故园》，抒发了"我深爱长江黄河，但也爱莱茵河多瑙河"的心情。他写道："在我看来，以豫园为代表的中国园林艺术，蕴含着丰富的旅游文化。它与外国的园林艺术想比，应是情趣迥异，各领风骚：一个以大片森林、池塘、白天鹅等自然景观和群体雕像取胜。一个以路回峰转，雕梁画栋见长。一个辽阔壮观，令人心旷神怡，一个布局紧凑，内涵丰富含蓄。但无论如何，中国的园林艺术在世界艺术宝库中堪称一绝，是独树一帜的。我的另一个印象是，上海，这座世界大都市，这几年追星赶月，面貌日新月异。而豫园，这朵古文化的奇葩，却仍一枝独秀。它与拔地而起的"东方明珠"、世贸大厦等浦东新建筑群交相辉映。"

以《海外游子回故园》一文加盟《星光灿烂》的德国图宾根大学博士顾正祥，在豫园将他译注的在德国比歌德还出名的《荷尔德林诗选》赠给我，并题写"领略荷诗的深刻内涵，弘扬荷诗的丰富哲理"的寄语，其译注的哲理集《生命的历程》与其半年后复信中"人到中年始扬帆，人生苦短惜残年"的自叹。确实，如荷尔德林所写："人生的轨迹千差万别，好似道路形形色色，好似山脉逶迤曲折。我们这里缺少的，上帝那儿会补充，用和谐、宁静与永恒的报酬。"

我与顾正祥博士相识是因为诗，相交是因为游，相谈是因为书。在豫园他把自己翻译的《海涅》《格林兄弟传》《荷尔德林诗选》赠送给我，并谈起六十年代报考上外德语专业、十年动乱随着外语被废止一边自己被埋没、1979年专业归口被分杭州大学外语系，1988年赴德国以三年时间撰写了《德语抒情诗的汉译——以荷尔德林为例探讨译事之难》的德语博士论文，于1995年作为学术论著在德出版。次年，涵括42位大陆诗人和7位台湾诗人共79首诗的德译本《中国新诗百首》及"诗的蜕变——中国古典诗德译中的异化及其在德语世界诗选中的表现"的长篇德语学术论文又相继在德发表。近年来，他受聘于Frank教授主持下的哥廷根大学文学翻译研究所和东亚系Lackner教授门下，独立承担了德国高校大型科研基金项目《德语诗选中的中国诗》（德汉双语）。

为了报效祖国，他还联系德方捐赠德语图书700余种，并由捐书单位德国"文学文化促进会"、德国外交部隶属的法兰克福书展部及歌德学院北京分部联手将捐书免费分别承运至北京和上海图书馆。上图在给他的来信中写道："我们相信，这批图书的捐赠，不仅充分体现德国人民对中国人民的友好感情，而且也是旅居海外的游子对祖国的一片赤诚之心。"

作为海外学子，他为国际文化交流做了一些工作。他给我的来信中写道："我受过深厚的炎黄文化的熏陶，并为此而自豪，它曾经诞生过屈原、李白、杜甫、苏轼、曹雪芹这样的伟人。我也无比钦佩德国和欧洲文化为世界文明做出的贡献。十余年来，我生活在德意志土地上，之所以感到幸福，是因为这片土地曾诞生了像歌德、荷尔德林、海涅这样的大文豪，像莱布尼茨、尼采、海德格尔这样的大哲学家和像贝多芬、巴赫和瓦格纳这样的大音乐家。"然而，已经是德国图宾根大学博士的他感叹道"人到中年始扬帆，人生苦短惜残年"。对此，我颇有同感。

他还写道："读了你的信稿，十分钦佩您的志向和追求，也确有'一见如故'的感觉。我集六年心血的大型双语种《中国诗德语翻译总目》将于今年秋冬在德出版。别的中德文化交流项目也在争取。盼望年内还有回沪的机会倾心畅谈。您一定会发现，我绝不会辜负朋友的信赖和期望！"当我在出版《星海踏浪》之际，我想起海外游子，我期望有缘重逢。

[人物素描，原载：《星海踏浪》，李汝保著，呼和浩特：内蒙古人民出版社，2010年10月版]

华裔学者获德意志联邦共和国十字勋章

陈熙涵

去年10月底，德国总统克里斯蒂安·武尔夫决定将德意志联邦共和国十字勋章颁发给华裔学者顾正祥教授。日前，在图宾根具有400年历史的市议政厅，正式的颁奖典礼为这位华裔学者隆重举行。

顾正祥毕业于上海外国语大学，后在浙江大学任教和研究，1988年为了学术研究来到德国，1994年在图宾根大学获取博士学位，后被浙江大学外聘为教授。为了进行翻译和研究，他风尘仆仆地往返于各国大学之间，教授汉语，并把中国文化介绍给德国人。他最早的研究对象是荷尔德林，并于1994年出版了《荷尔德林诗选》。在颁奖典礼上，图宾根市市长称顾正祥长达六七十万字的双语著作《中国诗德语翻译总目》和七八十万字、同样为双语著作的《歌德汉译与研究总目》为"伟大的著作，为中德文化交流和两国人民之间的沟通作出了贡献"。

也许是顾正祥教授认真、严谨、仔细的学术精神与德意志民族所秉承的精神一脉相通，德国学界对顾正祥长年过着一种斯巴达式的生活，并对他的谦逊、感恩、重视友情的"老式学者"作风不吝赞美之词。而顾正祥在答谢辞中也由衷地表示他"既喜欢涅卡河边的图宾根，也喜欢黄浦江畔的上海"；"既热爱歌德、席勒和荷尔德林，也爱李白、杜甫和白居易"；"在他的躯体中，中德血肉相连"。据悉，顾正祥并非获此殊荣的中国第一人。之前在中国日耳曼学界获取德意志联邦共和国十字勋章的还有冯至、张威廉、董问樵和杨武能。

[新闻报道，原载：《文汇报》，2012年2月8日，第9版]

不断令人吃惊的学者

袁志英

华裔德籍学者顾正祥教授日前获颁德国总统勋章。在第一时间里，顾先生将这喜讯告知我，我也非常惊喜，为他感到高兴。仔细想来，这真是他积厚而发的结果。

我们在上世纪八十年代相识于杭州，一见如故，说不完的共同话题。后他又来上海，将他出版的第一本译著《格林兄弟传》惠赠于我，扉页上有他工工整整的题签："袁志英老师惠存并教正！顾正祥 86.11.19于沪"。这本赠书我保存至今，时常翻阅。上海一别，彼此相忘于江湖，没再联系。2009年，在北京举办的纪念歌德诞辰260周年的研讨会上，吃惊于他来与会。两人久别重逢，执手相看华发，感慨万千。稍后他来上海，登门造访，令我更为吃惊的是他将一部16开本、519页、多达七八十万字、刚刚由中央编译出版社出版的大书送我。这就是他苦心孤诣用了六七个寒暑做出来的成果：《歌德汉译与研究总目》（下称《总目》）。书分上下两卷，上卷为译文目，下卷为研究目。译文目又分诗歌、散文、戏剧、书信。研究目也分门别类，分出辞书、专集、合集、文学史和报刊杂志等。令人惊异的是还设有《格言译目》和《日俄欧美研究汉译目》，这就为学界提供了像《清明上河图》一样的中国歌德翻译研究的全景图。

郭沫若、田汉和宗白华在他们的《三叶集》中称歌德为"人中之至人"，称之为"将其所具有的一切天才，同时向四方八面立体地发展了去的球形天才"；郭沫若甚至发下宏愿，"把全部的歌德，移植到我们中国来"。这不过是聊发少年狂的豪言壮语而已，并没有实现。事过近百年，顾先生却把歌德这位影响人类文明史的文化巨人在中国从1878年（歌德首次出现在清朝外交官李凤苞1878年的日记中）至2008年这130年间的轨迹整理记录了下来，"亦编、亦译、亦注"而成为《总目》。从中可窥见中德中西之间的文化交流、人员交流、经济交流的状况，甚至可以从侧面识见到中国国内政经和文化走势。

令人吃惊的是，除了这部单手举起都有些沉重的《总目》而外，还有其姊妹篇《中国诗德语翻译总目》。也是大开本，长达六七十万字，2002年由德国斯图加特安东·希塞曼出版社出版。这部巨著囊括了自1833年至2000年167年间中国诗的德译，共有850位中国诗人的5千多首中国诗歌被170多位的德语译者译成了德文。

无论是编写《总目》，还是编写《中国诗德语翻译总目》，都没有现成的材料，有关资料都散见于浩若烟海的形形色色的出版物中。他多年来常做跨国之旅，仆仆风尘于各个图书馆，"上穷碧落下黄泉"，一般踏破铁鞋，四处寻觅，得来后还要还原成德文抑或中文，间或加上自己的评注，每个条目都凝结着他的心血。德国同行称顾正祥的工作是赫拉克勒斯式的壮举，是苦力式的活计。

两部双语巨著的出版，在中德日耳曼学界和汉学界引起巨大反响。首先得到德国汉学界前辈德博先生的称许，说顾先生的德语是准确无误（sicher）的，说他为中西精神交流作出了贡献。汉学权威顾彬教授则是以"感谢和惊喜"来表示他的心情。著名汉学家魏汉茂和国际歌德学会会长格尔茨也都肯定他对汉学、日耳曼学和比较文学所作出的贡献。

顾正祥先生1944年出生于江苏启东，毕业于上海市澄衷中学，复旦大学预科和上海外语学院。曾任教于浙江大学。1988年为了研究的目的去了德国。先后供职于基尔大学、法兰克福大学、图宾根大学、哥廷根大学文学翻译研究所和东亚系，并相继获取各种基金会的资助，以进行科研工作。1994年在图宾根大学拿到了博士学位，后被浙大外聘为教授。1987年又有译著《海涅》问世。1988年有《德国抒情诗选》（与钱春绮合译）发表。1994年则出版了《荷尔德林诗选》。顾先生加入了德国籍，但仍以一颗中国心 勤勉为学。有诗为证：

> 白雪覆盖青松
> 群山托起古楼
> 在异国的土地上
> 我送走又一个春秋
>
> 杜门不出
> 穿着依旧
> 不唱圣诞歌
> 不求主保佑
> 满案书稿满案纸
> 伴我不分黑夜白昼。

[中文书评，原载：《文汇报》，2012年3月21日，第8版，笔会]

闲门向山路，深柳读书堂

——顾正祥教授文集感言

范剑虹

一

满头白发的顾老师，今年七十五岁了。他曾获德国图宾根大学哲学比较文学博士学位和获德国总统颁发的"德意志联邦共和国十字勋章"。十五年前，他还被载入《德国名人录》。今年，这个文集的编委，邀请我写点回忆的东西。这使我突然想起了刚刚读到的唐代刘眘虚的诗句："闲门向山路，深柳读书堂"。我遐想，顾老师也一定是在德国的"深柳读书堂"，研究着中德文学与文化关系史的。虽然两位大作家不可贸然比较，而刘眘虚为人较淡泊，脱略势利，这却也与顾老师有相似之处。顾老师几十年如一日，清心寡欲地研究着中德文学与文化关系史，直至满头白发，让我十分感动，这也是我答应编委要为他写点什么的原因。

二

我于1980年经高考，入读杭州大学德国语言文学专业。之后，就认识了一年级班主任顾老师，他当时是德语教研室的讲师。虽然入学那年，我因参加校体操队，在训练中空翻失手下坠昏迷而住院，与班主任接触的时间相对较少，但是对他印象却特别地好。他当时挺关心我，带着一副眼镜，腼腆而略带羞涩，但又传递给我一种诚实而温馨的感觉。我们德语班只有十九位同学，而德语教研室却有许多中国与德国的教授，如：李爱笙、卢博生、王宽信、鲁仲达、陈坤泉、顾丽娟、邵思禅、顾正祥和燕京良等，还有外籍老师；他们是由德国学术交流中心（DAAD）派遣的Jutta Fensch女士和Heinrich Seydel先生及其夫人。这些老师轮番地给我们上课，当时的课程有德语精读、德语泛读、德语翻译、德语听力、德国概况、德语语法修辞、科技德语、德国文学评论、德国外报外刊等专业课，外加上第二外语（英文）、欧洲文学史和许多选修课等等。顾老师教过我们一年级的精读课。当时他虽已36岁了，但在当时的教员中，他仍是一个年轻的，但是又是一个非常努力而负责任的老师。四年的大学生涯，顾老师给我的感觉是：他不仅仅是一个腼腆、朴实、聪敏好学的勤勉的班主任，还是一个怀揣层层积累，期盼更高成就，但却不慌不忙，或者说有韧性有耐性的中青年老师，那时，他实在太像一棵不起眼且厚道的柳树了。

三

　　世人都知"无心插柳柳成荫"的自然规律，却可能并不知道其中的一个秘密：柳树不会浪费机会，只要把它的枝条插进泥土里，剩下的事，都交给柳树自己了。1984年我留校后，去了法学院进修第二学位，其间，我还能在我们助教楼内外，偶尔看到顾老师在杭州大学的校园里来来往往，忙得不亦乐乎。这时的顾老师，就如同柳树，他还缺少一个更好的机会，一个伟大而开放的时代才能够给予的良机。随着中国的改革开放，1988年，依据杭州大学与德国基尔大学签署的校际交流协议，顾老师等八位教授及讲师被选为访问学者，去德国基尔大学交流。这个机会，真的将顾老师这个中德文化交流的"柳树"枝条插进了泥土里了。记得，那是1988年10月3日，我也有幸作为访问学者，与顾老师等一行八人从北京坐飞机去德国基尔大学，同去的还有其他文理科的教授与讲师。我们都感谢一个伟大的时代给予我们一生中少有的宝贵机会。

　　德国基尔大学对我们关心有加，上到基尔大学的校长Prof. Dr. Jost Delbrück夫妇及副校长Prof. Dr. Rüdiger Wolfrum，下到大学外事办的主任Grigoleit和Heckmart，给予了我们诸多的关心。顾老师和大家一样，感恩在心，决心好好研究他喜欢的德国文学。无独与偶，我与顾老师同住在德国基尔大学的一个学生公寓（EOH），他在一楼，我住在二楼。虽然大家各自奔走在基尔大学的各个学院以及图书馆与公寓之间。但是，由于厨房和带有电视机的客厅只在二楼，所以，我们中国的访问学者，常常会在那儿会面。顾老师不像我吃得很随便，他比较注意养胃与讲究营养，他会去市场买来小鱼，煮一锅鱼粥，然后像在自己家里一样，慢慢地全部吃完，真是让人羡慕！但在大家欢快的谈笑中，我反复地感受到与大家一样的思虑性的情感：我们缺什么，我们在这八个月的访问中能学到什么？在顾老师那里，我也看到这样的情感，只是他似乎不易被人察觉，似乎已沉浸在他所喜欢的德国文学之中。看来，他如柳树一样，只要把它的柳枝条插进泥土里，剩下的事，都交给柳树自己了。那时，我们的顾老师已经开始如鱼得水了。如鱼得水，毕竟只是如鱼得水而已，没有一些先决条件，比如：倾心投入、伯乐引荐，顾老师这棵柳树还不能长成大树。记得有一次，顾老师在图书馆查阅资料，并伏案阅读，我不觉放慢了脚步，走到他的边上，但是他并没有发觉，我透过他的镜片，看到的是平静的如同酣睡的精装书。我不想打扰他的专注与超脱，就默默离开了。后来我傻想着：这种幸福的孤独，其实就是无价的自由，而这种自由且澄心静虑的境界，真的是有无生命，至少或者一定是有无灵感的一种先决条件吧！功夫不负有心人，1989年，顾老师应德国荷尔德林协会和Bad Homburg市市长之邀，在荷尔德林故居作为期三个月的学术访问，作《荷尔德林在中国》的德语学术报告，以后，又受聘于德国法兰克福大学德语专业。1989年他离开了基尔大学，我因转为学生身份，加上勤工俭学，就没有时间再与他联系了。

四

　　后来，也偶尔听说他在编著德汉对照《歌德汉译和研究总目》，并致力于中德文学比较及文化关系史，私下甚为老师的成功而骄傲。但诗人王冕说："不要人夸好颜色，只留清气满乾坤。"我想，也许顾老师看重的是"只留清气满乾坤"。记得德国著名诗人法学家（Juristendichter）歌德（Goethe,1749–1832）还曾说过："不知别国语言者，对自己的语言便一无所知"（Wer fremde Sprachen nicht kennt, weiss nichts von seiner eigenen）。由此看来，语言文化是高于种族的，没有国界的，这也是《论语·卫灵公》中所谓的"有教无类"的一个解释吧？而中德互译，仿佛就如其中的一座桥梁。哲学家尼采（Friedrich Wilhelm Nietzsche）在《查拉图斯特拉如是说：一本写给所有人及不写给任何人的书》（*Also sprach Zarathustra, ein Buch für Alle und Keinen*）中，有段有趣的描述："人类是一根系在兽与超人间的软索，一根悬在深谷上的软索。往彼端去是危险的，停在半途是危险的，向后瞻望也是危险的，战栗或不前进，都是危险的。人类之伟大处，正在它是一座桥而不是一个目的。人类之可爱处，正在它是一个过程与一个没落。"为了这座中德文化与友谊之桥，多少人，包括顾老师已经度过了"十年风雨毕路蓝缕，历经磨难以启山林"的漫长的昨天；为此文化与友谊之桥的将来，我深信"因缘和合而生，因缘散尽而灭"的佛家真谛。但愿这些为中德文化交流与友谊而努力的人们，他们所付出的心力能够给两国人民带来启迪与幸福！

赘言记之，以为感言。

以书结缘

——记我与顾老的交往

谭渊

我记忆中所有与顾老的交集似乎都离不开一个特殊的背景——图书馆。我还清晰地记得初次对顾老的大名产生印象正是在始建于18世纪的哥廷根大学图书馆老馆中。那天，当我走下螺旋形的铁梯，来到有些阴暗的亚非书库中时，我一眼就注意到了书架上那本《歌德汉译与研究总目》——因为它实在是与众不同，其他书都是整整齐齐的排列在架上，而它，因为巨大的篇幅和身量已经超出周围图书太多，也超出了书架的高度，只得默默地躺在一旁，让经过者无法不为之侧目。这不由得引起了我的兴趣，谁能在这赫赫有名的图书馆中赢得如此特别的一个位置呢？

打开这本作者署名为"顾正祥"的巨大"天书"，我禁不住为之拱舌不下，从清末外交官李凤苞在《旅德日记》中初次记录下"果次"（歌德）大名和他所作的《完舍》（即《少年维特之烦恼》）直至当代中国出版的各种歌德传记、论文、译著、论著，即便只是某部《欧洲文学史》的章节抑或只是报章中的只言片语性介绍也被作者殚心竭力、无论巨细都一一列入书中。我简直无法想象，作者单凭一人之力是如何从浩如烟海的文献中爬梳出了这一段段文字，又如何做到分门别类直至将万余条文献井井有条地编排起来，最终完成这500多页篇幅的"天书"的呢？

时隔不久，我又在哥廷根大学德语系图书馆中再次遇到了顾老的名字。我还记得那是一套绿色的丛书，摆放在一个书架的最上层，丛书中的著作均来自于我的导师图尔克教授和他的朋友弗兰克教授主持的DFG特别研究项目："文学翻译"。其中最后一本是16开版面，有400多页，我随手翻开一看，发现里面有许多中文，顿时来了兴趣，再翻到前面，才发现它有中德两个书名，中文书名就叫做《中国诗德语翻译总目》。这本书给我的第一印象是内容有些千篇一律，作者的雄心十分明确，就是把所有中国诗歌的德语译本一一罗列出来，而后再逐一列出每首译成德语的诗歌所对应的中文诗名。我起初还在心中嘀咕：写这样一本书该是多么枯燥的工作啊！然而我越是往后翻，越是不禁为之震撼，因为书中不仅囊括了从1833至2000年170多位德语译者翻译的中国诗歌篇目，而且还将译作所涉及的850位中国诗人、5000多首中国诗歌全部考证了出来！不要说光是一一找出这5000多首诗所对应的中国诗歌名称就已经是匪夷所思的工作量，更何况其中很多诗歌因为曾经历过德国译者的文学加工，已经面目全非，常人根本就难以考证出准确源头。完成这样一项工作需要何等深厚的文学功底，又需要何等耐心的文本比对工作啊！这背后支撑着他完成这样一本巨著的又是怎样的毅力、耐心、坚韧甚至是做学问的勇气呢？我急忙又扫了一眼这本书的封面，封面上却只有丛书编者的名字，再翻到内封才看到那个已经熟悉的名字："顾正祥"。我的眼前不禁浮现出一位学者的形象，他孤身一人，正埋头徘徊在哥廷根的一行行书架间，认真真真地从一本本书中抄下他所关心的文字。他也许就曾在我驻足的这排书架前工作过吧？而想到这位前辈曾经在导师的课题组里工作过，我不禁又隐隐有些失落，也许我来到哥廷根时他还没有离开这里，又或许我们还曾经在图书馆的走廊上擦肩而过？

再次邂逅顾老的大名是在我从事博士后研究的岁月里。一位熟悉德国图书馆情况的德国同行曾向我介绍过收藏德语古书典籍的几个重镇：16–17世纪文献馆藏首推沃尔芬比特图书馆，18世纪藏书最盛首推哥廷根图书馆，19世纪馆藏则当推魏玛图书馆和慕尼黑图书馆最为丰富。因为沃尔芬比特、魏玛都离哥廷根不远，因此我就向沃尔芬比特图书馆和魏玛古典基金会提出了前往两地进行研究的申请，两个图书馆很快都向我敞开了大门。当我来到始建于1572年的沃尔芬比特图书馆时，首先感受到的是这里浓厚的人文气息，著名哲学家莱布尼茨、文学家莱辛都曾在此担任馆长，使这里的文化沙龙久负盛名，而时任馆长更是大名鼎鼎的当代欧洲三大汉学家之一施寒微教授。既然留意到这段光辉的历史，我有一天兴致所致就点开了近年曾经在此从事研究的学者名录，里面华人名字寥寥无几，然而其中却有一个我已经如雷贯耳的名字"Zhengxiang Gu"！人生的轨迹能再次与前辈在同一座图书馆里重叠是多么的荣幸，与之失之交臂又是多么令人遗憾！我眼前仿佛再一次出现了那位踟蹰于一排排古书间、殚心竭力、辛勤耕耘的师长。然而，这却并不是我最后一次发现我和前辈在求知之路轨迹上的重叠。当我不久后冒着鹅毛大雪，在一个风雪之夜来到魏玛，开始在吸引过歌德、席勒等文豪的魏玛女公爵图书馆研修时，同样的一幕竟再次重演了。那一天，当我翻看魏玛基金会研究项目名录时，"Zhengxiang Gu"再一次映入了我的眼帘！我不由得望着眼前的书墙兴叹，横亘在我面前的这位前辈是怎样一座高山啊！在魏玛的日子里，我追踪着前辈在这一座座图书宝库中留下的足迹，抚摸着一本本散发着百年书香的古籍，甚至是最后一人离开图书馆时，我终于渐渐明白前辈当年是如何在漫长的岁月里，在几乎无人关注的情况下，默默地完成了一件又一件前无古人的工作了。虽然我还从未见过这位前辈，我却已隐然在心中将他当成了自己最为尊敬的一位师长。

白驹过隙，转眼间我完成了在德国的研修，带着重重的一箱箱资料回到了国内，开始在武汉一所高校的德语系执教，似乎从此再不会有时间精力去德国图书馆中追寻顾老足迹了。然而，命运却又和我开了个玩笑。那是2014年11月中旬，从上海开会归来的张建伟主任在电话里告诉我："顾老师也和我一起来武汉了。""哪位顾老师？""顾正祥！""什么？"原来，此前不久，全国哲学社会科学办公室正式将《歌德全集》翻译项目列入了国家社科基金重大项目，顾老此行正是应邀作为歌德汉译研究领域的资深专家回国来参加项目启动工作的。就这样，歌德不仅把顾老带回了中国，而且也把他带到了我工作的城市——因为武汉不仅有创立于清末的国家重点高校，还有几座闻名遐迩的博物馆、图书馆，顾老此行的目的正是来寻访图书，为他的《歌德汉译与研究总目》（续编）搜集资料的。想想顾老已经七旬高龄，早就可谓功成名就（顾老2003年就进入了德国名人录），却仍在为查遗补缺不辞辛劳万里奔波，我们这些晚辈又有什么可以骄傲自满，得过且过的呢？

不过，至此为止，尽管我早已心驰神往，却还从未见过顾老的照片。他作为一位低调的学者似乎除了留下一部又一部厚重的作品，从来就很少在学术论坛上抛头露面，更谈不上出来宣传炒作自己了，因此我甚至连他的照片都无法找到一张。因此，虽然我早已在心中猜测过千百次，当我第一眼看到顾老时仍然不禁吃了一惊。在我的想象中，他一定是位精力充沛、出口成章、令人高山仰止的学者，否则他如何能写下煌煌几大卷著作呢？然而那天当研究所大门打开时，出现在我面前的却是一位头发花白、身材不高、说话也轻声细语的慈祥老人。张主任在一旁介绍道："这就是顾老师。"哇，感谢歌德！是他让我在苦苦追寻顾老多年后终于有缘见到了他的真人！

顾老那天带来的报告是《歌德在中国：一部辉煌与缺憾并存的历史（1878–2014）》，这正是他所撰写的《歌德汉译与研究总目》（续编）的导言部分，也是他良苦用心的关键所在。顾老说得很明白，仅就歌德汉译史而言，也还有很多"遗珠"有待我们后辈学者去发掘，更不用说《歌德全集》的翻译需要集全国德语学者之力才能真正做好。此后两三天中，虽然顾老一直在武汉，我们却没有时间深谈，原因很简单，因为顾老把所有的时间都花在了"逛"图书馆上，他婉言谢绝我们的陪同，对于学校招待所简陋的条件也毫不计较，三天内自己孤身一人走遍了武汉几大高校图书馆以及湖北省图书馆，又用他的相机记录下了一批资料。前辈年届七旬还如此勤勉，我们又怎么忍心去打搅他呢？直至顾老去机场那天，我才终于找到机会，在送前辈去机场路上与他进行了一番长谈。我们再次谈到了歌德作品的汉译与接受史文献梳理问题，顾老鼓励我在这方面进行一些研究，如果有机会，他也欢迎我到德国去拜访他。临行前，他还将他翻译的《裴斯泰洛齐与当代教育》《荷尔德林诗新编》等书一并赠送给了我所在的德语系。

也许冥冥之中自有天意，机缘巧合，那之后不久，我竟然又有了一次和顾老重逢的机会。那是2015年夏天，我因为参加哲学系的一个项目，要与两位哲学系同事一起去图宾根拜访一位德国哲学家。我将这一消息告诉了已定居在图宾根的顾老，并提出想到他那里看一看他论文中提到的1932年北京版《葛特（歌德）纪念特刊》，这一文献在国内已无法找到，在德国目前所知也只有图宾根大学图书馆有收藏，正是顾老几年前从故纸堆中将其发掘了出来。意想不到的是，顾老很快就向我发出了访问邀请，邀我去他家中做客，而更有诱惑力的条件是：不光是1932年《葛特纪念特刊》，只要他那里有的、而且是我研究需要的资料，我可以尽取所需！这是我来之前想都不敢想的啊！因此，我很快从行程中挪出了一天，应邀赶到了顾老在图宾根家中。

顾老和老伴住在图宾根城外一处幽静的寓所里，那不是什么豪华的乡间别墅，而是一处十分朴实的公寓，布置也很简朴，从外表上很难让人把它与一位备受尊敬的大学者联系起来。然而一走进顾老的书房就一切都不一样了。扑面而来的是书，整整一面墙的书，从地板到天花板的书，书桌上摆的也是书，座椅旁边也还是书。有些书还没有合上，电脑也还没有关上，显然，顾老在我刚刚进门之前还在工作。简单地寒暄之后，顾老从书架上抱下厚厚四大本复印资料，非常豪爽地指着资料簿说，这是他多年来从各个图书馆中为《歌德汉译与研究总目》搜集的资料，其中也包括《葛特纪念特刊》，这几本资料加上架子上的图书，只要需要，尽管翻拍了带走！现在也不用多说，你就在客厅里摆开了做你要做的工作吧，我们两口子不打搅你了，吃午饭时再叫你。

顾老转身离开后，我望着手中厚厚的几大本资料，眼角不禁有些湿润，这是顾老在多少图书馆中耗尽心血淘来的宝贵资料啊！而我与顾老仅仅有一面之交，他竟然就如此豪爽地把毕生心血倾囊以授！其对晚辈的帮助提携之心是何等之切，其对学术公器的赤诚之心又是何等全无保留！足以让多少动辄斤斤计较的学界同仁汗颜啊！

那天，我在顾老家中整整翻拍了四个小时资料，除了因中间被叫去吃午饭而短暂中断外，我就一直遨游在顾老家中那浩瀚的文献海洋中，时不时为看到某件苦寻多日而不得的资料发出刻意压低的欢呼。而且就连那顿午饭也堪称收获丰富。席间，我向顾老谈起不久前在重庆图书馆参加的一次歌德汉译史研讨会，在那次会上，杨武能前辈提出要把歌德汉译史做成"信史"，研究者下笔时必须看到资料，而不能有浮躁之风，满足于人云亦云，杨老因此问了在座的学界同仁：大家都听说过国内最早的歌德传记出自1903年赵必振的《德意志文豪六大家》，但是有谁亲眼见到过这本书？这书是不是真的存在？结果在场的几十位研究者中竟无一人能够回答。听我讲到这里，顾老不禁哈哈大笑起来，他说，这本书当然有哦，我再给你样好东西！说着拿出个U盘递给我，我用随身的笔记本打开一看，原来里面竟是顾老当年在各大图书馆中翻拍的清末民初翻译史资料，而《德意志文豪六大家》正在其列！于是这个悬而未决多日的疑问也就此迎刃而解。后来，我还据此写成了一篇论文，发表在2017年的《中国比较文学》上。

转眼间，我造访顾老家已经过去两年多了，期间我们只短暂重逢了一次，不用说——又是在一座图书馆中。时光流逝虽然无情，然而这一件件往事都历历在目，让我时时刻刻回味无穷。期间，顾老来信回忆起我们两人的交往，谈到与我"相识和交往虽还短暂"，但"相处无辈分拘束，敢说说笑笑，快哉！"其实，我一直未曾启齿向顾老坦白的是：在他认识我很多年以前，我就早已从那一本本力透纸背的鸿篇巨制中认识了他，把他当成了我心中的一盏指路明灯，我循着他的足迹走遍了哥廷根、沃尔芬比特、魏玛那一座座图书馆，仿佛看到了他的身影还徘徊在一排排古老的书架间，而且随着时间的推移，那个身影在我心目中还愈加高大，不断指引着我如何做好学问，如何做好学者，如何做好一个人。

2018年2月7日

德国总统大十字勋章得主顾正祥

——甘当中德文学研究与译介的"普罗米修斯"

高关中

迄今为止，共有5位中国日尔曼学者荣获德国总统颁发的"德意志联邦共和国十字勋章"。其中一位是在德国南部图宾根从事德语文学研究的著名学者顾正祥教授。我有幸与顾教授相识，并对他进行了采访，深为他的事迹所感动。

一、从农家子、山村教师到"洋博士""洋学者"——顾正祥的人生轨迹和学术之路

顾正祥是德籍华裔学者，中德文学关系史和中国歌德接受史研究家，荷尔德林抒情诗翻译家和研究家。1944年5月，顾生于江苏启东的一个小村庄。启东是长江口以北的一个县份，东濒黄海，南临长江口，与上海隔江相望。小时候，父母到上海讨生活，他则留在农村的奶奶身边，记得日子过得很艰辛。但离海近，常到海边游水玩耍。1957年顾考到上海市第58中念初中。该校原名澄衷中学，在虹口提篮桥一带，是一所文化底蕴深厚的历史名校。1900年由民族资本家叶澄衷创办，蔡元培为第一任校长，胡适和竺可桢等曾在此就读。初中毕业后，顾正祥考入复旦大学预科，顾名思义是大学预备生，超前戴了三年复旦大学的校徽。1963年高考，顾正祥没进复旦，而是进了相距不远的上海外国语学院攻读德语专业，成绩优良，任班上的学习委员。可惜，学完基础课和基本语法之后，文革风暴席卷全国，乱哄哄地闹到了1968年。顾跟上外和南大的外语"老三届"一起，全被送到安徽城西湖军垦农场"锻炼、储备"，一干就是两年整。后被分配到浙南龙泉，在深山老林里教中小学语文。直至1979年改革开放，国家需要外语人才，省里来通知，让用非所学的外语毕业生都去温州参加外语统考。虽说十年荒废，顾毕竟基础雄厚，认真复习了个把月，便一举"中榜"。全县六人赴考，只他一人成功，继被分配到西子湖畔的杭州大学任教。

杭大十年，既是顾学术上的起步时期，即酝酿、积累的时期；又是他成熟前的准备时期，或曰过渡时期。来到江南的这座著名学府，专业归口后的顾正祥真可谓如鱼得水。虽已人到中年，却不甘示弱，每每争分夺秒，恨不得把流失的岁月追回；既然已无法"早露头角"，也要争取"大器晚成"。据他本人透露，夫妻分居，正好为他腾出时间潜心学问。在完成教学之余，他多半泡在图书馆里，无心上街游逛；西湖的美景，只能找间隙欣赏。于是，在需要批改作业或考卷时，他不去办公室，也不呆在家，而骑自行车去西湖畔，找一张靠背椅坐下，感觉疲劳时，不妨领略一下那风情万种的湖光山色。就这样，在当年教研室的八九个同事中，他最迟加盟，却第一个出书。

早在大学时代，顾正祥因读了德语文学翻译家钱春绮所译的《诗歌集》，而倾心于海涅，于是

便有了处女译《海涅传》（陕西人民出版社出版，1987年）。而稍后翻译的《格林兄弟传》，只因政治气候的影响，比前者抢先了一步（浙江文艺出版社，1986年）。1988年，陕西人民出版社又约他与钱春绮合作，共同翻译出版了《德国抒情诗选》。这样，他与歌德的作品也有了实质性的缘分。

1988年底，顾正祥来到德国，先在基尔大学作为交流学者，后应国际荷尔德林协会和Bad Homburg市长的邀请，成了荷尔德林故居的"第九位客人"，作为期三个月的学术访问，并作《荷尔德林在中国》的德语报告，受到德国大小媒体的广泛关注，报纸如Frankfurter Allgemeine Zeitung，Frankfurter Rundschau，Taunus-Kurier，Schwäbisches Tagblatt，电台如Südwestfunk和Deutsche Welle等多次报道。1994年，顾获德国图宾根大学哲学博士学位。同年获杭州大学教授资格。

顾正祥专攻德语文学，博士论文的选题为《德国抒情诗在中国——以荷尔德林为例探讨译事之难》。结合研究，他独力完成了注释性的译诗集《荷尔德林诗选》（北京大学出版社，1994年）、《荷尔德林诗新编》（商务印书馆，2012年初版，2013年再版），成了在中国全面系统地译介这位天才诗人的第一人，在中德学术界声名鹊起。与此同时，顾又致力于"东学西渐"，翻译出版了含42位大陆诗人和7位台湾诗人的译诗集《我住大洋东：二十世纪中国诗选》（柏林，1997年）以及大陆诗人桑恒昌的个人诗选《来自黄河的诗》（汉堡，2005年）等多种。

二、历时14年的攻坚战——《歌德汉译与研究总目》及其续编

1996年顾正祥受命从事《中国诗德语翻译总目》这一德国科协（DFG）的科研项目，六年完成，2002年在斯图加特出版。此书为布面精装，大开本，近450页，对欧洲德语区译诗合集（Anthologie）里的中国诗，进行了全面、系统和科学的搜集、整理和评价。上自尚属歌德时代的1833年，下迄二十世纪的最后一年，时间的总跨度为167年。具体涉及在德国、奥地利、瑞士出版的202部德语译诗合集（其中约一半为含多人集中国诗集），约850位中国诗人，5千余首中国诗歌，170位左右的德语译者。此书有力而清楚地证明了一个令我们感到自豪的事实，那就是中德文学交流源远流长，我们的诗歌特别是古典诗歌深受德国人的重视和喜爱，德国文学从中国文学中可谓获益良多。这部书目得到德国学术界的赞赏，被誉为德国"汉学新的里程碑"（Meilenstein der Sinologie）。翻译家杨武能曾写书评，给与高度的评价。

顾正祥从事德国文学的教学和研究已经几十年，发现中国还没有一部哪怕是薄薄的、却是单独出版的歌德书目。那是2002年，在完成《中国诗德语翻译总目》之后，顾再鼓余勇，马不停蹄地投入中德比较文学领域的另一场攻坚战——《歌德汉译与研究总目》的编纂。

编纂《歌德汉译与研究总目》有三个目的，诚如编者在"自序"中表白："旨在科学地、系统地总结包括台湾在内的百余年歌德翻译史和学术史，为更好地继承伟大诗人歌德丰富的文学和精神财富做一份贡献；旨在为中德两国的日耳曼学者、歌德爱好者和研究家、文艺工作者和广大读者，

提供一部足以反映我国迄今为止翻译研究歌德成果的、可供查阅的详备的工具书；并为我国歌德译介的前辈拓荒者，为孜孜不倦、心犁笔耕的我国几代学者竖碑立传。"（页IX）

歌德作品的中文译文，除译著之外，主要散见于我国历代出版的大量世界文学、外国文学、西方文学、欧洲文学和德国文学的选本、汇编中。我国学者的研究成果，除专著以外，多半分布在数不胜数的辞书、教科书、文学史、论文集以及报刊杂志中。不言而喻，这些辞书、选本和报纸杂志都需要在翻阅之后才知道，里面究竟有没有收进或收进了哪些歌德的作品。因而，这里的每个条目，都是他深山探宝的收获。全书亦编、亦译、亦注，集三者为一体。说它是编，不是现成资料的汇总，而是要上下求索，逐一查找，累计起来，竟有手稿大大小小十来本；说它是译，是因为要把全书的每条中文标题，特别是每条中文论著和论文目都译成德文；说它是注，是因为每条中文译目，都注上了德文原文，间或还加上了一些笔者的看法。这种体例的书目国内恐怕还没有。他沿用的是他本人在海外出版的《中国诗德语翻译总目》，只是课题和研究方向不同而已，因而视之为它的姐妹作。

为了尽力反映歌德译介的巨大成就，顾正祥倾注了整整七年的心血，投入了毕生的知识积累。编纂的全过程大体分为两个阶段，第一阶段偏重于资料的搜索和甄别，并着手查找和核对原文。第二阶段偏重于原文的查核和中文标题的德译，一边继续搜索资料，直至截稿。从出版地的分布看，港澳台的书目比大陆难找，从出版时间看，民国时期的书目比当代书目难觅，从出版物的种类看，报刊杂志较书籍难找。为寻找资料，他走遍北京、上海、南京、杭州、武汉、成都等地的国家或省市图书馆，以及各大学的图书馆。有的时候，利用做学术报告的机会，求得许可，在会前会后直接进图书馆书库查找资料。

功夫不负有心人。他起早摸黑地泡在"书山辞海"里，在相关的书架上逐一盘查。面对种种困难，时而山穷水尽，时而柳暗花明。顾正祥殚精竭虑，却甘之如饴地完成了这项浩大的文化工程《歌德汉译与研究总目》（中央编译出版社，2009年）。该书精装16开大版本，共549页，2000多条目，涵括光绪四年（1878年）到2008年这130年间歌德汉译与研究文献资料。德国歌德协会魏玛总部，图宾根大学东亚学术论坛等单位举行了新书发布会或研讨会。中国各地图书馆和高校图书馆竞相收藏。国际歌德协会主席Golz博士、柏林国家图书馆Walravens博士、社科院叶隽研究员、川大杨武能教授等纷纷撰写书评大加赞誉。

鉴于《中国诗德语翻译总目》与《歌德汉译与研究总目》这两部大型学术性工具书对中德文化交流的杰出贡献，2011年，顾正祥荣获德国总统颁发的"德意志联邦共和国十字勋章"（Verdienstkreuz am Bande des Verdienstordens der Bundesrepublik Deutschland）。面对这纷至沓来的赞誉，顾并没有为之陶醉。学无止境，他把学术的进步看作自己的人生理想和执着追求。他甚至来不及作半点休整，又再接再厉、不知疲倦地投身于上述《书目》的补编、增编工作，进一步挖掘那些"深藏不露"的篇目和书目，并把文献搜索的范围延伸至2015年夏。年复一年，日复一日，又历时七年，终于于2016年2月又向学界和读者奉上了一部质量更有改进、而篇幅与上述《正编》不相上下的《续编》（中央编译出版社）。

顾正祥的事业心、持之以恒和学术成就，奠定了他在中德学界的崇高地位，赢得了海内外人士的普遍尊敬。自2003年起，顾正祥被载入《德国名人录》（*Wer ist wer. Das deutsche Who's Who*）。2010年起又入选《德国文学年历》（*Kürschners Deutscher Literatur-Kalender*）。曾担任中科院上海交叉学科研究中心（2005年）和台湾大学访问学者（2010年）及同济大学人文学院外籍特聘专家（2013年）。近年来，他应邀到中国社科院、同济、浙大、杭师大、南大、苏大、武大、华师大、华中师大、华中科技大等十余所高校讲学，参与国内外多项中德文学比较、翻译和跨国传播的科研项目，包括国家社科基金重大项目，如苏大文学院的"百年来中国文学海外传播研究"项目、西南交大杨武能教授牵头的"歌德及其作品汉译研究"项目和上海外国语大学卫茂平教授领衔的"《歌德全集》翻译"项目。2015年金秋十月，顾又应杨武能教授和重庆图书馆的联合邀请，专程回国出席了重庆图书馆"杨武能著译文献馆"的开幕仪式，并发表讲话。返德后，顾以诗抒怀：

我的黄昏恋

想我年轻时
头脑多肤浅：
只留恋
苏杭的山水园林，
燕京的名胜古典。
地处西南的重庆
远在虚无缥缈间。

相见恨晚——
应邀来山城
已是古稀之年。
芙蓉洞探幽目不暇接，
乌江畔尝鲜鱼虾糕点。
武隆出仙境醉倒海内外，
杨翁捐书斋垂爱人世间。

这番重庆缘呵，
成了我的黄昏恋！

三、杨武能教授的评价

顾正祥与翻译家杨武能教授是两位健在的德国十字勋章得主。他们相识得很晚，却是相互了解的至交知音。他们的友谊，令人想起古琴台的故事。汉阳龟山西麓有座古琴台，相传楚国琴师俞伯牙在此抚琴，遇樵夫钟子期深解曲音，伯牙弹到志在高山的曲调时，钟子期就说"峨峨兮若泰山"；弹到志在流水的曲调时，钟子期又说"洋洋兮若江河"，两人遂成莫逆之交。杨武能和顾正祥都是学者兼翻译家，都是歌德研究专家，互相了解对方研究工作的价值，遂成惺惺相惜的知音。

顾正祥与杨武能是知音，但见面并不多。他回忆说："早在80年代，当我还在杭州大学任教时，杨先生的大名就已如雷贯耳。不巧的是，几十年来一直失之交臂。2004年终于有了一次谋面的机会，有幸一起参加法兰克福大学汉学系召开的卫礼贤国际学术研讨会。"从此两人书信邮件来往，互赠作品，成了知音好友。杨武能是歌德研究的行家里手，深知编撰《歌德汉译与研究总目》工作的重要意义，特地为《歌德汉译与研究总目》写了长篇书评。

杨武能在书评中赞叹连连："一惊叹它内容丰富、浩繁、完备，条目和索引几乎囊括我国百年来研究和译介歌德的所有专著、合集、编著、辞书、史籍和译著、译文，真可谓林林总总，无所不包，应有尽有；

二惊叹它结构谨严，体例新颖，集编、译、注为一体，不但突破了我国一般目录、索引类编著的局限，也对其多所借鉴承袭的德国辞书学和目录学传统有了创新；

三惊叹这鸿篇巨构竟出自独居海外的顾教授一人之手。在长达7年的时间里，为编撰此书，他不知疲倦地奔波于德国、奥地利、瑞士和中国的各大图书馆和学术机构，一本一本地浏览、查阅浩如烟海的书籍报刊，一点一点地扒梳搜寻、钩沉索隐、抄录汇集，然后再一目一目、一条一条地整理编排成书，其间真不知经历了多少的艰辛，忍受了怎样的寂寞！"

杨武能称赞道，这是"一部以目录和索引形式体现的中国歌德接收史"。他感叹顾正祥"花白头发、身板儿单薄，个头儿跟我一样矮小，真不知哪儿来那么大的毅力和体力，竟完成了这极其艰难、繁重，同时又繁杂、琐屑的浩大工作。"年逾花甲而独处异国的顾正祥，"凭借着两种精神：一是中国人素有的吃苦耐劳、锲而不舍、兢兢业业、不懈进取的民族精神，亦即我们常讲的愚公移山精神；二是德国日世所称道的脚踏实地、严谨认真、一丝不苟的治学精神。在顾正祥自视为终生大业的'总目'编撰中，这两种精神可谓完美结合，相得益彰。"

[中文书评，原载：《欧洲新报》第153期，2016年6月1日，第7版；又载：《在欧洲呼唤世界——三十位欧华作家的生命记事》，高关中著。台北：独立作家，2018年11月。第28位：顾正祥——德国总统大十字勋章得主，第264—269页；另请参见：《德语文学翻译大家：巴蜀译翁杨武能》，高关中著，布拉格文艺书局，2018年12月。第八章：师友情浓；第8.12小节：惺惺相惜——德华学者顾正祥，第132—135页]

秋日无锡纪行

丛良滋　顾泽民　顾正祥　曹畏（执笔）

是时，秋光如缕，桂子飘香。趁此佳期，兴会同窗。共游锡城，身心欢畅。忆往昔复旦附中习文，续至今五十八年情尚。

同窗为1960年夏起就读于复旦大学工农预科（后改名为复旦大学附中）的丛良滋、顾泽民、顾正祥、曹畏。在其时的艰苦岁月，正处青春期的四人均无丰裕的物质滋养，却以酷爱文学的执着追求作为珍贵的精神食粮。及至成长立世，四人在本职岗位勤勉图强，各有所得各有所长。丛良滋是无锡教育学院附中语文高级教师、无锡市优秀班主任和优秀辅导员；顾泽民为上海电影制片厂高级编剧和编辑；曹畏曾任上海交响乐团宣传主任、现任《上海音讯》执行主编。

独顾正祥从任教的浙江大学飞赴德国考察、访学，并从事德国文学的翻译和介绍，开展中德文化交流与学术研究，出版文学译著和学术专著十余部，尤因大型学术文献《中国诗德语翻译总目》与《歌德汉译与研究总目》（汉德对照）填补了中德文化研究的两大空白，被德国总统授予在各个学术领域作出杰出贡献的最高奖——"德意志联邦共和国十字奖章"（亦称"德意志联邦共和国功勋奖章"）。此前获此殊荣的有"北冯南张"（"北冯"指中国著名诗人、德语界泰斗冯至，1905–1993；"南张"乃南京大学德语系元老张威廉，1902–2004）与中国著名歌德研究专家、复旦大学德语系主任董问樵（1909–1993）和四川大学欧洲研究所教授、德国"歌德金质奖章"得主杨武能（1938–）四位。顾正祥虽入德籍，可自认根在华夏，源自神州，故国情怀，难于割舍，除探亲访友外，还应邀在社科院、浙大、南大、武大、苏大、上外、同济、华师大等多所高校讲学和进行学术探讨，建立了相互尊重的人脉关系。我等三人深为他取得的成就而高兴，并在他返国繁忙之余，择机晤面叙旧，乐在其中，情谊更增。此次我四人在锡城相聚，即是又一次难忘之行。

首日下午我们游览负誉的锡惠公园，其中有乾隆皇帝下江南，驾幸无锡下榻寄畅园留存的"御笔题词"等遗迹。但最吸引我们的是园中和　里的民间二胡大家阿炳（华彦钧）的塑像、墓地、故居，以及催生名曲《二泉印月》的"天下第二泉"。

次日劳丛良滋的大公子驱车载我四人去"三万六千顷"的我国第三大淡水湖的太湖游览。从朝阳初升到晚霞满天，我四人泛舟于湖上，徜徉在林中，俯首近景，远眺天际。心旷神怡，逸兴遄飞。风情万种的大自然与巧夺天工的园林建筑和深厚的历史底蕴浑然一体，仿佛是为我四人临时搭建的一座硕大无朋的文艺沙龙。尤其在三山上的羽仙茶楼，习习湖风吹来，阵阵桂子吐芳。欣对波光粼粼的湖面，边品匝香茗，边抚今思昔，不由得回想起半个多世纪以前那嗷嗷待哺、同窗共读的年代，回想当年常去复旦"登辉堂"观看一部部俄苏电影，屡屡拜访恩师——语文老师陈其人家，又曾冒雨同游吴淞中学——老大丛兄的初中母校等，浓浓友情，峥嵘岁月，一幕幕恍若隔世，又历历在目。欢声溶入清波，笑语散入丛林。无不感慨万千，心潮汹涌。遂成诗三曲，以记此游，虽无指点江山、浪遏飞舟的豪放，但有老夫聊发少年狂的雅兴！

丛良滋诗曰：

金桂飘香迎同窗，
太湖聚会情谊长。
三山遥望渔帆远，
四友成帮志气昂。
促膝秉烛忆往事，
握手叙旧暖心房。
当年雄心今何在？
如今不服满头霜！

曹畏诗曰：

几番到访无锡，
无暇太湖边走。
今赖同窗相助，
方睹浩淼元渚。
山水风光无限，
眼前胜景尽收。
虽迟拜谒此境，
更觉新鲜难述。

顾正祥诗曰：

今日秋阳明媚，
四友无锡聚首。
五十春秋流逝，
同窗之谊深厚。

"太湖毛尖"清醇，
胜似"茅台"美酒。
放眼湖光山色，
风景美不胜收。

"包孕吴越"古迹，
重温历史遗构。
阿炳墓前凭吊，
"二泉映月"伴奏。

2018年10月23、24日

四友图

外国学者的其他评论

（原文）

Zhengxiang Gu – Wissenschaftler und Kulturvermittler

Dr. Karin Moser von Filseck

Eberhard Karls Universität Tübingen

Der chinesische Germanist Professor Dr. Zhengxiang Gu war seit 1994 Mitglied des im Jahr 1988 an der Eberhard Karls Universität Tübingen gegründeten *Deutsch-ostasiatischen Wissenschaftsforums* e.V. (DOAW). Ich selbst wurde im Oktober 1995 Leiterin der Geschäftsstelle des DOAW und kam so schon bald über die Vermittlung des Gründers und Sprechers des Forums, Professor Dr. Dres. h.c. Knut Wolfgang Nörr, ins Gespräch mit Herrn Zhengxiang Gu.

Seit den späten 1990er Jahren hat das DOAW die umfangreichen Publikationsarbeiten und mehrere Veranstaltungsprojekte von Herrn Gu an der Universität Tübingen finanziell gefördert sowie beratend und organisatorisch unterstützt. Das erste Mal, dass ich selbst als Leiterin der DOAW-Geschäftsstelle in Forschungs- und Publikationsprojekte von Herrn Gu einbezogen wurde, war im Lauf des Jahres 2000. Damals ging es um ein geplantes interdisziplinäres Projekt, das quer zu den Disziplinen Germanistik und Sinologie lag und somit sehr gut in das wissenschaftliche Profil des Forums passte. Über viele Jahre bestanden im DOAW drei disziplinäre Schwerpunkte: 1. die Rechtswissenschaften, hier insbesondere die Kooperation mit den japanischen Juristen; 2. die Germanistik, die „Vierländer-Freundschaft" der ostasiatischen und deutschen Germanisten (d.h. Forschende aus China, Japan, Südkorea und Deutschland); 3. die Ostasienwissenschaften an der Universität Tübingen, Sinologie, Japanologie und Koreanistik. Ebenfalls im Jahr 2000 wurde in Tübingen in Verbindung mit dem DOAW das chinesisch-deutsche Kooperations- und Publikationsprojekt *Literaturstraße* aus der Taufe gehoben. Gegründet durch das langjährige chinesische Kuratoriumsmitglied des Forums, Professor Dr. h.c. Yushu Zhang von der Peking-Universität, steht das Projekt *Literaturstraße* noch heute in enger Verbindung mit der Universität Tübingen. Seit 2000 erhielt die Zusammenarbeit mit China im Rahmen des Forums, insbesondere mit den chinesischen Germanisten, aber auch allgemein an der Universität Tübingen eine herausragende Bedeutung.

In diesem Zusammenhang standen über die Jahre auch mehrere Projekte von Herrn Gu, die er in Zusammenarbeit mit dem DOAW durchgeführt hat. Das erste war die Unterstützung eines Gastaufenthaltes des chinesischen Lyrikers Hengchang Sang in Deutschland 2002 mit einer öffentlichen Lesung in der Nähe von Tübingen, die von Herrn Gu übersetzt wurde. 2005 erschien dann das Buch *Gedichte vom Gelben Fluss* von Hengchang Sang mit deutscher Übersetzung von Zhengxiang Gu. Ebenfalls 2002 veranstaltete Herr Gu mit Unterstützung des DOAW und der Universität Tübingen ein Symposium an der Universität Tübingen zum Thema „Literarisches Übersetzen und Bibliographieren", an dem Wissenschaftler aus der Germanistik und Sinologie teilnahmen, anlässlich seiner jüngsten Publikation *Anthologien mit chinesischen Dichtungen* (Stuttgart 2002). Zehn Jahre später, 2012, und damit kurz vor Beendigung der Tätigkeit des Vereins *Deutsch-ostasiatisches Wissenschaftsforum*, wurde Herrn Professor Gu in einer Feierstunde im Tübinger Rathaus das Bundesverdienstkreuz am Bande durch Oberbürgermeister Boris Palmer verliehen, in Anerkennung seiner Leistungen für die Vermittlung der deutschen Literatur in China und der chinesischen Sprache und Kultur an deutschen Universitäten. Ein Meilenstein im wissenschaftlichen und schriftstellerischen Schaffen von Herrn Gu war die großartige Publikation seines ‚Opus Magnum' *Goethe in chinesischer Übersetzung und Forschung (1878-2008). Eine kommentierte Bibliographie. Wissenschaftlich ermittelt und herausgegeben von Zhengxiang Gu* (Peking 2009). 2011 veranstaltete Herr Gu in Zusammenarbeit mit dem Tübinger Deutschen Seminar und auch wieder mit Unterstützung des DOAW in Tübingen das deutsch-chinesische Kolloquium „Der neue Mythos Hölderlin: Zur jüngsten Rezeption des Dichters in China". Das Kolloquium stand wiederum im Zusammenhang mit einer Publikation von Zhengxiang Gu, *Gedichte Hölderlins in neuer Auswahl und Übersetzung, mit ausführlichen Anmerkungen und Kommentierungen*, die 2012 in Peking erschien und Anfang 2013 bereits vergriffen war, sodass der Verlag schon im Juni 2013 eine zweite und im Dezember 2016 bereits eine dritte Auflage herausbrachte. Das Forum hat noch eine zweite Hölderlin-Publikation von Herrn Gu in dieser Zeit unterstützt, *Hölderlin in chinesischer Übersetzung und Forschung, von Beginn der Rezeption bis in die Gegenwart. Eine kommentierte Bibliographie* (in Vorbereitung).

Hölderlin und Goethe waren also die zentralen Stichworte in den Gesprächen zwischen Herrn Zhengxiang Gu und dem *Deutsch-ostasiatischen Wissenschaftsforum*, namentlich mit Professor Dr. Dres. h.c. Knut Wolfgang Nörr, mit Professor Dr. Heinz-Dieter Assmann, dem Nachfolger von Herrn Nörr im Amt des Forumssprechers, und mit mir als Leiterin der Geschäftsstelle und späteren Geschäftsführerin des DOAW. Ich erinnere mich an viele gemeinsame Stunden in meinem Büro, in denen mir Herr Gu seine Forschungs- und Publikationsprojekte präsentierte und um Unterstützung durch das Forum bat. Die Ergebnisse seiner Recherchereisen nach China, bei denen er für seine Bücher, insbesondere die Bibliographien, Daten in chinesischen Bibliotheken und Archiven zusammentrug, waren sowohl in ihrem Umfang, als auch ihrer Sorgfalt, Gewissenhaftigkeit und Perfektion einzigartig. Vor allem die Notizhefte, in die er von Hand in minimaler, akkurater Schrift sowohl auf Chinesisch als auch auf Deutsch alle Buchinformationen, Zitate und anderen Daten, die für seine Publikationen wichtig waren, eintrug, dokumentierten seine unglaublich akribische und konzentrierte Arbeit, die bzw. deren publiziertes Ergebnis von Dr. Hartmut Walravens (Leitender Direktor an der Staatsbibliothek zu Berlin) in seiner Rezension der Goethe-Bibliographie von Herrn Gu (Berlin, 2009) als „Meisterwerk" bezeichnet wurde. Schon früher (etwa 2002) hatte Professor Dr. Armin Paul Frank (Sprecher des SFB „Die literarische Übersetzung", Universität Göttingen) Gus *Anthologien mit chinesischen Dichtungen* als „Meilenstein der Anthologieforschung" bewertet und gemeint: „Krönt sie nicht in gewisser Weise das Lebenswerk eines hingebungsvollen literarischen Wechselmittlers zwischen China und Deutschland". Doch weit gefehlt, denn das schriftstellerische Lebenswerk von Herrn Zhengxiang Gu kulminierte erst einige Jahre später in seinen weiteren Großpublikationen.

Einen guten Einblick in die wissenschaftliche Arbeitsweise und Systematik von Herrn Zhengxiang Gu bot sein Vortrag beim Symposium „Literarisches Übersetzen und Bibliographieren" in Tübingen 2002. Er war gegliedert in 1. einen Abschnitt über die Rezeption chinesischer Dichtung in Deutschland bzw. im deutschsprachigen Raum (also eine Erfassung des Forschungsstands), 2. einen Überblick zur Entstehung und Zielsetzung seiner Publikation *Anthologien mit chinesischen Dichtungen*, und 3. seinen Dank an alle Freunde und Unterstützer. Sowohl aus der germanistischen als auch der sinologischen Perspektive wichtig ist Gus systematische Unterscheidung von Rezeptionsformen und Rezipienten-Gruppen. So stellt er Nachdichter ohne Kenntnisse des Chinesischen, Nachdichter mit geringen bzw. nicht ausreichenden, nur durch einen Chinaaufenthalt erworbenen chinesischen Sprachkenntnissen, Sinologen und zugleich Nachdichter sowie streng philologisch vorgehende Übersetzer einander gegenüber. Bei den sinologisch gebildeten Übersetzern unterscheidet er noch einmal Prosaübersetzer, Übersetzer, „die sich bemühen, die sprachliche Kluft zwischen beiden Dichtungen auch durch eine entsprechende poetische Formgebung im Deutschen zu überbrücken", und Übersetzer, „die gar keinen direkten Zugang zum Chinesischen haben, jedoch – mit Hilfe von originalgetreuen Zwischenübersetzungen – den Geist chinesischer Dichtung vermitteln". Zu seinem Arbeitsvorgang bei der wissenschaftlichen Recherche zur Ermittlung deutschsprachiger Sammlungen mit chinesischen Dichtungen und der möglichst vollständigen Identifizierung von Titeln und Autorennamen gehörten: Forschungsreisen in Deutschland und China, die unermüdliche Suche in Bibliotheken, Buchhandlungen und Antiquariaten, die intensive Ermittlung der chinesischen Gedichttitel und Dichternamen (mit der Schwierigkeit der oft verfremdenden deutschsprachigen Rezeption von Gedichten und Namen), sowie rege Kontakte zu Übersetzern, Herausgebern und Institutionen. Die Zielgruppen seiner Publikation waren, wie er darstellte, vor allem deutsche Sinologen und chinesische Germanisten sowie Komparatisten und Übersetzungsforscher, aber auch an Literatur und Lyrik interessierte Leser (zu denen denn auch, wie ich ergänzen möchte, an herausragender Stelle deutsche Germanisten und Komparatisten sowie allgemein an chinesischer Dichtung und Literatur interessierte Leser zu zählen sind).

Professor Zhengxiang Gu gehört mit Sicherheit zu den aktivsten Wissenschaftlern in der Tätigkeitsgeschichte des DOAW. In vorbildlicher Weise nahm er sowohl seine Pflichten als ordentliches Forumsmitglied wahr – es gab kaum eine Mitgliederversammlung, bei der er nicht anwesend war – als auch brachte er über mehr als ein Jahrzehnt vielfältige persönliche Projektinitiativen in Gestalt von deutsch-chinesischen Veranstaltungen mit chinesischen und deutschen Kollegen in die Aktivitäten des Forums ein. Trotz seiner publizistischen Erfolge und seiner Anerkennung und Wertschätzung als Wissenschaftler und Dichter blieb er als Mensch dabei immer bescheiden, war stets verständnisvoll und hilfsbereit und begegnete seinen Freunden und Förderern mit großer Dankbarkeit. Als Vollblutwissenschaftler scheute er weder Mühen noch Entbehrungen, erreichte seine Ziele stetig und zielstrebig in aufopferungsvoller Arbeit, mit geringsten finanziellen Mitteln und einer geradezu spartanischen Lebensweise.

Ich denke, dass ich im Namen des leider heute nicht mehr existierenden *Deutschostasiatischen Wissenschaftsforums* in Tübingen, dessen Aktivitäten ich selbst über mehr als 15 Jahre mitverfolgt und teilweise mitgestaltet habe, sprechen kann, wenn ich sage: Es war immer eine Ehre und Freude, mit einem so gewissenhaften und für seine Projekte brennenden chinesischen Wissenschaftler zusammenzuarbeiten, für den die chinesisch-deutsche Freundschaft, die insbesondere seit etwa dem Jahr 2000 mehr und mehr in den Fokus der Wissenschafts- und Forschungsbeziehungen nicht nur der Universität Tübingen, sondern auch der mit dem Forum verbundenen Universitäten Hohenheim und Stuttgart rückte, eine wirklich verlässliche, unumstößliche und redliche Freundschaft bedeutet. Es war eine Ehre und Freude, mitverfolgen zu können, wie seine wissenschaftliche und publizistische Tätigkeit mehr und mehr nationale und internationale Anerkennung erfuhr und schließlich mit der Verleihung des Verdienstkreuzes der Bundesrepublik Deutschland als Höhepunkt ausgezeichnet und belohnt wurde.

Zu seinem 75. Geburtstag im Mai 2019 wünsche ich Herrn Professor Zhengxiang Gu von Herzen und in langjähriger Freundschaft das Allerbeste für seine weitere schriftstellerische Tätigkeit und für seine Gesundheit. Möge er noch viele Jahre für die chinesisch-deutsche Zusammenarbeit, die interkulturelle Verständigung und Freundschaft zwischen Deutschland und China seinen wertvollen Beitrag leisten!

März 2018

（译文）

顾正祥——人文科学家和文化传播者

卡琳·莫泽尔·菲尔塞克

　　来自中国的日耳曼学者顾正祥教授，于1994年就加入了图宾根大学成立于1988年的"德国东亚学术论坛"（简称DOAW）。笔者自1995年起任"论坛"业务负责人，经"论坛"创始人兼发言人Knut Wolfgang Nörr荣誉教授的引荐，不久便与顾正祥先生进行了晤谈。

　　20世纪90年代末以来，"德国东亚学术论坛"陆续为图宾根大学顾先生卷帙浩繁的出版工作和其他不少项目提供财政资助，并为其在问题咨询以及活动组织方面给予支持。我作为"论坛"业务负责人，首次介入顾先生的研究及出版项目是在2000年间。那时先生正企划一个跨学科项目，该项目跨及日耳曼学和汉学两门学科，因而跟我们"论坛"的学术宗旨非常吻合。多年来本"论坛"秉持三大重点学科方向：第一，法学，这里尤其指与日本法学家的合作；第二，日耳曼学，由东亚及德国的日耳曼学者组成的"四邦联谊"（即来自中国、日本、韩国和德国的研究人员）参与；第三，图宾根大学的东亚学，包括汉学、日本学和韩国学。也正是在2000年，中德合作出版项目"文学之路"在本"论坛"的配合下，于图宾根正式启动。该项目由本"论坛"董事会多年成员、来自中国北京大学的张玉书教授创立。"文学之路"项目至今仍与图宾根大学有着密切的联系。自2000年起，在"论坛"的框架下与中国所进行的合作——尤其是与图宾根大学的中国日耳曼学者，但也包括其他各专业的人员——取得了非凡的意义。

　　在这个大的背景下，顾先生这些年的很多项目都是在"德国东亚学术论坛"的协作下完成的。第一次是对中国诗人桑恒昌2002年做客德国期间所提供的支持。顾先生翻译了当时在图宾根附近公开举办的朗诵会。2005年由桑恒昌创作、由顾正祥翻译成德语的诗选《来自黄河的诗》出版。同在2002年，顾先生发表新作《中国诗德语翻译总目》（斯图加特，2002年版），并在"德国东亚学术论坛"与图宾根大学校方的支持下，在该校举办了一个题为"文学翻译与书目编纂"的学术研讨会，有日耳曼学与汉学领域的学者参加。鉴于顾教授对德国文学在中国以及中国语言和文化在德国高校的传播所做出的功绩，十年后的2012年，也就是"论坛"终止运作前不久，他被授予"德意志联邦共和国十字勋章"，颁发仪式在图宾根市政厅举行，并由帕尔默市长（Oberbürgermeister Boris Palmer）主持。顾先生的鸿篇巨制《歌德汉译与研究总目（1878–2008）》（北京，2009年版）是一座他学术和创作生涯中的里程碑。2011年，顾先生与图宾根大学德语教研室合作（这回又是在"德国东亚学术论坛"的支持下），在图宾根举办了题为"荷尔德林的新神话——近期诗人的在华接受"的德中学术研讨会。与会议有亲缘关系的又是顾正祥先生的一部作品《荷尔德林诗新编》。该书于2012年在北京出版，第二年年初便已脱销。所以出版社分别在2013年六月和2016年十二月又发行了第二版和第三版。与此同时，"论坛"还为顾先生的另一个荷尔德林出版项目《荷尔德林汉译与研究总目：从接受开端到当代》（注疏本）（待出版）提供了资助。

这就是说，歌德与荷尔德林是顾正祥先生与"德国东亚学术论坛"之间谈话的最核心的关键词。"论坛"方面出面谈话的有荣誉教授Knut Wolfgang Nörr，还有他所担任的"论坛"发言人的接班人Heinz-Dieter Assmann教授以及我本人（初为办公室主任，后为"论坛"业务负责人）。我还记得在我本人的办公室里与顾先生一起度过的许多时光，记得他向我展示他的科研及出版项目并请求资助的情景。他去中国检索之旅的收获，是将他在中国图书馆及档案馆为他的几部著作、尤其为他的书目所搜集到的资料汇总在一起，不论是在篇幅上，还是在认真、勤恳、完美的程度上都是独一无二的。特别是他的笔记本，上面由他亲手记满了密密麻麻、一笔一划的中文和德语的笔迹，包括所有对他的出版而言显得重要的图书信息、引文以及其他资料。这些本子记录了他叫人难以置信的一丝不苟和专心致志的工作。Hartmut Walravens博士（柏林国家图书馆行政主任）在他为顾先生歌德总目所写的书评中，将这些工作连同它发表的成果一并称为"旷世杰作"颁发仪式。早在2002年前后，哥廷根大学的Armin Paul Frank教授（专题研究领域SFB"文学翻译颁发仪式部发言人"）就把顾的《中国诗德语翻译总目》评价为"诗选研究史上的里程碑"，并反问道："从某种意义上讲，难道它不是一位献身于中德两国间文学传播的使者的登峰造极之作吗？"而事实远非如此，因为，顾正祥先生的创作成就，在他几年后发表的其他巨著中，才真正企及他毕生事业的峰巅。

2002年，在图宾根举办的题为《文学翻译与书目撰写》的研讨会上，顾正祥先生的报告让我们窥见了他在学术上的研究手法及有条不紊。报告共分三个部分：第一，关于中国诗在德国及德语区的接受情况（也即研究现状综述）；第二，出版物《中国诗德语翻译总目》的课题缘起与研究目标概览；第三，对各界朋友及资助方的鸣谢。不论是从日耳曼学的角度还是从汉学的角度都十分重要的一点，是顾对译介形式和译介群体的系统划分。他把这些主体归类为不懂汉语的转译者，有来华经历、但汉语水平有限的译者、汉学家兼意译者以及恪守语义的译者。针对具有汉学背景的译者，顾先生又把他们分为散文译者，"致力于在目的语中通过相应的诗歌形式跨越汉德诗歌语言鸿沟"的译者以及"完全不通汉语、但依据忠实于原文的译作而传达中国诗之精髓"的译者。他为调查含中国诗的德语诗选并尽可能全面地鉴别诗歌题目和作者姓名所进行的学术检索时的科研步骤包含：带着研究任务奔走在中德两国之间，在图书馆、书店和古籍书店孜孜不倦的求索，对中国诗标题和诗人姓名尽心竭力的核对（伴随着诗歌与姓名译入德语时频频出现的异化给核对工作带来的困难）以及跟不同译者、出版人和机构的频繁联系。正如顾先生本人阐述的那样，他之出版物的读者群首先是德国的汉学家、中国的日耳曼学者以及比较文学家和翻译学者，然而其他对文学和诗歌感兴趣的读者同样应包含在内（其中，德国日耳曼学者、比较文学家和对中国诗和中国文学感兴趣的普通读者占有突出的地位——这正是我想要补充的一点）。

顾正祥教授无疑是"德国东亚学术论坛"活动史上最活跃的人文科学家之一。他不光模范般地履行了其作为"论坛"成员的义务——他几乎从不缺席"论坛"成员的年会——而且还十几年如一日地就举办由中德两国同事一起参与的文化活动，为"论坛"提出了他个人多种多样的倡议。尽管他著作等身，成就非凡，作为人文科学家和诗人受到肯定与赞赏，他的为人却始终谦逊、善解人意、乐于助人。他对待朋友和资助过他的人总是感激不尽。作为一名热血科学家，先生总是不遗余力，持之以恒，不达目标誓不休。在这条路上，他充满献身精神，凭着微乎其微的财政经费，过着克勤克俭的生活。

我想，以昔日图宾根"德国东亚学术论坛"的名义，这个我本人曾密切跟进、并协同组织部分活动长达15年之久的机构，我完全有理由去说：能够同一位如此认真细致并对自己的项目热忱负责的中国学者一起共事，一直以来都是一种荣幸和快乐。先生所为功莫大焉，中德两国间的友谊，尤其在大约2000年以后，越来越成为图宾根大学，还有与该"论坛"密切相关的霍恩海姆与斯图加特大学的科学与研究关系所关注的焦点。这的的确确是一段值得信赖的、坚实而诚挚的往来。我感到不胜荣幸与快乐的是，能够亲眼见证先生的学术及出版工作日渐受到国内外的认可，并最终因荣获"德意志联邦共和国十字勋章"而攀上荣誉之巅。

值此2019年5月顾教授75岁华诞来临之际，我衷心祝愿这位多年的老友万事如意、再续华章、身体健康！愿先生永享天年，不断为增进中德合作、国与国之间的理解以及中德友谊贡献力量。

2018年3月于图宾根大学

（娄西利 译）

Mein Freund Gu und meine Annäherung an China

Prof. Dr. Gerhard Kuhlemann

Hochschule der Medien, Stuttgart

Vor 12 Jahren traf ich erstmals Herrn Zhengxiang Gu in Tübingen. Zu diesem Zeitpunkt ahnte ich nicht, dass sich aus diesem ersten Zusammentreffen eine enge Freundschaft und eine intensive Begegnung mit China, seiner Kultur und seinen Menschen ergeben sollte.

Anlass für dieses erste Zusammentreffen war die Arbeit an der im Aufbau befindlichen Website www.heinrich-pestalozzi.de. Die wichtigsten Texte dieser Website über den pädagogischen Klassiker Johann Heinrich Pestalozzi (1746-1827) sollten auch in anderen Sprachen verfügbar gemacht werden. Neben englisch und französisch sollte das Sprachangebot auch Texte in chinesischer Sprache anbieten. Herr Gu hatte in Tübingen über Hölderlin promoviert, war Lehrbeauftragter für chinesische Sprache und Kultur an den Universitäten Stuttgart und Tübingen und hatte intensiv über Johann Wolfgang Goethe gearbeitet und publiziert. Herr Gu war damit bestens gerüstet, um über Goethes Zeitgenossen Pestalozzi zu arbeiten, er war bereits mit der Sprache um 1800 und dem zeitbedingten Kontext von Pestalozzi vertraut. Nach anfänglichem Zögern erklärte sich Herr Gu bereit, nach Abschluss seiner laufenden publizistischen Arbeiten zeitintensiv für die Pestalozzi-Website zu arbeiten.

• Von Herrn Gu sind bis heute über 64 Dateien in chinesischer Sprache auf unserer Website aufgeschaltet. Es sind die biographischen Texte zu Pestalozzi, eine Kurzbiographie, ausführliche Texte zu Pestalozzis einzelnen Lebensstationen „Kindheit und Jugend in Zürich", „Neuhofjahre", „Stans", „Burgdorf und Münchenbuchsee", „Yverdon" und „Pestalozzis letzte Lebensjahre auf dem Neuhof" sowie ein tabellarischer Lebenslauf zu Pestalozzi, seinem Leben und seinen Werken. Diese Zusammenarbeit machte zahlreiche Gespräche und Telefonate erforderlich, denn die Sprache Pestalozzis ist in ihren Bildern, Begriffen und Formulierungen mit regional- und zeitbezogenen Anknüpfungen für heutige Leser nicht immer leicht verständlich. Die Mitarbeit von Herrn Gu an der Pestalozzi-Website findet bis heute ihre Fortsetzung.

• In Zusammenarbeit mit dem Schweizer Verein „Pestalozzi im Internet" und der Stiftung „Schule für das Kind" konnten durch die dankbare Initiative, kreative Vermittlung und die wohl durchdachte Organisation von Herrn Gu zwei internationale wissenschaftliche Symposien zum Thema „Pestalozzi" in China und in der Schweiz ausgerichtet werden: Im Jahr 2009 ein deutsch-schweizerisch-chinesisches Symposium in Hangzhou an der Zhejiang Universität zu Pestalozzis Erziehungslehre, an der 60 Pädagogik-Professoren von Universitäten aus ganz China teilnahmen. Die Tagungssprachen waren deutsch und chinesisch und Herr Gu nahm dabei die unverzichtbare Funktion des Übersetzens wahr. Dieses Symposium war von einem interessanten Begleitprogramm flankiert. Die europäischen Gäste konnten in Hangzhou zusammen mit den chinesischen Teilnehmern nicht nur die herzliche Gastfreundschaft in China genießen, sondern erhielten auch Einblicke in das heutige China und seine jahrtausendealte Kultur. Zu nennen ist die Schiffsfahrt über den Westsee, die Besichtigung des Tempelklosters Lingyin, des Yuo Fei-Tempels, Besuche und Besichtigungen in Suzhou und Wuxi, eine Fahrt zum Jangtse mit der längsten Hängebrücke Asiens mit 1.385 m Spannweite und Eindrücke der Wirtschafts- und Handelsmetropole Shanghai.

Im Jahr 2012 fand das zweite internationale deutsch-schweizerisch-chinesische Pestalozzi-Symposium zusammen mit 11 Pädagogik-Professoren verschiedener chinesischer Universitäten an der Pädagogischen Hochschule Luzern statt. Zusammen mit deutschen und schweizerischen Professoren und Studierenden der Pädagogischen Hochschule waren Vorträge und Ateliers zur Rezeption Pestalozzis in China, Deutschland und der Schweiz und zum Austausch über unterschiedliche Bildungskonzepte angesetzt. Dieses Symposium sollte den chinesisch-schweizerischen Austausch in Bildungsfragen auf dem Hintergrund des Bildungsverständnisses von Pestalozzi vertiefen durch die Auseinandersetzung mit seiner Erziehungslehre, seinem Leben und Werk, der Suche nach Spuren Pestalozzis in China und einem Vergleich der Pestalozzi-Rezeption in China, Deutschland und der Schweiz. Eindrucksvoll waren der Besuch von Pestalozzis Neuhof in Birr mit einer Führung durch das dortige Berufsbildungsheim, die Besichtigung von Pestalozzi Grab in Birr am dortigen Schulhaus und ganz besonders ein Austausch mit Lehrern und Schülern der Sekundarschule Petermoos in Buchs, Kanton Zürich, die einen Eindruck von der Organisation individualisierenden Lernens vermittelte. Für die chinesischen Gäste konnte zusätzlich eine Stadtbesichtigung von Luzern, eine Schifffahrt über den Vierwaldstättersee und ein Besuch in Genf mit Stadtführung, dem Besuch von Rousseaus Geburtshaus und des UNO-Sitzes organisiert werden.

• Die intensive Zusammenarbeit mit Herrn Gu hat weitere kräftige Spuren hinterlassen, indem drei beachtliche wissenschaftliche Werke zu Pestalozzi in chinesischen Verlagen veröffentlicht wurden:

– im Jahr 2011 „Research on Educational History in the Cross-Cultural Context: Proceedings of International Symposium on Pestalozzi's Educational Thoughts" (Zhejiang University Press, 325 S.) mit den chinesischen und deutschen Beiträgen und Referaten des Symposiums in Hangzhou.

– im Jahr 2014 „Erziehung mit Herz, überall und jederzeit zum Wohl der Kinder. Internationales Pestalozzi-Symposium Schweiz-China (Luzern, April 2012)" (Shanghai Jiao Tong University Press, 335 S.). Dieser Band enthält die Vorträge und Referate des Symposiums in Luzern (sowie eine erweiterte Pestalozzi-Bibliographie von Zhengxiang Gu), jeweils in ihrer Originalsprache deutsch bzw. chinesisch.

– im Jahr 2012 erschien von Herrn Gu ein ausführlicher Pestalozzi-Band mit einer Zusammenstellung von Texten aus Brühlmeiers Buch „Menschen bilden" (Baden Verlag, 2008) und den von Herrn Gu ins Chinesische übertragenen biographischen Texten aus der Website www.heinrich-pestalozzi.de (Central Compilation and Translation Press, 257 S.).

• Eine dritte langgeplante große Veranstaltung war die Bildungsreise der schweizerischen und der deutschen Lehrer und Professoren zu drei geschichtsträchtigen chinesischen Kulturstädten, die ebenfalls Herrn Gu zu verdanken sind.

Im Oktober 2016 besuchten Mitglieder der Stiftung „Schule für das Kind" und des Vereins „Pestalozzi im Internet" im Rahmen eines deutsch-schweizerisch-chinesischen Austauschs in Shanghai das der Fudan-Universität angeschlossene Gymnasium und die ebenfalls der Fudan-Universität angeschlossene Grundschule. Die Gäste aus Deutschland und der Schweiz besuchten das Archiv und Museum der Fudan-Universität und erhielten Einblicke in Ausstattung und Unterricht am Gymnasium. Ein besonderer Höhepunkt war die Teilnahme am Chinesischunterricht in der Grundschule. Die europäischen Teilnehmer waren verblüfft von der Konzentration und Disziplin der chinesischen Schülerinnen und Schüler und ihrer aktiven Teilnahme am Unterricht. Der lehrerzentrierte Unterricht war aufgelockert durch den Einsatz von Power Point mit unterschiedlichen Comics und durch die kinderbezogene und den Schülern zugewandte Lehrerin. In der anschließenden Aussprache mit dem Rektor der Grundschule und der Lehrerin konnten wesentliche Unterschiede der chinesischen und der mitteleuropäischen Schul- und Unterrichtsabläufe angesprochen werden. Pestalozzis Gedanken von den in jedem Kind vorhandenen Kräften, deren Wachsen gefördert oder unterbunden werden kann, sollten sowohl in China als auch in Deutschland und der Schweiz ein Grundgedanke jeder Erziehung sein.

Eingerahmt wurde dieser Austausch von einem von Herrn Gu sorgfältig konzipierten umfassenden Begleitprogramm. Nach unserer Ankunft führte die Fahrt über die 35 km lange Autobahnbrücke, die die Hangzhou-Bucht an der Ostküste Chinas überspannt, nach Ningbo. Dort besuchten wir das großzügig neuerbaute Hafen- und Geschichtsmuseum, den Dongqian-See mit einer eindrucksvollen Tempelanlage, mit der Tianyige-Bibliothek die älteste Privatbibliothek Chinas und die abendliche Altstadt. In Shaoxing besuchten wir das Museum des Schriftstellers Lu Xun (1881-1936), dem Begründer der modernen chinesischen Literatur mit zahlreichen Übersetzungen auch in deutscher Sprache. Mit einer Bootsfahrt erkundeten wir das ausgedehnte Seengebiet des Keyan Jianhu Luzhou Parks und in Shanghai beeindruckte uns die abendliche Hafenrundfahrt auf dem Huangpu-

River und die historische Biblitheca Zi-Ka-Wei, die 1847 von Jesuiten gegründet worden war.

Die intensive wissenschaftliche Zusammenarbeit entwickelte sich sehr bald zu einer intimen Freundschaft miteinander, wobei – eine besondere Vereinbarung – der Nachname „Gu" zur vertrauten Anrede wurde. Besonders intensiv wurde das Verhältnis zwischen beiden Familien im Oktober 2011 bei einer China-Reise zum Besuch des in China weilenden Gu. Die Reise begann in Hangzhou. Eindrucksvoll waren die Spaziergänge um den Westsee, das Teetrinken inmitten von chinesischen Gästen, die Überfahrt auf die Insel Kleines Paradies und der Blick auf die ausgedehnten Lotusfelder. Die Besichtigung des Lingyin-Tempels brachte uns die chinesische Kultur und die buddhistische Religiosität nahe. Der Besuch der Sechs-Harmonien-Pagode (970 n. Chr.) und der Spaziergang durch die Altstadt von Hangzhou mit dem Besuch der Apotheke für chinesische Medizin beeindruckten uns ebenfalls. Ein weiterer Höhepunkt war der Besuch in Nanking, der alten Hauptstadt von China. Wir besuchten das Grab des ersten Kaisers der Ming-Dynastie, ein Weltkulturerbe aus dem 14. Jahrhundert, und das über 392 Stufen erreichbare Mausoleum von Sun-Yatsen, des ersten Präsidenten der Republik China (1911/12). Der Kaiser- bzw. Präsidentenpalast selbst ist ein riesiges Gelände mit einer Abfolge von Palästen, Gärten und Repräsentationsbauten. Nanking hat zudem die weltweit größte Stadtmauer aus dem 14. Jahrhundert, die weitgehend erhalten ist. Ein Besuch an der Nanking Universität mit einem Vortrag von Gu vor den Studierenden des deutschen Fachbereichs über Leben und Wirken des großen deutschen Sinologen Richard Wilhelm und der anschließenden Einladung mit den dortigen Kollegen zu einem Mittagessen vermittelte uns einen bleibenden Eindruck vom chinesischen Universitätsalltag.

Individualreisen in China sind für Europäer nicht immer leicht, man kann die exotische Schrift nicht lesen und nur wenige Menschen sprechen englisch. Gu hat uns auf dieser Reise nach China auf einzigartige Weise Kultur und Geschichte des Landes nahegebracht und konnte uns abseits von Touristenströmen tiefe Einblick in das Land ermöglichen. So besuchten wir in Suzhou eine Seidenfabrik, den Garten des Teekönigs, die Tiger Hill Pagoda (961 n. Chr.), den Garten des Verweilens, ebenfalls ein Weltkulturerbe, und den prächtigen Humble Administrator's Garden mit Museum. Den Abschluss bildete ein Aufenthalt in Shanghai mit dem Empfang in der High School Affiliated to Fudan University und dem obligatorischen Besuch des Yu-Gartens aus dem 16. Jahrhundert. Einzigartig war der Besuch des Shanghai World Financial Center, 474 m hoch, mit einem Skywalk im 100. Stockwerk. Besonders eindrucksvoll war die Fahrt zu Gus Verwandtschaft auf die Insel Chongming mit einer für Europäer kaum vorstellbaren Essensvielfalt und Gastfreundschaft.

Den Aufenthalt der Professorengruppe aus Deutschland und der Schweiz im Oktober 2016 verlängerten wir um einige Tage und konnten zusammen mit Gu noch die Stadt

Yangzhou kennenlernen. Auch in dieser Millionenstadt gibt es mit dem Slender West Lake eine prachtvolle Parklandschaft, wir besuchten den He-Garten aus der Mitte des 19. Jahrhunderts, den Daming-Tempel mit seinen Gartenanlagen und den Geyuan-Garten. Auch auf dieser Reise war die Vielfalt des chinesischen Essens immer wieder ein unvergesslicher Genuss. In den original chinesischen Restaurants ist der europäische Gast immer etwas hilflos, hier unseren Freund Gu zur Seite zu haben, war eine unersetzliche Hilfe bei der Auswahl der Speisen, es hat seine Zusammenstellung immer wunderbar geschmeckt.

Gegenseitige Besuche unserer Familien in Tübingen und Denzlingen bei Freiburg vertieften unsere Freundschaft zusätzlich. Besonders erwähnt werden sollen die gemeinsamen Besuche der jährlichen Generalversammlungen des Vereins „Pestalozzi im Internet" auf Pestalozzis Neuhof in Birr/Schweiz und die Verleihung des Bundesverdienstkreuzes in Tübingen an Gu durch den Tübinger Oberbürgermeister Boris Palmer. Als der Autor dieses Textes nach einem Verkehrsunfall längere Zeit im Krankenhaus lag und danach noch einige Zeit im Rollstuhl verbringen musste, waren Frau und Herr Gu mit herzlichen Genesungswünschen am Telefon sehr besorgt und waren zugleich die ersten Besucher des Verletzten. Bei privaten Problemen von Gu im Zusammenhang mit der Renovierung seiner Wohnung und dem Wechsel in eine zentraler gelegene Wohnung und bei gesundheitlichen Problemen konnte sich Gu und seine Frau immer auf die Unterstützung von mir und meiner Frau verlassen, ebenso wie wir auf Gus Zuverlässigkeit und Sorgfalt bei allen gemeinsamen Unternehmungen. Die Freundschaft mit Gu hat mir eine neue Welt erschlossen und mein Bild von China mit Inhalt gefüllt. Ich bin dankbar, Gu kennengelernt und ein enges Band der Freundschaft mit ihm geschlossen zu haben.

与库勒曼教授合影于瑞士巴塞尔市政厅 (2018.05.23)

（译文）

挚友顾正祥和我的中国缘

格哈德·库勒曼

　　初遇顾正祥先生是十二年前在图宾根的事了。那时的我却也不曾想，正是这初次的会面竟让我二人日后结下了深厚的友情，并且引发了笔者后来对中国的密切接触，包括它的文化和它的人民。

　　这次会面的机缘是要洽谈当年还处于创建阶段的"裴斯泰洛齐在互联网"的相关工作。该网站中关于经典教育家裴斯泰洛齐的最重要的文章也应被译成其他语言，除英语和法语外，相关方面还计划提供中文版本。顾先生在图宾根撰写了有关荷尔德林的博士论文并取得博士学位，曾担任过斯图加特大学与图宾根大学两校的教员，讲授中国语言与文化，并对歌德做过深入研究并有专著发表。因此，顾先生对于研究歌德的同时代人裴斯泰洛齐已做好了最充分的准备。他已然对1800年前后的语言和裴斯泰洛齐的时代语境了然于胸。在最初短暂的徘徊过后，顾先生同意并表态，一旦手头的出版工作告一段落，就会全身心地投入到"裴斯泰洛齐在互联网"的工作中去。

　　⁂ 到今天，顾先生已将至少64份文件译成中文并在我站登出。这其中包括关于裴斯泰洛齐生平的文章，一部简要传记，若干关于裴斯泰洛齐生活境况的详文[《在苏黎世的童年和少年时代》《在新庄的年代》（Neuhofjahre），《斯坦兹的日子》（Stans），《在部格多夫和明兴布赫塞的岁月》（Burgdorf und Münchenbuchsee），《伊弗东时期》（Yverdon），《裴斯泰洛齐在新庄的晚年》]以及一份关于裴斯泰洛齐生平及作品的表格式简历。此番合作须进行多次亲身会谈和电话交流，因为裴斯泰洛齐的语言在意象、概念及表述上都具有浓烈的区域特色和时代关联，所以它对今天的读者而言每每都晦涩难懂。顾先生与"裴斯泰洛齐在互联网"的合作至今仍在继续。

　　⁂ 在瑞士"裴斯泰洛齐在互联网"协会和"学校为儿童"基金会的配合下，顾先生得以通过值得感谢的倡议、极具创见的介绍和想必经过深思熟虑的筹办工作，使得两次以裴斯泰洛齐为主题的大型国际学术研讨会分别在中国和瑞士得以成功举办。

　　2009年，一项德—瑞—中三方学术研讨会在杭州的浙江大学举行。全中国60位教育学教授济济一堂共同研讨裴斯泰洛齐的教育学理念。会议用语为德语和汉语。顾先生在中间起到了不可或缺的翻译作用。此次研讨会还伴有一个饶有趣味的余兴节目。从欧洲远道而来的客人不但能够和中国的参会人员一同享受中国方面的热情款待，还可以领略当今中国以及他数千年的古老文化。值得一提的有船游西湖、观灵隐寺、观岳王庙、游览苏州和无锡以及长江之旅，这里有亚洲最长的悬索大桥（主跨径1385米），还有经贸大都市上海。

　　2012 年，第二次德—瑞—中三方裴斯泰洛齐国际研讨会在卢塞恩师范大学举行，有来自中国不同高校的11位教育学教授参加。他们同来自德国、瑞士的教授以及卢塞恩师范大学的学生们一起共同确定了会议的安排。各报告和专研组探讨的主题是裴斯泰洛齐在中、德、瑞三国的接受情况，并交流各自不同的教育理念。此次研讨会旨在以裴斯泰洛齐的教育理念为背景，研究裴斯泰洛齐其人、其作品及其教育学说，追寻他在中国产生的影响和比较裴斯泰洛齐教育思想在中、德、瑞三国的接受情况，以此深化教育方面的交流。令人印象颇深的是在当地工作培训部的解说下参观裴斯泰洛齐在比尔（Birr）附近的新庄（Neuhof），还参观了裴氏在比尔当地校舍旁的墓地。另外颇有特色的是同位于苏黎世州布克斯（Buchs）的彼得莫斯（Petermoos）初中师生所进行的交流，获得了有关如何安排一种注重个体发展式学习方面的印象。主办方还特意组织中国客人参观了卢塞恩的市容，让他们在那里乘船游览了四森林州湖，并且安排城市导游带领他们参观了日内瓦，让他们在那里走访了卢梭故居和联合国办事处。

❧ 同顾先生的紧密合作还留下了更多深刻的印迹，有三部值得学界关注的裴斯泰洛齐研究专著在中国的出版社相继问世：

– 2011年，《跨文化语境下的教育史研究：关于裴斯泰洛齐教育思想所开展的国际研讨会》（浙江大学出版社，共325页）包括在杭州举办的研讨会的成果及报告。

– 2014年发表《以爱文本：跨越时空惠及子孙的教育理念》（瑞士–中国裴斯泰洛齐国际研讨会论文集）（该研讨会在卢塞恩于2012年4月举办）的相关成果（上海交通大学出版社，共335页）。该册文集包含2012年卢塞恩研讨会上的大小报告，分别以德语或汉语原文刊登。

– 2012年，顾先生出版了一卷详备的裴斯泰洛齐册集，书中将Brühlmeier的著作《关于人才培养》（巴登出版社，2018年版）中的一些文章以及裴斯泰洛齐网站上由顾先生本人译成汉语的裴斯泰洛齐生平编纂到了一起。（中央编译出版社，共257页）

❧ 还有第三次经过长时间精心筹划的大型活动。这次教育之旅组织了一些来自瑞士和德国的教师和教授前往中国宁波、绍兴和上海三座历史悠久的文化名城。此番活动得以成行，仍然多亏了顾先生的投入。

2016年十月，"学校为儿童"基金会和"裴斯泰洛齐在互联网"协会的成员通过在上海举行的德—瑞—中三方交流会访问了复旦大学附中和复旦大学附小。来自德国和瑞士的访客参观了复旦大学档案馆和博物馆，并了解到一些中国文理高中的设施及课堂的相关状况。活动的一个特殊高潮发生在大家共同参与的一节小学汉语课上，欧洲的朋友对中国学生注意力的集中、纪律的严明以及他们在课堂上积极参与的程度惊叹不止。在这堂以教师为中心的课上，主讲的女教师通过运用各种漫画演示文稿，加上她与孩子打成一片的感染力使课堂气氛格外活跃。接下来在跟校长以及这堂课的女教师所进行的交流环节上，大家谈到了中国与中欧各国在学校运作和教学流程上的总体区别。裴斯泰洛齐所主张的"每个孩子各自具备的潜能都有可能被促进或者被扼杀"的思想不论是在中国、在德国还是在瑞士都应该成为一切教育的基本观念。

此次交流中，顾先生还精心设计和统筹安排了旅游活动。我们抵达之后便跨越位于中国东部沿海全长35公里的杭州湾高速公路跨海大桥前往宁波。在那里我们参观了刚刚落成、气势恢宏的中国港口历史沿革博物馆，拥有令人印象深刻的寺庙群的东钱湖，中国现存最古老的私家藏书楼"天一阁"，还有那夜幕笼罩下的老城区。在绍兴，我们参观了为纪念中国新文学的奠基人作家鲁迅（1881–1936年）而建的鲁迅博物馆，此间珍藏了大量其作品的译本，包括德语译本。在游船上我们历览了扩充开发后的湖区柯岩、鉴湖、鲁镇公园。在上海令人印象深刻的是夜色下黄浦江上的巡游和1847年由耶稣会创建的徐家汇历史藏书楼之行。

学术上频繁的合作让我们彼此很快成为知己。于是，按照我们的特殊约定，我就直接把先生的姓氏"顾"作为对他的称呼了。2011年十月，我们在中国旅行时拜访了正在中国逗留的顾，这番机缘让我们两家走得特别近。这趟旅行开始于杭州。令人印象深刻的是西湖边上的徜徉、私人茶会上的品茗、搭船上岛游览小瀛洲还有那一望无际的荷田。参观灵隐寺让我们近距离领略了中国文化和佛教信仰。参观六和塔（建于公元970年）、漫步杭州老城以及参观那里的传统中药房同样给我们留下了深刻印象。而游览中国的故都南京，把整段旅程推上了又一个高潮。我们参观了明代第一位皇帝的陵墓明孝陵，这是一个建于14世纪的世界文化遗产。还有爬过392层台阶方可到达的中华民国第一任总统孙中山（1911/12年）的陵墓中山陵。看那帝王或总统的宫殿本身，宫殿、园林和装饰门面的建筑物鳞次栉比，浑然是一个气势浩大而又互为一体的建筑群。南京还拥有世界上最大的建于14世纪、保存相对完好的城墙。拜访南京大学，聆听顾为德语系师生所作的关于大汉学家卫礼贤生平和事业的德语报告，以及随后应邀与当地同事共进午餐，为我们留下了关于中国大学日常生活的难于忘怀的深刻印象。

对欧洲人来说，去中国自助旅行并不总是那么容易。你既读不懂那些充满异域风情的文字，又偏偏很少有人能讲英语。然而此次中国之行由顾带我们以一种独特的方式走进这个国度的文化和历史，并使我们能够避开汹涌的客流而去深度体验这个国家。我们参观了苏州的一座丝绸工厂、茶圣公园、虎丘塔（建于公元961年）、留园（同样被列为世界文化遗产）以及拙政园和苏州园林博物馆。我们在上海逗留期间的最后一站受到了复旦大学附属中学的接待，并且参观了游客必去的豫园（建于16世纪）。接下来对上海环球金融贸易中心的观览堪称一绝。我们在位于474米高空，100楼的观光天阁中体验了一把"云中漫步"。尤其令人印象深刻的是接下来的崇明岛之旅。我们在顾先生的亲戚家中享受了一场饕餮盛宴，那待客之礼对一个欧洲人来讲简直是不可想象的。

2016年十月，来自德国和瑞士的教授访问团一行在中国迁延数日，这使我们有机会在顾的陪同下认识了扬州。这座百万人聚集的城市同样拥有瘦西湖这般气势恢宏的园林。我们游历了始建于19世纪中期的何园、大明寺和它的园林以及个园。这趟旅途中丰富多彩的中餐美食同样成为一种令人久久难以忘怀的享受。在那地道的中国餐馆里，欧洲的游客总是有些不知所措。幸好有我们的朋友顾在身边。我们在选菜时受到的有益帮助可不是随便哪个人都能提供的，而他建议的搭配永远都是那么美味。

我们分别住在图宾根和弗莱堡旁的登茨林根（Denzlingen）。两家之间的相互走动更加深了我们之间的友谊。尤其值得一提的当然要算我们共同参加的在瑞士比尔裴斯泰洛齐的新庄举办的"裴斯泰洛齐在互联网"协会年会以及由图宾根市长Boris Palmer主持颁发给顾的"德意志联邦共和国十字勋章"授勋典礼。本文的作者在一次交通意外之后不得不长时间躺在医院，之后又必须在轮椅上度过一段时光的时候，顾太太和顾先生频频从电话那头送来暖心的康复祝福，并且最先登门造访了伤者。而关于整修寓所、移居中心地段以及健康状况这样的私事，顾先生和顾太太总会毫不犹豫地信任我和太太的支持，正如我们信得过顾先生一样。他这个人为人可靠，做事一丝不苟，每每与其共事，印象无不如此。与顾的交情带给我一个崭新的世界，并以实实在在的内容丰富了我对中国的印象。能结识顾并同他结下一段深厚的友谊，我心怀感恩。

于斯图加特传媒学院

（娄西利 译）

Eine Freundschaft ganz besonderer Art

zu Memoiren von Prof. Dr. Zhengxiang Gu

Dr. Roger Dettling

Pädagogische Hochschule Luzern

Vorbemerkung

Prof. Dr. Gu hat mich im Sommer 2016 bei einem persönlichen Treffen in Tübingen angefragt, ob ich dazu bereit wäre, einen Beitrag für seine Memoiren zu verfassen. Gerne willigte ich ohne Bedenkzeit ein. Ich werde in diesem Beitrag Prof. Dr. Gu als Menschen, wie ich ihn kennen und schätzen gelernt habe, skizzieren und dabei weniger auf seine Verdienste als Wissenschaftler Bezug nehmen.

Kennenlernen – Pestalozzi-Symposium in Hangzhou 2009

Ich traf Prof. Dr. Gu das erste Mal im Oktober 2009 am Flughafen Frankfurt. Wir waren dort verabredet, um mit weiteren Delegationsmitgliedern aus Deutschland und der Schweiz ans Pestalozzi-Symposium nach Hangzhou zu reisen. Die Reisevorbereitungen hatte Prof. Dr. Gu zusammen mit Prof. Dr. Gerhard Kuhlemann getroffen. An diesem Symposium zu Pestalozzis Erziehungstheorie, das vom 24.-25. Oktober 2009 an der Zhejiang-Universität in Hangzhou durchgeführt wurde, fand ein interessanter Austausch zu Bildungsfragen zwischen den chinesischen Experten und der deutschsprachigen Delegation statt. Da Prof. Dr. Gu an dieser Universität 10 Jahre lang gelehrt hat, war es möglich, diesen Anlass an diesem ehrwürdigen Ort durchzuführen.

Das Symposium an der Zhejiang-Universität in Hangzhou war eine einmalige Erfahrung. Aus ganz China kamen renommierte Erziehungswissenschaftler, um sich mit Pestalozzis Erziehungslehre auseinanderzusetzen. Prof. Dr. Gu nahm dabei die vermittelnde Rolle zwischen Ost und West in sehr feinfühliger Weise wahr. Es gelang ihm über die Generationen hinweg Verständigungen zu ermöglichen. Dies immer in sehr bescheidener und wohlwollender Art und Weise. Prof. Dr. Gu unternahm alles, damit sich die Mitglieder der deutschen Delegation in seinem Heimatland wohlfühlen konnten. Somit blieben nicht nur die Erinnerungen an das Symposium, sondern insbesondere die zahlreichen Eindrücke am Rande des Anlasses in bester Erinnerung.

Den beteiligten Personen war es im Anschluss an dieses Ereignis – insbesondere auch aufgrund der Verdienste von Prof. Dr. Gu – ein großes Anliegen, dass die bestehenden Kontakte aufrechterhalten bleiben und der anregende Austausch zwischen den beiden Bildungskulturen vertieft werden soll.

So blieben Prof. Dr. Gu und ich in der Folge in freundschaftlichem Kontakt und bald schon entstand die Idee für ein weiteres Pestalozzi-Symposium, diesmal jedoch in der Schweiz.

Eine wachsende Freundschaft – Pestalozzi-Symposium Luzern 2012

Die Stiftung Schule für das Kind organisierte im April 2012 in Kooperation mit der Pädagogischen Hochschule Zentralschweiz ein Folgesymposium, bei dem auch Studierende und Dozierende der Pädagogischen Hochschule die Möglichkeit hatten, sich eingehend mit Pestalozzis Erbe auseinanderzusetzen. Das Hauptinteresse des Symposiums lag nebst dem interkulturellen Austausch insbesondere darin, diejenigen Aspekte aus Pestalozzis Erziehungslehre, welche einen überdauernden pädagogischen Wert aufweisen, heraus zu kristallisieren und für die heutige Bildungsarbeit nutzbar zu machen. Es ging darum, einen gezielten Fokus auf Pestalozzis Sichtweise vom Wesen des Menschen zu richten und daraus Schlüsse für die heutige Zeit zu ziehen.

Dazu reiste eine zwölfköpfige Delegation von führenden chinesischen Erziehungswissenschaftlern, Schulleitern und Lehrpersonen u. a. von der Zhejiang Universität Hangzhou und der Akademie für Geisteswissenschaften Peking an. Die Kontaktaufnahme und Kommunikation mit den Delegationsmitgliedern leistete wiederum Prof. Dr. Gu. Eine intensive Zusammenarbeit zwischen mir und Prof. Dr. Gu ermöglichte die reibungslose Planung und Durchführung dieses einmaligen Anlasses.

Während den ersten beiden Tagen wurden im Rahmen von Referaten und Ausstellungen die Rezeptionsgeschichte Pestalozzis in China und der Schweiz sowie aktuelle Bildungsfragen der beiden Länder besprochen. Dabei stand der Erfahrungs- und Gedankenaustausch zwischen China, der Schweiz und Deutschland hinsichtlich der praktischen Verwirklichungsmöglichkeiten von Pestalozzis pädagogischen Impulsen im Vordergrund. Ebenso wurden Gemeinsamkeiten und Unterschiede zwischen dem chinesischen und dem schweizerischen sowie deutschen Bildungssystem thematisiert.

An diesem Symposium hat Prof. Dr. Gu aufgrund seiner historischen Recherchen die Ursprünge der Pestalozzi-Rezeption in China aufgezeigt. Unter anderem führte Prof. Dr. Gu in einem darauf erschienen Artikel den interessanten komparatistischen Aspekt aus, dass die Lehre Pestalozzis in China anfangs des 20. Jahrhunderts mit der konfuzianischen

Philosophie verglichen wurde.[1]

Im Anschluss an das zweitägige Symposium in Luzern erfolgte eine Exkursion an eine Schule im zürcherischen Oberland, der Besuch bei der ersten und letzten Wirkungsstätte Pestalozzis im Neuhof bei Birr sowie die Besichtigung des Geburtshauses Jean Jaques Rousseaus in Genf. Das Symposium hinterließ bei der chinesischen Delegation als auch bei Prof. Dr. Gu einen bleibenden Eindruck. Er verfasste im Anschluss an das Symposium folgendes Gedicht:

> In jungen Jahren war in mir
> Genf wie Hangzhou;
> vor Augen liegt nun
> Luzern wie ein Gemälde.
>
> Schneegipfel spiegeln
> sich im grünen See,
> in Eintracht stehen
> Klassik und Moderne.
> Eifrig wird ein Lichtbild erhascht,
> eines, noch eines.
>
> Schwäne im See erfreuen das Auge
> Wein aus Luzern erheitert die Gäste
> Genuss von Wein und Landschaft
> Blüte der Forschung und Freundschaft.[2]

Vertiefte Freundschaft – weitere Kontakte und Bildungsreise nach China 2016

Der Kontakt mit und zu Prof. Dr. Gu blieb erfreulicherweise weiterhin bestehen. Sporadisch trafen wir uns in Konstanz. Die Distanz war sowohl für ihn als auch für mich gut zu überwinden. Es kam dazu, dass Prof. Dr. Gu den ehemaligen Rektor der Universität Konstanz Prof. Dr. Horst Sund gelegentlich an seinem damaligen Arbeitsort besuchte und sich somit ein zeitgleiches Treffen von uns anbot. An diesen Treffen besprachen

---

1 Roger Dettling / Gu Zhengxiang: „Pestalozzi in China, Deutschland und der Schweiz". In: *China-Report*, Nr. 53 vom 15. Juli 2012, S. 47–50. Konstanz: China-Gesellschaft e.V., Baden-Württembergische Gesellschaft zur Förderung der Zusammenarbeit mit der Volksrepublik.

2 In: Roger Dettling / Gu, Zhengxiang (Hrsg.): *Erziehung mit Herz, überall und jederzeit zum Wohl der Kinder.* Internationales Pestalozzi-Symposium Schweiz-China (Luzern, April 2012). Shanghai: Shanghai Jiao Tong University Press, 2014. – S. 262.

wir unter anderem gemeinsame Projekte wie beispielsweise die Übersetzungsarbeiten zum Buch „Menschen bilden" von Dr. Arthur Brühlmeier ins Chinesische. Prof. Dr. Gu leistete mit dieser Übersetzung der Stiftung Schule für das Kind wertvolle Dienste (Peking: Central Compilation & Translation Press, 2013). Im Buch findet man nebst der Pestalozzi-Biographie und Erläuterungen zu seinen Grundgedanken eine ausführliche Auseinandersetzung mit der Bedeutung Pestalozzis für die heutige Zeit. Durch die Bemühungen von Prof. Dr. Gu ist es gelungen, diese im Buch formulierten und der Stiftung sehr wichtigen Anliegen dem chinesischen Publikum zugänglich zu machen. Prof. Dr. Gu hat damit wesentlich dazu beigetragen, dass das Verständnis von Pestalozzis Anliegen auch in neuerer Zeit interessierten Chinesinnen und Chinesen zur Verfügung steht.

Im Herbst 2016 kam es zu einer weiteren Reise nach China. Obwohl ein ursprünglich vorgesehenes Symposium nicht wie geplant durchgeführt werden konnte, reiste eine kleine Delegation von Erziehungswissenschaftlern und Lehrenden aus der Schweiz und Deutschland nach Ningbo, Shaoxing und Shanghai. Auch diese Reise wurde nur durch das große Engagement von Prof. Dr. Gu möglich. Im Vorfeld war er sehr darum bemüht, für die Delegationsmitglieder ein ansprechendes und ausgewogenes Reiseprogramm zusammenzustellen, indem die Bildung und die Auseinandersetzung mit der chinesischen Kultur nicht zu kurz kam. Mit viel Nachsicht, Geduld und Zielstrebigkeit war Prof. Dr. Gu darum bemüht, alle notwendigen Absprachen zu treffen und die zahlreichen inhaltlichen wie organisatorische Belange zu klären. Die Delegationsmitglieder hatten die Möglichkeit die High School Affiliated to Fudan University, an der Prof. Dr. Gu selbst Schüler war, zu besuchen. Dies war sehr eindrücklich, vor allem auch deshalb, weil die Gastgeber sehr darum bemüht waren, den Delegationsmitgliedern ihre Bemühungen und Anstrengungen für eine gute Bildung aufzuzeigen.

Dank und Würdigung – Im Geiste Pestalozzis

Pestalozzi ist der bekannteste Schweizer Pädagogen und einer der wichtigsten Pädagogen, die eine Lehre für die fundamentale Erziehung vertreten haben. Pestalozzi ging es darum, dass man allen Menschen und insbesondere armen Kindern mit Empathie (Herz) begegnet. Das Wichtigste für ihn ist grundsätzlich die Liebe zu anderen Menschen. Dazu kommt das Erlernen eines Handwerks, damit jeder Mensch einer Arbeit nachgehen und somit für sich selbst und andere sorgen kann. Die Kräfte des Kopfes dienen dazu, sich in der Welt zu orientieren und Zusammenhänge zu verstehen. Pestalozzi war es wichtig, diese drei Kräfte Kognition (Kopf), Emotion (Herz), Handlung (Hand) ausgeglichen zu entwickeln. Lehrende haben somit eine sehr wichtige Aufgabe: Sie sollen darum bemüht sein, dass sich beim Kind diese drei Kräfte harmonisch entfalten können.

Pestalozzi ist derjenige Verknüpfungspunkt, der mich mit Prof. Dr. Gu zusammentreffen ließ. Ich gewann den Eindruck, als ob Pestalozzis Anliegen auch zu großen Teilen Prof. Dr. Gus Ansinnen entspricht. Mit seiner feinfühligen und wertschätzenden Art geht er offenherzig und demütig auf andere Menschen zu. Das Erleben, das Empfinden und das Lernen von Menschen interessieren ihn zutiefst. Prof. Dr. Gu scheut keine Anstrengungen, wenn es darum geht seinen Beitrag zur Erforschung menschlicher Erfahrungs- und Austauschformen zu leisten. Sein Engagement kennt dabei keine kulturellen Grenzen. Er trägt sogar Wesentliches dazu bei, damit kulturelle Grenzen aufgebrochen werden und dadurch neue Beziehungen und Freundschaften entstehen können.

Prof. Dr. Gu ließ sich durch Pestalozzis Gedanken ansprechen und hat in den vergangenen Jahren einen wesentlichen Beitrag dazu geleistet, dass Aspekte seines Vermächtnisses auch in der aktuellen Zeit dem interessierten chinesischen Publikum zur Verfügung stehen. Dafür und für die unzähligen freundschaftlichen Bemühungen gebührt Prof. Dr. Gu mein herzlichster Dank und meine große Anerkennung.

In Freundschaft

Dr. Roger Dettling

与瑞士卢塞恩师范大学戴特灵博士合影

一份特殊的友谊

——记顾正祥教授

罗西·戴特灵

写在前面的话

2016年夏天在图宾根的一次私人会面中，顾教授问我是否愿意为他的个人文集撰写一篇文章，我欣然应允了。在这篇文章中，我将叙述我所认识及敬重的顾教授是怎样一个人，而较少涉及他身为学者的学术贡献。

初识——2009年杭州裴斯泰洛齐教育思想研讨会

2009年10月，我与顾教授相识于法兰克福机场。那时，我们约好在机场见面并与来自德国和瑞士代表团的其他成员一起前往杭州参加裴斯泰洛齐教育思想研讨会。顾教授与格哈德·库勒曼教授（Prof. Dr. Gerhard Kuhlemann）共同负责筹划了此次中国之旅。2009年10月24日至25日，在由浙江大学召开的裴斯泰洛齐教育理论研讨会上，中国专家与来自德语国家的代表团成员就教育问题进行了一场别开生面的交流。因为顾教授曾在该大学任教十年，此次活动才得以在这所令人崇敬的大学成功举办。

由浙江大学召开的本次研讨会是一次不可多得的经历。来自中国各地著名的教育家及学者聚首杭城，共同探讨裴斯泰洛齐的教育理论。在此过程中，顾教授扮演了东西方引线搭桥的角色，他以极其细致周到的工作和谦和有礼的态度成功超越了代际界限，促成了彼此间的相互理解。为了让德方代表团的成员在他的祖国身心愉悦，顾教授尽己所能。因此，大家不仅对研讨会记忆深刻，而且会议期间的各种花絮也成为了大家最美好的回忆。

本次会议结束时，与会人员的一大心愿是继续保持双方现有的联系，并进一步加深彼此在教育文化上的交流。这和顾教授的巨大付出也是密不可分的。

在此之后，顾教授与我一直保持亲密无间的联络，不久便有了举办下一届裴斯泰洛齐教育思想研讨会的想法，而这一次则放在瑞士举办。

友谊升温——2012年卢塞恩裴斯泰洛齐教育思想研讨会

2012年4月，瑞士"学校为儿童"基金会与瑞士中部师范学院合作举办了一次后续研讨会。借此机会，师范学院的师生们也对裴斯泰洛齐的思想遗产进行了深入探讨。除了跨文化交流之外，研讨会的核心主题是从裴斯泰洛齐的教育理论中提炼出具有经久价值的教育思想并讨论如何将其运用在今天的教育工作中，其核心是聚焦于裴斯泰洛齐关于"人之本质"的学说，并分析它对于当今社会的借鉴意义。

为此，来自浙江大学和北京社科院的教育学方面的杰出学者、校领导和教学人员等十二人组成的中国代表团，前往瑞士参会。顾教授再次承担起各项联络与沟通工作。我与顾教授的精诚合作也保证了计划的顺利实施与会议的成功举办。

会议的前两天，与会双方以专题报告和展览会的形式讨论了裴斯泰洛齐教育思想在中国与瑞士的接受史以及两个国家现今面临的教育问题；其中，裴斯泰洛齐的教育理念是如何贯穿于中、瑞、德三国的教育实践的经验分享与思想交流是讨论的重心。同时，中瑞德三国教育体制的相同点与不同点也是会议的主题之一。

在研讨会上，顾教授基于其对历史史料的爬梳向与会者展示了裴斯泰洛齐教育理念在中国接受的起源。之后，顾教授撰文对比了孔子的儒学思想和20世纪初裴斯泰洛齐学说在中国的接受情况，视角独特新颖[1]。

为期两日的卢塞恩研讨会结束之后，与会代表先去参观了位于苏黎世东南高地的一所中学，接着又参观了裴斯泰洛齐最初也是他最后工作的地方——比尔附近的新庄（Neuhof bei Birr）以及让-雅克·卢梭在日内瓦的故居。此次研讨会给中国代表团成员，也给顾教授本人留下了不可磨灭的印象，顾教授欣然赋诗一首：

在我年轻的时候，
爱把日内瓦比杭州。
今日见了卢塞恩
方觉它更胜一筹。

雪山与碧水辉映，
古典与现代争秀；
远方的客人忙不迭，
摄下一个个镜头。

湖中的白天鹅怡人，
卢塞恩美酒可口；
不为旅游和美酒，
学术友谊双丰收。[2]

---

1 顾正祥/戴特灵："裴斯泰洛齐在中国、德国和瑞士"（*China-Report*/《中国报道》，2012年7月15日第53期）。康斯坦茨：中国学协会。巴登-符腾堡州促进与中华人民共和国合作协会，第47-50页。
2 戴特灵/顾正祥（主编）：《以爱为本：跨越时空惠及子孙的教育理念》，瑞士-中国裴斯泰洛齐国际研讨会（卢塞恩，2012年4月），上海：上海交通大学出版社，2014年，共262页。

友谊加深——进一步的联系与2016年的中国教育之旅

令人欣喜的是，我与顾教授一直保持着联系，偶尔我们也会在康斯坦茨见面，这段距离对于我和他来说并不难克服。再加上顾教授有时也会去那里，拜访康斯坦茨大学原校长霍斯特·宋德教授（Prof. Dr. Horst Sund），这也给我们提供了见面的机会。在这些会面中，我们讨论了一些共同感兴趣的项目，例如将阿图尔·布律迈尔博士（Dr. Arthur Brühlmeier）的著作《人的教育》（*Menschen bilden*）翻译成中文。顾教授的翻译工作对于"学校为儿童"基金会而言是非常有意义和有价值的（《裴斯泰洛齐与当代教育》，北京：中央编译出版社，2013年）。该书除了介绍裴斯泰洛齐的生平并对其基本思想进行解读之外，还深入研究了裴斯泰洛齐思想的现实意义。得益于顾教授的努力，中国读者得以阅读此书并藉此了解基金会极其珍视的思想。他为当代感兴趣的中国读者也能理解这些思想作出了重要贡献。

2016年秋天，中国之旅再次成行。尽管事先安排好的研讨会没能如期举行，但是由来自瑞士和德国教育学领域的学者和教育工作者组成的小规模代表团还是得以前往宁波、绍兴和上海等地进行旅游参观，而这一切也归功于顾教授不辞辛苦的投入与付出。在准备阶段，他尽心尽力地为代表团制订了一份既合理又吸引人的旅行计划，而教育话题和中国文化的探索无疑是"重中之重"。带着宽容、耐心与执着，顾教授竭力做好一切必要的协调工作并设法澄清内容和组织方面的各项事宜。代表团成员还参观了顾教授的母校——复旦大学附属中学，东道主不遗余力地向代表团成员展示了自己为优化教育所付出的努力，令所有人印象深刻。

感谢与致敬——以裴斯泰洛齐精神之名

裴斯泰洛齐是瑞士最著名的教育学家，也是提倡基础教育的最重要的教育家之一。裴斯泰洛齐认为，人们要设身处地用心对待他人，特别是对待贫穷的孩子。对他而言，最重要的是以仁爱之心待人。此外，每个人还需要学会一门手艺，以便有能力从事一份工作，从而实现自食其力并可以赡养他人。大脑的力量在于帮助自己在世界上找到定位并理解其中的关联性。对于裴斯泰洛齐来说，认知（脑之力）、情感（心之力）和行为（手之力）这三种力量的平衡发展至关重要，所以教育工作者的使命就是尽其所能使这三种力量在孩子身上得以协调发展。

裴斯泰洛齐是联结我和顾教授相知相遇的纽带。我的印象是，裴斯泰洛齐的理念与顾教授的想法在很大程度上似乎是不谋而合的。顾教授总是保持着一份细腻、敬畏之心，对人总是坦诚相待。亲身经历、用心感受和向他人学习都令他心醉神迷。倘若能为研究人类的经验与交流方式作出贡献，他定会不辞劳苦。他的事业没有文化界限，我们甚至可以说，他为打破文化界限并借此建立起新联系与新友谊作出了很大贡献。

顾教授心仪裴斯泰洛齐的思想。在过去的几年里，他通过自己的工作让当今时代有心了解裴斯泰洛齐思想遗产的中国读者梦想成真。对此，也对他无数真诚的付出，谨致以我衷心的感谢与充分的肯定。

不忘友情的罗西·戴特灵博士

（陈虹嫣 曾绮铧 译）

Prof. Dr. Zhengxiang Gu – Wanderer zwischen Ost und West
Wegmarken einer Freundschaft

Dr. Volker Probst

Es war ein klarer Herbsttag, als ich am 13. November 2000 in Eberbach am Neckar Prof. Dr. Zhengxiang Gu vom Bahnhof abholte und mit ihm ins nahe gelegene Dorf Allemühl fuhr. Dort hatte er sich bei Theres Meier angemeldet, der Witwe des vor wenigen Wochen verstorbenen Schriftstellers und Übersetzers Jan Ulenbrook (1909-2000). Als Gastgeschenk hatte er ihr einen filigran gearbeiteten Fächer aus Sandelholz mitgebracht.

Gu arbeitete zu jener Zeit an einer Bibliographie von Anthologien chinesischer Lyrik in deutschen Übersetzungen. Ulenbrook hatte eine solche erstmals 1959 unter dem Titel „Der Wind brach einen Blütenzweig" im Holle-Verlag (Baden-Baden) vorgelegt, die ab 1969 in mehreren Auflagen im renommierten Manesse-Verlag (Zürich) herausgegeben wurde. Gus Interesse an diesem Tag war auf die Quellen gerichtet, die Ulenbrook seinen Übersetzungen aus dem Chinesischen zugrunde legte. Als Nachlassverwalter des schriftstellerischen Werkes von Ulenbrook hatte ich einen guten Überblick über seine Hilfsmittel und konnte Gu umfangreiches Material vorlegen. In einem kleinen Notizheft schrieb er mit winzigen chinesischen Schriftzeichen das Wichtige für ihn nieder. Lediglich unterbrochen von einem kleinen Imbiss, den Gu in der Küche aus den mitgebrachten Pak Choi-Gemüse für uns zubereitete, arbeiteten wir den ganzen Tag bis abends. Bevor wir aufbrachen, nahm Gu verschiedene chinesische Blockbücher zur Hand, die Ulenbrook im Laufe der Jahre zusammengetragen hatte. Ich war überrascht und froh zugleich, dass Gu auch die Erscheinungsdaten etwa einer frühen Ausgabe des „I Ging" um 1820 bestimmen konnte oder ermittelte, dass Ulenbrooks Ausgabe des Kangxi-Wörterbuchs in 40 Bänden ein Druck der Kangxi-Ära ist. Eine solche Ausgaben sind selbst in chinesischen Bibliotheken eine Seltenheit und Gu war beglückt, diese Ausgabe in Händen zu halten. Beim Abschied am Bahnhof dankte Gu mir und meinte verwundert, ich sei doch Leiter eines wichtigen Museums in Güstrow und heute hätte ich ihm sehr geholfen. Lachend entgegnete ich: „Heute war ich nur Assistent!", nicht ahnend, dass sich aus dieser ersten Begegnung eine langjährige Freundschaft entwickeln würde.

Im Laufe der Jahre hatte ich eine umfangreiche Sammlung von chinesischen Lyrikausgaben in deutscher Sprache gesammelt. Darunter seltene Stücke, so unter anderem auch das chinesische Liederbuch „Schi-King", der Sage nach von Konfuzius kompiliert, in der Übersetzung von Friedrich Rückert (Altona 1833) oder „Die Lieder des Li Yü (937-978)" in der vollständigen Übertragung von Alfred Hoffmann (Köln 1950). Ich stellte diese gesuchten Ausgaben Gu für seine Arbeit zur Verfügung und war dann sprachlos, als seine Bibliographie 2002 erschien. Ohne Einschränkung kann man diese als opus magnum innerhalb der wissenschaftlichen Veröffentlichungen von Gu bezeichnen, ein umfassendes Grundlagenwerk zu diesem wichtigen rezeptionsgeschichtlichen Aspekt im Kulturaustausch zwischen China und Deutschland. Anlässlich des Erscheinens dieser Bibliographie fand an der Universität Tübingen ein Symposium statt. Gu hatte mich eingeladen, in einem Kreis anerkannter Germanisten und Sinologen über Ulenbrooks Nachlass zu sprechen. Dankbar nahm ich seine Einladung an, hatte ich doch dadurch erstmals die Möglichkeit, öffentlich über Ulenbrooks Leistung als Übersetzer aus dem Chinesischen und Japanischen zu sprechen. Auf dem Symposium wurden interessante und facettenreiche Vorträge gehalten, zumal die Teilnehmer in ihren Beiträgen auch die Leistungen Gus als wichtigen Komparatisten betonten. Seine Dissertation zu Hölderlin und die erste kommentierte Auswahlausgabe von Gedichten des schwäbischen Dichters in chinesischer Sprache verdeutlichen dies. Besonders glücklich war ich über Gus Vermittlung meines Vortrages für die Zeitschrift *Literaturstraße*. Der Beitrag zum Nachlass von Jan Ulenbrook erschien dann 2004. Dankbar für seine Arbeit und unsere Freundschaft stellte ich dem Text die Widmung: „Prof. Dr. Zhengxiang Gu zugeeignet" voran.

Trotz der Entfernung zwischen unseren Wohnorten bei Hamburg und Tübingen blieb der Kontakt stetig und intensiv. Hatte Gu gerade sein umfangreiches Werk zur chinesischen Lyrik beendet, so hatte er sich bereits einem neuen Vorhaben zugewandt: Die Rezeption Goethes in China von den Anfängen ab 1878 bis in die Gegenwart. Auch hier ein auf mehrere Jahre angelegtes Projekt, das nur gelingen konnte aufgrund der persönlichen Disposition des Bearbeiters: Gus Leben ist der Literatur und Literaturwissenschaft Deutschlands und Chinas gewidmet und diese selbstgestellte Lebensaufgabe verfolgt er zielgerichtet ohne Unterlass. Zwar gibt es den Alltag mit seinen Notwendigkeiten und auch Sorgen, jedoch widmet Gu sich mit seltener Disziplin gegen sich selbst, in Bescheidenheit bis hin zur Selbstlosigkeit diesen mitunter mehrjährigen Forschungsprojekten. Gerade bei seinem Goethe-Projekt intensivierte sich unser Kontakt noch einmal: In zahllosen abendlichen Telefonaten klärten wir Fragen der Übersetzung von hunderten Nachweisen, die Gu zu Goethes Rezeption in China in deutschen und chinesischen Bibliotheken und Bibliographien zu Tage gefördert hatte. Das Ergebnis erregte in der Fachwelt einiges Aufsehen. Rezensionen von ausgewiesenen Wissenschaftlern in deutschen, englischsprachigen und chinesischen Fachjournalen erschienen, die Gus Großtat würdigten: „Goethe in chinesischer Übersetzung und Forschung (1878-2008). Eine kommentierte Bibliographie" in Chinesisch und Deutsch im Umfang von 519 Seiten (Peking 2009; Fortsetzung 2016, in Kommission bei Anton Hiersemann Stuttgart).

Gu berichtete in unseren Gesprächen hin und wieder über kleinere Arbeiten, die er neben den großen Projekten fertigstellte. Manches war Randgebieten gewidmet, wie die Übersetzung von Schriften Johann Heinrich Pestalozzis (1746-1827) ins Chinesische. Die inhaltliche Breite von Gus wissenschaftlicher Arbeit lässt sich auch daran erkennen, dass er sich nicht nur mit deutscher Literatur des 19. Jahrhunderts auseinandersetzt. Gu hat mit den Übersetzungen von Gedichten wie im Sammelband „Ich lebe östlich des Ozeans. Chinesische Lyrik im 20. Jahrhundert" (Berlin 1996) und mit dem Auswahlband des Dichters Sang Hengchang (geb. 1941) „Gedichte vom Gelben Fluss" (Hamburg 2005) dazu beigetragen, dass zeitgenössische chinesische Lyrik auch in Deutschland rezipiert werden kann.

Gus Vermittlung zwischen Ost und West war und ist der Fachwelt der Germanisten, Komparatisten und Sinologen in Deutschland und China vertraut und bekannt und von ihr anerkannt. Dass Gu im Jahr 2012 das Bundesverdienstkreuz am Bande von dem damaligen Bundespräsidenten Christian Wulff verliehen wurde, würdigte seine Arbeit von höchster staatlicher Stelle. Gu lud mich zur Verleihung nach Tübingen ein und ich reiste am 24. Januar 2012 von Hamburg aus an. Als Geschenk hatte ich eine Deckeldose mit Bernsteingriff – ein Einzelstück in Raku-Technik – des Töpfermeisters Armin Rieger mitgebracht, um Gu zur Auszeichnung zu gratulieren und ihm meinen besonderen Respekt zu erweisen. In dem historischen Rathaussaal mit originaler Malerei aus dem 16. Jahrhundert hielt Oberbürgermeister Boris Palmer in würdevoller Atmosphäre die Laudatio und überreichte Gu den Orden vor über 30 prominenten Gästen, unter denen Prof. Dr. Horst Sund, der 15 Jahre Rektor der Universität Konstanz und 20 Jahre Beauftragter des Auswärtigen Amtes und des DAAD beim Hochschulkolleg der Tongji-Universität in Shanghai war, Prof. Dr. Heinz-Dieter Assmann, der Vizerektor der Universität Tübingen, Dr. Roger Dettling, Pädagogische Hochschule Luzern, Dr. Karin Moser, Geschäftsführerin des Deutsch-ostasiatischen Wissenschaftsforums u.a. anwesend waren. Auch Prof. Dr. Christian Schwarz-Schilling, Bundesminister a.D., war erschienen, der mit Gu seit vielen Jahren verbunden ist. Im Anschluss an seine Festrede schenkte er Gu seine Doktorarbeit „Der Friede von Shan-Yüan (1005 n. Chr.). Ein Beitrag zur Geschichte der chinesischen Diplomatie" (Wiesbaden 1956) mit persönlicher Widmung. Gu bedankte sich mit einer Rede und der Rezitation von zwei Gedichten, die er eigens für diesen Anlass verfasst hatte. Mit einem gemeinsamen Festessen im Gasthof „Forelle" in der Altstadt von Tübingen klang dieser denkwürdige und für Gu bedeutende Tag seiner öffentlichen Anerkennung aus.

Unsere Reise nach China, wohin uns Gu und seine Frau Huang Zongying im Herbst 2005 eingeladen hatten, ist sicherlich nicht nur ein tiefgreifendes Erlebnis für meine Frau Brigitte und mich geworden. Wir erlebten zudem die Gastfreundschaft von Gu, seiner Frau und ihrer Verwandtschaft in Shanghai, wo wir in einer Wohnung des Schwagers wohnen konnten. Die Eindrücke waren vielfältig und dank der kenntnisreichen Führung von Gu durch Shanghai, die Museen und Tempel kamen wir dem modernen und dem traditionellen China sehr nah und erhielten tiefer gehende Einblicke in die Lebensumstände, wie auf keiner anderen der vorhergehenden Reisen durch Länder Asiens. Gu führte uns in Shanghai auch durch das Museum für den chinesischen Dichter Lu Xun (1881-1936). Ich hatte schon von Lu Xun im Zusammenhang mit der deutschen Bildhauerin Käthe Kollwitz (1867-1945) gehört. Zudem hatte ich die Idee, eine Ausstellung zum 140. Geburtstag der Künstlerin im Ernst-Barlach-Museum Güstrow zu veranstalten. Da die Beziehung zwischen Kollwitz und Lu Xun in der deutschen Kunstgeschichte weitgehend noch unerforscht war, stellte ich das Ausstellungsprojekt unter dieses Thema. Deshalb war der Besuch seines Museums in Shanghai so wichtig für mich, wie zuvor der Besuch des Lu-Xun-Hauses in Peking. Kurz vor seinem Tod hat Lu Xun 1936 eine Mappe mit Abbildungen von Radierungen und Lithographien von Käthe Kollwitz veröffentlicht und kurze Texte zu den einzelnen Werken verfasst. Diese waren noch nie vollständig ins Deutsche übertragen worden. Ich fragte Gu, ob er die Übersetzung der Texte vornehmen wolle, denn Lu-Xuns Kollwitz-Mappe sollte das Kernstück des Ausstellungskataloges werden. Gu fertigte die Übersetzungen an und hat während seines Aufenthaltes in Shanghai im Lu Xun-Museum noch wichtige Dokumente gefunden und fotografiert, die ich in meinem Beitrag zum Katalog zu „Lu Xun – Käthe Kollwitz" verwendet habe. Ohne Gus Recherche und Übersetzungsleistung wäre es nicht möglich gewesen, Lu Xuns Texte erstmals vollständig an das deutsche Publikum zu vermitteln. Es war eine große Freude, als wir uns bei der Ausstellungseröffnung am 24. November 2007 im Ernst-Barlach-Museum in Güstrow wiedersahen und die Früchte unserer gemeinsamen Arbeit der interessierten Öffentlichkeit vorstellen konnten. Exemplare des Kataloges zu Lu Xun und Käthe Kollwitz befinden sich heute u. a. auch im Lu-Xun-Museum in Shanghai sowie in der dortigen Stadtbibliothek und sind somit Ausdruck unserer Zusammenarbeit. Dieser Katalog hat auch weitere Wirkung gezeigt, denn für eine Studentin an der Universität Tokio wurde er zu einer wichtigen Quelle, mit der sie an ihrer Dissertation über Lu Xun und seinem Engagement für Käthe Kollwitz und den künstlerischen Holzschnitt im modernen China arbeiten konnte.

Immer wieder waren es auch die Arbeiten von Jan Ulenbrook, die Gu und mich in all den Jahren unserer Freundschaft zusammenführten. So konnte ich z.B. etliche Veröffentlichungen von Ulenbrook bei der Neugründung des Yang-Wuneng-Archivs in der Bibliothek der Stadt Chongqing im Oktober 2015 beisteuern, darunter die deutschen Erstausgaben seiner Übersetzungen chinesischer Gedichte von 1959 und des „Daodejing" von Laozi (Bremen 1960). Gerade diese Übersetzung des chinesischen Klassikers von Ulenbrook wurde breit rezipiert und auch vom Philosophen Martin Heidegger (1889–1976) immer wieder benutzt und mehrfach zitiert. Und auch Gu selbst setzte sich in verschiedenen Kontexten mit den Übersetzungen Jan Ulenbrooks auseinander, so in der umfassenden Einleitung seiner zweisprachigen Bibliographie „Anthologien mit chinesischen Dichtungen in deutschen Übersetzungen" (Stuttgart 2002), aber auch bei seiner Arbeit an dem nationalen Forschungsprojekt Chinesische Literatur im deutschsprachigen Raum seit 100 Jahren. Eine Bibliographie an der Universität Suzhou. Auch gab mir Gu manchen klugen Rat, wenn es um den Umgang und die Pflege von Ulenbrooks Nachlass ging.

Es gäbe noch etliches zu schildern, ich möchte jedoch nur einige Mosaiksteine unserer Freundschaft mit Gu benennen, die als eine Art von Wegmarken uns über die Jahre hinweg begleiteten. Durch die Vermittlung von Gu besuchten wir während unserer China-Reise 2005 in Shanghai auch das Atelier des Malers Li (geb. 1917), der uns einige seiner Tuschmalereien zeigte. Uns schwebte etwas in der traditionellen chinesischen Malerei vor, nicht nur in der künstlerischen Technik, sondern auch vom Motiv her, etwa eine Landschaft in der Art des Malers Dai Jin (1388-1462). Besonders faszinierten uns die pittoresken Berge des Huang Shan, die wir auf unserer Reise bestiegen hatten. Ich kramte ein wenig in beiseitegestellten Arbeiten Lis und entdeckte in der Tat ein Landschaftsgemälde mit Flusslauf, Berge im Nebel und einem versteckten Dorf auf dem Gipfel. Zudem trug das Gemälde eine Aufschrift, die Gu später als ein berühmtes Gedicht von Li Bai (701-762) identifizierte:

Aufbruch in der Frühe aus der Stadt des Weißen Kaisers

Früh nahmen wir Abschied, da noch die Stadt in rosigen Wolken lag,
die tausend Meilen nach Jiangling zu fahren an einem einzigen Tag!
Von beiden Ufern klang unaufhörlich der Affen grell schriller Schrei –
das leichte Schiff – bereits an tausenden Gipfeln glitt es vorbei!
(Übersetzung von Volker Klöpsch)

Dieses Werk in Tusche des Malers Li hat einen besonderen Platz in unserem Haus erhalten. Es zu betrachten und das Gedicht zu lesen, ist eine nie versiegende Quelle der Freude. Zudem ist das Gemälde für uns auch ein persönliches Zeugnis tiefer Freundschaft mit Gu und seiner Frau Zongying. Es spiegelt zum einen die Vergänglichkeit aller Erscheinungen wieder; zugleich erinnert es uns an Gus Lebenswerk. In seinen umfangreichen Schriften – ob auf Deutsch oder Chinesisch oder als zweisprachige Ausgaben erschienen –, konkretisiert sich seine Arbeitsleistung, deren Ethik sich nur der Wahrhaftigkeit wissenschaftlicher Forschung verpflichtet fühlt. In einem Gespräch mit

Chen Hongyan im Jahr 2016 erklärt Gu seine persönliche Lebensregel: Maxime seiner Arbeit sei es, neue Ergebnisse nicht nur für die wissenschaftliche Gemeinschaft, sondern auch der interessierten Leserschaft vorzulegen: „Das ist meine Auffassung, mein Ideal." Gu hat sein Leben als Germanist und Sinologe der Komparatistik gewidmet, also dem Kulturvergleich zwischen Ost und West, den er jedoch zugleich als Kulturaustausch und Verständigung zwischen den Kulturen versteht. Seinen überzeugendsten Ausdruck findet Gus Lebensaufgabe für mich in seiner monumentalen Goethe-Bibliographie, und so möge ein Gedicht Goethes als ein Gruß von West nach Ost und an Prof. Dr. Zhengxiang Gu hier am Ende stehen:

Gingo Biloba

Dieses Baums Blatt, der von Osten
Meinem Garten anvertraut,
Gibt geheimen Sinn zu kosten,
Wie's den Wissenden erbaut.

Ist es ein lebendig Wesen,
Das sich in sich selbst getrennt?
Sind es zwei, die sich erlesen,
Dass man sie als eines kennt?

Solche Frage zu erwidern,
Fand ich wohl den rechten Sinn;
Fühlst du nicht an meinen Liedern,
Dass ich eins und doppelt bin?

Geographisch liegen die beiden Wohnorte Tübingen und Hamburg so fern voneinander, geistlich stehen wir einander aber so nah. Zudem haben Gu als Literaturwissenschaftler und ich als Kunsthistoriker unterschiedliche Fach- und Interessengebiete, dennoch besteht zwischen uns beiden und unseren beiden Familien stets eine lebhafte Kommunikation, telefonisch, brieflich und gedanklich. Jedes Mal, wenn wir zu einem Gespräch kommen, haben wir so viel Gemeinsames zu besprechen, niemals aber die Zeit, über belanglose Dinge zu plaudern. So sind Gus Arbeit, seine Projekte und seine Veröffentlichungen, aber auch grundlegende Fragen des Lebensverhaltens und des Menschseins häufig die Themen unserer Gespräche. Rückblickend habe ich erkannt: was uns über die Jahre hinweg verbindet, ist nichts anderes als das gegenseitige Vertrauen, der gegenseitige Respekt, der gegenseitige Ansporn, die gegenseitige Fürsorge und die

Zuverlässigkeit, mit einem Wort: die geistige Verwandtschaft. Das ist die unerschütterte Grundlage und der wahre Wert unserer Freundschaft.

与巴拉赫博物馆馆长普罗佩斯特博士合影

（译文）

顾正祥教授：往还东西方的行者

——记一段知己历程

福尔克尔·普罗佩斯特

2000年11月13日，那是一个秋朗气清的日子，我去位于内卡河畔的Eberbach火车站接顾正祥教授，然后开车一同前往附近的小村Allemühl。他在那里拜会了Theres Meier女士，也就是几周前刚刚弃世的作家兼翻译家Jan Ulenbrook（1909-2000）的遗孀。顾带去一把细工雕成的檀木香扇作为客礼。

那时，顾正在编撰一部关于中国诗德语翻译诗选的书目。Ulenbrook翻译过一本这类诗选，题为《风折花枝》，最早于1959年在Holle出版社（巴登-巴登）面世，从1969年起，又在闻名遐迩的Manesse出版社（苏黎世）多次再版。顾当天造访的旨趣在于弄清楚Ulenbrook所译中国诗的出处。作为Ulenbrook的遗著管理人，笔者十分熟悉译者参阅过的辅助性书刊，故而能为顾提供大量材料。在一个小笔记本里，顾用密密麻麻的汉字一一写下对他重要的信息。那一日，我们一直工作到很晚，其间唯一的中断仅仅是一次简单的进食。顾在厨房里为我们炒了一盆他带来的小白菜。在我们正要动身的时候，顾把Ulenbrook毕生搜集的各种中国线装本拿在手上。令我又惊又喜的是，顾居然还能确认一个早在1820年前后出版的《易经》译本，并且核实出Ulenbrook的《康熙字典》版本（全40册）的出版时间为康熙皇朝的1710-1716年间。如此稀世珍本就连在中国的图书馆也难得一见，顾此刻能把其中一本捧在手上，欣喜之情溢于言表。在火车站道别时，顾向我道谢，令顾惊异的是，居斯特特罗市（Güstrow）一家重要博物馆馆长的我，竟为他提供了如此悉心的帮助。我笑答道："我今天只是个助理而已！"想不到这初次的晤面竟生发出了一段多年的友情。

时光荏苒，多年来我收集了一批中国诗的德语译本，其中不乏稀有本。如由弗里德里希·吕克特翻译的中国诗歌集《诗经》（相传为孔子所编）（Altona，1833年），亦或由阿尔弗雷德·霍夫曼翻译的《李煜（937-978）诗词》全集版本（科隆，1950年）。我将这些让人梦寐以求的版本提供给顾以作研究之用。2002年，当其书目发表之时，我简直瞠目结舌了。无容置疑，此乃顾整个学术著作中的鸿篇巨制，是中德文化交流接受史中一部包罗万象的奠基之作。值此书目发表之际，一场学术研讨会在图宾根大学举行。顾邀请我为与会的知名日耳曼学者和汉学家谈一谈Ulenbrook的遗著问题。我非常感激地应邀出席，从而有机会首次公开谈到Ulenbrook在翻译汉语和日语作品方面的功绩。此次研讨会上的研究报告引人入胜、异彩纷呈，尤其是参会人员在各自文章中同样强调了顾作为一名重要的比较文学学者所做的贡献。他有关荷尔德林的博士论文和第一部关于这位施瓦本诗人作品的汉译注疏本即是明证。尤其幸运的是，笔者的报告经顾的推荐登上了《文学之路》期刊（*Literaturstraße*）。关于Ulenbrook遗著的拙作后来发表于2004年。为感念顾的工作和我们的友情，我在拙作之前写下"献给顾正祥教授"的题词。

虽然我们二人遥居汉堡和图宾根两地，却始终保持着密切的往来。顾马不停蹄，上述中国诗的巨著刚收尾，便又投入另一个新的研究计划：歌德从1878年起至当代在中国的接受。这同样是一个旷日持久的项目，也只有靠编写者个人的单打独拼方可完成：顾把毕生献给了德国文学和文学研究，他沿着这个自己设定的人生目标奋进，永不止步。尽管有时会迫于生活，也少不了忧烦，但是顾以常人鲜能企及的自律、谦逊和无我精神投身到这历时数载的科研项目中。正是他的歌德项目又一次让我们的联系变得更加频繁：白日里，顾在中德各家图书馆以及书目中孜孜发掘出上百份证明文件；到了晚上我们便通过无数次通话把这些文件的翻译问题讨论清楚。这项研究成果在学界引起了不小轰动，德高望重的学者纷纷在德语、英语和中文期刊上撰写书评，盛赞顾的惊人巨著：《歌德汉译与研究总目（1878–2008）》德汉双语种辞书，共519页（北京，2009年；《续编》，2016年，均由斯图加特的Hiersemann出版社代销）。

在我们的交谈中，顾不止一次地提到了他在大项目期间同步完成的若干小一些的工作，有些属于他的边缘领域，例如他把约翰·海因里希·裴斯泰洛齐（1746-1827年）的文字翻译成了汉语。顾学术研究所涉猎的内容之广让我们认识到，他并非仅仅从事19世纪德国文学的研究。顾通过翻译诗集《我住大洋东——20世纪中国诗选》（*Ich lebe östlich des Ozeans: Chinesische Lyrik des 20. Jahrhunderts*，柏林，1996年）以及诗人桑恒昌（1941– ）的选集《来自黄河的诗》（*Gedichte vom Gelben Fluss*）（汉堡，2005年）等让当代中国诗歌为德国读者所接受。

顾在中西方之间的融通早已为中德两国日耳曼学者、比较文学家和汉学家组成的学术界所熟知和认可。顾在2012年获得当时联邦总统克里斯蒂安·伍尔夫授予的"德意志联邦共和国十字勋章"，其学术工作受到了国家的最高级表彰。顾邀请我到图宾根参加授勋仪式。我应邀于2012年1月24日从汉堡去那里。为祝贺顾荣膺奖章并表达我由衷的敬意，我送给他一个带琥珀手柄的带盖陶罐——这是一个乐烧技艺的孤品，出自陶艺大师Armin Rieger之手。在拥有16世纪绘画真迹的古老市政厅礼堂，市长Boris Palmer先生在无比庄严的气氛下致颁奖辞并把勋章递交到顾的手中。出席此次活动的有30余位德高望重的嘉宾，其中包括曾担任康斯坦茨大学校长15年之久、并担任外交部及德意志学术交流中心（DAAD）驻上海同济大学中德学院德方代表达20年之久的宋德教授（Prof. Dr. Horst Sund）；图宾根大学副校长Heinz-Dieter Assmann教授；卢塞恩教育大学戴特灵博士（Dr. Roger Detting）以及德国—东亚学术论坛业务负责人Karin Moser博士等。就连曾任联邦德国邮电部长的施瓦茨·谢林（Prof. Dr. Christian Schwarz-Schilling）也到场祝贺，此君与顾已有多年的交情了。他在发言后把自己亲笔签名的博士论文《澶渊之盟（1005年）——中国外交史研究》赠予顾。顾发言表示感谢并朗诵了自己专为授奖而作的两首诗。最后大家在图宾根老城的"鳟鱼客栈"共进晚餐，这个值得顾纪念的、因获得公众认可而意义非凡的一天才渐近尾声。

2005年秋，我们应顾先生及其夫人黄宗英女士之邀而成行的中国之旅，对我和夫人Brigitte而言绝非单单是一次深刻的旅历，我们还体验到顾夫妇以及他们在上海的亲戚的热情款待，在那里我们甚至住进了顾内弟的一处住所。我们此程可谓印象纷繁。多亏了顾详尽的陪同解说,我们游历了上海的市内景观、博物馆和寺庙,亲身领略了中国的现代和传统,并瞥见了当地的风土人情。这是此前我们在任何亚洲国家旅行都不曾感受到的。在上海顾还带我们参观了为中国作家鲁迅(1881–1936)修建的博物馆。鲁迅其人我早在研究德国女雕刻家凯绥·珂勒惠支(Käthe Kollwitz,1867–1945)时已有耳闻。更何况我早就打算在这位女艺术家140周年诞辰之际在位于居斯特罗(Güstrow)的Ernst Barlach博物馆中举办一次展览。由于珂勒惠支和鲁迅的关系研究在德国艺术史上迄未涉猎,我就把它作为这次展览的题目。所以,此番在上海参观鲁迅博物馆,跟我之前在北京参观鲁迅故居一样重要。1936年,鲁迅先生在逝世前不久发表了一本关于Käthe Kollwitz的册子,内含Kollwitz蚀刻与光刻作品的影印件以及对每项作品的简短介绍。这些文字还从未被完整地翻译成德语。我问顾是否愿意来翻译这些文章,因为鲁迅的Kollwitz册子应该作为展览目录的核心。顾不但完成了译文,而且还在逗留上海期间在鲁迅博物馆内找到了其他重要资料并进行了拍照留存。我后来就把这些资料用在鲁迅—凯绥·珂勒惠支的目录中了。倘若没有顾的调查研究和翻译成绩,我们恐怕不能将鲁迅的文字首次全面地介绍给德国公众。2007年11月24日,当我们二人在居斯特罗(Güstrow)的Ernst Barlach博物馆展览会开幕式上重逢,并能够把我们共同的劳动果实介绍给感兴趣的德国公众时,我们真是高兴极了。今天,鲁迅—凯绥·珂勒惠支的目录册在上海鲁迅博物馆以及上海市图书馆也可见到,这便是我与顾二人合作的结晶。此外,该目录还起到了更为深远的作用,因为它成了东京大学一位女大学生一项重要的资料来源,她正在撰写关于鲁迅与凯绥·珂勒惠支及现代中国艺术版画的博士论文。

这么多年来,还有Ulenbrook的出版物也屡屡让我们走到一起。比如2015年10月,我有幸在重庆图书馆"杨武能译著文献馆"开馆之际,把Ulenbrook的若干作品捐赠入馆,其中有他的德译本初版中国诗(1959年)以及老子《道德经》的德译本(不来梅,1960年)。Ulenbrook翻译的这些中国古典作品已被广泛接受并被哲学家马丁·海德格尔(1889–1976)一再使用并多次引用。顾本人也在不同场合阐释过Ulenbrook的译文,一如他的德汉双语种辞书《中国诗德语翻译总目》(斯图加特,2002年版)的长篇序言,又如他所主持的苏州大学国家社科基金重大项目"百年来中国文学海外传播研究"(德语文献卷)。顾还就如何对待和维护Ulenbrook遗著问题给过我不少睿智的建议。

还有若干值得书写的事情,我却只想列举几次碎片式的经历,权当作为我与顾这些年来友谊大道上的指向标。2005年在中国旅行时,经顾的引荐,我们在上海还参观了画家李先生(1917–)的画室,他向我们展示了他的几幅水墨画。一番关于中国传统绘画的景象浮现在我们眼前,这并非仅仅因为画师的技艺,还在于画作的题材,那仿佛是一种画家戴进(1388–1462)笔下的画境。尤其吸引我们的是那座我们旅途中攀登过的、如诗如画的黄山。我扫视了一下李靠边挂着的几幅画作,发现有一幅山水画,画中是云雾缭绕的山峦、河流,还有峰头那若隐若现的村落,画上还有段题字。顾后来鉴别出这是李白(701–762)的一首名诗:

早发白帝城

朝辞白帝彩云间，

千里江陵一日还。

两岸猿声啼不住，

轻舟已过万重山。

    画家李的这幅水墨作品被摆在我家一个特别显要的位置。我每每去看此画读此诗无不畅怀，它真是一个永不干涸的快乐源泉。此外，这幅画对我和夫人还意味着同顾夫妇二人深刻友情的亲密见证。它一方面映射出岁月不居，物换星移；另一方面它让我们想起顾的毕生功业。他的功绩在其鸿篇巨制中——不论是以德语还是汉语，抑或是德汉双语出版的作品——得到了具体的展现。顾取得的任何成绩从来不靠弄虚作假，在他心里有一杆秤：勤勤恳恳做人，老老实实做学问。2016年，顾在一次同陈虹嫣女士进行的交谈中表明了自己的处世原则：他工作的准绳是，最新的学术成果不仅要与业内学术同行分享，还要尽可能地呈给各方感兴趣的读者群。他说："这是我的主张，我的理念。"作为日耳曼学者、汉学家兼比较文学家，顾一生兢兢业业，致力于东西方文化比较，以此促进跨文化交流以及国与国之间的理解。在我看来，顾的毕生事业在其纪念碑式的歌德书目中得到了最有说服力的体现。因此，我想引用歌德的下面这首诗，当作由西方送往东方的一声问候，以此向顾正祥教授致意：

银杏

这样叶子的树从东方

移植在我的花园里，

叶子的奥义让人品尝，

它给知情者以启示。

它可是一个有生的物体

在自身内分为两个？

它可是两个合在一起，

人们把它看成一个？

回答这样的问题，

我得到真正的涵义；

你不觉得在我的歌里，

我是我也是我和你？

（冯至译）

　　图宾根与汉堡两地云山远隔，在精神上我们却如此地贴近。作为文学学术研究者的顾与作为艺术史工作者的我有着截然不同的专业与兴趣领域，而这并不妨碍我们双方一直以来的通家之好，无论是在电话联系，还是书信往来，亦或是思想交流上。每当我们交谈的时候，总有讲不完的共同话题，却真的还不曾有时间漫无边际地闲扯。我们的话题往往是顾的工作情况、项目运作以及作品发表，但是也会时常聊到如何为人处世的根本性问题。蓦然回首，我发现这么多年来把我们紧紧联系在一起的，不外乎相互间的信任与尊重，彼此间的激励与关怀以及信赖，总之一句话：这是一种思想上的亲缘。它是我们友情不可动摇的基础和真正的价值所在。

（娄西利 译）

来自德国政府的最高荣誉
——"德意志联邦共和国十字勋章"

巴登－符腾堡州州长温弗里德·克雷奇曼的贺信

Der Ministerpräsident des Landes Baden-Württemberg

（原文）

Sehr geehrter Herr Professor Gu,

Sie haben sich in vielfältiger Weise für die Mitbürgerinnen und Mitbürger eingesetzt und sich um das Gemeinwohl verdient gemacht. Ich habe deshalb dem Herrn Bundespräsidenten vorgeschlagen, Ihnen den Dank des Staates für Ihr herausragendes Engagement mit der Verleihung des Verdienstordens der Bundesrepublik Deutschland zum Ausdruck zu bringen.

Ich freue mich sehr, Ihnen mitteilen zu können, dass der Herr Bundespräsident Ihnen das Verdienstkreuz am Bande des Verdienstordens der Bundesrepublik Deutschland verliehen hat. Ihre herausragenden Leistungen für das Gemeinwesen haben damit die verdiente öffentliche Anerkennung gefunden.

Zu dieser hohen Auszeichnung gratuliere ich Ihnen ganz herzlich. Gleichzeitig danke ich Ihnen für Ihre großartigen Verdienste um unser Land und seine Menschen.

Wegen der Überreichung des Ordens erhalten Sie gesondert Nachricht. Fragen dazu dürfen Sie gerne an mein Protokoll, Herrn Holz oder Frau Hagenmeyer (Tel.: 0711/2153-236, -364), richten.

Mit den besten Wünschen grüße ich Sie herzlich

Winfried Kretschmann
22. November 2011

（译文）

十分尊敬的顾教授，

您以多种方式致力于全体国民的公共福利并做出了成绩。我因此向总统先生提议，授予您"德意志联邦共和国十字勋章"，以表达国家对你的谢意。

我十分高兴能够通知您，总统先生已同意授予您"德意志联邦共和国十字勋章"。以此表明，您为大众事业所作出的杰出成绩赢得了社会的公认。

我最衷心地祝贺您获此殊荣。同时，我感谢您为我们的国家和它的人民所作出的伟大贡献。

勋章递交之事宜将另行通知。与此相关的问题请与我办公室的霍尔茨先生或哈根迈尔女士联系（电话：0711/2153-236，−364）

顺致

最良好的祝愿和衷心的问候

温弗里德·克雷奇曼，国会议员

2011年11月22日

（顾正祥 译）

508

巴登－符腾堡州科学、研究和艺术部部长特蕾西亚·鲍尔的贺信

Ministerium für Wissenschaft, Forschung und Kunst Baden-Württemberg

Die Ministerin

（原文）

Sehr geehrter Herr Prof. Gu,

Herr Bundespräsident Christian Wulff hat einem Vorschlag von Herrn Ministerpräsident Winfried Kretschmann entsprochen und hat Ihnen das Verdienstkreuz am Bande des Verdienstordens der Bundesrepublik Deutschland verliehen.

Ich gratuliere Ihnen ganz herzlich zu dieser hohen Auszeichnung, mit der Ihre herausragenden Leistungen die verdiente Anerkennung finden.

Mit freundlichen Grüßen

Theresia Bauer MdL

14. Dezember 2011

（译文）

十分尊敬的顾教授，

　　总统伍尔夫先生批准了州长温弗里德·克雷奇曼先生的建议，授予您"德意志联邦共和国十字勋章"。

　　我最衷心地祝贺您获此殊荣，您的杰出成就也因此而获得了社会的公认。

　　此致

敬礼!

特蕾西亚·鲍尔，州议会议员

2011年12月14日

（顾正祥 译）

筆走東西

德国国会议员、议会国务秘书安内特·维特曼－毛茨的贺信

Mitglied des Deutschen Bundestages

Parlamentarische Staatssekretärin

（原文）

Sehr geehrter Herr Professor Gu,

Ihnen wurde das Verdienstkreuz am Bande des Verdienstordens der Bundesrepublik Deutschland verliehen. Zu dieser hohen Auszeichnung möchte ich Ihnen auf diesem Weg recht herzlich gratulieren. Sehr gerne wäre ich persönlich zu der Verleihung erschienen. Doch leider ist mir dies aufgrund der Sitzungswoche im Deutschen Bundestag, die meine Präsenz in Berlin erforderlich macht, nicht möglich.

Mit Ihrem Engagement in Lehre und Forschung in der Fremdsprache Chinesisch leisten Sie einen großen Beitrag zur Völkerverständigung zwischen Deutschland und China. Durch Ihre zahlreichen Übersetzungen von Werken mit hohem kulturellen Wert und der unzähligen Literatur haben Sie den Zugang zu beiden Kulturen weiter geöffnet.

Ihr Einsatz auch für deutsche Firmen, die auf dem chinesischen Markt Fuß fassen wollen, und die damit verbundenen Übersetzungen für chinesische Mitarbeiter oder Kunden tragen dabei auch zum wirtschaftlichen Erfolg Deutschlands auf dem chinesischen Markt bei.

Neben dieser Vielfalt bringen Sie den Studierenden an der Universität Stuttgart auch das Handwerkszeug für hochwertige Übersetzungen bei. Dafür spreche ich Ihnen meine Anerkennung aus.

Für die Zukunft wünsche ich Ihnen weiterhin alles Gute, Schaffenskraft und viel Erfolg.

Mit freundlichen Grüßen

Ihre Annette Widmann-Mauz MdB
13.01.2012

510

（译文）

十分尊敬的顾教授，

您被授予"德意志联邦共和国十字勋章"，我衷心地祝贺您获此殊荣。我本人很想参加授勋仪式。无奈适逢国会的会议周要求我到会而无法脱身。

您在汉语这个外语领域的教学和研究为增进德中两国人民之间的了解作出了一份巨大的贡献。您以大量具有很高文化水准的作品和无数学术文献的翻译，进一步打开了通向两国文化的大门。

您的投入也有助于想在中国市场站稳脚跟、并为中国同事和商户提供相关翻译的德国公司在中国市场取得经济成就。

除了这许多方面，您还在斯图加特大学手把手地教授学生如何达到高水平的翻译。我对此深表感佩。

我预祝您前程锦秀，精力旺盛，成就巨大。

此致
敬礼！

安内特·维特曼-毛茨，国会议员
2012年1月13日

（顾正祥 译）

巴登-符腾堡州州议会议员丹尼尔·雷德·阿巴尔的贺信

Mitglied des Landtags von Baden-Wüttemberg

（原文）

Sehr geehrter Herr Professor Gu,

ich möchte Ihnen hiermit ganz herzlich zum Erhalt des Verdienstordens der Bundesrepublik Deutschland gratulieren. Leider konnte ich bei der Feierstunde im Rathaus aus terminlichen Gründen nicht dabei sein. Dennoch freut es mich sehr, dass Sie als Tübinger Mitbürger mit ausländischen Wurzeln diese hohe Auszeichnung in Empfang nehmen dürften.

Ich hoffe, Sie hatten einen schönen Nachmittag und erfreuen sich noch lange an Orden und Urkunde.

Mit freundlichem Gruß

Daniel Lede Abal
Datum 30.01.2012

（译文）

十分尊敬的顾教授，

　　就您荣获"德意志联邦共和国十字勋章"一事，我谨向您表示最衷心的祝贺。可惜我因别的活动没能来市政厅参加这隆重的纪念会。然而，您作为图宾根市一名原外国籍的公民有幸获此殊荣，仍令我欣喜不已。

　　我希望，您那天度过了一个美好的下午，并为所获得的勋章和颁发的证书感到高兴。

　　此致

敬礼！

丹尼尔·雷德·阿巴尔

2012年1月30日

（顾正祥 译）

难忘的回忆

——"德意志联邦共和国十字勋章"授勋典礼纪实

顾正祥

举办地点：

图宾根市政厅最古老也是最庄重最典雅的大厅，通常是市长接待贵宾的场所。四壁四百多年前的彩绘画，不断诉说世事沧桑。为了保护古迹，连扩音器等现代设备都不准安装。也不摆座椅。发言者都得站着说，来宾们也得站着听。靠壁两只沙发，也是临时安放的，供高龄贵宾歇歇脚。

会议安排：

1. 市长致贺词（摘要）

"他的"工作方式：

- 始终以近乎超人的勤奋和热忱献身于他的项目。

- 调查研究和工作笔记显示出一位老式学者一丝不苟和孜孜不倦的创作潜能。

- 笔记本中手抄的资料，有中文也有德文，全是蝇头小字，然后再将手抄的这一切输入电脑。

- 工作高度精确，精确到最精微的细节，条例清晰，内容连贯。他潜心搜索查找，直到他感觉已竭尽全力，再无潜力可挖。中文标题翻译成德语，他本人虽精通此语，每字每句却常常思考再三，并向他的德国朋友讨教，与他们一起斟酌（如在完成巴符州的中国友协和德国东亚学术论坛的项目时）。

- 值得叹服的是他学术工作的坚持不懈，不知疲倦和工作的干劲。

- 一丝不苟，直至最后一道工序，包括他出书时的页面设计、排版和细心的清样校对。

- 令人钦佩和感动的是，他对所有朋友和支持他项目的人，都以诚相待和知恩图报。

- 在他出版的著作里总是指名道姓地鸣谢，这种感激维系着一种紧密、持久和真正的友谊。

- 这是一位全身心地投入的学者，为了实现他的目标，不惜付出任何代价，即便为此会遇上种种困难和阻力，诸如别人的违约和意想不到的经济损失。

- 这是个要作出无数牺牲的目标，每次都只有一些微乎其微的资助，处身于近乎斯巴达式的生活和工作状况之中（例如他在项目资助的申请中只能把资助额降到最低限度）。

- 谦谦君子，善解人意，乐意助人（特别对朋友），对于为他做了点事的人总是感恩戴德。

- 始终不懈地致力于中德两国间的文学、文化和人与人之间的沟通和了解。

基于这些功绩，在2008年12月的申请中，图宾根市大学城坚决支持向教授及哲学博士顾正祥授

予德意志联邦共和国十字勋章。（摘自图宾根市市长帕尔默先生于2012年1月24日在图宾根市政厅授勋典礼上的贺词）

2. 顾正祥致答谢词，朗诵答谢诗两首(《喊一声图宾根》和《别喊我"老外"》)，赠近著两种[《中国诗德语翻译总目》（斯图加特，2002年）和《歌德汉译与研究总目（1878-2008）》，北京，2009年]，在扉页上题词（德汉对照）：满怀感激馈赠大学城图宾根。答谢词（带签字），答谢诗和赠书三种，已按市长指示交图宾根市档案馆登记收藏。

3. 库勒曼教授（Prof. Dr. Gerhard Kuhlemann）报名发言，补充介绍顾正祥不但译介歌德和荷尔德林等，还从事裴斯泰洛齐的翻译和研究。

4. 原联邦德国邮电部长、驻欧共体特派代表施瓦茨－谢林教授（Prof. Dr. Christian Schwarz-Schilling）报名发言，赠送他完成于1956年、发表于1959年的博士论文。

关于来宾：

来宾名单按我本人的意愿确定，而以市政府的名义发出。人选的标准是除亲属外，皆是有恩于我的各界师长、学友或同事。在这特定时刻，我惦念他们，其中有北德海港城市汉堡、坐飞机来的艺术史专家普罗珀斯特博士（Dr. Volker Probst），行前还专程驱车去郊外，选购民间传统特色手工产品——墨绿彩陶，罐头盖子上有米黄色琥珀把手，其色其状颇似我国的龙泉裂瓷；有耄耋之年柱着拐杖由夫人驱车从南国博登湖畔康斯坦茨市来的中国友协名誉主席宋德教授（Prof. Dr. Horst Sund，曾担任康斯坦茨大学校长长达十五年之久，又是同济大学中德学院的德方创始人，同济今有以他命名的大厅"宋德厅"。曾获中国国务院外国专家友谊奖，上海市政府白玉兰奖）；有德高望重的前联邦政府邮电通讯部长兼汉学家，同样八十多高龄的施瓦茨·谢林博士（Dr. Christian Schwarz-Schilling），甚至还有从瑞士卢塞恩师范大学驱车赶来的"学校为儿童"基金会主席Roger Dettling先生。当然还有授勋的提议人之一，图宾根大学副校长、法学教授阿斯曼博士（Prof. Dr. Heinz-Dieter Assmann）和我十八年前的博士生导师、图宾根大学比较文学专家Jürgen Wertheimer教授。他们被邀请并不是因为他们地位的显赫，而是因为他们多年来对我的扶持。我特别感激的是"德国东亚学术论坛"负责人莫泽尔女士（Dr. Karin Moser von Filseck），她为人宽厚，心底坦荡，她总是无私而默默地支持我，自己却从不抛头露面。在出席授勋会的来宾中，也有不厌其烦、不计报酬为我排除电脑故障的公司人员和住在我同一幢大楼的一位普通邻居。年复一年，不管地域远近，专业各异，他们纷纷伸出友谊之手。在我迷惘时，他们是为我指点迷津的良师，理解我，信任我，鼓励我，从而成了我亲如手足的挚友。授勋仪式结束后，由"德国东亚学术论坛"出资举办招待会，在鳟鱼酒楼（Weinstube Forelle）举杯同庆。由于经费限制，还有好多友人没能邀请，留下了一点点小小的遗憾。

个人感受：

忝获德意志联邦共和国的最高荣誉，跻身这德高望重的前辈和学兄们的荣誉榜，不由得诚惶诚恐。借此机会，谨向关心我的读者朋友汇报一下自己获勋后的想法和感受。

我曾立下少年志，不求富贵求出息。但何谓出息，概念很模糊，只知道不能虚度此生。上小学时，语文老师常把我的作文念给全班听，唤起了我对文学的初恋。并立志献身于文学事业。仅此一条，也许算是如愿以偿吧，但我从没有觉得自己了不起。《中国诗德语翻译总目》和《歌德汉译与研究总目（1878–2008）》两拙著，竟出人意料地在德国汉学界和中国日耳曼学界"一石激起千层浪"。德国的大汉学家德博、顾彬、比克、魏汉茂和中国的德语界权威杨武能、袁志英、叶隽等，不约而同地称拙著为"惊人之作"，都对拙著"感激和惊异"。虽都挑了不少"刺"，却都是一些高得不能再高的评价。至于德国总统颁发的"德意志联邦共和国十字勋章"，更是对笔者的最高奖赏。在图宾根市政厅的授勋仪式上，图宾根市市长帕尔默先生致"贺词"，还盛赞笔者"斯巴达式"的刻苦精神和对中德文化交流的贡献。谢谢德国政府和各位中外专家对不才的谬奖！谢谢他们在我身上挖掘了那么多连我自己都没意识到的"优点"！谢谢学界前辈对不才的启迪，所提供的铺垫和积累！谢谢美惠女神对不才命运的眷顾，既让我清贫如洗，又让我赢得尊敬和爱！

一个用非所学、当年被分配到深山老岭当中小学教员的我，一个在人生途中常常要鼓足勇气、跨过一个个门槛的我，一个靠了邓小平改革开放政策才鲤鱼跳龙门似地进入高教队伍、才跨出国门并登上中外学术殿堂的我，时时处处，待人处世一向低调。获勋后，我并没有忘乎所以飘飘然，甚至不敢声张，只小心翼翼地透露给国内的一二个朋友分享。朋友们却认为这是"实至名归"。消息也不胫而走，还上了《文汇报》。这些年，常应邀到国内高校作学术报告、参与苏大文学院和上外德语系和西南交大的国家社科基金重大项目、荣任同济大学客座特聘教授。面对莘莘学子，倾吐肺腑之言：人生面临两大课题，一是如何做学问，二是如何做人。争取无愧于中华民族的古老文明，争取无愧于先贤遗训。

获勋后的另一种感受是幸福。幸福的根源并不纯粹来源于荣誉本身，也不是由此而来的赞语，而是因为我这辈子有幸追随先贤遗志，成了德中两国、乃至欧亚两大洲的文化使者，有幸把此生献给了缪斯。"扬子江畔家国情怀梦牵魂绕，欧邦异域忘情学海笔耕不辍：我的选择，我的追求"（笔者言志铭）。这些年虽说自己是如此地含辛茹苦，这般地默默耕耘，仍觉得自己很幸运。幸运的程度恐怕超过了歌德译介的拓荒者、歌德名作《少年维特的烦恼》和《浮士德》的第一个译者郭沫若，超过了2010年谢世的"中国牌号的浮士德"（杨武能语）、不遗余力地译介歌德的中国式的"普罗米修斯"钱春绮。倘若他们还健在，这荣誉的桂冠首先应该戴在他们的头上。然他们没这个福分，甚至没能拜谒歌德故乡——德意志土地，一览莱茵河风光。这是苍天亏欠他们的。比之他们，我还有什么自命不凡的理由？！此生我还有什么不够满足的地方？！

　　最后想到的是如何知恩图报。我清醒地意识到，要是没有德意志民族的厚爱，没有德国学界和文化团体那么多尊贵的朋友[1]，没有他们这么多年来坚如磐石的信赖、呵护和支持，形成众星托"月"之势，纵然自己是多么地孜孜不倦，何等地坚韧不拔，也哪会有我今天的这些成绩？！哪能获得这个最高荣誉？！古训曰：滴水之恩，当以涌泉相报。而如今这涌泉之恩，又该如何回报呢？惭愧我非富翁大款，难用家产造福于民，服务社会；我唯有时时勉励自己：莫要辜负他们的信任和期望，不断奉献自己用心血浇灌的精神成果。每念及此，便心潮起伏；每想起他们，不由得热泪盈眶。

1　他们是前哥廷根大学"文学翻译研究所"所长Armin Paul Frank教授、前"德国东亚学术论坛"负责人、图宾根大学法律系Knut Wolfgang Nörr教授、图宾根大学汉学系主任Hans Ulrich Vogel教授、图宾根大学校长Eberhard Schaich教授，副校长兼法律系的Heinz-Dieter Assmann教授、图宾根大学国际交流处Karin v. Moser博士、前海德堡大学汉学系主任Günther Debon教授、斯图加特媒体大学Gottfried Ohnmacht-Neugebauer先生和Gerhard Kuhlemann教授，DAASI电脑公司的Peter Gietz先生，Ernst Barlach博物馆馆长Volker Probst博士、柏林国家图书馆Hartmut Walravens博士、国际歌德学会会长Jochen Golz博士、办公室主任Petra Oberhauser博士、前康斯坦茨大学校长兼同济大学中德学院德方院长和"巴符州对华合作促进会"会长Horst Sund教授和瑞士卢塞恩师范大学的Roger Dettling博士和Markus Roos教授等。《文汇报》在记者报道中称我是"感恩的老式知识分子"，这话是说对了。我怎能将他们忘怀？！在他们中间，有的是我德高望重的师长，给我教诲，给我智慧；有的是情同手足、无话不谈的知己，在我困惑、迷茫时，都伸出援手，给我力量。数十年如一日。我们岗位不同，专业不同，却灵性相同，心心相印。哪怕近在咫尺，或远在天边！

516

德国媒体的报道（篇目）

（按编年史顺序排列）

Gu Zhengxiang: Chinese zu Gast im Hölderlinhaus. In: Bad Homburg Report. Offizielle Informationsschrift der Kur- und Kongreßstadt, August 1989

Forscher spricht über „Hölderlin in China". In: Taunus-Kurier vom 10.07.1989

Hölderlins Botschafter in China arbeitet derzeit in Homburg. Gast im Haus des Dichters, Gedichte übersetzt. In: Frankfurter Rundschau vom 14.07.1989

Der Botschafter Hölderlins in China. Gu Zhengxiang, Gast im Hölderlinhaus übersetzt als Erster Werke des Dichters ins Chinesische. In: Taunus-Kurier vom 14.07.1989

Wie aus der Maschinenpistole. Herr Gu Zhengxiang aus China weiß alles über Hölderlin/ Liebe zu Amalie (Konrad Huth). In: Frankfurter Allgemeine Zeitung (FAZ) vom 18.07.1989

Sehnsucht nach einer gerechten Welt (Gerhard Schröder). In: Taunus-Zeitung vom 21.07.1989

Hölderlins Botschafter in China. In: Taunus-Zeitung vom 18.07.1989

„Ich lese Strophe für Strophe, Wort für Wort". Gu Zhengxiang hielt im Gotischen Haus einen Vortrag über seine Arbeit mit den Werken Hölderlins. In: Taunus-Kurier vom 22.07.1989

Namen und Notizen: Gu Zhengxiang. In: Frankfurter Rundschau vom 06.09.1989

Gu ging nach Frankfurt. In: Frankfurter Rundschau vom 08.09.1989

Adieu, du stolzer Weißer Turm. Hölderlin-Stipendiat Gu Zhengxiang dankt in Versen. In: Frankfurter Allgemeine Zeitung (FAZ) vom 12.09.1989

Justinus-Kerner-Verein und Frauenverein Weinsberg: Voranzeige: Mitgliederversammlung. Prof. Gu Zhengxiang. In: Nachrichtenblatt für die Stadt Weinsberg. Amtliches Veröffentlichungsorgan der Stadtverwaltung Weinberg vom 15.09.1989, 38. Jahrgang, Nr. 37, S. 15

Justinus-Kerner-Verein und Frauenverein Weinsberg: Mitgliederversammlung mit Prof. Gu Zhengxiang. In: Nachrichtenblatt für die Stadt Weinsberg. Amtliches Veröffentlichungsorgan der Stadtverwaltung Weinberg vom 22.09.1989, 38. Jahrgang, Nr. 38, S. 1

Über die unglückliche Liebe. Chinesischer Germanist zu Gast beim Kernerverein Weinsberg. In: Heilbronner Stimme vom 26.09.1989

Hölderlin-Freund Gu überträgt China-Lyrik. In: Frankfurter Allgemeine Zeitung (FAZ) vom 12.12.1989

Chinesische Lyrik im Gotischen Haus. In: Taunus-Zeitung vom 28.04.1990

Chinesische Lyrik im Gotischen Haus. In: Taunus-Kurier vom 30.04.1990

OB Assmann lädt ins Gotische Haus. In: Taunus-Zeitung vom 02.05.1990

Von der Lebensaufgabe, Hölderlin nach China zu tragen: Schürfen wie nach einem Schatz. Zwei Monate lang forschte und schrieb der Germanist Zhengxiang Gu in Tübingen. In: Schwäbisches Tagblatt vom 26.10.1990

Ein literarischer Schatzgräber aus China: Hölderlin für Chinesen. Tübinger Stipendiat übersetzt auch schwierigste Texte (Rundfunksendung von Roland Welling). Südwestfunk, Landesstudio Tübingen, „Radiotreff am Nachmittag" um 16:05-16:55, am 19.11.1990

Zhengxiang Gu übersetzt Lyrik von Friedrich Hölderlin ins Chinesische. Gedichte als Brücke von West nach Ost. In: Marbacher Zeitung vom 26.01.1991, Photo mit dem Text: Bücher von und über Hölderlin stapeln sich auf dem Platz von Zhengxiang Gu im Marbacher Literaturarchiv

Etwa zehn Bewerber erhalten jährlich ein „Marbach.Stipendium". Qualifikation und Bedeutung der Vorhaben entscheiden. Künftig sollen auch reguläre Mittel vergeben werden. Zhengxiang Gu ist einer Stipendiat im Deutschen Literaturarchiv in Marbach. Das sogenannte „Marbach.Stipendium" soll Wissenschaftlern einen Forschungsaufenthalt ermöglichen. In: Marbacher Zeitung vom 26.01.1991

Die andere Welt östlich des Ozeans. Der chinesische Germanist Zhengxiang Gu las in der Tübinger Lyrikbibliothek. In: Schwäbisches Tagblatt/Südwest Presse vom 29.05.1995

Ich lebe östlich des Ozeans. Tübinger Germanist Zhengxiang Gu gab chinesische Gegenwartslyrik heraus. In: Schwäbisches Tagblatt/Südwest Presse vom 04.09.1997

Zhengxiang Gu hat Hölderlin erstmals ins Chinesische übersetzt: Archipelagus und Reich der Mitte. Der Dichter ist schlagartig für ein Fünftel der Weltbevölkerung zugänglich. In: Schwäbisches Tagblatt/Südwest Presse vom 06.09.1995, mit dem Text des Gedichts *Hälfte des Lebens* in Original und Übersetzung von Gu und mit Abbildung des Umschlags der Gedichtsammlung 荷尔德林诗选 (Verlag der Universität Peking, 1994); 另文：Ostwestliche Parallelen. Ein Staubkorn im Turm der Hölderlinforschung (Ulrich Stolte)

Meilenstein der Sinologie. Hölderlin-Übersetzer Gu veröffentlicht erste Anthologien-Bibliographie (Ulrich Stolte). In: Schwäbisches Tagblatt/Südwest Presse vom 08.01.2003

Goethe und China (Ankündigung des Vortrags am 19.11.2004 um 18 Uhr im Fürstenzimmer von Schloss Hohentübingen). In: Schwäbisches Tagblatt/Südwest Presse vom 17.11.2004

Verwandte Seelen. Helmut Hauser und Prof. Dr. phil. Gu Zhengxiang. Vom „unschuldig Sehnen" oder wie der Owinger Warrenberg nach China an den Yangtse kommt. Zwei

Gedichte in Freundschaft: „Weisheit der Bergwiese" und „Immer mit dem Liede" (永远歌唱). In: Hohenzollerische Zeitung/Südwest Presse vom 23.09.2005

Heimische Lyrik erfreut auch im Land der Mitte. Verwandte Seelen: Helmut Hauser und Prof. Dr. Phil. Gu Zhengxiang (Eberhard Wais). In: Zollern-Alb-Kurier/Südwest Presse vom 24.09.2005

Von Schwaben bis an den fernen Yangtse. Professor in Tübingen übersetzt einige Hauser-Gedichte ins Chinesische (Marzell Steinmetz). In: Schwarzwälder Bote vom 14.10.2005

Gemeinsame Lesung von Helmut Hauser und Prof. Dr. Gu Zhengxiang. Ein deutsch-chinesischer Gleichklang entsteht (Eberhard Wais). In: Hohenzollerische Zeitung vom 25.01.2006, mit Photo von Gu, photographiert von Helmut Hauser

Heimatdichter schlägt die Brücke nach China. Gedichte von Helmut Hauser erscheint in Taiwan - mehr als die Suche nach dem richtigen Wort (Gudrun Stoll). In: Zollern-Alb-Kurier/Südwest Presse vom 12.02.2007

Hauser-Gedichte jetzt auch in Taiwan zu lesen. Ein Tübinger Professor und Dichterkollege hat die Werke ins Chinesische übersetzt (Marzell Steinmetz). In: Schwarzwälder Bote vom 14.02.2007

Hölderlins Poesie überwindet die chinesische Mauer. Nürtinger Hommage an den großen Sohn der Stadt wird im Land der Mitte aufgeführt, wo der Dichter hohe Wertschätzung genießt (Thomas Schorradt). In: Stuttgarter Zeitung vom 18.07.2007

„Hölderlin hat diese Reise verdient". Der Literaturwissenschaftler Dr. Zhengxiang Gu übersetzt Werke des Dichters ins Chinesische (Andreas Warausch). In: Nürtinger Zeitung vom 10.08.2007

Was Nürtingens Paradedichter mit grünem Tee gemein hat. Zhengxiang Gu arbeitet an einer Hölderlinhommage mit – Ende Oktober reist ein Ensemble zu Gastspielen nach China (Wolfgang Berger). In: Stuttgarter Zeitung (Nr. 186) vom 14.08.2007

Trabende Pferde und ein selbstverliebter Pfau (Silke Schwolow). In: Kornwestheimer Zeitung/Stuttgarter Zeitung vom 10.03.2008

Hölderlin – in China ein Star. Professor Zhengxiang Gu ist bereits zum zweiten Mal zu Gast in der Hölderlin-Wohnung (Martina Dreisbach). In: Taunus Zeitung (Jahrgang 133, Nr. 239) vom 15.10.2009

Entfernungen werden überwunden. Chinesisch-deutscher Literaturnachmittag im Hotel Thum (Susanna Just). In: Schwarzwälder Bote vom 01.04.2010

Dichterische Brücke geschlagen. Deutsch-chinesische Literaturstunde mit Professor Dr. Zhengxiang Gu (Susanna Just). In: Zollernalb-Kurier/ Südwest-Presse vom 03.04.2010

„Vom Neckar bis zum Yangtse" (Gert Ungureanu). In: Schwarzwälder Bote vom 05.07.2012

荣获德国十字勋章的五位中国学者——均对日耳曼研究成就突出。第5节：勤奋的学者——顾正祥（高关中）。载：欧洲新报，2016年4月1日第151期，第9版

德国总统大十字勋章得主顾正祥——甘当中德文学研究与译介的"普罗米修斯"（高关中）。载：欧洲新报，2016年6月1日第153期，第7版

心怀感恩，勤勉治学

——"德意志联邦共和国十字勋章"得主顾正祥教授访谈录

顾正祥/德语口述

陈虹嫣/采访编译

2016年，上海外国语大学德语专业迎来了它的六十华诞。作为系庆活动的一部分，本人有幸访德，结识并采访了侨居德国图宾根的顾正祥教授。访谈于2016年7月26日在顾正祥教授的家中进行。采访的内容涉及其学术发展道路、学术研究成果与心得、翻译实践与体悟等。身为上海外国语大学多语种网站群德语网站的主编，最初的想法是希望能完成一篇德语采访稿，因此在聊天式的交谈中我们虽然使用的仍是我们的母语，但是在正式采访中，我们却使用了由我们的共同身份所决定的第二语种——德语。完整的德语采访稿发表在德语刊物 *Harvest. Eine Fachzeitschrift für German Studies*（2017年第4期）上，本文则是那篇德语采访稿的编译和增补（陈虹嫣）。

陈 ｜ 顾老师，作为上海外国语大学1968年的毕业生，您是否能和我们分享一下您的大学生活？您当时为何会选择日耳曼语言文学作为您的专业？

顾 ｜ 我读书那会儿，"上海外国语大学"还叫"上海外国语学院"。19岁那年，我通过了全国统一的招生考试——高考而被上海外国语学院德语系录取。我在中小学阶段就开始接触世界文学，阅读了不少外国文学作品，其中包括德语国家的文学，先是海涅的《诗歌集》（钱春绮译）。之所以选择德语，是因为德意志（撇开它历史上的阴暗面不算）是一个杰出和优秀的民族，无数世界级的历史伟人在此诞生，包括哲学家黑格尔、马克思等，作曲家巴赫、贝多芬和勃拉姆斯等，文学家歌德、席勒、荷尔德林和海涅等。始料未及，才入学一个月，我就不得不休学在家养病了。一年之后，我重拾学业，但好景不长，两年之后"文革"爆发。幸好我已经有了一些积累，算是初入门径吧。1968年，我拿到了学校的毕业证书，算是"正式"大学毕业了。

陈 ｜ 尽管一波三折，您是否留恋您的大学生活？

顾 ｜ 是的，我当时非常享受我的大学生活。大学是知识的摇篮，是我学术之路的起点。我们当时使用的是一本莱比锡出版的教科书。当时，我们每天上午有四节德语课，老师对我们的要求很严，也给我们很多操练的机会。而我受求知欲和好胜心的驱使，总喜欢在课堂上举手发言。我和同班与同年级的同学相处得很愉快，有时候我们下午一起复习德语，练习对话，有时候我也会独自一人去图书馆。除了德语之外，我们还有历史、政治和汉语等课程，但就总体而言，学习德语的时间占压倒多数。应该说，在上海外国语学院德语系的学习为我今后的学术发展打下了坚实的基础。大学毕业后，我虽然有十来年时间没机会接触德语，却没有把德语都忘掉，这与大学的强化学习和扎实的基本功不无关系。所以，我也想借此机会感谢母校，感谢我的老师们，他们是范美芳、陆维娟、朱路得、冯益敏、钱顺德和王宽信等人。

陈 | 您刚才提到的老教师们都已退休了。看到自己的学生学有所成并且心怀感恩，他们肯定很欣慰。您刚才提到大学毕业之后有好多年没能接触、使用德语，您那时候从事的是什么工作？

顾 | 1966年"文革"爆发后，学校停课"闹革命"。待到"毕业"时，外交局面尚未打开，我们学习、掌握的外语知识毫无用武之地。我和上外、南大的66、67和68三届毕业生一样，被"扫地出门"，并被分配到安徽霍邱城西湖五七军垦农场"储备""锻炼"、接受"再教育"，长达两年整。随后又被分配到离家千里外的浙南龙泉，在偏僻的山区从事中小学教学，用非所学，教的是汉语。虽说在某种程度上也发挥了我的特长，因为我从小就喜欢文学，又是复旦大学预科文科班毕业的，还算有点儿文学底子。但学校地处偏远，交通不便，生活条件较差，而且由于师资缺乏，我一个人要承担很多课时，这样一来，我就再没有机会接触德语和外国文学作品了。

陈 | 对于大部分学者而言，那是一段不堪回首的日子。您什么时候迎来了命运的转折点？

顾 | 我前后在浙南的三所中小学任教共八年。夫妻分居，每年只能寒暑假各一次"鹊桥相会"。校长倒有点人情味，可惜爱莫能助。县教育局的人事干部见了我便退避三舍，这也难怪，准我调动无异于挖他们自己的"墙脚"，因为在当时，城里的大学生都不愿分配去那里。于是调动的事，望穿秋水没指望。学校里当时还有一位与我同命相怜的上海老乡，是一位数学老师，当了二十多年的"牛郎"，从青年才俊熬到两鬓如霜才得以回归故里。1979年的某月某日，我正在给学生上课，猛然从省城杭州传来了浙江省人事局一条石破天惊的消息：德语、法语、西班牙语和英语专业毕业的大学毕业生，只要能通过全省的统考筛选，便可专业归口，重新分配。我立即着手复习迎考。倍感幸运的是，我所在学校的校长非常支持我赴考，果断地减少了我的课时负担，并免去了我班主任的兼职和所有校务活动。校领导的关怀和支持令我备受鼓舞。我分秒必争，把课余和晚上的时间都利用起来。终于，全县六人去温州应

试，只有我一人有幸胜出。就这样，我从深山老林"一步登天"——来到了被马可·波罗誉为"人间天堂"之一的杭州，转眼间成了中国高等学校的一名青年教师。不无自豪的是，我并没有把学到的德语知识都还给老师，没有辜负他们的期望。

陈｜您又可以使用德语，教授德语了。我们是不是可以说，您已经实现了自己的梦想？

顾｜人贵有自知之明，我最不喜欢文过饰非。我并不因为后来有了博士学位和教授头衔就忘乎所以。我常跟别人说，我的德语底子可概括为八个字：先天不足，后天荒废。正因为如此，我要求自己比别人更勤奋更努力，坏事也就变成了好事。在杭州大学，我开始教授德语，荒废了这么多年之后还能重操旧业，感觉自己还不失为幸运儿，因为还有那么多人有与我相似的学历，却并没有能跟我一样，实现专业归口的宿愿。感谢杭大外语系领导厚爱，两次选送我去长则一年短则三个月、分别在上外和北外举办的歌德学院中国高校青年教师培训班和德国战后文学培训班；同时，又让我担任本校外籍教师的随身翻译，强化了我久已荒疏的德语。那时候，除了教室，我最常去的地方就是图书馆，巴不得整天都泡在那里，好把那些丢失的岁月重新捡回来。我游弋在德语文学的海洋中，发现有不少研究领域还是"处女地"，还有待我们去挖掘和开垦；学术研究的意义在于填补空白，做出自己独特的贡献。所以，我决定要走一条属于自己的学术之路。

陈｜这条大道引领您来到了德国，不是吗？

顾｜是的，1988年11月，我由杭大选派作为访问学者来到基尔大学，在那里研究工作了八个月，随后受到时任荷尔德林协会会长库尔茨教授(Prof. Dr. Gerhard Kurz)及巴德洪堡市（Bad Homburg）市长W·阿斯曼（W. Assmann）先生的邀请，荣任"荷尔德林故居的客人"（据说我是第9位）。在那里我做了为期三个月的学术访问。之前，我已经开始翻译和研究荷尔德林——一位德语抒情诗的巨匠，这次邀请无疑是对我此前工作的认可，同时也是一种鼓励，激励我把研究向纵深发展。访学期间，我用德语作了题为"荷尔德林在中国：问题与展望"的学术报告，被收录在《洪堡报告》（*Homburger Vorträge*）的丛刊中。谁会想到，我这个在海外做的第一个德语报告竟引起了德国媒体的广泛关注：《法兰克福汇报》（*Frankfurter Allgemeine Zeitung*）、《法兰克福周刊》（*Frankfurter Rundschau*）、《陶努斯信使报》（*Taunus-Kurier*）、《陶努斯报》（*Taunus-Zeitung*）、《施瓦本日报》（*Schwäbisches Tagblatt*）以及《西南广播电台》（*Südwestrundfunk*）等多作了报道，因为上个世纪80年代末还鲜有专门研究诗人荷尔德林的中国学者。

陈｜我们都是日耳曼学出身，知道翻译诗歌的难度，况且又是荷尔德林的诗歌。他的诗歌内涵丰富、诗情浓郁，语言却艰涩难懂。究竟是什么促使您下定决心翻译荷尔德林的诗歌？

顾｜我刚才也说过了，我不想重复我的前辈和我的同事所走过的路子。他们辛勤耕耘，以自己不懈的劳动为德语文学的研究与传播做出了铺垫。有志者当以他们为榜样，以一己之力为德语文学的研究添砖加瓦。权衡我的爱好和特长，我以文学翻译、研究、双向比较，特别是诗歌的翻译与研究作为自己的终身事业。我从小吟诵汉语古诗，并为它们的艺术魅力所折服。东晋诗人陶渊明，唐宋诗人李白、杜甫、白居易，宋代词人苏东坡、辛弃疾和李清照等都是我最钟爱的诗人。我从中学时代开始就练习写诗，这个习惯一直保持到今天。正是这一喜好，促使我阅读德语诗歌，翻译德语诗歌，而不是翻译德语小说、散文或戏剧。在我的翻译实践中，荷尔德林一直居于核心地位。我在北京大学出版社出版的《荷尔德林诗选》是中国第一本带注释的荷尔德林译诗集。在翻译实践中，我同时也在不断地学习、探索和思考德语诗歌的译介问题，并将相关思考浓缩在我于1994年用德语完成的博士论文《德语抒情诗在中国——以荷尔德林为例探讨翻译困境》之中。据我所知，这是中德两国学界第一部、也是迄今唯一的一部论述荷尔德林诗歌汉译与研究的博士论文和专著，是本人翻译实践与翻译研究两相结合的集中体现。

陈｜我完全可以想象，要把荷尔德林翻译成汉语有多难。那您碰到的最大困难是什么？

顾｜荷尔德林的诗歌深奥难懂，诗中有不少内容源自古希腊神话、宗教、文学和卢梭哲学的影响，多符号和隐喻，令人莫衷一是。此外，他的诗歌语言不是循规蹈矩的框架结构，而是有太多太多的插入语和戛然而止的转折，形成跨行跨诗节的大幅跳跃。基于此，即使是德国学者，如果不是研究荷尔德林的专家，也很难读懂荷尔德林。记得当年初修荷尔德林时，曾请教那时杭大聘请来的外籍教师，面对天书一般的荷诗，他们也一筹莫展。碰巧遇上了一位来自汉堡、专修过荷尔德林、当时恰在杭大进修汉语的学生，才解了燃眉之急。

翻译荷尔德林的过程也是进行学术研究的过程。比如说，我翻译的第一本荷尔德林诗选就构成了我的博士论文基础。这两项工作前后共花了我十年的时间。

陈｜荷尔德林是您的"处女译"吗？

顾｜不是的。在杭州大学任教时，我翻译的第一部德语文学作品是路德维希·马尔库斯（Ludwig Marcuse）撰写的海涅传。还在读大学期间，我阅读了钱春绮先生翻译的《诗歌集》，内心为之震撼。海涅是一位内心坦荡的诗人，对人间万物都真诚坦率。尽管有一段时间，他在国内的接受由于意识形态的影响似有拔高之嫌，但诵读他的诗，我们不得不惊叹于他掌控语言的能力以及他对祖国的一片赤诚之心。在德国，有人因为他后来侨居法国而批评他"背叛祖国"，但是当我读到他的《夜思》一诗中"夜里想起德意志，/我总是不能入眠，/热泪滚滚往下流，/我再也没法合眼"的诗句、《1839年》（"Anno 1839"）和长诗《德国，一个冬天的童话》（"Deutschland, ein Wintermärchen"）时，我竟然热泪盈眶。由于翻译，我对海涅更是热爱有加。当时，我按时完成了译稿，但受政治气候的影响，出版社单方面决定赔偿译者损失并取消出版计划，其原因是：马尔库斯在其传记中忽视了一个关键的因素，即没有特别强调卡尔·马克思对海涅的影响。就这样，该书的出版被延误了两三年。这期间，我还翻译了另一本书，即《格林兄弟传》。这本书的出版还算顺利，很快付梓并上市了。一年后，《海涅传》也在另一家出版社面世。紧接着，我应这家出版社责编的邀请，又与钱春绮合译并出版了《德国抒情诗选》。在这本诗选中，我们参照了国内外的最新资料，为其中的每一位诗人撰写了生平和著作介绍，因此可以说，该书已有一定的学术含量。

陈｜您译介了大量德语文学作品，那么您是否也把中国的作品介绍到了德国？

顾｜是的。我攻读博士学位的主攻方向是比较文学，不仅要把德国文学介绍到中国，也要把中国文学介绍到德国。我认为自己有义务把中国文学传播、介绍到德国，从而使德国读者了解中国文学和中国文化。尽管中德文化交流在过去十几年间有了长足发展，但大部分德国民众并不十分了解中国，对中国知之甚少。中德两国远隔千山万水，迥然相异的异域文化，还有如此陌生难懂的语言……所有这些因素无形之中都构成了阻碍人们了解中国文化魅力的障碍。要想改变这一状况，我们应该和德国汉学家和文化传播者一起，将合作推向纵深。比如，我汉译德的那本"处女译"《我住大洋东：二十世纪中国诗选》(*Ich lebe östlich des Ozeans: Chinesische Lyrik des 20. Jahrhunderts*)，曾得益于德国女诗人伊丽莎白·博尔歇斯（Elisabeth Borchers）的诗笔；我主持的那本汉德对照诗选《来自黄河的诗》（*Gedichte vom Gelben Fluss*），曾蒙弗里茨·哈克尔特（Fritz Hackert）博士的润色。不敢贪天之功，德国学者为不才所付出的心力，包括日常交谈或书信往来中的重要指教，我都在拙著或拙译中作了标示。不过，在德国住久了，即便在汉译德时，我也慢慢摆脱了对德人的依赖，直至挑战自己，用德语写诗或写文章在德发表，也不再需要他们把关；更为潇洒的是，我竟然屡屡修改他们的文章而并没有惹他们生气。

陈｜这么看来，诗艺果然是中西文化的桥梁，正如您参与主编的另一本诗选所用的标题那样。现在着重谈谈您这个领域的代表作《中国诗德语翻译总目》，它引起了中德学界的广泛关注，两国学界的领军人物纷纷撰写书评，多达十来篇，有些还是长篇大论，誉之为"汉学里程碑""一流著作"和"奇书"云云。评价之高，实属鲜见。您能否谈谈编著该书的前前后后？

顾 | 当时，我正在哥廷根大学工作。得知自己从德国科协（SFB）得到了这个项目的资助，可谓如愿以偿，因为我对诗一直情有独钟，通过早年的文学翻译和文学研究，自信在该领域积累了一定的知识和经验。喜得项目资助后，便可进一步深化研究，系统推进自己的工作了。该项目起步于哥廷根大学"专项研究领域309：文学翻译"（SFB 309: Die literarische Übersetzung），完成于哥廷根大学东亚学院，前后花费了六、七年时间，搜集了从歌德开始，也就是说约从1830年开始，直到2000年拙著截稿为止的170年间共计202本含中国诗的德语诗选。这些诗选有德国的，也有奥地利和瑞士的。

陈 | 能够完成这本专著，不仅要精通德语，而且要熟悉汉语诗歌，对作者的要求很高啊！

顾 | 是的，您说的很有道理。如果不了解源头文学——中国文学，要想胜任该项目是绝对不可能的。上述项目要求双语对照，查出每一首德语译诗相对应的中文原诗。多亏我一如既往的文学爱好，也得益于家里的图书配备，才有可能顺利推进项目研究。在我的私人藏书中，光是中外词典、辞书就有各种各样好几十种，摆满了书架的好几层，其余便是成套的文集，比如说72卷本的《全宋诗》（北大出版社），还有古诗源、诗经今译、玉台新咏、昭明文选、全唐诗、宋词全集、元曲、全金诗、清诗汇、清八大家词集、明清民歌时调集，还有白居易、苏东坡、欧阳修全集、明清四大小说、资治通鉴、续资治通鉴、古文鉴赏大辞典等经典。这些书都是我在国内购买，用大纸板箱一箱箱托运到德国的。它们决不是一种摆设，而是完成上述项目所要查找的译诗的源头。有了这一部分中华古籍，我足不出户，也能查到相关原诗的一大半。

陈 | 您肯定也收藏该领域的德语图书吧？

顾 | 我的图书馆，除了上述中外文工具书和中华古典文史哲经典这两大类之外，还分三大类，一是德国文学的汉译本和日耳曼学的学术专著，占了我整整一个书架，其中有14卷的《歌德文集》和12卷的《海涅全集》；其二是中国文学、中国诗的德译本以及中国文学的德语论著和文献资料等，足有满满三个书架；还有一个中国作家访德印象和观感的文库，也有几十种。这三类藏书中以第二种最丰富。这么多年下来，我相信自己在这方面的藏本敢与任何一家德国图书馆比肩。不管走到哪儿，我都要去旧书店淘书。越是早期的书收集得越多，不是猎奇，而是因为这些书不见得每家图书馆都有收藏。即使有，恐怕也不能外借，不能复印、扫描，只能在里面阅览。比如汉堡汉学家福克（Alfred Forke）发表于1899年的抒情诗选集，它的要价很高（170欧元），为了便于查询，我还是将其买了下来，并且有一种如获至宝的感觉，因为它是德国汉学史上第一本德语版纯中国诗选集。每到一地，旧书店都是我最热衷的地方，当然我也会去其他书店转转。谁能保证不会有新的发现呢？我可不想错失任何一个机

会。而且我也喜欢收藏。如果某本书的封面设计精良，装帧别致，我也会将其收入囊中。阅读时，我常为外国人名的译名标上原名，常在字里行间做点提示、注释或笔记，在这里那里留下我研读过的痕迹。

陈｜您肯定对自己的私人藏书引以为豪。您可以介绍一下您的《中国诗德语翻译总目》这本专著吗？它的特色是什么？

顾｜迄今为止，香港中文大学1977年曾出版过一本《中诗英译索引》（汉至唐）；而汉德对照的中国诗到目前为止暂时还只有我这一本。该目编纂的时间跨度为170年，共收集了202本德语诗歌选本。我认真研读过这些诗选，核对了诗歌标题和内容等各个方面。这本书的核心是德汉对照的"诗作者目录"（Autorenregister）。它的结构和体例是这样的：首先是诗人姓名的拼音，旁边是汉字，他的字、笔名和化名等也列在旁边。接着就是中文诗歌标题，德语译文、译者的名字以及诗歌选集的名称，力求信息丰富而条例清楚，让读者一目了然。这本书的另一特色是它的前言，共25页，是一部中国诗在欧洲德语国家译介史、流变史的概览。我们从中也可以看出，中德文化交流是如何源远流长。

陈｜这个项目完成之后，您又开始了另一个宏伟工程——歌德在中国的翻译与研究。这是两个完全不同的研究领域，是什么原因促使您开始这个研究项目的呢？

顾｜在完成了诗歌选集的研究之后，我开始了歌德研究。德语文学研究领域的前辈们在这方面已经做出了卓越贡献，他们是开路先锋，也是我的榜样和动力源泉。在此，我要特别提及郭沫若、董问樵、钱春绮、杨武能、高中甫和叶隽等前辈和同行，他们都是译介歌德的勋臣。已有大量的译作和论述问世，却一直还没有一部涵盖面大、内容系统、详尽、可供查阅的歌德汉译与研究书目。如我前述，我一直希望做一些我的同行们还没有做过的事，从而为国内的歌德研究做一份新贡献。这就是我的追求和梦想。于是我决定在系统调查研究的基础上，编著一个国内歌德翻译和研究的"总目录"。这对我是个很大的挑战，因为我人在德国，所要查找的文献资料却都在国内，这无异于"隔靴搔痒"，于是只得漂洋过海，频频往返于两个国家之间。每次回国，名义上是"探亲访友"，实则我把大部分时间都花在了查找资料上，还为此去了香港和台湾。简言之，我用了七年的时间来查询1878年至2008年间发表过的所有歌德作品翻译和研究文献，之后我又用了大约七年的时间来拾漏补缺，并增补了最新的译作和研究资料以及在香港和台湾发表的歌德译作和研究论文。

陈｜您能介绍一下这本歌德目录索引的结构吗？

顾｜这本工具书由两大部分组成：第一部分是翻译成汉语的歌德的作品，第二部分是国内发表的相关研究成果。在译作部分，我按照诗歌、散文、戏剧和书信对译作进行了分类，并按照发表时间排序。在第二部分，我把歌德研究者的研究成果按照工具书、文学史、丛书、专著和论文进行了归类整理，有时候也会对其进行评述。这两大部分都是按照时间轴进行排序的。我为了撰写前一本专著而采用的研究方法、研究过程等都帮了我大忙，所以这本关于歌德的工具书我也采用了类似的编写方式。在德语原文标题的旁边是中文标题（拼音和文字），之后是译者的名字、出版社、出版时间，或者是杂志名称等。

陈｜鉴于您对中德两国文化交流做出的贡献，特别是这两本需要大量积累、且极具学术参考价值的双语专著，您在2011年10月荣获了"德意志联邦共和国十字勋章"。这是德国社会和学术界对您工作成绩的认可和表彰，您对此感到自豪吗？

顾｜是的，这是德国政府颁发的最高奖章。无疑，这是对我的学术追求、人生理想和我的辛勤劳动的充分肯定。对此，我自然十分感激，也倍感欣慰和荣幸。学术便是我的生命、我的一切啊。为了学术，我"心无旁骛"，将个人生活简化到最低限度。譬如，我从不庆祝生日，逢五逢十也是；平时没有周末和节假日，无暇去逗狗、划船、远足或逛游乐场，甚至没空去看电影和听音乐会。我唯一的享受是，偷闲去大自然自娱一会儿，在树木花草间流连片刻。回首人生，我放弃和牺牲的方面太多太多，但此生无悔！学术虽然是我唯一的活动空间，这个空间却浩瀚无涯，任凭腾跃，从而赋予我生命的价值。在此我只想强调一点，我之所以还能做出一点成绩，并非只是我个人努力的结果。这不是客套，而是我的肺腑之言。我衷心感谢德国的许多大学、科研机构、基金会和协会以及我众多的中外朋友，没有他们对我的信任、支持和数不胜数的帮助，我绝对不能完成上述项目而取得这些成绩的。

陈｜学术无止境，学者也从不退休。您现目前正在从事什么研究项目呢？

顾｜苏州大学邀请我参加一个多语种的国家基金重大项目，即"百年来中国文学海外传播研究"。其中的一个子项目是中国文学在欧洲德语区的接受与传播。因为我现在生活在德国，身处该课题研究的源头，容易接触相关的资料和文献，可以说具备了得天独厚的优势，所以我欣然接受了该课题。我也是目前正在进行的国家基金重大项目——"歌德全集翻译"的顾问和西南交大"歌德研究在中国"的国家基金重大项目的参与者之一。此外，我还有个与《歌德汉译与研究总目》上下卷平行、体裁建构相近、编纂已基本完成、且与出版社签订了合同的《荷尔德林汉译与研究总目》要收尾交稿。它是我翻译荷尔德林抒情诗和撰写荷尔德林博士论文的继续，这项工作旷日持久，我为之投入的心力并不亚于我的歌德项目。

陈｜您是《歌德全集翻译》项目的顾问，而您自己也翻译了那么多书，有从德语译成中文的，也有把汉语译成德语的，所以我还想请教您最后一个问题：您认为好的译本需要具备哪些条件？翻译时，您认为哪些基本原则是至关重要的？

顾｜文学翻译是一门特殊的艺术，如何做到译文"信""达""雅"三者的辩证统一，是中外翻译学探讨的一个永恒主题，也是中外翻译家翻译实践所追求的最高境界。这里所说的"信"，怎样才算"信"？答案会千差万别。我本人深信，它决不等同于逐字逐句地对译。如果是逐字逐句的硬译、死译，译者不就成了翻译匠？！译文就缺乏灵动性，读上去就会生硬和呆板，又何以再现原作之魂？！所以，严谨的译者在从事文学翻译前，都会做一些先期准备，即对原作者的生平著作先有个总体了解，积累些背景知识，然后再读懂、吃透该原文，力求准确把握原作者的思想，然后才动笔。这就叫做"兵马未动，粮草先行"。接下来的任务是，既要努力再现原作的原汁原味——语言上的、内容上的和美学上的，又要顾及目的语读者的审美趣味和阅读习惯。既然是文学翻译，就要讲究译文的文学性，把内涵和形象、意境和情调传递给读者。为此，我在翻译时，力避只图形似不求神似的死板笨拙的直译法，又不愿背离原文，一味追求恣意挥洒的意译法，力求两者的辩证统一。所以，我所走的还是一条介乎于二者之间的中庸之道。

陈｜顾教授，非常感谢您在百忙之中抽出时间来接受我的采访，和我们分享了您的学术成长道路、您的工作和您的计划。最后，请允许我再提一个与采访主题似乎并无多大关系的问题。您能不能向我们透露一下，您的座右铭是什么？

顾｜侨居德国，曾有不少人问我信不信教，或者问信哪个教。作为炎黄子孙，我从小接受儒家道家学说的熏陶，但这是潜移默化的影响，无形中影响人的思维和行为准则，却不像西方虔诚的基督徒那样饭前和周末都要做祷告。我常常反驳他们的"上帝万能论"，如果天上确有那么一个上帝，而且"万能"，为什么中东的战乱，他不去制止？！又为什么不给世界上难于计数的流离失所的难民以面包？！

作为一介书生，我惭愧只能明哲保身而无回天之力。我的一生一直在思考，如何修好"为人"和"为文"这两门课。不懂得检点自己，学问再好也无德。总括起来，我这一生最崇拜的只有三个字：诚、信、爱，这三者缺一不可。他们是我的人生哲学，我的立身之本，我的最高信条，或者说我的座右铭，实际上也是我的事业小有成绩的"秘诀"。我对中国同胞，尤其在几所大学作励志报告时，对年轻学子说的最多的是"诚"和"信"这两个字；而对我的德国朋友说的最多的是"爱"这个字。《圣经》说"爱你身边的人"；孔夫子说"爱人者，人恒爱之"，说的是同一个道理。有了这个字，世界才有和平，人间才有温馨。

谢谢您的采访！

陈虹嫣采访合影

编后记

陈虹嫣

我和顾老师相识于2016年的夏天。时年春天，学校官微的一则推送吸引了所有上外德语人的眼球，那则推送的主人公正是顾正祥老师——上外1968届毕业生，德意志联邦共和国十字勋章获得者。当时我就有一种冲动，如果能直接采访顾老师，为上海外国语大学多语种网站群的德语网站撰写一篇人物特写，想必会具有轰动效应。

不曾想到，心愿那么快就会达成。2016年夏，我到弗莱堡大学访学，借此机会拜访了旅居在图宾根的顾老师，请他谈谈自己的人生经历、治学为文，且作为上外德语系旅居海外的杰出校友代表之一，为上外德语专业成立六十周年送上祝福。

图宾根虽是小城，但热情周到的顾老师仍提出到火车站来接我，足见其对晚辈的呵护和关照。孰料，德铁临时取消我原定乘坐的那班列车，当我辗转来到图宾根，已是比原定时间晚了两个多小时，而那时一直仅以邮件方式和顾老保持联系的我只能祈求上苍保佑，不要让我和顾老失之交臂。

我焦急地在候车大厅、站台和火车站的小店里搜寻，来来回回地走了几次，倒是看见了一些中国学生，但是那位慈眉善目、笑容谦卑的老者在哪里呢？正在自怨自艾，一位身着蓝白格子衬衫的老先生步履匆匆地跑进车站，目光急切地在四下搜寻。"您好！请问，您是顾正祥老师吗？""我就是，你就是陈虹嫣老师吧？"各自喜出望外。真是"踏破铁鞋无觅处，得来全不费功夫"！

我和顾老师虽是初识，但因为这"一波三折"的铺垫，却让我们有"相见如故"之感，虽然原本比较充裕的采访时间被无故缩减了近一半，但是采访的质量并未缩水，一来是因为顾老夸我"功课"做得好，二来是因为顾老人性爽直，既不矜持，也不避讳，很想把自己毕生的学术心得"一股脑儿"地传授给我这位"小学妹"。

这之后，我和顾老师一直保持联系，我用德语撰写的人物特写和采访稿悉数发表。在上外德语专业60周年系庆活动期间，我作为筹备组成员和顾老保持着相当频繁的沟通，邮件往来之中，言谈举止之间，信任感滋生，并不断得到滋养。我想，这应当就是顾老请我担任他这本《纪念文集》的编者的重要原因吧。

作为这本《纪念文集》的"年轻"编者，我的主要职责是负责把顾老旅德期间发表于德国学术期刊杂志上的汉学论文、文学随笔以及他为自己的具有里程碑性质的工具书《中国诗德语翻译总目》撰写的前言翻译成中文。这些文章可以说是顾老在中德文学关系研究中集大成者的"浓缩版"，除了《漫游在黑森林》一文反映了中国作者笔下的德国形象，主要还是聚焦于中国诗歌在德语国家的翻译和接受，为我了解中国诗歌在德语国家和地区的译介概貌打开了一扇大门。

鉴于研究课题的特殊性，翻译过程中自然会碰到许多问题，所幸有顾老师在背后支撑，为我

"支招"化解各种难题，整个翻译过程可谓是按部就班，有序推进。

在翻译过程中遇到的第一大难点是中外作者及其作品的名称。比如，《漫游在黑森林》一文涉及近20位中国学者和作家发表于世纪交替之际的和德国相关的专著、小说、散文、游记和诗歌等，范围广，体裁多样，主题发散。作为译者，我可以仰仗"度娘"强大的搜索功能，但可能既耗时又费力，且有一些篇目由于时间关系，很难查证。当我向顾老师表明困难之后，顾老师当即回复邮件表示，他可以补上中国作家和书名的中文，大大减轻了我的工作量。

顾老师的主要研究对象是中国诗歌在德语国家的译介，不免牵涉诸多汉学家及其译本。鉴于汉学家的学术背景，他们往往会给自己起一个颇具诗意的中国名字，因此在翻译时就不能简单地参照译名词典进行音译，而是应该尊重汉学家本人的意愿和选择，使用他们的中文名字。在这些汉学家中，卫礼贤和顾彬等人的大名如雷贯耳，但是诸多19、20世纪汉学家对我而言还是相当陌生的，即使在翻译过程中查阅工具书或者是利用互联网资源，难免还是会出错。这样的顾虑和担忧并非杞人忧天，但是顾老师让我放宽心，因为他会对人名进行最终审核。

每译完一篇文章，我都会发给顾老师校对，用黄色标记出模棱两可、需要顾老师特别关照的文字，也会在备注栏里写明自己的翻译策略与处理方法，请顾老师最后定夺。还有些是因为PDF文档扫描及格式转换的原因，导致文章中出现一些"硬伤"，这种时候我也一定会保留原文，请作者再次核对。每篇文章的翻译因此至少要经过两三个来回才会最终定稿。顾老师在肯定我译笔"信达雅"的同时，还会细读我的黄色标记，如果不用修改，他就保留原来的颜色，如果有所修改，他就改用蓝色，让我一目了然，且在邮件里善意地提醒我，"做了些小修改，请复审"。我自然不敢懈怠，再次通读译稿，总能发现个别之处还能再改。"好文章是改出来的"，此言不虚。

顾老师爬梳史料的功夫下得很深很到位，所以文章就写得特别扎实细致，条分缕析，有理有据，钩玄提要，精辟透彻。所以翻译这些汉学论文着实令我受益匪浅：既有中德比较文学研究方法论上的提升，也对汉语诗歌的德语翻译策略获得了粗浅的了解。众所周知，诗歌翻译犹如蜀道之难，令人望而生畏，止步不前，更何况中国的古诗，文字洗炼，内涵隽永，多用典故，意境丰富，因此将汉语古诗翻译成任何一种外国语言文字都是一项几乎不可能完成的任务。所以，我们首先要肯定那些倾心于中国诗歌并积极实践把中国诗歌介绍给本国同胞的译者，其次我们要梳理他们采用了何种策略和方法进行翻译，哪些方法需要扬弃，哪些在今天还有借鉴意义。通过顾老师的论文《中国诗德语翻译总目导论》《论诗之嬗变》和《汉诗译者卫礼贤》，我们或许能获得不少启示，并运用于我们的跨文化实践，以期更好地讲好中国文化故事，推动中国优秀传统文化走出去。

作为编者的另一大好处就是可以"先睹为快"。顾正祥老师的这本《纪念文集》分为上下两部分，上编是顾老师本人的文章、翻译和创作，"前言后记"篇中收录了顾老师发表的各类专著、译著和诗选中的前言后记共12则；"文学论文"篇中有顾老师的自传回忆散文一则，其余则是散见于各大报刊杂志的学术文章、文学评论和随笔，主要还是聚焦于中德文学关系和中德人文交流。"翻译诗选"一栏选取了18、19世纪欧洲德语区古典派和浪漫派共11位诗人的35首诗歌，主要摘自顾老师参与翻译的《德国抒情诗选》以及由顾老师独自编选、翻译的《荷尔德林诗选》及《荷尔德林诗新编》。"创作诗选"则荟萃了顾老师人生各个阶段创作的诗歌41首,表达了他对于"世界、人生和艺术的深切体验和独特感悟"。

下编汇集了中德两国媒体和学界陆续发表的对顾老师学术成果的相关报道和评论。且看学界对《中国诗德语翻译总目》的评价:这是"一个巨大的成就,一部工具书巨著""一部姗姗来迟的中国诗在德接受史",是一部"功勋卓著、卷帙浩繁的奠基之作",作为一部"崭新的经典著作,虽然它不太会被摘抄和引用,却将是一部被频繁使用的工具书""在中德文学关系的研究领域,《总目》在许多方面都创造了第一,可以说是一项填补空白之作。"毫无疑问,这本恢宏巨著引起了东西方学者专家的巨大关注,将这些评论收录于此,既是对顾老师作为东西方文化使者的肯定,也是东西方文化交流的最好见证。

毋庸置疑,个人诗文集的"上编"与外界评论的"下编"构成了一个有机的统一体:前者概括了顾老师的人生和学术,是一位炎黄子孙跨国、跨时代人生体验和学术之路的生动写照;后者是对顾老师人生和学术的注脚,折射出中德两国文化、文学的良性互动,凝聚着中德两国友人的崇高友情。两者并存于文集,相得益彰。

中德人文交流源远流长,顾老师功勋卓著,载入史册,而我等晚辈也当以顾老为榜样,兢兢业业,勤勤恳恳,以期为中德人文交流史再添一笔,让我们的脚印也能成为后人前进道路上的基石。故此做编后记。

2018年7月26日于上海

学术富诗意 诗歌蕴哲理

——读顾正祥撰《我与文学》

张凌云

> 满天蒙蒙雨纷纷
> 与君同伞入书门
> 博览群书犹欢欣
> 今生誓欲为诗人

诗言志。这是作者的处女作。

作者在《诗帆初航》引出此诗，并发问："今生誓欲为诗人"的志愿后来在自己的人生道路上是否实现？

文章全面而生动地回顾了作者的文学生涯，并做出了合理而切入的回答。

一、与诗结缘

从澄衷中学初中经复旦大学预科到上海外语学院，作者有幸得到四位恩师的指导——这是作者走上文学之路的四个节点：

在澄衷赵成瑜老师的指导与鼓励下，作者考取复旦预科；

在预科陈其人老师的指导下，作者确立了"诗歌创作的第一座航标"，并作为第一作者向母校敬献《毕业献辞》；

在上外狄兆俊老师的指导下，作者写作水平"更上一层楼"，作文均达优秀等级；

在上海文艺出版社吴韦之老师的指导下，作者创作了第一本诗歌习作《初航集》。此后又有《续航集》。

这为作者日后攀登文学翻译、尤其是诗的翻译之高峰作了准备，也为他日后攀登中德文学交流的学术研究之高峰打下文学基础。

二、中德文学双向交流的译诗

作者的译诗既有德译中：

《德国抒情诗选》（陕西人民出版社，1988年）

《荷尔德林诗选》（北京大学出版社，1994年）

《荷尔德林诗新编》（商务印书馆，2012年）

翻译诗哲荷尔德林之诗的难度甚高。作者对之既译又注，并撰专著予以评述，显示其深厚的文学与学术修养。其特点是：文学中有学术。

又有中译德：

Ich lebe östlich des Ozeans. Chinesische Lyrik des 20. Jahrhunderts（Berlin，1996）/《二十世纪中国诗选》（柏林，1996年）

Poesie als Brücke zwischen Ost und West（Stuttgart，2005）/《诗艺——中西文化的桥梁》（中国古典诗选）（斯图加特，2005年）

Sang Hengchang: Gedichte vom Gelben Fluss（Hamburg，2005）/《桑恒昌：来自黄河的诗》（汉堡，2005年）等。

由母语译外语，即中译德，难度远比德译中大，翻译界很少有人敢问津。

作者的中译德译作既顾及德语语法的表达习惯，又把中文原诗的内涵和神韵传译过来，让德国读者感受到原诗的美。

作者对德译中译诗有深刻而独到的领会，他在《荷尔德林诗新编》的《感言》中写道："我译荷尔德林诗，所面对的不是一个个冰冷的单词。翻译时，不是将它们囿于修辞学的范畴，机械地进行对号入座，而是倾听它们所传递的诗人的心声，引发心灵的交流与共鸣。我仿佛触摸到诗人的脉搏，感受到诗人的情致。"在这一过程中，他不是在译诗，而是在写诗。作者的诗情注入了译诗之中。

作者为中德文学双向交流做出重大贡献。

三、中德文学双向交流的学术研究

作者对中德文学交流的学术研究也是双向的。

德国文学在中国之研究：

《歌德汉译与研究总目（1878–2008）》（中央编译出版社，2009年）

《歌德汉译与研究总目》（续编）（中央编译出版社，2016年）

两著"廓清自古迄今汉译歌德著作及其研究的海量书目"（卫序），"为学界提供了像《清明上河图》一样的中国歌德翻译与研究的全景图"（王序）。

中国文学在德国之研究：

《中国诗德语翻译总目》（斯图加特，2002年）

《百年来中国文学海外传播研究》（德语卷/文献卷）（江苏教育出版社，待出）

前一著，"广稽文献，查考辨析"，其"寻绎之功，网罗之力，让人叹为观止"。（卫序）

后一著，系苏州大学文学院承办的中国国家社会科学基金重大项目。丛书主编王尧认为："顾

先生编著的百年来中国文学海外译介与研究之德语文献卷是本领域最重要的著作。"（王序）

无论是德国文学在中国之研究，还是中国文学在德国之研究，均需深厚的德诗与汉诗修养的功底。

德国文学在中国之研究的扛鼎之作——歌德汉译与评论之研究，将汉译歌德作品（主要是诗）复原为德语原文，没有德诗的深厚功底如何能做成？！

中国文学在德国之研究的扛鼎之作——中国诗德译与评论之研究，将德译汉诗复原为汉语原文，没有汉诗的深厚功底如何能做成？！

因此，作者之学术富诗意。

作者对自己的学术研究做过这样的总结："我的全部学术活动、我的全部著译都与文学有关。对我而言，学术即文学，文学即学术。"（顾：《我与文学》）

这一总结简明地概括了：其译诗之特点——译诗中有学术；其学术研究之特点——学术中有文学。

四、富有哲理的诗歌创作

作者不仅译诗取得重大成就，在译诗与学术研究之余还创作了不少优秀诗篇。

如文学评论家伍明春所说："顾正祥先生的诗歌翻译与他的诗歌创作相得益彰，构成一种内在的文本间的良性互动。"（伍序）

作者之译诗主要是荷尔德林之诗。荷诗富深刻的哲理——海德格尔撰有专著阐释了其蕴含的丰富而深刻的生存论哲理（参见：《荷尔德林诗的阐释》，商务印书馆，2012年）。

其译诗之特点是诗歌蕴哲理。这同样也是作者创作之诗的特点。

《我羡乌云》"建构了关于人生、自然和世界的'乌云美学'"（伍序），表达了诗人对人之生存的独特感悟。

《如今已届老年》吟唱：

> 如今已届老年，
> 问我有何期待？
> 我成了变相的富翁，
> 虽囊中羞涩，
> 似有金山银山。

"金山银山"乃学者兼诗人创造的精神财富。此诗道明：精神富有／生命纯粹／大道默存／自我复归。

《喊一声图宾根》抒发诗人对自己的精神家园之深挚的爱：

　　喊一声图宾根——

　　我的精神家园，

　　我的理想我的抱负！

　　论坛、讲座、新老文献

　　促我不恋仕途商贾恋学术。

　　男女老少报以温馨的微笑，

　　我那感激的心绪呵

　　禁不住飞向千家万户……

此诗诗意地阐释诗人不慕富贵、潜心学问、献身学术的人生理念。

作者创作的诗虽仅有五十余首，但因有译诗的深厚功力为底蕴，质量均居上乘。

作者在文章的最后一节——《不是小结的小结》又回到《诗帆初航》的提问：自己是否实现了在处女作中立下的"今生誓欲为诗人"之誓言？

回答无疑是肯定的。

一切艺术的本质是诗。

作为艺术之一的译诗自然是诗。

作为译诗大家并兼有上乘诗作的作者自然是实至名归的诗人。

赞曰：

　　　　学术富诗意

　　　　诗歌蕴哲理

　　　　两者境相通

　　　　共悟生存义

2018年8月16日

感谢词

顾正祥

2019年金秋十月或稍迟，德国驻沪总领馆和图宾根市政府、上海市教育考试院及母校上外德语系，也包括一直来高看学子的母校"澄衷"（原上海市第58中）和复旦附中（原复旦大学预科）等中德两国的诸多单位和个人，将隆重推出我75岁《纪念文集》，为笔者风雨兼程的人生和治学作一番小结，并让笔者以此为契机，追忆往昔，温故知新，能不令人感激万分？！

一介书生的笔者，平生无暇、无意、也从未像模像样地过生日。今有这本大部头《纪念文集》的厚礼，远比鲜花、蛋糕、大摆宴席甚或举办某种庆祝活动以热闹一阵子更有意义，因而也倍感欣慰和荣幸。

感谢德国驻沪总领事馆出任《纪念文集》的监护人，特别感谢总领事欧珍博士和图宾根市帕尔默市长拨冗撰文惠赐贺词。由德国驻华总领馆和德国官方的负责官员领衔为一位德语人文学者出任《纪念文集》的监护人，这在德国外交史上尚属首例。感谢德国政府和人民以这种特殊的方式，再次表达对笔者献身中德文学研究和两国文化交流的肯定，也即德语里常说的Anerkennung。

感谢原母校复旦大学附属中学校长，现贵为上海考试院院长的郑方贤教授。真诚感谢郑院长垂爱，热心为文集的构想、策划和出版经费的落实等诸方面倾注心血。郑院长的尊稿《贺词》更是弥足珍贵。

感谢国内德语界泰斗杨武能教授。感念杨教授抬爱，特邀不才从德国图宾根远赴重庆图书馆，出席2015年10月12日举办的"杨武能著译文献馆"开馆典礼。十多年前杨教授先后为拙著撰写的两篇书评，一直是对不才的极大鼓励；欣闻《纪念文集》出版，年事已高的杨教授又欣然命笔，为文集惠赐墨宝，使文集大为增色。

感谢苏州大学原任文学院院长、苏州大学学术委员会主任、教育部长江学者特聘教授、现代作家和文学史家、第七届鲁迅文学奖评论奖得主王尧教授。2012年10月，由他领衔的国家社科基金重大项目"百年来中国文学海外传播研究"让我们走到一起。王教授的豁达和才华高山仰止，他的抬爱和器重令我终生难忘。适逢《纪念文集》出版，为学校科研、教务、学界与文坛诸事缠身的大忙人王教授竟一连送来两份厚礼——先泼墨题词，后为文集作序，可谓情深义重。

感谢德国汉学家、德国驻沪总领事馆科研处凯茜博士、母校上海外国语大学德语系陈虹嫣博士副教授及母校澄衷中学和复旦大学预科校友、上海哲学社会科学界联合会张凌云研究员三学者赏脸，出任本文集三编者。衷心感谢他们的辛勤劳动。

感谢校友陈虹嫣博士、副教授，我们虽在年龄上有辈分之差，在学术上却难分高低，在某些方面我还自叹不如。难忘2016年母校德语专业60华诞之际，她受学校和德语系主任陈壮鹰主任委

538

托，风尘仆仆，专程从弗莱堡来我图宾根寒舍采访。这次担任文集主编之一，又身兼外文稿汉译的主译，任务繁重，任劳任怨，为文集贡献了一篇篇精彩的译文。唯愿她的爱心、睿智和辛劳彪炳文集。

感谢张凌云学兄对文集编纂的不吝赐教。数十年间，凌云兄先后荣任全国人文社科核心期刊《学术月刊》常务副总编和《探索与争鸣》主编。如今又以他这方面的宝贵经验，参与文集的策划、设计和编制，对文集的成功贡献甚大。无数次的微信和电话联系，既让我重温长达六年的同窗之谊，又让我体验学兄的博学、深邃和人格魅力。

感谢母校上海外国语大学原德语系主任、德语界德高望重的比较文学学者、德语德国文学资深翻译家、国家社科基金重大项目《歌德全集翻译》首席专家卫茂平博士教授拨冗为本文集作序，审视、评述笔者的为文为人。感谢德语系新一届领导抬举，让笔者有幸在系60庆典的全校集会上录像致辞，并代表历届校友向母校倾吐"没有你，哪有我"的心声。又感谢尚未谋面的钱俊妮、顾忆青两师的华章"校友顾正祥：既爱歌德、也爱李白的德国大十字勋章获得者"，从网上发声，传递母校对浪迹天涯学子的一份思念和关爱。

感谢素昧平生的福建师大教授、著名诗人、诗评家伍明春师拨冗作序，总结了笔者之人生的又一个重要侧面——文学与诗。除教学与学术之外，笔者断断续续写了一辈子的诗，数量有限，心底里也不踏实，总怀疑自己眼高手低、附庸风雅；伍老师的点拨圆了我渴望高人指点的夙愿，给了我勇气，让我自信作为"心之声"（荷尔德林语）的拙诗也并非一无是处，也有它存在的某种理由，而不至于在某一天一股脑儿地把它们付之一炬。

感谢所有为文集献计献策、祝贺文集出版的各位师友，感谢他们对笔者的厚爱和美好祝愿；感谢参与文集出版的全体新老作者和译者，感谢他们为文集倾注的爱心和付出的劳动。感谢图宾根大学数据处理中心(ZDV) Christoph Hallerstede 和Serge Paulus两位老师的不吝赐教，适时为我排忧解难。

特别感谢上海教育界名士郑方贤先生和钱忠杰先生通过"中国华侨公益基金会上海侨爱基金"为文选提供出版资助。

最后，衷心感谢上海译文出版社在最短时间内接纳文稿，绝非草草了事，其认真对待的程度罕有其匹。特别感谢责编庄雯，在连续一年、几乎从未间断的审理和编辑中与作者频繁沟通，其敬业奉献、一丝不苟和不厌其烦的风范感人至深；又特别感谢美编胡枫的图文设计，她的学养和造诣、她的尽心尽力，使文集的美学品牌更上一层楼。

2019年2月初稿

2019年9月修改

于图宾根

附　录

顾正祥主要著译表

顾正祥主要著译表

（按编年史顺序）

一、文学翻译

a) 德译中（译著）

《格林兄弟传》，杭州：浙江文艺出版社，1986年

《海涅传》（郑寿康校），西安：陕西人民出版社，1987年

《德国抒情诗选》（与钱春绮合作）（含作家、作品评述），西安：陕西人民出版社，1988年

《世界诗库》（任编委）（十卷本），广州：花城出版社，1994年

《荷尔德林诗选》，北京：北京大学出版社，1994年

《荷尔德林诗新编》，北京：商务印书馆，2012年

《裴斯泰洛齐与当代教育》，北京：中央编译出版社，2013年

b) 中译德（译著）

Ich lebe östlich des Ozeans. Chinesische Lyrik des 20. Jahrhunderts. Berlin: Oberbaum-Verlag, 1996, 180 S. / 《我住大洋东：二十世纪中国诗选》，柏林：Oberbaum出版社，1996年，共180页（含41位大陆诗人和7位台湾诗人的诗80首，诗标题汉德对照，并附作者介绍和作品分析）

Die Pekingoper. Geschichten aus den Drei Reichen. Ausstellung und Katalog des Instituts für Auslandsbeziehungen. [ifa-Galerie Stuttgart, 26. 3. − 16. 5. 1999; ifa-Galerie Bonn, 3. 11. − 11. 12. 1999; ifa-Galerie Berlin, 14. 1. − 27. 2. 2000] Stuttgart: IfA 2000. / 《京剧：三国演义故事选》，斯图加特：外国关系学院，2000年

Poesie als Brücke zwischen Ost und West. Stuttgart: Hochschule der Medien 2005 / 《诗艺——中西文化的桥梁》（中国古典诗选，汉德对照，线装本，带封套）（顾正祥 编选，赵新平 书法和插画），斯图加特：媒体大学出版，2005年

Sang Hengchang: Gedichte vom Gelben Fluss. Hamburg: WAYASBAH 2005, 159 S. / 《来自黄河的诗》（汉德对照）（桑恒昌 著），汉堡：WAYASBAH出版社，2005年，共159页

"《笠》诗刊诗人作品德译选专辑"（汉德对照），载：《笠诗刊》（双月刊），第256期（2006年2月15日），第184−206页。含黄腾辉（1931−）、非马（1936−）、李魁贤（1937−）、岩上（1938−）、黄荷生（1938−）、杜国清（1941−）、李敏勇（1947−）、莫渝（1948−）、江自得（1948−）、陈炯明（1948−）、蔡秀菊（1953−）、林鹭（1955−）、林盛彬（1957−）、张芳慈（1964−）共14位台湾诗人的20首诗

Lu Xun: „Vorbemerkungen zum Verzeichnis der ausgewählten Graphik von Käthe Kollwitz". In: *Käthe Kollwitz. Zeichnungen, Lithographien, Holzschnitte, Radierungen, Plastiken*. In: Katalog der Ausstellung vom 9. 9. bis 25. 11. 2007. S. 26–72. / 《凯绥·珂勒惠支版画选集》序（鲁迅），载：展会目录（2007年9月9-11月25日），第26–72页

二、学术论著（德语）：

Deutsche Lyrik in China. Studien zur Problematik des Übersetzens am Beispiel Friedrich Hölderlin. München: Iudicium Verlag 1995, 191 S. / 《德语抒情诗的汉译，以荷尔德林为例探讨译事之难》（博士论文，德语学著），慕尼黑：Iudicium出版社，1995年，共191页

三、研讨会论文集（德汉双语）：

Erziehung mit Herz, überall und jederzeit zum Wohl der Kinder. Internationales Pestalozzi-Symposium Schweiz-China (Luzern, April 2012). Shanghai: Shanghai Jiao Tong University Press, 2014 / 《以爱为本：跨越时空惠及子孙的教育理念——瑞士–中国裴斯泰洛齐国际研讨会论文集（卢塞恩，2012年4月）》（两主编之一、前言作者、德语论文主译、裴斯泰洛齐书目编者和部分诗文作者），上海交通大学出版社，2014年

四、综合文集/纪念文集（作者自选集，中德学界评论选）

《笔走东西：顾正祥文学翻译与学术研究文选》，顾正祥 主编，凯茜（Silvia Kettelhut）、陈虹嫣、张凌云 编，上海：上海译文出版社，2019年

五、中德文学书目（德汉对照，含评注）：

Anthologien mit chinesischen Dichtungen 《中国诗德语翻译总目》，斯图加特：Anton Hiersemann出版社，2002年

Goethe in chinesischer Übersetzung und Forschung (1878-2008). Eine kommentierte Bibliographie 《歌德汉译与研究总目（1878–2008）》，北京：中央编译出版社，2009年

Goethe in chinesischer Übersetzung und Forschung (Fortsetzung). Eine kommentierte Bibliographie 《歌德汉译与研究总目（续编）》，北京：中央编译出版社，2016年

Hölderlin in chinesischer Übersetzung und Forschung 《荷尔德林汉译与研究总目》，北京：中央编译出版社，基本完稿（按合同待出）

Chinesische Literatur im deutschsprachigen Raum seit hundert Jahren. Eine Untersuchung 《百年来中国文学海外传播研究》（国家社科基金重大项目），（德语卷/文献卷/德汉对照），南京：江苏教育出版社（待出）

六、汉语学术论文和文学随笔：

"海涅与叔父所罗门"，载：《海涅研究》，北京：北京大学出版社，1988年，第350－360页

"国际荷尔德林书目"，载：《中外文化交流》，1996年第3期，中文版总第23期，第55页

"海外游子回故园"，载：《星光灿烂》（李汝保特写自选集），北京：中国文联出版社，2002年1月，第171–172页

"中国诗德语翻译总目"（德汉对照），载：《莱茵通信》（双月刊），2002年8月，第4版，总第73期

"海外书讯：〈中国诗德语翻译总目（德汉对照）〉"（介绍），载：《中国诗人》，2002年9月28日，第4版

"莫渝印象记"，载：《莫渝诗文集》（第5卷，莫渝研究资料汇编，台湾省苗栗文化局，2005年，第271–280页

"资料丰富，学养深厚——评刘皓明的《荷尔德林后期诗歌》"，载：《文汇读书周报》，2010年5月21日，第9版

"顾彬印象记"，载：《文汇读书周报》（特稿），2012年11月9日，第5版，第7版

"杨武能与歌德"，载：《薪火·桃李集——杨武能教授德语教学、学术研究、文学翻译五十年》，董洪川、段峰、傅晓微 主编，北京：外语教学与研究出版社，2012年10月

"从博登湖到黄浦江——文化使者宋德教授"，载：《文汇读书周报》（特稿），2013年5月3日，第3版

"历久弥新：裴斯泰洛齐的中国接受（1883–2012）"，载：《教育史研究》（全国中文核心期刊），2013年第1期，第57–58页、第68页

"别具一格的歌德传记——读袁志英著歌德情感录：《歌德与他的妻子》"（书评），载：《文汇读书周报》，2014年11月14日，第6版

"新腔与旧调的变奏——读《新腔重弹旧调的余响》"，卫茂平 著，载：《探索与争鸣》（上海社联主办，全国中文核心期刊），2016年第12期，第137–138页

七、德语学术论文：

„*Hölderlin in China – Probleme und Perspektiven*". (*Vortrag, gehalten am 19. Juli 1989 in Bad Homburg vor der Höhe auf Einladung des Magistrats der Stadt Bad Homburg vor der Höhe.) In: Bad Homburger*

Hölderlin-Vorträge 1988/89. Bad Homburg vor der Höhe, 1990, S. 102-112 / "荷尔德林在中国：问题与展望"（德语报告1989年7月19日作于黑森州巴德洪堡市），载：《巴德洪堡荷尔德林报告丛刊1988/89》，第102–112页

„Warum mich Hölderlin interessiert". In: *Suevica. Beiträge zur schwäbischen Literatur- und Geisteswissenschaft, Band 5.* Stuttgart: Akademischer Verlag Hans-Dieter Heinz 1989, S.127–129 / "我为何对荷尔德林感兴趣"，载：《*Suevica* 年鉴》，第5期，斯图加特：Hans-Dieter Heinz学术出版社，第127–129页

„Metamorphosen der Poesie. Verfremdungen klassischer chinesischer Lyrik durch Übertragung ins Deutsche und ihre Anordnung in deutschsprachigen Weltliteraturanthologien". (Vortrag auf Einladung des Prof. Dr. Wolfgang Kubin am 30.1.1996 gehalten an der Universität Bonn) In: *Weltliteratur in deutschen Versanthologien des 20. Jahrhunderts.* Berlin: Erich Schmidt Verlag 1997, S. 246–276 / "论诗的蜕变：中国古典诗德译中的异化及其在德语版世界诗选中的表现"（德语报告，1996年1月30日作于德国波恩大学汉学系），载：《二十世纪德语诗选中的世界文学，哥廷根国际翻译研究所论文集》，第13卷，柏林：Erich Schmidt出版社，1997年，第246–276页

„Wolfgang Kubin: Die chinesische Dichtkunst von den Anfängen bis zum Ende der Kaiserzeit. Geschichte der chinesischen Literatur, Bd. 1". (Rezension) In: *Zeitschrift für Kulturaustausch,* Nr. 53, Mai 2003, S. 122–123. / "顾彬：《中国古典诗史/中国文学史（第一卷）》的书评"（海外汉学德语学术著作的书评），载：《文化交流》（德国外国关系学院主办的杂志），第53期，2003年5月，第122–123页

„Eine inspirierende Reise des Dichters. Zum Deutschland-Besuch des chinesischen Dichters Hengchang Sang vom 4. Juli bis zum 16. August 2002". In: *China-Report*, Nr. 38, 15. Januar 2003, S. 19 / "一次充满灵性的诗人之旅：记中国诗人桑恒昌的德国之行（2002年7月4日至8月16日）"，载：《中国报道》，第38期，2003年1月15日，第19页

„Goethe und China. Eine rezeptionsgeschichtliche Darstellung". (Vortrag gehalten auf der Mitgliederversammlung der Baden-Württembergischen China-Gesellschaft am 19. 11. 2004 im Schloss Hohentübingen/Fürstenzimmer, veranstaltet unter Mitwirkung des Instituts für Sinologie und Koreanistik der Universität Tübingen) Gedruckt in: *China-Report*, Nr. 42 (15. 3. 2005), S. 3–6 / "歌德与中国"（德语报告，作于2004年11月19日巴符州中国协会年会，协会主席Sund教授邀请并主持，图宾根大学汉学系协办，图宾根大学校长Eberhard Schaich教授出席，举办地点：图宾根大学皇宫"贵族厅"），载：《中国报道》，第42期，2005年3月15日，第3–6页

„Zum China-Bild des Zedlerschen Lexikons: Bibliographie der in seinen China-Artikeln besprochenen oder als Quellen genannten Werke". In: In dem milden und glücklichen Schwaben und in der neuen Welt. Beiträge zur Goethezeit. Festschrift für Hartmut Fröschle. Stuttgart: Hans-Dieter Heinz Akademischer Verlag 2004, S. 477-506 / "（十八世纪）Zedler百科全书中的中国图像：中国文献资料钩沉"，

载：《在那美满祥和的施瓦本和在那新世界：歌德时代散论》（Hartmut Fröschle纪念文集），斯图加特：Hans-Dieter Heinz学术出版社，2004年，第477–506页

„Wandern im Schwarzwald. Wie chinesische Schriftsteller von Deutschland wahrnehmen". In: *Zeitschrift für Kulturaustausch*, Jahrgang 2005, Heft 3+4, S. 40–42 / "漫游在黑森林——中国作家视野中的德国"，载：《文化交流》（德国外国关系学院主办的杂志），2005年第3/4期，第40–42页

„Richard Wilhelm als Übersetzer chinesischer Lyrik". In: *Interkulturalität im frühen 20. Jahrhundert: Richard Wilhelm – Theologe, Missionar und Sinologe*. Frankfurt am Main: Iko-Verlag für Interkulturelle Kommunikation 2007, S. 153–174 / "汉诗翻译家卫礼贤"，载：《卫礼贤国际研讨会论文集》（法兰克福大学于2004年举办），2007年，第153–174页

„Hartmut Walravens: Chinesische Romane in deutscher Sprache im 18. und 19. Jahrhundert. Zur frühen Kenntnis chinesischer Literatur in Deutschland.(Rezension) In: Hefte für ostasiatische Literatur, Nr. 62 (Mai 2017), S. 129–134. / "魏汉茂：《十八、十九世纪中国小说的德语翻译——德国对中国文学的早期认知》的书评"（海外汉学德语学术著作的书评），载：《东亚文学杂志》，2017年5月，第129–134页

„Chinesische Hölderlin-Rezeption". In: *Hölderlin-Handbuch* 2. Auflage, Herausgegeben von Johann Kreuzer. Stuttgart: Verlag J. B. Metzler 2019 / "中国的荷尔德林译介"，载：《荷尔德林手册》（第2版增订本），斯图加特：Metzler出版社，2019年（系新增条目）

八、德语学术报告：

„Das Heine-Bild der Chinesen. Heine-Entdeckungen und Heine-Kult in der Volksrepublik China". (Vortrag gehalten am 18. 11. 2003, um 19.30, im Vortragsraum der Württembergischen Landesbibliothek) / "中国人心目中的海涅形象：大陆中国对海涅的发现和崇拜"（德语报告），2003年11月18日作于德国符滕堡州图书馆作

„Goethe im Reich der Mitte. 100 Jahre Rezeption zwischen Abgrenzung und Aneignung". (Vortrag gehalten am 01. 2. 2005 in der Stadtbücherei im Wilhelmspalais, veranstaltet von der Goethe-Gesellschaft Stuttgart e. V.) / "歌德在中国：一部辉煌与缺憾并存的传播史"（学术报告），2013年10月30日晚作于同济大学图书馆闻学堂（四平路校区）；2014年10月23日作于苏州大学唐文治书院（系列讲座之十三）

„Richard Wilhelm als Übersetzer chinesischer Lyrik" / "汉诗翻译家卫礼贤"（德语报告）2011年10月24日作于南京大学德语系；（中文报告）2011年11月9日作于同济大学欧洲文化研究院，主办单位：同济大学欧洲文化研究院，同济大学欧洲论坛（诗学与文学系列讲座第29讲）

„Zur chinesischen Goethe-Rezeption. Eine historisch-kritische Auseinandersetzung". (Vortrag auf Einladung der Goethe-Gesellschaft e. V. gehalten am 20. März 2012, um 19.00, im Studienzentrum der Herzogin Anna Amalia Bibliothek, Weimar) / "中国的歌德译介：一次用历史和批判眼光的阐释"（德语报

告，应歌德协会邀请）2012年3月20日19时作于魏玛安娜·阿玛利亚图书馆

„Der neue Mythos: wie Hölderlin heute in China gesehen wird". (Vortrag gehalten am Mittwoch, 19.07.1989, um 20 Uhr, im Gotischen Haus, Tannenwaldweg 102) / "荷尔德林的新神话——荷尔德林百年译介回眸"（德语报告，应德国Bad Homburg vor der Höhe市市长的邀请）2009年10月7日作于该市的市图书馆、2010年3月16日作于符腾堡州立图书馆报告厅、2011年7月6日作于图宾根大学德语系荷尔德林德中学术研讨会；（中文报告）2012年6月5日作于中国社会科学院外国文学研究所、2014年11月14日作于武汉大学德文系和2016年12月2日作于上海外国语大学德语系

„Ferne Fremde wie eigene Heimat: mein Leben und mein Werk im Kontext der wechselseitigen Kulturbeziehungen zwischen China, Deutschland, Österreich und der Schweiz". Vortrag gehalten am 22. Mai 2018 am Konfuzius-Institut der Universität Basel, Schweiz / "他乡如故乡——我的跨国人生体验与学术之路"（德语报告），2018年5月22日作于瑞士巴塞尔大学孔子学院

附录：

I. 被编入各家诗选的德语诗译目（按编年史顺序）

歌德：为何你赐予我们深邃的目光（Warum gabst du uns die tiefen Blicke），第28页

歌德：浮游于地球上的天才（Schwebender Genius über der Erdkugel），第30页

艾兴多夫：在但泽（In Danzig）

原载：《外国流派诗荟萃》，天津：百花文艺出版社，1992年，第123页

海涅：警告（Warnung）

原载：《海涅诗歌精选》，太原：北岳文艺出版社，1993年，第167页

歌德：植物的变态（Metamorphosen der Pflanzen），第204页

歌德：浮游于地球上的天才（Schwebender Genius über der Erdkugel）

原载：《歌德诗歌精选》，太原：北岳文艺出版社，1994年，第333页

荷尔德林：献给敬爱的祖母（Meiner verehrungswürdigen Großmutter），第191－193页

艾兴多夫：乡亲——致胞弟（Die Heimat. An meinen Bruder）

原载：《外国题赠诗精选》，天津：百花文艺出版社，1994年，第194页

莱瑙：三个吉普赛人（Die drei Zigeuner）

原载：《外国诗歌传世之作》，济南：山东文艺出版社，1996年，第420－421页

荷尔德林：还乡曲（Rückkehr in die Heimat），第172页

荷尔德林：内卡河之恋（Der Neckar）

原载：《新世纪中学生通才读本》，太原：山西教育出版社，2002年，第173页

荷尔德林：故乡吟（Die Heimat），卷1，第135页

荷尔德林：我的财产（Mein Eigentum），卷2

原载：《人间的诗意——人生抒情诗读本》，北京：商务印书馆，2003年，第251页

荷尔德林：故乡吟（Die Heimat）

原载：《世界诗词精华品读》，北京：石油工业出版社，2003年，第254页

荷尔德林：德意志人的歌（Gesang des Deutschen）

原载：《外国诗歌经典100篇》，北京：人民文学出版社，2003年，第157页

荷尔德林：德意志人的歌（Gesang des Deutschen）

原载：《外国名家诗歌》，北京：光明日报出版社，2005年，第46页

歌德：知己知彼者（Aus dem Nachlass „Wer sich selbst und andre kennt" ）

原载：《歌德汉译与研究总目（1878-2008）》，北京：中央编译出版社，2009年

荷尔德林：生命过半（Hälfte des Lebens），第42页

荷尔德林：橡树林（Die Eichbäume），第44页

荷尔德林：贺奥古斯塔·冯·洪堡公主（Der Prinzessin Auguste von Homburg），第46页

荷尔德林：故乡吟（Die Heimat），第49页

荷尔德林：内卡河之恋（Der Neckar），第51页

克尔纳：我的祖国（Mein Vaterland）

原载：《外国诗歌鉴赏辞典》（第2册），上海：上海辞书出版社，2010年，第94页

裴斯泰洛齐：树（Der Baum）

原载：《裴斯泰洛齐与当代教育》，北京：中央编译出版社，2013年，第60页

席勒：两个木桶在一口井（Zwei Eimer sieht man ab und auf）

原载：《满分阅读：高中版》，2015年第1期，第57页

II. 在德语书刊中发表的德语诗或翻译诗篇目（按编年史顺序）

Gu Zhengxiang 顾正祥作，顾正祥与Gregor Wittkop合译：

谒荷尔德林塔，第129页 → Beim Besuch des Hölderlinhauses, S. 129.

Freie Übertragung aus dem Chinesischen von Gu Zhengxiang und Gregor Wittkop. In: Suevica. Beiträge zur schwäbischen Literatur- und Geistesgeschichte. Hans-Dieter Heinz. Akademischer Verlag Stuttgart, 1989

Sang Hengchang 桑恒昌作，顾正祥与Andreas Thomasberger合译：

北京——法兰克福，第56页 → Peking - Frankfurt, S. 56

写在波罗的海，第57页 → An der Ostsee geschrieben, S. 57

筑梦，第58页 → Träume aufbauen, S. 58

Gemeinsam übertragen von Gu Zhengxiang und Andreas Thomasberger. In: exempla. Tübinger Literaturzeitschrift, Jahrgang 21, 2/1995

Sang Hengchang 桑恒昌作，顾正祥译，Fritz Hackert赏析：

通话，第32页 → Ein Gespräch führen, S. 32

生日，第33页 → Gedanken am Geburtstag, S. 33

向日葵，第33页 → Die Sonnenblume, S. 33

Übertragung der Gedichte von Gu Zhengxiang, Kommentar von Fritz Hackert. In: Brücken. Das Magazin der Auslandsgesellschaft Nordrhein-Westfalen e. V., November 2002

Gu Zhengxiang 顾正祥作, 顾正祥与Helmut Hauser合译：

永远歌唱——赠施瓦本民歌手Helmut Hauser，第27页 → Immer mit dem Liede, dem schwäbischen Volksliedsänger Helmut Hauser gewidmet, S. 26.

In: Helmut Hauser: Kraftquell der Worte. Hechingen: Glückler Verlag, 2007

Yu Guangzhong 余光中作, 顾正祥与Helmut Hauser合译：

西螺大桥，第42页 → Xiluobrücke, S. 43

乡愁，第44页 → Heimweh, S. 45.

In: exempla. Literaturzeitschrift, Jahrgang 34/35, Band 2008/2009

Gu Zhengxiang 顾正祥作, 顾正祥自译：

为何我入住图宾根，第63页 → Warum gerade Tübingen als Wohnort, S. 63

别喊我"老外"——忝获德国总统颁发的十字勋章有感，第63页 → Nenne mich nicht „Ausländer", S. 63.

In: China-Report, Nr. 53 (15. Juli 2012)

Gu Zhengxiang 顾正祥作, 顾正祥自译：

喊一声图宾根，第88页 → O Tübingen, S. 89

别喊我"老外"——忝获德国总统颁发的十字勋章有感，第90页 → Nenne mich nicht „Ausländer", S. 91

Beim Besuch des Hölderlinhauses, S. 92[1]

In: exempla. Literaturzeitschrift 40 Jahre, Jahrgang 39/40, Band 2013/2014,

研究重点：

❖ 中德文学比较，中德文学、文化关系史

❖ 中国文学在德语国家的接受史

❖ 德语文学在华接受史

❖ 歌德文学的汉译史研究

❖ 荷尔德林诗歌的汉译与研究

❖ 裴斯泰洛齐在华接受史

---

1 发表时前两首汉德对照，第3首无中文标题（谒荷尔德林塔）

图书在版编目（CIP）数据

笔走东西：顾正祥文学翻译与学术研究文选 / 顾正祥主编；凯茜，陈虹嫣，张凌云编．
—上海：上海译文出版社，2019.9
ISBN 978 - 7 - 5327 - 8252 - 9

Ⅰ.①笔…　Ⅱ.①顾…②凯…③陈…④张…　Ⅲ.①社会科学—文集
Ⅳ.①C53

中国版本图书馆 CIP 数据核字（2019）第 146503 号

笔走东西——顾正祥文学翻译与学术研究文选
顾正祥　主编　凯茜 陈虹嫣 张凌云 编
责任编辑/庄雯　装帧设计/胡枫　封面题字/张秀

上海译文出版社有限公司出版、发行
网址：www.yiwen.com.cn
200001　上海福建中路193号
上海文艺大一印刷有限公司印刷

开本889×1194　1/16　印张36　插页9　字数822,000
2019年12月第1版　2019年12月第1次印刷

ISBN 978 - 7 - 5327 - 8252 - 9/Ⅰ·5065
定价：288.00元